해커스
이상구
5급 국제법

Ⅱ 국제경제법편

📖 해커스공무원

이상구

약력
서울대학교 대학원 졸업
성균관대학교 졸업
현 | 해커스 국립외교원 대비 국제법 · 국제정치학 강의
현 | 해커스 변호사시험 대비 국제법 강의
현 | 해커스공무원 국제법 · 국제정치학 강의
전 | 베리타스법학원(5급) 국제법 · 국제정치학 강의
전 | 합격의 법학원(5급) 국제법 · 국제정치학 강의

주요 저서
해커스 이상구 5급 국제법 Ⅰ 일반국제법편, 해커스패스
해커스 이상구 5급 국제법 Ⅱ 국제경제법편, 해커스패스
해커스 이상구 5급 국제법 Ⅲ 판례편, 해커스패스
해커스 이상구 5급 국제정치학 Ⅰ 사상 및 이론편, 해커스패스
해커스 이상구 5급 국제정치학 Ⅱ 외교사편, 해커스패스
해커스 이상구 5급 국제정치학 Ⅲ 이슈편, 해커스패스
해커스공무원 패권 국제법 기본서, 해커스패스
해커스공무원 패권 국제법 조약집, 해커스패스
해커스공무원 패권 국제법 판례집, 해커스패스
해커스공무원 패권 국제법 핵심요약집, 해커스패스
해커스공무원 패권 국제법 단원별 핵심지문 OX, 해커스패스
해커스공무원 14개년 기출문제집 패권 국제법, 해커스패스
해커스공무원 단원별 적중 1000제 패권 국제법, 해커스패스
해커스공무원 실전동형모의고사 패권 국제법, 해커스패스
해커스공무원 패권 국제법개론 실전동형모의고사, 해커스패스
해커스공무원 패권 국제정치학 기본서, 해커스패스
해커스공무원 패권 국제정치학 핵심요약집, 해커스패스
해커스공무원 패권 국제정치학 단원별 핵심지문 OX, 해커스패스
해커스공무원 기출 + 적중 1700제 패권 국제정치학, 해커스패스
해커스공무원 실전동형모의고사 패권 국제정치학, 해커스패스

국립외교원, 5급 공채 합격!
해커스가 함께 하겠습니다.

『2022 해커스 이상구 5급 국제법 Ⅱ 국제경제법편』은 국립외교원 및 5급 공채 2차 시험에서 국제법 과목을 준비하는 수험생들을 위해 집필하였습니다. 두 유형의 시험에서 출제예상영역 및 난이도의 차이는 존재할 수 있으나, 시험을 위해 숙지해야 하는 학습범위에 있어서는 차이가 존재할 수 없기 때문에 모든 수험생들에게 유익한 수험준비서가 될 수 있을 것으로 기대합니다.

국제법 과목의 시험범위는 매우 광범위합니다. 주로 다자조약을 중심으로 출제되고 있으나 일부 분야의 경우 관습법이나 이를 반영한 판례 및 주요 학설, 관행에 대해서도 습득하고 있어야 합니다. 또한 국가승인이나 국가면제 등 국가 관련 기존 규범뿐만 아니라 현재 빠른 발전을 보이고 있는 국제인권법, 국제환경법 및 국제경제법 분야도 알아두어야 합니다. 본서는 국제경제법의 전범위에 걸쳐 핵심논점과 판례 및 조문을 중심으로 간결하게 정리하여 시험을 보다 효율적으로 대비하도록 도울 것입니다.

국제법 2차 주관식 시험은 현재 사례형이나 준사례형으로 출제되고 있습니다. 사례형 및 준사례형 문제는 전형적인 법학 관련 문제로, 주어진 사실관계에 대해 적용법리를 식별하고 사실관계에 대해 법적 판단을 요하는 문제를 말합니다. 사례형 문제를 해결하기 위해서는 판례 학습이나 최근 시사 관련 사례를 알아두는 것이 중요하며, 시간 내에 논점을 빠르게 찾고 서술하는 능력을 갖추어야 합니다. 이러한 방향을 고려하여 주관식 시험 대비 국제법은 전 범위에 대한 기본지식을 쌓아두어야 하고, 사례형 문제 대비를 위해 ICJ나 WTO 패널 및 상소기구의 주요 판례들을 법적 쟁점과 법리해석 등을 중심으로 간결하게 정리해야 합니다. 또한 단행본이나 논문을 참고하여 논점을 보다 풍부하게 준비하여 차별화된 답안을 서술할 수 있어야 하며, 주어진 시간 내에 논점을 파악하고 서술하는 연습을 지속적으로 해야 합니다.

『2022 해커스 이상구 5급 국제법 Ⅱ 국제경제법편』은 수험서로서 다음과 같은 점에 주력하였습니다.

첫째, 국제경제법의 전 범위의 주제들을 가능한 한 빠짐없이 정리하였습니다. 기본주제들뿐 아니라 학계에서 주로 논의되는 주제들 및 판례를 통해 제시되거나 정리된 주제들도 정리하였습니다.

둘째, 관련된 주요 조문들을 본문에 제시함으로써 초기 공부나 마무리 정리를 효율적으로 할 수 있도록 하였습니다. 조약집 자체를 공부하는 것도 공부범위에 포함된다고 볼 수 있으나, 처음부터 모든 조약을 섭렵하려는 것은 비효율적일 수 있으며, 마무리 정리는 핵심조항 위주로 해야 하기 때문에 주요조항을 정리해두었습니다.

셋째, 논점과 관련된 주요 판례들을 정리하여 수록하였습니다. 판례는 사실관계와 해당 토픽에 관련된 논점을 위주로 정리하였으며, 판례의 전반적 내용 이해는 『2022 해커스 이상구 5급 국제법 Ⅲ 판례편』을 참고하면 좋습니다.

넷째, 각 단원 말미에 기출 및 예상문제를 수록하였습니다. 스스로 학습 정도를 확인하는 데 유익할 것입니다. 고등고시나 5급 공채 기출문제와 저자가 출제한 예상문제들로, 국립외교원 입학시험에서 출제 가능한 주제들로 이루어져 있으므로 국립외교원 준비하시는 분들도 어느 정도 공부가 된 다음 논점을 추출하는 연습을 해 보시기 바랍니다.

끝으로, 본서를 통해 시험을 준비하는 모든 수험생 여러분들의 합격을 기원합니다.

2021년 12월
저자 이상구

목차

목차

제1편
국제경제법 총론

제1장 │ 국제경제법의 의의[1]

제1절 국제경제법의 정의

국제경제법은 '국경 넘어 또는 달리 두 국가 이상에 대하여 함의를 갖는 상품, 자본, 무형재산, 기술, 선박 또는 항공기 등의 이동에 관련된 경제적 거래에 관한 모든 국제법과 국제협정'으로서 '개인이 아닌 국가의 행태를 규율하는 법규칙'으로 정의할 수 있다. 국제경제법은 국제통상법과 구분된다. 국제통상법은 국제경제관계에서 특히 통상관계를 규율하는 반면, 국제경제법은 보다 일반적으로 국제경제관계 전반을 규율한다. 다만 현실에서 통상관계가 국제경제관계의 주된 내용을 차지하고 있는 점을 고려하면 국제통상법은 사실상 국제경제법과 동일하다. 한편, 국제경제법과 국제거래법은 구분된다. 국제경제법이 국가 간 차원에서 경제정책의 조정과 협력을 목적으로 하는 법인 반면, 국제거래법은 사인 간 차원에서 상품의 생산, 운송, 보험 및 대금의 지불 등 실물경제활동에 관한 법이다. 국제경제법과 국제거래법은 성격, 주체, 객체 및 규율방법에서도 서로 다르기 때문에 양 법은 서로 명확하게 구별되는 독립된 법 영역이다.

제2절 국제경제법의 주체

국제경제법의 주체는 기본적으로 국가 및 국제기구이다. 국제경제법은 이들 상호 간 관계를 규율한다. 국제경제법의 연구대상은 국제경제관계에서의 국가와 국제기구의 행위 및 그 규범이 된다. 이 점에서 국제경제법은 기업을 포함한 사인이 법적 주체인 국제거래법과 구별된다. 비정부 간 국제기구, 기업 등이 국제경제법의 주체로 인정되어야 한다는 주장도 있으나 현행법상 국제경제법의 주체로 인정될 수는 없다.

---

[1] 고준성 외(2006), 국제경제법, 3-18면 요약.

제3절 국제경제법의 법원

I 조약

국제경제법은 국제법의 일부 또는 국제법에서 분화된 법 영역으로 이해되기 때문에 국제경제법의 법원은 국제법의 법원과 유사하다고 볼 수 있다. 국제법의 법원은 기본적으로 조약과 관습이며, 국제경제법 역시 조약과 관습이 법원이라고 볼 수 있다. 다만, 국제경제법은 주로 조약에 크게 의존한다는 점에서 국제법과 대비된다. 국제경제법의 법원으로서의 조약에는 양자조약과 다자조약이 있다. 국제경제관계를 규율하는 조약에서는 최저기준의 원칙(minimum standard), 최혜국대우 원칙(most-favored-nation treatment), 내국민대우 원칙(national treatment), 특혜대우 원칙(preferential treatment) 등이 공통적으로 규정되기도 한다.

II 관습

국제관습법은 국제법 주체의 일정한 관행(practice)과 그러한 관행이 의무적이라는 법적 확신(opinio juris)을 요구한다. 국제경제법에서 국제관습법의 중요도가 높다고 볼 수 없으나, 국가 간 주권평등, 국내문제 불간섭, 무력사용 금지, 국제분쟁의 평화적 해결, 자결권 존중, 신의성실의 원칙(pacta sunt servanda) 등은 국제경제관계에서도 준수되어야 한다.

III 국제기구 결의

국제기구 결의는 일반적으로 권고적 성격을 갖으나 국제기구 내부 문제에 대해서는 대체로 법적 구속력을 갖는다. 국제기구 결의는 법적 구속력이 없으나 장차 조약이나 관습법으로 성립하여 구속력을 가질 수 있다. 국제기구 결의는 연성법적 지위(soft law)를 갖는 것으로 설명되기도 한다. 연성법규는 조약과 단순한 정치적 선언의 사이에 위치하는 것으로 이해되며, 엄격한 의미에서 강제적인 법적 효력을 갖지 않는다. 그러나 연성법이 국제경제관계에서 국가 또는 기업 등의 행위에 대한 지침으로서 종국적으로 조약과 같은 국제법적 효력을 갖게될 수 있음을 고려할 때 현실적으로 무시될 수는 없다.

제2장 | 국제경제법의 역사[2]

제1절 제2차 세계대전 이전

I 보호무역주의

제1차 세계대전 이후 미국을 비롯한 주요국들은 강력한 보호무역주의(protectionism)정책을 구사하기 시작하였다. 1920년대부터 근린궁핍화정책(beggar-thy-neighbor policies)을 취하여 수입품에 대한 수량제한을 부과하였다. 1929년 대공황의 발생은 보호무역주의를 한층 강화하였다. 미국은 1930년 스무트-홀리 관세법(Smott-Hawley Tariff Act)을 제정하여 수입액의 60% 정도에 달하는 외국상품에 고율관세를 부과하였다. 타국 역시 경쟁적 관세인상과 평가절하정책을 결합한 강력한 근린궁핍화정책을 적용하였다.

II 블록주의

블록주의(block doctrine)는 블록의 역내무역을 자유화하고 역외에서 블록으로 상품을 수출하는 것을 제한하는 것을 말한다. 블록주의를 최초로 도입한 국가는 영국이다. 영국은 1931년 영연방국가(캐나다, 호주, 인도, 남아공 등) 간 영연방특혜(Commonwealth preferences)를 형성하였다. 이 조치 하에서 영연방국가 간 무역만 낮은 특혜관세가 적용되었다. 영국은 미국의 고율관세정책에 대응하기 위해 블록주의를 추진하였다. 블록주의는 독일, 프랑스, 일본 등에 의해서도 추진되었다.

제2절 GATT체제의 형성

I 전후 무역체제의 원칙

전후 무역체제는 자유무역주의, 비차별주의, 다자주의를 기초로 형성되었다. 이러한 원칙은 미국에 의해 제안되었으며 대체로 미국의 이익을 실현하기 위한 원칙이었다. 즉, 동 원칙들은 미국이 자국 상품을 자유롭게 다른 나라에 수출하고 세계시장을 지배하기 위해 제시된 원칙들이었다. 미국 국무차관 Sumner Wells는 '전후 통상정책'이라는 연설에서 각국이 취해 온 보호무역주의와 블록주의는 타국의 무역과 생활물자에 타격을 줄 뿐 아니라 자국의 수출도 축소시키는 어리석은 정책이라고 비판하고 비차별주의에 기초한 자유무역주의를 제시하였다.

---

2) 고무로 노리오(2010, 저)/박재형(역), 국제경제법, 46-70면 요약.

Ⅱ ITO의 구상과 좌절

국제금융질서는 IMF와 IBRD를 중심으로 순조롭게 형성되어 이른바 브레튼우즈체제가 성립하였으나 국제무역질서를 전개해 나갈 목적으로 제안된 국제무역기구(International Trade Organization)는 성립되지 못하였다. 미국은 1945년 12월 ITO 창설을 제안하였으며 1946년 3차례 검토회의가 개최되고 그 결과 1948년 쿠바 아바나에서 'ITO 설립에 관한 아바나헌장'이 53개국 간 조인되었다. 아바나헌장은 국제무역 이외에 고용정책, 국제상품협정, 경제개발, 기업의 제한적 거래관행 등에 관한 포괄적 규정을 담고 있었다. 그러나 ITO헌장은 발효되지 못했다. 헌장 비준국은 2개국에 불과하였으며 ITO 설립을 주도하였던 미국에서도 의회의 반대로 비준하지 못하였다. 미국무부는 1950년 12월 ITO의 무산을 공식 발표하였다.

Ⅲ GATT의 성립

관세와 무역에 관한 일반 협정(General Agreement on Tariffs and Trade, GATT)은 ITO가 무산된 이후 교섭을 통해 체결된 것이 아니다. ITO헌장의 교섭 및 조인과 GATT의 교섭은 시간적으로 병행하였다. 광범위한 문제를 규정하고 있는 ITO헌장의 발효시까지 긴 시간이 필요할 것으로 본 주요국들은 ITO와 함께 관세와 무역에 특화된 협정을 같이 준비한 것이었다. 1945년에 미국이 작성한 초안을 중심으로 국가 간 협상을 거쳐 1947년에 GATT가 채택되었다. 교섭국 가운데 미국, 영국, 캐나다, 프랑스 등 8개국은 GATT의 잠정 적용에 관한 의정서를 채택하여 GATT를 잠정 적용하였다. GATT는 제29.2조에서 규정한 바와 같이 ITO가 설립되면 소멸될 운명이었으나 ITO 설립이 무산되면서 효력을 유지하게 되었다.

제3절 GATT체제의 전개

Ⅰ GATT체제의 이론적 기초

GATT는 비교우위설(comparative advantage)에 기초한 자유무역을 지향하고 보호한다. 비교우위설에 의하면 각 국가는 상대적으로 저렴하게 생산할 수 있는 상품, 즉 비교우위에 있는 상품에 특화하여 생산하고 이를 국가 간 교역함으로써 교역국 모두가 이익을 얻을 수 있다. 미국은 비교우위설에 기초한 자유무역을 통해 자국의 국제경제적 우위를 지속하고자 하였다.

Ⅱ GATT의 원칙과 예외

GATT는 자유무역주의, 비차별주의 및 다자주의 등의 원칙에 기초하였으나 다양한 예외 규정을 두었다. 비차별주의 원칙인 최혜국대우에 대해서는 특혜관세, 지역무역협정, 의무면제, 반덤핑조치, 대항조치 등 광범위한 예외를 인정하였다. 자유무역주의를 위해 관세인하와 수량제한금지를 명기하였으나 관세율인상과 재교섭, 세이프가드조치 등 예외를 인정하였다. 예외 조치를 인정함으로써 GATT체제가 지속되면서 다양한 성과를 가져올 수 있었다.

Ⅲ GATT의 성과

GATT는 관세를 인하하고 비관세장벽을 규제해 나감으로써 자유무역을 확대하는 데 기여하였다. GATT체제에서 국가들은 1947년 제네바라운드를 시작으로 우루과이라운드(1986~1994년)까지 총 8회에 걸쳐 관세인하 등을 위해 다자간협상을 전개하였다. 수량제한, 기준인증제도, 무역규제조치 등 다양한 비관세장벽에 대해서는 1967년 채택된 케네디라운드협정(덤핑방지협정 등)에서 최초로 규율한 이래 1979년 도쿄라운드에서는 기준인증, 덤핑, 상계조치, 수입허가, 관세평가 등 비관세장벽에 관한 규정을 채택하였다.

Ⅳ GATT의 한계

GATT는 관세 및 비관세장벽의 완화를 통한 무역자유화에 기여하였음에도 불구하고 다양한 한계를 노정하였다. 첫째, GATT는 GATT본문과 도쿄라운드협정으로 구성되었으나 도쿄라운드협정 가입은 국가들의 선택사항이었으며 가입국이 소수에 불과하였다. 둘째, GATT의 규율대상은 오로지 상품무역(특히 공산품무역) 분야에 한정되어 있었다. 셋째, GATT는 법인격을 가진 국제기구가 아니었다. 넷째, 분쟁해결에 있어서 패널보고서의 채택이 포지티브 컨센서스 방식이었으므로 분쟁당사국은 사실상 거부권을 가져 분쟁을 신속하고 효율적으로 해결할 수 없었다.

제4절 WTO체제의 형성

WTO체제는 우루과이라운드가 타결됨으로써 출범하게 되었다. 우루과이라운드 최종 문서는 1993년 12월 15일 타결되고 1994년 4월 15일 모로코 마라케시 회의에서 조인되었다. 동 문서는 1995년 1월 발효됨으로써 WTO체제가 출범하게 되었다. WTO체제는 제3장과 제2편에서 상세하게 다루기로 한다.

제5절 뉴라운드의 출범

Ⅰ WTO의 성과

WTO는 출범 이후 다양한 성과를 거두고 있다. 첫째, 분쟁해결제도가 정착되어 1995년부터 2006년 7월까지 총 348건의 제소가 이루어졌다. 둘째, 광공업 상품의 관세인하, IT 상품에 대해 주요국 간 관세인하, 세계적인 자유화의 촉진 등이 달성되었다. 셋째, 격년으로 개최된 각료회의를 통해 미결사항과 새로운 과제에 대응해 오고 있다. 넷째, 도하각료회의(2001년 11월)에서 중국의 가입[3]을 승인하였다.

---

3) 중국의 WTO 가입에 있어서 중국의 WTO 가입에 동반하는 의무(기본의무, 상품무역 · 서비스무역 · 지적재산권에 관한 국내 법규의 개정)를 규정하였다. 또한 중국상품에 대해서는 기존 회원국들이 별도로 차별적 특별세이프가드조치를 취할 수 있도록 하는 한편,

⊙ WTO 각료회의

구분	각료회의 명칭	개최 일시	주요 사항
제1회	싱가포르	1996.12.9.~13.	• WTO 최초 2년간 활동 평가 • WTO협정의 이행문제 • 싱가폴 이슈 제기(투자, 경쟁 등) • IT 상품 관세인하 각료 선언
제2회	제네바	1998.5.18.~20.	• GATT출범 50주년 기념 • 전자상거래 선언 채택
제3회	시애틀	1999.11.30.~12.4.	뉴라운드 개서 교섭 실패
제4회	도하	2001.11.9.~14.	• 도하개발라운드 개시 합의 • 중국과 대만의 가입 승인 • EC 및 ACP4) 각국 간 코토누협정의 의무면제
제5회	칸쿤	2003.9.10.~14.	• 뉴라운드 의제 교섭 실패[농산물 시장 개방을 둘러싼 선진국 간 대립, 싱가폴 이슈(경쟁, 투자)에 관한 남북 대립 때문] • 네팔과 캄보디아 가입 승인
제6회	홍콩	2005.12.	• TRIPs협정 개정[공공위생일반이사회 결정(2003.8.)을 협정에 삽입] • 2004년 7월 싱가폴 이슈의 검토 폐기

Ⅱ 뉴라운드의 출범

뉴라운드는 도하각료회의에서 출범하였으며 기존 협정의 실시 문제, 농업과 서비스와 같은 기 설정 의제(built-in agenda), 비농산물 시장접근(NAMA), TRIPs협정의 일부, 싱가포르 어젠다(투자, 경쟁, 무역원활화, 정부조달의 투명성), 분쟁해결양해, 무역과 환경, 전자상거래 등을 의제로 한다. WTO규범이 선진국에 의해 주도됨으로써 선진국과 개도국 간 경제력 격차가 확대되었다는 반성에 기초하여 개발 관련 의제가 포함된 것이 중요한 특징이다.

Ⅲ DDA의 정체

DDA협상 개시 이후 몇 차례 각료회의가 개최되었으나 DDA협상은 진전을 보이지 못하고 있다. 농업분야에서는 농산물 시장 개방을 둘러싸고 선진국끼리 대립하고 있다. 싱가포르 어젠다(투자, 경쟁)의 경우 선진국과 개도국 간 대립이 지속되고 있다. 홍콩 각료회의 이후에도 대립이 지속되자 무역협상 위원회(Trade Negotiation Committee, TNC) 의장인 파스칼 라미(Pascal Lamy)는 2006년 7월 말 도하개발라운드의 실패를 표명하였고 이는 일반이사회에서 승인되었다.

WTO 회원국들의 중국에 대한 기존의 차별적 반덤핑조치를 유지하도록 하였다. 중국이 세계 최대 인구를 보유한 저비용국가이기 때문에 미국과 유럽 주요국은 중국이 WTO 가입 후 수출공세를 가하거나 WTO 위반조치를 취하는 것을 경계하여 제시된 조치들이다.

4) EU가 과거 식민지 국가들과의 관계유지를 위해 이들 국가와의 협조 및 원조를 목적으로 체결한 Lome Convention의 상대국들로 구성된 66개 아프리카, 카리브 및 태평양에 위치한 국가들이며 이들 대부분이 최빈국에 속한다.

제3장 | WTO체제 개관⁵⁾

제1절 GATT · WTO체제 연혁

I GATT체제

GATT(General Agreement on Tariffs and Trade: 관세 및 무역에 관한 일반 협정)는 ITO(International Trade Organization: 국제무역기구) 창설과 병행하여 관세인하를 위한 협정으로서 1947년 10월 30일 채택되었다. 당초 GATT는 ITO헌장에 부속될 것을 예정하였으나 ITO 창설이 무산되자 일부 국가들이 이를 잠정 적용하기로 합의하였다. 그러나 GATT의 잠정적 지위에도 불구하고 ITO헌장의 일부 통상정책 조항을 포함하는 수정작업을 거쳐 지난 50여 년 간 운영되어 왔다.

II WTO체제

WTO체제는 1986년 9월 20일 우루과이의 푼타델에스테에서 개시된 우루과이라운드다자간무역협상(UR협상)을 통해 창설되었다. UN협상 결과 '우루과이라운드 다자간무역협상의 결과를 담은 최종의정서'가 1994년 4월 15일 모로코의 마라케시에서 채택되었다. 최종의정서에는 세계무역기구 설립협정을 포함하여 28개의 협정이 담겨져 있으며, '국별 관세 · 서비스 양허표'가 첨부되어 있다. 그 밖에도 22개의 각료결정 · 선언, 1개의 금융서비스공약에 관한 양해, 4개의 각료결정 등이 WTO체제를 형성하고 있다. WTO설립협정은 1995년 1월 1일 발효하였다.

제2절 WTO체제와 GATT체제의 비교

I 단일화된 법적 체제

WTO체제는 회원국들의 권리 및 의무관계에서 보다 단일화된 법적 체제를 구성한다는 점에서 GATT체제보다 더욱 발전된 국제무역규범을 형성한다. GATT체제에서는 여러 분야의 협정에 대해 가입 여부가 회원국의 재량에 맡겨져 있어서 권리의무관계가 분열되어 있었다. 그러나 WTO 회원국들은 GATT체제에서와 달리 WTO 협정 및 동 부속서(PTA 제외)의 다자간무역협정을 모두 준수해야 하므로 WTO체제는 보다 체계화되고 단일화된 법적 구조를 형성하고 있다.

---

5) 고준성 외(2006), 19–35면 요약.

Ⅱ 시장접근에 있어서 법적 구조의 단일화

GATT체제에서 개발도상국들은 GATT의 기본적 요소인 관세인하에 관한 의무를 충실하게 부담하지 않았고, 다른 체약국들은 개발도상국들의 이러한 무임승차를 용인하였다. 즉, 관세인하에 있어서 국가 간 분열이 있었던 것이다. 그러나 WTO 회원국들은 상품무역에 관한 GATT1994에 양허표를, 서비스무역에 관한 GATS에 구체적 약속표를 부속시키도록 요구된다. 따라서 원칙적으로 개발도상국들도 WTO 회원국이 되기 위해서는 상품무역과 서비스무역에 있어서 시장접근에 관한 약속을 할 수밖에 없다. 따라서 WTO체제는 시장접근에 있어서 단일화된 법적 구조를 형성하게 되었다.

Ⅲ WTO협정의 직접적용

GATT체제에서 체약국들은 GATT를 직접적으로 수락하지 않고 잠정적용의정서(Protocol of Provisional Application: PPA)를 통해 간접적으로 수락하였다. 또한 대부분의 무역 관련 의무가 규정된 GATT Ⅱ부는 PPA의 조부조항(grandfather clause)을 통하여 체약국들이 완전하게 이행하지 않을 수 있었다. 그러나 WTO협정은 그 자체로서 직접적으로 효력을 발생하였고, GATT체제에서와 같은 일반적인 조부조항은 원칙적으로 인정되지 않는다. 따라서 WTO체제는 모든 회원국들에 대하여 실질적으로 국제무역관계의 법의 지배(rule of law)를 실현하고 있다.

제3절　WTO체제의 법원

Ⅰ WTO협정과 동 부속서

WTO법의 연원은 크게 WTO협정과 이에 부속된 협정 및 기타 각료선언과 결정으로 구분된다. WTO(설립)협정은 그 자체로서 WTO라는 국제기구를 창설하며, 국제무역에 관한 실체적 다자규범은 WTO협정의 부속서에 규정되어 있다. 부속서 1, 2, 3에 부속된 다자간무역협정은 WTO협정의 불가분의 일부로서 모든 WTO 회원국을 구속한다(제2.2조). 부속서 1은 A, B, C로 구분되어 있으며 각각 '상품무역에 관한 다자간협정', '서비스무역에 관한 일반협정'(General Agreement on Trade in Services: GATS), '무역 관련 지적재산권에 관한 협정'(Agreement on Trade-Related Aspects of Intellectual Property Rights: TRIPs협정)으로 구성된다. 부속서 2는 '분쟁해결에 관한 규칙과 절차에 관한 양해'(Understanding on Rules and Procedure Governing the Settlement of Disputes: DSU)이며, 부속서 3은 '무역정책검토제도'(Trade Policy Review Mechanism)이다. 한편 부속서 4는 '복수국간무역협정'(Plurilateral Trade Agreements: PTA)으로서 WTO 회원국 중 동 협정에 가입한 국가 간에 적용된다.

Ⅱ 각료선언과 결정

WTO체제에서 회원국들이 채택한 다양한 각료선언과 결정은 WTO규범의 이해와 적용에 있어서 중요한 역할을 한다. WTO체제에서는 GATT 체약국단이 채택한 결정의 법적 지위는 두 가지로 나눠서 볼 수 있다. 첫째, GATT1994에 포함된 GATT1947 체약국단의 '기타 결정'(other decisions)은 WTO 회원국 모두에게 법적 구속력을 갖는다. 이러한 결정에는 '차별적이고 보다 우호적인 대우와 호혜성 및 개발도상국의 보다 충실한 참여에 관한 결정', '국제수지 목적의 무역조치에 관한 결정', '개발목적의 세이프가드 행동에 관한 결정', '통고 협의 분쟁해결 및 감독에 관한 양해'가 있다. 둘째, WTO 회원국은 WTO 창설 이전의 GATT1947체제의 체약국단과 동 체제에서 설치된 기관이 따르던 '결정, 절차 및 관행'(decisions, procedures and customary practices)을 따라야 한다(WTO설립협정 제16.1조). GATT1947체제와 WTO체제의 연속성을 확보하기 위한 조항이나, 패널은 이들 결정 등이 법적 구속력을 가지지 않는 지침(guidance)에 해당한다고 하였다(US – FSC사건).

해커스공무원 학원 · 인강
gosi.Hackers.com

제2편
WTO설립협정

제1장 | WTO의 법적 지위와 기능

제1절 WTO의 법적 지위(제8조)

WTO는 법인격을 가지며 WTO 회원국은 WTO의 임무 수행에 관한 법적 능력을 인정한다. WTO는 스위스 제네바에 소재하며 일반이사회는 1995년 5월 31일 스위스와 본부협정을 체결하였다. WTO 회원국은 WTO의 기능 수행에 필요한 범위에서 특권과 면제를 부여하고, WTO의 관리와 다른 회원국 대표에게 필요한 범위 내에서 특권과 면제를 부여한다. WTO의 활동에 대한 특권과 면제는 1947년 11월 21일 UN총회에서 승인된 전문기구의 특권과 면제에 관한 협약의 내용과 유사하여야 한다. WTO는 UN의 전문기구가 될 수 있으나 현재 전문기구로서 UN과 관련을 맺고 있는 것은 아니다.

제2절 WTO의 기능(제3조)

1. WTO는 WTO협정과 다자간무역협정의 이행·관리·운영을 촉진하고 그 목적을 증진하며, 또한 복수국간무역협정의 이행·관리·운영을 위한 틀을 제공한다.

2. WTO는 회원국들의 다자간무역관계에 관하여 그들 간 협상을 위한 토론의 장을 제공한다.

3. WTO는 분쟁해결양해와 무역정책검토제도를 시행한다.

4. WTO는 IMF, IBRD 및 그의 제휴기구들과 적절히 협력한다.

제2장 | WTO 회원국

제1절 원회원국(제11.1조)

GATT1947 체약국은 WTO 원회원국이 될 수 있다. GATT1947은 대외통상관계와 GATT에서 정한 기타 사항에 대해 완전한 자치권을 보유하는 독자적 관세영역을 가진 정부도 가입할 수 있었다. EC는 GATT1947의 체약국이 아니나 원회원국이 될 수 있다.

제2절 가입(제12조)

GATT1947의 체약국이 아닌 우루과이라운드 참가국은 WTO협정을 수락하기 전에 먼저 GATT1947 가입교섭을 종결짓고 그 체약국이 되어야 한다. 원회원국이 될 자격이 없는 국가 또는 독자적 관세영역(separate customs territory)은 자신과 WTO 사이에 합의되는 조건에 따라 WTO협정에 가입할 수 있다(제12.1조). 가입은 각료회의에서 회원국 전체 2/3 이상 찬성으로 결정한다(제12.2조).

제3절 탈퇴(제15조)

회원국은 WTO에서 탈퇴할 수 있다. 탈퇴는 WTO협정 및 다자간무역협정에 대해 적용되며, 서면탈퇴 통보가 WTO 사무총장에게 접수된 날로부터 6개월이 경과한 날 발효한다. 복수국간무역협정의 탈퇴는 당해 협정의 규정에 따른다.

제3장 │ WTO 주요 기관

제1절 각료회의(Ministerial Conference)(제4조)

각료회의는 WTO의 최고기구로서 모든 회원국의 대표로 구성되며 최소 2년에 한 번 개최된다. 각료회의는 WTO의 기능수행을 위하여 필요한 조치를 취하며 다자간무역협정의 모든 사항에 대하여 결정한다. 각료회의는 일반이사회와 함께 WTO협정과 부속협정의 해석에 관한 배타적 권한을 행사한다(제9.2조). 또한 예외적인 경우에 WTO협정 또는 다자간무역협정의 회원국의무를 회원국 3/4 다수결로 면제할 수 있다(제9.3조).

제2절 일반이사회(General Council)

일반이사회는 모든 회원국의 대표로 구성되고 필요에 따라 개최되며 각료회의의 비회기 중에 각료회의의 기능을 수행한다(제4.2조). 또한 일반이사회는 필요한 경우 분쟁해결기구(DSB)와 무역정책검토기구(TPRB)로서 소집된다.

제3절 전문이사회(Specialized Councils)

일반이사회 산하에 상품무역이사회, 서비스무역이사회, 무역 관련 지적재산권이사회가 설치되어 각각의 관련 협정과 일반이사회에 의해 부여된 기능을 수행한다. 또한 각료회의는 무역개발위원회, 국제수지제한위원회 및 예산재정행정위원회 등을 설치한다. 일반이사회에 의해 시장접근위원회, 무역환경위원회 및 지역무역협정위원회가 추가로 설치되었다.

제4절 사무국

WTO 사무국은 각료회의가 지명하는 사무총장을 최고 책임자로 하며 사무총장의 권한, 임무 및 임기는 각료회의에서 채택되는 규정에서 정한다. 사무총장과 사무국 직원의 임무는 전적으로 국제적인 성격을 가지며 어떠한 정부나 기타 당국으로부터도 지시를 구하거나 받아서는 아니 된다.

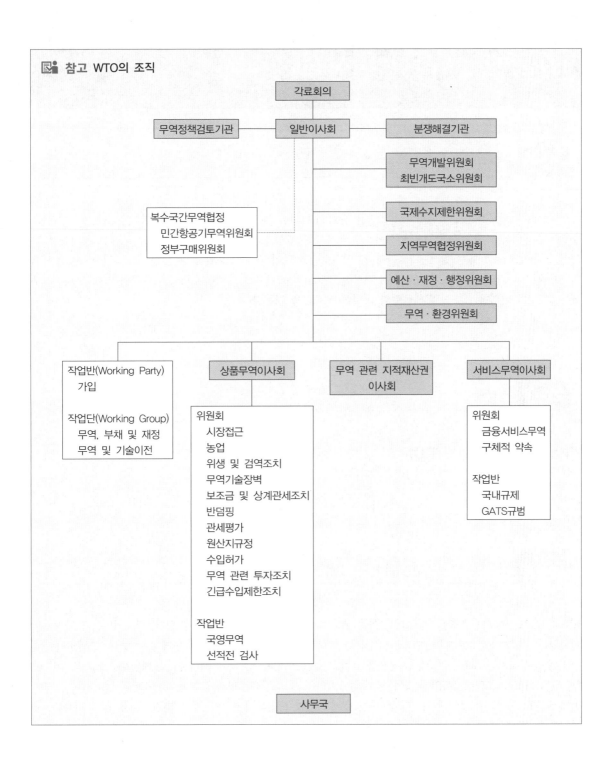

참고 WTO의 조직

각료회의

무역정책검토기관 — 일반이사회 — 분쟁해결기관

무역개발위원회
최빈개도국소위원회

국제수지제한위원회

복수국간무역협정
　민간항공기무역위원회
　정부구매위원회

지역무역협정위원회

예산 · 재정 · 행정위원회

무역 · 환경위원회

작업반(Working Party)
　가입

작업단(Working Group)
　무역, 부채 및 재정
　무역 및 기술이전

상품무역이사회

무역 관련 지적재산권
이사회

서비스무역이사회

위원회
　시장접근
　농업
　위생 및 검역조치
　무역기술장벽
　보조금 및 상계관세조치
　반덤핑
　관세평가
　원산지규정
　수입허가
　무역 관련 투자조치
　긴급수입제한조치

작업반
　국영무역
　선적전 검사

위원회
　금융서비스무역
　구체적 약속

작업반
　국내규제
　GATS규범

사무국

제4장 | WTO 의사결정

제1절 일반 원칙

GATT1947은 의사결정에 있어서 컨센서스를 관행으로 하고 투표는 매우 예외적이었다. 그러나 WTO에서는 GATT의 컨센서스 관행을 따르되 컨센서스에 의해 의사결정을 할 수 없는 경우 투표로 간다는 것이 제도화되어 있다(제9.1조). WTO협정 또는 다자간무역협정에서 달리 규정하고 있지 않는 한 각료회의와 일반이사회의 의사결정은 '일국일표'를 기초로 하여 던져진 투표수의 과반수로 채택된다. EC가 투표권을 행사하는 경우에는 WTO에 가입한 EC 회원국의 수와 동일한 투표권을 갖는다.

제2절 해석

WTO협정과 이에 부속된 다자간무역협정의 해석에 관한 권한은 각료회의와 일반이사회가 배타적으로 행사한다(제9.2조). 이들 협정의 해석에 대한 각료회의와 일반이사회의 결정은 회원국들 3/4 다수결에 의한다.

제3절 의무면제(Waiver)(제9조)

WTO협정 또는 다자간무역협정상 회원국의 의무는 예외적인 상황에서 면제될 수 있다. 각료회의는 궁극적으로 회원국들 3/4의 다수결로 WTO협정과 다자간무역협정상 특정 회원국의 의무를 면제할 수 있다. GATT1947에서 의무면제 허가는 투표수의 2/3의 찬성을 요했으며 찬성 투표수는 전체 체약국들의 과반수를 초과하여야 한다. WTO협정상의 의무면제의 허가의 경우 각료회의에 요청된 의무면제에 대해 90일 내의 검토기간을 거쳐 총의에 의해 결정되는 것이 원칙이나 동 기간 내에 총의가 도출되지 아니한 경우 회원국들 3/4의 다수결로 결정된다. WTO협정에 부속된 다자간무역협정에 대한 의무면제의 경우 관련 이사회에 제출되어 90일 내 기간 동안 동 의무 면제를 검토한 이후 각료회의에 보고한다. 각료회의는 절차규칙에 따라 총의에 의한 의사결정을 시도하고 총의가 도출되지 않는 경우 회원국들 3/4의 다수결로 의무면제를 결정한다.

제4절　DSB의 의사결정

분쟁해결양해(DSU)에 기초한 의사결정절차에서는 이른바 '역총의제'(reverse consensus)가 적용되고 있다. 역총의제란 당해 결정에 반대하는 컨센서스가 이루어지지 않는 한 동 결정을 채택한 것으로 간주하는 의사결정 방식을 말한다. DSU에 따르면 패널설치, 패널보고서 채택, 상소보고서 채택, 보복조치 승인 등에 있어서 역총의제가 적용된다.

제5절　신규 회원국의 가입 승인

각료회의는 '전체 회원국'의 2/3에 의하여 신규 회원국의 가입 조건에 관한 합의를 승인한다. 이 가입은 WTO협정과 다자간무역협정에 대해 적용되며 복수국간무역협정의 가입은 당해 협정의 규정에 의거하여 규율된다.

제6절　개정(제10조)

1. WTO협정과 부속서 1의 다자간무역협정의 경우 개정안은 WTO 회원국 및 다자간무역협정을 관장하는 부문별 이사회가 각료회의에 제출할 수 있다. 각료회의는 90일 내에 개정안을 공식적으로 상정할 지 여부를 총의에 의해 결정한다. 총의를 얻지 못한 경우 회원국들의 2/3 다수결에 따라 개정안 제출 여부를 결정한다.

2. WTO협정의 개정에 관한 조항(제10조), WTO 의사결정에 관한 조항(제9조), 최혜국대우에 관한 조항(GATT 제1조), 관세양허에 관한 조항(GATT 제2조), 최혜국대우에 관한 GATS 조항(GATS 제2조), 최혜국대우에 관한 TRIPS 조항(TRIPS 제4조) 등은 만장일치에 의해 개정한다.

3. WTO설립협정의 개정 조항 및 의사결정 조항을 제외한 다른 모든 WTO설립협정의 조항은 회원국 2/3 다수결에 의해 개정한다.

4. 분쟁해결양해에 대한 개정은 총의에 의하여 결정되며, 각료회의의 승인을 얻어 모든 회원국들에게 효력을 갖는다.

5. 무역정책검토제도에 대한 개정은 각료회의의 승인을 얻어 모든 회원국에게 효력을 갖는다. 이 경우 각료회의는 원칙적으로 총의에 의하여 개정을 승인하고, 총의가 이루어지지 않으면 과반수 다수결에 의하여 승인한다.

6. 복수국간무역협정에 대한 개정은 해당 협정의 절차에 따른다.

제5장 │ WTO협정 상호 관계

제1절 WTO협정의 구성

WTO협정에는 크게 두 부류의 다자조약, 즉 다자간무역협정과 복수국간무역협정이 부속되어 있으며 양자 모두 WTO협정의 구성부분이다. 이 중에서 다자간무역협정은 WTO협정의 불가결한 부분이므로 WTO의 모든 회원국에게 구속력이 있다. 이에 반해 복수국간무역협정은 그것을 수락한 국가에 있어서만 WTO협정의 일부를 구성하므로 그들에게만 구속력이 있다. 그러므로 복수국간무역협정을 수락하지 아니한 회원국에게는 여하한 권리나 의무도 창설하지 아니한다.

제2절 GATT1947과 GATT1994

GATT1994는 다양한 협정들을 포괄한다.

1. WTO협정 발효 이전에 발효된 법률문서에 의해 수정된 GATT1947의 규정

2. WTO협정 발효 이전에 GATT 1947 하에서 발효된 '관세양허와 관련된 의정서와 증명서', '가입의정서' 등

3. GATT1994에 명시된 6개의 양해

4. GATT1994에 대한 마라케시의정서로 구성된다. GATT1947과 GATT1994는 법적으로 별개이다. GATT1947은 1995년 한 해 동안 WTO협정과 공존한 뒤 1995년 12월 31일부로 소멸하였다.

제3절 설립협정과 부속서의 상호 관계

WTO설립협정과 다자간무역협정 사이에 충돌이 있는 경우 충돌의 범위 내에서 WTO설립협정이 우선한다 (WTO설립협정 제16.3조). 그러한 의미에서 WTO설립협정은 WTO체제의 헌법에 해당한다고 볼 수 있다. 또한 GATT1994와 다자간무역협정이 충돌하는 경우에는 충돌범위 내에서 다자간무역협정이 우선한다(부속서 1A에 대한 일반 해석주).

제6장 │ WTO설립협정의 기타 규정

제1절 유보

WTO설립협정의 어느 규정에 대해서도 유보가 허용되지 아니한다(제16.5조). 다자간무역협정의 규정에 대한 유보는 당해 협정에 규정된 범위 내에서만 할 수 있으며, 복수국간무역협정의 규정에 대한 유보는 당해 협정의 규정에 따른다.

제2절 비적용(제13조)

특정 회원국이 WTO 회원국이 되는 때에 다른 특정 회원국에 대한 적용에 동의하지 아니하는 경우, WTO협정 및 부속서 1과 2의 다자간무역협정은 이들 양 회원국 간에는 적용되지 아니한다. 비적용을 원하는 회원국은 각료회의가 가입조건에 관한 합의사항을 승인하기 이전에 각료회의에 그 같은 의사를 통보해야 한다.

제3절 예산 및 분담금

WTO는 회원국의 정기적 분담금으로 운영된다. 사무총장은 WTO의 연간예산안과 재정보고서를 예산재정행정위원회에 제출하며, 이 위원회는 이를 검토하여 일반이사회에 권고한다. 일반이사회는 WTO 전체 회원국의 1/2을 넘는 2/3 다수결로 재정규정 및 연간예산안을 채택한다.

제3편
다자간상품무역협정

제1장 | GATT1994[1]

제1절 관세(제1항)

I 의의

1. 관세의 개념

관세(tariff, customs)란 수입품에 대해 수입시점에 부과되는 재정적 부과금을 의미한다. 관세는 수출품에 부과되는 수출관세(export duties)도 존재하였으나, 수출관세를 부과하는 국가는 거의 없으므로 관세는 대체로 수입관세(import duties)를 지칭한다.

2. 관세의 유형

관세는 과세방법에 따라 수입물품의 가격을 과세기준으로 세액을 산출하는 종가세(ad valorem duties), 수입물품의 수량을 과세기준으로 세액을 산출하는 종가세(specific duties), 종가세와 종량세가 혼합된 혼합세(mixed duties) 등으로 구분된다. 한편 관세할당 또는 관세쿼터(tariff rate quota: TRQ)란 특정품의 수입에 대해 일정량까지는 저율의 관세를 부과하고 그것을 초과하는 수량에 대해서는 고율의 관세를 부과함으로써 수입수량의 과도한 증가를 방지하고 동종상품의 국내산업을 보호하고자 하는 이중과율제도이다.

3. 관세의 기능

관세는 국내산업보호, 자원배분, 재정수입확보, 소득재분배, 소비억제, 국제수지 개선 등의 기능을 한다.

II 관세양허

1. 의의

1994GATT 제2조에 입각한 관세양허의무는 WTO 회원국의 주요한 의무이다. 관세양허(tariff concessions or tariff bindings)란 관세협상에 참여한 국가들이 특정 상품에 대한 자국의 관세를 일정한 최고세율 이하로 제한하기로 한 약속을 의미하며 관세약속(tariff commitments)이라고도 한다. 관세양허표상 관세율은 '실행세율'이 아니라 '최고세율'이므로 회원국은 최고세율을 초과하여 관세를 부과할 수는 없으나 최고세율보다 저율 관세를 부과하는 것은 무방하다. MFN의무는 실행세율과 관련되므로 WTO 회원국이 원산지가 다른 수입상품에 대해 실행세율을 차별부과하면 MFN의무를 위반하게 된다.

---

[1] 1994GATT는 네 개의 요소로 구성된다. 즉, WTO협정 발효 이전에 존재하던 GATT1947의 조항들, GATT1947 하에서 채택된 각종 법률문서들, 우루과이라운드에서 합의된 별도의 양해에 포함된 GATT1947상의 규범상의 변경사항, 마라케시의정서로 구성된다.

📋 조문 | 1994GATT 제2조 제1항 – 관세양허(Schedules of Concessions)

1. (a) 각 체약국은 다른 체약국의 통상에 대하여 본 협정에 부속된 해당 양허표의 해당부에 규정된 것보다 불리하지 아니한 대우를 부여하여야 한다. (Each contracting party shall accord to the commerce of the other contracting parties treatment no less favourable than that provided for in the appropriate Part of the appropriate Schedule annexed to this Agreement)

   (b) 어느 체약국에 관한 양허표 제1부에 기재된 산품으로서 다른 체약국 영역의 산품은 동 양허표에 관련된 영역에 수입될 때에는 동 양허표에 규정된 조건 또는 제한에 따라 동 양허표에 규정된 관세를 초과하는 통상의 관세로부터 면제된다. 이러한 산품은 또한 수입에 대하여 또는 수입에 관련하여 부과되는 기타 모든 관세 또는 과징금이 본 협정일자에 부과되는 것 또는 동 일자 현재에 수입 영역에서의 유효한 법률에 의하여 그후 직접적이며, 의무적으로 부과가 요구되는 것을 초과하는 것으로부터 면제된다. (The products described in Part I of the Schedule relating to any contracting party, which are the products of territories of other contracting parties, shall, on their importation into the territory to which the Schedule relates, and subject to the terms, conditions or qualifications set forth in that Schedule, be exempt from ordinary customs duties in excess of those set forth and provided therein. Such products shall also be exempt from all other duties or charges of any kind imposed on or in connection with the importation in excess of those imposed on the date of this Agreement or those directly and mandatorily required to be imposed thereafter by legislation in force in the importing territory on that date.)

   (c) 체약국에 관한 양허표 제2부에 기재된 산품으로서 제1조에 의하여 동 양허표에 관련된 영역에 수입될 경우에는 특혜대우를 받을 권리가 부여된 영역의 산품은 동 영역에의 수입에 있어서 동 양허표에 규정된 조건 또는 제한에 따라 동 양허표 제2부에 규정된 관세를 초과하는 통상의 관세로부터 면제된다. 본 조의 어떠한 규정도 특혜세율에 의한 물품의 수입적격성에 관하여 체약국이 본 협정일자에 존재하는 요건을 유지하는 것을 방해하지 아니한다. (The products described in Part II of the Schedule relating to any contracting party which are the products of territories entitled under Article I to receive preferential treatment upon importation into the territory to which the Schedule relates shall, on their importation into such territory, and subject to the terms, conditions or qualifications set forth in that Schedule, be exempt from ordinary customs duties in excess of those set forth and provided for in Part II of that Schedule. Such products shall also be exempt from all other duties or charges of any kind imposed on or in connection with importation in excess of those imposed on the date of this Agreement or those directly or mandatorily required to be imposed thereafter by legislation in force in the importing territory on that date. Nothing in this Article shall prevent any contracting party from maintaining its requirements existing on the date of this Agreement as to the eligibility of goods for entry at preferential rates of duty)

2. 관세양허표

관세양허표는 제I부와 제II부로 구성된다. 제I부에는 일반적으로 적용되는 최혜국대우상의 양허관세율(MFN rate)을 기재하고, 제II부에는 최혜국대우 의무의 예외로 인정된 여러 특혜제도에 적용되는 특혜관세율(preferential rate)을 기재한다. 양허관세율 기재 시에는 '명목상의 관세'(ordinary customs duties)뿐 아니라 사실상의 관세의 성격을 지닌 '모든 종류의 관세 및 부과금'(other duties or charges of any kind)의 성격 및 비율을 함께 기재하고 이들을 총 합산한 비율을 양허율로 정해 기재해야 한다. 회원국은 양허율을 초과하여 관세를 부과할 수 없으며, 어떠한 명목으로도 추가적인 관세와 부과금을 신설할 수 없다(1994GATT 제2.1조 (b), (c)).

3. 관세양허의무의 적용범위

조세, 반덤핑관세 및 상계관세, 수입관련 서비스 수수료는 관세양허의무의 범위에서 제외된다. 조세가 편의상 통관시에 부과되는 경우도 있으나 관세는 아니므로 GATT 제2조의 적용대상이 아니다(제2.2조 (a)). 반덤핑 관세나 상계관세는 수입관세가 아니라 덤핑 또는 보조금에 대한 상계조치로 부과되는 것이므로 해당 수입품에 대해 부과된 관세가 양허세율을 초과하였는지를 판단하기 위한 합산에서 제외된다(제2.2조 (b)). 해당 제품이 수입되는 과정에서 제공된 통관수수료 등의 정당한 '용역사용료'는 수입관세라 볼 수 없으므로 양허관세율과 관계없이 부과될 수 있다.

4. 관세양허 재협상

(1) 정기적 재협상

관세양허 의무의 수정을 위해서는 GATT 제28조에 따라 관세 재협상을 거쳐야 한다. 정기적 재협상은 1958년 1월 1일을 기점으로 매 3년마다 관세양허율을 변경하기 위한 협상을 의미한다. 재협상을 요청한 국가와 당초 협상을 통해 관세를 양허한 국가인 '원협상국'이 협상을 통해 합의해야 한다. 또한 '최대공급 국'과도 협상을 통한 합의를 요한다. 최대공급국이란 '당해 양허제품을 양허국에 가장 많이 수출(principal supplying interest)하고 있는 국가'를 의미한다(1994GATT 제28조 해석에 대한 양해 1항). 또한 해당 품목에 대해 양허국에서 상당한 시장점유율을 보유하고 있는 '실질적 이해관계국'과 '협의'(consultation)해야 한다. 재협상 실패 시 요청국은 양허관세율을 일방적으로 변경하는 조치를 취할 수도 있으나 이 경우 원협상국, 최대공급국, 실질적 이해관계국 등은 보복조치를 취할 수 있다(제28.3조 (a)).

(2) 특별 재협상 및 유보 재협상

특별한 사정이 있는 경우 체약국단의 승인을 얻어 시행하는 것을 특별 재협상이라 한다. 또한 정기적 재협상 사이에 양허 변경을 행할 수 있는 권한을 미리 통보하여 유보(reserve)해 두고 다음 정기 재협상 기간에 이를 행사하는 것을 유보 재협상이라 한다(제28.5조).

Ⅲ 관세인하

1. 관세인하 방식

(1) 품목별 협상 방식

품목별 협상 방식(The Item-by-Item Approach)은 개별 체약국들이 수출국으로서 수입국들에 대해 양허품 목과 양허관세율에 대한 요청서(request list)를 송부하고, 또한 수입국으로서 자국이 양허할 수 있는 품목과 양허세율을 기록한 제안서(offer list)를 상호 교환한 다음, 이에 기초하여 협상하고 결론을 도출하는 방식이 다. 1947년 제1차 제네바라운드에서 1961년 제5차 딜런라운드까지 적용된 방식이다. 품목별 협상 방식은 절차가 번거롭게 시간이 많이 소요될 뿐 아니라 주요 교역국 관심품목 위주로 협상이 진행되어 중소교역국의 이익이 무시되는 경우가 많았다. 또한 양허균형을 중시하여 관세인하 폭이 크지 않았다는 한계가 있었다.

(2) 일괄감축 방식

일괄감축 방식(The Linear Procedure)은 개발도상국 및 1차 산품 생산국을 제외한 모든 산업국가들이 1차 생산품(primary product)을 제외한 모든 제품에 대해 50% 일괄감축하는 방식이다. 제6차 케네디라운드에서 적용된 방식이다.

(3) 공식에 의한 감축 방식

동경라운드에서 적용된 방식으로서 고율관세가 부과되고 있는 품목에 대해 더 높은 감축율을 적용하기 위해 EC에 의해 제안된 방식이다. 동경라운드에서는 고관세 품목에 대한 가중감축과 국가별 상이한 가중치를 적용한 공식(formula)을 창안하여 이 공식에 따라 관세를 감축하였다.

(4) 분야별 · 품목별 협상 방식

UR에서 사용된 방식이다. UR에서는 협상 대상품목을 여러 품목 분야별로 나누어 각각의 분야 내에서 별도로 국가 간 균형을 추구하는 방식을 도입하였다. UR관세협상의 결과는 'GATT1994에 대한 마라케시의 정서'에 집약되었다.

2. UR관세협상과 마라케시의정서의 주요 내용

첫째, 회원국 간 합의된 1986년 9월 기준 1/3 관세인하는 원칙적으로 WTO협정 발효일로부터 5년간 매년 동일한 비율로 인하된다. 둘째, 양허내용의 이행은 WTO 회원국들의 다자적 심사(multilateral examination)의 대상이 된다. 셋째, 자국의 관세양허표를 1994GATT에 첨부한 국가는 그렇지 않은 국가에 대해 일정한 서면통보와 협의 절차를 거친 후 후자의 국가가 최대공급국인 품목의 관세양허를 보류하거나 철회할 수 있다.

Ⅳ 관세분류

1. 관세부과 절차

관세를 부과하기 위해서는 세 가지 결정이 선행되어야 한다. 첫째, 특정상품이 관세표상의 어느 범주에 포함되는가? 둘째, 종가세를 적용하는 경우 해당물품의 가액에 대한 평가. 셋째, 해당상품의 원산지판정. 이러한 절차가 완료되어야 세관당국은 수입상품에 대한 정확한 관세액을 결정할 수 있다.

2. 품목분류

품목분류란 개개의 물품을 품목분류표상의 특정 품목으로 분류하는 절차를 말한다. 국가마다 상이한 품목분류제도는 그 자체가 무역장벽으로 기능할 수 있다. 따라서 통일되고 국제적으로 수락된 품목분류제도는 국제무역을 촉진하고 관세협상을 용이하게 한다. 1950년 체결된 '관세협력이사회 설립협정'에 따라 설립된 '관세협력이사회'(Customs Cooperation Council: CCC)는 1983년 '통일물품품목기호제도'(Harmonized Commodity Description and Coding System: Harmonized System)를 개발하였으며 1988년 1월 1일 발효하였다. HS는 GATT에 의해 관세양허표 작성을 위한 기초로 채택되었으며, 1987년 '통일제도의 도입에 관한 GATT의정서'에 의해 GATT협정에 수용되었다.

3. 관세분류에 관한 GATT규정

(1) 1994GATT 제10조

GATT에는 관세분류제도가 무역장벽으로 이용되지 않도록 하기 위한 규정을 두고 있다. 1994GATT 제10조에 의하면, 체약국들은 관세분류에 관한 각종 법규 및 판정을 다른 체약국 정부와 무역업자들이 인지할 수 있는 방식으로 공표해야 한다(제10.1조). 또한 이러한 법규는 공평하며 합리적으로 운영되어야 하며, 관세분류판정에 대한 재심(review) 절차를 마련하고 이를 독립적 기관이 담당하도록 해야 한다(제10.3조).

(2) 1994GATT 제2조

동 조에 의하면 관세분류에 대한 GATT 체약국 간 이견이 있는 경우 양국이 협의할 것과, 만일 수입국이 관세분류에 오류가 있음을 인정하나 자국의 사법적 기관에 의해 판정이 이미 내려져서 오류를 수정할 수 없다고 선언하는 경우 실질적 이해관계에 있는 제3국의 참여 하에 보상(compensatory adjustment)을 위한 협상을 즉시 개시할 것을 규정하고 있다(제2.5조).

Ⅴ 관세평가

1. 의의

관세평가(customs valuation)란 수입품에 대해 종가세의 관세를 부과하는 경우에 과세표준으로 되는 수입품의 과세가격(customs value)을 결정하는 것을 말한다. 관세율이 동일하더라도 관세평가방법에 따라 관세를 인상하여 비관세장벽이 될 수도 있다. 여러 차례 다자간협상을 통해 관세율이 대폭 인하되어 관세율 자체보다는 과세표준이 되는 관세가격이 보다 중요한 문제가 되고 있다.

2. 관세평가협정[2]의 주요 내용

(1) 관세평가방법의 적용순서

수입품에 대한 관세평가의 일차적 기준은 실제로 지불되었거나 지불될 '거래가격'(transaction value)이다(제1조). 수입품의 거래가격을 산정할 수 없는 경우 '동종동질상품'(identical goods)의 거래가격이 과세가격이 되며(제2조), 동종동질상품의 거래가격을 산정할 수 없는 경우에는 '유사상품'(similar goods)의 거래가격이 과세가격이 된다(제3조). 상기 방법에 의해서도 거래 가격을 산정할 수 없는 경우 '역산 방식'(deductive method)에 의해 수입 후의 판매가격에서 수입자의 이윤과 운송, 보험료 등을 포함한 관련경비를 공제하여 과세가격을 결정한다(제5조). 역산 방식에 의해서도 수입품의 과세가격을 결정할 수 없는 경우 생산비에 생산자의 이윤 및 기타 관련 경비 등을 가산한 '산정가격'(computed value)이 과세가격이 된다(제6조).

(2) 합리적 방법에 의한 과세가격

이상의 방법에 의해서도 과세가격을 결정할 수 없는 경우 1994GATT 제7조와 본 협정에 부합되는 방법으로 수입국에서 입수가능한 자료에 의거하여 '합리적 방법'(reasonable means)으로 과세가격을 결정한다.

(3) 조정액

수입품의 거래가격은 실제로 판매자에게 지불되었거나 지불될 '지불가격'에 조정액을 가산한 것이다. 조정액에는 수수료, 중개료, 인건비, 재료비, 물품 및 노무 가격, 로얄티, 운임, 보험료 등이 포함된다(제8조).

(4) 환율

환율은 수입국의 관계당국에 의해 공표되고 수출입 당시 유효한 환율에 의거한다(제9조).

(5) 정보보호

관세평가의 결정과정에서 드러난 관련 영업비밀은 보호되어야 하며 해당 정보를 제공한 당사자나 정부의 명시적인 허락없이 공개할 수 없다(제10조).

---

2) Agreement on Implementation of Article Ⅶ of the GATT1994.

(6) 이의제기

수입자는 관세가격의 결정에 대해 이의를 제기할 수 있는 권리를 가지며, 관세평가가 결정된 방법에 대해 수입국의 관세당국으로부터 서면설명을 요청할 수 있는 권리를 가진다(제11조, 제16조).

제2절 최혜국대우 원칙[3](제2항)

I 최혜국대우 원칙의 개념 및 기능

1. 개념

최혜국대우 원칙이란 관세, 과징금, 수출입에 관한 규칙 및 절차 등 통상관계에서 제3국에 부여하고 있는 대우보다 불리하지 않은 대우를 다른 국가에게도 부여해야 한다는 원칙이다(GATT 제1조 제1항). 예컨대 A국이 B국에 대해 최혜국대우를 부여하고 있는 상태에서 C국으로부터 A국으로 수입되는 C국 상품에 대하여 낮은 관세를 부과하였다면, A국은 B국과 그 국민에 대하여 그와 동일한 낮은 관세를 부여해야 하는 것이다.

> **📖 조문 | 1994GATT 제1조 제1항 – MFN**
>
> 수입 또는 수출에 대하여 그리고 수입 또는 수출과 관련하여 부과되거나 또는 수입 또는 수출에 대한 지불의 국제적 이전에 대하여 부과되는 관세 및 모든 종류의 과징금에 관하여, 그리고 이러한 관세 및 과징금의 부과 방법에 관하여, 그리고 수입과 수출에 관련한 모든 규칙 및 절차에 관하여, 그리고 제3조 제2항과 제4항에 기재된 모든 사항에 관하여, 체약국이 타국의 원산품 또는 타국에 적송되는 산품에 대하여 허여하는 이익, 특전, 특권 또는 면제는 모든 다른 체약국 영역의 동종원산품 또는 이러한 영역에 적송되는 동종산품에 대하여 즉시 그리고 무조건 부여되어야 한다. (With respect to customs duties and charges of any kind imposed on or in connection with importation or exportation or imposed on the international transfer of payments for imports or exports, and with respect to the method of levying such duties and charges, and with respect to all rules and formalities in connection with importation and exportation, and with respect to all matters referred to in paragraphs 2 and 4 of Article III, any advantage, favour, privilege or immunity granted by any contracting party to any product originating in or destined for any other country shall be accorded immediately and unconditionally to the like product originating in or destined for the territories of all other contracting parties)

2. 기능[4]

첫째, 최혜국대우 원칙에 의해서 한 나라의 수입이 가장 효율적인 국제생산자에 의해 공급되는 것을 일반화한다. 즉, 모든 생산자들이 최혜국대우라는 동등한 조건하에서 경쟁하게 되므로 가장 효율적인 생산자의 제품이 경쟁력을 획득하게 되고, 결국 경제적 효율성에 의해 국제시장에서 모든 제품의 공급이 이루어지게 된다. 둘째, 최혜국대우는 관세양허의 가치를 보호하게 되고 관세양허의 결과를 다자무역체제를 위해 일반화시키게 된다. 셋째, 국가 간 경제적 이익의 부여를 정치적 흥정의 도구로 사용하는 가능성을 줄여 주어, 차별적 정책의 국제적 적용으로 인한 국가 간 갈등가능성을 완화시켜 준다.

---

3) WTO체제에서 MFN 원칙은 GATT뿐 아니라 GATS, TRIPs에서도 규정하고 있다. 또한 GATT의 경우 협정 제1조 이외에도 제13조 (수량제한과 관세할당에 있어서 비차별), 제4조(영화필름 영사 시간 할당에 있어서 비차별), 제9조(원산지표시 요건에 있어서 비차별), 제17조(국영무역기업 대우에 있어서 비차별) 등이 있다.
4) 고준성 외(2006), 국제경제법, 123–124면.

Ⅱ 적용범위5)

GATT 제1조 제1항은 그 전반부에서 최혜국대우 원칙의 적용범위를, 그 후반부에서 동 원칙상의 의무사항을 명시하고 있다. MFN이 적용되는 사항은 다음과 같다. 첫째, 수출입관세, 수출입과징금, 관세과징금의 징수방법. 둘째, 수출입에 관한 규칙과 절차. 셋째, 수입에 대해 직접 또는 간접으로 부과되는 내국세, 내국과징금. 넷째, 수입품의 국내판매, 운송, 분배, 사용에 관한 법령 요건. MFN 원칙은 상품의 수입뿐 아니라 상품의 수출(다른 WTO 회원국 상품의 수출)에도 적용된다.

👣 판례 | EC-Commercial Vessels 사건

EC는 2003년 6월 한국을 WTO에 제소하였고(Korea-Commercial Vessels 사건), 이에 앞서 2002년 WTO 패널 결정이 나올 동안 EC 조선업계를 보호한다는 구실 아래 한국과 경쟁하는 선종에 대해서는 한국 조선사와 수주 경합이 붙은 EC 조선사에게 수주가의 최대 6%에 해당하는 보조금을 제공한다는 규정을 채택하였으며 독일, 덴마크, 프랑스 등 회원국은 국내이행규정을 마련하였다. 한국은 EC의 임시보호규정(Temporary Defense Mechanism: TDM)과 회원국의 이행 규정이 1994GATT 제1조상의 MFN규정을 위반한 것이라고 주장하였다. 한국은 TDM규정이 i) GATT 제1조 제1항상의 '제3조 제2항과 제4항에 언급된 모든 사항'에 해당하고, ii) 특정 입찰계약에서 '한국과 경쟁하게 된 EC 조선사'로 지급 요건이 제한되어 있어 한국을 제외한 WTO 회원국에게 제1조 제1항상의 편의, 호의, 특권, 면제를 부여하는 것이고, iii) 이러한 특권 등이 한국에게는 즉시 그리고 무조건적으로 부여되지 않았으므로 최혜국대우 위반이라고 주장하였다. EC는 제3조 제8항 (b)에 따라 TDM규정은 제3조 제4항의 적용대상에서 면제되므로 '제3조 제2항과 제4항에 언급된 모든 사항'에 포함되지 않는다고 반박하였다. 패널은 EC의 주장을 받아들였다. 제3조 제8항 (b)에 합치되는 보조금은 제3조 제4항의 적용대상이 아니며 따라서 '제3조 제2항과 제4항에 언급된 사항'도 아니라고 결론내리고 TDM규정과 회원국의 이행규정은 GATT 제1조 제1항에 불합치되지 않는다고 판정하였다.

👣 판례 | 인도네시아 - 자동차 사건

인도네시아는 소위 1993년 program을 통해 인도네시아산 부품을 일정 비율 이상 사용하는 자동차 제작에 사용되는 수입부품에 대해서는 그 자동차의 국산화율(local content)에 비례하여 수입관세를 경감하거나 지정된 local content 비율을 초과하는 자동차에 대해서는 사치세(luxury tax)를 경감하여 주었다. 또한 1996년 National Car Program을 통해 인도네시아 자동차 회사가 인도네시아 기업이 소유하는 생산시설에서 자동차를 국내 생산하고 인도네시아 국민이 소유한 브랜드를 부착할 경우 그 자동차 회사에 국민차 회사라는 지위를 부여하고 동 자동차 제작에 소요되는 외국산 부품에 대해서는 수입관세를, 자동차에 대해서는 사치세를 면제하여 주었다. 국민차 회사지위를 유지하기 위해서는 3개년간에 걸쳐 국산화율을 증가시켜 나가야 했다. 1996년 program은 또한 인도네시아 국민이 외국에서 제작하였고 국산화율을 충족한 차량은 국내에서 제작된 것과 동일하게 취급하였다. 단, 해외 생산자가 동 자동차 가격의 25%에 해당하는 인도네시아산 부품을 구매할 경우 20%의 국산화율을 충족하는 것으로 간주하였다. 제소국은 1996년 Program상의 사치세 및 관세 면제는 GATT 제1조 제1항의 최혜국대우의무 위반이라고 주장하였다.
패널은 동 조항 위반을 구성하기 위해서는 특혜가 있어야 하고, 동종상품에 대해 무조건적으로 부여되지 않았어야 한다고 보았다. 패널은 조세 및 관세 면제는 특혜에 해당하는 것이 분명하고 다른 WTO 회원국이 생산한 자동차와 부품은 특혜대우를 받는 한국 기아자동차 부품과 동종상품이라고 판정하였다. 또한 그러한 특혜를 부여함에 있어서 인도네시아산 부품을 사용할 것을 조건으로 하고 있으므로 그러한 특혜는 '조건적으로' 부여되고 있으므로 인도네시아의 조치는 최혜국대우의무를 위반한 것으로 판정하였다.

---

5) 사법연수원, 국제통상법 I, 26-27면.

Ⅲ 최혜국대우 원칙의 내용

1. 기본 의무

제1조 제1항 후반부는 "… 일방 체약국이 타국의 원산품이나 타국에 적송되는 상품에 관하여 부여하는 편의(advantage), 호의(favor), 특권(privilege), 면제(immunity)는 다른 모든 체약국의 동종원산품 및 동 체약국 영역에 적송되는 동종상품에 대해서도 즉시 그리고 무조건적으로 부여되어야 한다."라고 규정하고 있다. 편의 등에 대한 주석이나 보충규정은 존재하지 않는다.

2. 과세·절차·판매 등에 있어서의 MFN[6]

회원국은 모든 WTO 회원국 상품을 관세, 관세징수 절차, 수입절차, 내국세, 국내판매, 운송, 국내배분, 사용 등에 대해 동등하게 취급해야 한다. 따라서 수입품의 통관시점뿐 아니라 통관 이후 운송, 판매, 사용 시점에서도 MFN 원칙이 적용된다.

3. 무조건부 최혜국대우[7]

회원국은 다른 WTO 회원국 상품에 대해 최혜국대우를 즉시 그리고 무조건적으로 부여해야 한다. 따라서 상대국이 자국 상품에 시장을 개방하는 것을 조건으로 하여 상대국 상품에 최혜국대우를 부여하는 상호주의(reciprocity)를 적용하지 않고 있다.

4. WTO 비회원국 상품에 대한 특혜의 회원국 상품에 대한 적용의무[8]

MFN 원칙은 특혜를 받는 상품이 비회원국 상품이라 하더라도 WTO 회원국 상호 간 적용된다. 비회원국에 대한 혜택을 포함한 것은 GATT 창설 당시 GATT에 대한 가입을 용이하도록 하기 위한 것이었다.

5. 법적 차별과 사실상의 차별 금지

최혜국대우 원칙은 법적 차별(de jure discrimination)만 금지하는 것이 아니라 사실상의 차별(de facto discrimination)도 금지하는 원칙이다. 따라서 원산지에 기초한 명백한 차별이 아니어도 객관적 상황에서 특정국 상품에만 유리한 혜택이 주어지는 경우 사실상의 차별에 해당되어 MFN 위반이 될 수 있다. 사실상의 차별은 회원국의 통상조치가 특정 A국에서 수입된 상품의 전부 또는 대부분에 유리하게 적용되고, 타국 B국에서 수입된 상품의 전부 또는 대부분에 불리하게 적용되는 경우에 인정된다. 이 경우 B국 상품의 일부가 유리한 대우를 받아도 사실상 차별은 상황에 비추어 확정된다.[9] WTO 패널 및 상소기구는 캐나다-자동차 사건에서 캐나다가 미국산 자동차에 대해서는 관세 면세혜택을 부여하면서도 EC나 일본산 자동차에 대해 수입 관세 면세혜택을 부여하지 않은 것은 사실상 미국에 비해 EC나 일본산 동종자동차를 차별한 것(de facto discrimination)이라고 판정하였다.

---

6) 고무로 노리오(2010, 저)/박재형(역), 국제경제법, 87면.
7) 고무로 노리오(2010), 88면.
8) 고무로 노리오(2010), 88면.
9) 고무로 노리오(2010), 91면.

📚 판례 | 캐나다 - 자동차 사건

캐나다는 1998년 제정된 Motor Vehicle Tariff Order(MVTO)를 통해 일정 조건[10]을 충족하는 자동차 제작사에게 자동차를 무관세로 수입할 수 있는 수입관세 면제혜택을 부여하였다. 또한, 캐나다는 SRO(Special Remission Order) 규정을 통해서도 자동차 제작사에게 수입관세 면제혜택을 부여하였다. SRO 역시 회사별로 생산 대 판매 비율과 CVA 요건을 설정하였다. 자동차 제작사들은 CVA 요건을 충족하겠다는 서약서(Letter of Undertaking)를 제출하였다. MVTO, SRO에 의거하여 수입관세 면제대상이 되는 기업은 1989년 이후 추가되지 않았다. 수입관세 면제조치와 관련하여 제소국(일본, EC)은 캐나다의 조치가 최혜국대우의무를 위반한 것이며, GATT 제24조에 의해서도 정당화되지 않는다고 하였다. 이에 대해 패널과 상소기구는 제소국들의 주장을 인용하였다. 패널은 혜택부여에 있어서 특정 조건을 요구하는 것 자체가 MFN의무에 반하는 것은 아니나 특정 혜택을 모든 동종상품에 무조건부로 부여하지 않았을 때 동 의무를 위반하는 것이라고 하였다. 캐나다는 수입관세 혜택을 일부 기업에 국한함으로써 특정 국가 자동차(대부분 미국 자동차)에 혜택을 부여하였고 이러한 혜택이 모든 회원국의 동종상품에 즉각, 무조건부로 부여되지 않았으므로 GATT 제1조 제1항을 위반하였다고 판정하였다. 상소기구도 패널 판정을 지지(uphold)하였다. 상소기구에 의하면, GATT 제1조 제1항은 'any advantage, any product, all other member' 등을 대상으로 한다. 그러나 캐나다가 해당 조치를 실제 운용한 양태는 'an advantage를 some member로부터 some product'에 공여한 것이므로 모든 회원국의 동종상품에 대해 즉시 그리고 무조건부로 같은 혜택을 부여해야 한다는 제1조 제1항의 의무를 준수하지 않은 것이라고 하였다. 즉, 캐나다는 사실상 미국에 비해 EC나 일본산 동종자동차를 차별한 것(de facto discrimination)이라고 판정하였다.

Ⅳ 동종상품(like product)

1. 쟁점

최혜국대우의무를 준수하고 있는지의 여부는 개별 동종상품별로 판단하기 때문에 MFN의무 준수 여부 판단에 있어서 동종상품인가를 판단하는 것이 선결과제라 할 수 있다. 그러나 GATT 초안 작성 과정부터 동종상품과 기타 유사한 표현에 대한 정확한 정의가 이루어지지 않았기 때문에 이에 대해서는 해석을 통해 의미를 확정할 수밖에 없다.

2. 목적 해석

GATT 제1조 제1항은 모든 국가가 동등한 조건으로 국제무역에 참여하게 되어 비교우위에 근거하여 무역을 하게 됨으로써 무역의 이익이 극대화되고 자원배분의 효율성을 기할 수 있게 하여 자유무역을 확산시키는 데 그 취지가 있다. 따라서 제1조 제1항에서의 동종성 개념은 목적해석을 통해 '동일한' 또는 '매우 유사한 상품'뿐만 아니라 교체할 수 있는(inter-changeable) 상품까지 포함하는 것으로 해석된다.

---

10) 세 가지 조건을 충족해야 한다. 첫째, 기준년도 중 수입자동차와 동급의 차량을 캐나다 국내에서 생산한 실적이 있어야 한다. 둘째, 캐나다 내에서 생산된 자동차의 판매총액과 캐나다 내에서 판매된 동급차량 판매 총액 간의 비율이 기준년도의 그것보다 같거나 높아야 한다. 셋째, 캐나다 내 자동차 제작에 투여된 캐나다의 부가가치가 기준년도의 그것보다 같거나 높아야 한다(Canadian Value Added requirement: CVA). 둘째 조건이 기준년도보다 낮을 수도 있으나 최소한 75:100은 초과해야 한다. 셋째 요건과 관련하여 CVA 요건 충족비율이 각 자동차 회사별로 지정되었다. 이 비율은 캐나다 국내상품 사용, 국내노동자 고용, 캐나다 내 수송비용 및 캐나다 내에 발생한 경상비 등을 통해 달성할 수 있다.

3. 입법과정 분석(주관적 해석)

GATT 입법과정에서의 논의를 보면, 동종상품의 범위에 교체가능성을 가진 모든 상품을 포함하는 것으로 해석되지 않는다. GATT 제1조의 입법과정에 대한 기록을 보면, GATT 제1조 제1항의 동종성 개념은 '완전히 다르지만 교체가능한' 상품의 의미를 포함하지는 않는다는 것을 보여준다. 1946년 London회의 제2위원회 12차 회의에서 위원회 보고자 Leddy는 프랑스 대표의 질의에 대한 답변에서 밀이 아닌 다른 곡물과 밀 대신 사용되어질 수 있는 비곡물은 밀과 동종상품에 포함되지 않는다고 하여, 단순히 교체할 수 있는 상품을 동종상품의 범주에 포함시키지 않았다.

4. 패널

동종상품 판단에 있어서 패널의 입장은 세 가지로 요약할 수 있다. 첫째, 패널은 동종성을 판단함에 있어서 동종성 개념이 '경쟁하거나 대체가능한'과는 구별된다는 것을 전제로 하였다. 둘째, GATT 제1조 제1항은 관세양허의 이행과 양허효과를 보호하기 위하여 제정된 것이기 때문에 최혜국대우 원칙 위반과 관련된 사례에서 중요하게 고려되는 사항은 관세분류의 문제였다. 특히 피제소국의 관세분류체계가 다른 국가의 관세분류체계와 유사한가 여부를 중요하게 고려하였다. 셋째, 수입품 간 동종성을 판단하기 위해 상품의 물리적인 특성(physical characteristics), 최종용도(end use), 소비자 인식(consumer perceptions) 등이 고려되었다. 단, 패널은 상품의 물리적 특성이 상품의 동종성 여부를 판단하는 결정적인 요인으로 작용하지 않는다는 점을 분명히 밝혔고, 또한, 소비자의 인식 역시 상품의 동종성을 판단하는 데 도움을 주는 부수적인 요소로만 작용한다는 점을 분명히 하였다. 그러나 상품의 최종용도를 동종성 판단의 중요한 요소로서 고려하였다. 몇 가지 사례를 보자.

(1) 스페인 – 볶지 않은 커피의 관세대우 사건(1981년)

1979년 스페인이 정부 국왕령 제1764/79호를 통해 볶지 않고 카페인이 제거되지 않은 커피를 5개 관세등급으로 세분화하여 세 종류에 대해서는 7%의 관세를 적용하여 나머지에 대해서는 면세하였다. 7% 관세가 적용되는 커피를 수출하는 브라질이 이에 대해 제소하였다. 패널은 볶지 않은 커피는 모두 동종상품이며 스페인의 관세 차별부과 조치는 '사실상의 차별'에 해당한다고 판정하였다. 패널은 다음과 같은 이유로 볶지 않은 커피는 모두 동종상품이라고 판단하였다. 첫째, 볶지 않은 다양한 커피들 사이의 차이점은 주로 지역적 요소, 경작방법, 원두의 가공, 유전자적 요소 등의 차이점에 기인한 것으로 이와 같은 차이점은 차별적인 관세대우를 허용할만한 이유가 되지 않는다. 둘째, 커피의 최종용도는 보편적으로 사람들의 음용이라는 실질적으로 동일한 목적을 가지고 있다. 셋째, 다른 어떤 체약국도 볶지 않고 카페인을 제거하지 않은 커피에 대해 다른 관세율을 적용하지 않는다. 한편, 스페인의 조치가 브라질 상품을 명시한 법적ㆍ형식적 차별에는 해당하지 않지만 결과적으로 동 조치는 브라질 상품을 고율 관세 품목에 분류하는 점에서 사실상의 차별에 해당한다고 하였다. 이 사건과 관련하여 또 한 가지 주목할 만한 판정 내용은 MFN 원칙은 회원국의 양허 여부에 관계없이 수입품을 원산지에 따라 차별하는 것을 금지한다고 판단한 것이다.

(2) 일본 – 가문비나무각재(SPF규격재)의 수입관세 사건(1989년)

이 사건은 일본이 미국 등 다른 나라로부터 수입하는 각재에 대해서는 무관세혜택을 부여하는 반면, 캐나다로부터 수입하는 가문비나무각재(spruce and pine and fir dimension lumber)에 대해서는 8% 관세를 부과하여 발생하게 되었다. 패널은 수입국의 관세분류제도에 내재한 국내산업 보호목적과 관세분류가 여러 국가로부터의 수입형태 등에 미치는 영향을 동시에 고려하여 사안을 검토한 후 '캐나다각재'(dimension lumber)라는 분류는 일본의 관세분류에는 없는 개념으로서 캐나다 산업에서 적용되는 기준인바, 이러한 개념은 관세분류 목적을 위한 범주로 볼 수 없을 뿐만 아니라 국제적으로 공인된 관세분류에 속하지도 않기 때문에 캐나다가 주장하는 각재는 GATT 제1조 제1항 소정의 동종상품에 해당하지 않는다고 판단하였다.

V 예외[11]

1. 역사적 예외

GATT 출범 이전부터 존재해 오던 특정 국가 간의 특혜관세제도, 예컨대, 영연방 특혜, 프랑스 속령 특혜, 미국-필리핀 간 특혜, 프랑스-베네룩스 간 특혜 등은 예외적으로 허용하고 있다. GATT상 허용되는 역사적 특혜는 소위 조부조항(grandfather clause)의 한 예로서 GATT 제1조 제2항과 제3항에 근거를 두고 있다. 이는 최혜국대우 원칙과 정면으로 상반되나 GATT 성립 이전부터 전통적으로 존재해 오고 있던 특정국 간의 특혜관세를 즉각 전면적으로 철폐한다는 것은 불가능하다는 점에서 일정조건 하에 예외를 인정하고 있다.

2. 지역무역협정

WTO 회원국들이 '자유무역지대'나 '관세동맹'을 맺는 경우 최혜국대우의무의 예외가 인정되어 동 지역협정의 회원국 간에만 특혜를 주고받는 것이 일정 조건 하에 허용된다. 이는 무역자유화가 세계적 차원에서 실질적인 이익을 제공하여 준다면, 그와 같은 무역자유화를 촉진하기 위해 최혜국대우 원칙으로부터 일탈하여 무역을 창출(creation)하는 것을 특별히 허용해야 한다는 점을 취지로 하고 있다.

3. 국경무역

GATT 제24조 제3항은 '국경지역 무역'(frontier traffic) 증진을 위해 '인접한 국가(adjacent countries) 간의 일정한 교역행위'에 대해 최혜국대우의무를 면제해 주고 있다. 특혜무역이 가능한 지리적 범위에 대해 명확한 정의 규정은 없으나, GATT 준비회의 과정에서 미국은 국경으로부터 15km 이내의 범위에서만 최혜국대우 의무 면제가 인정된다는 견해를 피력하였다.

4. 의무면제

WTO 각료회의에서 WTO 회원국 4분의 3 이상의 동의를 얻는 경우 WTO협정상의 특정 의무로부터 면제를 받을 수 있다(WTO설립협정 제9조 제3항). 의무면제의 부여에는 기한 및 조건 등의 제한이 있으며, 추후 매년 면제제도의 지속 필요성에 대한 각료회의의 심사를 받아야 한다(동 협정 제9조 제4항). 또한 의무면제는 '예외적인 상황(exceptional circumstances)' 하에서만 부여된다는 실체적 요건도 충족해야 한다(동 협정 제9조 제3항, 제4항).

📋 **조문 | WTO설립협정 제9조 제3항 · 제4항 – 의무면제(Waiver)**

3. 예외적인 상황에서 각료회의는 이 협정이나 다자간무역협정이 회원국에게 지우는 의무를 면제하기로 결정할 수 있다. 다만, 이러한 결정은 이 항에 달리 규정되어 있는 경우를 제외하고는 세계무역기구 회원국 4분의 3 다수결에 의한다. (In exceptional circumstances, the Ministerial Conference may decide to waive an obligation imposed on a Member by this Agreement or any of the Multilateral Trade Agreements, provided that any such decision shall be taken by three fourths of the Members unless otherwise provided for in this paragraph.)

---

11) 고준성 외(2006), 126-131면 ; 사법연수원 30-32면.

가. 이 협정과 관련한 면제요청은 컨센서스에 의한 결정의 관행에 따라 각료회의에 검토를 위하여 제출한다. 각료회의는 동 요청을 검토하기 위하여 90일을 초과하지 아니하는 기간을 설정한다. 동 기간 동안 컨센서스가 도출되지 아니하는 경우, 면제부여는 회원국의 4분의 3 다수결로 결정한다. (A request for a waiver concerning this Agreement shall be submitted to the Ministerial Conference for consideration pursuant to the practice of decision-making by consensus. The Ministerial Conference shall establish a time-period, which shall not exceed 90days, to consider the request. If consensus is not reached during the time-period, any decision to grant a waiver shall be taken by three fourths4 of the Members)

나. 부속서 1가, 1나 또는 1다의 다자간무역협정과 그들의 부속서와 관련한 면제요청은 90일 이내의 기간 동안의 검토를 위하여 상품무역이사회, 서비스무역이사회 또는 무역 관련 지적재산권이사회에 각각 제출된다. 동 기간의 만료시 관련이사회는 각료회의에 보고서를 제출한다. (A request for a waiver concerning the Multilateral Trade Agreements in Annexes 1A or 1B or 1C and their annexes shall be submitted initially to the Council for Trade in Goods, the Council for Trade in Services or the Council for TRIPS, respectively, for consideration during a time-period which shall not exceed 90 days. At the end of the time-period, the relevant Council shall submit a report to the Ministerial Conference)

4. 면제를 부여하는 각료회의의 결정은 동 결정을 정당화하는 예외적인 상황, 면제의 적용을 규율하는 제반조건 및 면제 종료일자를 명시한다. 1년보다 긴 기간 동안 부여되는 면제의 경우 각료회의는 면제 부여 후 1년 이내 및 그 이후 면제 종료 시까지 매년 면제를 검토한다. 각료회의는 매 검토 시마다 의무면제 부여를 정당화하는 예외적인 상황이 계속 존재하는지 여부 및 면제에 첨부된 조건이 충족되었는지 여부를 조사한다. 각료회의는 연례검토를 기초로 면제를 연장, 수정 또는 종료할 수 있다. (A decision by the Ministerial Conference granting a waiver shall state the exceptional circumstances justifying the decision, the terms and conditions governing the application of the waiver, and the date on which the waiver shall terminate. Any waiver granted for a period of more than one year shall be reviewed by the Ministerial Conference not later than one year after it is granted, and thereafter annually until the waiver terminates. In each review, the Ministerial Conference shall examine whether the exceptional circumstances justifying the waiver still exist and whether the terms and conditions attached to the waiver have been met. The Ministerial Conference, on the basis of the annual review, may extend, modify or terminate the waiver)

5. 반덤핑 및 상계관세제도

덤핑생산 및 수출업자에 대한 반덤핑관세 부과 및 보조금을 지급받은 수입품에 대한 상계관세 부과조치 역시 최혜국대우의무에 대한 예외로 본다. 이 두 경우 판정대상이 된 특정 국가로부터 수입되는 물품에 대해서만 높은 관세가 부과되므로 원칙적으로 최혜국대우의무에 위반하여 관세를 부과하는 것이나 반덤핑 및 상계관세 조치가 GATT 제6조 및 반덤핑협정이나 보조금 및 상계관세협정에 의해 허용되고 있으므로 합법적인 조치에 해당한다.

6. 국제수지 예외

국제수지의 어려움을 겪고 있는 상태에서 IMF와의 협의 하에 수입에 대해 수량제한을 가하는 경우 GATT 제14조에 의거하여 최혜국대우의무의 면제가 허용된다. GATT 제13조에 따르면 국제수지의 어려움을 극복하기 위해 예외적으로 수량제한 조치를 취하는 경우에도 최혜국대우 원칙을 준수해야 하나, 제14조는 IMF와의 협의를 요건으로 MFN의무로부터의 이탈을 허용하고 있는 것이다. 즉, 국가에 따라 선별적으로 수량제한조치를 취할 수 있다.

7. 보복조치

패소국이 합리적 이행기간 내에 판정을 이행하지 않고, 적절한 보상합의도 없는 경우, 승소국은 DSB의 승인을 받아 보복조치를 취할 수 있다. 이러한 보복조치는 패소국에 대해서만 차별적으로 취해지므로, MFN 원칙의 합법적 예외라 볼 수 있다.

8. 개발도상국 우대조치

1979년 GATT 체약국단이 결정한 '개발도상국에 대한 특혜에 관한 허용조항'에 따라 선진국은 개도국에 대해 '차별적이고 유리한 대우'를 부여하는 것이 허용되며 일반특혜관세제도(Generalized System of Preferences: GSP)를 통한 관세상의 특혜 및 여타 비관세 분야에서의 특혜를 부여할 수 있다. GSP제도를 상설화시킨 동 결정을 '허용조항'(Enabling Clause)이라 통칭한다. 이는 특혜의 부여가 선진국의 의무가 아니라 권리인 점을 확인해 준다. 한편, 개도국이 최빈개도국에 대한 특혜를 부여할 수 있는가에 대해 다툼이 일자, WTO 일반이사회는 1996년 6월 '최빈개도국을 위한 특혜관세제도'(preferential tariff treatment for least-developed countries)를 마련하고 2009년 6월 30일까지 WTO 회원국인 개도국이 UN이 지정한 최빈개도국 제품에 대해 일방적으로 특혜관세를 부여하는 것을 허용하였다.

9. GATT 제20조(일반적 예외)

GATT 제20조는 공중도덕 보호, 인간이나 동식물의 생명이나 건강의 보호, 유한천연자원의 보존 등을 위해 필요한 경우 등 몇 가지 사유를 규정하고 이에 해당하는 경우 GATT의무로부터 벗어날 수 있음을 규정하고 있다. 단, 이러한 예외를 원용하기 위해서는 관련조치가 '동일한 조건 하에 있는 국가 간에 자의적이고 정당화 될 수 없는 차별의 수단이 되거나 국제무역에 대한 위장된 제한이 되도록 적용되어서는 아니 된다.' 이 전문(chapeau)의 요건은 동일한 조건 하에 있는 국가 간 자의적 차별을 금지하고 있으므로 MFN의무로부터 절대적으로 배제된다고 볼 수 없다. 그러나 자의적이지 않고 정당화 될 수 있는 차별은 허용되므로 완전한 최혜국대우를 요구하는 조항도 아니다.

10. 국가안보 예외

GATT 제21조는 국가안보 예외(security exception)를 규정하고 있다. 이 조항에 따라 취해진 국가안보 보호를 위한 조치는 최혜국대우의무의 구속을 받지 않는다.

📇 참고 남북교역과 최혜국대우 문제

1. 문제의 소재

남북교역이 본격화 되면서 법적·제도적 안정성 문제가 최혜국대우 문제와 관련해서 제기될 수 있다. 따라서 안정적이며 국제적 지지를 받을 수 있는 국제법적 체제 구축이 요구되고 있다.

2. 민족 내부 거래의 개념과 국제법적 문제점

우리나라는 현재 남북 경협이 '민족 내부 거래'이므로 WTO협정이 적용되지 않는다는 입장을 취하고 있다. 1992년 '남북합의서'에서 남북 무역거래는 남북 간의 '민족 내부 교류로서의 물자교류'로 규정하고 있다. 또한, '교류협력부속합의서'에 의하면 남과 북은 물자교류에 대해 관세를 부과하지 않으며, 남북사이의 경제관계를 민족내부 관계로 발전시키기 위한 조치를 협의할 것을 규정하였다. '남북교류협력에 관한 법률'은 북한으로부터 반입되는 상품에 대한 관세 면제를 규정하고 있다. 그러나, 이와 관련하여 한국의 최혜국대우 위반 문제가 제기될 수 있다. 1994GATT 제1조는 회원국 상호 간에만 적용되는 것이 아니라 회원국이 비회원국에 대해 부여하는 특혜에도 적용된다. 1991년 미국은 한국이 남북 간 구상무역 형태로 쌀을 대북지원 할 당시 GATT 의무 면제(waiver)가 필요하다는 입장을 공식 전달한 바 있다. 현재 남북 간 특혜교역은 국제적인 '묵인' 하에 진행되고 있으나 남북경협이 본격화되고, 북한경제의 대외개방이 가속화되고 있어 이해당사국들이 문제를 제기할 가능성이 있다.

3. 남북 무관세거래에 대한 정당화 논리 및 한계

(1) 남북 간 거래는 국가 간 거래가 아니라는 주장

우리나라 헌법상 북한이 한국 영토의 일부분이고, '세계무역기구협정의 이행에 관한 특별법'도 "남북 간 거래는 민족내부 거래로서 협정에 의한 국가 간의 거래로 보지 아니한다."라고 규정되었다. 따라서 남북 간 거래는 국가 간 거래가 아니라는 주장이다. 그러나 조약법 협약 제27조 및 WTO설립협정 제16조 제4항의 규정에 비추어 보면, 타당하지 않다. 즉, 위 조항들은 국제법 우위를 확인하고 있으며, 국내법을 이유로 국제법 위반을 정당화할 수 없음을 규정하고 있기 때문이다.

(2) 국가승인론에 의한 정당화 논리

한국이 북한을 국가로 승인하지 않았으므로 한국이 부여한 특혜는 GATT 제1조상의 '타국가(any other country)'에 대한 특혜 부여는 아니라는 주장이 있다. 그러나 남북이 동시에 UN에 가입하고, 남북이 130여국과 동시에 수교 관계를 맺고 있는 상황에서 한국이 북한의 '국가성'을 부인할 수 없다. 또한 WTO협정은 독립된 관세 영역도 대상으로 한다.

(3) 민족자결권에 기초한 정당화 논리

남북 간 경제협력은 '민족자결권' 행사의 일환이며 UN헌장상 이러한 민족자결권이 UN 회원국의 기본적 권리로 보호되고 있으므로 남북경협은 정당하다는 주장이다. 그러나 주로 식민통치에 대한 저항을 정당화하기 위해 원용되는 민족자결권 개념이 남북 간 특혜 교환을 합리화하는데 근거로 활용될 수 있다고 보기 어렵다. 그 이유는 첫째, 최혜국대우 위반과 민족자결의 실현 간 상관관계가 높다고 볼 수 없기 때문이다. 둘째, 확대해석되는 경우 WTO체제를 국가 간 체제가 아니라 민족 간 체제로 재편하여 현 국제 통상질서를 형해화 할 우려가 있기 때문이다.

4. 국제법적 안정화 방안

(1) 허용조항(Enabling Clause)

동 조항에 의하면 WTO 회원국은 개도국에게 '일반특혜관세(GSP)'를 부여할 수 있다. 북한은 개도국이며 한국은 동 조항에 입각하여 북한상품에 대해 무관세대우를 부여할 수 있다. 그러나 이를 위해서는 WTO 사무국에 통보해야 하고 각종 관련 정보를 제공해야 한다는 절차적 통제가 따른다. 또한 북한이 개도국인 경우에만 한시적으로 적용되고, 무관세대우 이외의 다른 특혜대우는 합리화될 수 없다는 한계가 있다.

(2) 남북 지역무역협정(Regional Trade Agreement)의 체결

남한과 북한이 RTA를 체결하여 MFN의무로부터 이탈할 수 있다. 지역무역협정은 실체적 요건만 충족시키면 되므로 의무면제에 비해 절차적으로 간소하다. 지역무역협정은 GATT 제1조상의 최혜국대우의무가 면제된다. 다만, 전제조건이 있다. 첫째, 한국과 북한이 지역무역협정 체결에 동의해야 한다. 둘째, 양국 간 경제의 기본 구조가 유사해야 한다. 셋째, 지역무역협정 체결 당사국 간의 상호 신뢰회복이 확고하게 자리잡아야 한다. 넷째, 북한이 WTO에 가입해야 한다. 그러나, 이는 시간을 요하므로 자유무역협정 체결은 장기적 목표로 설정하는 것이 바람직하다.

(3) WTO협정상의 의무로부터의 면제(Waiver)

의무면제는 한국의 일방적 의사로 진행이 가능하다는 장점이 있다. 그러나 WTO설립협정 제16조 제3항에 의하면 전체 회원국의 4분의 3의 동의를 받아야 하는 절차상의 난점이 있다. 또한 한국이 남북교역에 대해 의무면제를 신청하는 경우 한국 스스로 민족내부거래 논리를 포기하는 것은 물론이고, 남북한 교역의 WTO협정 위반을 인정하는 것을 의미한다. 의무면제를 위한 협상비용을 고려해야 하며, 면제를 획득하는 경우에도 각종 기한 및 조건이 부과되고 회원국에 의한 연례적 심사가 진행된다는 점도 고려해야 할 것이다.

(4) 지역무역협정에 남북한 관계 조항 삽입

한국과 자유무역협정을 체결하는 나라들이 남북한 간의 특혜무역에 대해 이의를 제기하지 않는다는 국제법적 약속을 미리 받아두는 방안이다. 비록 양자적 효력을 갖는 한계가 있으나 한국이 지역무역협정 체결국을 늘려감에 따라 '사실상의 다자적 효과'(de facto multilateral effect)가 발생하게 된다. 이러한 방안의 경우 다음과 같은 장점이 있다. 첫째, 남북한 관계 성숙을 기다릴 필요 없이 당장 적용할 수 있다. 둘째, 의무면제와 달리 실현가능성이 높다. 또한 의무면제의 경우 예상되는 파급효과도 없다. 셋째, 현행 한국의 국내법과 충돌가능성이 없다. 오히려 "남북 간 거래는 민족내부 거래로서 협정에 의한 국가 간의 거래로 보지 아니한다."라는 국내적 입장을 국제법적으로 구현하는 의의가 있다.

1. WTO 회원국인 A국은 자국 자동차 제작업자에 대해 국산화율달성의무 및 자동차 수출입균형의무를 부과하는 국내법을 제정하였다. 동 법에 의하면 외국 자동차를 부품형태로 수입하려는 A국 승용차 제작사는 특정 기간 내에 일정 국산화율을 달성하며 수입차량 가액에 상응하는 액수의 차량을 수출하겠다는 내용의 양해각서를 A국 정부에 체결해야 하며, 양해각서를 체결하지 않거나 의무를 준수하지 못한 경우 외국 차량수입권을 허가해 주지 않았다. A국의 조치는 WTO협정에 합치되는가? (30점)

2. 분단국인 A국과 B국은 조약을 체결하여 B국 내의 일정 지역에서 A국 기업이 생산활동을 할 수 있도록 하고 A국 기업이 생산한 상품(P)에 대해 원산지표시를 A국으로 하기로 하는 한편, 생산된 상품을 A국 내로 반입하는 경우 관세를 면제하고, 우선적 통관을 인정하기로 하였다. 이에 대해 A국에 P와 같은 상품을 15% 관세로 수출하고 있는 C국은 자국 상품을 무관세로 통관시킬 것을 요구하였으나 거절당하였다. C국은 A국에 대해 협의를 요청하였으나 응답이 없자 패널설치를 요청하였다. 한편, C국은 생산설비로 B국에 반입되는 물품들에 자국의 적성국무역법상 B국에 반입이 금지된 물품이 포함되어 있음을 이유로 이를 반입시킨 A국 기업에 대해 소환장을 발부하고 관련 정보제공을 요청하였다. 이 사안에서 국제법적 쟁점을 적시하고 이에 대해 논평하시오(단, A국과 C국은 WTO 회원국이라고 가정하시오). (40점)

제3절 내국민대우 원칙(제3항)

I 서설

1. 개념

내국민대우(national treatment)란 국제교역에 있어서 국가는 외국, 외국상품, 외국서비스 또는 외국인에 대해 자국민, 자국상품 또는 자국 서비스에 부여하는 대우보다 불리하지 아니한 대우를 부여해야 한다는 원칙을 의미한다. 최혜국대우 원칙이 국가 간 횡적 균형(horizontal balance)를 의미하는 반면, 내국민대우 원칙은 종적 균형(vertical balance)을 확보하기 원칙이다.[12] 과거 국제교역에 있어서 관심의 초점은 관세에 있었으므로 더욱 많은 상품에 대한 국제적 관세 감축을 위해 MFN의무의 적용에 있었으나, 관세수준이 상당히 저하된 현재는 상품무역에 있어서 내국민대우가 주목을 받고 있다. 내국민대우는 상품무역협정뿐 아니라, 서비스무역 및 무역 관련 지적재산권에도 적용되고 있다. 내국민대우를 부여하는 경우 자유무역을 증진시킬 수는 있으나, 국가의 정당한 국권행사가 제약을 받는다는 점에서 자유무역가치와 국가주권의 정당한 행사라는 가치가 정면으로 대립하는 영역이다. 한편, 내국 간접세가 설령 수입금지적 성격을 가지고 있다고 해도 동종국산품에 대한 세율과 같기만 하다면 WTO협정에 위배되지 않는다.

---

12) 고준성 외(2006), 국제경제법, 132면.

2. 목적[13]

내국민대우 규정은 세 가지 목적이 있다. 첫째, 수입품의 시장접근을 확보하기 위한 것이다. 국산품에 비해 수입품이 불리한 대우를 받는 경우 수입품은 국내시장에 수입되기 어렵게 될 것이다. 둘째, 관세양허로 인해 수입품의 시장접근이 강화될 수 있으나, 내국민대우 규정이 없는 경우 관세양허의 효과는 무용지물이 될 수 있다. 즉, 내국세와 내국 규제가 비관세장벽이 될 수 있는 것이다. 내국민대우는 이를 방지하기 위한 것이다. 셋째, 최혜국대우와 조화를 이루어 자유무역을 확장한다. 최혜국대우가 인정되어도 내국민대우가 부정된다면 최혜국대우를 통한 자유무역확대 취지는 무색해질 것이다. 반대로 내국민대우가 인정되어도 최혜국대우가 부정되는 것 역시 외국상품의 시장접근을 방해한다. 경쟁력 있는 외국상품에 고율관세를 부과하는 경우 내국민대우를 부여한다고 해도 외국상품의 시장접근은 어려울 것이다.

3. 법률상 차별과 사실상의 차별

내국민대우는 사실상의 차별 금지를 포함한다. 법률상 차별은 상품이 국산품인지 여부에 따라 외국상품에 내국세와 그 밖의 내국 규제를 불리하게 적용하는 경우 발생한다. 사실상의 차별은 법적 · 형식적 차별이 아니어도 사실상 국산품에 유리하고, 동종의 수입상품에는 불리한 규제가 이루어지는 경우가 해당된다.

4. 차별조치와 차별효과

차별의 존재를 판단함에 있어서 차별조치로 인해 차별의 효과, 즉 실제로 수입제한 효과가 발생했는지 여부를 따지지 않는다. 즉, 차별조치가 존재한다면 NT 위반에 해당한다. 차별조치와 수입량의 증감이 반드시 상관관계를 갖는 것은 아니기 때문에 차별조치 이후에 수입이 오히려 증가할 수도 있다.

Ⅱ GATT 제3조 제1항

> ### 📄 조문 | 1994GATT 제3조 제1항
>
> 체약국은 내국세, 기타 내국과징금과산품의 국내판매, 판매를 위한 제공, 구매, 수송, 분배 또는 사용에 영향을 주는 법률, 규칙 및 요건, 그리고 특정한 수량 또는 비율의 산품의 혼합, 가공 또는 사용을 요구하는 내국의 수량적 규칙은 국내생산을 보호하기 위하여 수입산품 또는 국내산품에 대하여 적용하여서는 아니 된다는 것을 인정한다. (The contracting parties recognize that internal taxes and other internal charges, and laws, regulations and requirements affecting the internal sale, offering for sale, purchase, transportation, distribution or use of products, and internal qua-ntitative regulations requiring the mixture, processing or use of products in specified amounts or proportions, should not be applied to imported or domestic products so as to afford protection to domestic production.)

동 조항은 법적 구속력이 있는 조항이 아니라 내국민대우의무의 기본 원칙을 선언한 조항이다. 이는 '도덕적 의무'를 의미하는 'should'를 사용한 점, 제3조 제2항 제2문이 제1항을 '원칙'(principle)이라 지칭하고 있는 점에 기초한 해석이다. 단, 동 조항은 그 자체로서 독립적인 구속력이 없다는 뜻이고, 제2항 제2문에서처럼 제1항의 법적 효력을 부여하는 규정이 있는 경우는 이 규정에 의해 제1항이 법적 구속력을 가질 수 있다.[14]

---

13) 고무로 노리오(2010), 116-117면.
14) 고준성 외(2006), 136면.

Ⅲ 제3조 제2항 제1문: 동종상품에 대한 재정적 차별금지의무

📄 조문 | 1994GATT 제3조 제2항

다른 체약국의 영역 내에 수입된 체약국 영역의 산품에 대하여는 동종의 내국산품에 직접 또는 간접으로 부과되는 내국세 또는 기타 모든 종류의 내국과징금을 초과하는 내국세 또는 기타 모든 종류의 내국과징금을 직접 또는 간접으로 부과하여서는 아니 된다. 또한, 체약국은 본 조 제1항에 규정된 원칙에 위배되는 방법으로 내국세 또는 기타 내국과징금을 수입산품 또는 국내산품에 부과하여서는 아니 된다. (The products of the territory of any contracting party imported into the territory of any other contracting party shall not be subject, directly or indirectly, to internal taxes or other internal charges of any kind in excess of those applied, directly or indirectly, to like domestic products. Moreover, no contracting party shall otherwise apply internal taxes or other internal charges to imported or domestic products in a manner contrary to the principles set forth in paragraph1.)

---

1. 내국세

동 조항의 내국세에는 판매세(sales taxes), 사치세(luxury taxes), 거래세(turnover taxes), 이용세 등이 해당된다. 한편, GATT 제3조는 상품(products)과 관련된 것이므로 소득세 등 직접세(direct taxes)의 경우에는 제3조 제2항이 적용되지 않는다. 오히려 직접세에 관한 규칙은 일종의 보조금으로 볼 여지가 많으며 따라서 보조금협정에 위반될 소지가 많다.[15]

2. 초과

제2항 제2문이 직접경쟁 및 대체가능상품에 대해 '유사하게'(similarly) 과세할 것을 요구하는 반면, 1문은 동종상품에 대해 '초과하여'(in excess of) 과세하지 말 것을 요구하여 문언상 차이가 있다. 이에 대해 상소기구는 최소허용기준(de minimis level)의 적용 여부에 차이점을 두고 있다. 즉, 1문은 어떠한 조세율의 차이도 허용하지 않겠다는 의지의 표현인 반면, 2문은 최소허용기준을 넘지 않는 조세율의 미소한 차이는 허용된다는 것이다. 동종상품에 대해서 동일한 조세가 적용되지 않는 한 내국민대우를 위반하는 것이다.

3. 동종상품

(1) 쟁점

제3조 제2항 제1문의 위배 판단에 있어서 결정적인 문제는 비교되는 상품이 '동종상품'(like product)에 해당하는가 하는 점이다. 동종상품에 대한 정의규정을 두지 않음으로써 다양한 쟁점이 제기된다. 즉, 동종상품의 판단기준, 동종상품과 직접경쟁 및 대체가능상품과의 관계, 제3조 제4항상의 동종상품과의 비교, 다른 상품무역협정상 동종상품의 개념과 같은 것인가 등이 쟁점이 되고 있다. 동종상품의 판단기준을 중심으로 검토한다.

(2) 동종상품의 판단기준

GATT · WTO 패널은 동종상품을 판단함에 있어서 전통적으로 두 가지 접근법을 취했다. 'BTA Approach'와 'Aim-and-Effect Theory'가 그것이다. 한편, 최근 시장기반설(the market-based Approach)도 제기되고 있다. 이 세 가지를 검토해 보자.

---

15) 사법연수원, 33면.

① BTA Approach: 1970년 국경과세조정보고서(the border tax adjustment report: BTA Report) 이래로 GATT · WTO 패널이 주로 의존해 온 방식을 BTA 방식이라 한다. 동 보고서는 제품의 물리적 특성이나 성질, 제품의 최종용도 및 소비자의 기호나 습관 등을 고려하여 같은 상품 여부를 판단할 것을 제시하고 있다. 동 보고서는 객관적 요소와 주관적 요소를 모두 고려요소로 제시하고 있으나, GATT · WTO 패널은 제품의 물리적 특성 및 용도 등 객관적 요소에 그 심사를 한정해 오고 있다. 'EEC 동물사료 분쟁'에서는 관세분류, 단백질 함유량, 소비용도 등을 고려하였고, '미국 가솔린 분쟁'에서는 제품의 물리적 특성, 최종용도, 관세분류, 대체가능성에 의존하였다. 한편, '일본 주세분쟁'에서는 물리적 특성의 차이, 소비용도, 관세분류, 시장여건을 고려하였다.

② 조치목적설(the Aim-and-Effect Approach): 조치목적설은 동종상품의 판단에 있어서 단순하게 물리적 특성이나 최종용도 등 객관적 요소만을 기준으로 하는 것이 아니라 차별조치를 취한 목적을 반영해야 한다는 이론이다. 조치목적설은 '뢰슬러'(Frieder Roessler)에 의해 주장되었고, 1992년 '미국 주류 분쟁' 및 1994년 '미국 자동차 분쟁'에서 적용되었다. '미국주세사건'의 경우 알코올 도수 3.2%를 기준으로 맥주를 구분하고 차별대우하는 것은 정부의 재정수입증대 또는 소비자의 건강보호와 같은 합법적 정책목적을 달성하기 위한 조치로서, 자국산 맥주상품을 보호하기 위한 목적과는 무관하므로 내국민대우 원칙을 위반하지 않았다고 판단하였다. 조치목적설의 논거는 첫째, GATT 제3조의 목적은 서로 경쟁관계에 있는 상품의 경쟁성을 왜곡하는 것을 방지하는 데 목적이 있으므로 그러한 정책목적을 검토하여 동종상품을 판단해야 한다. 둘째, 제3조의 해석에 있어서 제1항의 일반 원칙은 나머지 조항의 일부를 구성하는 것으로 보아 각 조항에 대한 위반여부를 판단함에 있어서 특정의 국내조치가 국내생산을 보호하기 위한 것인지를 독립적인 요건으로 심사해야 한다.

③ 시장기반설(the Market-Based Approach)[16]: 최근 최원목 교수에 의해 주장되는 학설로서 시장에서 비교대상인 상품이 같은 상품으로 인식되는가를 판단기준으로 삼는 접근법이다. 즉, 두 상품이 놓여 있는 '시장 여건'(market condition)에 의해 같은 상품 여부가 결정되어야 한다는 것이다. 이러한 시장 여건을 좌우하는 가장 결정적인 요소는 해당 시장에서의 소비자의 판단이며, 결국 대상상품이 거래되는 시장에서 소비자들이 두 상품을 같은 상품이라 보는지 여부에 의해 같은 상품 판정이 내려져야 한다고 본다. 이러한 시장 여건은 단기적이고 가변적인 소비자의 기호나 습관이 아니라 비교적 장기적이고 안정적으로 유지되어 오고 있는 기호나 습관을 의미한다. 최원목 교수는 'EC 석면분쟁'이 '조치목적설'에 기초한 것이 아니라 '시장기반설'에 기초한 것으로 평가한다. 상소기구는 패널이 같은 상품을 판정함에 있어서 '소비자의 건강에 대한 위협과 관련한 소비자의 기호나 습관에 있어서의 차이'를 고려하지 않고 두 상품을 같은 상품이라 판단한 것은 잘못이라 판정하였다.

④ 소결: GATT · WTO 패널 판정례에 따르면 목적효과 접근법을 적용한 경우도 있으나 일반적으로 상품성질설에 따르고 있다. 목적효과 접근법은 GATT 제20조에서 한정적으로 열거된 국내정책적 필요에 따른 규제조치의 범위를 확장시켜 WTO 회원국의 정당한 국권행사의 영역을 증진시킬 수 있다는 장점이 있으나 몇 가지 한계가 있다. 첫째, 문언적 근거가 약하다. 조치목적설은 제3조 제1항이 제3조 제2항 제1문의 해석에 적용된다고 보는 것이지만, 제1항이 독립적으로 법적 구속력을 가질 수 없고, 제2항 제1문에는 제2문과 같이 1항에 법적 구속력을 부여하는 문언이 없다는 점에서 한계가 있다. 둘째, GATT 제20조의 존재 의의를 상실시킬 위험이 있다. 즉, 동종상품의 판단에 있어서 차별조치의 목적을 고려하는 경우 그 목적이 국내생산을 보호하는 것이 아닌 경우 제3조에 위반되지 않으므로 제20조가 적용될 이유가 없게 된다. 셋째, WTO가 자유무역을 지향하는 것과 배치된다. 동종상품의 판단에 있어서 조치의 목적을 고려하는 경우 제소국은 차별조치가 국내생산을 보호하기 위한 것이라는 점도 입증해야 하므로 제소국의 입증부담이 가중된다.

---

16) 고준성 외(2006), 146-151면.

이는 목적을 고려하지 않는 경우보다 제소국의 승소가능성을 낮출 것이다. 따라서 국가들은 위장된 차별조치를 보호주의적 목적으로 적용할 유인이 생겨 자유무역주의에 역행할 가능성이 있다. 이러한 한계를 의식하여 WTO 패널은 상품성질설을 선호하는 것으로 볼 수 있다. 한편, 최원목 교수의 주장과 같이 WTO 패널이 상품성질설을 시장기반설로 대체하고 있는지는 판례의 추이를 좀 더 지켜보아야 할 것이다.

⚖ 판례 | GATT 제3조 제2항 관련 사건

1. 일본 – 주세 사건

일본–주세 사건은 일본정부가 국산 소주와 수입산 보드카 등에 대해 차별과세함으로써 제기된 사건이다. 패널에 따르면, 소주와 보드카는 '동종상품'이며 소주에 대한 세율보다 높은 세율로 보드카에 과세함으로써 일본은 제3조 제2항 제1문에 규정된 의무를 위반하였다. 패널은 제1문의 위반을 판단하기 위해서는 세 가지 요건이 필요하다고 보았다. 즉, 당해 상품 간 동종성이 있는지 여부, 다툼의 대상이 된 조치가 '내국세' 또는 '기타 내국 과징금'인지 여부(본 건에서는 다툼이 되지 않았음), 외국상품에 부과된 조세가 국내 동종 상품에 부과된 조세를 초과하고 있는지 여부를 판단해야 하는 것이다. 첫째, 소주와 보드카는 동종상품이다. 동종성 결정에 있어서 1992년 '몰트 음료 사건(Malt Beverages Case)'에서 패널이 적용한 '목적–효과 분석'(aim and effect test)은 제3조의 문언상 근거가 없고, 제소국 측에 입증책임을 가중시키므로 적용하지 않는다. 소주와 보드카는 상당히 많은 물리적 특성을 공유하고 있으므로 동종상품이다. 둘째, 일본은 소주보다 보드카에 높은 과세율을 적용하였다. '국내 동종상품에 … 적용되는 것을 초과하지 않도록'이라는 의미는 과세에 있어서 최소한 동일한 또는 좀 더 나은 취급을 의미하는 것으로 해석해야 한다. 일본이 소주에 대해 부과된 세금을 초과하여 보드카에 세금을 부과한 것은 명백하다(보드카: 알코올 함량 1도당 9927엔, 소주: 6228엔). 상소기구는 소주와 보드카가 동종상품이라는 패널의 판정을 지지하였다. 동종상품 여부는 각 사안에 따라(case-by-case) 상품의 특질, 성질 및 품질뿐만 아니라 최종소비자, 소비자의 기호 및 취향 등을 고려해야 하며 이러한 기호, 취향, 최종소비자 등은 나라마다 시장마다 달라질 수 있다는 점도 고려해야 한다고 하였다.

2. 캐나다 – 정기간행물 사건

캐나다 국내소비세법은 캐나다에서 배포되는 분리 발행 정기간행물(split-run periodical)의 광고가치의 80%에 해당하는 국내소비세를 발행부수에 따라 부과하였다. 이에 대해 미국은 동종상품에 대한 차별과세로서 1994GATT 제3조 제2항 제1문에 위반된다고 주장하였다. 이에 대해 패널은 미국 측의 주장을 인용하였다. 즉, '수입 분리 발행 정기간행물'과 '국내 비분리 발행 정기간행물'은 사용용도, 물리적 특성이 유사하므로 동종상품에 해당한다고 판시하였다. 그러나 상소기구는 이러한 판단을 파기하였다. 패널이 당사국이 제출한 증거에 기초하여 결정하지 않았기 때문이었다. 따라서 상소기구는 패널이 보고서에 기술한 증거가 불충분하므로 제3조 제2항 제1문 위반 여부에 대해서는 판단할 수 없다고 판시하였다. 그러나 상소기구는 동 조항 제2문에는 위반된다고 판정하였다. 상소기구는 비분리 발행 정기간행물과 수입 정기간행물 사이에 경쟁관계가 있으므로 DCSP에 해당한다고 판단하였다. 광고 수입에 있어서 캐나다 출판업자들이 경쟁관계에 있게 된다고 본 것이다. 전체 광고가치의 80%에 해당하는 고율의 조세는 유사하게 과세되지 않은 것이고 국내 소비세법의 구조나 형태에 비추어 보았을 때 국내생산 보호 목적이 있다고 판시하였다.

3. 인도네시아 – 자동차 사건

인도네시아는 소위 1993년 program을 통해 인도네시아산 부품을 일정 비율 이상 사용하는 자동차 제작에 사용되는 수입부품에 대해서는 그 자동차의 국산화율(local content)에 비례하여 수입관세를 경감하거나 지정된 local content 비율을 초과하는 자동차에 대해서는 사치세(luxury tax)를 경감하여 주었다. 또한 1996년 National Car Program을 통해 인도네시아 자동차 회사가 인도네시아 기업이 소유하는 생산시설에서 자동차를 국내 생산하고 인도네시아 국민이 소유한 브랜드를 부착할 경우 그 자동차 회사에 국민차 회사라는 지위를 부여하고 동 자동차 제작에 소요되는 외국산 부품에 대해서는 수입관세를, 자동차에 대해서는 사치세를 면제하여 주었다. 국민차 회사지위를 유지하기 위해서는 3개년간에 걸쳐 국산화율을 증가시켜 나가야 했다. 1996년 program은 또한 인도네시아 국민이 외국에서 제작하였고 국산화율을 충족한 차량은 국내에서 제작된 것과 동일하게 취급하였다. 단, 해외 생산자가 동 자동차 가격의 25%에 해당하는 인도네시아산 부품을 구매할 경우 20%의 국산화율을 충족하는 것으로 간주하였다.

제소국은 사치세 면제가 GATT 제3조 제2항 위반이라고 주장하였다. 이에 대해 인도네시아는 제3조 제2항과 보조금협정이 상충되고 보조금협정이 적용되므로 제3조의 위반 문제는 없다고 반박하였다. 또한 인도네시아는 설령 제3조 제2항을 위반하였다고 하더라도 자국 조치에 의한 조세 또는 관세 혜택은 GATT 제3조 제8항 (b)에 의거, 용인되는 것이라고 주장하였다.

패널은 인도네시아의 조세차별조치는 GATT 제3조 제2항의 제1문과 제2문에 모두 위반된다고 판단하였다. 수입차 중 몇 종은 문제가 된 인도네시아의 자동차와 동종상품이나 국산 자동차에 대해서만 사치세가 면제되었으므로 제1문에 반한다고 판정하였다. 또한 수입산 자동차와 인도네시아산 자동차는 직접경쟁 또는 대체가능관계에 있고 인도네시아 국민차나 국산화율 충족차량과 유사하게 과세되지 아니하였으며 큰 세금 편차를 고려해 보면 국내생산을 보호할 목적이 있는 것으로 판단할 수 있다고 하였다.

패널은 인도네시아의 내국민대우 위반조치는 GATT 제3조 제8항 제(b)호에 의해 정당화되지 않는다고 하였다. 패널은 인도네시아의 조세 또는 관세 감면조치가 보조금에 해당할 수 있으나, 제3조 제8항 제(b)호는 생산자에게 직접 제공되는 보조금 지급조치에 대해서만 원용될 수 있다고 판정하였다.

Ⅳ 제3조 제2항 제2문: 직접경쟁 및 대체가능상품에 대한 차별과세 금지의무

📖 조문 | 1994GATT 부속서 1(주석 및 보충규정) Ad Article III 2항

제2항의 최초의 문장의 요건에 합치하는 조세는 과세된 산품을 일방으로, 유사한 방법으로 과세되지 아니한 직접적 경쟁상품 또는 대체상품을 타방으로 하여 양자 간에 경쟁이 있는 경우에 한하여 제2의 문장의 규정에 모순되는 것으로 간주한다. (A tax conforming to the requirements of the first sentence of paragraph 2 would be considered to be inconsistent with the provisions of the second sentence only in cases where competition was involved between, on the one hand, the taxed product and, on the other hand, a directly competitive or substitutable product which was not similarly taxed.)

1. 입법 취지

GATT 제3조의 내국민대우는 양허협상에 의한 관세인하의 효과가 내국세의 차별과세로 인해 그 효과가 잠탈되는 것을 방지하기 위한 규범이다. 그러나 좁은 의미의 동종상품만을 대상으로 하는 경우에는 이러한 입법 취지를 달성하는 데 한계가 있다. 만약 경쟁관계에 있는 두 상품이 동종상품이 아니라고 판명되는 경우에는 차별이 정당화되기 때문이다. 이러한 한계를 극복하기 위해 제3조 제2항 제2문이 존재하게 된 것이다. 2문으로 인해서 내국민대우의무의 범위가 확대되는 것이다.

2. 2문의 위배 판단기준

위에서 언급한 조문에 비춰보면 2문의 위배 판단기준은 첫째, 1항에 명시된 원칙에 반하는가? 둘째, 비교되는 상품이 직접경쟁 및 대체가능상품에 해당하는가? 셋째, 유사하지 아니하게 과세되었는가?이다.

3. 제1항에 명시된 원칙에 반하는가?: 국내생산 보호

(1) 의의

직접경쟁 및 대체가능상품에 대한 유사하지 아니한 과세가 국내생산 보호목적이 있는 경우 제2문에 위배된다. 상소기구는 국내생산보호의 의미를 내국세의 구조와 적용을 포괄적이고 객관적으로 분석하여 찾아낼 수 있는 보호주의적 적용(protective application)이라고 판단하였다.

(2) 보호주의적 적용의 판단기준[17]

보호주의적 적용은 내국세의 구도(design), 구성(architecture) 및 드러난 구조(revealing structure)에 의해 판단한다. 구도란 내국세를 부과하려는 정부의 정책 목적으로부터 발견될 수 있는 사전의 계획을 의미한다. 정책 목적은 내국세부과의 '주관적 목적'이 아니라 '객관적으로 분석된 목적'을 말한다. 구성은 내국세법의 형태를 말하며, 내국세의 드러난 구조는 내국세의 부과 결과 나타나는 보호주의적 적용이라 할 수 있다. 내국세법규의 적용 결과 직접경쟁 관계의 국내상품에 비해 수입상품에 미치는 영향이 막대한 경우 이는 보호주의적 적용으로 내국민대우 위반이 된다.

(3) 판정례

'일본주세 사건'에서는 수입상품과 내국상품에 차별적으로 부과된 내국세의 '중대한 차이'는 국내생산 보호를 위한 것이라 판단하였다. '한국주세 사건'의 패널은 저율의 내국세가 적용되는 부류는 거의 배타적으로 국내주류만을 포함하고 있으며 고율의 내국세가 부과되는 부류는 거의 수입주류를 포함하는 국내주세법의 구조를 내국세의 부과가 국내생산 보호를 위한 것으로 판단하는 근거라 판시하였다.

4. 직접경쟁 및 대체가능상품

직접경쟁 및 대체가능상품은 동종상품을 포함하는 넓은 개념이나 직접경쟁성을 평가하는 기준에 관한 문언규정은 존재하지 않는다. GATT · WTO 패널 절차에서 경쟁성의 판정은 동종성의 판정기준에 더해 상품에 대한 시장에서의 경쟁상태와 시장에서의 대체가능성의 정도에 초점을 맞추어 이루어지고 있다.[18] 따라서 경쟁성의 판정도 동종성의 판정과 마찬가지로 사례별로 유연하게 실시된다. '한국주세 사건'에서 상소기구는 직접경쟁성 판단에 있어서 '소비자의 인식'이 기준이 된다고 판단하였다.[19] 즉, 두 상품이 소비자의 특별한 수요 또는 기호를 만족시킬 수 있는 대체 관계에 있는 것으로 소비자가 인식한다면 양자는 직접경쟁 관계에 있다. 이러한 소비자의 인식은 상품의 물리적 특성, 최종용도, 소비자의 기호, 유통경로 및 판매지점, 가격 등을 비교하여 판단하여야 한다. 또한 직접경쟁 관계 있는 판단함에 있어서 교차가격탄력성, 다른 시장으로부터의 증거 등도 고려할 수 있다.

5. 유사하지 아니한 과세

(1) 의의

유사하지 아니한 과세의 의미는 첫째, 수입상품에 부과된 내국세가 내국상품에 적용되는 내국세보다 무겁고, 둘째, 두 상품 간의 내국세 차이가 미미한 수준(de minimis level) 이상이어야 한다는 것이다. 미미한 수준은 각각의 시장에 기초하여 사안별로 결정되어야 한다(case by case rule). 제3조 제2항 제1문이 미미한 수준을 허용하지 않는 반면, 제2문은 이를 허용한다.

(2) 판정례

미미한 수준을 벗어나는 차별과세의 정도에 대한 일반적인 기준은 존재하지 않는다. '일본주세 사건'에서 패널은 일본산 소주에 비해 6배 이상의 내국세가 수입주류에 부과되는 것은 미미한 수준을 초과한 것으로 보았고, '한국주세 사건'에서는 한국산 소주에 비해 3배 이상의 내국세가 수입주류에 부과된 것이 유사하지 아니한 과세라 보았다. '칠레주세 사건'의 경우 칠레산 피스코에 적용되는 내국세에 비해 약 70% 이상의 주세가 수입주류에 부과된 것 역시 미미한 수준을 초과한 것으로 보았다.

---

17) 공수진 외, 통상분쟁속의 한국, 학영사, 182-184면.
18) 고무로 노리오(2010), 121면.
19) 공수진 외, 상게서, 168면.

⚖ 판례 | 1994GATT 제3조 제2항 관련 사건

1. 일본 - 주세 사건

일본-주세 사건에서 패널은 소주와 위스키, 브랜드, 진, genievre 및 리큐르는 '직접경쟁 및 대체가능상품'이며 이러한 주류들에 대해 유사하지 아니하게 과세하고 소주 생산을 보호하기 위한 방향으로 운용되었으므로 제2문에 반한다고 판정하였다. 첫째, 소주와 위스키 등은 직접경쟁 및 대체가능상품이다. 당해 물품들 사이에 대체탄력성 등을 측정한 제소국 측 자료, 위스키와 소주가 동일한 시장에서 경쟁관계에 있다는 것을 입증한 1989년 일본의 세제 개혁 자료 등을 검토해 볼 때 소주와 위스키 등 간에 경쟁관계가 있음을 확인할 수 있다. 둘째, 일본의 과세상의 차이는 '미미한 수준'(de minimis level)을 상회한 것이다. 즉, 유사하지 아니하게 과세된 것이다. 물품에 대한 킬로리터당 과세와 관련하여 소주A는 155,700엔, 위스키는 982,300엔을 부과하였다. 알코올 함유량에 따른 과세에 대해서는 1도당 소주A 6,228엔, 위스키 24,558엔을 부과하였다. 이러한 수준은 미미한 수준이라고 볼 수 없다. 당해 상품들이 유사한 정도로 과세되고 있지 않으며 소주에 대한 과세가 문제가 된 그 밖의 상품에 대한 과세보다 더 낮고 소주를 보호하는 경향이 있다. 상소기구는 패널의 법률해석 및 결론을 대체로 지지하였다. 다만, 패널은 제2문의 위반 여부를 판단하기 위해서는 수입품과 국산품이 직접경쟁 및 대체 관계인지 여부와 '국내생산 보호목적'을 입증하면 충분하다고 하였으나, 상소기구는 직접경쟁 및 대체가능한 수입품과 국산품이 '유사하지 아니하게 과세되었는지 여부'를 별도로 입증해야 한다고 하였다.

2. 한국 - 주세 사건

피제소 당시 한국의 주세법은 위스키, 브랜디에 대해서는 총 130%, 증류식 소주는 55%, 희석식 소주는 38.5%, 럼·진·보드카 등 일반증류주는 104%의 주세를 각각 부과하고 있었다. 일본의 차별주세제도에 대해 제소하여 승소한 EC와 미국은 한국주세법 체계가 WTO협정에 위반된다고 보고 제소하였다. 패널은 소주, 위스키, 브랜디, 꼬냑, 럼, 진, 보드카, 데킬라, 리큐르와 혼합주가 직접경쟁 혹은 대체가능한 상품이고, 한국은 수입품을 국산품과 유사하지 않게 과세하였으며, 그 차이는 미미하지 않았고, 국내생산을 보호하려는 목적으로 적용되었으므로 1994GATT 제3조 제2항에 위반된다고 평결하였다. 첫째, 패널은 보드카와 소주가 '동종상품'이라는 제소국의 주장은 증거불충분을 이유로 기각하였다. 그러나 계쟁대상이 된 상품이 직접경쟁 및 대체가능상품에는 해당한다고 판단하였다. 패널은 소주와 수입양주가 그 제조 방법의 차이에도 불구하고 근본적인 물리적 유사성이 있으며, 소주와 양주 간에 직접경쟁 혹은 대체가능성을 지탱하는 데 충분할 정도로 양 제품의 최종용도에 있어서 현재적·잠재적 중복이 있고, 소주와 양주의 판매·유통 방식이 상당부분 중첩되며, 현재 소주와 양주 간에 상당한 가격차이가 있으나 그 차이가 경쟁 관계를 부인할 만큼 결정적 요인이 아니고 가격변화 시 소비자 수요 패턴에 변동이 올 수 있으므로 수입양주와 소주 간에는 직접경쟁 또는 대체가능성이 있다고 판단하였다. 둘째, 희석식 소주에는 38.5%, 증류식 소주와 리큐르에는 55%, 보드카·진·럼·데킬라와 그 혼합주에는 104%, 위스키, 브랜디, 꼬냑에는 130%의 세금이 부과되어 있는데 희석식 소주에 비해 위스키에는 3배 이상의 세금이 부과되었다. 3배 이상의 세금 차이는 명백한 미미한 수준 (de minimis level)을 넘는다. 셋째, 패널은 세액의 큰 차이와 함께 한국주세 관련법의 구조가 주류를 분류함에 있어서 소주를 비롯한 국산품을 한편으로 분류하고 이와 거의 유사한 수입주를 따로 분류해서 고율의 과세를 하는 것은 국내생산을 보호하려는 것이라고 판정하였다. 한국은 '직접경쟁 또는 대체가능상품'의 해석에 있어서 '직접'(directly)이라는 문언의 간과, '보호하려는 목적으로'의 해석상 오류 등에 대해 상소하였으나 상소기구는 한국의 주장을 모두 기각하고 패널 평결을 지지하였다. 한국은 패널이 '잠재적 경쟁 관계'를 고려한 것은 1994GATT 제3조 제2항을 확대해석한 것이라고 주장하였으나 상소심 재판부는 패널이 직접적 경쟁 관계가 없는 것을 극복하기 위해서 잠재적 경쟁의 개념을 이용한 것이 아니라 이미 충분히 입증된 현재의 경쟁 관계에 대해 보충적으로 잠재적 경쟁 관계를 원용하였으며 이는 '직접경쟁 또는 대체가능상품'의 범위가 '동종상품'보다 넓다는 점과 보호주의의 억제, 평등한 경쟁 조건 달성, 평등한 경쟁 관계에 대한 기대의 보호라는 제3조의 목적에 비추어 적절한 것이라고 하였다.

3. 멕시코 - 청량음료 사건

멕시코는 사탕수수당(cane sugar)을 가당제[20]로 사용하지 않은 음료와 청량음료(soft drinks)의 수입에 대해 가액의 20%에 해당하는 음료세(soft drinks tax)를 부과하였다. 또한, 동 음료의 유통과 관련된 각종 서비스(commission, mediation, brokerage 등)에 대해서도 20%의 유통세(distribution tax)를 부과하는 한편, 관련 조세 납부의무자는 각종 장부를 유지해야 했다(bookkeeping requirements). 미국은 음료세 등은 수입음료 및 수입음료에 첨가된 가당제에 '간접적으로' 부과되는 조세이며 멕시코는 동종상품인 사탕수수당과 사탕무당에 각각 다른 조세를 부과하였으므로 제3조 제2항 첫 번째 문장을 위반하였다고 주장하였다. 또한 사탕무당을 사용한 음료에 대해서만 음료세와 유통세를 부과하였으므로 이 역시 제3조 제2항 첫 번째 문장에 위반된다고 하였다. 패널은 이를 인용하였다. 패널은 사탕수수당과 사탕무당은 외형, 화학적 성분, 최종용도 등을 종합적으로 검토할 때 동종상품이라고 판정하였다. 또한 음료세가 가당제에 직접 부과되는 것은 아니나 비사탕수수당 가당제의 함유가 음료세 부과를 촉발하고 조세부담은 일정 부분 가당제에 부과되는 것이므로 비사탕수수 가당제는 간접적으로 음료세의 대상이 되었다고 하였다. 또한 동종상품인 사탕수수당에는 조세가 부과되지 않는 반면, 사탕무당에는 조세가 부과되므로 제3조 제2항 제1문에 위반된다고 하였다.

한편, 미국은 HFCS와 사탕수수당은 직접경쟁 또는 대체가능상품으로서 멕시코의 조치는 제3조 제2항 제2문에 위반된다고 주장하였다. 패널은 미국의 주장을 인용하였다. 양자는 직접경쟁 또는 대체가능상품이며 20% 과세차이는 최소허용수준을 넘어서서 유사하지 아니하게 과세된 것으로 판정하였다. 또한 음료세와 유통세는 대부분 수입 가당제에만 영향을 미치고 그 조세 차이가 크며 국내생산보호를 위해 의도된 조치라는 점이 멕시코 정부 자료에 시사되어 있으므로 국내생산보호 의도가 있다고 판단하였다.

Ⅴ 제3조 제4항: 동종상품에 대한 비재정조치로 인한 차별금지의무

📖 조문 | 1994GATT 제3조 제4항

체약국 영역의 산품으로서 다른 체약국의 영역에 수입된 산품은 동 국내에서의 판매, 판매를 위한 제공, 구입, 수송, 분배 또는 사용에 관한 모든 법률, 규칙 및 요건에 관하여 국내 원산의 동종상품에 부여하고 있는 대우보다 불리하지 아니한 대우를 부여하여야 한다. 본 항의 규정은 교통수단의 경제적 운영에 전적으로 입각하였으며 산품의 원산국을 기초로 하지 아니한 차별적 국내운송요금의 적용을 방해하지 아니한다. (The products of the territory of any contracting party imported into the territory of any other contracting party shall be accorded treatment no less favourable than that accorded to like products of national origin in respect of all laws, regulations and requirements affecting their internal sale, offering for sale, purchase, transportation, distribution or use. The provisions of this paragraph shall not prevent the application of differential internal transportation charges which are based exclusively on the economic operation of the means of transport and not on the nationality of the product.

1. 동종상품

제3조 제4항이 적용되기 위해서는 비교대상이 되는 상품이 동종상품이어야 한다. 그러나 이 때의 동종성은 제3조 제2항 제1문상의 동종성보다 훨씬 넓은 개념이다. 동종성은 국내외 상품의 경쟁관계에 근거해 판정된다. 따라서 물리적 성질이 다른 상품에서도 시장에서의 경쟁 관계에 비추어 제3조 제4항상의 동종상품으로 간주될 가능성이 있다. 천연의 사탕과 유전자변화의 인공감미료는 물리적 특질, 성분, 제조법이 다르지만 용도가 같다면(소프트드링크 원료로서 사용) 동종성이 인정될 수 있다. 따라서 제3조 제2항에서는 경쟁상품으로 간주되는 사탕수수설탕과 인공감미료가 제3조 제4항에서는 동종상품으로 간주된다.[21]

---

20) 음료에 첨가되는 가당제에는 사탕수수당, 사탕무당(beet sugar), HFCS(high fructose corn syrup) 등이 있다. 멕시코가 수입하는 음료는 대부분 사탕무당이나 HFCS를 가당제로 사용한 반면, 멕시코 국내산음료는 대부분 사탕수수당을 사용한다.

21) 고무로 노리오(2010), 148면.

2. 국내판매 등에 영향을 주는 법률 · 규정 · 요건[22]

(1) 서설

패널과 상소기구는 제4항의 법규를 매우 넓게 해석한다. 미국이 수입상품의 특허권 침해 시 국내상품에 대한 연방지방법원 소송절차와는 별도로 미국무역위원회에서의 소송절차를 두는 법률을 제정하자 이에 대응하여 EC가 GATT에 제소한 사건에서 패널은 'GATT 제3조 제4항의 법률 · 규칙 · 요건은 실체적인 법률 · 요건 · 규칙뿐 아니라 절차적인 법률 · 규칙 · 요건도 포함하는 것이므로 미국의 조치가 GATT 제3조 제4항에 위반된다'고 판단하였다. 또한 패널은 민간부문의 조치라 할지라도 동 조치의 시행이 정부의 간섭이나 지도에 의지하고, 동 조치를 유지하는 것이 민간부문에 정부로부터의 이익 또는 불이익을 초래하면 제4항의 조치에 포함된다고 판단하였다. 한편, 인도–자동차 사건에서 패널은 '요건'이란 특정 회사가 법적으로 수행해야 하는 의무, 또는 특정 회사가 정부로부터 특혜를 받기 위해 자발적으로 수임한 의무가 있을 경우에 '요건'의 구성 요건을 충족한다고 보았다. 이에 기초하여 패널은 인도 정부의 공고 60호와 양해각서는 부품형태의 차량수입권이라는 특혜를 조건으로 국산화율 의무를 부과한 것이므로 요건에 해당한다고 판정하였다.

(2) 수입품의 운송단계 관련 국내법

수입품의 운송단계에서 수입품의 경쟁 조건에 불리한 효과를 초래하는 조치는 NT 위반이다. 미국–알코올 음료조치 사건에서 미국이 수입 알코올 음료에 대해서만 특별 운송의무를 부여하고 국산 알코올 음료에 대해서는 의무를 부과하지 않은 것은 수입품에 추가적인 운송비를 강요하고 수입품이 국산품과 같은 경쟁 조건에 서는 것을 방해하므로 NT 위반이라고 하였다. 다만, 상품의 국적에 근거하지 않고 운송수단의 경제적 운용에만 근거해서 차별적인 국내운송요금을 설정하는 것은 허용된다(제3.4조).

(3) 상품 사용단계 관련 국내법

부품의 현지조달요구(local content)는 상품의 사용단계에서 내국민대우에 위반되는 조치에 해당한다. 부품 현지조달요구는 완성품 생산을 위해 수입부품보다 국산부품의 사용이 강요되므로 수입부품의 시장접근을 방해하는 효과를 가진다. 따라서 이러한 조치는 GATT 제3.4조뿐 아니라 TRIMs협정에도 위반된다. 농산품 생산에 있어서도 국산원료 사용 시 생산자에게 보조금을 지급하는 조치는 GATT 제3.4조에 위반된다(EC–유지종자 사건).

(4) 수입품의 판매 · 구입단계 관련 국내법

① 형식적으로 다른 대우를 하는 경우: 한국–쇠고기 사건은 수입상품의 판매단계에서 수입품에 불리한 영향을 미쳐 GATT 제3.4조 위반으로 판정된 사건이다. 쇠고기 구분판매제도는 수입쇠고기를 전문점과 대형수퍼에서만 판매하도록 하고 소매점 판매는 제한하는 한편, 대형수퍼 판매 시 국산쇠고기 코너와 다른 코너에서만 판매하도록 하였다. 패널은 이러한 구분판매제도 자체가 GATT 제3.4조 위반이라고 판정하였으나, 상소기구는 '수입품과 국산품에 대한 형식적으로 다른 취급' 자체가 동 조항 위반은 아니라고 하였다. 동 조항에 위반으로 판정되기 위해서는 수입품에 대한 다른 취급이 시장에서의 경쟁 조건을 변경하고 수입품을 불리하게 대우해야 한다고 하였다. 쇠고기 구분판매제도 시행 이후 판매점들은 대부분 국산쇠고기를 선택하였고 이로 인해 수입쇠고기는 한국 국내의 판매망에서 배척되어 한국시장에서의 경쟁 기회가 축소되었으므로 한국의 조치는 수입쇠고기를 불리하게 대우하였다고 판정하였다.

---

22) 고무로 노리오(2010), 123–124면.

② 형식적으로 동일한 대우를 하는 경우: 수입국이 국산품과 동종수입품에 대해 판매단계에서 형식상 동일한 취급하더라도 판매단계에서 수입품을 불리하게 하였다면 GATT 제3.4조 위반이다. 도미니카공화국－담배 사건에서 도미니카공화국이 담배 포장에 납세인지(tax stamp)를 부착하도록 한 조치가 동 조항에 위반되는 것으로 판정되었다. 납세인지는 국산담배와 수입담배에 모두 부착되도록 하였으나 국산담배의 경우 포장 전에 인지를 구입하여 부착할 수 있었으나, 수입담배의 경우 일단 수입된 이후 개봉하여 인지를 부착한 후 재포장해야만 하였다. 이로 인해 수입담배의 경우 추가비용이 들었고 외관손상으로 소비자에게 외면을 받게 되었다. 따라서 패널과 상소기구는 도미니카공화국의 조치가 시장에서 국산담배와 수입담배의 경쟁 조건을 수입담배에 불리하게 변경하는 것이라고 판정하였다.

(5) 수입품을 취급·유통하는 단계에서 관련 국내법

캐나다－밀 사건은 수입품을 취급·유통하는 단계에서 캐나다가 취한 조치가 내국민대우에 위반된 것으로 판단한 사건이다. 캐나다 곡물법에 의하면 수입곡물은 양곡 설비(grain elevator)가 있는 곡물 창고에 반입하도록 하고 국산곡물에 대해서는 이러한 조치를 규정하지 않았다. 패널은 캐나다의 동 조치가 내국민대우에 위반된다고 판정하였다.

3. 불리한 대우

불리한 대우를 부여하였는가는 '경쟁 조건'에 미치는 영향을 중심으로 판단한다. 한편 불리하지 아니한 대우는 같은 대우를 의미하는 것이 아니므로 수입품에 대한 우대조치는 제3조 제4항에 위반되지 아니한다. 패널은 '한국 수입쇠고기 사건'에서 한국이 한우와 수입쇠고기를 구분판매한 제도는 한우와 수입쇠고기의 경쟁에 있어서 수입쇠고기에 대해 불리하게 경쟁 조건을 변경시키기 때문에 제3조 제4항 위반이라 판단하였다.

⚖ 판례 | GATT 제3조 제4항 관련 사건

1. 캐나다 － 정기간행물 사건

캐나다가 미국산 정기간행물에 대해 수입을 금지하고, 국내소비세에 대해 차별하는 한편, 캐나다 우편회사가 특정 캐나다 정기간행물에 대해 수입 정기간행물보다 유리한 우편 요율을 적용한 것이 문제된 사건이다. 우편 요율과 관련하여 1994GATT 제3조 제4항 위반 여부가 문제되었다. 동종상품, 차별조치 여부에 대해서는 당사자 간 다툼이 없었다. 그러나 Canada Post가 '정부기관'인지 여부가 문제되었다. 패널은 캐나다 우편 회사의 비상업적 활동에 대해 정부가 통제하고 있고 가격정책에 있어서도 대체로 정부정책에 따르고 있으므로 정부기관의 조치로 볼 수 있다고 판시하였다. 또한 국제 우편 요율이 국내 우편 요율보다 높은 것은 불리하지 아니한 대우를 규정한 제3조 제4항에 위반된다고 판정하였다. 다만, 패널은 동 조치가 1994GATT 제3조 제8항 제(b)호에 의해 정당화된다고 하였으나, 이러한 판정은 상소기구에 의해 파기되었다.

2. 인도 － 자동차 사건

1997년 인도 정부는 대외무역발전 및 규제법(Foreign Trade Development and Regulation Act)에 의거, 인도 자동차 업체에 일정 국산화율 달성과 자동차 수출입균형 의무를 부과하는 공고 60호를 공고하였다. 공고 60호는 구체적으로 외국 자동차를 부품형태로 수입(SKD: Semi Knock Down, CKD: Completely Knock Down)하려는 인도 승용차 제작사는 특정 기간 내 일정 국산화율을 달성하겠으며 수입차량 가액에 상응하는 액수의 차량을 수출하겠다는 내용의 양해각서를 인도 대외무역부와 체결토록 하였으며 동 의무를 준수하지 못했거나 양해각서를 체결하지 않은 회사는 외국 차량수입권을 배정받지 못하도록 하였다. 미국과 EC는 공고 60호의 국산화율 의무와 수출입 균형의무는 GATT 제3조 제4항 및 제11조 제1항에 위반된다고 주장하였다.

① **국산화율 달성의무:** 패널은 국산화율 달성의무는 GATT 제3조 제4항에 위반된다고 하였다. 패널은 문제가 된 상품이 자동차 부품이라는 점에서 같으며, 인도도 국내외상품 간의 동종성에 대해 이의를 제기하지 않았으므로 국내외 상품이 동종상품인 것은 자명하다고 판단하였다. 또한, 패널은 공고 60호와 양해각서는 부품형태의 차량수입권이라는 특혜를 조건으로 국산화율 의무를 부과한 것이므로 요건에 해당한다고 판정하였다. 나아가, 인도의 국산화율 달성의무는 국내상품을 구매해야 하는 유인을 제공하므로 국내외상품 간의 경쟁 관계에 영향을 미친 점이 분명하다고 하였으며, 국산화율 달성의무는 수입 자동차 부품사용에 대해 자제하도록 하여 수입상품이 국내상품과 동등한 처지에서 경쟁할 수 없게 하므로 수입상품이 덜 유리한 대우를 받는 것이 분명하다고 판단하였다. 패널은 이상의 분석을 토대로 공고 60호와 양해각서상의 국산화율 달성의무는 제3조 제4항의 위반에 해당한다고 판시하였다.

② **수출입 균형의무:** 패널은 수출입 균형의무 역시 GATT 제3조 제4항에 위반된다고 판단하였다. 제소국인 미국과 EC는 수출입 균형의무로 인해 양해각서를 체결한 업체는 인도 국내시장에서 수입차량부품을 구매할 경우 그 가액만큼 수출의무를 부담하게 될 것이므로 수입차량부품을 구매하지 않을 것이라고 설명하고 이는 수입상품에 대해 덜 유리한 대우를 부과하는 것으로 제3조 제4항 위반이라고 주장하였으며 패널은 이를 인정하고 수출입 균형의무는 제3조 제4항 위반임을 확인하였다.

3. 한국 – 쇠고기 사건

한국이 수입쇠고기와 국산쇠고기(한우)에 대해 구분판매제도를 실시하자 쇠고기 수출국들이 제소하였다. 제소국은 수입쇠고기 전문 판매점(약 5,000개)과 국산쇠고기 판매점(약 45,000개)의 수가 현격히 차이나는 것은 국내제품과 수입품의 공정한 경쟁을 방해하는 것이며, 따라서 수입육 구분판매제도가 GATT 제3조 제4항의 내국민대우에 위반된다고 주장하였다. 한국은 구분판매와 관련 국산쇠고기에 대해서도 동등한 규제를 시행하고 있으므로 내국민대우 위반에 해당되지 않는다고 반박하였다. 패널 및 상소기구는 쇠고기 구분판매제도가 GATT 제3조 제4항에 위반되며, 제20조 제(d)호에 의해 정당화될 수 없다고 판정하였다.

패널은 수입쇠고기와 국산쇠고기가 동종상품이라는 데는 다툼이 없었으므로 GATT 제3조 제4항상의 '불리한 대우'(less favorable treatment)가 있었는지에 대해 집중 검토하였다. 패널은 동 조항은 보호주의를 차단하는 데에 그 목적이 있고 거래량에 대한 기대보다는 경쟁 조건에 대한 기대를 보호하기 위한 원칙이므로 법령이나 규칙으로 인하여 내국시장의 수입상품에 불리한 효과가 실제로 발생하였는지 여부는 중요하지 않다고 판단하였다. 패널은 구분판매제도는 수입쇠고기에 불리한 방향으로 시장에서의 경쟁 조건을 변경하였다고 판정하였다. 그 이유는 첫째, 구분판매제도로 인해 소비자가 수입육과 한우를 직접 한 장소에서 비교할 수 없으므로 수입육은 한우와의 직접경쟁기회를 상실한다. 둘째, 구분판매제도 하에서 수입육이 판매처를 확보하기 위해서는 소매업자가 한 품목의 수입육 대체로 한 품목의 한우만이 아니라 한우 품목 전체를 포기해야 하는데, 이는 시장 점유율이 낮은 수입육의 경우 한층 더 불리하게 작용할 수 있다. 셋째, 쇠고기와 같이 일(日) 단위로 구매되는 일상적 상품의 경우 소비자들은 여기저기 돌아다니며 비교하는 구매행태를 보이지 않으므로 한우 취급점이 절대 다수인 현실에서 수입쇠고기를 배제하는 구분판매제도는 수입쇠고기의 잠재적 판매 기회를 제한한다. 넷째, 한우는 기존의 소매 판매망을 계속 이용할 수 있는 반면, 수입육은 새로운 판매점을 개설해야 하므로 구분판매제도는 결과적으로 수입육에 더 과도한 비용을 부과한다. 다섯째, 구분판매제도는 동종상품인 수입쇠고기와 한우가 다르다는 편견을 부추김으로써 상품 자체와 직접 관련되지 않은 척도로 한우가 수입육과의 경쟁에서 유리하게 해 준다. 여섯째, 구분판매제도는 수입육과 한우와의 가격 차이를 유지할 수 있도록 해 한우에 유리하다.

상소기구도 패널의 판정을 지지하였으나 다만 판정 이유에 있어서는 패널과 약간의 차이를 보였다. 상소기구는 국적(nationality)이나 원산지(origin)에 근거한 구분정책, 즉 수입품과 국산품과의 분리 자체가 내국민대우 위반이라는 패널의 판단에 동의하지 않았다. 상소기구에 의하면 외형상의 분리 그 자체만으로 반드시 수입품이 불리하게 대우받는다는 결론에 이르지 못한다는 것이다. 대신, '불리한 대우'의 유무를 결정하기 위해서는 그러한 구분조치가 수입품에 불리한 방향으로 경쟁의 조건을 변경시켰는가를 조사해야 한다고 판단하였다. 이러한 전제에 기초하여 상소기구는 한국의 구분판매제도를 검토하였는 바 한국이 종전의 단일판매제도에서 구분판매제도로 변경함으로써 수입쇠고기가 기존의 판매망으로부터 이탈되는 효과가 발생하여 수입육이 소비자에게 판매될 수 있는 상업적 기회가 극적으로 감소했다고 판단하였다. 즉, 수입육에 불리한 방향으로 경쟁 조건을 변경한 것으로 판단한 것이다. 한국은 소매판매업자들이 수입쇠고기와 한우 간의 선택을 자유로이 할 수 있으므로 경쟁 조건에 부정적 영향을 주지 않았다고 반박하였으나 상소기구는 그러한 선택을 강제한 것은 정부의 조치였으며 제한된 범위에서만 선택이 가능하였으므로 수입상품에 불리한 경쟁 조건을 형성하였다는 추정을 번복할 수 없다고 하였다.

4. EC - 석면 사건

1996년 12월 24일 프랑스 정부는 석면 및 석면함유제품의 생산, 수입 및 판매 금지 법안 (Decree No.96-1133 of 24 December)을 채택하였으며, 1997년 1월 1일부로 이를 시행하였다. 동법에서는 노동자와 소비자들을 보호하기 위하여 석면 또는 석면류를 포함하는 상품 등의 제조, 판매, 수입, 수출, 유통 등을 포괄적으로 금지하였으며, 예외적으로 온석면의 경우 산업재해의 위험이 보다 적은 기술적으로 입증된 적절한 대체물이 없는 경우에 한시적으로 사용을 허용하였다. 이 조치로 인해 석면에 대한 대체재의 소비가 급격하게 증가하였다. 이에 대해 캐나다는 동 조치가 1994GATT 제3조 제4항에 위반된다고 주장하며 프랑스를 WTO에 제소하였다. 패널은 동 조치가 제3조 제4항에 위반되나, GATT 제20조 제(b)호에 의해 정당화된다고 판정하였다. 상소기구는 협정 위반부분은 파기하였으나, GATT 제20조 제(b)호에 의한 정당화 판정은 지지하였다. 패널은 석면과 석면 대체재는 최종용도가 같고 물리적 특성이나 성질이 유사하여 동종상품이라고 판정하였다. 특히 '인체유해성' 여부는 동종상품 결정기준으로 채택할 수 없다고 하였다. 프랑스 국내법은 동종상품에 대해 차별적 조치를 취하고 있으므로 제3조 제4항을 위반하였다고 판정하였다. 그런 상소기구는 패널의 평결을 파기하였다. 상소기구는 석면과 여타 대체상품은 동종상품이 아니라고 판단하였다. 상소기구는 상품에 내재된 건강에의 유해가능성(health risks)이 상품의 물리적 특성이나 소비자의 기호에 관련되어 있으므로 이를 동종상품 여부 판단 시 고려할 수 있다고 판시하였다. 이러한 판단에 기초하여 인체유해성이 적은 대체상품과 석면은 같은 상품이라고 볼 수 없고 따라서 제3조 제4항에 위반되지 아니한다고 판단하였다.

5. 미국 - 휘발유 사건

본 건은 1990년 수정된 미 대기청정법(Clean Air ACT: CAA)과 미 환경보호국이 제정한 Gasoline 규정에 관한 것이다. 미국은 오존 오염이 악화되는 것을 방지하기 위하여 오염이 심한 지역에 대해서는 '개질휘발유'(reformulated gasoline)만 판매하도록 하고 상대적으로 오염이 덜 심한 지역에서는 '재래식 휘발유'(conventional gasoline)도 같이 판매하도록 하였다. 또한, 미 환경보호국의 Gasoline 규정은 휘발유의 품질을 평가하는 다양한 방식을 규정하고 있었으나 국내정유업체 및 수입업체가 휘발유 품질을 평가할 때 적용할 수 있는 평가 방식 및 기준을 다르게 적용하도록 하였다. 국내정유업체의 경우 세 가지 평가 방식을 사용하여 휘발유 품질을 평가할 수 있었고, 1990년도 자료가 존재하는 경우 '법정 기준'을 사용하지 못하도록 하였다. 그러나 수입업체의 경우 개별적 평가 방식 적용에 있어서 추가적인 제한이 있었고, 개별적 평가 방식 적용이 곤란한 경우 반드시 '법정 기준'에 따라 평가하도록 하였다. 수입업자가 개별적 평가 방식을 적용할 수 있기 위해서는 1990년도에 그 외국에 소재한 정유소에서 생산된 휘발유 중 적어도 75% 이상을 미국으로 수입해야 한다는 요건을 충족해야 했다(75% rule). 이에 대해 제소국들은 동 조치가 1994GATT 제3조 제4항 위반이라고 주장하였고, 패널은 이를 인정하였다.

패널은 미국이 제3조 제4항을 위반하였다고 평결하였다. 첫째, 화학적으로 동일한(chemically identical) 수입휘발유와 국산휘발유는 정확히 같은 물리적 특성, 최종용도, 관세분류상의 지위를 가지고 있고, 완전히 대체가능한 것으로서 제3조 제4항의 의미의 동종제품에 해당한다. 둘째, 휘발유 규칙이 수입품의 수입국내에서의 판매, 판매를 위한 제공, 구입, 운송, 분배 또는 사용에 영향을 주는 법률, 규칙이나 기타 요건에 해당하는지 여부에 대해서는 당사국 간 이견이 없다. 셋째, '보다 불리하지 않은 대우'는 '수입품에 대한 실질적인 기회의 균등'을 의미한다. 그러나 기준수립 방법에 있어서 수입휘발유는 국산휘발유보다 불리한 대우를 받고 있다. 수입업자는 개별기준을 이용할 수 없으나 판매자는 개별기준을 이용할 수 있으므로 국내정유업자가 혜택을 누리고 있다. 개별기준으로 평가할 경우 개질휘발유로 평가받을 수 있는 수입휘발유가 보다 엄격한 '법정 기준'을 충족하지 못하는 경우 이 휘발유는 보다 낮은 가격으로 수입되게 될 것이므로 수입휘발유은 경쟁관계에서 불리한 대우를 받고 있다.

6. 멕시코 - 청량음료 사건

멕시코는 사탕수수당(cane sugar)을 가당제[23]로 사용하지 않은 음료와 청량음료(soft drinks)의 수입에 대해 가액의 20%에 해당하는 음료세(soft drinks tax)를 부과하였다. 또한, 동 음료의 유통과 관련된 각종 서비스(commission, mediation, brokerage 등)에 대해서도 20%의 유통세(distribution tax)를 부과하는 한편, 관련 조세 납부 의무자는 각종 장부를 유지해야 했다(bookkeeping requirements). 이에 대해 미국은 멕시코의 조치가 GATT 제3조 제2항, 제4항에 위반된다고 하였으며, 멕시코는 GATT 제20조 제(d)호에 의해 정당화된다고 주장하였다. 미국은 음료세, 유통세, 부기요건 등은 수입 상품의 국내판매, 사용 등에 영향을 미치는 조치로서 멕시코 국내동종상품보다 덜 유리한 대우를 부여하므로 제3조 제4항에 위반된다고 하였다. 패널은 미국의 주장을 인용하였다.

---

23) 음료에 첨가되는 가당제에는 사탕수수당, 사탕무당(beet sugar), HFCS(high fructose corn syrup) 등이 있다. 멕시코가 수입하는 음료는 대부분 사탕무당이나 HFCS를 가당제로 사용한 반면, 멕시코 국내산음료는 대부분 사탕수수당을 사용한다.

사탕수수당과 사탕무당 등은 동종상품이며 음료세, 유통세, 부기요건 등은 수입상품의 국내사용, 판매, 구매, 운송 등에 영향을 준다고 하였다. 또한 음료세, 유통세, 부기 요건은 멕시코에서 음료 생산 시 사탕수수당을 가당제로 사용하게 하는 경제적 유인을 제공하며 사탕수수당, 사탕무당, HFCS 간 경쟁 조건을 심각하게 변경하고 결과적으로 사탕무당과 HFCS에 덜 유리한 대우를 부여하는 것이라고 판단하였다.

7. 캐나다 – 자동차 사건

캐나다는 1998년 제정된 Motor Vehicle Tariff Order(MVTO)를 통해 일정 조건[24]을 충족하는 자동차 제작사에게 자동차를 무관세로 수입할 수 있는 수입관세 면제혜택을 부여하였다. CVA 요건과 관련하여 제소국들은 1994GATT 제3조상의 내국민대우 원칙에 위반된다고 주장하였다. CVA 요건은 캐나다 국내상품 사용, 국내노동자 고용, 캐나다 내 수송비용 및 캐나다 내에 발생한 경상비 등을 통해 달성할 수 있는 바, 캐나다 국내상품 사용과 관련하여 내국민대우 위반을 제기한 것이다. CVA 요건이 캐나다산 자동차 부품 등을 사용하는 것은 CVA 요건 충족으로 인정하나 외국산 부품 등은 인정하지 않으므로 외국산 부품을 불리하게 대우하는 것이라고 주장한 것이다. 패널은 CVA 요건이 내국민대우를 위반한 것이라고 하였다. 패널에 따르면, 수입품과 국산품 간 경쟁 조건을 수입품에 불리하게 변경하는 것이므로 수입품에 대해 덜 유리한 대우를 부여한 것이다. 자동차 제작사들은 CVA 요건을 충족하겠다는 서약서(Letter of Undertaking)를 제출하였는 바, 패널은 이 서약서가 '요건'(requirement)에 해당된다고 판단하였다.

8. EC – Commercial Vessel 사건

EC는 2003년 6월 한국을 WTO에 제소하였고 (Korea-Commercial Vessels 사건), 이에 앞서 2002년 WTO 패널 결정이 나올 동안 EC 조선업계를 보호한다는 구실 아래 한국과 경쟁하는 선종에 대해서는 한국 조선사와 수주 경합이 붙은 EC 조선사에게 수주가의 최대 6%에 해당하는 보조금을 제공한다는 규정을 채택하였고 독일, 덴마크, 프랑스 등 회원국은 국내이행규정을 마련하였다. 한국은 EC의 임시보호규정(Temporary Defense Mechanism: TDM)과 회원국의 이행 규정은 GATT 제3조 제4항 위반에 해당된다고 주장하였다. 한국은 EC의 TDM규정이 i) EC의 입법 절차를 거쳐 채택된 규정이고 ii) 수입선박의 판매, 제공, 구입 등에 영향을 미치며, iii) 동일 선종이라는 동종상품에 적용되는 것이고, iv) 수입품과 국내상품 간의 실효적인 동등성을 보장하지 못하므로 불리한 대우를 부여하는 것으로서 GATT 제3조 제4항 위반이라고 주장하였다. 이에 대해 EC는 TDM규정이 GATT 제3조 제8항 (b)규정의 국내생산자에 대한 보조금 지급일 뿐이며 내국민대우 원칙이라 하여 외국 생산자에게까지 보조금을 지급해야 하는 것은 아니므로 GATT 제3조 제4항이 적용되지 않는다고 주장하였다. 패널은 'GATT 제3조가 제3조 제8항 (b)의 조건을 충족한 보조금의 지급을 금지하여서는 안 된다'는 것은 제3조 제8항 (b)에 부합하는 조치는 제3조의 모든 조항에도 불합치되지 않는다는 의미라고 설명하였다. 그리고 제3조 제8항에 의해 금지되지 않는 보조금은 특정 상품의 국내생산자에게 배타적으로 제공되는 보조금이라는 점을 주목하였다. TDM규정은 EC 회원국이 자국 조선업자에게 보조금을 제공하는 것을 승인하는 법적인 근거가 되고 회원국의 보조금은 국내조선업자에게만 제공되는 것이 명백하므로 제3조 제8항 (b)의 요건을 충족하는 것이며 따라서 제3조 제4항과도 합치된다고 판정하였다. 패널은 TDM 보조금이 EC선박과 한국선박 간의 경쟁 조건을 한국선박에게 부정적으로 영향을 미친다는 점을 인정하였으나 그 문제는 제3조 제8항 (b)의 요건 충족 여부와는 무관한 것이라고 언급하였다.

---

24) 세 가지 조건을 충족해야 한다. 첫째, 기준년도 중 수입자동차와 동급의 차량을 캐나다 국내에서 생산한 실적이 있어야 한다. 둘째, 캐나다 내에서 생산된 자동차의 판매총액과 캐나다 내에서 판매된 동급 차량 판매 총액 간의 비율이 기준년도의 그것보다 같거나 높아야 한다. 셋째, 캐나다 내 자동차 제작에 투여된 캐나다의 부가가치가 기준년도의 그것보다 같거나 높아야 한다 (Canadian Value Added requirement: CVA). 둘째 조건이 기준년도보다 낮을 수도 있으나 최소한 75:100은 초과해야 한다. 셋째 요건과 관련하여 CVA 요건 충족비율이 각 자동차 회사별로 지정되었다. 이 비율은 캐나다 국내상품 사용, 국내노동자 고용, 캐나다 내 수송비용 및 캐나다 내에 발생한 경상비 등을 통해 달성할 수 있다.

📑 참고 WTO보조금협정상 수입대체보조금과 GATT III:4

1. 문제의 소재

현재까지 보조금협정 위반으로 인한 제소내용의 대부분은 SCM 3.1 (a) 수출보조금에 관한 것이었고, 동 조 (b)항 하의 수입물품 대신 국내물품을 사용할 것을 조건으로 지급되는 수입대체보조금에 관한 제소는 거의 이루어지지 않았다. WTO DSB는 수입대체보조금 부분에 대해서는 소송경제 등을 이유로 판단을 생략함으로써 SCM협정 3.1 (b)에 대한 판정례는 아직 축적되지 못하고 있다. 이는 SCM협정 3.1 (b)의 수입대체보조금이 되기 위하여 요구되는 조건성(contingency)의 기준이 불명확하기 때문이다.

2. SCM협정상의 수입대체보조금

(1) 수입대체보조금의 의의와 요건

일반적으로는 국산품 사용의무를 부과하거나 촉진하며, 또는 수입대체 등을 조건으로 보조금을 제공하면 수입대체보조금이 되는 것으로 이해된다. SCM협정상 보조금이 되기 위해서는 구체적으로 정부의 '재정적인 기여, 혜택, 특정성'의 세 가지 요건을 충족해야 한다. 이에 더하여 금지보조금으로서의 수입대체보조금이 되기 위해서는 '수입품에 비하여 국산품 사용을 조건(contingent)'으로 하여야 한다.

(2) 조건성(Contingency)

SCM협정 3.1 (a)상의 조건성(법률상 조건성 및 사실상 조건성)의 해석기준을 두고 많은 분쟁사례가 축적되긴 하였으나, 3.1 (b)상의 '조건성'의 의미에 대해서는 분쟁해결 절차에서 단 하나의 패널 또는 항소기구 판정례도 존재하지 않는다. 이와 관련하여 두 가지 문제가 제기되고 있다.

첫째, 유인요소(incentive)의 존재만으로 조건성이 인정될 수 있는지 여부이다. US – FSC 이행패널 사례에서 미국이 조세감면 형태의 보조금을 지급하였는데 EC는 이러한 미국의 보조금이 SCM협정상 수입대체보조금에 해당한다고 주장하였고, 미국은 자국의 보조금이 수입대체보조금이 아니라고 주장하였다. EC의 논거는 ① 'contingent'의 사전적 의미는 'in preference to'에 가깝고, ② Canada-Auto 사건에서 항소기구도 'GATT 제3조와 마찬가지로 SCM협정 3.1 (b)도 국산품의 사용을 선호(favor)하는 조치를 다룬다'고 판시하였고, ③ 생산비용과 조세부담을 비교형량하면 생산자로서는 거의 대부분 국산품을 사용할 필요가 생기기 때문이라는 것이었다.

이에 대해 미국은 반박하였다. 미국의 반대논거는 ① 자국의 FSC Replacement Act가 국산품 사용 요건을 명백히 강요하는 것이 아니고 반드시 국산품을 사용하지 않더라도 세금 면제를 받기 위한 요건을 충족할 수 있으므로 시장에 미치는 조치가 미미하며, ② 'contingent … over'의 사전적 의미가 incentive까지 포함하는 것이라 볼 수 없으며, ③ Canada-Auto 사건에서도 GATT 제3조나 SCM협정 3.1 (b)은 국산품의 사용을 요구(require)하는 것이라고 판단하였다는 것이었다. 패널은 이 문제에 대해 명시적인 판단을 하지 않고 단지 미국의 조치가 GATT III:4의 위반이라고 판시하였는데, 그 이유는 SCM협정 3.1 (b)의 조문상 동 문제에 대한 해답이 명확히 도출되지 않기 때문인 것으로 볼 수 있다. 근본적으로 조건성 기준의 해석에 관한 회원국들의 합의가 요구된다.

둘째, 최소기준–de minimis rule의 문제이다. 즉, 국산품사용비율이 아주 미미한 경우에도 수입대체보조금에 해당하는지 여부. SCM협정은 국내정책 실현을 위한 정부의 보조금 지급을 '자유무역을 왜곡시키지 않는 한도에서' 규제하고자 하는 국가 간 협상의 산물이다. 따라서 수입대체보조금은 보조금 중에서도 무역 왜곡적인 효과가 가장 큰 금지보조금의 범위에 드는 것이므로 이에 대한 해석은 엄격하게 할 필요가 있다. 또한 SCM협정 3.1 (b)의 문언상으로 보더라도 아무런 양적 요건이 부과되어 있지 않다. 만일 수입대체보조금에 de minimis 요건이 인정되어야 하는 것이라면, 반덤핑협정에서와 같이 그 최소허용한도에 관한 명시적인 규정이 있었어야 할 것인데, SCM협정에는 그러한 규정이 없다. 또한 현실적으로도 한 물품 안에서의 국산품비율이 아니라 그 총판매액에 초점을 맞추면 구성비율의 미미함만으로 보조금의 효과가 미미하다고 할 수는 없다. 특히 조세감면의 형태로 지급되는 경우에는 간접보조금에 해당할 수 있으며, 이 경우 실질적인 보조금 수혜자에게 돌아가는 혜택이 미미하다고 할 수는 없을 것이다. 따라서 수입대체보조금에 최소기준이란 존재하지 않는다고 보는 것이 타당할 것이다.

3. GATT III:4와 SCM협정 3.1 (b)와의 관계

(1) GATT III:4의 내국민대우 원칙

NT를 규정하고 있는 GATT규정 중에 수입대체보조금과 관련이 있는 것은 GATT III:4이다. 동 조항은 "수입품의 국내판매, 판매를 위한 제공, 수입, 수송, 배분, 사용에 영향을 미치는(affecting) 모든 법률, 규칙, 요건에 관하여 국내산업의 동종상품에 허용하고 있는 대우보다 불리한 대우를 해서는 아니 된다."라고 규정하고 있다. 이태리산 농기구 사건에서 보듯이 패널은 'affecting'이라는 문구에 주목하여 직접적인 판매 등뿐만 아니라 '동등한 경쟁 조건'에 영향을 미치는 조치를 의미하는 것으로 확대해석하고 있다. 나아가 SCM협정 3.1 (b)와는 달리 GATT III:4와 관련해서는 기존 패널이 국산품 사용에 인센티브를 주는 것만으로도 동 조항이 적용된다는 점을 EC-Banana 사건과 US – Section 337 사건에서 명백히 하였다.

(2) GATT III:4와 수입대체보조금

GATT III:4에 의하면 국내물품과 수입물품을 차별한 정부의 조치는 그 형태 여하를 불문하고 NT 위반이므로, 그 조치의 형태가 '보조금 지급'인 경우에도 NT 위반이 될 수 있다. 왜냐하면 GATT III:4에는 보조금협정이 존재한다고 하여 동 조의 규율범위에서 보조금은 제외된다는 등의 명시적인 규정이 없기 때문이다. 한편 GATT 협정상 보조금과 직접 관련된 규정은 제16조 밖에 없는데 그나마 보조금의 의미와 'equitable share'를 해한다는 것의 의미에 대해서는 많은 논란이 있다. 이런 이유로 대부분의 패널들은 GATT III:4와 SCM협정 3.1 (b)가 모두 적용가능한 상황에서 전자에 의한 판단에 의존해왔다.

(3) GATT III:4와 SCM협정 3.1 (b)의 관계

Indonesia-Auto 사건에서 패널이 판시한 바와 같이, SCM협정과 GATT 제3조 사이에 일반적인 충돌은 존재하지 않으며, 동일 사건에 대해 GATT 제3조와 SCM협정을 동시 적용할 수 있다. 따라서 SCM협정의 수입대체보조금이 내국민대우 원칙에 반할 수 있다는 가능성은 협상 당시부터 제기되어왔다. 그러나 FSC 사건, Canada-Auto 사건 등에서 패널·항소기구는 소송경제 등을 이유로 수입대체보조금 문제를 내국민대우 원칙에 의하여 판단해 왔다. 이러한 패널의 결정례들과 문면상 요건을 볼 때, SCM협정상의 수입대체보조금은 GATT III:4의 요건도 충족시키는 경우가 대부분일 것이다. SCM협정 3.1 (b) 규율범위 보다 GATT III:4의 규율범위가 더욱 광범위하기 때문이다.

(4) 양자의 차이점

첫째, GATT III:4는 보조금을 포함한 모든 법률상, 사실상의 규제를 다루고 있다는 점에서 SCM협정 3.1 (b)과 차이가 있다. 둘째, GATT III:4는 개도국에게도 적용되나, SCM협정 제27.2조에 따르면 SCM협정 3.1 (b)는 개도국 특별 규정상 WTO협정 발효일로부터 5년 동안, 최빈개도국에 대해서는 8년 동안 적용되지 아니한다. 셋째, 구제 수단에도 차이가 있다. 금지보조금인 수입대체보조금에 대하여는 훨씬 강력하고 신속한 구제수단이 부여된다. 즉, 내국민대우 원칙 위반으로 판정받은 경우와 달리 금지보조금은 보상 등의 다른 대체적 이행방법이 인정되지 않고 즉시 철회되어야 하며, 보복조치도 '적절한 조치'이면 되고, 그 내용이나 정도가 반드시 이익의 무효화와 침해의 정도에 상응할 것을 요구하지도 않는다. 특히 분쟁해결절차의 시한을 비교해보면, 수입대체보조금의 경우 SCM협정상 패널에 의해 당해 조치의 위법성을 판단하는 데 소요되는 시간은 7~10개월 정도이다. 그러나 일반 GATT협정상의 NT 위반 여부 판단에 소요되는 기간은 12~18개월 정도로 SCM협정에 의한 기간보다 약 2배 정도 길다.

4. 결론

SCM협정상의 수입대체금지보조금에 해당하는 경우 GATT III:4의 NT에도 위반될 수 있으나, 어느 쪽으로 판단하느냐에 따라 그 구체적인 이행조치 및 구제 절차에 있어서는 상당한 차이가 있다. 즉, 수입대체보조금에 대하여는 훨씬 강력하고 신속한 구제수단이 부여된다. 따라서 패널이 수입대체보조금 문제를 NT을 가지고만 판단하는 관행은 제소국의 입장에서는 구제수단 측면에서 훨씬 신속하고 효과적인 구제를 받을 수 있는 길을 패널이 나서서 차단해 버리는 결과가 된다. 그렇다고 해서 제소국이 이 문제를 항소기구에 항소함으로써 해결하기도 어려운 실정이다. 왜냐하면 패널이 소송경제를 이유로 든 이상 패널단계에서 수입대체보조금에 관하여 충분한 판단을 할 수 있는 자료를 완전히 확보해 놓는다는 보장이 없으므로 사실관계 판단에 관한 한 패널자료에 의지할 수밖에 없는 항소기구는 이에 관한 판단이 사실상 불가능한 경우가 많을 것이기 때문이다. 이 문제는 SCM협정 3.1 (b)의 해석에 관한 기준의 불명확성으로부터 생기는 문제이기 때문에 DDA협상에서 위 조항의 기준을 명확화·개선함으로써 해결해야 할 것이다.

VI 제3조 제5항 및 제7항: 수량규칙과 내국민대우 원칙[25]

1. 의의

GATT 제3조 제5항 및 제7항은 혼합상품에 대해 규율하고 있다. 즉, 특정한 수량이나 비율에 의한 상품의 혼합, 가공, 사용 등에 있어서 자국산의 특정의 수량이나 비율을 사용해야 할 의무를 부과해서는 아니되며 특정의 수량이나 비율을 국외의 공급원 사이에 할당하는 방법으로도 사용할 수 없다는 것을 규정하고 있다. 이러한 혼합요건(mixing regulations)은 수입제한 효과를 가져오거나 국내상품에 대한 보호효과를 초래하기 때문에 금지된다.

---

25) 사법연수원. 35면.

체약국은 특정한 수량 또는 비율에 의한 산품의 혼합, 가공 또는 사용에 관한 내국의 수량적 규칙으로서 그 적용을 받는 산품의 특정한 수량 또는 비율을 국내의 공급원으로부터 공급하여야 함을 직접 또는 간접으로 요구하는 규칙을 설정 또는 유지하여서는 아니 된다. 그 외에도, 체약국은 제1항에 규정된 규칙에 위배되는 방법으로 내국의 수량적 규칙을 적용하여서는 아니 된다. (No contracting party shall establish or maintain any internal quantitative regulation relating to the mixture, processing or use of products in specified amounts or proportions which requires, directly or indirectly, that any specified amount or proportion of any product which is the subject of the regulation must be supplied from domestic sources. Moreover, no contracting party shall otherwise apply internal quantitative regulations in a manner contrary to the principles set forth in paragraph 1.)

2. 판정례

패널은 EEC가 일정 종류의 수입사료를 구입하고자 하는 자국 내 농부들로 하여금 사료뿐 아니라 사료로 사용될 수 있는 EEC산 건유(dried milk)를 일정량 구입하도록 하는 규칙, 자동차 부속품의 80%를 국내상품으로 사용하도록 하는 규칙 등이 제3조 제5항에 위반한 것이라 판단한 바 있다. 또한 외국인 투자가의 캐나다 국산 부품사용약속을 허가조건으로 규정한 캐나다 외국인 투자검토법 역시 제3조 제4항과 제5항에 위반되는 것이라 판단하였다.

Ⅶ 내국민대우 원칙에 대한 예외

1. 영화필름에 관한 의무

영화필름에 대한 규제는 경제적 측면이나 국제무역에 관한 고려보다는 국내문화정책과 보다 밀접한 관계를 갖고 있기 때문에 내국민대우의무에서 제외되었다. 1947GATT 제4조는 필름에 대한 국내쿼터제 실시를 허용하고 대신 최혜국대우 원칙은 준수되어야 한다는 특별한 예외를 규정하고 있다.

2. 정부조달

GATT 제3조 제8항 a호는 "상업적 재판매 또는 상업적 판매를 위한 물품생산에 사용하지 않고 정부목적(for governmental purpose)으로 구매하는 상품의 정부기관에 의한 조달을 규율하는 법률, 규칙, 요건에는 적용되지 않는다."라고 규정함으로써 정부조달과 관련하여 국내상품을 우선적으로 구입할 수 있도록 하고 있다. 정부조달 예외는 복수국 간 무역협정으로 존재하는 정부조달협정가입국 상호 간에는 적용되지 않는다. 따라서 정부조달협정 당사국들은 정부조달에 있어서도 내국민대우 원칙을 준수해야 한다.

3. 국내보조금

(1) 의의

GATT 제3조 제8항 b호는 "제3조의 규정은 본 조의 규정에 합치하여 부과되는 내국세나 내국과징금에 의한 수입으로 국내생산업자에게 지급하는 교부금과 국내물품의 정부구매에 의하여 결과되는 보조금을 포함한 국내생산업자에 한하여 지급되는 보조금의 교부를 막지 않는다."라고 규정하여 국내생산업자들에게만 지급되는 보조금을 허용하고 있다.

📖 조문 | 1994GATT 제3조 제8항 제(b)호

본 조의 규정은 본 조의 규정에 합치하여 부과하는 내국세 또는 내국과징금에 의한 수입과 국내상품의 정부구매에 의하여 생기는 보조를 포함하여 국내생산업자에 한하여 보조금을 지불함을 방해하지 아니한다. (The provisions of this Article shall not prevent the payment of subsidies exclusively to domestic producers, including payments to domestic producers derived from the proceeds of internal taxes or charges applied consistently with the provisions of this Article and subsidies effected through governmental purchases of domestic products.)

(2) 패널 판정례

GATT 패널은 이 규정을 매우 제한적으로 해석하였다. 1958년 이탈리아가 자국법을 통하여 국산 트랙터의 구매자에게 저리의 특별 대부를 인정하자 이에 대해 영국이 제소한 사건에서 패널은 "구매자에게 보조금을 지급하는 행위가 결과적으로 생산자에게 보조금을 지급하는 행위와 동일한 효과가 있다 하더라도 구매자에게 보조금을 지급하는 행위는 허용되지 아니한다."라고 평결하였다. 또한 패널은 보조금을 생산업자가 아닌 가공업자(processors)에게 지급하는 경우도 이를 허용하지 아니하였다. 한편 패널은 GATT 제3조 제8항 제b호는 국내생산업자에 대한 직접적인 보조금의 지급을 허용하고 있는 것이지 세금환급이라든가 세금감면과 같은 간접적인 보조금을 허용하는 취지가 아니라고 보고 있다.

⚖ 판례 | 캐나다 – 정기간행물 사건

캐나다 우편회사는 특정 캐나다 정기간행물에 대해 수입 정기간행물보다 유리한 우편요율을 적용한 것이 GATT 제3조 제4항에 위반되는지 여부 및 동 조 제8항 제(b)호에 의해 정당화되는지가 쟁점이 되었다. 패널은 제3조 제4항에 위반되나, 제8항 제(b)호에 의해 정당화 된다고 판정하였으나 상소기구는 이를 파기하였다. 캐나다 우편회사는 캐나다에서 발행되는 특정 정기간행물에 대하여 캐나다 정부의 출판물 배포지원 프로그램에 의한 기금지원을 받아 '기금요율'(funded rates)이라는 감액된 우편요율을 적용하고 있었다. 미국은 동 기금이 캐나다 출판업자에게 '직접' 지급되는 것이 아니라 캐나다 포스트에 전달되는 것이므로 허용보조금이 아니라고 주장하였다. 반면, 캐나다는 자금이 정부기관 간 이동하고 있고, 캐나다 포스트는 어떠한 이득도 향유하지 않고 있으므로 출판업자에 한하여(exclusively) 지급되는 것이라고 반박하였다. 패널은 캐나다의 입장을 수용하여 캐나다 포스트가 어떠한 이득도 향유하지 않고 있는 것은 생산자에 한하여 보조금이 지급되고 있다는 것의 반증이라고 판단하고 예외에 해당한다고 판정하였다. 그러나 상소기구는 이러한 패널의 판정을 파기하고 예외에 해당하지 아니한다고 판정하였다. 상소기구는 제3조 제8항 제(b)호는 보조금의 지급이 조세감면 형태로 지급되는 경우는 제외하는 것으로 판단하였다. 즉, 조세감면의 형태가 아니라 직접자금을 지원하는 형태의 보조금을 제3조의 예외로 허용하고 있다고 본 것이다. 그런데 요율을 감면하는 것은 조세감면과 달리 볼 이유가 없고, 이러한 감면을 통한 보조는 제8항에서 허용하지 아니한다. 따라서 캐나다의 제3조 제4항 위반조치는 제3조 제8항 제(b)호에 의해 정당화 되지 아니한다고 판정하였다.

4. 일반적 예외 및 안전보장을 위한 예외

GATT 제20조는 일반적 예외를, 제21조는 안전보장을 위한 예외를 인정하고 있다.

1. A국은 B국으로부터 수입되는 위스키에 대해서는 80%의 주세를 부과하고, 자국산 소주에는 30%의 주세를 부과하였다. 이에 B국은 A국을 WTO협정 위반으로 WTO DSB(분쟁해결기구)에 제소하였다(단, A국과 B국은 WTO 회원국이다). (총 40점) [2008외시]

   (1) B국의 주장을 뒷받침할 수 있는 WTO협정상의 비차별 원칙 관련 규정을 설명하시오. (15점)

   (2) 한편 A국의 위스키 수입업자 X는 80% 주세부과조치는 WTO협정에 위반된다는 이유로 A국 법원에 동 부과조치의 취소소송을 제기하였다. A국이 한국일 경우, X의 주장을 대법원과 헌법재판소의 견해를 참고하여 검토하시오. (25점)

2. WTO 회원국인 A국에서는 국내산 소고기가 수입산 소고기보다 최소 3배 이상 비쌌고 A국 일부 정육점에서는 수입산 소고기를 국내산으로 속여 팔았다. A국 정부는 수입산 소고기를 국내산으로 속여 파는 행위를 막기 위해 일정 규모 이하의 정육점에서는 국내산과 수입산 중 하나를 택해 판매하도록 하는 법령을 제정하였다. 그 후 정육점의 90% 이상이 '국내산' 소고기만을 판매하게 되었다. (총 30점) [2009외시]

   (1) A국 정부의 조치는 WTO협정 위반인가? (20점)

   (2) 만약 법령 제정의 결과 정육점의 50% 이상이 '수입산' 소고기만을 판매하게 되었다면, A국 정부의 조치는 WTO협정 위반인가? (10점)

3. WTO 회원국인 A국은 인체에 유해한 것으로 판명된 'X' 및 'X'함유제품의 생산·수입·판매를 일체 금지하는 법을 제정하였다. 다만 동법에 의하면 'X'를 함유하고 있으나 인체에 대해 해롭지 않다고 인정되는 'Y'에 대해서는 동법의 적용을 유예해 주었다. 'Y'는 'X'와 용도가 동일한 같은 상품이나 A국 내에서만 생산되고 있다. A국은 동법을 국내절차에 따라 공표하고 관련 무역국들에 대해서도 통보해 주었으며 이의를 제기하는 수출업자들에 대해 적절한 국내구제 절차를 허용해 주었다. 또한 'X' 및 'X' 함유제품을 수출하는 모든 국가들에 대해 동일하게 동법을 적용하였다. A국의 조치에 대해 같은 WTO 회원국인 B국은 A국의 조치가 WTO협정에 위반된다고 주장하며 A국을 WTO에 제소하였다. 이와 관련하여 다음 물음에 답하시오. (총 40점)

   (1) A국의 조치는 WTO협정에 합치되는가? (15점)

   (2) 만약 A국의 조치가 WTO협정에 합치되지 않는 경우 그 위반을 정당화할 수 있는 사유가 있는가? (15점)

   (3) B국은 A국의 조치가 WTO협정에 위반되지 않는다고 하더라도 자국 및 자국 기업이 입은 손해에 대해 적절한 보상조치를 취해야 한다고 주장하였다. B국 주장이 인용되기 위한 요건에 대해 논의하시오. (10점)

제4절   수량제한금지 원칙(제4항)

I 의의

수량제한 즉, 쿼터제(Quota)란 일정 기간 동안에 일정 상품에 대해 정해진 수량이나 가액만큼만 수입될 수 있도록 하는 일종의 행정명령을 의미한다. 수량제한의 경우 수출국의 수출증대 노력을 원천 봉쇄하므로 무역확대라는 WTO 기본 목적을 심각하게 침해한다. 수입허가제(License)가 실시되는 경우 수입허가서의 발급 방법, 수입허가의 남용 문제가 제기되었다. 수입수량제한은 수입금지가 수입수량할당의 형태를 취한다. 수입수량할당하에서는 기업이 국가의 허가를 얻어 일정한 수량을 수입하거나 국영무역 형태로 수입이 행해진다.

> **참고 수량제한과 관세할당(tariff quota)의 비교**[26]
>
> 관세할당은 일정 수량까지의 수입할당에는 저율 또는 영(0)의 1차 세율(in-quota tariff)을 적용하고, 수량을 초과하는 수입에는 고율의 2차 세율(over-quota tariff)을 부과하는 이중관세제도이다. 할당방식으로는 사전할당 방식(사전에 저관세 수량범위를 설정하고 그 수량을 수입자에게 할당하는 방식)과 선착순 방식(저관세 수량범위를 선착순으로 수입자에게 할당하는 방식)이 있다. 관세할당은 관세조치이므로 GATT·WTO체제에서 허용되나, 수량제한은 비관세조치로서 일반적으로 금지된다. 이는 관세할당은 관세만 지급하면 무제한으로 수입할 수 있는 반면, 수량제한은 수입수량을 일정 수준(연간 몇 만톤까지, 연간 몇 만대까지 등)으로 한정하거나 수입을 금지(마약수입금지, 무기수입금지 등)하는 체제이기 때문이다. 그러나 관세할당의 1차 세율범위와 배분 방법은 수량제한 수입범위의 배분 방법(비차별배분 방식)에 따라야 한다.

Ⅲ GATT상의 기본 의무

> **조문 | 1994GATT 제11조 제1항 – 수량제한의 일반적 폐지**
>
> 1. 체약국은 다른 체약국 영역의 산품의 수입에 대하여 또는 다른 체약국 영역으로 향하는 산품의 수출 또는 수출을 위한 판매에 대하여, 할당제나 수입허가 또는 수출허가 또는 기타 조치에 의거하거나를 불문하고 관세, 조세 또는 기타 과징금을 제외한 금지 또는 제한을 설정하거나 유지하여서는 아니 된다. (No prohibitions or restrictions other than duties, taxes or other charges, whether made effective through quotas, import or export licences or other measures, shall be instituted or maintained by any contracting party on the importation of any product of the territory of any other contracting party or on the exportation or sale for export of any product destined for the territory of any other contracting party.)

1. 금지 또는 제한조치의 대상

수입은 물론 수출에도 적용된다. 또한 쿼터를 부과하게 되는 정부의 조치도 금지된다. 'Japan-Trade in Semi-Conductors 사건(1988)'에서 GATT 패널은 일본의 반도체 생산업체에 대한 일본정부의 행정적 지도(administrative guidance)가 법적으로 구속력이 없기 때문에 제11조의 금지사항에 해당되지 않는다는 일본의 주장을 배척하였다. 패널은 수출을 효과적으로 제한하는 WTO 회원국 조치는 법적으로 구속력이 있는가와 관계없이 금지된다고 하였다.[27]

2. 사례

일본은 자국 내 도와族이 생산하는 가죽제품의 수량제한을 취하고 있었으며 이에 대해 미국이 이의를 제기 하였다. 패널은 일본의 동 조치가 제11조 제1항 위반이라고 판단하면서 동 조항을 위반하는 경우 실제적인 무역 제한의 증거가 없는 경우에도 일견 이익의 무효화 또는 침해를 구성하며 이 경우 조치를 취한 국가(일본)가 무효화 또는 침해의 존재를 부정해야 할 입증책임을 부담한다고 판단하였다.

---

26) 고무로 노리오(2010), 161면.
27) 고준성 외(2006), 152면.

판례 | 인도 - 자동차 사건

1997년 인도 정부는 대외무역발전 및 규제법(Foreign Trade Development and Regulation Act)에 의거, 인도 자동차 업체에 일정 국산화율 달성과 자동차 수출입균형의무를 부과하는 공고 60호를 공고하였다. 공고 60호는 구체적으로 외국 자동차를 부품형태로 수입(SKD: Semi Knock Down, CKD: Completely Knock Down)하려는 인도 승용차 제작사는 특정 기간 내 일정 국산화율을 달성하겠으며 수입차량 가액에 상응하는 액수의 차량을 수출하겠다는 내용의 양해각서를 인도 대외무역부와 체결하도록 하였으며 동 의무를 준수하지 못했거나 양해각서를 체결하지 않은 회사는 외국차량수입권을 배정받지 못하도록 하였다. 미국과 EC는 공고 60호의 국산화율의무와 수출입균형의무는 GATT 제3조 제4항 및 제11조 제1항에 위반된다고 주장하였다. 인도는 수출입균형의무가 국경조치는 아니므로 국경조치를 특정하여 규제하는 제11조 제1항의 적용대상이 아니라고 반박하였다. 그러나 패널은 수출입균형의무는 1994GATT 제11조 제1항에 위반된다고 판정하였다. 패널은 한 조치의 여러 다른 측면으로 인해 수입 상품의 경쟁 기회가 다르게 영향을 받을 수 있다고 지적하면서, 국내시장에서의 경쟁 기회에 영향을 미쳐 제3조의 적용대상이 될 수도 있고 수입기회 자체 즉, 시장접근에 영향을 미쳐 제11조의 적용대상이 되거나 두 조항이 모두 적용되는 중첩적인 효과를 발생할 수 있다고 보았다. 즉, 특정 조치의 효과의 범위가 국내시장에서의 국내외상품 간의 경쟁 관계뿐 아니라 수입 조건 모두를 포함할 수도 있다고 지적하고 인도의 주장을 기각하였다.

공고 60호가 제11조 제1항상의 'other measures'에 해당한다는 데 이견이 없었으나 양해각서가 이에 해당하는지에 대해서는 당사자 간에 다툼이 있었다. 패널은 other measures는 그 범위를 광범위하게 해석하여야 할 것이며 양해각서는 공고 60호상의 조건에 따라 정부와 체결하는 것이고 부품차량 수입권을 제공하는 조건으로 체결되는 조치일 뿐 아니라 정부조치인 공고 60호로부터 직접적으로 발생하는 것임을 들어 양해각서가 조치에 해당하는 것은 분명하다고 밝혔다.

또한, 패널은 '수입에 관한 제한으로서의 조치의 본질'이 당해 조치가 제11조 제1항의 범위에 속하는지 여부를 판정하는 데 있어 핵심이라고 지적하고 수출에 관해 또는 수출에 직접 부과되는 어떠한 형태의 제한도 제11조 제1항상의 수입에 관한 제한을 구성한다고 밝혔다. 패널은 양해각서는 수입에 대해 수치상의 제한을 부과하지는 않는다 하더라도 수입에 조건을 부과하는 것이며 수입가액을 차량 수출액의 범위 내로 제한한다고 언급하고 이는 수량제한에 해당한다고 판단하였다. 패널은 이상을 토대로 공고 60호와 양해각서상의 수출입균형의무는 수입에 대한 제한이며 제11조 제1항에 위반된다고 판시하였다.

Ⅲ 쿼터금지의무에 대한 예외

1. 식량 등의 부족상태 해소를 위한 수출입제한: 제11조 제2항 제a호

식량 또는 수출국에 불가결한 기타 상품의 위급한 부족을 방지 또는 완화하기 위해 일시적으로 과하는 '수출' 제한을 인정한다. 예컨대, 기근에 의한 곡물 결핍 등의 경우 수출제한조치를 취할 수 있다.

2. 분류 또는 규격과 관련된 제한: 제11조 제2항 제b호

국제무역에 있어서 상품의 분류, 등급, 판매에 관한 기준 또는 규칙의 적용을 위해 필요한 수출 및 '수입'의 금지 또는 제한이 인정된다. 예컨대, 조악품에 대한 수출금지가 인정된다. 이러한 조치는 무역의 정상적 발전을 위해 필수적 수단이므로 인정이 되는 것이다.

3. 농수산물의 수출입제한: 제11조 제2항 제c호

(1) 의의

농업 또는 어업제품에 대한 수입 '제한'으로서 수입형태의 여하를 불문하고, a) 판매 또는 생산을 허용한 동종상품 또는 직접대체가능한 상품의 수량을 제한하기 위한 정부조치 실시에 필요한 것, b) 동종국내상품 또는 직접대체가능 상품의 일시적 과잉(temporary surplus) 상태를 무상 또는 낮은 가격으로 국내소비자집단에 제공함으로써 제거하기 위한 정부 조치의 실시에 필요한 것, c) 대부분 수입에 의존하는 동종상품의 국내생산이 미미할 때 그 생산을 제한하기 위한 정부조치의 실시에 필요한 것은 허용된다. 해석상 수입'금지'는 허용되지 않는다. 가공단계(early stage of processing)에서의 수입도 포함된다(명태 수입이 제한된다면 마른명태도 제한됨). 수량제한조치는 정부조치에 종속되므로 정부조치가 종료되면 수입제한조치도 당연히 종료되어야 한다.

(2) 관련 분쟁사례

첫째, EEC의 사과 수입제한조치에 대한 미국의 제소에서 패널은 EEC가 가격지지제도에 따른 국내 사과의 과잉생산문제 해결을 위해 일시적으로 취한 사과수입제한 조치는 제11조 제2항 제c호의 예외 사유에 해당하지 아니한다고 하였다. 둘째, 캐나다의 미국산 요구르트와 아이스크림에 대한 수입제한조치 사건에서 패널은 캐나다가 제11조 제1항을 위반했다고 판정하였다. 캐나다는 우유판매시장을 보호하기 위해 수량을 제한했다고 항변하였으나, 패널은 아이스크림, 요구르트와 우유는 동종상품이나 직접대체가능상품이 아니고, 아이스크림의 수량제한이 우유의 생산제한의 이행에 필요한 것이라 볼 수 없다고 판단하였다.

4. 국제수지 옹호를 위한 제한: 제12조, 제14조

회원국은 자국의 대외자금 상황 및 국제수지를 옹호하기 위해 수입품에 수량제한을 신설하거나 유지하거나 강화할 수 있다(제12조). 그러나 수량제한은 자국의 화폐준비의 현저한 감소의 예방 또는 저지, 또는 화폐준비가 낮은 회원국의 경우는 그 화폐준비의 합리적인 비율에 의한 증가를 위해 필요한 한도 내에서 인정된다. GATT 제12조 원용국에 대해 국제수지제한위원회가 매년 상세한 심사를 하고 수량제한의 완화 또는 폐지를 권고한다.

5. 개도국이 행하는 수입제한: 제18조

첫째, 경제상태가 저생활수준에 머물러 있고 개발 초기 단계에 있는 저개발국에 대해서는 '국제수지 옹호를 위한 수입제한' 및 '특정 산업보호을 위한 수입제한'을 인정한다. 둘째, 개도국이나 저개발국이 아닌 개도국에 대해서는 '특정 산업의 확립을 위한 수입제한'만 허용한다. 셋째, 한국의 미국산쇠고기에 대한 수입금지조치 사건에서 패널은 한국이 더 이상 국제수지를 이유로 한 개도국의 수량제한조치(제18조 b)가 필요하지 않다는 국제수지위원회의 견해를 수용하여 쇠고기 수량제한이 국제수지를 이유로 정당화 되지 않으며, 제11조 제1항을 위반하였다고 판정하고, 한국은 수량제한의 단계적 철폐를 위한 일정표를 마련해야 한다고 판단하였다.

6. 긴급수입제한조치: 제19조

긴급수입제한조치(safeguard)란 어떤 상품의 수입이 급증하고 그 상품과 경합하는 상품의 국내생산자에게 심각한 피해(serious injury) 또는 피해의 위협(threat)이 발생한 경우 긴급피난으로서 취할 수 있는 무역제한조치를 말한다. 관세인상, 관세할당, 수입과징금의 부과, 수입수량할당, 수입허가발급제등이 있다. 노르웨이가 홍콩이 수출자율규제에 동의하지 않았음을 이유로 홍콩산섬유류 수입에 대해 세이프가드를 발동한 사건에서 패널은 제13조상의 수량제한의 비차별적 적용의무는 제19조상의 세이프가드에도 적용되며 따라서 홍콩에게도 수출자율규제를 약속한 6개국에 부여한 국가별 쿼터를 부여해야 한다고 판단하였다. 즉, 제13조 위반이라 판단하였다.

7. 대응조치로서의 수입제한: 제23조

다른 체약국의 GATT의무 불이행으로 피해를 입은 체약국은 체약국단이 인정하는 범위 내에서 보복조치를 취할 수 있는바, 보복조치의 일환으로 수입을 제한할 수 있다.

8. 의무면제(Waiver)에 의한 수입제한: 제25조 제5항

체약국은 GATT협정에 별도로 규정되지 아니한 예외적인 사정 하에서 GATT협정에 의해 체약국에 부과하고 있는 의무를 면제할 수 있도록 하였다. 투표수의 3분의 2와 체약국단의 과반수 찬성을 요한다. '예외적인 사정'에 대한 정의가 없으므로 다수결을 획득한 경우 웨이버가 부여되는 것으로 양해된다.

9. 일반적 예외

GATT 제20조의 일반적 예외에 해당하는 경우 수량제한조치를 취할 수 있다. 그러나 제20조 전문의 요건과 본문의 요건을 모두 충족해야 하므로 일반적 예외를 인정받는 것은 상당히 어렵다. 미국-참치 사건I에서 미국은 1972년 해양포유동물보호법(Marine Mammal Protection Act)에 근거해 돌고 보호를 목적으로 한 수입제한조치를 취하고 GATT 제20조 제(b)호 및 제(g)호에 의해 정당화된다고 주장하였으나, 패널은 멕시코의 주장을 받아들여 미국의 조치가 돌고래를 보호하기 위해 필요한 조치가 아니고, 자국 영역 외의 보호를 이유로 하는 일방적 조치는 타국의 권리를 침해하기 때문에 일반적 예외 조항에 의해 정당화될 수 없다고 하였다. 이후 EC와 네덜란드가 다시 미국을 상대로 제소한 미국-참치 사건II에서도 패널은 미국의 수입제한조치가 동물의 생명을 보호하기 위해 필요한 조치가 아니고, 유한천연자원의 보존을 주목적으로 하고 있지 않기 때문에 일반적 예외조항에 의해 정당화될 수 없다고 판정하였다. 미국 자동차용 스프링 사건은 미국의 자동차용 스프링의 수입금지조치가 GATT 제20조 제(d)호에 의해 정당화 된다고 하였다. 미국은 특정 수입 스프링이 미국의 특허법에 위반된다고 보고 수입을 금지하였다. 패널은 미국의 조치가 미국 특허법에 위반되는 모든 수입품을 대상으로 하고 있어서 자의적이거나 부당한 차별이 아니라고 하였다. 또한 미국의 제한이 공표되어 있고 국경에서 미국 세관에 의해 실시되고 있으며, 제한은 미국 내 유효한 특허권에 위반되는 수입품을 대상으로 하고 있고, 제한의 발동에 앞서 특허권의 유효성과 외국 생산자에 의한 특허 위반이 확증되어야 하며, 미국 특허권자에게서 라이센스를 얻은 미국 외 생산자의 제품은 수입금지의 대상이 되지 않는다는 점을 고려하여 국제무역에 대한 위장된 제한에도 해당하지 않는다고 판정하였다.

10. 국가안보예외

GATT 제21조에 의하면, 회원국은 자국의 안전보장상 중대한 이익의 보호를 이유로 수입수량제한조치를 정당화할 수 있다. 안전보장조치로서 핵분열물질, 무기, 군수품의 제한이나 전시 또는 그 밖의 긴급사태 시 제한조치를 취할 수 있으며, 국제 평화와 안전을 유지하기 위해 UN헌장에 기초하여 취해지는 제한도 여기에 포함된다. 안전보장상 중대한 이익의 정의에 대해서는 규정되어 있지 않다.

Ⅳ 수량제한의 비차별 적용

1. 의의

예외적인 수량제한조치가 허용되어도, 제13조상의 의무, 즉 최혜국대우의무, 수입허가량 배분에 관한 규칙, 및 공고 및 협의의무를 준수해야 한다.

2. 최혜국대우의무: 제13조 제1항

'모든' 제3국에 대한 수출, 또는 모든 제3국으로부터의 수입되는 동종상품에 다 같이 금지되거나 제한되지 아니하는 한 체약국은 어떠한 금지나 제한을 과할 수 없다. GATT 제1조의 최혜국대우의무로부터는 수량제한의 비차별 원칙이 도출될 수 없기 때문에 제13조의 존재 이유가 있다.

3. 수입허가량의 공평배분을 위한 구체적인 규칙: 제13조 제2항

가능한 한 공급국별 할당 대신 '총량쿼터(global quota)'를 실시하고, 가능한 한 수입허가제는 피해야 하며, 수입허가제가 실시되어야 하는 경우에도 특정 국가 또는 특정 공급원이 명기되어서는 안 된다. 또한, 쿼터 할당 시에도 각 체약국과 할당량 배정에 관해 합의해야 하며, 합의가 불가능한 경우 '특별한 요인'을 고려하고 '과거 대표적인 기간' 동안의 수입량에 대한 비율에 의해 할당한다.

⚖ 판례 | US – Line Pipe Safeguards case

1999년 8월 미 무역위원회는 한국, 중국 등으로부터 수입되는 line pipe에 대해 피해조사를 개시하여 그해 10월 동 제품의 수입 급증이 국내산업에 심각한 피해 및 피해 우려를 초래하고 있다고 판정하였다. 이에 따라 미국정부는 2000년 2월 세이프가드조치를 발동하였다. 미국은 어느 국가로부터의 수입물량이 9,000톤에 달할 때까지는 정상적인 관세를 부여하고 9,000톤을 초과하는 물량에 대해서는 1차 년도 19%, 2차 년도 15%, 3차 년도에 11%의 관세를 추가로 부과하는 방식을 적용하였다. 이에 대해 제소국은 미국의 긴급수입제한(SG)조치가 tariff quota(관세할당)인데, 동 조치는 GATT 제13조 제2항 제1문, 제2항 (a), 제3항 (b)상의 의무를 위반하였다고 주장하였다. 반면 미국은 동 조치가 tariff quota가 아닌 tariff surcharge(관세부과)이며 따라서 GATT 제13조가 적용되지 않는다고 주장하였다. 패널은 미국의 조치가 관세할당(tariff quota)에 해당한다고 판정하였다. tariff quota는 저율 관세를 받을 수 있는 수량이 규정되어 있는 한 그 수량제한이 overall 하건, overall 하되 수출국별로 할당되는지, overall limit 없이 수출국별로 운영되는지는 무관하다고 하였다. 패널은 GATT 제13조 제5항상 GATT 제13조 제2항 (a)가 tariff quota에 적용되는 것이 분명하다고 해석하였다. 한국은 수량제한에 관한 제13조의 요건을 미국이 충족하지 못했다고 주장했다. 즉, 수량제한조치를 취하는 경우 수출국에 대한 무역량의 분배조치를 취하지 않았고, 수입 허가품의 총량을 표시하는 할당량을 규정하지 않았으며, 할당량을 공고하지도 않았다고 하였다. 패널은 한국의 주장을 인용했다. 패널은 미국의 긴급수입제한조치가 과거의 교역동향에 기초하였다거나, 기대할 수 있는 교역량에 근접하도록 교역물량을 배분하려고 의도한 점을 찾을 수 없으므로 제13조 제2항 두문을 위반하였다고 보았다. 또한, GATT 제13조 제2항 (a)는 수입총량을 규정(fix)할 것을 요구하고 있는 바, 규정(fix)은 '결정'(decide) 또는 특정(specify)의 의미이나 미국은 그러한 결정을 한 바 없다. 수입 총량이 공고된 바도 없으므로 제13조를 위반하였다고 판단하였다.

---

4. 공고 및 협의: 제13조 제3항 · 제4항

수량제한을 실시하는 국가는 수입허가서의 발급상황, 쿼터의 국가별 할당량 등을 당해 상품의 무역에 이해관계가 있는 체약국에게 공고해야 한다. 또한 수량제한 국가는 실질적인 이해관계가 있는 체약국과 협의해야 한다.

제5절 일반적 예외(제5항)

I 의의

GATT 제20조는 회원국이 특정한 상황에서 GATT의 일반적인 의무에서 면제되는 것을 허용한다. 제20조는 전문(chapeau)과 10개의 구체적 예외로 구성되어 있다. 제20조의 규정들은 WTO 회원국이 GATT1994의 규칙에 위반되는 조치를 적용하는 것을 허용하고 있는 바, 이러한 조치들이 제20조에 열거된 예외에 해당해야 하고, 제20조 전문에 규정된 요건을 충족해야 한다.

II 제20조 전문의 규정

> **📄 조문 | 1994GATT 제20조 전문(Chapeau)**
>
> 본 협정의 어떠한 규정도 체약국이 다음의 조치를 채택하거나 실시하는 것을 방해하는 것으로 해석되어서는 아니 된다. 다만, 그러한 조치를 동일한 조건하에 있는 국가 간에 임의적이며 불공평한 차별의 수단 또는 국제무역에 있어서의 위장된 제한을 과하는 방법으로 적용하지 아니할 것을 조건으로 한다. (Subject to the requirement that such measures are not applied in a manner which would constitute a means of arbitrary or unjustifiable discrimination between countries where the same conditions prevail, or a disguised restriction on international trade, nothing in this Agreement shall be construed to prevent the adoption or enforcement by any contracting party of measures)

1. 의의

전문은 정당화를 구하는 조치 그 자체 또는 조치의 구체적 내용에 관한 것이 아니라 조치가 적용되는 방법을 언급하고 있다. 전문은 각 호에 규정된 예외 사유의 남용방지를 목적으로 하며 판단기준으로 자의적 차별, 정당화될 수 없는 차별, 국제무역에 대한 위장된 제한을 제시하고 있다.

2. 조치의 범위

정당성이 검토되는 조치는 일반협정의 다른 의무에 위반된 것으로 판정된 조치와 그 범위가 같다. 제한적인 사유로 인해 다양한 정책목적을 추구하는 국가 현실을 충분히 반영하지 못한다는 비판이 있다. 특히 국내환경보호를 위한 조치를 일반협정 위반으로 판단할 가능성이 많아 WTO가 환경보호론자들의 비판대상이 되고 있다.

3. 정당성의 판단기준

(1) 자의적 또는 정당화될 수 없는 차별(arbitrary unjustifiable discrimination)

자의적 차별은 주로 절차적 측면에서 상대국에 공식적인 청문의 기회가 주어지지 않고, 서면에 의한 개별 통지도 없으며, 차별철회의 요청이 거부되었으나 재검토 또는 항소 기회가 부여되지 않는 경우이다. 한편, 동일한 조건 하에 있는 국가를 다르게 취급하거나, 조치의 적용에 있어서 수출국의 상황에 대해 일체의 고려가 없는 경우 정당화될 수 없는 차별이다.

(2) 국제무역에 대한 위장된 제한

위장된 차별을 포함하며, 은폐되거나 공표되지 않은 제한이나 차별이 이에 해당한다.

4. 판례

(1) US – Prohibition of Imports of Tuna and Tuna Products from Canada(1982)

이 사건은 미국이 캐나다산 참치 및 참치제품의 수입을 금지한 것에 대해 캐나다가 제소한 사건이다. 패널은 수입금지조치가 캐나다뿐 아니라 코스타리카, 에콰도르 등에 대해서도 취해졌으므로 자의적이거나 불공정한 차별이 아니라고 판단하였다. 또한 동 사건에서 패널은 캐나다산 참치수입을 미국이 금지한 것은 무역조치로서 취해졌고 공개적으로 발표되었기 때문에 국제무역에 대한 위장된 제한이 될 수 없다고 판정하였다.

(2) US – Imports of Certain Automotive Spring Assemblies(1983)

이 사건은 미국이 자국의 특허를 침해하였다는 이유로 캐나다산 자동차 스프링부품의 수입을 금지한 것 (수입배제명령)에 대해 캐나다가 제소한 사건이다. 패널은 배제명령이 캐나다만이 아니라 모든 수입원으로부터 특허를 침해한 상품의 수입을 금지하였기 때문에, 이 배제명령은 GATT 제20조 전문을 위배하여 자의적이거나 불공평한 차별의 수단으로 적용된 것은 아니었다고 판정하였다. 또한 미국의 국제무역위원회가 특허의 유효성이 명백히 입증된 이후에 특허침해가 발생하였다고 확정하였고, 수입배제명령이 원산지와 무관하게 특허를 침해한 모든 수입에 대하여 적용되었기 때문에 이러한 수입배제명령이 국제무역에 대한 위장된 제한이 아니었다고 판정하였다.

Ⅲ GATT 제20조 본문의 예외 사유 및 해석

1. 예외 사유

제20조는 10개의 구체적 사유를 열거하고 있다. 그러한 조치로는 공중도덕을 보호하기 위하여 필요한 조치(a), 인간 및 동식물의 생명이나 건강을 보호하기 위하여 필요한 조치(b), 금 또는 은의 수입 또는 수출에 관한 조치(c), 세관행정, 지적재산권의 보호와 기만적 관행의 방지에 관한 법률 또는 규칙의 준수를 보장하기 위하여 필요한 조치(d), 교도소 노동상품에 관한 조치(e), 미술적 가치, 역사적 가치 또는 고고학적 가치가 있는 국보의 보호를 위하여 적용되는 조치(f), 유한 천연자원의 보존에 관한 조치가 국내의 생산 또는 소비에 대한 제한과 관련하여 실시되는 경우(g), 정부 간 상품무역협정에 의한 의무에 따라 취하는 조치(h), 국내가격이 정부의 안정계획의 일환으로 국제가격보다 낮게 유지되고 있는 국내가공산업에 불가결한 수량의 국내원료를 확보하기 위하여 국내원료의 수출을 제한하는 조치(i), 일반적으로 또는 지역적으로 공급이 부족한 산품의 획득 또는 분배를 위하여 불가피한 조치(j). 아래에서는 쟁점이 되고 있는 몇 가지 예외 사유를 검토한다.

(a) 공중도덕을 보호하기 위하여 필요한 조치

(b) 인간, 동물 또는 식물의 생명 또는 건강을 보호하기 위하여 필요한 조치

(c) 금 또는 은의 수입 또는 수출에 관한 조치

(d) 관세의 실시, 제2조 제4항 및 제17조에 따라 운영되는 독점의 실시, 특허권, 상표권 및 저작권의 보호 그리고 사기적인 관습의 방지에 관한 법률과 규칙을 포함하여 본 협정의 규정에 반하지 아니하는 법률 또는 규칙의 준수를 확보하기 위하여 필요한 조치

(e) 교도소 노동산품에 관한 조치

(f) 미술적 가치, 역사적 가치 또는 고고학적 가치가 있는 국보의 보호를 위하여 적용되는 조치

(g) 유한 천연자원의 보존에 관한 조치, 다만 동 조치가 국내의 생산 또는 소비에 대한 제한과 관련하여 유효한 경우에 한한다.

(h) 체약국단에 제출되어 부인되지 아니한 기준에 합치하는 정부 간 상품협정 또는 체약국단에 제출되어 부인되지 아니한 정부간 상품협정에 의한 의무에 따라 취하는 조치

(i) 국내원료의 국내가격이 정부의 안정계획의 일부로서 국제가격보다 저가격으로 유지되고 있는 기간 중, 국내가공산업에 필수적인 수량의 원료를 확보하는 데 필요한 국내원료의 수출에 제한을 과하는 조치. 다만, 동 제한은 이러한 국내산업의 산품의 수출을 증가시키거나 또는 이러한 국내산업에 주어진 부호를 증대하도록 운영되어서는 아니 되며, 또한 무차별대우에 관한 본 협정의 규정으로부터 이탈하여서는 아니 된다.

(j) 일반적으로 또는 지역적으로 공급이 부족한 산품의 획득 또는 분배를 위하여 불가결한 조치, 다만 이러한 조치는, 전 체약국이 해당산품의 국제적 공급에 있어서 정당한 몫을 공급받을 권리를 가진다는 원칙에 합치하여야 하며, 또한 본 협정의 다른 규정에 반하는 이러한 조치는 이를 야기한 조건이 존재하지 아니하는 때에는, 즉시 정지하여야 한다. 체약국단은 1960년 6월 30일 이전에 본 규정의 필요성에 관하여 검토하여야 한다.

2. 공중도덕 보호를 위한 조치(a호)

공중도덕을 보호하기 위해 필요한 조치는 예외로서 인정된다. 이 조항은 음란물의 수입을 금지하는 국경조치에 관한 것이다. 미국 국내법에 의하면 미국 세관은 미국에 수입된 음란물을 압수하고 미국에 대하여 반역과 반란을 옹호하는 서적을 압수할 권한이 있다. 공중도덕 보호를 위한 예외는 GATS 제14조에서도 인정되고 있으나, 동 조항은 공중도덕뿐 아니라 공공질서 유지를 위해 필요한 조치도 예외로 인정하고 있다.

3. 인간 또는 동식물의 생명이나 건강을 보호하기 위한 조치(b호)

인간, 동물 또는 식물의 생명 또는 건강을 보호하기 위하여 필요한 조치(necessary to protect human, animal or plant life or health)

회원국의 조치가 인간이나 동식물의 생명이나 건강을 보호하기 위해 필요한 조치로 인정되는 경우 예외적으로 허용된다. GATT 패널에 의하면 동 조항의 합치성 판단기준은 세 가지이다. 첫째, 무역제한조치가 인간 및 동식물의 건강을 보호하기 위한 것인지 여부, 둘째, 그러한 조치가 인간이나 동식물의 생명이나 건강을 보호하는 데 필요한가 여부, 셋째, 이러한 조치가 제20조 전문과 합치하는지 여부. '필요한 조치'인지 여부에 대해 패널은 '만족스러우며 효과적인 대체조치의 존부'(미국-자동차 부품 수입 사건)에 따라 판단하였다. 참치수입제한 사건에서 패널은 협정에 위반되지 않는 가능한 모든 조치를 취했는지 여부, 즉 최후수단성 기준을 제시하기도 하였다.

⚖ 판례 | EC – 석면 사건

1996년 12월 24일 프랑스 정부는 석면 및 석면함유제품의 생산, 수입 및 판매 금지 법안 (Decree No.96-1133 of 24 December)을 채택하였으며, 1997년 1월 1일부로 이를 시행하였다. 동법에서는 노동자와 소비자들을 보호하기 위하여 석면 또는 석면류를 포함하는 상품 등의 제조, 판매, 수입, 수출, 유통 등을 포괄적으로 금지하였으며, 예외적으로 온 석면의 경우 산업재해의 위험이 보다 적은 기술적으로 입증된 적절한 대체물이 없는 경우에 한시적으로 사용을 허용하였다. 이 조치에 대해 캐나다는 GATT 제3조 제4항에 위반된다고 주장하였다. 패널은 GATT 제3조 제4항 위반은 인정하였으나, GATT 제20조에 의해 정당화된다고 판정하였다. 상소기구는 GATT 제3조 제4항에 위반되지 않으며, 또한 GATT 제20조 제(b)호에 의해서도 정당화된다고 하였다. 패널은 GATT 제20조 제(b)호의 원용요건으로 조치의 목적이 제20조에 명시된 목적에 부합할 것, 목적달성을 위해 필요한 조치일 것, 전문의 요건에 합치할 것을 제시하였다. 패널은 석면이 발암성을 갖는다는 것은 입증된 사실이며, 인간 건강 보호를 위해서는 석면사용을 전면 금지하는 것 이외에는 달리 대안이 없음을 인정하였다. 또한, 프랑스 국내법이 원산지와 관련된 어떠한 차별도 규정하지 않았고, 캐나다가 차별적 적용의 증거를 제시하지 못했다고 판단하였다. 나아가 프랑스 국내법은 국제무역에 대한 위장된 제한 즉, 보호주의적 목적을 갖지 아니한다고 보고, 전문 및 본문의 요건을 모두 충족한다고 판정하였다. 상소기구 역시 패널 평결을 지지하였다. 단, 필요성 테스트에 있어서 대체수단이 '추구하는 목적 실현'에 얼마나 기여할 수 있는가를 판단해야 한다고 판시하였다.

4. 국내법의 준수를 확보하기 위해 필요한 조치(d호)

📄 조문 | 1994GATT 제20조 제(d)호

관세의 실시, 제2조 제4항 및 제17조에 따라 운영되는 독점의 실시, 특허권, 상표권 및 저작권의 보호 그리고 사기적인 관습의 방지에 관한 법률과 규칙을 포함하여 본 협정의 규정에 반하지 아니하는 법률 또는 규칙의 준수를 확보하기 위하여 필요한 조치(necessary to secure compliance with laws or regulations which are not inconsistent with the provisions of this Agreement, including those relating to customs enforcement, the enforcement of monopolies operated under paragraph 4 of Article II and Article XVII, the protection of patents, trade marks and copyrights, and the prevention of deceptive practices)

제20조 제(d)호는 일반적 예외 사유의 하나로서 WTO협정에 위반되지 아니하는 국내법의 준수를 확보하기 위해 필요한 조치를 규정하고 있다. 요건은 WTO협정에 반하지 아니하는 법률 또는 규칙, 동 법률 또는 규칙의 준수를 확보하기 위한 조치, 필요한 조치이다. 첫 번째 요건과 관련하여 멕시코 – 청량음료 사건 패널 및 상소기구는 제20조 제(d)호에 언급된 법령 및 규정(laws and regulations)은 국내규정을 의미하는 것이지 국제조약을 포함하는 것은 아니라고 하였다. 두 번째 요건과 관련하여 캐나다 – 정기간행물 사건 패널은 '법률의 준수를 확보'한다는 의미에 대해 '법률의 목적을 달성하는 조치'라는 캐나다측 주장을 기각하고 '법률 하의 의무를 시행하기 위한 조치'라는 미국의 입장을 수용하였다. 또한, 멕시코 – 청량음료 사건 패널은 준수를 '확보한다'의 의미를 준수를 '강제한다'의 의미로 해석하였으나, 상소기구는 '준수를 확보한다'(to secure compliance)는 의미가 반드시 확실성이나 강제성을 의미하는 것은 아니며 준수를 확보하는 데 '기여'할 수 있는 정도면 충분하다고 해석하였다. 세 번째 필요성 요건은 조치의 목적 달성을 위한 효과적 대체수단의 존부의 관점에서 해석되고 있다. 즉, 효과적 대체수단이 존재한다면 필요성 요건은 충족되지 못하는 것이다. 한국 – 쇠고기 사건에서 한국은 쇠고기 구분판매제도가 수입쇠고기의 한우로의 둔갑판매 방지를 위해 필요한 조치라고 항변하였으나, 패널 및 상소기구는 다른 수입상품 분야에서는 구분판매제도가 도입되지 않았고, 조사, 회계기록보존, 벌금 등 WTO협정에 합치되는 대안적 조치들도 둔갑판매를 억제할 수 있다고 보고 한국의 조치가 필요성 요건을 충족하지 못한다고 판정하였다.

📚 판례 | 제20조 제(d)호 관련 사건

1. 캐나다 – 정기간행물 사건

캐나다는 수입되는 정기간행물에 대해 캐나다 내 시장을 주된 목표로 하는 광고를 포함하고, 원산지에서 발행된 것과 다른 특별판이며, 캐나다 시장을 목표로 하는 광고 내용이 전체 광고의 5%를 넘으면 수입을 금지하였다. 동 수입금지조치가 GATT 제11조 제1항 위반임에는 다툼이 없었으므로 동 조치가 1994GATT 제20조 제(d)호에 의해 정당화되는지가 문제되었다. 패널은 제20조 제(d)호 요건으로서 GATT에 위반되지 아니하는 법률 또는 규칙의 준수를 확보하기 위한 조치일 것, 그 법률 또는 규칙의 준수를 위해 필요한 조치일 것, 전문의 요건에 합치할 것을 제시하였다. 첫 번째 요건의 의미 및 캐나다 조치의 해당성이 쟁점이 되었다. '법률의 준수를 확보'한다는 의미에 대해 '법률의 목적을 달성하는 조치'라는 해석론(캐나다)과 '법률 하의 의무를 시행하기 위한 조치'라는 해석론(미국)이 대립하였다. 패널은 미국의 입장을 수용하였다. 패널은 캐나다의 수입금지조치가 캐나다 소득세법의 준수를 확보하기 위한 조치가 아니라고 판단하였다. 따라서 캐나다의 수입금지조치는 1994GATT 제20조 제(d)호에 의해 정당화될 수 없는 조치로 판정하였다.

2. 한국 – 쇠고기 사건

이 사건에서 패널과 상소기구는 한국이 수입쇠고기와 국산쇠고기를 구분 판매하도록 강제한 조치가 1994GATT 제3조 제4항에 위반된다고 판정하였다. 한국은 구분 판매제도가 설사 제3조 제4항에 위반된다 하더라도 이 제도는 수입쇠고기의 국산쇠고기로의 둔갑판매 방지를 목적으로 하는 불공정경쟁법상의 규제로서 GATT 제20조 제(d)항에 의거, 허용된다고 주장하였다. 이에 대해 제소국들은 구분 판매제도는 수입육과 한우와의 현격한 가격차이를 고착 또는 악화시킴으로써 둔갑 판매의 가능성을 오히려 증가시키므로 그러한 속임수를 중지시키기에 적합한 조치가 아니며, 둔갑 판매를 방지하기 위한 다른 대안이 있고 다른 상품 분야에서는 유사한 조치가 취해지지 않고 있으므로 '필요한 조치'가 아니라고 반박하였다. 패널은 구분 판매제도가 다소 문제를 내포하고 있는 조치이기는 하나 불공정경쟁법상 둔갑 판매를 방지하기 위한 목적의 범위 내에서 적용되는 한 이는 GATT규정에 부합하는 조치라고 보았다. 그러나 패널은 동 조치가 반드시 필요한(necessary) 조치라고는 보지 않았다. 패널은 이러한 판단에 있어서 기만행위가 발생하는 다른 경제 분야에서 구분 판매제도의 도입 사실이 없다는 점, 구분 판매제도 이외의 다른 조치는 기만행위를 방지할 수 없다는 한국의 주장에 대한 입증이 미흡하다는 점을 고려하였다. 패널은 조사, 회계기록보존, 벌금 등 WTO협정에 합치되는 대안적 조치들도 둔갑 판매를 억제할 수 있다고 보았고 구분 판매제도만이 기만행위 방지 목적을 효과적으로 달성할 수 있다는 한국의 주장은 근거가 부족하다고 판단하였다. 상소기구는 패널 판정을 지지하였다. 상소기구는 구분 판매제도가 다른 품목에서는 시행되고 있지 않으며, 다른 품목에서는 둔갑 판매를 규제하는 다른 제도가 시행되고 있고 한국이 다른 제도를 통해서는 둔갑 판매 방지를 달성할 수 없다는 점을 충분히 입증하지 못하였다고 지적하고 패널의 판정을 지지하였다.

3. 멕시코 – 청량음료 사건

멕시코는 사탕수수당(cane sugar)을 가당제[28]로 사용하지 않은 음료와 청량음료(soft drinks)의 수입에 대해 가액의 20%에 해당하는 음료세(soft drinks tax)를 부과하는 한편, 동 음료의 유통과 관련된 각종 서비스(commission, mediation, brokerage 등)에 대해서도 20%의 유통세(distribution tax)를 부과하였다. 또한, 관련 조세 납부의무자는 각종 장부를 유지해야 했다(bookkeeping requirements). 이에 대해 패널은 동 조치가 1994GATT 제3조 제2항 및 제4항에 위반된다고 판정하였다. 멕시코는 동 조치가 1994GATT 제20조 제(d)호에 의해 정당화된다고 항변하였으나 패널 및 상소기구는 이를 인정하지 않았다. 멕시코는 음료세와 유통세는 미국이 멕시코산 사탕수수당의 시장 접근에 관한 NAFTA상의 일부 의무를 이행하지 않고 있으므로 동 의무의 준수를 확보하기 위한 조치이며 NAFTA는 GATT에 반하지 아니하는 법령 또는 규칙에 해당하므로 GATT 제20조 제(d)호에 의해 정당화 된다고 주장하였다.

패널은 이를 인정하지 않았다. 첫째, 준수를 '확보'한다는 의미는 준수를 강제한다(enforce)는 의미이다. 그런데 멕시코의 조치가 미국의 NAFTA의무 준수에 기여할 것인지 멕시코가 충분하게 입증하지 못했다고 하였다. 둘째, 멕시코의 조치는 국내생산보호를 목적으로 취해진 조치이며 미국의 NAFTA의무 준수를 확보할 목적으로 취해진 것으로 볼 수 없다고 하였다. 셋째, 제20조 제(d)호에 언급된 법령 및 규정(laws and regulations)은 국내규정을 의미하는 것이지 국제조약을 포함하는 것은 아니라고 하였다.

---

28) 음료에 첨가되는 가당제에는 사탕수수당, 사탕무당(beet sugar), HFCS(high fructose corn syrup) 등이 있다. 멕시코가 수입하는 음료는 대부분 사탕무당이나 HFCS를 가당제로 사용한 반면, 멕시코 국내산음료는 대부분 사탕수수당을 사용한다.

상소기구는 패널 판정을 지지하였다. 법령과 규정이 통상적으로 국내법규를 지칭하는 것이고 국제조약을 포함되지 아니한다는 패널의 판단은 타당하다고 하였다. 그러나 '준수를 확보한다'(to secure compliance)는 의미가 반드시 확실성이나 강제성을 의미하는 것은 아니며 준수를 확보하는 데 '기여'할 수 있는 정도면 충분하다고 해석하였다.

5. 유한천연자원의 보존을 위한 조치(g호)

📖 **조문 | 1994GATT 제20조 제(g)호**

유한천연자원의 보존에 관한 조치. 다만 동 조치가 국내의 생산 또는 소비에 대한 제한과 관련하여 유효한 경우에 한한다. (relating to the conservation of exhaustible natural resources if such measures are made effective in conjunction with restrictions on domestic production or consumption)

동 조항에 해당하는지 여부에 대해서는 세 가지 판단기준이 있다. 우선, 유한천연자원에 관한 조치여야 하고, 둘째, 문제가 된 조치는 유한천연자원의 보존에 관련된 조치이어야 하며, 셋째, 국내생산 및 소비제한조치와 문제가 된 조치가 관련성이 있어야 한다. 패널 판정에 의하면 동 조항은 고갈된 자원의 보호가 아니라 고갈될 수 있는 자원의 보호를 목적으로 한다. 유한천연자원으로 보존대상이 되기 위해서는 보존의 필요성에 대한 국제적 합의를 요한다. 한편, 회원국의 조치는 유한천연자원의 보존에 관한(relating to)조치이어야 한다. 패널은 문제가 되는 '조치'가 이를 통해 달성하려는 합법적 정책을 '주된 목적'(primarily aimed at)으로 해야 한다고 판정하였다(캐나다의 가공되지 않은 청어와 연어의 수출금지조치 사건, 1987년). 또한, 국내생산 및 소비제한 조치와 규제조치의 관련성(in conjunction with restrictions on domestic production or consumption)이 있어야 한다. 유한천연자원을 보존하기 위한 조치는 국내생산 또는 소비에 대한 제한조치와 관련하여 취해져야 하며 '관련하여'는 이 조치가 자국 내에서 취한 제한조치를 효과적으로 만들기 위한 것을 의미한다. 즉, 유한천연자원 보존을 위한 규제조치는 국내상품과 수입상품에 동등하게 부과되어야 한다. 미국의 '캐나다산 참치수입금지 사건' 패널은 미국의 수입제한조치에 대하여 국내생산제한조치가 없는 것을 이유로 제20조 제(g)호의 적용을 배척하였다. 이를 '동등성 접근법'(even-handed approach)이라 한다.

⚖️ **판례 | 미국 – 새우 사건**

미국은 새우 어획과정 중 우연히 포획(incidental capture)되어 죽는 바다거북을 보호하기 위하여 1973년부터 멸종생물법(Endangered Species Act of 1973)을 제정하여 '거북제외장치(Turtle Excluder Devices: TEDs)'를 자국 내 모든 바다에서 의무적으로 사용하도록 하였다. 또한 미국은 1989년 Section609 등 국내법을 제정하여 TEDs를 사용하지 않고 어획한 새우 또는 미국으로부터 수입승인을 받지 못한 국가로부터 수입되는 새우의 수입을 금지하였다. 이에 대해 인도, 말레이시아, 파키스탄, 태국 등이 제소하였다. 패널은 미국의 조치는 GATT 제11조 제1항(수량제한금지의 의무)을 위반하였다고 판정하고, 1994GATT 제20조에 의한 정당화 여부를 검토하였으나 전문(chapeau)의 요건을 충족하지 못했다고 판정하였다. 상소기구는 이를 지지하였다.
패널은 전문부터 적용하여 전문의 요건을 충족하지 않는다고 보고 본문은 검토할 필요가 없다고 보았다. 그러나 상소기구는 본문부터 검토해야 한다고 보고 제(g)호의 요건을 충족하는지 검토하였다. 상소기구는 미국의 조치가 '본문'의 요건은 충족한다고 판단하였다. 첫째, 바다거북은 '유한천연자원'이다. 천연자원에는 비생물자원뿐 아니라 비생물자원이 포함된다. 바다거북은 CITES 부속서 1에 포함되어 있으므로 유한한(exhaustible) 자원이다. 바다거북이 대부분은 미국의 관할권 내에 있으므로 미국이 GATT 제20조를 바다거북에 적용하기에 충분한 연계(nexus)가 있다. 둘째, 미국의 조치는 '보존에 관한'(relating to the conservation) 조치이다. 즉, Section609의 일반체계 및 구조(general structure and design of the measure)와 그것이 추구하는 정책목적(policy goal), 즉 바다거북보호와 밀접하게 연관되어 있다. 셋째, 미국의 조치는 미국 내 생산 또는 소비에 대한 제한과 관련하여 실시되었다. 상소기구는 이 문언을 '수입상품과 국내상품에 대한 동등성'(even-handedness)을 요구한다고 보고 미국이 국내적으로 TEDs 사용을 의무화하고 위반 시 처벌을 하고 있으므로 동 문언상의 요건을 충족한다고 판정하였다.

패널은 다음과 같은 이유로 미국의 조치는 전문의 요건을 충족하지 못한다고 판단하였다. 첫째, 미국의 조치가 미승인국에게는 미국의 조치와 상응하는 수준의 TEDs 사용에 관한 포괄 요건을 충족하거나 바다거북이 없는 어장에서만 전적으로 새우 어획을 한다는 조건 하에서만 수입이 허용되고 그 이외에는 수입이 금지되므로 동일한 조건 하에 있는 국가 간(between the countries where the same conditions prevail)에 부당한 차별(unjustifiable discrimination)에 해당한다. 둘째, 시장접근에 대한 조건으로 타국에 정책변경을 요구하는 것은 회원국의 자주권(autonomy)을 침해하고 다자무역체제를 위협하는 것으로서 인정될 수 없다. 셋째, 바다거북은 전 세계 공통자원으로서 미국이 조치를 취할 이해관계를 갖는다고 하더라도 일방적 조치보다는 국제협정을 통해 해결해야 한다. 넷째, 미국과 제소국들이 공동으로 가입한 CITES조약이 바다거북의 보호와 TEDs 사용 및 수입제한에 대해 규정하고 있으나, 미국의 조치는 바다거북이 아니라 '새우'수입금지에 관한 것이므로 동 조약을 근거로 새우수입금지조치를 정당화 할 수 없다. 요컨대, 미국의 조치는 부당한 차별조치로서 GATT 제20조 전문의 요건을 충족하지 못하였다.

상소기구 또한 미국의 조치는 자의적이고 부당한 차별이라고 판시하였다. 첫째, 미국의 조치는 '부당한'(unjustifiable) 차별에 해당한다. 미국이 미승인 국가에 대해서는 TEDs를 사용하여 어획하더라도 수입을 금지한 점, 미국이 진지한 다자간 협상노력을 기울이지 아니한 점, 적응기간을 카리브해 연안국에게는 3년을 부여하면서도 제소국들에 대해서는 4개월만을 부여한 점 등이 부당한 차별의 증거라고 판단하였다. 둘째, 미국의 조치는 '자의적'(arbitrary) 차별이다. 미국이 상대국의 상황을 고려하지 않고 유일의 경직적이고 비탄력적인 요건(single, rigid and unbending requirement)을 부과하는 제도를 운영한 점, 승인받기 위한 절차가 투명하지 않고 예측가능하지 아니한 점, 일방적인(ex parte) 질문과 심리, 반론기회를 제공하지 아니한 점, 개별적 서면통보절차의 미비, 재심과 상소의 부정 등이 자의적 차별의 증거라고 판단하였다.

⚖ 판례 | 미국 – 휘발유 사건

본 건은 1990년 수정된 미 대기청정법(Clean Air ACT: CAA)과 미 환경보호국이 제정한 Gasoline 규정에 관한 것이다. 미국은 오존 오염이 악화되는 것을 방지하기 위하여 오염이 심한 지역에 대해서는 '개질휘발유'(reformulated gasoline)만 판매하도록 하고 상대적으로 오염이 덜 심한 지역에서는 '재래식 휘발유'(conventional gasoline)도 같이 판매하도록 하였다. 또한, 미 환경보호국의 Gasoline규정은 휘발유의 품질을 평가하는 다양한 방식을 규정하고 있었으나 국내정유업체 및 수입업체가 휘발유 품질을 평가할 때 적용할 수 있는 평가 방식 및 기준을 다르게 적용하도록 하였다. 국내정유업체의 경우 세 가지 평가 방식을 사용하여 휘발유 품질을 평가할 수 있었고, 1990년도 자료가 존재하는 경우 '법정기준'을 사용하지 못하도록 하였다. 그러나 수입업체의 경우 개별적 평가 방식 적용에 있어서 추가적인 제한이 있었고, 개별적 평가 방식 적용이 곤란한 경우 반드시 '법정기준'에 따라 평가하도록 하였다. 수입업자가 개별적 평가 방식을 적용할 수 있기 위해서는 1990년도에 그 외국에 소재한 정유소에서 생산된 휘발유 중 적어도 75% 이상을 미국으로 수입해야 한다는 요건을 충족해야 했다(75% rule).

이에 대해 제소국들은 동 조치가 1994GATT 제3조 제4항 위반이라고 주장하였고, 패널은 이를 인정하였다. 한편, 미국은 1994GATT 제20조 제(g)호에 의해 정당화된다고 항변하였으나, 기각되었다. 패널은 미국이 제(b)호의 요건을 입증하지 못하였다고 평결하였다. 패널은 휘발유의 소비로부터 야기되는 대기오염을 감축하는 것은 인간과 동식물의 생명·건강 보호를 위한 정책임은 인정하였으나 휘발유 규칙이 '필요한' 조치라는 점은 인정하지 않았다. 패널은 'GATT에 위배되지 않는 대체적인 조치가 존재할 경우에는 어떤 특정한 조치는 필요한 조치로 정당화 될 수 없다'고 판단하였다. 이에 기초하여 패널은 '제품의 생산자와 연결된 개별기준에 의하여 국산휘발유에 부여되고 있는 것과 같은 정도의 호의적 판매조건을 수입휘발유로 하여금 향유하지 못하게 하는 방법이 휘발유규칙에서 정한 목표를 달성하는 데 필수적인 것은 아니'라고 평결하였다.

패널은 제20조 제(d)호에 의해서도 정당화되지 않는다고 하였다. 패널은 휘발유 기준설정 방법이 GATT에 반하지 않는 법률 또는 규칙의 준수를 보장하기 위해 필요한 것인지를 검토하였다. 패널은 기준수립 방법에 있어서 제3조 제4항에 반하여 수입휘발유와 국산휘발유간에 차별을 유지하는 것이 기준이라는 제도에의 준수를 보장하는 것이 아니라고 평결하였다.

패널은 제20조 제(g)호에 의한 정당화 주장도 인정하지 않았다. 패널은 '깨끗한 공기'는 대기오염에 의해 고갈될 수 있는 유한천연자원이라는 점은 인정하였다. 재생가능한지(renewable) 여부는 문제되지 않는다고 하였다. 한편, 관련 조치가 보전에 관한(related to conservation) 것으로 인정되기 위해서는 그러한 조치가 유한천연자원의 보전에 필요하거나(necessary) 필수적일(essential) 필요는 없으나 유한천연자원의 보전을 주된 목적으로(primarily aimed at) 해야 한다고 하였다. 그러나, '국내산 휘발유와 화학적으로 동일한 수입휘발유에 대한 불리한 대우'와 '미국의 대기의 질을 개선하려는 목적' 간에 직접적인 관련이 없으므로 이러한 차별은 고갈가능한 천연자원 보존을 주된 목적으로 하는 것이라고 볼 수 없다고 판정하였다.

상소기구는 미국의 기준치 설정 방식이 유한천연자원의 보전에 관한 조치가 아니라는 패널의 법률해석을 파기하고 제(g)호상의 여타 요건 및 전문의 요건을 심사하였다. 첫째, 미국의 기준치 설정 방식은 청정 대기보존을 주된 목적으로 한다. 기준치 설정 방식은 전체적으로 볼 때 정유업자 등의 대기오염 방지 의무 준수 여부를 관찰하고 검사하기 위해 고안된 것으로서 이러한 기준치 없이는 동 검사가 불가능하고 결국 대기오염을 방지하려는 휘발유 규정 전체의 목적이 심각하게 손상된다. 둘째, 미국의 조치는 '국내 생산 또는 소비에 대한 제한과 결부되어 유효하게 되는 경우(such measures are made effective in conjunction with restrictions on domestic production or consumption)'에 해당한다. 동 요건은 해당 자원의 국내 소비와 생산을 제한하는 조치와 함께 운영되어야 한다는 것이며 국내외 자원이 공평하게 제한받아야 하는 '공평성'(even-handedness) 요건이다. 휘발유 기준치 설정 규칙은 국내외 휘발유에 다 같이 적용되고 있으므로 공평성 요건에 부합한다. 셋째, 그러나 미국의 기준치 설정 규칙은 부당한 차별과 국제무역에 대한 위장된 제한에 해당하므로 제20조에 의해 정당화 될 수 없다. 미국의 휘발유 규정과 모법인 대기청정법 등을 검토해 보면 미국이 국내외 휘발유에 동등한 법정기준을 적용하거나 외국 정유업자에게도 개별 기준을 적용할 수 있었다.

Ⅳ 일반 예외 조항의 적용방법상의 문제

1. 제한 해석

관행상 패널은 동 조항을 엄격하게 제한 해석하였으며 이에 따라 동 조의 예외를 긍정한 판례가 드물다. 그러나 DSU 제3조 제2항은 모든 WTO협정을 국제공법의 일반적 해석 원칙에 따라 해석할 것을 규정하였으며, 패널은 조약법에 관한 빈협약 제31조를 적용하고 있다. 제31조는 예외는 엄격하게 해석하라는 규칙을 규정하고 있지 않으므로, 제한적 해석은 자의적이라는 비난도 있다.

2. 역외적용의 문제

제20조 제(b)호, 제(g)호의 적용과 관련된 조치를 취하는 국가의 영역 내에 존재하는 인간, 동물, 식물, 유한천연자원만을 보호대상으로 하는지가 문제된다. 동 조는 명시적으로 언급하지는 않고 있으나, 미국의 '참치수입제한 사건1'은 '영역 내'로 제한 해석하였다. 그러나 1998년 미국의 '새우 및 새우제품 수입금지 사건'에서 상소기구는 관할권의 한계 문제에 대한 직접적인 판단을 회피하면서도 동 사건의 해양거북이와 미국은 미국의 관할권을 인정하기에 충분한 관련성이 있다고 판정하였다.

3. 전문과 본문의 적용순서

제20조에 부합성을 결정하는 방법에는 chapeau-down방식, 이단계분석법, 임의적 결정에 맡기는 방법을 예상해 볼 수 있다. 종래 패널은 각 방식을 혼용하였으나 WTO 출범 이후 상소기구는 이단계분석법을 지지하고 있다. 이는 첫째, 남용의 위험이 있는 예외 사유를 특정하고 검토하지 않은 단계에서 특정 예외 사유의 남용 또는 오용을 막기 위한 전문을 적용하는 것은 매우 어려울 뿐 아니라 전문이 추상적이어서 기준을 확정하기가 쉽지 않기 때문이다. 둘째, 제20조 전문이 '다음의 조치'라는 언급으로 시작되는 점도 문리해석상 이단계분석법을 지지하고 있기 때문이다.

4. 입증책임

'US – Reformulated Gasoline 사건' 상소기구는 전문의 요건을 충족시킨다는 것을 입증할 책임이 예외를 주장하는 당사자에게 있음을 분명히 하였다. 예외를 주장하는 당사자에게 입증책임을 부담시키는 것은 환경보호 등의 정책목적을 추구하기 위하여 규제조치를 취한 당사자가 보다 많은 정보를 가지고 있다는 점에서 공평한 조치로 평가된다.

Ⅴ 결론

WTO 역사에 있어 동 조항은 국가들이 실체적 의무위반에 대한 정당성을 주장하는 사유로 빈번히 원용되어 왔으나 구체적 예외 사유의 한정적 열거와 제한적이고 좁은 해석으로 인하여 이를 원용하여 자국의 조치를 정당화하려는 노력은 전혀 효과적이지 못했다. 그리고 이러한 사법 소극주의는 WTO가 자유무역 이외의 가치 특히 '환경가치'를 도외시한다는 비판을 받았다. WTO 출범 이후 상소기구의 판례누적과 해석을 통해 국내조치의 역외적용 가능성을 열어 놓는 등 진일보한 면이 있다. 그러나 다양한 정책을 추진하는 각국의 조치를 제한된 수의 한정적 사유 내에서만 허용하는 데에는 어려움이 있을 것이므로 일반적 예외 규정을 확대함으로써 특히 환경 관련 조치를 포용하는 방향으로 개정하자는 논의가 지속적으로 제기되고 있다.

기출 및 예상문제

1. 멸종위기에 처한 바다거북은 국제협약에 의해 보호된다. Y국은 바다거북을 보호하기 위해 바다거북에 대한 적절한 보호어구(Turtle Excluder Devices)를 사용하지 않고 잡은 새우 및 새우제품의 수입을 금지하였다. 새우 수출국인 X국은 Y국에 대한 새우 및 세우제품의 수출을 제한받게 되었다. X국은 Y국을 상대로 WTO 분쟁해결기구에 제소하였다. X국과 Y국 모두 WTO 회원국이다. WTO설립협정 전문과 GATT 제20조를 근거로 Y국의 입장을 뒷받침하라. (30점) [2006외시]

> GATT 제20조 일반적 예외
>
> 본 협정의 어떠한 규정도 체약국이 다음의 조치를 채택하거나 실시하는 것을 방해하는 것으로 해석되어서는 아니 된다. 다만, 그러한 조치를 동일한 조건 하에 있는 국가 간에 임의적이며 불공평한 차별의 수단 또는 국제무역에 있어서의 위장된 제한을 과하는 방법으로 적용하지 아니할 것을 조건으로 한다.
>
> (b) 인간, 동물 또는 식물의 생명 또는 건강을 보호하기 위하여 필요한 조치
>
> (g) 유한 천연자원의 보존에 관한 조치. 다만 동 조치가 국내의 생산 또는 소비에 대한 제한과 관련하여 유효한 경우에 한한다.

2. WTO 회원국인 A국은 환경 관련 국내 NGO의 청원을 받아들여 유한 천연자원으로 지정되어 있는 바다거북을 보호하기 위해 새우 등을 어획하는 과정에서 거북제외장치(Turtle Excluder Devices: TED)를 사용할 것을 의무화 하는 법을 제정하였다. 동 법은 수입산새우 및 새우사용제품에 대해서도 적용되어 TED를 장착하지 않고 어획한 국가를 원산지로 하는 새우 및 새우사용상품에 대해서는 수입을 금지하였다. A국은 TED를 장착하고 어획한 새우인지에 대해 자국 정부의 승인을 받도록 하였고 TED를 장착했더라도 이것이 자국 정부에 의해 승인되지 않은 경우에도 역시 수입을 금지하였다. B국산 새우의 수입이 금지되자 B국은 A국의 조치가 WTO협정에 위반된다고 하였다. 나아가 A국과 B국은 FTA를 체결하고 있으므로 B국에 대해서는 수입제한조치를 취할 수 없다고 항변하였다. 이와 관련하여 다음 물음에 답하시오. 단, A국과 B국은 WTO 회원국이며 또한 FTA를 체결한 국가들이다. (총 40점)

(1) A국의 조치는 WTO협정에 위반되는가? (15점)

(2) 만약 A국의 조치가 WTO협정에 위반되는 경우 A국이 이를 정당화 할 수 있는 법적 근거가 있는가? (15점)

(3) A국은 FTA 당사국인 B국에 대해서는 수입제한조치를 취하는 것이 허용되지 아니한가? (10점)

> 📑 **조문 | 1994GATT 제21조 – 안전보장을 위한 예외**
>
> 본 협정의 어떠한 규정도 다음과 같이 해석되어서는 아니 된다.
>
> (a) 체약국에 대하여 발표하면, 자국의 안전보장상 중대한 이익에 반한다고 인정하는 정보의 제공을 요구하는 것
>
> (b) 체약국이 자국의 안전보장상 중대한 이익을 보호하기 위하여 필요하다고 인정되는 다음의 어느 조치를 취하는 것을 방해하는 것
> (i) 핵분열성물질 또는 이로부터 유출된 물질에 관한 조치
> (ii) 무기, 탄약 및 전쟁기재의 거래 및 군사시설에 공급하기 위하여 직접 또는 간접으로 행하여지는 기타의 물품 및 원료의 거래에 관한 조치
> (iii) 전시 또는 기타 국제관계에 있어서의 긴급 시에 취하는 조치
>
> (c) 체약국이 국제평화와 안전의 유지를 위하여 국제연합헌장에 의한 의무에 따라 조치를 취하는 것을 방해하는 것

I 의의

GATT 제21조는 회원국이 안보상의 이유로 취한 조치에 대해 GATT의 의무에서 면제될 수 있음을 규정하고 있다. 제21조에 의하면 발표될 경우 자국의 안보상 중대한 이익에 반한다고 인정하는 정보의 제공을 회원국에 대하여 요구하는 것으로 GATT 협정은 해석되지 않는다. 또한, 회원국이 핵분열성 물질이나, 무기의 거래에 관하여 자국의 안보상 중대한 이익을 보호하기 위하여 취하는 조치, 또는 전시 또는 기타 국제관계상의 긴급 시에 자국의 안보상 중대한 이익을 보호하기 위하여 취하는 조치는 GATT 의무에서 면제된다. 회원국이 국제평화 및 안보를 위하여 UN헌장상 의무에 따라 취하는 조치 역시 GATT 의무에서 면제된다.

II 해석

1. 취지

GATT 제21조는 WTO 회원국들이 독립국이므로 자국의 안전보장을 위하여 또는 국제평화와 안전유지에 협력하기 위한 조치를 취할 수 있는 여지를 둘 필요성이 있다는 취지에서 마련되었다. 제21조는 국가안보를 이유로 WTO 회원국에게 GATT상의 의무를 회피하도록 허용하는 포괄적 예외 조항이다. 회원국은 중대한 국가안보의 이익을 보호하기 위해 일방적으로 제21조상의 조치를 취할 수 있다.

2. 중대한 안보이익

중대한 안보이익에 대한 판단은 회원국의 단독 재량사항이다. WTO 회원국이나 패널 또는 항소기구는 회원국의 조치가 요건을 충족하는지의 여부를 결정할 수 없다. 중대한 안보이익이란 국내외를 불문하고 국가의 안전을 위협하는 침해 또는 내란 등의 위험으로부터 국가를 보호하는 자국의 이익을 의미한다. 중대한 안보이익이 무엇인지는 회원국의 재량적 결정사항이므로 사전통보할 필요가 없으며, 조치의 정당성을 증명할 필요도 없고, WTO나 타 회원국으로부터 사전승인이나 추인을 받을 필요가 없다. 1949년 GATT총회도 안보에 관한 문제는 각국이 최종적으로 판단해야 한다고 하였다.

---

29) 고준성 외(2006), 161–164면.

3. 무력공격 존재의 선행 조건 여부

제21조에 기초하여 조치를 취하기 위해 물리적 침입이나 무력공격과 같은 명백하고 구체적인 위험에 처해있을 것을 요구하지 않는다. 중대한 이익이 실재적 위험뿐 아니라 잠재적 위험에 처해있을 때에도 원용할 수 있다.

4. 핵물질 기타 상품과 원재료

회원국은 핵물질, 무기거래, 또는 국제관계상 비상 시에 자국의 중대한 안보이익을 위해 필요한 조치를 취할 수 있다. 타국의 핵무기 개발 등에 의해 위협을 받는 경우 GATT상의 의무로부터 이탈할 수 있다. 기타 상품은 무기, 탄약, 군수품목 이외의 모든 물자를 말한다. 따라서 의류나 식료품 등 간접적으로 군사목적에 기여하는 것도 거래를 제한할 수 있다.

5. 전시 또는 기타 비상사태

전쟁, 기타 국제정세가 긴박한 경우 회원국은 자국의 안보를 위하여 필요한 조치를 취할 수 있다. 예를 들어 전략물자의 수출통제를 차별적으로 실시하거나, 특정 국가로부터의 수입을 금지하는 등의 조치를 취할 수 있다.

6. UN헌장상의 의무 이행을 위한 조치

회원국은 헌장상 의무 이행을 위해 GATT를 위반할 수 있다. 예를 들어 UN 안전보장이사회가 북한, 이란 등 핵확산국가에 대해 부과하는 무역금수 등의 경제제재는 이들 국가에 대한 GATT상의 의무를 위반하더라도 무방하다.

7. 정보공개의 문제

WTO 회원국은 자국의 중대한 안보이익에 반하는 정보를 WTO 또는 기타 WTO 회원국 등에게 제공할 의무가 없다. 그러나 정보 비공개가 자의적이라는 비난을 면하려면 원용하는 국가는 위협이 실제 존재한다는 최소한의 증거를 제시할 필요가 있다. 1982년 11월 30일 체약국단은 체약국은 가능한 최대한의 정도로 정보를 통보받는다는 결정을 채택하였으나 의무를 부과한 것은 아니다.

8. 제21조 관련 제소가능성

제21조는 무역제한조치에 대해 통보, 승인, 추인을 요하지 않기 때문에 상대국에게 제소권이 없는지가 문제된다. 그러나 GATT 준비위원회나 GATT 제21조에 관한 결정에서는 제21조를 원용하는 경우에도 제소권이 인정된다고 하였다.

Ⅲ 관련 사례

1. 유럽공동체 등의 아르헨티나에 대한 수입제한조치

1982년 포클랜드전쟁 중 유럽공동체, 캐나다, 호주는 당시 적국이었던 아르헨티나 상품의 수입을 무기한 금지하였다. 이에 대해 아르헨티나는 수입금지조치는 GATT 제1조, 제2조 및 제11조를 위반한다고 주장하였으나, 유럽공동체 등은 GATT 제21조에 의해 정당화된다고 항변하였다. 동 조치는 GATT 이사회에서 논의되었으며, 무역제한조치는 1982년 6월 취소되었다. 1982년 GATT 각료선언에서는 "회원국은 경제적 문제가 아닌 이유로 GATT와 합치하지 아니하는 무역제한조치를 취하는 것을 삼간다."라는 규정이 첨부되었다.

2. 미국의 대 니카라과 경제제재조치

1985년 미국은 니카라과에 제21조 (b) (iii)에 따라 미국상품의 수출과 니카라과산 상품과 서비스의 미국 내수입에 대해 제한조치를 취하였다. 이에 대해 니카라과는 '전시 또는 기타 국제관계상의 긴급한 상황의 존부'에 대한 판단은 GATT 체약국단이 해야 한다고 주장하였으나, 미국은 각 회원국에게 판단권한이 있다고 반박하였다. 이 문제는 직접 패널에서 다뤄지지 않았다. 다만, 미국은 1990년 4월 금수조치를 취할 필요가 있는 상황이 사라졌고, 니카라과에 대한 미국의 안보상 긴급성이 종료되었다는 이유로 금수조치를 해제하였다.

3. 미국의 헬름즈 – 버튼법(Helms – Burton Act) 문제

미국은 쿠바에 대한 미국의 무역금수조치를 강화하기 위하여 '쿠바의 자유와 민주화를 위한 법'(Cuban Liberty and Democratic Solidarity Act, 일명 헬름스 – 버튼법)을 제정하였다. 동 법은 쿠바를 지원하는 국가들에 대해 미국의 대외원조를 금지하여 쿠바에 대한 미국의 금수조치를 확대하였다. 또한, 1959년 이후 쿠바정부에 의해 재산을 압류당한 미국인에게 쿠바혁명 이후 쿠바 정부에 의해 수용된 재산을 외국회사가 거래하면 동 회사를 미국법원에 제소할 수 있도록 하였으며, 동 법의 발효 이후에 쿠바에서 수용조치 된 미국시민의 재산을 거래하는 외국인에 대한 미국비자의 발급을 금지하도록 규정하였다. 헬름즈 – 버튼법은 미국의 무역상대국인 캐나다, 멕시코 및 유럽연합으로부터 외교적 항의 및 보복조치의 위협을 야기시켰다. 한편, 1996년 유럽연합은 미국을 WTO에 제소하면서, 헬름즈 – 버튼법이 GATT 제1조, 제3조 및 제11조를 위반한다고 주장하였다. 이 사안에서 미국은 GATT 제21조에 의해 정당성을 주장할 것으로 기대되었으나, 미국과 유럽연합 간 정치적 합의가 성립되어 패널절차는 더 이상 진행되지 않았다. 양 측은 쿠바에서 압류된 미국인의 재산을 거래하는 외국인에게 미국의 입국을 거부하는 헬름즈 – 버튼법 제4부를 적용하지 않기로 합의하였다.

4. Russia – Measures concerning Traffic in Transit(2019)

안보예외는 1947년 GATT 초안시부터 남용이 우려되던 조항이다. 특히 회원국이 필요하다고 간주하면(which it considers necessary) 적용할 수 있도록 규정하고 있어서 그 판단이 전적으로 국가의 재량에 속하느냐 여부가 논란이 되어 왔다. 이 문제는 러시아의 크림반도 합병을 둘러싼 우크라이나와의 분쟁을 계기로 WTO체제에서 처음으로 정면으로 검토되었다. 이 사건은 러시아가 자국을 통과하는 우크라이나 화물운송에 관해 각종 규제를 가하자 우크라이나는 이러한 규제가 GATT 위반이라고 주장했다. 반면 러시아는 이 조치가 자국의 필수적 안보이익과 관련되므로 WTO 분쟁해결 절차가 적용대상이 아니라고 주장했다. 이 사건을 다룬 패널은 안보이익에 해당하는 상황 여부에 대한 판단이 전적으로 회원국의 재량에 속하지 않으며, 자신이 객관적으로 평가할 사항이라고 판단했다. 다만 러시아 – 우크라이나 분쟁의 경우 UN 총회가 무력충돌이 발생했다고 인정할 정도의 위급한 사태였다고 인정하고 러시아의 조치가 안보상 예외 조항의 적용대상이 된다고 결론내렸다.

Ⅰ 의의

지역무역협정(Regional Trade Agreement)이란 일정 지역 내 특정 국가 간 체결되는 협정으로 주로 관세철폐나 무역장벽 제거, 요소이동의 자유화 등 자유무역을 목적으로 한다. 일국은 타국과 자유무역협정을 체결하여 상호 간 특별한 혜택을 제공할 수 있으며 협정에 참가하지 않은 역외국가에 대해서 불리한 차등대우가 인정되는 것이 일반적이다. 이러한 지역무역협정은 다자주의적 자유무역질서인 WTO체제 내에서도 명시적으로 인정되고 있다. 특히 상품무역질서에서는 관세동맹(CU)과 자유무역협정(FTA) 그리고 이를 위한 잠정협정이 각각 규정되어 있다. 서비스무역에 있어서는 RTA를 인정하고 있으나 CU나 FTA 구별을 명시하고 있는 것은 아니다.

Ⅱ 상품무역협정(1994GATT)과 지역무역협정

1. 상품무역협정 하 지역무역협정의 정의

(1) 관세동맹의 정의

관세동맹은 동 동맹의 구성영토 간의 실질적으로 모든 무역에 관하여 상거래 규정이 철폐되고 동 동맹에 포함되지 아니하는 영토의 무역에 대하여 실질적으로 동일한 관세 및 상거래 규정을 적용하는 둘 또는 그 이상의 관세영역을 단일관세영역으로 대체한 형태를 지칭한다(제24조 제8항).

(2) 자유무역협정의 정의(제24조 제8항 제(b)호)

자유무역협정은 구성영토를 원산지로 하는 상품의 실질적으로 모든 무역에 대하여 관세 및 기타 제한적인 상거래 규정이 철폐되는 둘 또는 그 이상의 관세영역의 일군을 의미한다. 즉, 관세동맹이 둘 또는 그 밖의 관세영역을 단일관세영역으로 대체한 것을 의미하는 것과는 달리 자유무역협정은 독립된 관세영역의 구성체임을 알 수 있다.

2. 체결주체

GATT 규정은 원칙적으로 체약당사자 영토 간에 관세동맹 및 자유무역협정 그리고 이를 위한 잠정협정이 채택되는 것을 허용하고 있다(제24조 제5항). 하지만 제24조 제10항에 따르면 제5항~제9항의 요건에 완전히 합치되지 않는 제의를 3분의 2 다수에 의하여 체약당사자단이 승인할 수 있다. 따라서 동 규정에 따라 비회원국과 회원국간의 관세동맹 및 자유무역협정이라 할지라도 GATT의 승인을 얻을 수 있다면 이 또한 GATT 규정에 합치하는 것으로 간주된다. 단, 동 제의는 제24조의 의미에서의 관세동맹 및 자유무역협정의 형성으로 이어져야 한다(제24조 제10항). 따라서 승인이 부여되었다할 지라도 비회원국과 회원국 간의 관세동맹은 한시적으로 허용되는 것임을 알 수 있다.

3. 요건

(1) 역외적 요건

① 관세동맹의 역외적 요건(제24조 제5항 제(a)호)

> 📖 **조문 | 1994GATT 제24조 제5항 제(a)호 – 관세동맹의 역외적 요건**
>
> 따라서, 본 협정의 규정은 체약국 영역 간에 관세동맹 또는 자유무역지역을 형성하거나 또는 관세동맹 또는 자유무역지역의 형성에 필요한 잠정협정의 체결을 방해하지 아니한다. 다만, 이는 다음의 제 규정을 조건으로 한다. (Accordingly, the provisions of this Agreement shall not prevent, as between the territories of contracting parties, the formation of a customs union or of a free-trade area or the adoption of an interim agreement necessary for the formation of a customs union or of a free-trade area; Provided that:)
>
> (a) 관세동맹 또는 관세동맹의 협정을 위한 잠정협정에 관하여는, 동 동맹이나 협정의 당사자가 아닌 체약국과의 무역에 대하여 동 동맹의 창립 또는 동 잠정협정의 체결 시 부과되는 관세와 기타 통상규칙이 전체적으로 동 관세동맹의 협정이나 동 잠정협정의 채택 이전에 동 구성 영역 내에서 적용하여온 관세의 전반적 수준과 통상규칙보다 각각 높거나 제한적인 것이어서는 아니 된다. (with respect to a customs union, or an interim agreement leading to a formation of a customs union, the duties and other regulations of commerce imposed at the institution of any such union or interim agreement in respect of trade with contracting parties not parties to such union or agreement shall not on the whole be higher or more restrictive than the general incidence of the duties and regulations of commerce applicable in the constituent territories prior to the formation of such union or the adoption of such interim agreement, as the case may be;)

> 📖 **조문 | 1994GATT 제24조의 해석에 대한 양해 – 제5항 제(a)호의 해석**
>
> 관세동맹의 형성 이전과 이후에 적용되는 관세 및 그 밖의 상업적 규제의 일반적인 수준에 대한 제24조 제5항 (a)에 따른 평가는 관세 및 과징금의 경우 가중평균관세율 및 관세징수액에 대한 전반적인 평가에 기초한다. 동 평가는 관세동맹에 의해 제공되는 관세항목별로 세계무역기구의 원산지국에 따라 분류된 과거 대표적 기간 중의 금액별 및 수량별 수입통계에 기초한다. 사무국은 우루과이라운드 다자간무역협상에서 관세양허의 평가 시 사용된 방식에 따라 가중평균관세율 및 관세징수액을 계산한다. 동 목적상, 고려대상이 되는 관세 및 과징금은 실행관세율이다. 수량화 및 집계가 어려운 그 밖의 상업적 규제의 일반적인 수준에 대한 평가를 위하여 개별 조치, 규정, 대상품목 및 영향을 받는 무역량에 대한 검토가 요구될 수 있음이 인정된다. (The evaluation under paragraph 5(a) of Article XXIV of the general incidence of the duties and other regulations of commerce applicable before and after the formation of a customs union shall in respect of duties and charges be based upon an overall assessment of weighted average tariff rates and of customs duties collected. This assessment shall be based on import statistics for a previous representative period to be supplied by the customs union, on a tariff-line basis and in values and quantities, broken down by WTO country of origin. The Secretariat shall compute the weighted average tariff rates and customs duties collected in accordance with the methodology used in the assessment of tariff offers in the Uruguay Round of Multilateral Trade Negotiations. For this purpose, the duties and charges to be taken into consideration shall be the applied rates of duty. It is recognized that for the purpose of the overall assessment of the incidence of other regulations of commerce for which quantification and aggregation are difficult, the examination of individual measures, regulations, products covered and trade flows affected may be required.)

관세동맹 또는 관세동맹을 위한 잠정협정에 관하여, 그 창설 시 동 동맹이나 협정의 당사자가 아닌 체약당사자와의 무역에 대해 부과되는 관세 및 그 밖의 상거래규정은 동 동맹 및 협정의 채택 이전에 구성영토에서 적용가능한 관세 및 그 밖의 상거래 규정의 일반적 수준(general incidence)보다 전반적으로(on the whole) 더 높거나 더 제한적이어서는 아니 된다. 여기서 사용되는 관세는 명시적 규정은 없으나 양허관세가 아닌 실행관세율이라 해석된다. 동 규정에 사용된 '전반적으로(on the whole)'와 '일반적 수준'이라는 용어를 사용한 것은 관세동맹 형성 이후와 이전의 보호조치를 개별적으로 평가하는 것이 아니라 전반적으로 평가할 것을 의미한다.

단, 이러한 전반적인 평가로 인해 특정 구성영토에서 적용되는 관세 및 상거래 규정이 동맹체결 이후 더 높아지거나 제한적으로 되는 경우가 발생할 수 있다. 이를 위해 제24조 제6항에서는 보상의 의무를 규정하고 있다. 동 규정에 따르면 제5항 제(a)호를 충족시킴에 따라 체약당사자가 제2조 즉, 양허표에 불합치되게 관세율을 인상할 것을 제의할 경우 제28조에 명시된 절차가 적용된다. 보상적 조정[30]을 제시하게 되는 경우에 있어서는 동 동맹의 나머지 구성영토들의 관세인하에 의하여 이미 제공된 보상을 적절하게 고려해야 한다. 한편, 이른바 역보상은 금지된다(GATT1994 제24조의 해석양해). 역보상(reverse compensatory adjustments)이란 관세동맹에 가입한 국가의 관세율이 인하되어 역외국이 이득을 보게 되는 경우, 관세동맹 가입국이 역외국에 대해 보상을 요구하는 것을 말한다.

⚖ 판례 | 터키 – 섬유 사건

터키는 EC와 관세동맹을 체결하기 위한 점진적인 조치로서 터키와 EC의 무역정책과 관행을 조화시키는 내용의 Decision 95/1을 채택하여, 1996년 1월 1일 자국의 관세를 EC의 관세와 동일하게 하였고 EC가 대외적으로 적용하는 섬유류 수입제한 조치와 동일한 조치를 실시하여 25개 WTO 회원국으로부터 수입되는 총 61개 섬유 및 의류 제품에 대해 수량제한 조치를 부과하고 GATT 제24조에 따라 WTO에 통보하였다. 이에 대해 인도는 터키의 조치가 GATT 제11조, 제13조, 섬유및의류협정 제2조 제4항에 위배되는 조치이며, GATT 제24조에 의해 정당화될 수 없다고 주장하면서 패널설치를 요청하였다. 이 사건에서 터키의 조치는 GATT 제11조, 제13조, 섬유및의류협정 제2조 제4항에 위배되는 조치로 판정되었으며, GATT 제24조에 의해 정당화되는지가 문제되었다.

패널은 GATT 제24조에 대한 검토 결과 동조는 MFN의무를 제외한 의무의 위반을 허용하지 않으며 따라서 GATT 제11조, GATT 제13조, 섬유협정 제2조 제4항의 위반도 허용되지 않는다고 판정하였다. 패널은 우선 GATT 제24조에 따라 회원국은 관세동맹과 같은 지역무역협정을 체결할 권리가 있음을 확인하였다. 그러나 제24조 제5항 (a)은 관세동맹이 관세동맹의 형성 전에 비해 더 높은 무역장벽을 갖는 것을 금지하고 있으며 GATT · WTO에 합치되지 않았을 조치를 정당화하는 법적인 근거가 될 수 없다고 판시하였고, 제24조 제8항 (a) (ii)는 관세동맹 형성시 당사국들이 제3국에 대해 사실상 동일한 관세 및 기타 무역규제를 적용하기 위해 WTO에 위배되는 조치를 도입할 수 있는지를 다루고 있지 않으므로 GATT규정을 위반하기 위하여 지역협정을 체결하는 것을 허락하는 것은 아니라고 판단하였다.

상소기구는 패널의 판정은 지지하였으나 그 논리는 다르게 전개하였다. 상소기구는 패널이 GATT 제24조 제5항의 chapeau의 해석에 대해 오류를 범하였다고 판정하였다. 우선 상소기구는 GATT 제24조 제5항의 관세동맹의 형성을 '방해해서는 안 된다(shall not prevent)'는 그 문언상 GATT의 조항이 관세동맹의 형성을 '불가능하게 해서는 안 된다 (shall not make impossible)'는 의미로 해석해야 한다고 보았다. 따라서 상소기구는 패널과 달리 제24조는 특정 조건하에서 GATT나 WTO 규정에 합치되지 않는 조치의 채택을 정당화하기 위한 방어 근거로 인용될 수 있다고 판단했다. 상소기구는 GATT 제24조 제5항(a) 및 제8항의 내용에 비추어 제24조를 위와 같이 GATT 비합치조치의 정당화 근거로 인용하기 위해서는 두 가지 조건이 충족되어야 한다고 판단하였다. 첫째, 문제가 되는 조치가 제24조 제5항 (a) 및 제8항에 규정된 요건을 충족하는 관세동맹 형성 시에 도입된 것임을 증명해야 한다. 둘째, 문제가 된 조치를 도입하지 않고는 관세동맹을 형성할 수 없었을 것(prevented)이라는 점을 입증해야 한다. 상소기구는 EC – 터키 간 관세동맹이 규정된 요건을 충족했는지 여부는 다툼이 되지 않았고 패널도 동 관세동맹이 존재하는 것으로 간주하였으며 관세동맹 형성의 정당성 여부는 상소대상이 아니므로 첫 번째 요건에 대해서는 심리하지 않았다. 두 번째 요건과 관련하여 터키는 수량제한조치를 취하지 않는 경우 EC에 의해 수량제한을 받는 국가가 터키로 우회하여 EC에 수출가능성이 있고 따라서 EC는 터키와의 관세동맹 형성 품목에서 섬유교역을 제외할 것이며 이로써 터키와 EC는 관세동맹 형성을 위한 제24조 제8항 (a) (i)의 요건을 충족하지 못하게 될 것이라고 주장하였다. 그러나 상소기구는 수량제한 도입 없이도 EC – 터키 간 관세동맹 형성이 가능했다고 판단하였다. 예컨대, 터키는 원산지규정을 강화하여 EC가 터키산 섬유와 터키 경유 제3국산 섬유를 구별할 수 있게 할 수도 있었을 것이라고 하였다. 이상을 토대로 상소기구는 섬유류 수량제한은 EC – 터키 간 관세동맹 형성의 필요조건은 아니었으며 따라서 제24조가 터키의 동 조치 도입을 정당화하지 않는다고 판시하였다.

---

30) 보상적 조정에는 동일 품목수준의 보상적 조정과 다른 품목수준의 보상적 조정이 있다. 관세동맹의 형성 결과 어느 구성국 상품의 관세가 인상된다고 하더라도 다른 구성국 동일 상품의 관세가 인하된다면 관세인하에 타당한 고려를 기울여야 한다. 이 때의 조정을 동일 품목수준의 보상적 조정이라고 한다. 한편, 동일 품목수준의 보상으로 불충분한 경우 역외수출국은 다른 품목의 관세인하를 요구할 수 있는데 이를 다른 품목수준의 보상적 조정이라고 한다(고무로 노리오(2010), 731면).

② 자유무역협정의 역외적 요건(제24조 제5항 제(b)호)

> **📑 조문 | 1994GATT 제24조 제5항 제(b)호 – FTA의 역외적 요건**
>
> 자유무역지역 또는 자유무역지역의 형성을 위한 잠정협정에 관하여는, 각 구성영역에서 유지되고 또한 동 자유무역지역의 형성 또는 동 잠정협정의 체결 시에 이러한 지역에 포함되지 않은 체약국 또는 협정의 당사자가 아닌 체약국과의 무역에 적용되는 관세 또는 기타 통상규칙은 자유무역지역이나 또는 잠정협정의 형성 이전에 동 구성영역에 존재하였던 해당 관세 기타 통상규칙보다 각기 높거나 또는 제한적인 것이어서는 아니 된다. (with respect to a free-trade area, or an interim agreement leading to the formation of a free-trade area, the duties and other regulations of commerce maintained in each of the constituent territories and applicable at the formation of such free trade area or the adoption of such interim agreement to the trade of contracting parties not included in such area or not parties to such agreement shall not be higher or more restrictive than the corresponding duties and other regulations of commerce existing in the same constituent territories prior to the formation of the free-trade area, or interim agreement as the case may be)

동 조에 따르면 자유무역협정 혹은 이를 위한 잠정협정에 관하여, 동 협정의 채택 시 동 협정에 포함되지 않은 회원국에 대하여 적용가능한 관세 및 그 밖의 상거래 규정은 자유무역협정의 형성 이전에 동일한 구성영토에서 존재하였던 상응하는(corresponding) 관세 또는 그 밖의 상거래 규정보다 더 높거나 더 제한적이어서는 아니 된다. 이때 관세는 관세동맹에서와 마찬가지로 양허관세가 아닌 실행관세율로 해석된다. 또한 이 경우 관세는 무역량을 고려한 가중평균관세율에 의해 산정되고 제도 설립 전후의 관세율이 비교된다(GATT1994 제24조 해석에 관한 양해). '그 밖의 상거래규정'을 어느 정도 산정할 것인가에 대한 명확한 규정은 없다. 자유무역지대 창설에 의해 특혜원산지규정이 강화되었는가에 대한 여부가 논의되고 있다. 한편 자유무역협정은 협정의 구성영토가 아닌 영토에 적용되는 관세 및 기타상거래 규정을 일치시킬 의무가 없으며 구성영토의 독립성은 여전히 유지된다. 따라서 관세동맹에서 규정된 '일반적 수준(general incidence)'이 아닌 이전 구성영토에서 적용하였던 '상응하는(corresponding)' 수준을 기준으로 동 수준보다 더 높거나 더 제한적이지 않으면 요건을 충족시키는 것으로 간주된다. 또한 관세동맹에 규정되어 있는 보상의 의무는 자유무역협정에는 해당되지 아니한다.

(2) 역내적 요건(제24조 제8항 제(a)호 · 제(b)호)

> **📑 조문 | 1994GATT 제24조 제8항 제(a)호 – 관세동맹의 역내적 요건**
>
> 본 협정의 적용상:
>
> (a) 관세동맹은 다음의 결과가 발생할 수 있도록 2개 이상의 관세영역을 단일 관세영역으로 대체한 것이라고 양해한다. ((a) A customs union shall be understood to mean the substitution of a single customs territory for two or more customs ter-ritories, so that)
>
> (ⅰ) 관세 및 기타 제한적 통상 규칙(필요한 경우에는 제11조, 제12조, 제13조, 제14조, 제15조 및 제20조에 의하여 허용되는 경우 제외)은 관세동맹의 구성영역 간의 실질상 모든 무역에, 또는 최소한 영역의 원산품의 실질상 모든 무역에 관하여 폐지된다. (duties and other restrictive regulations of commerce (except, where necessary, those permitted under Articles XI, XII, XIII, XIV, XV and XX) are eliminated with respect to substantially all the trade between the constituent territories of the union or at least with respect to substantially all the trade in products originating in such territories, and)

📖 조문 | 1994GATT 제24조 제8항 제(b)호 – FTA의 역내적 요건

자유무역지역은 관세와 기타의 제한적 통상규칙(필요한 경우에는 제11조, 제12조, 제13조, 제14조, 제15조 및 제20조에 의하여 허용되는 경우 제외)이 동 구성영역의 원산품의 구성영역 간의 실질상 모든 무역에 관하여 폐지되는 2개 이상의 관세영역의 집단이라고 양해한다. [A free-trade area shall be understood to mean a group of two or more customs territories in which the duties and other restrictive regulations of commerce (except, where necessary, those permitted under Articles XI, XII, XIII, XIV, XV and XX) are eliminated on substantially all the trade between the constituent territories in products originating in such territories.]

① 의의: 동 규정들에 따르면 우선 관세동맹 혹은 자유무역협정 구성영토 간의 실질적으로 모든 무역(substantially all the trade)에 관하여 관세 및 그 밖의 제한적 상거래 규정이 철폐되어야 한다. 단, 필요한 경우 제11조, 12조, 13조, 14조, 15조 그리고 제20조 하에서 허용되는 것은 제외한다. 한편, 관세동맹에 한해 제9항의 규정에 따를 것을 조건으로 실질적으로 동일한(substantially the same) 관세 및 그 밖의 상거래 규정이 동 관세동맹 혹은 동 자유무역협정의 각 회원국에 의하여 동 동맹에 포함되지 아니한 영토의 무역에 적용된다(제24조 제8항 제(a)호 ⅱ). 이는 단일한 관세영역을 구성해야 하는 관세동맹의 정의에서 비롯되는 관세동맹의 추가적인 역내적 요건이다.

② '실질적으로 모든 무역'의 의미 동 규정에서 사용된 '실질적으로 모든 무역(substantially all the trade)'이라는 용어에 대하여 GATT·WTO규정상 그 정의가 명시된 바 없으며 판례에서도 구체적인 판단을 내린 적은 없다. 종래 GATT에서 사용되어 온 방법은 양적 기준으로서 역내 자유화는 역내무역량의 90% 이상을 포함하고 있다면 충분하다는 것이다. 그러나 주요 분야가 자유화되었는지 여부에 착한 질적 기준을 주장하는 견해도 있다. 터키-섬유 사건에서 WTO 패널은 위 요건은 '모든 무역'을 의미하는 것은 아니고 단순히 일부 무역을 가리키는 것도 아니라는 정도를 확인하는 데 그쳤다.

③ 예외규정의 범위: 상기 제24조 제8항에서는 구성국 간 관세뿐만 아니라 기타 제한적 상거래 규정의 철폐에 대해서도 요구하고 있다. 특히 문제가 되고 있는 것은 기타 상거래 규정 철폐의무의 예외로서 제시된 제11조~15조, 제20조와 관련, 이것이 예시적인 목록에 불과한 것인지 총망라적인 목록에 해당하는 것인지에 관해 이견이 존재한다. 동 조항이 예시적인 것이 아니라 총망라적인 것으로 해석된다면 명시되지 않은 조치인 반덤핑관세 및 상계관세조치, 제19조 수입제한조치 및 제21조의 안보상의 예외조치는 관세동맹 당사국 간에 원용할 수 없다는 것을 의미하게 된다. 하지만 안보상의 예외가 허용되어야 한다고 보는 것이 일반적인 견해이며 Argentina – Footwear 사건이나 US – Wheat Gluten 사건에서 WTO 패널은 긴급수입제한과 관련하여 FTA 회원국은 다른 구성회원국에 대하여 일정한 조건하에서 긴급수입제한 조치를 취할 수 있다고 판시한 바 있다. 이를 고려할 때 1994GATT 제24조 제8항에 열거되어 있는 예외는 예시적인 것에 불과하다는 견해가 유력하다.

(3) 절차적 요건(제24조 제7항)

관세동맹 및 자유무역협정 또는 그 형성으로 이어지는 잠정협정에 참여하기로 결정한 체약당사자는 신속히 체약당사자단에 통보[31]하고 체약당사자단이 적절하다고 인정하는 보고 및 권고를 체약당사자에게 할 수 있도록 동 동맹 또는 지역에 관한 정보를 체약당사국단에 제공해야 한다(제24조 제7항 제(a)호). 체약국단은 제5항에 규정된 잠정협정에 포함된 계획 및 일정을 동 협정의 당사국과 협의하여 검토하고 또한 제(a)항의 규정에 의하여 제공된 정보를 적절히 고려한다. 그 이후 동 협정의 당사국이 의도하는 기간 내에 관세동맹 또는 자유무역지역이 형성될 가능성이 없거나 동 기간이 타당하지 아니하다고 인정하는 때에는 동 협정의 당사국에 대하여 권고하여야 한다. 당사국은 권고에 따라 잠정협정을 수정할 용의가 없을 때에는 동 협정의 각기 유지하거나 실시하여서는 아니 된다(제24조 제7항 제(b)호).

📄 **조문 | 1994GATT 제24조의 해석에 대한 양해 – 관세동맹 및 자유무역지대에 대한 검토**

7. 제24조 제7항 제(a)호에 따른 모든 통보는 1994년도 GATT의 관련 규정 및 이 양해 제1항에 비추어 작업반에 의해 검토된다. 작업반은 이와 관련한 검토결과에 대한 보고서를 상품무역이사회에 통보한다. 상품무역이사회는 적절하다고 판단하는 권고를 회원국에게 행할 수 있다.

8. 잠정협정과 관련, 작업반은 자신의 보고서에서 관세동맹 또는 자유무역지대의 형성을 완료하기 위하여 필요하다고 제안된 기간 및 조치에 대하여 적절한 권고를 할 수 있다. 작업반은 필요한 경우 동 협정에 대한 추가검토를 규정할 수 있다.

9. 잠정협정의 당사자인 회원국은 동 협정에 포함된 계획 및 일정의 실질적인 변경을 상품무역이사회에 통보하며, 요청이 있는 경우 이사회는 동 변경을 검토한다.

10. 제24조 제5항 제(c)호에 반하여 제24조 제7항 제(a)호에 따라 통보된 잠정협정에 계획 및 일정이 포함되지 아니한 경우, 작업반은 자신의 보고서에서 이러한 계획 및 일정을 권고한다. 당사자는 이러한 협정을 이러한 권고에 따라 수정할 준비가 되어 있지 아니한 경우, 동 협정을 경우에 따라 유지하거나 발효시키지 아니한다. 권고의 이행에 대한 후속 검토를 위한 규정이 마련된다.

11. 1947년도 GATT 체약당사자단이 1947년도 GATT 이사회에 지역협정에 관한 보고서와 관련하여 내린 지시(BISD 18S/38)에서 예견된 바와 같이, 관세동맹과 자유무역지대 구성국은 상품무역이사회에 정기적으로 당해 협정의 운영에 관하여 보고한다. 협정의 중대한 변경 및 진전사항은 이루어지는 대로 보고되어야 한다.

Ⅲ 서비스무역협정(GATS)과 자유무역협정

1. 체결주체

동 협정은 회원국이 서비스무역을 자유화하는 양자 혹은 다자간협정의 당사자가 되거나 협정을 체결하는 것을 방해하지 아니한다(제5조 제1항). 즉, WTO 비회원국과의 서비스지역협정을 인정함을 시사하고 있는 것이다.

---

31) 2009년 1월 현재 GATT · WTO에 통보된 협정 중 효력을 가지는 것은 233건에 달한다. 상품무역협정이 145건, 서비스무역관련 협정이 61건, 개발도상국 간 협정이 27건이다(고무로 노리오(2010), 732면).

2. 역내적 요건(제5조 제1항)

역내적 요건을 충족시키기 위해서는 당사국 간 무역의 실질적인 상당한 분야별 대상범위(substantial sectoral coverage)에서 무역자유화를 실현해야 한다. 또한 기존의 차별조치 폐지 및 신규 혹은 더욱 차별적인 조치의 금지를 통해 당사자 간의 실질적으로 모든 차별조치(substantially all)를 협정 발효 시 혹은 합리적 시간 계획에 기초하여 없애거나 폐지하도록 규정해야 한다. 단 제11조, 제12조, 제14조 그리고 제14조의2에 따라 허용되는 조치는 예외로 한다.

3. 역외적 요건(제5조 제4항)

제4조 제1항에 언급된 모든 협정은 그 협정의 양당사자 간의 무역을 촉진하기 위한 것이 되어야 한다. 또한 협정의 당사자가 아닌 모든 회원국에 대하여 그러한 협정이 체결되기 이전에 적용가능한 수준과 비교하여 각 서비스 분야 및 업종에서의 서비스무역에 대한 전반적인 장벽의 수준(overall level of barriers)을 높여서는 아니 된다.

4. 절차적 요건(제5조 제7항)

제4조 제1항에 언급된 협정의 당사자인 회원국은 이러한 협정과 그 협정의 확대 또는 중대한 수정을 신속히 서비스무역이사회에 통보한다. 또한 회원국은 서비스무역이사회가 요청할 수 있는 관련 정보를 이사회가 입수 가능하도록 해야 한다.

5. 노동시장 통합협정(제5조 제5항의2)

GATS는 GATT와는 달리 요소시장의 일종인 노동시장의 통합에 대해서 별도의 규정을 두고 있다. 동 규정에 따르면 각 회원국이 노동시장의 완전한 통합을 이루는 양자 간의 또는 여러 당사자 간의 협정의 당사자가 되는 것을 방해하지 아니한다.

Ⅳ 권능부여조항과 지역무역협정

1. 의의

1979년 도쿄라운드에서는 골격협정(framework agreement)이라고 불리는 4건의 문서가 채택된 바 있다. 그 중 하나가 '개도국에 대한 차등적이고도 보다 유리한 대우와 상호주의 및 또한 완전한 참여에 관한 결정'이다. 동 결정 제1조는 개도국에게 차등적이고도 보다 유리한 대우(differential and more favorable treatment) 할 수 있다고 규정하고 있으며 동 조항이 소위 '권능부여조항'이라고 알려진 것이다. 이러한 권능부여조항에서도 지역무역협정에 관한 내용을 갖추고 있다.

2. 지역무역협정의 인정 여부(제1조 제2항 제(c)호)

동 규정에 의하면 관세의 상호 인하나 철폐 등을 위하여 저개발당사국들 간에 체결된 지역 또는 보편협정(regional and global arrangements)의 체결을 허용한다.

3. 체결 요건

역내적 체결 조건으로 동 결정에 의한 특별대우는 개도국무역을 촉진하거나 증진해야 하며 타 회원국의 무역에 부당한 어려움을 초래하거나 무역장벽을 높여서는 아니 된다(제1조 제3항 제(a)호)고 규정되어 있다. 역외적으로는 최혜국대우에 기초하여 관세나 그 밖의 무역규제를 감소시키거나 철폐하는 것을 금지하는 것은 아니다(제1조 제3항 제(b)호). 동 규정으로 미루어 GATT 제24조에 의해 체결된 일반적인 지역무역협정에 비해 완화된 요건들을 규정하고 있음을 알 수 있다.

Ⅴ 원산지규정 협정과의 관계

지역무역협정은 국가 간 통일된 원산지 규정을 조건으로 보다 원활하게 실행될 수 있을 것이다. 특히 FTA에 있어 WTO 회원국들은 CU와는 달리 자국의 역외보호조치의 수준을 변화시킬 필요는 없으나 원산지규정을 변경하는 것이 일반적이다. 이 변화에 의하여 역외보호수준자체가 큰 영향을 받게 된다. 일부 학자들에 의하면 원산지규정이야말로 무역전환효과를 초래하는 가장 중요한 요소라고 평가된 바 있을 정도로 자유무역협정에서 원산지규정이 중요하나 현재까지 원산지규정에 대한 해석관행은 정착되어 있지 않다. 원산지규정이 제24조 제5항 제(b)호상의 역외적 요건 중 '기타 상거래 규정'에 해당된다고 볼 경우 동 조상의 의무가 적용될 수 있을 것이나 '기타 상거래 규정'이 무엇을 의미하는지도 아직 확립되어 있지 않다. 아직까지 원산지 규정의 GATT·WTO 합치 여부에 대한 패널판정은 존재하지 않는다.

Ⅵ WTO체제 하 지역무역협정에 따른 문제점과 해결방안[32]

1. 문제점

WTO체제 하에서 지역무역협정이 증가일로에 있으나 지역무역협정의 WTO규범 합치성 여부에 대해서는 제대로 평가되지 못하고 있다. 이는 무엇보다 1994GATT 제24조에 규정된 지역무역협정 관련 규범의 불명확성에서 비롯된다. 따라서 지역경제통합이 확산되고 있는 현실과 경향을 인정하고 다자간무역체제를 성공적으로 운영하기 위해서는 지역통합협정이 다자간규칙에 부합되도록 WTO의 감시와 통제를 강화하여야 하며, 지역통합그룹들간의 무역분쟁이 다자간무역체제를 파괴하지 못하도록 해야 한다.

2. 개선 방안

(1) 규칙 및 절차의 강화

해석상의 대립이 있는 조항이나 문언을 명확히 해야 한다. 특히, 관세 및 기타 통상규칙의 철폐대상이 되는 '실질적인 모든 무역'의 의미, 역외국가에 대해 대외무역장벽을 협정체결 이전보다 '전체적으로' 더 높이거나 제한하지 않도록 한 규정의 의미가 명확화 되어야 한다. 개선안으로는 첫째, 관세동맹 및 자유무역지대의 결성 시 제3국으로부터의 상품수입에 대한 무역장벽을 감축할 것을 명문화 한다. 둘째, 회원국과 비회원국과의 무역량을 삭감하지 않는 경우에만 관련 지역통합협정이 WTO체제에 부합되도록 관세동맹 및 자유무역협정의 용어 정의를 변경한다. 셋째, 지역경제통합의 회원국에게 적용되는 원산지규정을 다자간 원산지 규정에 일치시키도록 통제한다. 넷째, 일정한 요건을 갖춘 경우에는 모든 국가가 지역경제통합에 가입할 수 있도록 하는 자유가입조항을 의무적으로 지역통합협정에 신설하도록 한다.

---

32) 김정수(2004), 지역무역협정 관련 WTO규범의 통상법적 고찰, 무역학회지, 제29권 제3호, 175-184면.

(2) 명료성과 감독 절차의 개선

지역통합협정의 체결에 관한 모든 통보와 제24조에 따른 작업반 검토과정은 지역통합협정의 투명성을 증대할 수 있다. 감독절차 개선방안으로는 첫째, 통고에 관한 표준보고양식을 제정한다. 둘째, 상품무역이사회나 일반각료이사회에서 정기적으로 특정 지역경제통합협정의 WTO규범과의 적합성 문제에 대해 토론하도록 한다. 셋째, 상품무역이사회나 각료이사회가 작성한 권고조치의 이행여부에 대해 정기적인 감독기능을 강화한다.

(3) 작업반 검토 과정의 개선

현재 작업반 검토는 주로 지역통합협정에 대한 사후적 검토에 불과하다. 따라서 협정이 발효되기 전에 필요한 수정조치를 권고할 수 있는 충분한 시간적 여유를 갖기 위해서는 정식 서명 또는 국내비준 절차 이전에 통고하도록 해야 한다. 또한 작업반 검토에 있어서 현행 '총의제'를 '다수결'로 변경할 필요가 있다. 검토보고서 채택에는 협정당사국들이 포함되기 때문에 의사결정이 어려워 관련규정에 위반되는 지역경제통합이 거부되거나 수정이 권고된 적이 없다.

> ### ⚖ 판례 | 캐나다 – 자동차 사건
>
> 캐나다는 1998년 제정된 Motor Vehicle Tariff Order(MVTO)를 통해 일정 조건[33]을 충족하는 자동차 제작사에게 자동차를 무관세로 수입할 수 있는 수입관세 면제혜택을 부여하였다. 또한, 캐나다는 SRO(Special Remission Order) 규정을 통해서도 자동차 제작사에게 수입관세 면제혜택을 부여하였다. SRO 역시 회사별로 생산 대 판매 비율과 CVA 요건을 설정하였다. 자동차 제작사들은 CVA 요건을 충족하겠다는 서약서(Letter of Undertaking)를 제출하였다. MVTO, SRO에 의거하여 수입관세 면제대상이 되는 기업은 1989년 이후 추가되지 않았다. 수입관세 면제조치에 대해 제소국들(EC, 일본)은 1994GATT 제1조 및 GATS 제2조상의 MFN 위반이라고 하였으나 캐나다는 1994GATT 제24조 및 GATS 제5조상의 FTA규정에 의해 정당화된다고 반박하였다. 패널은 캐나다의 주장을 항변을 인용하지 않았다. 캐나다는 수입관세 면제혜택을 받는 자동차의 대부분은 캐나다와 함께 NAFTA를 구성하고 있는 미국과 멕시코산으로서 이들 국가의 자동차에 대한 무관세는 1994GATT 제24조에 의해 정당화된다고 하였다. 그러나 패널은 이 사건에서 문제가 된 무관세대우는 미국과 멕시코 이외의 나라에도 무조건적으로 제공되었는지 여부로서 제24조는 WTO와 합치되지 않는 무관세대우를 지역협정 체약국이 아닌 제3국산에 부여하는 조치를 정당화 할 수 없다고 하였다. 한편, 캐나다는 미국과 캐나다가 NAFTA 회원국이므로 GATS 제5조 제1항에 의거하여 수입관세 면제조치는 GATS 제2조 제1항 의무에서 이탈할 수 있다고 주장하였다. 그러나 패널은 MVTO 1998과 SRO가 NAFTA의 서비스 교역 자유화 조항의 일부분이라고 볼 수 없으며 설사 동 조항의 일부라고 인정한다고 하여도 수입관세 면제혜택이 미국과 멕시코의 모든 자동차 기업 또는 도매업자에게 부여되는 것이 아니므로 서비스 교역 자유화라고 볼 수 없다고 판정하였다.

---

33) 세 가지 조건을 충족해야 한다. 첫째, 기준년도 중 수입자동차와 동급의 차량을 캐나다 국내에서 생산한 실적이 있어야 한다. 둘째, 캐나다 내에서 생산된 자동차의 판매총액과 캐나다 내에서 판매된 동급차량 판매 총액 간의 비율이 기준년도의 그것보다 같거나 높아야 한다. 셋째, 캐나다 내 자동차 제작에 투여된 캐나다의 부가가치가 기준년도의 그것보다 같거나 높아야 한다 (Canadian Value Added requirement: CVA). 둘째 조건이 기준년도보다 낮을 수도 있으나 최소한 75:100은 초과해야 한다. 셋째 요건과 관련하여 CVA 요건 충족비율이 각 자동차 회사별로 지정되었다. 이 비율은 캐나다 국내상품 사용, 국내노동자 고용, 캐나다 내 수송비용 및 캐나다 내에 발생한 경상비 등을 통해 달성할 수 있다.

🖼️ 참고 관세동맹형성에 있어서 역외적 요건의 문제

1. 관련 규정: 1994년도 GATT 제24조 제5항

'관세동맹 또는 관세동맹의 형성으로 이어지는 잠정협정에 관하여는, 동 동맹이나 협정의 당사자가 아닌 체약 당사자와의 무역에 대하여 동맹 또는 잠정협정의 창설 시에 부과되는 관세 및 그 밖의 상거래규정은 동 동맹의 형성 또는 동 잠정협정의 채택 이전에 구성영토에서 적용가능한 관세 및 그 밖의 상거래 규정의 일반적 수준(the general incidence)보다 전반적으로(on the whole) 더 높거나 더 제한적이어서는 아니 된다.

2. 쟁점

관세동맹이 체결되거나, 신규 가입하는 경우, 역외국에 대한 관세나 그 밖의 상거래규정을 기존 회원국 또는 동맹국들 간 상호 일치시킬 의무가 있다. 이 경우 기존 회원국보다 관세율이 높은 경우 이를 기존 회원국 수준으로 인하해야 하나, 기존 회원국보다 현저하게 낮은 관세율이나 무관세인 경우 이를 인상해야 하는지 또는 인상할 수 있는지가 문제가 된다. 또한 기존 회원국이 채택하고 있는 역외국에 대한 그 밖의 제한조치를 새로 도입할 수 있는지가 문제된다.

3. 국가 간 대립

유럽연합의 경우 이른바 교역범위접근법(trade coverage approach)을 주장한다. 이는 관세동맹의 형성 이후 관세가 그 이전에 비해 일반적으로 높지 않는 한 문제가 없다는 입장이다. 반면, 역외국들은 국별 토대위에서(on country by country basis) 개별 상품(individual commodities)별로 동맹형성 이전과 이후의 관세수준을 조사해야 한다고 주장한다.

4. 여타 역외적 요건과 비교

(1) 자유무역협정의 상품분야

제24조 제5항 제(b)호. 자유무역협정의 경우 각 회원국에서 유지하고 있는 관세 및 기타 무역규제가 지역무역협정 형성 이전의 '상응하는'(corresponding) 관세 및 기타 무역규제보다 더 제한적이어서는 안 된다고 규정하고 있다. 즉, 각각 분야에서 역외국에 대한 규제의 수준을 높일 수 없다.

(2) 서비스 교역

GATS 제5조 제4항. '각각의 서비스 분야 혹은 세부분야'(respective sectors or subsectors) 내에서의 서비스무역장벽의 전반적인 수준을 증가시킬 수 없다. 개별 부문별로 비교한다.

(3) GATT1994 제24조에 관한 양해 제2항

관세 및 통상규제의 '전반적인 수준'에 대한 평가는 가중평균관세 및 관세징수액에 대한 전반적인 평가에 기초한다고 규정하였다. 평가는 관세항목별, 금액별, 수량별로 계산된다. 이는 EC와 역외국의 입장을 절충한 규정이다. 다만, 여타 통상적인 규제에 대한 전반적인 평가를 위한 집계 및 계량화가 어려운 경우 개별 품목별 조사를 할 수 있도록 규정하고 있어 논쟁의 여지가 있다. 일반적인 견해는 포괄적인 측정을 원칙으로 하되, 계량화가 어려운 경우에 한해 개별 품목별 조사를 할 수도 있다는 의미로 이해된다.

5. 새로운 무역규제조치를 취할 수 있는가?

동 조항의 의미를 관세 및 기타 상업상의 규제조치를 포괄적으로 이해하는 경우 새로운 무역규제조치를 역외국에 대해 취할 수 있다고 본다. 관세 및 기타 무역규제조치를 전체적으로 평가하여 이전의 역외국에 대한 규제수준보다 높지 않으면 충분하기 때문이다. 그러나 관세와 무역규제를 분리해서 고려하고, 또한 개별적으로 평가해야 한다는 역외국의 입장에 따른다면 관세 수준을 이전보다 높일 수 없을 뿐만 아니라 새로운 무역규제조치를 취할 수 없다.

6. 판례입장: 터키 - 섬유분쟁 사건(Turkey-Textile case)

(1) 사실관계

터키가 EC와 관세동맹을 체결하면서 EC와 같이 섬유 및 의류 수입재에 대해 수량규제를 부과하였다. 이로 인해 인도에서 수입되는 19개 목록의 섬유 및 의류에 수량제한조치가 취해지게 되었다.

(2) 법적 쟁점

인도는 터키의 조치가 GATT 제11조, 제13조, 섬유 및 의류에 관한 협정 제2조 제4항을 위반하였다고 주장한 반면, 터키는 GATT 제24조 제8항 제(a)호에 따라 역외적 무역정책과 EC의 정책을 조화시킬 의무가 있으며, EC의 섬유쿼터는 WTO와 합치되기 때문에 섬유 수입재에 대해 수량규제를 부과해도 무방하다고 반박하였다. 핵심 쟁점은 터키가 제24조에 맞는 지역무역협정을 형성할 권리를 지킴으로써 GATT 제11조 등을 위반할 수 있는지 여부이다.

(3) 상소기구 입장

　　상소기구는 제24조 제5항을 제24조 제4항과 연계시켜 해석하였다. 제4항은 관세동맹의 목표를 제시한 것으로서 관세동맹의 목표는 동맹회원국 간 교역을 원활하게 하는 것이지 제3국에게 무역장벽을 확대하는 것이 아니라고 하였다. 따라서 관세동맹에 신규로 가입하는 국가가 기존 국가들이 유지하고 있는 무역제한조치를 도입할 수 없다고 하였다. 그러나, 예외적으로 제24조에 합치되는 관세동맹에 가입하면서, 기존 국가들이 유지하고 있는 제한조치를 도입하지 않고서는 관세동맹이 가입이 어렵다고 평가되는 경우 무역제한조치를 취할 수 있다고 하였다. 다만, 터키의 경우 수량제한조치이외에 다른 조치를 취할 수 있었으므로 수량제한조치를 도입하는 것이 관세동맹 가입을 위해 반드시 필요한 조치는 아니라고 하여 터키가 GATT의무를 위반하였다고 판단하였다.

7. 결론

　　제24조 제5항 제(a)호는 GATS나 자유무역협정과 다른 문언을 담고 있으나, 그 취지가 불분명하고, 역외국에 불리한 교역효과를 초래할 수 있다. 추후 개정에 있어서는 다른 조문과 같이 '일반적인 수준'이라는 용어 대신 '상응하는'(corresponding)이라는 문구를 첨가할 필요가 있다.

기출 및 예상문제

WTO 출범 이후 회원국들 간에 자유무역협정(Free Trade Agreement: FTA)이 급격히 증가하여, 극소수 회원국들을 제외하고는 대다수 회원들이 하나 이상의 지역무역협정 네트워크에 가입하여 있다. 이러한 상황에서 우리 정부는 한편으로 WTO협정상 지역조항의 규율을 강화하기 위한 노력을 경주하여 오고 있고, 다른 한편으로 외환위기 이후 적극적인 지역무역협정 정책을 추진하여 현재 칠레, 싱가폴, EFTA, 미국 등과 FTA를 체결하였다. FTA와 관련하여 다음 물음에 답하시오. (총 50점)

(1) 1994GATT에 근거하여 회원국들이 체결할 수 있는 지역무역협정의 3가지 형태의 개념 및 요건을 1994GATT 제24조의 해석에 대한 양해에 의해 개선된 내용에 유의하면서 설명하시오. (20점)

(2) 적법하게 체결된 관세동맹(customs union)에 신규 회원국이 가입하는 경우 기존 동맹국들이 유지하고 있던 적법한 무역제한조치가 신규회원국에게도 자동적으로 연장되는가에 대해 WTO 회원국들 간 다툼이 있다. 이에 대해 논의하시오. (15점)

(3) 현행 GATT1994 지역조항이 갖고 있는 실체적·절차적 문제점에 대해 논의하고 입법론을 제시하시오. (15점)

제2장 | 반덤핑협정

제1절 │ 서론

Ⅰ 덤핑의 의의

덤핑은 수출업자가 자신의 상품을 수출국 국내시장에서 판매되는 동종상품의 가격보다 낮은가격으로 수출하는 것을 의미한다. 덤핑은 수출이윤 극대화 및 외국시장에의 신규진출 등의 동기에서 행해지고 있다. 또한 덤핑수출로 수입국에서 경쟁 상대자를 몰아내고 추후 독점력을 이용하여 시장을 지배하려는 약탈적 덤핑이나 완전고용, 산업구조조정을 위한 정책수단의 하나로서 덤핑이 이루어지는 경우도 있다.

Ⅱ 덤핑규제의 논거 및 문제점

덤핑은 상품의 가격인하로 소비자 후생 증가, 수입국 물가 안정과 같은 긍정적 효과도 있으나, 국제시장가격의 인위적 조작으로 시장질서를 교란하고 수입국 국내산업 위축 및 실업 유발과 같은 부정적 효과를 유발하므로 불공정 무역행위로서 수입국 국내법규에 의거하여 규제가 이루어지고 있다. 그러나 각국이 지나치게 자의적인 기준에 의해 반덤핑조치를 실시할 경우 이는 자유무역의 또 다른 장애물로 작용할 우려가 존재한다.

Ⅲ WTO 창설 이전의 규범

GATT1947은 제6조에서 덤핑으로 수입국 국내산업에 피해가 야기될 경우 반덤핑관세를 부과하는 것을 허용하였다. 그러나 반덤핑 절차에 대한 규정의 불명확성으로 인해 반덤핑조치가 새로운 무역장벽으로 기능함에 따라 GATT 체약국단은 케네디라운드에서 덤핑 문제를 논의하였고 반덤핑관세와 관련한 일련의 절차적·실체적 규칙을 담은 1967년 반덤핑 Code를 채택하였다. 그러나 이는 선택적 제도로 개도국은 모두 불참하였다. 동경라운드의 결과 1979 Code를 통해 개정·보완하였고 다수의 개도국 및 한국도 이에 가입하였다.

Ⅳ UR협상의 쟁점과 결과

1980년대 1979년 Code를 중심으로 한 GATT의 반덤핑규범체계의 문제점, 즉 가입국과 비가입국 간 무차별 원칙 적용문제, 협정의 불명확성으로 인한 조치의 남용, 우회덤핑 및 위장덤핑과 같은 새로운 유형의 덤핑 문제 등이 나타나기 시작하였다. 이에 따라 UR협상에서는 정상가격 산정, 실질적 손해의 존재 판정, 최소마진 수량기준 등을 핵심으로 논의한 결과 '1994년 GATT 제4조의 이행에 관한 협정'(이하 반덤핑협정)이 채택되었다. 반덤핑협정은 기존 반덤핑규범에 비하여 반덤핑조치 적용 방법 및 절차규정을 명료화·구체화하였으며 모든 회원국에게 적용되어 보편성이 확대되었다. 반덤핑협정은 사인의 행위인 덤핑 자체를 규율하는 것이 아니라 국가에 의한 덤핑규제조치 및 반덤핑법규를 규제하기 위한 것이다.

Ⅰ 개관

수입국 정부가 반덤핑관세를 부과하기 위해서는 수출국의 상품이 정상가격 이하로 수입되어 동종상품을 생산하는 수입국의 국내산업에 실질적인 피해를 주거나 피해를 줄 우려가 있어야 한다. 따라서 실체적 요건은 덤핑의 존재, 국내산업에 대한 피해, 인과관계이다.

Ⅱ 덤핑의 존재

1. 덤핑의 의의

덤핑이란 어느 한 국가로부터 다른 국가로 수출된 상품의 수출가격이 정상가격(normal value)보다 낮은 경우를 말한다(제2.1조).

> 📖 **조문 | 제2조 제1항 – 덤핑의 판정(Determination of Dumping)**
>
> 이 협정의 목적상, 한 국가로부터 다른국가로 수출된 상품의 수출가격이 수출국내에서 소비되는 동종 상품에 대한 정상적 거래에서 비교가능한 가격보다 낮을 경우 동 상품은 덤핑된 것, 즉 정상가격보다 낮은 가격으로 다른 나라의 상거래에 도입된 것으로 간주된다. (For the purpose of this Agreement, a product is to be considered as being dumped, i.e. introduced into the commerce of another country at less than its normal value, if the export price of the product exported from one country to another is less than the comparable price, in the ordinary course of trade, for the like product when destined for consumption in the exporting country.)

2. 정상가격

(1) 의의

정상가격이란 수출국에서 소비용(消費用)으로 판매되고 있는 동종상품에 대한 통상적인 상거래에 있어서의 비교가능한 가격을 의미하며, 일반적으로 국내시장가격 또는 국내판매가격을 의미한다.

(2) 정상가격의 결정 방법

반덤핑협정 제2.1조와 제2.2조에 따르면 정상가격은 a) 수출국 내에서의 동종상품 가격, b) 제3국 수출가격, c) 구성가격에 의해 결정된다. 수출국 내에서의 동종상품 가격이 우선적 결정 방법이며 이것이 불가능한 경우 나머지 두 방법이 적용된다.[34] 제3국 수출가격과 구성가격 간에는 우열이 없다.

(3) 소규모판매의 경우

수출국에서 소비를 위하여 판매되는 동종상품의 양이 수입국에서 판매되는 양의 5% 미만인 경우 소규모판매에 해당하여 국내판매가격을 정상가격으로 인정하지 아니한다. 다만, 5% 미만의 소규모판매라 하더라도 적절한 비교를 하기에 충분한 규모라는 증거가 있는 경우 이를 정상가격을 결정하기 위한 충분한 양으로 본다(제2.2조 각주).

---

34) 고준성 외(2006), 167면.

(4) 제3국 수출가격

동종상품을 적절한 제3국(an appropriate third country)으로 수출할 때의 비교가능한 가격으로서 대표성이 있어야 한다.

(5) 구성가격

구성가격(constructed value)은 원산지국에서의 생산비용에 합리적인 금액의 관리, 판매비, 일반비 및 이윤을 합산한 가격을 말한다(제2.2조). 원칙적으로 비용과 이윤은 당해 조사 대상 기업에 의한 동종상품의 생산, 판매에 관한 실제 데이터에 의해야 한다. 다만 실제 데이터에 의할 수 없는 경우 당해 기업이 원산국의 국내시장에서 동일한 일반적 부류의 상품을 생산하거나 판매하는 경우에 발생하는 실제 금액 등을 사용할 수 있다.

(6) 단위비용 미만의 판매

정상가격 결정 시 수입국은 원가 미만의 판매를 제외할 수 있다(제2.2.1조). 고정비용과 가변비용을 더한 단위생산비용에 관리, 판매비 및 일반비용을 합산한 가격 미만으로 동종상품이 수출국에서 또는 제3국에 대하여 판매되는 경우 덤핑조사기관은 가격을 이유로 그 판매를 정상적인 거래에 속하지 아니하는 것으로 취급하고 정상가격결정에서 제외할 수 있다. 단, 수입국이 정상가격결정에서 원가 미만 판매를 제외하려면 단위비용 미만의 판매가 '상당기간' 동안 '상당량' 이루어지고, '합리적인 기간 내에' 총비용을 회수할 수 없는 가격으로 이루어져야 한다. 상당량의 단위비용 미만의 판매는 정상가격 결정의 대상이 되는 거래에 있어 가중평균판매가가 가중단위비용 미만인 경우, 또는 단위비용 미만의 판매량이 정상가격결정의 대상이 되는 거래량의 20% 이상인 경우를 말한다. 또한 상당기간이란 일반적으로 1년이며 어떠한 경우에도 6개월 미만이어서는 안 된다(제2.2.1조 각주).

(7) 비용산정의 기초

덤핑조사대상인 수출자 또는 생산자가 작성한 기록이 수출국에서 일반적으로 인정되는 회계원칙을 따르고 조사대상상품의 생산과 판매에 관련된 비용을 합리적으로 반영하는 경우, 일반적으로 동 기록을 바탕으로 비용을 산정하여야 한다.

(8) 관리비 등의 산정

덤핑조사기관은 덤핑조사대상인 수출자 또는 생산자에 의한 동종상품의 정상적인 거래에서의 생산과 판매에 관한 실제자료를 바탕으로 관리비, 판매비, 일반비(administrative, selling and general costs: SG&A) 및 이윤을 산정해야 한다(제2.2.2조).

3. 수출가격(Export price)

수출가격이란 수입자가 수출상품에 대하여 지불한 또는 지불해야 할 가격으로 일반적으로 수출자가 보고한 실제가격에 기초하여 결정된다. 당사자들이 계약서에 정해 놓은 가격을 출발점으로 하여 여기에 수송비나 관세 및 조세 등의 비용과 및 이윤을 공제하여 산정한다. 이와 같은 실제 수출가격이 없거나 신빙성이 없을 경우 조사당국은 수출가격을 구성할 수 있다. 이때 수출가격은 수입자로부터 독립구매자에게 최초로 재판매되는 가격을 기초로 구성되며, 재판매되지 않는 경우 합리적인 기초에 의해 구성될 수 있다(제2.3조). 구성수출가격은 구매자에 대한 재판매가격에서 운송비 등의 직접판매비, 관세 등의 세금, 수수료 등의 제반비용을 공제하는 방식으로 산정된다.

4. 가격의 공정한 비교

(1) 의의

반덤핑협정 제2.4조는 정상가격과 수출가격의 공정한 비교에 대해 규정한다. 제1문은 공정한 비교의무를 일반적으로 규정하고 있으며 제2문 이하에서 공정한 비교와 관련된 구체적 의무를 규정하고 있다. 따라서 WTO 패널이 제2문 이하의 규정을 위반한 것으로 판단한다면 일반적 규정인 제1문 위반 여부는 별도로 판단할 필요가 없다.[35]

(2) 가격 비교

수출가격과 정상가격은 공정하게 비교되어야 하므로, 양 가격은 동일한 거래단계(at the same level of trade), 통상 공장도 단계에서 가능한 한 동일한 시기(as nearly as possible the same time)에 이루어진 판매를 대상으로 하며 그 밖에 판매 조건, 과세 등 가격비교에 영향을 미치는 차이점들을 고려하여 적정한 공제를 한다(제2.4조). 공제는 의무적인 것이 아니라 허용적인 것이므로 덤핑조사기관이 반드시 공제를 해야 하는 것은 아니다.

(3) 공정한 비교의 방법

가격을 비교함에 있어 비교대상이 되는 기간에 여러 판매가격이 있을 경우 이 중 어떤 부분을 선정해야 하는가 하는 문제가 있다. 이는 일부 수출가격이 국내가격보다 낮은 경우에 문제된다. 반덤핑협정은 원칙적으로 양자는 가중평균이든지 개별 가격이든지 동일한 기준으로 비교하도록 하였다. 다만 표적덤핑, 즉 구매자나 지역, 기간별로 현저히 다른 수출가격이 존재하고 가중평균 또는 거래별 비교의 사용으로 이러한 차이점이 고려될 수 없는 경우에는 가중평균가격과 개별 가격을 비교할 수 있도록 하였다(제2.4.2조).

(4) 제로잉(Zeroing)

제로잉(Zeroing)이란 부(-)의 덤핑마진을 0으로 간주, 최종적 덤핑마진 계산에서 제외하는 것을 말하는데, 이는 덤핑마진을 산정함에 있어서 덤핑마진을 확대시키는 효과를 초래하므로 대표적 불공정 사례로 간주된다. 협정 제2조 제4항의2는 해석상 zeroing을 배제하고 있으나, 규정의 불명확으로 남용되어왔다. EC-Bed Linen 사건, US-Soft lumber 사건, US-Zeroing(EC) 사건, US-Zeroing(Japan) 사건 등을 거치며 패널 및 상소기구에 의해 원심 및 각종 재심에서의 zeroing 관행과 그 적용이 협정에 위반되는 것으로 판정되었고, 이와 관련하여 DDA협상에서 제2.4.2조의1은 개정 논의 중이다.

---

35) 고준성 외(2006), 171면.

📖 조문 | 제2조 제4항 제2호 – 가격의 비교

제4항의 공정비교를 규율하는 규정에 따라 일반적으로 조사기간 동안의 덤핑마진의 존재를 가중평균 정상가격과 모든 비교가능한 수출거래가격의 가중평균과의 비교에 기초하거나 또는 각각의 거래에 기초한 정상가격과 수출가격의 비교에 의하여 입증된다. 당국이 상이한 구매자, 지역, 또는 기간별로 현저히 다른 수출가격의 양태를 발견하고, 가중평균의 비교 또는 거래별 비교 사용으로 이러한 차이점이 적절히 고려될 수 없는 이유에 대한 설명이 제시되는 경우에는 가중평균에 기초하여 결정된 정상가격이 개별 수출거래가격에 비교될 수 있다. (Subject to the provisions governing fair comparison in paragraph4, the existence of margins of dumping during the investigation phase shall normally be established on the basis of a comparison of a weighted average normal value with a weighted average of prices of all comparable export transactions or by a comparison of normal value and export prices on a transaction-to-transaction basis. A normal value established on a weighted average basis may be compared to prices of individual export transactions if the authorities find a pattern of export prices which differ significantly among different purchasers, regions or time periods, and if an explanation is provided as to why such differences cannot be taken into account appropriately by the use of a weighted average-to-weighted average or transaction-to-transaction comparison.)

📑 참고 제로잉(Zeroing)의 적법성

1. 문제의 소재
UR협상의 결과로 채택된 현행 반덤핑협정은 zeroing을 명시적으로 금지하고 있지 않기 때문에 미국, EC 등 주요 선진국들은 반덤핑마진 산정에 있어서 zeroing을 계속 사용해 오고 있다. WTO 상소기구는 2001년 EC-Bed Linen 사건에서 EC의 zeroing 관행이 WTO법 위반이라고 판정하였고, 2004년 Softwood Lumber 사건에서도 미국의 zeroing 관행이 위반이라고 판정하였다. 그러나 zeroing의 WTO 합치성 여부에 관해 아직 미해결 문제가 존재하며, 이를 둘러싼 논쟁이 있다.

2. zeroing의 개념
GATT 제6.1조에 따르면 '덤핑마진 = 정상가격 – 수출가격'이며, 수입국 정부는 GATT 제6.2조에 근거하여 덤핑마진의 범위 내에서 반덤핑관세를 부과할 수 있다. zeroing은 크게 다중평균산정(Multiple Averaging) 과정과 실질적인 zeroing 과정으로 나뉜다. 다중평균산정은 조사당국이 조사대상 상품을 모델, 거래시기, 또는 기타 기준에 따라 소그룹으로 세분하여 각 그룹별로 수출가격과 정상가격을 비교하여 덤핑마진을 산정하는 것이다. US-Steel case에서 다중평균산정 자체는 WTO 협정 상 허용되는 것으로 판정되었다. zeroing은 다중평균산정을 통해 소그룹별로 나온 마진을 보고 이 중 정상가격이 수출가격 이하인 경우, 즉 (–)의 마진이 나오는 겨우는 0으로 계산하고, (+)의 마진이 나오는 결과는 그대로 인정하여 이를 합산하여 전체 덤핑마진을 산정하는 것이다.

3. zeroing의 주요 유형
(1) 평균 대 평균 방식(A-A 방식)
조사대상 제품의 조사기간 중 전체 국내거래에 대한 가중평균 정상가격과 수출거래 전체의 가중평균 수출가격을 비교하는 방식이다. 이 방식에서는 통상 모델별로 가중평균 정상가격과 수출가격을 비교한 후 (–)의 마진을 0으로 처리하는 모델별(model-specific) zeroing이 사용된다.

(2) 거래 대 거래 방식(T-T 방식)
각각의 국내거래와 수출거래를 짝지어서 정상가격과 수출가격을 비교하여 개별 마진을 산정하고 이를 합산하여 전체 덤핑마진을 산정하는 방식이다. 이 방식에서는 거래의 시기 또는 기타 특징을 고려하여 일정한 거래들을 소그룹으로 묶어(또는 거래별로) zeroing을 하는 거래별(transaction specific) zeroing이 사용된다.

(3) 평균 대 거래 방식(A-T 방식)
가중평균 정상가격과 개별 수출거래의 가격을 각각 비교하여 개별 마진을 산정한 후 이를 합산하여 전체 덤핑마진을 산정하는 방식이다. T-T 방식과 마찬가지로 거래별 zeroing이 사용된다.

(4) 반덤핑협정 제2.4.2조와 표적덤핑

표적덤핑이란 수출자가 판매전략상 집중적으로 어느 지역 또는 시점에 덤핑을 하고 나머지 지역 또는 나머지 기간 동안에는 덤핑을 하지 않는 것으로서, 이 경우 A-A 방식으로는 덤핑마진이 발생하지 않을 수 있기 때문에, 반덤핑협정 제2.4.2조에서는 표적덤핑의 경우에만 예외적으로 A-T 방식을 사용하도록 허용하고 있다. 반덤핑협정 제2.4.2조는 덤핑마진 산정에 있어 세 가지 비교방식을 설명하면서 서두에 '조사기간 중(during the investigation phase)'이라는 문구를 사용하고 있는데 미국 등은 이를 근거로 '원심이 아닌 재심(reviews)의 경우에는 표적덤핑의 경우 이외에도 A-T 방식을 사용할 수 있다'고 해석하고 있다.

4. zeroing에 대한 WTO 분쟁해결 사례

(1) 미국 - Stainless Steel 사례(2001/2/1 패널 보고서 채택)

본 사례에서 미국의 상무부는 '원화의 급격한 환율변화를 이유로' 조사기간을 두 기간으로 나누고 A-A 방식의 기간별 zeroing을 하였다. 패널은 반덤핑협정 제2.4.2조가 다중평균산정 자체를 금지하고 있지는 않으며, 조사당국이 '비교할 수 없는 거래'가 포함되어 있다고 판단하는 경우에는 다중평균산정 방식을 쓸 수 있다고 판정하였다. 다만, 상소기구는 '조사기간 내에 국내시장과 수출시장 간에 상대적인 판매량의 차이와 가격의 변화가 모두 있는 경우에만 조사당국이 판매시점의 차이가 비교가능성에 문제를 야기한다고 결론 내리는 것을 정당화 할 수 있다'고 결론을 내리고, 동 사례에서 미국이 물량요소를 고려하지 않고 가격요소만을 고려하여 조사대상기간을 나누었으므로 협정 제2.4.2조를 위반하였다고 판정하였다.

(2) EC - Bed Linen 사례분쟁(2001/3/12 상소기구 보고서 채택)

본 사례에서 EC는 A-A 방식의 모델별 zeroing을 하였다. 패널은 이러한 zeroing이 반덤핑협정 제2.4.2조의 위반이라고 판정하였고, 상소기구도 이를 지지하였다. 상소기구는 반덤핑협정 제2.4.2조가 A-A 방식의 경우 가중평균 정상가격과 '모든' 비교가능한 수출거래의 가중평균 가격을 비교해야 한다고 규정하고 있는데, EC는 사실상 수출거래 중 정상가격을 초과하는 '일부 거래를 제외하고 있으므로' 반덤핑협정 제2.4.2조를 위반하였다고 판정하였다. 또한 상소기구는 EC의 zeroing 관행이 반덤핑협정 제2.4조와 제2.4.2조상의 '공정한 비교의 의무'도 위반하고 있다고 판정하였다. 본 사례는 A-A 방식의 모델별 zeroing이 WTO규정에 위반된다는 명확히 해주었다는 의의가 있으나, A-A 방식 이외의 방식을 사용했을 경우 zeroing이 금지되는지 여부와 원심이 아닌 재심의 경우에 zeroing이 금지되는지 여부를 다루지 않았다는 한계가 있다.

(3) 미국 - CRS Sunset Review Steel 사례(2004/1/9 상소기구 보고서 채택)

본 사례에서 일본은 '미국이 재심과정에서 과거 상소기구 판정에서 이미 반덤핑협정 제2.4.2조 위반 판정을 받은 바 있는 zeroing 방법을 사용하여 덤핑마진을 산정함으로써 반덤핑협정 제11.3조를 위반하였다'며 문제를 제기했다. 이에 대해 패널은 덤핑마진산정에 대한 제2.4조의 실질적인 규율은 재심에 관한 제11.3조에는 적용되지 않으므로 미국이 제11.3조를 위반하지 않았다고 판정하였다. 그러나 상소기구는 패널의 판정을 파기하였다. 상소기구는 반덤핑협정 제2.1조상의 '이 협정을 위하여(For this Agreement)'라는 문구에 비추어 볼 때 제2.1조상 덤핑의 정의는 반덤핑협정 전반에 적용되며, 따라서 제11.3조의 덤핑은 제2.4조와 마찬가지로 제2.1조에 규정된 덤핑의 의미를 갖는다고 보았다. 따라서 조사당국이 제11.3조 재심과정에서 덤핑의 가능성(likelihood)을 결정할 때, 덤핑마진을 계산하거나 이에 의존할 필요는 없으나, 조사당국의 필요에 의해 덤핑마진을 계산할 경우에는 제2.4조상의 규율내용에 합치되게 계산해야 한다고 판정하였다. 다만, 구체적으로 미국이 제2.4조에 합치하도록 덤핑마진을 계산하였는지 여부는 충분한 사실관계 자료가 없어 판정할 수가 없다고 결론지었다. 본 사례에서 상소기구가 미국의 재심과정에서의 zeroing 관행에 대해 명확히 WTO 규범 위반이라고 판정을 내리지는 않았으나, '재심과정에서도 반덤핑협정 제2.4조의 규율이 적용되어야 한다'고 밝힘으로써 사실상 재심에서도 zeroing이 금지된다는 주장에 보다 힘을 실어주었다고 할 수 있다.

(4) US - Softwood Lumber 사례(2004/8/31 상소기구 보고서 채택)

본 사례에서 미국은 A-A 방식의 모델별 zeroing을 하였는데, 이에 대해 상소기구는 EC-Bed Linen 사례의 상소기구와는 다른 접근 방법을 채택하고 있어 주목할 필요가 있다. EC-Bed Linen 사례에서 상소기구는 반덤핑협정 제2.4.2조의 'all'이라는 단어에 초점을 맞추었으나 본 사례에서 상소기구는 GATT 제6조와 반덤핑협정 제2.1조상의 '제품(product)'이라는 단어에 주목하여 덤핑은 제품 전체(a product as a whole)에 대해 규정되어야 한다고 보고 '덤핑은 조사대상 제품 전체에 대해서만 존재하는 것으로 판정할 수 있으며 그 제품의 특정 모델 등에 대해서만 존재한다고 판정할 수 없다'고 결론지었다. 반덤핑협정 제2.4.2조에서 A-A 방식에서는 'all'이라는 용어를 사용하고 있으나 T-T 방식이나 A-T 방식에는 'all'이라는 용어가 없어, EC-Bed Linen 사례 상소기구의 논리로는 T-T 방식과 A-T 방식의 zeroing이 금지된다는 주장을 하기 어려웠는데, 본 사례의 상소기구는 비록 명확한 판결을 내리지는 않았으나 상기 두 방식에서도 zeroing이 금지된다고 주장할 수 있는 논리적 근거를 제시했다는 의의를 갖는다. 또한 본 사례는 반덤핑협정 제2.1조상의 덤핑의 정의가 협정 전체에 적용된다고 판정함으로써 원심에서 위반 판정을 받은 zeroing이 재심 절차와 관련해서도 위반된다고 주장할 수 있는 근거를 제공했다는 의의가 있다.

(5) US – Zeroing(EC)

이 사건의 쟁점은 크게 3가지 i) 원 조사 단계에서 model zeroing(A–A 비교)을 적용한 15개 사례 as applied가 합법인지 여부, ii) 원 조사 단계에서 model zeroing 관행 자체(as such)가 WTO규정과 합치되는지 여부, iii) 연례 재심에서 적용된 16개 simple zeroing 사례 as applied(가중평균정상가격 대 개별수출가격 비교)가 합법인지 여부였다.

i)의 경우 패널은 이전 사건 판례를 인용하여 zeroing이 허용되지 않는다고 판정하였고 이는 상소되지 않았다. ii)의 경우 패널은 불문(不文)의 zeroing 관행도 그 자체로 WTO 분쟁 해결 절차 대상이 될 수 있는 규범(norm)에 해당되며 원 조사 단계에서 적용하는 것은 반덤핑협정 제2조 제4항 제2호 위반이라고 판시하였다. 상소기구는 불문의 조치의 존재 판정을 위한 기준(threshold)을 패널보다는 훨씬 높게 책정하기는 하였으나 패널 판정의 결론 자체는 지지하였다. 이로써 원 조사 단계에서 zeroing을 적용하는 것은 이제 매우 어렵게 되었다. iii)의 경우가 이번 사건의 최대 쟁점이었다. 패널은 문리 해석에 치중하여 제2조 제4항 제2호는 원 조사 단계에 적용되는 것이라고 해석, 연례 재심에서 simple zeroing(A–T 비교)을 적용하는 것은 제2조 제4항 제2호에 위반되지 않으며 결과적으로 제9조 제3항에도 합치된다고 판단하였으나, 상소기구는 제9조 제3항과 GATT 제4조 제2항에 표명된 원칙에 입각하여 zeroing이 동 조항에 합치되지 않는다고 판시하였다.

5. DDA 규범협상과 zeroing

한국을 포함한 17개국으로 구성된 반덤핑 프렌즈그룹은 반덤핑협정 개정을 제한하는 각종 제안서를 제출하면서 사실상 협상을 주도하고 있다. 이들의 제안서는 첫째, 협정 제2.4조에 규정된 수출가격과 정상가격의 비교방식 중 어떤 것을 채택하든 상관없이 반덤핑 전체 과정에서 zeroing을 금지할 것과, 둘째 조사기간을 나누어 다중평균산정을 하는 경우 전체 조사기간 동안의 모든 수입에 대한 단일한 덤핑마진을 산정하도록 협정을 개정할 것을 제안하고 있다. 이에 대해 미국은 덤핑 거래를 덤핑되지 않은 거래로 보상할 수는 없다며 강한 반대입장을 표명하였다. EC도 zeroing 금지에 대한 상소기구 판정 내용을 넘어선 협정의 개정에 대해 비판적이다. 반면, 인도와 중국은 프렌즈그룹의 입장과 유사하게 협정 개정을 지지하고 있으며, 호주와 이집트는 현행 협정과 상소기구의 판정으로도 충분히 zeroing을 금지할 수 있으므로 협정 개정은 불필요하다는 입장이다.

⚖ 판례 | US – Zeroing(EC)

1. 사실관계

이 사건은 마이너스 덤핑마진, 즉 수출가격이 정상가격보다 높을 경우 그 차액을 덤핑마진 산정 시 0으로 처리하는 미국의 덤핑마진산정 방식에 대해 EC가 WTO에 제소한 사건이다. 미국은 반덤핑조사를 통해 최초 덤핑마진을 산정할 때 덤핑상품을 일정 모델별로 분류하고 각 모델 내 개별 상품의 정상가격과 수출가격의 가중 평균을 계산한 후 수출가격이 정상가격보다 높을 경우 그 차액을 0으로 처리하였다. 수출가격이 정상가격 보다 낮을 경우에는 그 차액을 덤핑마진으로 보았다. 덤핑상품의 최종덤핑마진은 이러한 모델별 덤핑마진을 합산하여 산출하였고 이를 model zeroing이라고 한다. 미국은 덤핑관세를 정산하는 연례재심 시에는 덤핑상품의 정상가격 가중 평균을 실제 거래가격과 비교하여 실제 거래가격이 정상가격보다 높을 경우에는 그 차액을 0으로 처리하고 낮을 경우에는 그 차액을 덤핑마진으로 계산하였으며 최종덤핑마진은 이러한 거래별 덤핑마진 계산 결과를 합산하여 산출하였다. 이를 simple zeroing이라고 한다. EC는 이러한 미국의 zeroing 관련 법, 관행 및 구체적 적용조치 등이 AD협정에 위반된다고 주장하며 미국을 제소하였다.

2. model zeroing 적용례(as applied) 적법 여부(반덤핑협정 제2조 제4항 제2호)

EC는 미국이 model zeroing 방식을 사용하여 덤핑마진을 산정한 15개 반덤핑조사는 그 덤핑마진산정 방식이 반덤핑협정 제2조 제4항 제2호에 합치되지 않으며 이미 EC-Bed Linen 사건과 US – Lumber AD Final 사건 패널과 상소기구가 위반이라고 판시한 바 있다고 주장하였다.

미국은 제2조 제4항의 제1문의 공정 비교(fair comparison)의무는 거래단계, 시점, 수량, 조세 차이 등을 적절하게 감안하라는 제2문 및 제3문과 함께 이해해야 하며 UR협상 반덤핑협정 제정 협상 시 이런 점을 고려하여 제2문을 작성한 것이라고 반박하였고, 제2조 제4항 제2호의 제1문이 제4항의 규정에 따를 것을 주문하고 있으므로 제1문뿐 아니라 그 뒤 문장도 고려해서 제2조 제4항 제2호를 해석하여야 하며 그 경우 model zeroing은 조사 당국의 재량 범위 내에 있는 것이라고 주장하였다.

패널은 이 사건에서 문제가 된 미국의 zeroing 방식은 이미 EC-Bed Linen 사건과 US-Lumber AD Final 사건에서 문제가 된 방식과 동일한 것임을 확인하였고 동 방식에 대해서는 이미 동 사건 패널과 상소기구가 제2조 제4항 제2호에 위반된다고 판시한 바 있음을 환기하였다. 패널은 비록 상소기구의 판결이 구속력 있는 선례가 된다고 명기되어 있지는 않으나 상소기구가 이미 판결한 사안에 대해 패널이 상소기구의 판정을 따를 것이라는 분명한 기대가 있는 것은 당연하며 이 사건의 경우 상소기구의 판정으로부터 일탈하는 것이 적절하다고는 보지 않는다고 하였다. 미국의 반론에 대해서도 이미 US-Lumber Ad Final 사건에서도 제기되었으나 상소기구가 이유 없다고 가납하지 않은 주장임을 환기하였다. 이상을 토대로 패널은 미국이 문제된 15개 반덤핑조사에서 model zeroing 방식을 이용한 것은 반덤핑협정 제2조 제4항 제2호에 합치되지 않게 행동한 것이라고 판시하였다.

3. 1930년 관세법 (as such) 반덤핑협정 합치 여부

EC는 미국 관세법이 zeroing을 용인하고 있으므로 그 자체가 반덤핑협정에 위반된다고 주장하였다. 패널은 회원국의 법규 자체(as such)의 위반은 이미 수차례의 이전 판례에서 확인된 대로 강행법규·재량법규의 기준에 따라 심리하는 것이 타당하다고 보았다. 즉, WTO 위반 행위를 강제하는 것만 그 자체가 위반이라고 판시할 수 있으며 단지 행정부에게 WTO 위반 행위를 시행할 수 있는 재량권을 부여했다고 해서 해당 법규가 WTO규정에 위반된다고 볼 수는 없다고 판단하였다. 패널은 문제가 된 관세법 조항은 그 문안(text)상 특별히 zeroing에 대해 다룬 것이 아님이 분명하며 더구나 미국 관세법에 대한 최종 해석권을 가지고 있는 미 연방순회법원 역시 동 조항들은 zeroing에 관한 것이 아니고 미국 관세법은 zeroing 실시를 요구하거나 배제하지 않는다고 판시한 바도 있음을 환기하였다. 패널은 EC가 시비하는 미국 관세법 조항은 강제적(mandatory)이라고 볼 수 없으므로 반덤핑협정과 GATT 등에 불합치되지 않는다고 판시하였다.

4. simple zeroing 적용 사례(as applied)의 반덤핑협정 합치 여부

EC는 미국이 연례 재심 시 적용하는 simple zeroing 역시 반덤핑협정 제2조 제4항 제2호 위반이며 동 방식이 적용된 16개의 연례 재심사례가 부당하다고 주장하였다. 미국은 동 조항이 최초 반덤핑조사단계에만 배타적으로 적용되는 것이라고 반박하였다. 또한 EC는 미국이 연례 재심 시 정상가격은 가중 평균하고 거래가격은 개별 실제가격을 구하여 양자를 비대칭적으로 비교한 것과, 거래가격(수출가격)이 정상가격 가중 평균을 초과한 부분을 0으로 처리한 것은 반덤핑협정 제2조 제4항의 공정비교 의무 위반이라고 주장하였다.

반덤핑 제2조 제4항 제2호 위반 여부에 관하여 패널은 위반이 아니라고 판정하였다. 패널은 문제의 핵심이 제2조 제4항 제2호가 관세 정산 절차인 제9조 제3항에 적용될 수 있는지 여부라고 보았다. 패널은 제2조 제4항 제2호의 해석에 의할 때 미국의 주장대로 반덤핑협정 제5조의 원 조사에만 적용된다고 판단하였다. 그 근거로서 'investigation phase'라는 표현, 'the existence of margins of dumping during the investigation phase'라는 표현과 반덤핑협정 제5조 제1항 'an investigation to determine the existence of … dumping' 표현 간의 유사성, 반덤핑협정 중 'investigation(s)'이란 용어는 반덤핑조치가 부과된 이후의 절차(proceedings)와 연계하여 사용한 예는 없다는 점, 반덤핑협정은 원 조사 관련 조항을 다른 절차에 적용할 때에는 반드시 근거(cross-reference)를 명시한 점, 반덤핑협정 제18조 제3항은 조사(investigation)와 검토(review)를 구분하고 있는 점 등을 들었다. 따라서 패널은 제2조 제4항 제2호는 원 조사에만 적용되는 것이라고 해석하였고 연례 재심에 simple zeroing 방식을 적용한 미국이 제2조 제4항 제2호에 합치되지 않게 행동하지는 않았다고 판시하였다. 또 미국이 제9조 제3항에 위반되게 행동한 것도 없다고 판정하였다.

그러나 상소기구는 패널의 판정을 번복하였다. 상소기구는 반덤핑협정 제2조 제1항의 '이 협정의 목적상'이란 구절상 덤핑의 정의는 반덤핑협정 전체에 적용되는 것이고 margin of dumping은 덤핑의 크기로서 덤핑과 같은 의미라고 보았다. 즉, 조사당국은 덤핑마진을 산정하기 위한 중간 단계에서 복수 비교나 복수 평균을 산정할 수는 있으나 이러한 중간단계의 계산치는 반드시 합산해서 최종덤핑마진을 산정해야 한다고 확인하였다. 상소기구는 반덤핑관세액은 덤핑마진을 초과할 수 없다는 제9조 제3항은 해당 상품 전체의 덤핑마진을 초과할 수 없다는 것이므로 중간 단계의 계산치 중 일부만 취하고 일부는 버려서는 안 되며 모두 합산해야 한다는 원칙을 재확인 하였다. 따라서 제9조 제3항과 GATT 제4조 제2항이 요구하는 것은 특정 수출자에 부과된 반덤핑관세액은 동 수출자에 대해 결정된 덤핑마진을 초과해서는 안된다는 것이다. 그런데 미국 방식으로 확정된 반덤핑관세액은 해당 수출자의 실제 덤핑마진을 초과하는 것이 명백하다고 하였다. 이에 따라 미국이 관세정산 재심에서 적용한 zeroing 방식은 반덤핑협정 제9조 제3항 및 GATT 제4조 제2항과 합치되지 않는다고 판단하였다.

한편, 제2조 제4항 공정비교(fair comparison)의무 위반 여부에 대해서도 패널은 위반이 아니라고 판정하였다. 본 사안에서 쟁점이 된 것은 미국이 연례 재심에 있어서 가중평균정상가격과 개별수출가격을 비교하면서 (−) 덤핑에 대해서는 zeroing을 적용한 것이 반덤핑협정에 위반되는지 여부였다. 이와 관련한 적용법규에 있어서는 제2조 제4항에 규정된 '공정비교'의 개념과 그 적용범위에 관한 것이었다. 패널은 '공정비교' 요건이 하나의 독자적 요건임은 인정하였으나, 가중평균과 개별수출가격 비교방식(W−T 방식)이나 zeroing 방식이 동 요건에 의해 반드시 금지되는 것은 아니라고 판단하였다. 따라서 미국이 연례 재심에 있어서 W−T 방식을 적용하고 덤핑마진산정 시 zeroing을 한 것이 협정 제2조 제4항상 '공정비교' 요건에 반하지 아니한다고 판정하였다.

그러나, 상소기구 사실상 패널 판정을 파기하였다. 상소기구는 simple zeroing이 제9조 제3항과 GATT 제4조 제2항에 위반된다고 판시하였으므로 제2조 제4항의 공정 비교 원칙에 위반되는지 판단이 불필요하다고 판단하였다. 그러나 상소기구는 제2조 제4항 공정 비교에 관한 패널 판정은 제2조 제4항 제2호와 제9조 제3항에 대한 패널 판정에 근거하고 있는 것인데 이미 제9조 제3항에 대판 패널 판정을 상소기구가 번복하였으므로 공정비교에 관한 패널 판정은 무효(moot)이며 법적인 효력이 없다고 판시하여 사실상 패널 판정을 번복하였다.

⚖️ 판례 | US – Final Lumber AD 사건

미국 상무부는 2001년 4월 캐나다산 목재에 대한 반덤핑조사 신청을 접수하고 조사에 착수하였다. 2010년 10월 잠정 판정을 거쳐 2002년 4월 6개 수출업자에 대해 2.18%~12.44%의 반덤핑관세를 확정 부과하였다. 반덤핑관세산정에 있어서 미국은 침엽 목재를 타입별로 나누고 각 type 내 거래의 가중 평균 수출가격과 가중 평균정상가격을 산정한 후(1단계), 양자 간의 차이를 계산하였다(2단계). 미국은 침엽 목재 전체의 덤핑마진율을 계산하기 위해 type별 덤핑마진의 평균을 계산함에 있어서 마이너스 덤핑마진은 0으로 처리하였다(zeroing). 이에 대해 캐나다는 미국의 zeroing 방식은 모든 비교 가능한 수출거래가격을 고려한 것이 아니므로 제2조 제4항 제2호에 위반된다고 주장하였다. 반면, 미국은 동 조항은 type별 덤핑마진을 구하는 단계에만 적용되는 것이라고 주장하고 미국은 1단계에서는 모든 거래를 고려하였다고 반박하였다.

패널은 미국이 사용한 중복 평균 방식(multiple averaging)은 제2조 제4항 제2호에 합치되나 zeroing 방식은 마이너스 덤핑이 나온 수출거래는 제2단계에서 고려되지 않은 것이므로 동 조항을 위반한 것이라고 하였다. 동 조항은 가중 평균 정상가격을 모든 비교가능한 수출거래가격의 가중 평균과 비교하라고 명백하게 규정하고 있기 때문이라고 하였다.

상소기구도 패널 판정을 지지하였다. 상소기구에 의하면, sub group별 가중 평균 수출가격과 가중 평균 정상가격 차이는 제2조 제4항 제2호에서 말하는 margins of dumping이 아니라 조사 대상 상품 전체로서의 덤핑마진을 산정하기 위한 중간 계산 결과에 불과하다. 상소기구는 조사 당국이 모든 sub group별 가중 평균 수출가격과 가중 평균 정상가격 차이를 모두 합산하지 않고 문제가 되는 상품의 덤핑마진을 산정할 수는 없다고 하였다. 또한, 반덤핑협정 제2조 제4항 제2호에도 일부만 합산하고 일부는 제외할 수 있다는 문언상의 근거(textual basis)가 없다고 하였다. 이러한 논리에 기초하여 상소기구는 미국의 zeroing은 동 조항 위반에 해당한다고 판정하였다.

---

5. 동종상품

덤핑판정에 있어서 비교대상이 되는 상품은 동종상품(like product)이어야 한다. 반덤핑협정에서 동종상품이란 덤핑조사 대상상품과 동일한(identical) 상품, 그러한 상품이 없을 경우 매우 유사한(closely resembling) 상품을 말한다(제2.6조). 반덤핑협정 제2.6조에는 동종상품의 범위 결정기준에 대해서는 침묵하고 있다. 따라서 덤핑조사기관이 상품의 물리적 특성, 상품의 상업적 대체성, 제조원료, 제조방법 또는 기술, 상품의 기능 또는 최종용도, 가격, 품질, 관세분류 등 적용할 기준을 사안별로 설정하는 것이 일반적이다.

Ⅲ 피해의 판정

1. 개설

반덤핑규제를 위해서는 덤핑으로 인해 수입국의 관련 국내산업이 실질적 피해(material injury)을 입거나 피해의 우려(threat of injury)가 있거나 또는 국내산업의 설립이 실질적으로 지연(retardation of the establishment)되어야 한다. '실질적' 피해가 어느 정도를 의미하는지는 일반화될 수 없고 사례별로 구체화되어야 하지만, 반덤핑관세가 불공정무역관행을 대상으로 하므로 공정무역관행에 대한 세이프가드 발동 요건인 '심각한(serious)' 피해보다 덜 엄격한 것으로 해석된다.

2. 국내산업

반덤핑협정의 목적상 국내산업은 원칙적으로 덤핑조사의 대상인 상품과 동종인 상품을 생산하는 국내생산자 전체 또는 이들 중 생산량의 합계가 당해 상품의 국내총생산량의 상당부분을 점하는 국내생산자들을 의미한다 (제4.1조).

3. 실질적 피해판정

(1) 실질적 피해결정 기준

피해결정은 적극적(positive) 증거에 기초하며, 덤핑수입물량, 덤핑수입품이 동종상품의 국내시장 가격에 미치는 영향, 덤핑수입품이 결과적으로 동종상품의 국내생산자에 미치는 영향에 대한 객관적인 조사를 포함한다(제3.1조).

(2) 덤핑수입물량

덤핑수입물량에 관하여 조사기관은 절대적으로 또는 수입회원국의 생산이나 소비에 비하여 상대적으로 덤핑수입물량이 현저히(significant) 증가하였는지를 고려한다(제3.2조 제1문).

(3) 가격에 미치는 영향

덤핑수입품이 가격에 미치는 영향과 관련하여 조사기관은 현저한 가격인하[36](price undercutting), 현저한 가격하락[37](depress prices) 또는 가격인상의 현저한 억제[38](prevent price increases)를 초래하였는지를 고려한다(제3.2조 제2문).

---

36) 가격인하란 수입품이 국내 동종상품보다 현저하게 저가인 것을 의미한다.
37) 가격하락이란 저가의 덤핑수입상품으로 인하여 동종상품의 국내가격이 현저하게 하락하는 것을 의미한다.
38) 가격인상의 억제란 중간재 가격의 상승이나 임금인상 등으로 인하여 수입국내 동종상품의 가격이 인상되어야 함에도 불구하고 저렴한 수입상품의 가격으로 인하여 가격인상이 억제되는 것을 의미한다.

(4) 국내산업에 대한 영향

덤핑수입이 관련 국내산업에 미치는 영향에 대한 조사는 판매, 이윤, 생산량, 시장점유율, 생산성, 투자수익률, 또는 설비가동률의 실제적이고 잠재적인 감소, 국내가격에 영향을 미치는 요소, 덤핑마진의 크기, 자금 순환, 재고, 고용, 임금, 성장, 자본 또는 투자 조달능력에 대한 실제적이며 잠재적인 부정적 영향 등 산업의 상태에 영향을 미치는 경제적 요소와 지표에 대한 평가를 포함한다(제3.4조 제1문). 이러한 요소는 '예시적'이며, 이들 가운데 일부가 반드시 결정적인 지침이 될 수는 없다(제3.4조 제2문). 그러나 조사기관은 1문의 요소 가운데 특정 요소가 궁극적으로 조사결과와 관련이 없다거나 중요하지 않다는 판단을 하기 전에 이들 모두를 조사해야 한다.[39]

⚖ 판례 | Korea-Paper AD duties 사건

1. 동종상품 판정의 적절성(제2조 제6항)

인도네시아는 한국이 덤핑 결정 시에는 고려 중인 상품(product under consideration)을 정보용지와 백상지로 구분하여 조사하였으나 피해판정 시에는 이들 상품을 동종상품으로 보고 총괄적인 피해판정을 내렸다고 시비하였다. 즉, 인도네시아는 정보용지와 백상지는 다른 상품이므로 한국 정보용지와 백상지에 미친 영향을 각각 분리하여 피해판정을 했어야 한다고 하였다. 그러나, 패널은 인도네시아의 주장을 기각하였다. 동종상품은 고려 중인 상품을 기초로 결정되며, 한국은 고려 중인 상품을 정보용지와 백상지로 결정했으므로 동종상품 여부는 이를 기초로 결정될 수 있다고 하였다. 패널은 고려 중인 상품을 선정하는 방식은 조치국의 재량의 범위에 속한다고 하였다. 패널은 한국이 덤핑마진 산정에 있어서 정보용지와 백상지를 구분해서 각각 선정했으나 최종덤핑마진 공표 시에는 두 상품에 공히 적용되는 동일 마진을 산출하였으므로 협정에 위반되지 않는다고 하였다.

2. 덤핑수입의 가격 효과 분석의 적절성(제3조 제1항, 제2항)

인도네시아는 일정 기간 동안 인도네시아 수출가격이 한국 내 가격과 동일하거나 상회하였음에도 불구하고 한국상품 가격이 수입품가격에 의해 영향 받았다고 판정한 것은 부당하며 한국은 제3조 제2항에 규정된 것과 달리 덤핑수입품의 가격효과가 '상당한' 것인지를 판정하지 않았다고 주장하였다. 패널은 인도네시아 주장을 기각하였다. 패널은 제3조 제1항은 피해판정은 덤핑수입 물량, 덤핑수입이 동종상품의 국내시장 가격에 미치는 영향, 국내생산자에 미치는 결과적인 영향에 대해 명확한 증거를 토대로 객관적으로 검토할 것을 요구한다고 정리하고 이러한 요건을 충족하는 한 조사 기간 중 일정 기간 동안 수출상품의 가격이 국내가격을 상회했다고 해서 부정적인 가격효과가 있었다고 판단하지 못하는 것은 아니라고 하였다. 패널은 한국이 덤핑수입에 의한 가격인하, 가격하락, 가격인상 억제의 존부 등에 대해 객관적으로 검토하였다고 판단하였다. 또한 '상당한'이란 단어가 최종판정문에 반드시 기재되어야 하는 것은 아니며 덤핑수입품의 가격으로 인해 3개 가격 효과 중 어느 것이라도 초래되었는지가 정당하게 고려되었음이 입증되면 충족된다고 하였다.

3. 피해요소의 적정 분석 여부(제3조 제4항)

인도네시아는 한국이 제3조 제4항에 규정된 피해요소를 빠짐없이 수집하기는 하였으나 피해요소가 피해를 초래하였는지에 대해 타당하게 평가하지는 않았다고 주장하였다. 패널은 인도네시아의 주장을 인용하였다. 패널은 제3조 제4항의 피해요소는 취합하는 것으로 충분한 것이 아니라 조사 당국은 서로 연관하여 평가해야 한다고 확인하였다. 패널은 제3조 제4항은 적극적인 증거를 토대로 객관적으로 검토해야 한다는 제3조 제1항과 연계하여 해석해야 하며 따라서 제3조 제4항의 분석은 각 피해요소의 연관성 여부 확인에 그치는 것이 아니라 이러한 요소의 평가가 피해판정에 이르게 되었는지, 피해와 관련이 없어 보이는 요소가 있더라도 전체 피해판정이 훼손되지 않는지에 대해 충분한 설명이 있어야 한다고 하였다. 패널은 한국의 잠정, 최종판정문에는 이러한 분석이 결여되어 있으므로 한국이 제3조 제4항에 합치되지 않게 행동하였다고 판정하였다.

---

39) 고준성 외(2006), 177면.

(5) 누적평가

① **의의:** 상품이 2개국 이상으로부터 수입되고, 동시에 반덤핑조사의 대상이 되는 경우 조사기관은 수입 상품으로 발생하는 피해의 효과를 누적적으로 평가할 수 있다.

② **요건:** 누적평가는 a) 각국으로부터 수입된 상품의 덤핑마진이 최소허용수준을 초과하며(덤핑마진 2% 이상), 각국으로부터의 수입물량이 무시할 만한 수준40)이 아니고, b) 수입상품 간의 경쟁 조건 및 수입 상품과 국내 동종상품 간의 경쟁 조건을 감안할 때 수입품의 효과에 대한 누적적 평가가 적절하다고 조사기관이 결정하는 경우 할 수 있다(제3.3조).

③ **제한:** 누적평가는 동시에 반덤핑조사 대상이 되는 수입만을 대상으로 해야 한다. 즉, 각국으로부터의 수입은 동일한 기간에 이루어져야 하며, 특정 국가에 대한 덤핑조사를 종료한 후 다른 국가에 대하여 덤핑조사를 하는 경우 피해를 누적적으로 평가할 수 없다.

📊 참고 누적평가에 있어서 경쟁 조건의 판단문제

1. 문제의 소재

누적평가의 요건 중 하나로서 '경쟁 조건'을 감안하여 누적평가가 적절하다는 수입당국의 판정이 요구된다. 수입품의 효과에 대한 누적적 평가가 적절하다고 결정하기 위해서는 수입상품 간의 경쟁 조건 및 수입상품과 국내 동종상품 간의 경쟁 조건을 감안해야 하는데, 반덤핑협정은 경쟁 조건을 정의하고 있지 않다. 회원국들은 일반적으로 상품의 물리적 특성과 용도, 수입량의 수준과 추세 변화, 유통경로, 그리고 수입된 상품의 가격 수준과 추세 변화와 같은 요소들을 검토한다.

2. WTO 사례

EC–Pipe Fittings 사건이 WTO가 누적평가 요건의 성질과 범위를 판단한 유일한 사례이다. 수입국이 누적평가가 적절하다고 결정하는(determine) 경우에 누적평가를 할 수 있는 바, 'determine'의 의미는 수입국이 누적평가가 적절하다고 단순히 추정하는 것을 배제하며, 누적평가가 그 사건의 구체적이고 특정한 상황에서 적절한 지에 관하여 논거를 갖춘 결정을 하는 것이라고 해석하였다. 여기에서 적절하다(appropriate)는 것은 누적평가를 시행하기로 한 결정이 특정 사건의 구체적 상황과 수입국 조사기관에게 주어진 사실에 적합하게 그리고 이를 감안하여 이루어져야 한다는 것을 의미한다. 또한 '경쟁 조건'(conditions of competition)이라는 문구는 시장에서의 상품 간 역학적 관계(dynamic relationship)를 의미하며, 개략적으로 동일한 방향으로의 추세 전개, 개략적으로 유사한 수입물량과 가격 추이를 보이는 경우 누적평가가 적절할 수 있다. 반덤핑협정 제3조 제3항의 문언은 '경쟁 조건'을 분석할 때 수입물량 추세의 동일성 또는 유사성 등을 비롯하여 반드시 검토할 것이 요구되는 구체적인 필수 요소를 규정하고 있지 않으며, 패널도 이를 확인하였다. 그럼에도 불구하고 패널은 수입물량이 누적평가와 매우 밀접한 관련이 있을 수 있으며 다양한 국가로부터의 수입물량이 공통적으로 증감하는 것은 그들의 경쟁성을 매우 잘 보여줄 수 있다고 판단하였다.

3. WTO 반덤핑위원회 권고 초안

현재 반덤핑위원회는 반덤핑협정의 4개 규정에 관하여 권고안을 논의하고 있는데, 그중 '누적평가의 적절성 결정과 관련된 경쟁 조건에 관한 권고안'은 덤핑조사기관이 누적평가 여부를 결정할 때 고려할 수 있는 요소로서 ① 상품의 물리적 특성, 용도 및 호환성과 대체성, ② 국내상품과 각국별 수입상품의 공통 또는 유사한 유통경로, 국내시장에서의 지리적 동일성 또는 중복성, 조사대상기간 중 시간적 동일성 또는 중복성, ③ 가격 수준, 가격 변동 추이 및 저가판매 수준을 포함한 상품 가격, ④ 수입물량의 수준 및 변동 추이 및 수입품의 가격 책정 패턴을 제시하고 있다.

4. EU 사례

EU 집행위원회의 누적평가 사례를 분석하면 EU는 상품의 대체가능성을 면밀히 검토하는 것으로 보인다. EU는 Ammonium Nitrate from Russia and Lithuania 사건에서 4가지 사실, 즉 ① 수입물량이 상당하다는 점, ② 상품의 물리적 특성이 대체적으로 유사하다는 점, ③ 경쟁관계가 존재한다는 점, ④ 유통경로의 유사성과 가격의 유사성을 지적하였다.

이 외에도 Tube or Pipe Fittings of Iron or Steel from the People's Republic of China, Croatia and Thailand 사건 등 여러 사례를 통해 EU는 대체가능성을 검토할 때 상품 공급처의 교체가능성, 유통경로의 동일성 그리고 가격 변화 추이의 유사성 등에 대해 고려하며, 경쟁 조건 판단에서 수출자의 시장 행동의 유사성을 중요한 고려 요소로 판단하였다. 반면, 개별 국가로부터의 수입이 서로 상이한 변동 추세를 나타내는 경우 누적평가를 하지 않았다.

---

40) 특정국으로부터의 수입량이 동종상품의 수입량의 3% 미만을 점유하며, 개별적으로 3% 미만을 점유하는 국가들의 총체적 수입물량이 7%를 초과하지 않는 경우, 그 수입량은 일반적으로 무시할 만한 수준으로 간주된다.

4. 실질적 피해 우려의 판정

(1) 의의

실질적 피해 우려에 대한 판정은 사실에 기초하며, 단순히 주장이나 추측, 또는 막연한 가능성에 기초해서는 안 된다(제3.7조 제1문). 덤핑이 피해를 초래하는 상황의 변화는 명백히 예측되어야 하며 임박한 것이어야 한다(제3.7조 제2문).

(2) 판정 시 고려 사항

실질적 피해 우려를 결정할 때 조사기관은 a) 국내시장으로의 덤핑수입품의 현저한 증가율, b) 충분하고 자유롭게 처분가능한 수출자의 생산능력 또는 수출자의 생산능력의 임박하고 실질적인 증가, c) 수입이 국내가격을 현저히 하락 또는 억제시킬수 있는 가격으로 이루어지고 있는지 여부, d) 조사대상 상품의 재고현황 등을 고려한다(제3.7조 제3문). 이는 피해의 '우려'를 판단하기 위한 요소이므로 조사기관은 제3.4조에 규정된 요소들도 조사해야 한다.

(3) 실질적 피해 우려의 판정

(2)에 기초하여 판정하는 경우 어느 하나가 결정적 지침이 될 수 없다. 조사기관은 조사된 요소 전체에 비추어 덤핑수출이 추가로 임박하고 보호조치가 취해지지 않을 경우 실질적 피해가 발생할 것이라는 결론에 도달해야 한다(제3.7조 제4문).

5. 설립의 실질적 지연

(1) 의의

국내산업 설립의 실질적 지연은 동종상품을 생산하는 국내산업이 존재하지 않고 이를 확립하려는 노력이 덤핑에 의하여 실질적으로 지연될 때 또는 국내산업이 존재하지만 동종상품의 생산이 개시되지 않은 경우 등에 적용될 수 있다. 이는 한국에서 특히 중요한 의미를 갖는다. 막대한 개발비를 들여 개발한 제품들이 제품화 단계에 들어설 때마다 일본의 덤핑공세로 인해 피해를 입는 사례가 빈번히 발생하고 있지만, 기존 생산실적이 없어서 '실질적 피해'를 입증하기 어려웠기 때문이다.

(2) 조사

조사에서 가장 우선적으로 판단할 사항은 '확립된 국내산업'의 존부이다. 또한 국내산업이 상품의 생산을 개시하였는지 또는 언제 개시하였는지, 생산이 개시되지 않았다면 국내산업 확립의 실질적 지연을 결정할 만큼 충분한 생산의 보장이 있는지, 지속적인 생산이 있는지 아니면 생산이 개시되었으나 중지되었는지, 국내생산이 손익분기점에 도달하였는지 등을 조사한다.

📑 **참고 피해판정에 있어서 법적 쟁점**

1. 피해판정의 개념

(1) 피해의 의의

반덤핑협정은 피해의 정의를 구체적으로 규정하고 있지 않지만 GATT 제4조 제1항과 반덤핑협정 제3조 각주9는 피해란 동종상품을 생산하는 국내산업에 대한 실질적 피해, 실질적 피해의 우려 또는 국내산업 확립의 실질적 지연을 의미한다고 규정한다. 실질적 피해란 GATT 제19조의 '심각한'(serious) 피해보다 완화된 조건이지만, 그 의미가 명확하지 않아 분쟁의 소지가 상존한다.

(2) 국내산업

반덤핑협정의 목적상 국내산업(domestic industry)은 원칙적으로 덤핑조사의 대상인 상품과 동종인 상품을 생산하는 국내생산자 전체 또는 이들 중 생산량의 합계가 당해 상품의 국내총생산량의 상당 부분을 생산하는 국내생산자들을 의미한다. 피해판정은 특정 기간 동안의 국내산업에 관한 자료를 바탕으로 판단된다. 그런데 WTO 반덤핑협정은 피해조사대상기간에 관한 규정을 두고 있지 않다. 그러나 반덤핑위원회는 회원국에게 덤핑조사 대상기간을 포함하여 적어도 3년 동안의 자료를 바탕으로 국내산업에 대한 피해판정을 하도록 권고한다.

(3) 동종상품

동종상품의 정의는 반덤핑협정 제2.6조에서 명시하고 있다. 이 조는 동종상품의 범위를 덤핑조사의 대상인 상품과 동일한(identical) 상품뿐 아니라 특성이 매우 유사한(closely resembling) 상품을 포함한다. WTO반덤핑협정 제2.6조가 규정한 정의를 제외하면 동종상품의 범위를 정하기 위한 더 이상의 기준이 제시되어 있지 않다. 따라서 덤핑조사당국이 상품의 물리적 특성, 상품의 상업적 대체성, 제조원료, 제조방법 또는 기술, 상품의 기능 또는 최종용도, 가격, 품질, 관세분류 등 동종상품 여부를 결정하기 위하여 적용할 기준을 사안별로 설정하는 것이 일반적이다.

2. 피해판정의 방법

(1) 피해판정의 기본적 의무

반덤핑협정 제3조는 8개의 항으로 구성되어 있으며 전체로서 피해판정에 관한 회원국의 의무를 규정한다. 반덤핑협정 제3.1조는 피해판정과 관련하여 회원국의 가장 기본적이며 실체적 의무를 규정하고 그 이하의 항에 규정된 회원국의 보다 구체적 의무에 대한 지침이 된다. Egypt−Steel Rebar 사건의 패널도 반덤핑협정 제3.1조가 회원국이 피해판정을 할 때 충족해야 하는 실체적 규정이라는 점을 확인하였다. 제3조의 8개항이 피해판정의 기본적인 지침이 된다.

(2) 명백한 증거

반덤핑협정 제3.1조에 의하여 회원국은 피해판정을 명백한 증거에 기초하여야 하고 객관적 검토를 하여야 할 의무를 부담한다. 명백한 증거란 조사당국이 피해판정을 하는 기초가 되는 증거의 질과 관련된다. 그리고 명백한(positive)이란 용어는 증거가 확정적(affirmative)이고, 객관적(objective)이고, 확인가능한(verifiable) 성격의 것이며 신뢰할 수 있어야 (credible) 한다는 의미이다. Thailand−H−Beams 사건에서 상소기구는 피해판정은 모든 증거에 기초하여 이루어져야 한다고 판단하였다.

(3) 객관적 검토

객관적 검토란 덤핑조사의 절차와 관련된다. 객관적 검토는 국내산업과 덤핑수입의 영향들의 평가에서 이해당사자의 일방에게 유리하지 않게 조사절차를 불편부당(unbiased)하게 행하는 것을 말한다. US Hot−Rolled Steel 사건에서 미국이 국내산업의 범위를 국내생산자의 일부만으로 한정하여 피해판정을 하였다. 미국이 일부 국내산업의 일부에 대하여 피해판정을 한 것이 제3.1조의 객관적 검토에 해당하는지 쟁점이 되었다. 이에 대하여 상소기구는 덤핑조사기관은 국내산업의 일부만을 선택적으로 검토할 수 없으며, 일부 국내산업만을 검토하였다면 같은 방법으로 나머지 국내산업도 검토하거나 모든 국내산업에 대한 검토가 불필요한 것에 대한 충분한 설명을 요구하였다.

3. 실질적 피해의 판정

(1) 덤핑수입 물량

반덤핑협정 제3.2조 제1문은 덤핑수입 물량에 관하여 절대적으로 또는 수입회원국의 생산이나 소비에 비하여 상대적으로 덤핑수입 물량이 현저히 증가하였는지를 판단하도록 요구한다. UR협상을 통하여 개정된 새로운 반덤핑협정을 덤핑수입 물량의 증가에 상대적 증가를 명문으로 포함하였다. 덤핑수입의 범위에 대하여 EC−Bed Linen 사건에서 제소국인 인도는 반덤핑협정 제3.2조 제1문의 덤핑수입이란 정상가격 보다 낮은 수출가격으로 수입된 거래만을 포함한다고 주장하였다. 그러나 이 사건의 패널은 인도의 주장을 배척하고 덤핑수입이란 덤핑조사의 대상이 된 특정 생산자의 상품이 덤핑이 된 것으로 일단 판정되면 이 판정은 동 생산자가 생산한 상품의 모든 수입에 적용된다고 판단하였다. 한편 DDA에서 반덤핑협정을 개정하기 위한 논의의 중간 결과인 규범분야 의장 초안은 덤핑조사기관이 0% 또는 최소허용 수준의 덤핑마진을 판정한 수출자와 생산자에 귀속하는 수입 물량을 덤핑수입에 포함하는 것을 금지한다.

(2) 덤핑수입이 가격에 미치는 영향

반덤핑협정 제3.2조 제2문은 덤핑수입이 가격에 미치는 영향에 관련하여 덤핑조사기관이 수입국의 동종상품 가격과 비교하여 덤핑수입에 의한 현저한 가격인하, 현저한 가격하락 또는 가격인상의 현저한 억제를 초래하였는지 여부에 대한 판단을 요구한다. 가격인하란 수입상품이 동일한 기간 동안 수입국 내에서 동종의 국내상품보다 현저하게 저가로 판매되는 것을 의미한다. 덤핑조사기관은 가격인하의 분석을 위하여 조사대상기간 동안의 덤핑수입상품의 판매가격과 동종의 국내상품의 판매가격에 관한 자료를 수집하여 동일 기간 동안의 판매를 대상으로 비교하여야 한다. 가격하락이란 덤핑수입상품으로 인하여 수입국 내에서 판매되는 동종상품의 가격이 이전 기간과 비교하여 실제로 현저하게 하락하는 것을 의미한다. 덤핑조사기관은 가격하락을 평가하기 위하여 조사대상기간 동안의 가격변동 추세를 분석하여야 한다. 가격인상의 억제를 판단하기 위한 자료로 판매가격 가운데 비용이 점하는 비율의 변동 추세를 사용할 수 있다.

(3) 덤핑수입이 국내산업에 미치는 영향

① 의의: WTO반덤핑협정 제3.4조 제1문은 피해판정을 위한 15개의 경제지표를 규정하고 있다. WTO 상소기구와 패널은 그 동안 다수의 분쟁사건을 해결하는 과정에서 제3.4조의 해석과 적용과 관련된 다수의 법적 쟁점에 대하여 판단하였다.

② 경제지표 검토의 강제성: WTO반덤핑협정 제3.4조 제1문과 관련된 법적 쟁점의 하나는 이들 경제지표의 검토가 덤핑조사기관에 대한 의무사항인지 여부이다. 이에 대하여 Thailand – H – Beams 사건 패널은 모든 관련 경제지표의 평가는 포함한다(shall include)는 제3.4조 제1문의 문언에 기초하여 관련 경제지표의 평가를 강제적인 의무사항으로 판단하였다. EC Bed Linen 사건 패널도 덤핑조사기관은 제3.4조 제1문에 열거된 경제지표 모두를 의무적으로 검토하여야 하며 최종적인 피해판정에 모든 경제지표의 검토가 반영되어야 한다고 판단하였다. WTO반덤핑협정은 덤핑조사기관이 제3.4조 제1문의 모든 경제지표를 검토할 것을 요구하지만 어떠한 분석방법을 사용하여야 하는지에 관한 제한을 하지 않는다.

③ 경제지표의 범위: 제3.4조 제2문은 제1문에 열거된 경제지표가 예시적인 것이며, 이들 가운데 일부가 반드시 결정적인 지침이 될 수는 없다고 규정한다. 그러므로 특정 사건에서 어느 한 경제지표가 다른 경제지표보다 피해판정에 관해 더 밀접한 관련성을 가질 수 있으며 특정 지표의 중요성이 구체적 사건마다 달라질 수 있다. 반덤핑협정 제3.4조 제1문은 15개의 경제지표를 세미콜론으로 4개의 그룹으로 나누고 있다. 특히 첫 번째 그룹과 마지막 그룹에 사용된 '혹은'(or)이란 단어로 인하여 첫 번째 그룹과 마지막 그룹의 경우 그 그룹 내의 경제지표 가운데 어느 하나만 검토되면 충분하다는 주장이 제기되었다. 이에 대하여 Thailand – H – Beams 사건 패널은 첫 번째 문장의 '혹은'이란 단어는 '실제적이고 잠재적인 감소'에 연결되는 것이라고 해석하고 따라서 제3.4조 제1문에 열거된 15개의 경제지표는 모두 독립적인 검토요소라고 판단하였다.

(4) 피해의 누적 평가

반덤핑협정 제3.3조는 상품이 둘 이상의 국가로부터 수입되고, 동시에 반덤핑조사의 대상이 되는 경우 덤핑조사기관이 덤핑수입으로 발생하는 피해효과를 누적적으로 평가하는 것을 허용한다. 누적평가는 동시에 반덤핑조사대상이 되는 수입만을 대상으로 하여야 한다. 즉, 각국으로부터의 수입은 동일한 기간에 이루어져야 하며, 특정 국가에 대한 덤핑조사를 종료한 후 다른 국가에 대하여 덤핑조사를 하는 경우 피해를 누적적으로 평가할 수 없다.

4. 실질적 피해 우려의 판정

(1) 의의

WTO반덤핑협정은 수입국의 국내산업에 실질적 피해가 현실화 된 경우뿐 아니라 실질적 피해의 우려가 있는 경우에도 반덤핑조치를 발동할 수 있도록 허용한다. 덤핑이 실질적 피해를 초래하는 상황의 변화는 명백히 예측되어야 하며 임박한 것이어야 한다. Egypt – Steel Rebar 사건 패널은 WTO반덤핑협정 제3.7조가 피해의 우려 조사에서 핵심 쟁점은 덤핑이 국내산업에 피해를 야기하게 될 '상황의 변화'(change in circumstances)임을 분명히 하고 있다고 판단하였다. 실질적 피해의 우려와 실질적 피해는 일반적으로 대체적인 것으로 여겨진다.

(2) 실질적 피해 우려 판정의 요소

실질적 피해 우려를 결정할 때 조사기관은 제3.7조 제3문의 요소들을 고려해야 한다. 이러한 요소 가운데 어느 하나가 필연적으로 결정적 지침이 될 수 없으나, 조사된 요소 전체에 비추어 덤핑수출이 추가로 임박하고 보호조치가 취해지지 않을 경우 실질적 피해가 발생할 것이라는 결론에 도달하여야 한다.

(3) 피해판정을 위한 경제지표의 검토

실질적 피해가 발생할 것이라는 결정은 제3.7조의 요소들에 대한 판단만으로는 불가능하며 추가적 덤핑수입이 국내산업에 미치게 될 영향을 검토하여야 한다. 한편 WTO반덤핑협정 제3.4조는 국내산업에 대한 덤핑수입의 영향을 검토하기 위하여 필요한 경제지표를 규정한다. 반면 WTO반덤핑협정 제3.1조는 실질적 피해의 우려를 포함한 피해의 결정에 덤핑수입의 영향이 검토될 것을 규정하고 있으며 제3.4조가 이에 필요한 경제지표를 규정하고 있다. 그러므로 반덤핑협정 제3.1조와 제3.7조의 요건에 합치하는 판정을 하기 위하여 실질적 피해의 우려를 포함하는 사건에서 덤핑수입의 결과적 영향을 판단하는데 제3.4조의 경제지표의 검토가 이루어져야 한다. 결론적으로 피해의 임박한 우려를 결정하기 위해서는 제3.7조 제3문의 요소 외에 제3.4조 제1문의 경제지표를 조사하여야 한다.

5. 국내산업 확립의 실질적 지연

피해의 세 번째 유형은 덤핑수입으로 인하여 국내산업의 확립이 실질적으로 지연되는 것이다. 실질적 지연을 결정하기 위하여 회원국들은 ① 국내산업이 상품의 생산을 개시하였는지 또는 언제 개시하였는지, ② 생산이 개시되지 않았다면 국내산업 확립의 실질적 지연을 결정할 만큼 충분한 생산의 보장이 있는지, ③ 지속적인 생산이 있는지 아니면 생산이 개시되었으나 중지되었는지, ④ 국내생산이 손익분기점에 도달하였는지, ⑤ 생산활동이 새로운 산업에 해당하는지 또는 이미 확립된 기업의 새로운 생산라인에 해당하는지를 조사대상으로 하고 있다. 한편 WTO반덤핑협정이 UR협상에서 개정된 이래 덤핑조사기관이 국내산업 확립의 실질적 지연을 이유로 반덤핑조치를 발동한 경우는 거의 존재하지 않는다. 그런데 DDA 규범분야 의장 초안은 WTO반덤핑협정 제3조에 제9항을 추가하여 국내산업 확립의 실질적 지연을 원인으로 반덤핑조치를 발동할 수 있는 요건을 보다 상세하게 규정한다.

6. 인과관계(causal relationship)

덤핑의 결과로서 국내산업에 피해가 야기되었어야 한다. 이를 입증하기 위해 조사기관은 제시된 모든 관련 증거(all relevant evidence)를 검토해야 하며 국내산업에 피해를 초래하는 덤핑수입품 이외 모든 알려진 요소를 검토해야 한다. 피해를 야기하는 덤핑 이외의 요인으로는 수입국 국내수요의 감소, 소비패턴의 변화, 외국 생산자와 국내생산자의 제한적인 상거래 관행, 외국 생산자와 국내생산자 간의 경쟁, 기술진보, 국내산업의 수출실적, 생산성 등이 있다. 이와 같은 다른 요소로 발생한 피해는 당해 수입품에 귀속시켜서는 안 된다(제3.5조). (non-attribution rule)

Ⅳ 발동 요건: 절차적 요건

1. 개관

반덤핑관세의 부과는 각국 재량에 맡겨져 있으므로 국가별로 약간의 차이는 있으나 청원서 제출, 조사개시결정, 설문서의 송부와 답변서 제출 검증절차, 회합, 예비판정, 확정판정, 반덤핑관세의 부과 등 규제조치 발동, 불복절차 순으로 진행된다. 복잡한 절차 및 잦은 지연 등으로 인해 과거 조사절차 자체가 보호무역장벽으로 이용되어 왔으므로 반덤핑협정은 규제당국의 자의적인 운영을 방지하고 신속하고 공정한 절차의 진행을 보장하기 위해 시한설정, 당사자 방어권 보장, 절차의 명료성 제고 등 상세한 규정을 두어 이를 규율하고 있다.

2. 조사의 개시

(1) 신청

조사절차는 원칙적으로 수입국 국내산업에 의해 혹은 이를 대신하여 행해진 서면신청으로 개시된다(제5.1조). 조사기관의 직권에 의해서도 개시될 수 있다. 신청서에는 덤핑, 피해, 인과관계에 대한 증거를 포함하며 증거에 의해 입증되지 않는 단순한 주장만으로는 청원을 제출할 수 없다(제5.2조).

(2) 신청 적격

조사기관이 동종상품의 국내생산자가 표명한 신청에 대한 지지 또는 반대의 정도를 검토하여, 국내산업이나 이를 대리하여 조사가 신청되었다는 결정을 하는 경우 조사를 개시할 수 있다(제5.4조 제1문). 조사신청에 대해 지지 또는 반대를 표명한 국내생산자가 생산한 동종상품 총생산량의 50%를 초과하는 생산량을 담당하는 국내생산자가 지지할 경우 조사신청이 국내산업에 의해서 또는 이를 대리하여 이루어진 것으로 간주된다(제5.4조 제2문; 50% rule). 그러나 조사신청을 명시적으로 지지하는 국내생산자의 총생산량이 국내산업에 의해 생산된 동종상품의 총생산량의 25% 미만인 경우 조사가 개시되지 아니한다(제5.4조 제3문; 25% rule).

> **▤ 조문 | 제5조 제4항 - 조사의 개시**
>
> 제1항에 따른 조사는, 당국이 동종상품의 국내생산자에 의해 표명된 신청에 대한 지지 또는 반대의 정도에 관한 검토에 근거하여,(Re. 13) 동 신청이 국내산업에 의하거나 이를 대신하여(Re. 14) 이루어졌다는 결정을 하지 아니하는 한 개시되지 아니한다. 이러한 신청은 이러한 신청에 대해 지지 또는 반대를 표명하는 국내산업의 부분이 생산한 동종의 상품의 총생산의 50%를 초과하는 총체적 산출량을 구성하는 국내생산자가 지지할 경우 국내산업에 의하거나 이를 대신하여 이루어진 것으로 간주된다. 그러나 신청을 명시적으로 지지하는 국내생산자의 총생산이 국내산업에 의해 생산된 동종상품의 총생산의 25% 미만인 경우 조사가 개시되지 아니한다.

⚖ 판례 | US - Offset Act 사건(버드수정법 사건)

미국은 2000년 10월 「2000년 지속적 덤핑 및 보조금 상계법」을 제정하였다. 동 법의 핵심 내용은 반덤핑관세 또는 상계관세 부과를 통해 징수된 관세수입을 덤핑 및 보조금 지급으로 피해를 입은 국내생산자들에게 매년 분배하도록 한 규정한 것이다. 이에 대해 우리나라를 비롯한 호주, 브라질, 일본 등이 WTO에 제소하였다. 제소국들은 동 법은 조사 신청에 찬성한 국내생산자들에게 재정적 인센티브를 부여함으로써 찬성의 수준을 객관적이고 성실한 방법으로 조사하지 못하도록 방해하여 AD협정 제5조 제4항에 위반된다고 주장하였다. 패널은 재정적 인센티브 부여가 국내생산자들에게 조사신청을 지지하도록 '사실상 강제'하고 있으므로 AD협정 제5조 제4항과 SCM협정 제11조 제4항에 위반된다고 판정하였다. 그러나 상소기구는 이러한 패널 판정을 파기하였다. 상소기구는 버드수정법이 국내생산자들로 하여금 조사 신청을 지지하도록 법적으로 강제하고 있다고 볼 수 없다고 판정하였다. 즉, 인센티브를 부여하는 것 자체가 특정한 행동을 강제하거나 요구하는 것은 아니라고 판단한 것이다.

(3) 조사개시 결정

조사기관은 조사개시를 정당화할 수 있을 만큼 충분한 증거가 있는지 여부를 결정하기 신청서에 제시된 증거의 정확성(accuracy)과 적정성(adequacy)을 검토한다(제5.3조). 당국은 조사개시 결정 전에 조사신청서의 접수를 공표해서는 안 된다(제5.5조 제1문). 조사신청서를 접수하면 조사기관은 신청서가 접수된 이후 그리고 조사를 개시하기 전에 관련 수출회원국에게 통보한다(제5.5조 제2문).

(4) 조사절차의 종결

조사기관은 조사를 정당화할 만큼 덤핑 또는 피해에 대한 증거가 충분하지 않다고 판단하는 경우 조사신청을 기각하고 절차를 신속히 종결한다(제5.8조 제1문). 덤핑마진이 최소허용수준[41]이거나, 또는 실제적 또는 잠재적인 덤핑수입량이나 피해가 무시할 만한 수준[42]이라고 조사기관이 결정하는 경우 절차는 즉시 종결된다(제5.8조 제2문).

⚖ 판례 | US - Final Lumber AD 사건

1. 반덤핑조사 신청서 요건 충족 여부(제5조 제2항)

동 조항은 조사 신청서에 덤핑, 피해, 인과관계에 관한 정보와 신청자가 합리적으로 입수 가능한 내수 판매가격 및 수출가격 등에 관한 정보를 포함해야 한다고 규정되어 있다. 캐나다는 제소 신청자들이 캐나다 목재의 실제 거래가격을 알 수 있었음에도 불구하고 이를 조사 신청서에 기재하지 않은 것은 동 조항에 위반된다고 주장하였다. 그러나, 패널은 캐나다의 주장을 기각했다. 패널은 제5조 제2항은 신청자로 하여금 동 조항에 적시된 사항에 관한 '일체의' 정보를 합리적으로 입수가능한 수준으로 제출할 것을 요구하는 것은 아니라고 하였다. 즉, 가격에 관한 정보가 조사 신청서에 포함되어 있으면 동 조건을 충족한다고 판단한 것이다. 이러한 전제에서 조사 신청서에 가격에 관한 정보가 포함되어 있으므로 미국은 제5조 제2항을 위반하지 않았다고 판정하였다.

2. 조사개시에 충분한 증거의 존부(제5조 제3항)

캐나다는 Welwood사의 실제 판매 및 수출가격이 반덤핑조사 신청서에 포함되어 있지 않음에도 불구하고 미 당국이 조사개시를 결정한 것은 신청서에 제시된 증거의 정확성과 적정성에 대해 적절하게 검토하지 않은 것이며 조사개시를 정당화할 수 있을 만큼 충분한 증거가 있는지도 결정하지 않은 것이므로 동 조항을 위반하였다고 주장하였다. 패널은 캐나다의 주장을 기각했다. 패널은 반덤핑조사 신청서에 비용 정보와 공신력 있는 간행물에서 수집한 가격자료가 포함되어 있으므로 조사개시에 충분한 증거가 있다고 판정하였다.

---

41) 수출가격 대비 백분율로 표시된 덤핑마진이 2% 미만인 경우 이러한 덤핑마진은 최소허용수준인 것으로 간주된다(제5.8조 제3문).
42) 특정국으로부터의 덤핑수입량이 수입회원국의 동종상품 수입량의 3% 미만인 경우, 그리고 개별적 점유율이 3% 미만인 국가로부터의 수입이 전체적으로 수입회원국의 동종상품 수입물량의 7%를 초과하지 아니하면 이러한 덤핑수입량은 일반적으로 무시할 만한 수준으로 간주된다(제5.8조 제4문).

3. 조사기간

덤핑조사가 개시되면 조사기간은 통상적으로 1년 이내에 종사절차가 종결되어야 한다. 단, 특별한 상황이 있는 경우 18개월을 초과해서는 안 된다(제5.10조).

4. 조사대상기간

조사대상기간에 관한 규정은 없다. 다만 반덤핑위원회는 조사개시시점과 근접하고 실무적으로 적절한 12개월 기간을 덤핑조사대상기간으로 정할 것을 권고한다. 예외적인 상황의 경우 단기간을 설정할 수 있으나 적어도 6개월 이상이어야 한다. 그리고 덤핑조사대상기간을 포함하는 통상적으로 최소 3년의 기간을 피해조사대상기간으로 정할 것을 권고한다.

5. 증거

(1) 정보의 제공 및 수집

조사절차에 관련한 모든 이해당사자[43]는 당국이 요구하는 정보에 대해 통보받고 이를 서면으로 제출할 수 있는 충분한 기회를 보장 받아야 한다(제6.1조). 덤핑조사의 전 과정에서 모든 이해당사자는 자신의 이익을 방어하기 위한 충분한 기회를 가진다(제6.2조).

(2) 비밀정보

관련 이해당사자에게 상대방이 제출한 증거에 대한 자유로운 접근이 보장되어야 하지만 성격상 비밀인 정보는 보호되어야 한다. 비밀정보라 함은 누설될 경우 경쟁자에게 중대한 경쟁상의 이익이 되거나 정보 제공자 또는 그 정보 취득원인이 된 자에게 중대하게 불리한 영향을 미칠 것으로 예상되는 정보를 말한다(제6.5조).

(3) 입수가능정보[44]

이해당사자가 합리적인 기간 내에 필요한 정보에의 접근을 거부하거나 달리 동 정보를 제공하지 아니하는 경우 또는 조사를 중대하게 방해하는 경우에는 '입수가능한 사실'(facts available), 즉 '입수가능한 최선의 정보'(Best Information Available: BIA)에 기초하여 긍정적 또는 부정적 판정이 내려질 수 있다(제6.8조).

---

43) 반덤핑협정의 목적상 이해당사자는 조사대상 상품의 수출자, 해외생산자, 수입자 또는 생산자, 수출자 또는 수입자가 대다수를 차지하고 있는 동업자협회 또는 사업자협회, 수출회원국 정부, 수입회원국의 동종상품의 생산자 또는 생산자협회 또는 사업자협회 등을 의미한다(제6.11조).

44) 특정 자료를 제출할 수 없는 수출자에게 상당한 곤란을 가중시키므로 이용가능한 사실의 과도한 사용을 엄격히 규제할 필요성이 제기되고 있다. US-Hot Rolled Steel 사건에서 미국은 조사대상이 된 일본기업이 특정자료 제출기한을 넘겼다는 이유로 '불리한' 이용가능한 사실을 토대로 덤핑마진을 산정하였으나, 패널과 상소기구는 자료제출기한을 넘겼다는 이유로 자료를 거부하고 불리한 이용가능한 정보를 사용한 것은 반덤핑협정 제6조 제8항 위반이라 판정하였다. 즉, 적절한 상황 하에서 사유가 제시되는 경우 질의서 답변의 제출기한은 당연히 연장되어야 한다. 상소기구는 '합리적인 기간(reasonable period)'에서 합리적이란 의미를 개별 사건의 모든 상황을 감안하는 '유연성(flexibility)'으로 해석하였다.

이해당사자가 합리적인 기간 내에 필요한 정보에의 접근을 거부하거나 달리 동 정보를 제공하지 아니하는 경우 또는 조사를 중대하게 방해하는 경우, 입수가능한 사실에 기초하여 긍정적 또는 부정적인 예비 및 최종판정이 내려질 수 있다. 이 항의 적용에 있어서 부속서 2의 규정이 준수된다. (In cases in which any interested party refuses access to, or otherwise does not provide, necessary information within a reasonable period or significantly impedes the investigation, preliminary and final determinations, affirmative or negative, may be made on the basis of the facts available. The provisions of Annex II shall be observed in the application of this paragraph.)

⚖️ 판례 │ Korea-Paper AD duties 사건

한국무역위원회는 인도네시아산 정보용지와 백상지에 대해 반덤핑조사를 개시하고 2004년 잠정판정을 통해 인도네시아 제지회사 Pindo Deli, Tjiwi Kimia, Indah Kiat에 대해 각각 11.56%, 51.61%, −0.52% 덤핑마진을 산정하였고 덤핑으로 인한 실질적 피해 우려가 있다고 판정하였다. 2003년 9월 무역위는 최종판정을 통해 상기 3사는 사실상 Sinar Mas Group이라는 동일 모회사의 부분이며 동일한 수출자를 구성한다고 판단하고 8.22% 반덤핑관세를 공히 부과하였다. 이와 관련하여 인도네시아는 한국의 입수가능 사실 이용의 적법성에 대해 이의를 제기하였다. 인도네시아는 한국이 제6조 제8항에 규정된 대로 수출자의 조사 방해나 합리적 기간 내의 자료 불제공 여부에 대해 판단하지 않았고, Pindo Deli, Indah Kiat이 제출한 국내 판매 자료를 고려하지 않았으며, 이들 회사에게 동사의 판매 자료 대신 입수가능한 사실을 이용하겠다는 것을 정당하게 통지하지 않았다고 주장하였다. 패널은 이를 기각했다. 당해 기업들은 한국이 요구한 자료를 기한 내에 제출하지 않았고, 또한 기한을 넘겨 제출한 자료도 한국이 요구한 재무제표 등은 포함되어 있지 않았으므로 한국이 입수가능한 사실을 이용한 것은 적법한 조치라고 하였다. 패널은 US – Hot Rolled Steel 사건 상소기구의 입장에 따라 조사 기한을 넘긴 자료 제출이라도 합리적 기간 내에 제출된 것인지를 검토하였으나 마감 시한 이후 상당한 기일이 지났으므로 합리적 기간 내에 제출된 것으로 인정할 수 없다고 하였다.

(4) 표본조사(sampling)

덤핑마진은 제출된 특정 기업의 자료에 기해 개별 수출자별로 결정된다. 그러나 관련 수출자, 수입자, 상품 수가 많은 경우 표본조사를 할 수 있다. 표본추출에 의한 조사 시 가급적 관련 당사자와 협의하고 동의를 받아야 한다. 표본추출을 할 경우에도 정보를 적시에 제출한 자에 대해서는 개별적인 덤핑마진을 결정해야 한다(제6.10조). 수출자 수가 너무 많아 개별적 조사가 부당하게 조사기관에 부담이 되고 조사의 적시 종결을 방해하는 경우 개별적 덤핑마진을 결정하지 않을 수 있다(제6.10.2조).

6. 예비판정

당국은 조사절차에서 덤핑으로 인해 관련 국내산업이 피해를 입었다고 판단하는 경우에는 덤핑과 피해 여부에 대한 긍정적인 예비판정을 하게 된다. 예비판정은 의무적이지 않으나 잠정조치를 취하거나 가격인상 약속을 제안, 수락하기 위해서는 반드시 긍정적 예비판정이 전제되어야 한다. 모든 예비판정은 공고한다(제12.2조).

7. 최종판정

조사결과 덤핑과 피해에 대해 긍정적인 최종판정을 내리게 되면 확정 반덤핑관세를 부과할 수 있다.

8. 사법적 검토

반덤핑협정은 각 회원국의 덤핑 규제조치에 관한 규정 중에 최종판정과 관련한 행정적 조치의 신속한 검토 및 반덤핑관세의 존속기간에 관한 판정의 재검토를 받을 수 있는 사법, 중재, 행정법원의 절차를 마련할 것을 요구하고 있다(제13조).

Ⅴ 규제조치

1. 개관

규제조치라 함은 덤핑의 효과를 상쇄시키기 위해 수입국이 부과하는 대응조치를 말하며 잠정조치, 가격 약속 및 반덤핑관세를 제외하고는 덤핑에 대해(against dumping) 어떠한 부정적 관계(adverse bearing)의 조치도 취할 수 없다(제18.1조). US – Byrd 수정법 사건에서 패널 및 항소기구는 징수한 반덤핑관세를 미국 내 동종제품의 생산자에게 지급하는 것이 이에 위반된다고 보았다. 규제조치는 불공정 상태를 제거하기 위해 필요한 최소한도에 국한되어야 하므로 반덤핑협정은 규제조치의 요건과 부과에 대한 상세한 제한 규정을 두고 있다.

> **📖 조문 | 제18조 제1항**
>
> 이 협정에서 해석된 바에 따라 1994년도 GATT의 규정에 따르는 경우를 제외하고는, 다른 회원국으로부터의 덤핑수출품에 대하여 어떠한 구체적인 조치도 취할 수 없다. (No specific action against dumping of exports from another Member can be taken except in accordance with the provisions of GATT1994, as interpreted by this Agreement.)

> **⚖ 판례 | US – Offset Act 사건(Byrd수정법 사건)**
>
> 2000년 10월 미국은 '2000년 지속적 덤핑 및 보조금 상계법'을 제정하였다. 동 법의 핵심 내용은 반덤핑관세 또는 상계관세 부과를 통해 징수된 관세수입을 덤핑 및 보조금 지급으로 피해를 입은 국내생산자들에게 매년 분배하도록 한 규정한 것이다. 이에 대해 우리나라를 비롯한 호주, 브라질, 일본 등이 WTO에 제소하였다. 제소국들은 동 조치가 AD협정 제18조 제1항에 위반되는 조치라고 주장하였다. AD협정 제18조 제1항의 의미에 대해 패널은 GATT규정에서 인정된 반덤핑조치 이외의 조치는 덤핑수출에 대해 취해질 수 없음을 의미하는 것으로 해석하였다. 또한 GATT규정에서 인정된 반덤핑조치는 '덤핑관세 부과', '잠정관세 부과', '가격인상 약속'을 의미하는 것으로 해석하였다. 패널은 어떤 조치가 AD협정 제18조 제1항을 위반하기 위한 조건은 동 조치가 덤핑에 대한 조치(specific measure against dumping)이어야 하고, 그 조치가 앞서 언급한 세 가지 조치에 포함되지 않아야 한다고 판시하였다. 동 조치가 덤핑과 '부정적 관계'(adverse bearing)에 있어야 덤핑에 대한 조치로 인정된다고 하였다. 패널은 상계지급 조치는 덤핑에 대응하는 조치이나 GATT에서 인정된 조치가 아니므로 AD 협정 제18조 제1항을 위반하였다고 판정하였다. 덤핑 피해를 입은 국내생산자들에게 상계지급되는 경우 수입품 간 경쟁관계에 있어서 국내생산자들에게 유리하게 작용하므로 부정적 관계가 있다고 본 것이다. 상소기구 역시 패널 평결을 지지하였다.

2. 잠정조치

(1) 의의

잠정조치(provisional measures)는 덤핑과 그로 인한 피해가 명확함에도 불구하고 최종적인 판정을 기다렸다가는 국내산업이 회복할 수 없는 피해를 입을 것이 예상되는 경우 잠정적으로 취하는 구제조치이다. 이는 임시적 조치로 부과액은 최종결정에 의해 조정되나 최종결정에는 아무런 영향을 주지 못한다.

(2) 잠정조치의 요건

조사기관이 잠정조치를 취하기 위해서는 a) 반덤핑협정의 규정에 따라 조사가 개시되고, 이 사실이 공고되며, 이해당사자에게 자료의 제출 및 의견진술을 위한 적절한 기회가 주어져야 하고, b) 덤핑 및 이로 인한 국내산업에 대한 피해에 관하여 긍정적 예비판정이 있어야 하며, c) 조사기간 중 초래되는 피해를 방지하기 위하여 잠정조치가 필요하다(제7.1조). 조사개시 후 60일 이내에는 잠정조치를 취할 수 없다(제7.3조).

(3) 형태

조사기관은 잠정적으로 산정된 덤핑마진을 초과하지 않는 범위 내에서 잠정관세를 부과하거나 가급적 현금예치, 유가증권과 같은 보증금의 형태를 취할 수 있다(제7.2조). 대부분 금융비용이 적게 드는 보증(bond)을 제공한다.

(4) 기한

잠정조치의 적용은 4월을 초과할 수 없으나 관련 무역에 상당한 비율을 차지하는 수출자의 요청에 따라 조사기관이 결정한 경우 6월까지 연장이 가능하다(제7.3조).

(5) 잠정조치의 공고

잠정조치는 공고되어야 한다. 공고 시에는 공급자 또는 공급국의 이름, 상품의 명세, 확정된 덤핑마진 및 제2조에 따른 정상가격과 수출가격의 결정과 비교에 사용된 방법의 이유에 대한 충분한 설명, 제3조에 규정된 피해판정과 관련된 고려사항, 판정에 도달한 주요 이유를 포함한다(제12.2.1조).

3. 가격인상 약속

(1) 의의

가격인상 약속(price undertakings)은 수출자가 당해 물품의 가격을 적정선으로 인상하여 덤핑상태를 제거할 것을 자발적으로 제안하고 조사기관이 이를 수락함으로써 잠정조치나 반덤핑관세의 부과없이 덤핑절차를 정지하거나 종결하는 것을 말한다(제8.1조).

(2) 약속의 제안

수출자의 가격인상 약속 제안이나 그에 대한 수락은 덤핑과 피해의 긍정적 예비판정 이후에만 가능하다(제8.2조). 수입당국도 가격인상을 제안할 수 있으나 이를 강요할 수는 없다(제8.5조).

(3) 수락의 거부

가격인상 약속이 수락되기 위해서는 가격인상 약속에 의해 덤핑 및 그 피해가 충분히 제거될 수 있다고 당국이 확신하여야 한다. 수출자 수가 많거나, 다른 이유로 현실성이 없다고 보이는 경우에는 가격인상 약속을 수락할 필요가 없다(제8.3조).

(4) 수락과 조사종결

가격 약속이 수락되는 경우에도 자동적으로 조사가 종결되는 것은 아니며 수출자의 희망 또는 당국의 결정에 따라 조사가 종결된다(제8.4조).

(5) 감시 및 위반 시의 조치

덤핑 및 피해에 대한 긍정적 판정이 내려진 경우 가격 약속은 그 조건과 동 협정에 따라 지속되며, 수입국은 가격 약속을 수락한 모든 수출자에게 약속의 이행과 관련된 정보 제공 및 관련 자료 검증 허용을 요구할 수 있다. 약속 위반 시 즉각 잠정조치를 취할 수 있다(제8.6조).

4. 확정관세의 부과

(1) 반덤핑관세 부과의 결정

반덤핑관세 부과 요건이 충족되는 경우 이를 부과할 것인지 여부 및 관세액을 덤핑마진의 전액으로 할 것인지 그보다 적게 할 것인지는 수입국의 재량이다(제9.1조). 반덤핑관세는 가격 약속이 수락된 수입의 경우를 제외하고 덤핑을 초래하는 모든 수입원으로부터의 당해 상품 수입에 대해 무차별 원칙에 따라 부과된다(제9.2조). 반덤핑관세의 구체적인 산정은 각국마다 서로 다른 기초 위에 행해진다. 예를 들어, 미국의 경우 소급산정을, EU의 경우 추급산정 방식을 채택하고 있다.

> **📖 조문 | 제9조 제1항 – 반덤핑관세의 부과**
>
> 반덤핑관세를 부과하기 위한 모든 요건이 충족된 경우에 반덤핑관세를 부과할 것인지의 여부와 부과되는 반덤핑관세의 세액을 덤핑마진의 전액으로 할 것인가 또는 그보다 적게 할 것인가의 여부는 수입회원국 당국이 결정한다. 모든 회원국의 영토 내에서 부과는 임의적인 것이 바람직하며 또한 덤핑마진 미만의 관세가 국내산업에 대한 피해를 제거하기에 적절한 경우에는 동 관세는 덤핑마진 미만으로 되는 것이 바람직하다. (The decision whether or not to impose an anti-dumping duty in cases where all requirements for the imposition have been fulfilled, and the decision whether the amount of the anti-dumping duty to be imposed shall be the full margin of dumping or less, are decisions to be made by the authorities of the importing Member. It is desirable that the imposition be permissive in the territory of all Members, and that the duty be less than the margin if such lesser duty would be adequate to remove the injury to the domestic industry.)

(2) 경미과세 원칙(lesser duty rule)

반덤핑관세액은 정해진 덤핑마진을 초과해서는 안 된다(제9.3조). 덤핑마진 미만의 관세로도 피해를 제거하기에 적절한 경우 반덤핑관세액은 덤핑마진 미만으로 되는 것이 바람직하다(제9.1조). EC의 경우 강제적 경미과세 원칙을 도입하고 있으며 DDA에서 권장사항에 해당하는 lesser duty rule의 의무화 필요성에 대해 개정 논의가 이루어지고 있다.

(3) 신규수출자

덤핑조사기간 중 조사대상상품을 수출하지 않은 수출자나 생산자는 개별 덤핑마진 계산을 요청할 수 있고 요청자가 반덤핑관세 부과대상과 관련이 없음을 입증하여야 한다. 조사기관은 이에 신속히 응하며 조사기간 동안 조사요청자로부터 수입되는 상품에 반덤핑관세를 부과할 수 없다(제9.5조).

(4) 소급적용

잠정조치와 확정관세의 부과는 일정한 예외를 제외하고는 잠정조치 및 반덤핑관세 부과결정이 효력을 발생한 후 소비용으로 반입된 상품에 대해서만 적용된다(제10.1조). 단, 피해의 존재에 대한 최종판정이 내려진 경우 잠정조치 적용기간에 대해 소급하여 반덤핑관세가 부과될 수 있다. 피해의 우려 또는 국내산업 확립의 지연의 경우 반덤핑관세가 소급하여 적용되지 않으나 피해의 우려에 대한 최종결정이 있고 잠정조치가 없었던 경우 피해가 발생했을 경우 반덤핑관세를 소급하여 적용할 수 있다(제10.2조). 확정된 반덤핑관세가 납부되었거나 납부되어야 할 잠정관세액, 또는 보증을 목적으로 산정된 금액보다 높은 경우 그 차액은 징수되지 아니한다. 확정관세액이 납부되었거나 납부되어야 할 잠정관세액이나 보증을 목적으로 산정된 금액보다 낮은 경우 그 차액이 환불되거나 관세가 재산정된다(제10.3조). 최종판정이 부정적인 경우, 신속하게 잠정조치의 적용 기간 동안 예치된 모든 현금은 환불되고 모든 담보는 해제된다(제10.5조).

피해의 최종판정(피해의 우려 또는 산업의 확립에 실질적인 지연의 판정은 해당되지 아니함)이 내려진 경우, 또는 피해의 우려 판정이 내려진 경우 잠정조치가 없었다면 피해의 최종판정이 내려졌을 경우, 잠정조치가 있는 경우 동 조치가 적용된 기간에 대하여 반덤핑관세가 소급하여 부과될 수 있다. (Where a final determination of injury (but not of a threat thereof or of a material retardation of the establishment of an industry) is made or, in the case of a final determination of a threat of injury, where the effect of the dumped imports would, in the absence of the provisional measures, have led to a determination of injury, anti-dumping duties may be levied retroactively for the period for which provisional measures, if any, have been applied.)

Ⅵ 재심

1. 일몰 재심

반덤핑관세는 덤핑피해를 상쇄하기 위하여 필요한 기간 및 정도만큼 부과하여야 한다(제11.1조). 원칙적으로 반덤핑조치 부과 후 5년이 경과하면 자동적으로 소멸한다(sunset clause). 단, 조사기관의 직권 또는 국내산업의 요청에 의해 개시된 종료재심 결과 관세부과의 종료가 덤핑 및 피해를 지속시키거나 재발을 초래할 것으로 판정되는 경우에는 관세부과를 연장할 수 있다(제11.3조). 조사기관은 종료재심이 완료될 때까지 반덤핑관세를 부과할 수 있다(제11.3조 제2문). 종료재심은 원 조사와 달리 성질상 장래에 관한 판단이다. 즉, 반덤핑관세가 종료될 경우 발생하는 덤핑과 피해의 계속 또는 재발이라는 장래의 상황에 초점이 맞추어져 있다. 그러나 원 조사는 과거의 일정 기간, 즉 조사대상기간에 덤핑과 피해가 있는지를 판단하는 것이다. 종료재심은 통상적으로 12개월 내에 종료되어야 하고, 반덤핑협정 제6조의 증거와 절차에 관한 규정이 적용된다(제11.4조).

📑 **조문 | 제11조 제3항 – 일몰 재심**

제1항 및 제2항의 규정에도 불구하고 모든 확정 반덤핑관세는 부과일(또는 제2항에 따른 검토가 덤핑과 피해를 동시에 고려하였다면 제2항에 의한 가장 최근의 검토일 또는 이 항에 따른 가장 최근의 검토일)로부터 5년 이내에 종결된다. 다만, 당국이 동 일자이전에 자체적으로 개시한 검토 또는 동 일자이전 합리적인 기간 내에 국내산업에 의하거나 이를 대신하여 이루어진 정당한 근거에 입각한 요청에 의하여 개시된 검토에서 관세의 종료가 덤핑 및 피해의 지속 또는 재발을 초래할 것으로 당국이 판정하는 경우는 그러하지 아니한다. 이러한 검토결과가 나오기 전까지 관세는 유효할 수 있다. (Notwithstanding the provisions of paragraphs 1 and 2, any definitive anti-dumping duty shall be terminated on a date not later than five years from its imposition (or from the date of the most recent review under paragraph 2 if that review has covered both dumping and injury, or under this paragraph), unless the authorities determine, in a review initiated before that date on their own initiative or upon a duly substantiated request made by or on behalf of the domestic industry within a reasonable period of time prior to that date, that the expiry of the duty would be likely to lead to continuation or recurrence of dumping and injury. The duty may remain in force pending the outcome of such a review.)

⚖ 판례 | US – OCTG 재심 사건

1. 사실관계

이 사건은 미국이 아르헨티나산 유정용 강관(Oil Country Tubular Goods: OCTG[45])에 반덤핑관세를 계속 부과하기로 결정한 일몰 재심에 대해 아르헨티나가 제소하고 우리나라를 비롯하여 대만, EC, 일본, 멕시코가 제3자로 참여한 사건이다. 아르헨티나는 US – Corrosion Resistant Steel Sunset Review 사건과 마찬가지로 미국의 일몰 재심 관련 법규 자체(as such)와 이번 사건에 적용된 예(as applied)에 대해 시비하였다. 1995년 미국은 아르헨티나 Sidreca社의 OCTG에 대해 반덤핑관세를 부과하였으며 연례 재심에서 Sidreca社는 OCTG를 더 이상 미국에 수출하고 있지 않음을 설명하였고, 미국 상무부도 이를 인정하였다. 2000년 7월 미국 상무부는 일몰 재심 절차를 개시, 동년 11월 반덤핑관세를 철회하면 덤핑이 지속되거나 재발할 가능성이 있다고 판단하였고 미국 무역위도 2001년 6월 실질적 피해 지속이나 재발가능성이 있다고 결정하였다.

2. 명시적 · 묵시적 포기 간주의 적법성

일몰 재심에 관한 미국의 관세법 규정에 따르면 이해당사자가 일몰 재심 전 과정 참가에 대한 포기 신청서를 제출할 수 있고(명시적 포기), 또 일몰 재심 공고 시 이해당사자가 제출하는 응답서에 기재된 요소를 모두 포함하지 않을 경우(또는 응답서 미제출 시) 참가를 포기(waiver)하는 것으로 본다(묵시적 포기)고 규정하고 있다. 아르헨티나는 이러한 waiver 조항은 정당한 검토 없이 덤핑의 지속이나 재발 가능성이 있다는 결정을 할 수 있게 하므로 반덤핑협정 제11조 제3항 위반이며, 또 묵시적 포기 조항은 수출자에게 부여된 증거 제출과 이익 방어를 위한 충분한 기회를 향유할 권리를 제한하는 것이므로 반덤핑협정 제6조 제1항 · 제2항 위반이라고 주장하였다.

패널은 제11조 제3항에서 당국이 덤핑과 피해의 지속 또는 재발을 초래할 것으로 '판정(determine)'한다는 의미는 이에 관한 긍정적인 증거를 토대로 논리적인 판단(reasoned finding)을 하라는 것으로서, 조사 당국은 성실하게 행동하여 신중한 고려와 검토를 통해 논리적이고 타당한 결정(reasoned and adequate conclusion)에 도달해야 한다고 해석하였다. 이러한 해석을 근거로 '묵시적 포기' 조항에 관하여 패널은 이해 당사자가 불완전한 답변서를 제출하거나, 아예 답변서를 제출하지 않았다 하더라도 조사 당국은 제출된 자료 또는 입수 가능한 사실, 부차적인 정보를 토대로 합리적이고 타당한 결정을 해야 할 의무가 있으며 자료 부실 또는 미제출만을 근거로 덤핑 · 피해가 지속된다는 기계적인 판단을 내려서는 안 된다고 보았다. '명시적 포기'에 대해서도 패널은 합리적이고 타당한 결론을 토대로 판정해야 하는 의무는 소멸되지 않으며 추가적인 조사 없이 덤핑과 피해가 지속 또는 재발된다고 간단히 추정해서는 안 된다고 판단하였다. 따라서 미국의 관련 조항은 반덤핑협정 제11조 제3항에 위배된다고 판시하였다. 또 수출자가 불완전한 답변서를 제출하거나 아예 제출하지 않았다는 것이 제6조 제1항과 제2항에 보장된 절차적 권리를 수출자로부터 박탈하는 것을 정당화할 수는 없다고 지적하고 미국의 묵시적 포기 조항은 동 조항에 위배된다고 판시하였다.

상소기구는 문제의 포기 조항이 그 자체로 제11조 제3항에 불합치한다는 패널의 판정을 지지하였다. 다만 묵시적 포기의 두 가지 경우 중 불완전한 답변서 제출을 포기로 간주하는 것은 제6조 제1항 · 제2항 위반이라는 판정을 지지하지만, 답변서를 아예 제출하지 않은 경우에 대해서는 이해당사자가 자신의 이익을 방어하기 위해 부여된 충분한 기회를 이용하기 위해 필요한 최초의 절차를 수행하지 않았다면 그 잘못은 이해 당사자에게 있는 것이지 문제된 포기조항에 있다고 할 수 없다고 보아 제6조 제1항 · 제2항 위반이라는 패널의 판정을 번복하였다.

3. 덤핑 지속가능성 판정의 적정성 여부(반덤핑협정 제11조 제3항)

아르헨티나는 미국이 일몰 재심기간 동안 새로운 사실을 수집하지 않고 신속절차를 이유로 5년 전의 반덤핑관세를 기초로 한 것은 제11조 제3항에 규정된 '검토(review)'를 실시하지 않은 것이므로 동 조항 위반이라고 주장하였다. 또 미 당국이 자료를 제출하지 않은 묵시적 포기 업체에 대해서는 자동적으로 덤핑이 지속될 가능성이 있다고 판정하라는 일몰 재심규정에 따른바 아르헨티나는 이 역시 제11조 제3항 위반이라고 주장하였다. 미국이 덤핑 지속가능성 판정을 함에 있어서 별도의 다른 조사를 시행하지 않고 Siderca사에 부과된 최초의 반덤핑관세만을 기초한 것과 관련하여 패널은 미국의 덤핑 지속가능성 판정이 '충분한 사실(sufficient factual basis)'에 기반하였는지 여부가 쟁점이라고 정리하였다.

---

45) 유정용 강관이란 석유채굴에 사용되는 이음새 없는 강관(seamless pipe)으로서 지면에 대하여 수직방향으로 사용하고 고압을 견뎌내야 하므로 상당한 강도와 최고급의 seamless를 필요로 한다.

패널은 예컨대 반덤핑협정 제9조상의 반덤핑관세산정 절차나 제11조 제2항상의 검토는 이러한 사실적 기초가 될 수 있겠으나 최초의 덤핑판정 그 자체가 사실적 기초를 구성한다고는 볼 수 없다고 판단하고, 미국의 덤핑 지속가능성 판정은 제11조 제3항에 합치되지 않는다고 판단하였다. 또 묵시적 포기 업체에 대해 묵시적 판정 자체가 제11조 제3항 위반이며, 자료 미제출 업체에 덤핑 지속가능성 판정을 한 것 역시 충분한 사실에 기초한 것이 아니므로 제11조 제3항에 위배된다고 판시하였다.

4. 피해판정의 적정성 여부

아르헨티나는 미 국내법원 NAFTA 패널에서의 미 당국자의 진술을 근거로 들면서 미 무역위는 덤핑 수입증가, 가격 영향, 국내산업 영향의 가능성(likeliness)에 대해 판정했어야 하나, 실제로는 정도가 약한 개연성(possibility) 여부를 검토하였다고 주장하였으며 제11조 제3항에서 말하는 가능성(likeliness)이란 발생 확률이 매우 높은 예상성(probablity)을 의미하는 것이라고 강조하였다. 아울러 아르헨티나는 미 무역위의 피해가능성 판정은 증거에 기초한 객관적인 검토를 수반하지 않은 것이라고 주장하고 이는 제3조 제1항·제2항에 위배된다고 주장하였다.

그러나 패널은 아르헨티나의 주장을 받아들이지 않았다. 피해에 대한 긍정적 판정에 있어서 수입량 증가가능성, 가격에 미칠 수 있는 영향, 국내산업에 대한 영향 등의 판정에 있어서 미국이 적정하게 판정했는지 여부가 문제되었다. 패널은 제3조 제1항 및 제2항은 실제로 발생한 피해의 판정에 관한 것이고 제11조 제3항은 피해가 앞으로 지속 또는 재발할 것인지에 대한 것이므로 그 규율 대상이 다르고 제11조 제3항에도 적용할 수 있다는 문언상 근거가 없으므로 제3조 제1항, 제2항이 제11조 제3항 일몰 재심에도 당연히 적용될 수는 없다고 판단하고 미국의 조치가 제3조에 반한다는 아르헨티나의 주장을 기각하였다. 또 패널은 타 법정에서 미국 관리의 진술이 가능성 검토 여부의 적합성 판단 근거가 될 수 없다고 판시하였다. 또한 제11조 제3항의 가능성(likeliness)이 예상성(probability)이라는 아르헨티나의 주장도 배척하였다. 결론적으로 패널은 수입량 증가가능성, 가격 영향, 국내산업에 대한 영향 등에 대한 미국의 평가는 제11조 제3항에 위반되지 않는다고 판정하였다.

상소기구는 패널 판정을 지지하였다. 즉, 제3조는 피해판정에 관한 조항이고 제11조 제3항은 피해가능성 판정에 관한 것이므로 조사 당국이 일몰 재심 시 반드시 제3조를 따라야 할 의무는 없다고 확인하였다. 그러나 제3조에 명시된 물량, 가격효과, 덤핑 수입의 국내산업에 대한 영향 등의 요소는 피해가능성 판정 시 어느 정도 관련이 있을 수 있다는 점은 인정하였다.

⚖ 판례 | US – Corrosion Resistant Steel Sunset Review 사건

1. 사실관계

1993년 8월 미국 상무부는 일본산 부식 저항성 탄소강판(Corrosion Resistant Carbon Steel Flat)에 36.41%의 반덤핑관세를 부과하였다. 1999년 9월 미국은 일몰 재심(sunset review)을 통해 반덤핑관세 부과의 철회는 덤핑과 국내 피해의 지속 또는 재발을 초래할 가능성이 있다고 판단하고 반덤핑관세 부과조치를 지속하기로 결정하였다.

2. 일몰 재심 절차개시에 있어서 협정 제5조 제6항이 적용되는가?

일본은 일몰 재심의 효과는 반덤핑조사 및 부과와 사실상 동일하므로 제5조 제6항을 준용하여 충분한 증거가 있어야만 관계 당국이 자체적으로 조사를 개시할 수 있다고 하였다. 그러나, 패널은 일본의 주장을 기각하였다. 일몰 재심에 관한 협정 제11조 제3항은 일몰 재심 자동 개시 시 적용해야 할 증거 요건을 언급하고 있지 않았기 때문이다.

3. 미소 마진 규정(제5조 제8항)이 일몰 재심에서도 준용되는가?

일본은 일몰 재심에서도 제5조 제8항상의 미소마진 규정(2% 미만)이 준용되어야 한다고 전제하고, 미국이 0.5% 이하의 덤핑마진만을 미소(de minimis) 마진으로 규정한 것은 협정에 위반된다고 주장하였다. 그러나 패널은 일몰 재심 관련 규정인 제11조 제3항에 제5조 제8항의 준용에 대한 규정이 없음을 이유로 일본의 주장을 기각했다.

4. 미국의 일몰 재심 정책요강(Sunset Policy Bulletin)

(1) 정책요강 자체의 적법성

일본은 미국의 일몰 재심 정책요강은 강행법규(mandatory legal instrument)로서 협정에 위반되는 조치의 시행을 강제하므로 정책요강 자체가 협정에 위반된다고 주장하였다. 동 정책요강은 내용상 zeroing 관행을 용인하고, 원래 덤핑마진을 조정하지 않고 일몰 재심 시 사용하도록 지시하고 있으며, 원래의 덤핑마진을 반덤핑관세 철회 시 예상되는 덤핑마진으로 간주하도록 하고 있기 때문이었다.

이에 대해 패널은 정책요강은 독립적인 '법규'(instrument)가 아니므로 일본의 주장을 기각하였다. 정책요강 전문에 일몰 재심은 관세법과 일몰 재심 규정에 따라 수행됨을 명시하고 있으므로 정책요강 자체가 일정한 조치를 위임하고 있는 독립적인 법규가 아니므로 그 자체가 WTO 분쟁해결절차의 대상이 될 수 없다고 하였다. 그러나 상소기구는 패널 판정을 파기하였다. 패널은 정책요강이 '법규'가 아니라는 이유만으로 WTO 분쟁해결 절차의 대상이 아니라고 하였으나, 상소기구는 반드시 '법규'만이 WTO 분쟁해결 절차의 대상이 되는 것은 아니라고 하였다. 나아가 패널은 정책요강이 법규가 아니라는 판단을 함에 있어서도 오류를 범하였다. 즉, 패널은 정책요강의 전문의 표현만을 토대로 특정한 조치의 시행을 위임한 법령이 아니라고 성급하게 판단하였고, 정책요강의 문제가 되는 조항을 검토하거나 모법(母法)과 비교하지 않았으며, 정책요강 특정 조항의 규범성이 어느 정도인지 분석하지도 않았음을 지적하였다. 이러한 점에 기초하여 상소기구는 패널 판정을 파기하였다.

(2) 정책요강 적용의 적법성

일본은 미국이 정책요강에 따라 일몰 재심에 있어서 zeroing 방식으로 덤핑마진을 산정한 것은 AD협정 제2조 제4항에 위반된다고 주장하였다. 또한 연례 재심 시의 덤핑마진을 국내 피해 지속이나 재발가능성의 판정 기초로 사용한 것도 협정에 위반된다고 하였다.

그러나, 패널은 일본의 주장을 받아들이지 않았다. 패널은 협정 제11조 제3항은 덤핑의 지속이나 재발가능성 여부의 결정 방식이나 방법론적 요건에 대해서는 침묵하고 있고, 제2조에 규정된 덤핑판정을 요구하고 있지 않으므로 덤핑판정 시의 덤핑마진산정 원칙이 제11조 제3항의 덤핑 지속 및 재발가능성 판정에 적용된다고 볼 수 없고 따라서 미국의 조치가 협정에 위반되지 아니한다고 하였다. 또한 미국이 연례 재심 시의 덤핑마진을 피해의 지속이나 재발가능성 판정의 기초로 사용한 것 역시 협정에 반하지 않는다고 하였다.

그러나, 상소기구는 패널 판정을 파기하였다. 상소기구는 일몰 재심에 있어서 조사당국이 덤핑마진을 새로이 산정하거나 이전의 덤핑마진을 사용할 수 있으나, 최초 덤핑판정에 있어서 zeroing 방식으로 산정된 덤핑마진을 일몰 재심에 있어서 기초 자료로 사용하는 것은 허용되지 않는다고 하였다. 협정 제2조는 협정 전체에 적용되는 것이므로 일몰 재심에 있어서도 zeroing은 허용되지 않는 점을 근거로 하였다.

2. 상황변경 재심(interim review)

📖 조문 | 제11조 제2항 - 상황 재심

당국은 정당한 경우 자체적으로, 또는 확정 반덤핑관세의 부과 이후 합리적인 기간이 경과하고 검토가 필요하다는 명확한 정보를 제시하는 이해당사자의 요청에 따라 반덤핑관세의 계속적인 부과의 필요성에 대해 검토한다. 이해당사자는 당국에 대해 덤핑을 상쇄하기 위해 지속적인 관세의 부과가 필요한지 여부, 관세가 철회 또는 변경되었을 경우 피해가 계속되거나 재발할 것인지 여부 또는 이러한 두 가지에 대해 조사를 요청하는 권리를 갖는다. 이 항에 따른 검토 결과 반덤핑관세가 더 이상 정당화되지 아니하다고 당국이 결정하는 경우 반덤핑관세의 부과는 즉시 종결된다. (The authorities shall review the need for the continued imposition of the duty, where warranted, on their own initiative or, provided that a reasonable period of time has elapsed since the imposition of the definitive anti-dumping duty, upon request by any interested party which submits positive information substantiating the need for a review. Interested parties shall have the right to request the authorities to examine whether the continued imposition of the duty is necessary to offset dumping, whether the injury would be likely to continue or recur if the duty were removed or varied, or both. If, as a result of the review under this paragraph, the authorities determine that the anti-dumping duty is no longer warranted, it shall be terminated immediately.)

(1) 의의

조사기관은 정당한 사유가 있는 경우 직권으로 또는 이해관계자의 신청이 있는 경우 반덤핑관세의 계속적인 부과가 필요한지를 조사한다. 상황변경 재심의 목적은 덤핑을 상쇄하기 위해 지속적인 관세의 부과가 필요한지 여부, 관세가 철회 또는 변경되었을 경우 피해가 계속되거나 재발할 것인지의 여부 또는 이 두 사항에 대해 조사하기 위한 것이다.

(2) 요건

이해관계자가 조사신청을 하기 위해서는 확정 반덤핑관세 부과 이후 합리적인 기간이 경과하고 조사가 필요하다는 명확한 자료를 제시해야 한다.

(3) 절차

상황변경 재심은 통상적으로 12개월 내에 종료되어야 하고, 반덤핑협정 제6조의 증거와 절차에 관한 규정이 적용된다(제11.4조).

(4) 효과

상황변경 재심 결과 반덤핑관세가 더 이상 정당화되지 아니한다고 조사기관이 결정하는 경우 반덤핑관세의 부과는 즉시 종결된다(제11.2조).

3. 재심의 문제점

우선, 제11.4조가 심사과정에 적용되는 조항으로 제6조만을 규정하는 등 재심에 적용되는 방법, 절차, 개념 등이 분명하지 않아 조사당국이 재심 시 최초 조사와 근본적으로 다른 자의적인 방법, 절차 등을 적용하여 수출업자에게 부당한 부담을 초래할 수 있다. 또한 당국의 직권조사 개시 조건 역시 분명하지 않아 자의성이 개입될 소지가 많다. 따라서 관세 부과를 자동종료시키고 원심절차를 재이용하는 방안이나 제11조상에 적용규정을 명확히 하는 등의 방안이 동 협정 개정과 관련하여 논의되고 있다.

Ⅶ 반덤핑조치의 사법심사와 구제[46]

1. 국내 반덤핑법에 대한 WTO의 사법심사

패널과 상소기구는 회원국의 법령의 WTO 합치성을 심사할 수 있다. 다만, 패널과 상소기구는 관계 국내법령이 강행법규인 경우에만 법령 자체의 합치성을 심사한다. 강행법규는 행정기관으로 하여금 WTO에 위반된 행위를 취할 것을 강제하나, 임의법규인 경우 행정기관이 반드시 WTO협정에 위반된 조치를 취하는 것은 아니기 때문이다. 미국-버드수정법 사건은 국내법 자체의 WTO협정 위반에 대해 심사한 사건이다. 패널과 상소기구는 버드수정법이 규정한 반덤핑관세수입의 배분은 WTO반덤핑협정 제18.1조에 위반하는 것이라고 판정하였다. 반덤핑관세수입 및 상계관세수입을 제소기업에 배분하는 조치는 덤핑에 대한 특별 조치이고 덤핑에 대항하는 조치에 해당하나 1994GATT 제6조에 허용되는 조치가 아니라고 판단했기 때문이다.

2. 반덤핑조치의 사법심사

(1) 사법심사의 기준

WTO반덤핑협정 제17.6조에 의하면 패널은 국가 당국에 의한 사실의 인정과 평가를 일정 조건 하에 존중해야 한다. 패널은 덤핑에 관한 사실의 평가에 있어서 국가 당국에 의한 사실의 인정이 적절하였는지 여부 또는 당국에 의한 사실의 평가가 공평하고 객관적이었는지 여부에 대해 결정해야 한다. 당국에 사실의 인정이 적절하고 동시에 당국의 평가가 공평하고 객관적인 경우 패널이 국가와 다른 결론에 이르렀다 할지라도 당해 당국의 평가가 패널의 결론에 우선한다.

---

46) 고무로 노리오(2010), 357–370면.

제17.6조 제5항에 언급된 사항을 검토하는 데 있어서,

(1) 패널은 사안의 사실을 평가함에 있어서 당국에 의한 사실의 확립이 적절하였는지 여부 및 동 사실에 대한 당국의 평가가 공평하고 객관적이었는지 여부를 결정한다. 사실의 확립이 적절하였으며 평가가 공평하고 객관적이었을 경우 패널이 다른 결론에 도달했다 하여도 평가는 번복되지 아니한다.

(2) 패널은 국제공법의 해석에 관한 관습적인 규칙에 따라 이 협정의 관련 규정을 해석한다. 패널이 이 협정의 관련 규정에 대해 하나 이상의 해석이 가능하다고 판정하고 당국의 조치가 그러한 허용되는 해석 중 하나에 근거하는 경우 패널은 당국의 조치가 이 협정에 일치하는 것으로 판정한다.

(2) 국내구제완료 원칙의 배제

반덤핑조치에 관한 패널절차에서 국내구제완료 원칙(exhaustion of local remedies)은 적용되지 않는다. 국내구제완료를 요구하는 경우 WTO체제는 의미를 상실할 수 있다. 국내구제 절차 완료는 장시간을 요구하기 때문이다. GATT 패널은 대서양 연어 사건에서 국내구제 절차의 완료가 요구되지 않음을 확인하였다. UR교섭에 있어서도 동 원칙의 도입 제안은 받아들여지지 않았다.

3. 위법한 반덤핑조치에 대한 구제

(1) GATT의 구제

GATT 패널은 GATT 체약국의 반덤핑조치가 협정에 위반된다고 판정한 경우 다음과 같은 조치를 권고하였다. 첫째, 위법한 세의 정지. EC – 우회방지규정 사건에서 패널은 우회방지세의 부과가 GATT 제3.2조에 위반된다고 판정한 다음 우회방지세의 적용을 정지하도록 EC에 권고하였다. 한국 – 미국산폴리아세틸수지 반덤핑관세 사건에서 패널은 한국의 피해판정이 GATT협정의 요건에 합치하지 않는다고 판정하고 미국에 대한 과세조치를 협정에 합치시키도록 권고하였다. 둘째, 위법한 반덤핑관세의 철회와 환급의 권고. 문제의 반덤핑관세가 피해 인정 없이 과세되거나 위법한 절차에 따라 개시된 경우에 이 조치가 권고되었다. 뉴질랜드 – 핀란드산 변압기 사건이 여기에 해당하며, GATT 시대 환급이 권고되고 이행된 유일한 사례이다. 셋째, 덤핑인정의 재검토. 덤핑마진 산정에 위법이 있는 경우 패널은 과세국에게 덤핑마진를 재검토하여 새로 산정된 가격차에 근거해 덤핑관세를 부과하도록 권고하였다. 미국 – 노르웨이산 대서양 연어 사건에서 패널은 덤핑과 피해 및 인과관계는 인정되나 덤핑마진산정에 오류가 있다고 판정하고 덤핑마진을 재산정하도록 미국에 권고하였다. EC – 일본산 오디오카세트테이프 사건의 경우도 패널은 EC의 덤핑마진 계산방법이 GATT협정에 위반된다고 판정하고 덤핑마진을 재검토하도록 권고하였다. 넷째, 덤핑과세의 재심의 개시 권고. 미국 – 스웨덴산 스테인리스 강판 사건에서 패널은 미국의 스웨덴 수출자의 연례 재심 요청을 적정하게 평가하지 않고 거절한 것은 GATT에 합치되지 않는다고 판정하고 미국에 대해 연례 재심을 개시할 것을 권고하였다.

(2) WTO의 구제

WTO 분쟁해결절차에서는 GATT 분쟁해결절차에 비해 좀 더 소극적이고 회원국의 주권을 존중하는 방향으로 구제절차가 규정되고 실행되고 있다. WTO 분쟁해결양해(DSU) 제19조는 패널 또는 상소기구는 패소국의 위법한 조치를 대상협정에 합치하도록 권고할 의무가 있다. 그러나, 권고의 이행방법 제시는 패널 또는 상소기구의 재량사항으로 규정되어 있다. 제시된 권고 이행방법은 패소국을 구속하지 않는다. 권고를 이행하기 위해 위반조치를 어떤 수단으로 WTO협정에 합치시킬 것인가는 패소국의 자유재량으로 보기 때문이다. 이행 여부에 대해 분쟁이 발생하는 경우 회원국은 이행 패널의 설치를 요청할 수 있다(DSU 제21.5조). WTO 실제 분쟁해결 사례에서 이러한 규정은 패널이나 상소기구에 의해 준수되고 있다. 위법한 반덤핑에 대한 구제방법이 최초로 다루어진 과테말라 – 시멘트 사건에서 패널은 과테말라가 멕시코에 대한 사전통지 없이 조사를 개시한 위법을 인정하고 위반조치를 협정에 합치시키도록 권고하였다. 권고 이행방법을 제시하지는 않았다. 또한 충분한 증거없이 조사를 개시한 점은 협정 제5.3조 위반이라고 판단하고 패널은 권고의 이행 방법으로 반덤핑관세의 철회를 제안하였다. 멕시코가 요청한 관세환급은 언급하지 않았다. 이후의 대부분의 판정례에서도 반덤핑협정에 위반된 조치를 대상협정에 합치시킬 것을 권고하는 데 그치고 조치의 철회나 환급과 같은 구체적 이행방법을 제안하는 데는 소극적이었다. 미국 – 한국산 철강 사건에서도 패널은 위법한 절차에 기초하여 부과된 관세의 철회는 위반국이 위법한 덤핑판정을 재검토하고 그 결과 덤핑이 제로가 되는 것이 명백한 경우에 한하여 제안할 수 있다고 하였다.

제3편

📖 참고 반덤핑협정의 문제점과 개정 방안

1. 원가 이하 판매의 제외 요건의 강화

정상가격 산출 시 내수시장 판매분을 제외할 경우 '특별히 비정상적인 판매'만 제외하도록 협정 제2조 제2항의1을 개정하자는 논의가 있다. 생산비를 회복할 수 없을 정도로 판매가 이루어 졌다는 이유만으로 통상적인 거래(ordinary course of trade)로 인정하지 않는 것은 불합리하다는 이유에서이다. 원가 미만의 판매를 정상가격 산정에서 배제할 경우 모든 수출가격은 오로지 가장 높은 국내판매와 비교되어 덤핑마진을 높이게 된다.

2. 구성가격 산정 시 합리적 이윤의 결정

협정 제2조 제2항의2는 구성가격산정 시 관리, 판매, 일반비용 및 이윤은 실제 자료에 기초해야 하나, 그렇지 못할 경우, a) 해당 수출자가 국내시장에서 동일한 일반적인 종류의 상품의 생산 및 판매와 관련, 발생되고 실현된 실제금액, b) 조사 대상인 다른 수출자가 국내시장에서 동종상품을 생산, 판매한 금액의 가중평균, c) 그 밖의 다른 합리적인 방법, 단, 다른 수출자가 동일한 일반적인 부류의 상품판매에 대해 정상적으로 실현된 이윤을 초과할 수 없다고 규정하고 있다. 그러나 위의 방법들은 조사당국의 자의성이 개입될 여지가 많고, 조사당국은 가급적 덤핑마진이 높게 나타나는 방법을 적용하려 할 것이란 점에서 문제가 있다고 평가된다. 이에 대해서는 우선, 세 방법의 적용 우선순위를 명시하고, a), b) 항목에 대해서도 c)와 같은 제한을 두자는 주장이 제기되고 있다.

3. zeroing

zeroing이란 부(–)의 덤핑마진을 0으로 하는 것을 말하는데, 대표적인 불공정 사례로 지적된다. 덤핑마진을 산정함에 있어서 zeroing은 덤핑마진을 확대시키는 효과를 초래한다. 협정 제2조 제4항의2는 해석상 zeroing을 배제하고 있으나, 규정의 불명확으로 남용되고 있다. EC – Bed Linen 사건에서 EC는 zeroing을 통해 덤핑마진을 확대하였다. 이 사례에서 패널과 상소기구는 EC의 패소를 판정하였으나, zeroing의 가능성은 여전히 남아 있다.

4. 최소허용기준

협정 제5조 제8항은 덤핑마진이 매우 적거나 덤핑수입량이 소량인 경우 즉시 조사를 중단할 것을 규정하고 있다. 최소허용기준(de minimis level)은 수출가격의 백분율로 2% 미만일 경우이다. 그러나 2% 미만의 최소허용기준은 가격 비교방식, 회계방식, 환율변동에 따라 조사당국이 의도하는 대로 변화할 수 있으므로 큰 의미가 없을 수 있다. 또한 현행 최소허용기준이 국별로 상이한 것도 문제다. 따라서 단일한 최소허용기준으로 일정폭 상향 개정하고 이 기준을 최초 조사든 재심사든 관계없이 적용되게 하는 것이 바람직하다는 주장이 있다.

5. 무시할 만한 수입수량

협정 제5조 제8항은 덤핑수입량이 '무시할 만한 수입수량'인 경우 덤핑조사는 즉시 중단되어야 한다고 규정하고 있다. 그러나 덤핑수입 총량의 절대적 규모보다는 수입국 국내산업과의 경쟁관계에 영향을 미칠 것인가가 중요한 문제이다. 따라서 총수입물량 기준이 아닌 전체 내수시장 규모에서 외국 수입물량의 비율로 되어야 바람직하다. 개정방향은 무시할 만한 수입수량의 절대 폭을 상향시키는 것과 함께, 국내소비 대비 적절한 비중으로 조정하는 것이 바람직하다.

6. 피해판정

협정 제3조 제4항은 피해판정 시 고려할 요소들을 나열하고 있다(판매, 이윤, 생산량, 시장점유율 등). 그러나, 이러한 요소는 망라적이지 않으며(not exhaustive), 이러한 요소 중 하나 또는 여러 개가 반드시 결정적인 지침이 될 수는 없다. 문제가 되는 것은 이러한 요소의 평가지침이 구체적으로 규정되지 않았다는 것이다.

7. 이용가능한 사실

협정 제6조 제8항은 "이해당사자가 합리적인 기간 내에 필요한 정보에의 접근을 거부하거나 달리 동 정보를 제공하지 아니하는 경우 또는 조사를 중대하게 방해하는 경우, 이용가능한 사실(facts available)에 기초하여 긍정적 또는 부정적 예비 및 최종판정이 내려질 수 있다"라고 규정하고 있다. 그러나 특정 자료를 제출할 수 없는 수출자에게 상당한 곤란을 가중시키므로 이용가능한 사실의 과도한 사용을 엄격히 규제할 필요성이 제기되고 있다. US – Hot Rolled Steel Case에서 미국은 조사대상이 된 일본기업이 특정 자료 제출 기한을 넘겼다는 이유로 '불리한' 이용가능한 사실을 토대로 덤핑마진을 산정하였다. 패널과 상소기구는 자료제출기한을 넘겼다는 이유로 자료 수리를 거부하고 불리한 이용가능한 정보를 사용한 것은 반덤핑협정 제6조 제8항 위반이라고 판정하였다. 즉, 적절한 상황 하에서 사유가 제시되는 경우 질의서 답변의 제출기한은 당연히 연장되어야 한다고 판단한 것이다. 상소기구는 '합리적인 기간(reasonable period)'에서 '합리적'이란 의미를 개별 사건의 모든 상황을 감안하는 '유연성(flexibility)'으로 해석하였다.

8. 경미과세 원칙(lesser duty rule)

협정 제9조 제1항은 수입당국이 국내산업의 피해를 제거하기에 적절한 경우 동 관세는 덤핑마진 미만으로 되는 것이 바람직하다고 규정하고 있다. EC는 강제적인 경미과세 원칙을 도입하고 있다. 이와 관련하여 개도국을 중심으로 경미과세 원칙의 강제규정화를 주장하고 있다.

9. 재심

현행 협정은 재심에 적용되는 방법, 절차, 개념 등이 분명하지 않아 조사당국이 재심 시 최초 조사와 근본적으로 다른 자의적인 방법, 절차 등을 적용하여 수출업자에게 부당한 부담을 주는 문제가 있다. 또한, 당국의 직권조사 개시 조건이 분명하지 않아 자의성이 개입될 소지가 많다.

10. 직접조사대상이 되지 않은 수출업체

협정 제9조 제4항은 샘플링 방법으로 덤핑마진이 산정될 경우, 직접적인 조사대상이 되지 않은 수출기업의 덤핑마진은 일정한 한계를 넘지 못하도록 규정하고 있다. 즉, 선정된 수출자 또는 생산자에 대해 설정된 덤핑마진의 가중평균을 넘지 못하도록 한다. 이 경우 조사당국은 영(zero)의 마진 및 de minimis 마진을 무시하고, 이용가능한 사실에 근거하여 산정된 마진을 무시해야 한다고 규정하고 있다. 호주나 프렌즈그룹은 제로마진 혹은 최소허용마진을 무시할 경우 당연히 직접조사대상이 되지 않은 수출업체의 마진율(all other's rate)의 최고치가 과다 책정된다는 문제를 제기하고 있다.

1. A국은 B국과 C국으로부터 철강제품을 수입하고 있다. A국의 철강생산자들은 B국과 C국으로부터 철강제품이 덤핑으로 수입되고 있으며, 이로 인하여 국내산업에 피해가 발생하고 있다는 이유로 반덤핑조치의 발동을 정부에 요청하였다. WTO 반덤핑협정에 근거하여 다음 물음에 답하시오(단, A, B, C국은 WTO 회원국이다). (총 50점) 〔2008행시〕

   (1) A국이 피해의 존재 여부를 판정하기 위한 실체적 요건을 설명하시오. (25점)

   (2) A국이 피해의 존재 여부를 판정하기 위한 절차적 요건을 설명하시오. (15점)

   (3) B국으로부터 수입된 철강제품과 C국으로부터 수입된 철강제품이 각각 독자적으로는 A국의 국내산업에 피해를 야기하지 않는다. 그럼에도 불구하고 A국이 반덤핑조치를 발동할 수 있는 요건은 무엇인지 설명하시오. (5점)

   (4) A국이 국내산업에 실질적 피해(material injury)가 있다고 판명한 경우와 실질적 피해우려(threat of material injury)가 있다고 판정한 경우, 잠정조치의 적용 및 반덤핑관세의 소급적 적용에 어떠한 차이가 있는지 설명하시오. (5점)

2. A국은 B국으로부터 상품 甲을 수입하고 있다. B국은 자국 내에서 경기침체가 지속되자 [수출촉진법]을 제정하여 甲을 생산하는 생산자들에게 시장이자율보다 약 5% 저렴한 금리로 긴급 운용자금을 대출해 주는 한편, 수출액이 일정 금액 이상을 달성한 기업에게는 이자를 면제해 주었다. 한편 甲생산자들은 내수시장침체로 재고가 누적되자 자국 국내시장 판매가격보다 50% 저렴한 가격으로 A국내에 수출하기 시작하였다. 이 사안과 관련하여 다음 물음에 답하시오(단, A국과 B국은 WTO 회원국이다). (총 40점)

   (1) 사안에서 A국이 WTO협정상 취할 수 있는 조치를 제시하고, 각각의 실체적 요건에 대해 설명하시오. (20점)

   (2) A국은 B국의 [수출촉진법] 자체가 WTO협정상 수출보조금 관련 규정에 반한다고 주장하고 있다. A국이 이 주장을 정당화하기 위해 입증해야 할 사항에 대해 설명하시오. (10점)

   (3) A국은 자국의 [반덤핑 및 상계관세법]을 개정하여 반덤핑조사 신청에 참가한 기업들에게는 반덤핑관세 수입을 연 2회에 걸쳐 배분하는 규정을 신설하였다. 이에 대해 B국은 이러한 조치가 WTO협정에 위반된다고 주장한다. B국의 주장은 타당한가? (10점)

3. A국은 B국으로부터 수입되는 상품 'X'에 대해 덤핑혐의가 있어 조사가 필요하다는 A국 내 동종상품 생산자들로부터 청원을 수리하여 덤핑조사를 개시하였다. A국은 덤핑조사에 있어서 'X'를 모델별로 분류하여 각각 국내가격과 수출가격을 조사하였으며 덤핑마진 산정에 있어서 '음(-)'의 덤핑마진이 산출되는 경우 이를 '0'으로 하였다. A국의 이러한 관행은 관세정산재심에 있어서도 적용되었다. A국의 조치와 관련하여 다음 물음에 답하시오(단, A국은 WTO 회원국이다). (총 40점)

   (1) A국이 덤핑의 존재를 인정하기 위한 요건에 대해 설명하시오. (10점)

   (2) A국의 덤핑마진산정 방식은 WTO협정에 합치되는가? (10점)

   (3) A국은 확정조치를 취하기 이전에 잠정조치를 취할 수 있는가? 가능한 경우 그 요건은? (10점)

   (4) A국이 덤핑규제조치를 부과·유지하는 경우 준수해야 할 의무는? (10점)

제3장 | 보조금 및 상계조치협정

제1절 서설

I 보조금의 의의

보조금이란 일국 정부가 자국 민간기업에 대하여 국고를 동원하여 재정적 지원을 실시하는 조치를 의미한다. 민간기업이 다른 민간기업을 위해 재정적 지원을 제공하는 것이나, 정부가 정당한 반대급부를 획득하고 재정적 지원을 실시하는 것은 보조금이 아니다.

II 보조금 지급 이유

국가가 민간기업에 대해 보조금을 지급하는 이유는 이를 통해 보조금을 받은 기업이 해외시장에서 외국 기업에 비해 경쟁력을 확보할 수 있도록 하기 위한 것이다.

III 보조금의 유형[47]

첫째, 직접보조금(direct subsidy)은 정부의 직접적인 보조금 교부조치에 따라 지급되는 보조금이다. 둘째, 간접보조금(indirect subsidy)은 정부의 다양한 경제정책, 금융정책, 환율정책 등을 통해 자국 산업 또는 기업을 지원하는 것을 말한다. 셋째, 원자재보조금(input · upstream subsidy)은 수출상품 생산에 사용되는 원자재에 보조금이 지급되는 것이다. 넷째, 묵시적 보조금(implicit subsidy)은 일국 정부가 환경, 공정경쟁 관련 국내법 규범을 철저히 집행하지 않음으로써 자국 내 생산업자들이 영업상 혜택을 향유하도록 하는 것이다. 다섯째, 수출보조금(export subsidy)은 특정 상품의 수출을 직접적인 조건으로 해당 상품 생산업자에게 정부가 지급하는 보조금이다. 여섯째, 수입대체보조금(import substitution subsidy)은 수입부품 대신 국산부품을 사용하는 국내생산업자에게 제공되는 정부보조금을 의미한다.

---

47) 고준성 외(2006), 192-193면.

Ⅳ 보조금 지급 조치의 문제 및 국제법적 규제

보조금의 지급은 시장기능으로 해결할 수 없는 공공정책 목표를 달성할 수 있으나, 자유로운 교역을 왜곡 (trade distortion)하는 효과가 있다는 점에서 문제가 있다. 따라서 GATT 제6조, 제16조 및 동경라운드에서 채택된 '보조금 및 상계조치협정'을 통해 규제하였다.[48] 그러나 이러한 규정들에서는 규제대상 보조금의 범위와 기준이 모호하고 상계관세부과의 기준 및 절차 등이 불명확하여 각국이 경쟁적으로 보조금을 지급하고, 미국, 캐나다, EC 등은 상계관세제도를 효과적인 수입규제수단으로 남용하여 통상분쟁이 증대되었다.

Ⅴ UR협상과 SCM협정

UR협상은 GATT규정 개선을 목표로 진행되었는 바 구체적으로는 보조금의 범위와 기준을 명확히 하고, 상계관세의 발동 요건 및 절차를 명료히 함으로써 각국의 보조금 지원에 따른 통상분쟁을 완화하는 것을 목표로 하였다. UR협상을 통해 32개 조항과 7개 Annex로 이루어진 보조금협정이 채택되어 최초로 보조금 정의 규정을 도입하고, 상계관세 부과 시 '실질적 피해'의 요건을 규정하는 등 기존 규범을 대폭 강화하였다.

제2절 보조금의 정의

Ⅰ 서설

SCM협정은 보조금을 금지보조금(prohibited subsidy), 조치가능보조금(actionable subsidy) 및 허용보조금 (non-actionable subsidy)[49]으로 구분해서 규정한다. 그러나 정부의 조치가 위 세 보조금에 해당하는지를 판단하기에 앞서 선결조건으로서 WTO 회원국의 조치가 보조금협정의 적용대상이 되는 '보조금'에 해당하는지를 먼저 판단해야 한다. SCM협정 제1조는 보조금의 요건으로 지급주체로서 정부 또는 공공기관, 재정적 기여 또는 가격지지의 존재, 혜택을 규정하고 있다.

Ⅱ 지급주체

제1조에서 보조금의 지급주체는 정부(government), 공공기관(public body) 그리고 민간기관(private body)으로 규정되어 있다. 첫째, 정부에는 중앙정부뿐 아니라 지방정부도 포함된다. 둘째, 공공기관이 지급주체에 포함된다. 공공기관은 정부가 직접 또는 간접적으로 개입이 가능한 정부대행기관, 정부의 통제를 받거나 공권력을 가지고 활동하는 특수기관을 포함한다.[50] 공공기관인지 여부에 대해 WTO 패널·항소기구는 소유 주체, 통제 및 관리 방식 등을 기준으로 판단한다. 셋째, 민간기관의 경우 정부의 위임(entrust) 또는 지시(direct)에 의해 재정적 기여를 한 경우 규제를 받는다.

---

48) 동 협정 및 규정들은 보조금을 '국내보조금'과 '수출보조금'으로 구분하여 수출보조금에 대해서는 그 사용을 원칙적으로 금지하고, 보조금 지원을 받은 제품의 수입으로 국내산업이 피해를 받은 경우 그 보조금액의 한도 내에서 별도의 상계관세를 부과할 수 있도록 하였다.
49) 허용보조금은 관련 규정이 1999년 12월 31일자로 종료되었기 때문에 더 이상 허용되지 않는다(SCM협정 제31조).
50) 김성준(1996), WTO법의 형성과 전망, (주)삼성출판사, 451면.

👊 판례 | US – DRAM CVD 사건

2000년~2001년에 걸쳐 Hynix 채권 은행단은 회사를 회생시켜 채권 확보를 극대화하려는 구조조정 조치의 일환으로 수차례에 걸쳐 각종 금융지원을 제공하였다. 구조조정지원조치에는 6개 국책은행을 포함하여 총 10개 국내은행이 참가하였다. 구체적인 조치로는 산업은행에 의한 회사채 신속인수제도, 부채에 대한 상환 기일 연장, 전환사채의 매입, 신규융자, 출자전환, 대출금리 인하 등이 시행되었다. 미국과 EC는 채권단의 조치가 한국정부의 지시와 위임에 의해 행해진 것이라고 주장하고 Hynix 반도체에 고율의 상계관세를 부과하였다. 한국정부는 미국의 상계조치가 보조금협정에 위반된다고 주장하며 2003년 11월 19일 WTO에 패널 설치를 요청하였다.

미국은 10개 은행을 공공기관(Group A), 한국 정부가 단일 주주이거나 최대 주주인 금융기관(Group B), 한국 정부의 지분율이 미미한 금융기관(Group C)으로 분류하고 Group B, C의 경우 한국 정부의 지시와 위임에 의해 금융지원조치를 단행하였다고 주장하였다.

패널은 정부의 지시와 위임은 통상적 의미에서 볼 때 US – Exports Restraints 사건 패널 견해대로 '위양(委讓, delegation)'의 의미와 '명령(command)'의 의미를 포함하는 것이라고 밝혔다. 또한 지시나 위임은 반드시 명시적이거나 공식적이어야 하는 것은 아니고 암묵적이거나 비공식적일 수도 있다고 하였다. 패널은 결론적으로 보조금협정 제1조 제1항 가호 (1) (라)가 조사당국으로 하여금 특정 기관에 대해 특정 과제나 의무(task or duty)를 지시하거나 위임하는 당해 정부의 명시적인 행동이 있었음을 증명할 것을 요구하지는 않는다고 보았다. 상소기구는 패널의 법률해석을 수정하였다. 상소기구는 지시는 '정부가 민간 기관에 대해 권한을 행사할 수 있는 상황'에서, 위임이란 '정부가 민간기관에 책임을 부여할 때 발생할 수 있는 것이므로 지시와 위임을 각각 명령과 위양의 의미로 해석하는 것은 의미를 지나치게 협소하게 해석하는 것이라고 지적하였다.

한편, 패널은 미국이 제시한 다양한 증거들을 검토한 결과 미국은 한국정부의 채권은행단에 대한 지시나 위임이 있었음을 충분하게 입증하지 못했다고 판단하였다. 패널은 미국이 검토한 증거 대부분이 정황증거이기는 하나 정황증거라고 하여 지시나 위임의 증거가 될 수 없는 것은 아니며 단지 그 증거가 지시나 위임에 의해 민간 기관이 Hynix의 구조조정에 참가하였음을 입증하기에 충분한 정도로 증거력이 있고 강력한 것(probative and compelling)인지를 살펴야 한다고 보았다. 이러한 전제에서 패널은 미국이 제시한 증거들[51]을 검토하였으나 패널은 한국 정부가 Group B, C 은행으로 하여금 Hynix사 구조조정에 참가하도록 단정적인 행위를 통해 명령 또는 위양했다는 점을 충분한 증거로 입증하지 못했으며 따라서 이들 은행에 대해 한국정부가 지시나 위임을 행사하였다는 미 상무부의 판정은 보조금협정 제1조 제1항 가호 (1) (라)와 합치되지 않는다고 판정하였다.

상소기구는 패널의 판정을 파기하였다. 우선, 상소기구는 패널이 총론에서는 미 상무부의 증거 검토방식인 'evidence in its totality'가 타당하다고 인정하였음에도 각론에서는 증거 하나 하나를 개별적으로 검토하였다고 보았다. 미 당국은 증거검토를 통해 3개의 단계를 추론해내고 이를 토대로 정부의 지시와 위임에 대해 긍정적 판정을 한 것인데 패널은 증거가 그것도 증거 모두를 함께 보았을 때가 아니라 하나 하나를 독립적으로 지시와 위임을 입증할 정도로 충분한지를 살핀 것이라고 지적하였다. 상소기구는 패널의 이 같은 분석은 개개 증거를 새로이(de novo) 조사한 것으로 제출된 사실에 의해 판단해야 한다는 DSU 제11조 패널의 심리기준을 벗어나는 것이라고 보았다. 상소기구는 정부의 지시와 위임에 관한 증거는 속성상 대부분 정황 증거인 경우가 많은데 정황 증거 전체에서 합리적으로 추론할 수 있는 결론을 인정하지 않고 증거 개개에 대해 지시와 위임에 대한 증거력을 요구할 경우 사실상 지시·위임을 입증하기가 어렵다는 점도 강조하였다. 상소기구는 패널이 범한 이상의 오류에 비추어 볼 때 지시와 위임에 대한 미 상무부의 긍정 판정을 뒷받침하는 증거가 충분하지 않다는 패널의 결론은 성립할 수 없으며 패널의 이러한 결론이 Group B, C 은행에 대한 한국 정부의 지시와 위임이 있었다는 미 상무부의 판정은 보조금협정 제1조 제1항 가호 (1) (라)에 합치되지 않는다는 패널 판정의 유일한 근거이므로 동 판정을 파기한다고 판시하였다. 그러나 이러한 패널 판정 파기가 곧 미 상무부의 보조금 판정이 보조금협정에 합치되는 것을 의미하는 것은 아니고 새로운 심리를 해야 할 것이나 사실관계가 부족하여 심리를 계속할 수 없다고 밝혔다.

---

51) 미국은 다양한 증거들을 제시하였다. 예컨대, 한국 정부가 Group B 은행의 지분 전체 또는 태반을 소유하고 있는 점, 국무총리 훈령 제408호, 공적자금관리특별법 제17조, 기업구조조정촉진법, 수출보험공사로 하여금 Hynix에 대한 수출보험을 재개하라는 정부기관의 지시, 채권은행 간 회합에 정부 관리를 참가시킨 사실 등을 제시하였다.

Ⅲ 재정적 기여

1. 자금이전 또는 채무보증

정부가 직접 민간에 자금을 이전하는 행위는 보조금의 전형이다. 그것은 증여, 대부, 출자 등 여러 가지 형태로 이루어진다. 한국 선박보조금 사건에서 정부가 관련 법규에 근거해 상선 수출촉진을 위해 교부한 대출과 대출 보증이 수출보조금에 해당한다고 판정되었다(2005년 3월). 미국 영국산유연봉강 사건에서는 정부의 자본주입이 일정한 조건을 만족하는 경우에 자금이전이 되는 것이 명백하다고 하였다. 자본주입이란 정부가 특정 기업의 자기자본(대차대조표의 자산이 부채를 상회하고 있는 자본 부분)에 대해 행하는 조치이다. 이러한 자본주입은 정부가 기업의 주식을 통상의 투자관행 가격과는 다른 가격으로 구입하는 경우에 정부의 보조금을 간주된다.

2. 조세 감면

조세 감면은 정부가 조세수입을 포기하거나 징수하지 않는 것을 의미하며, 직접세 감면, 관세 감면, 내국간접세 감면 등이 있다. 첫째, 직접세 감면의 예로는 법인세 감면이 있다. 국가가 특정 수출기업에만 법인세를 면제하는 것은 수출기업에 대한 보조금을 간주된다. 미국 외국판매회사 사건(US – FSC 사건)에서 패널과 상소기구는 조세피난처에 설립된 미국 수출기업에 대한 법인세의 면제는 정부에 의한 조세 수입의 포기로서 보조금에 해당한다고 판단하였다. 둘째, 관세는 통상 모든 공급국의 수입품에 대해 동등하게 부과된다. 그러나 어느 수입품에 관해 특정국의 상품에 대해서만 관세를 면제하는 것은 보조금에 해당한다. 캐나다 자동차협정 사건에서는 캐나다 정부가 미국 대기업 자동차회사의 수입자동차에 대해 관세를 면제한 것이 미국 투자기업에 대한 보조금으로 간주되었다. 셋째, 국가는 국산품과 동종수입품에 대해 동등하게 내국간접세(소비세, 자동차세 등)를 부과할 수 있다. 이러한 간접세를 어느 상품에 대해서만 감면하는 것은 보조금에 해당한다. 한편, 국가는 수출품에 대해 간접세의 조정 규정에 따라 간접세를 면제하거나 환급해야 한다. 따라서 수출품에 대한 간접세의 면제와 환급은 그 면제액과 환급액이 수출국 국내상품에 대한 간접세액을 넘지 않는 한 보조금에는 해당하지 않는다(GATT 제16조 주석).

3. 상품과 서비스의 제공

보조금은 자금이전과 면세 외에 상품과 서비스의 제공을 통해서도 이루어진다. 미국 – 캐나다산 목재 사건에서는 캐나다 주정부가 목재벌채업자와 수목벌채계약(stumpage agreements)을 맺어 목재생산자에게 수목이라는 상방 상품(upstream product)을 제공하였는바 이것은 정부가 천연 자원의 형태로 보조금을 부여한 것으로 인정되었다. 캐나다 우유 사건에서는 낙농품 수출에 대한 보조금이 원료 우유의 저가 현물지급에 의해 달성되었다고 판정되었다.

4. 민간단체에 대한 지시 및 위임

정부가 민간단체에 대해 보조금 공여조치를 위임하거나 지시하는 경우에도 정부가 보조금을 지급한 것으로 인정된다. 이것은 정부가 민간기관에게 지시 및 위임함으로써 보조금 및 상계조치에 관한 협정을 우회하려는 것을 방지하기 위한 것이다. 한국 DRAM보조금조사 사건(하이닉스사 사건)에서 패널은 미국 수출제한해석 사건의 패널 판정에 따라 위임과 지시를 각각 권한위임과 명령으로 해석하였다. 그러나 상소기구는 이 해석이 지나치게 좁은 해석이라고 보고 위임과 지시는 정부가 민간을 대리(proxy)로 하여 민간에게 재정적 기여 중 어떤 것(자금이전, 채무보증, 감세, 현물서비스 지급)을 시키는 행위를 말한다고 하였다. 위임은 권한위임에 한하지 않고 정부가 민간에게 대리해 조성할 책임을 부여하는 경우를 포함한다고 하였으며, 지시도 명령에 한하지 않고 정부가 민간에 대해 국가의 권한을 행사하는 상황에서 일어난다고 하였다. 다만, 단순한 정책 표명은 위탁과 지시에 해당하지 않는다. 위탁과 지시는 권장 이상의 적극적인 행위이어야 한다고 하였다.

📑 조문 | 제1조 제1항 – 재정적 기여

(가) 정부의 관행이 자금의 직접이전(예를 들어, 무상지원, 대출 및 지분참여), 잠재적인 자금 또는 채무부담의 직접이전(예를 들어, 대출보증)을 수반하는 경우(a government practice involves a direct transfer of funds (e.g. grants, loans, and equity infusion), potential direct transfers of funds or liabilities (e.g. loan guarantees))

(나) 정부가 받아야 할 세입을 포기하거나 징수하지 아니하는 경우(예를 들어, 세액공제와 같은 재정적 유인(Re. 1)) (government revenue that is otherwise due is foregone or not collected (e.g. fiscal incentives such as tax credits) (Re. 1))

(Remark 1) 1994년도 GATT 제16조(제16조 주석)의 규정 및 이 협정의 부속서 1부터 3까지의 규정에 따라 국내 소비년도의 동종상품에 부과되는 관세 또는 조세를 수출품에 대하여 면제하거나 발생한 금액을 초과하지 아니하는 금액만큼 그러한 관세 또는 조세를 경감하는 것은 보조금으로 간주되지 아니한다. (In accordance with the provisions of Article XVI of GATT1994 (Note to Article XVI) and the provisions of Annexes I through III of this Agreement, the exemption of an exported product from duties or taxes borne by the like product when destined for domestic consumption, or the remission of such duties or taxes in amounts not in excess of those which have accrued, shall not be deemed to be a subsidy.)

(다) 정부가 일반적인 사회간접자본 이외의 상품 또는 서비스를 제공하거나 또는 상품을 구매한 경우(a government provides goods or services other than general infrastructure, or purchases goods)

(라) 정부가 자금공여기관에 대하여 지불하거나 일반적으로 정부에 귀속되는 위의 (가)에서부터 (다)에 예시된 기능의 유형중 하나 또는 둘 이상을 민간기관으로 하여금 행하도록 위임하거나 지시하며, 이러한 관행이 일반적으로 정부가 행하는 관행과 실질적으로 상이하지 아니한 경우(a government makes payments to a funding mechanism, or entrusts or directs a private body to carry out one or more of the type of functions illustrated in (i) to (iii) above which would normally be vested in the government and the practice, in no real sense, differs from practices normally followed by governments)

⚖️ 판례 | US – FSC 사건

1. 사실관계

미국은 조세법상 FSC에 관한 특별 규정을 통해 FSC에 대해 조세혜택을 부여하였다. 이에 따라 마이크로소프트사, GM, 보잉사 등 상당수 미국 기업들은 사실상 자회사인 해외 판매 법인을 외국의 조세 피난처에 paper company로 설치하여 이들을 통해 자사 제품을 수출함으로써 조세를 절감하였다. 미국의 조세법은 소득 발생지가 미국 내외인지를 불문하고 자국민 또는 자국거주자의 소득에 대해 조세권을 행사한다. 또한 미국 내의 외국기업의 소득에 대해서는 과세하고 타국에 소재하고 있는 외국기업의 해외 원천소득에 대해서는 과세하지 않는다. 그러나 해외 원천소득이 미국 내에서의 경영행위와 실효적으로 연계되어 있으면 과세한다. 이러한 일반 원칙과 달리 미국 조세법은 농산품 수출기업들을 포함한 해외 판매 법인에게는 해외 무역 소득의 일정 부분에 대하여 세금 면제혜택을 부여하였다. 제소국은 미국의 조치가 보조금 지급조치이며, 나아가 수출보조금이라고 주장하였다.

2. 보조금 해당 여부

패널은 미국의 조치가 보조금협정 제1조 제1항 가호 (1) (나)에 규정된 재정적 기여에 해당하는지를 검토하였다. 패널은 'government revenue that is otherwise due'에 해당하는지를 판단하기 위해서는 회원국의 국내법에 비추어 볼 때 특정 상황 하에서 취해진 회원국의 세입 관련 조치와 다른 일반 상황하에서 취해야 했을 세입 관련 조치 간의 비교가 수반되어야 한다고 하였다. 다른 상황 하에서 징수 가능했을 세입과 회원국이 실제 징수한 세입을 비교하여 실제 징수한 세입이 이에 미치지 못하는 경우에는 'otherwise due'의 의미에 해당한다고 판단하였다. 패널은 'otherwise due'란 용어는 문제된 조치가 '없었더라면(but for)' 적용될 상황을 언급하는 것이라고도 하였다. 패널은 'but for' 기준을 적용하여 FSC조치는 일부 기업이 조세 대상 소득에 대한 보고를 유예하여 소득에 대한 세금을 납부하지 않게 하는 결과를 초래하므로 FSC조치가 없었더라면 위 소득에 대해 조세가 부과되었을 것이 명백하다고 판단하였다. 패널은 FSC의 조세 면제조치는 보조금협정 제1조의 재정적 기여에 해당하며, FSC와 모기업이 otherwise due에 해당하는 조세를 납부하지 않은 것은 '혜택'에 해당한다고 판시하였다. 상소기구도 패널의 평결을 지지하였다.

3. 수출보조금 해당 여부

패널은 보조금의 존재 및 규모는 미국 물품의 수출로부터 발생하는 소득 및 미국 물품의 수출과 관련되는 서비스로부터 발생하는 소득에 따라 결정되므로 FSC조세 공제는 수출을 조건으로 한다고 판단하였다. 미국 조세법상 FSC 조세 공제조치의 대상이 되는 해외 무역 소득이 수출물품에서 유래하는 소득이라고 규정하고 있기 때문이다. 패널은 또한 FSC 조세 공제조치는 부속서상 수출보조금 목록 마호에 해당한다고 판정하였다. 마호는 '산업적 또는 상업적 기업이 지불한 또는 지불해야 할 직접세 또는 사회보장 부과금을 명시적으로 수출과 관련하여 완전 또는 부분적으로 면제, 경감 또는 유예하는 것'을 수출보조금으로 예시하고 있다.

⚖ 판례 | US – Lumber CVDs Prelim case

1. 사실관계

미 상무부는 미국 목재 업계의 제소에 따라 2001년 4월 30일 캐나다산 침엽 목재에 대한 보조금 조사를 개시하여 2001년 5월 미국 무역위원회는 캐나다산 침엽 목재 수입으로 미국 산업이 실질적 피해 위협에 직면하고 있다고 볼 합리적인 이유가 있다는 잠정 판정을 내렸다. 이에 기초하여 미국은 캐나다산 침엽목재에 대해 19.31%의 상계관세를 부과하였다. 캐나다는 stumpage 프로그램(벌채권제도)을 운영하고 있었다. 캐나다의 대부분의 수림은 국유지로서 원목(standing timber)을 벌채하고자 하는 경우 해당 지방정부와 계약을 맺어야 하는데 일반적으로 벌채의 대가로 계약자는 도로 건설 및 유지 화재 예방 등 해당 토지에 대한 서비스 및 유지 보수 의무를 지며 재수목 등 수목 보호 및 유지를 해야 하고 '벌채세'(Stumpage Charge)를 부담해야 한다.

2. 재정적 기여의 존부

패널은 캐나다 정부의 벌채권 부여는 보조금협정 제1조 제1항 가호 (1) (다)에서 규정한 '사회간접자본 이외의 상품이나 서비스의 제공'에 해당하는 재정적 기여라고 판정하였다. 패널은 정부가 벌목회사와 협정을 체결하여 벌목을 허용하는 것은 사실상 해당 업자에게 '입목'을 공급하는 것이라고 보았다. 캐나다는 벌목권의 부여는 상품의 '제공'이 아니라고 항변하였으나 패널은 벌목권의 제공이 입목회사들에게 입목을 제공하는 유일한 방법이므로 벌목권제도는 점유권자들에게 입목을 '제공'하는 것이라고 판단하였다. 또한 캐나다는 '입목'(standing timber) 자체는 상품(good)이 아니라고 항변하였으나 패널은 동 조항의 해석상 상품이란 일반적으로 '화폐를 제외한 유형 자산 또는 동산(tangible or movable personal property, other than money)'으로 넓게 보아야 한다고 판단하고 캐나다의 주장을 받아들이지 않았다.

3. 혜택의 존부

패널은 미국이 혜택(benefit)의 수준을 산정함에 있어서 캐나다 국내가격을 사용하지 않고 동종상품의 미국 내 가격을 사용한 것은 보조금협정 제14조에 위반된다고 판정하였다. 미국은 캐나다 입목가격이 정부에 의해 왜곡되어 있어 이를 기준으로 혜택을 산정할 수 없다고 항변하였으나 패널은 보조금협정 제14조 (라)호의 해석상 반드시 왜곡되지 아니한 시장 여건을 요구하는 것이 아니라 '있는 그대로'(as they exist)의 시장 여건을 의미한다고 반박하였다. 요컨대, 패널은 미국이 공여국인 '캐나다'의 시장 여건에 따라 혜택의 규모를 산정하지 않았으므로 보조금협정에 위반된다고 판정한 것이다.

4. 보조금혜택의 이전 여부

이 사건에서 문제가 되는 상품은 입목을 가공하여 만든 침엽 목재인 반면 벌목권제도는 입목 벌채자에게 부여되는 것이었으므로 벌채자에 대한 혜택이 목재업자에게 이전(pass through)되었음이 증명되어야 했으나 미국이 이를 실시하지 않아 문제가 되었다. 패널은 원자재업자와 파생상품 생산업자가 동일인이 아닌 이상 원자재업자에 대한 보조금의 혜택이 파생상품 생산자에게 이전된다고 간주할 수 없다고 판정하였다. 패널은 원목과 목재가 정상가격으로 거래되는 경우도 있으므로 벌목업자에 대한 보조금의 효과가 어느 정도로 목재업자에게 이전되었는지를 분석했어야 한다고 판단하였다. 패널은 이상을 토대로 미 상무부가 미국 stumpage가격을 사용한 것은 보조금협정 제14조에 합치되지 않는다고 판단하였다.

Ⅳ 소득 또는 가격 지원

1994GATT 제16조에 의한 모든 형태의 소득 또는 가격 지원조치도 보조금에 포함될 수 있다. 어느 나라가 경쟁력이 없는 국내 산업의 소득과 가격을 지지하기 위해 감세를 행하는 경우 이러한 소득지지와 가격지지는 보조금으로 간주될 여지가 있다. 이 경우 소득지지와 가격지지를 받은 산업은 국내에서 가격을 높게 유지할 수 있고, 이와 같은 고가에서 얻은 잉여이익을 자금으로 하여 국외에 과잉생산품을 저가로 수출하는 것이 가능하게 될 것이다.[52]

Ⅴ 혜택

정부로부터 재정적 자원의 이동이 발생하여 '정부에 의한 재정적 기여' 요건을 충족하더라도 별도로 그러한 이동의 결과 민간기업에 대하여 '경제적 혜택'이 부여되었는지 독립적으로 검토되어야 한다. 경제적 혜택이 존재하였는지 또는 존재하였다면 어느 정도인지는 실제 시장기준(market benchmark)과 문제가 된 정부와 민간기업과의 거래 조건을 상호 비교함으로써 알 수 있다(제14조). 경제적 혜택 평가에 활용되는 시장기준은 조사국이 아닌 피조사국의 시장상황을 기준으로 삼아야 한다(제14조).

> ### 📑 조문 | 제14조 – 수혜자에 대한 혜택을 기준으로 한 보조금액의 계산
>
> 제5부의 목적상, 제1조 제1항에 따라 수혜자에게 주어진 혜택을 계산하기 위하여 조사당국이 사용하는 모든 방법은 관련 회원국의 국가법률 또는 시행규정에 규정되며, 각 개별 사안에 대한 이들의 적용은 투명해야 하고 적절히 설명되어야 한다. 또한 이러한 방법은 다음의 지침에 부합된다.
>
> 가. 정부의 지분 자본의 제공은 동 투자결정이 동 회원국 영토 내의 민간투자가의 통상적인 투자관행(모험자본의 제공을 포함)과 불일치한다고 간주되지 아니하는 한 혜택을 부여하는 것으로 간주되지 아니한다. (government provision of equity capital shall not be considered as conferring a benefit, unless the investment decision can be regarded as inconsistent with the usual investment practice (including for the provision of risk capital) of private investors in the territory of that Member)
>
> 나. 정부에 의한 대출은 대출을 받은 기업이 정부대출에 대하여 지불하는 금액과 동 기업이 실제로 시장에서 조달할 수 있는 비교가능한 상업적 차입에 대하여 지불하는 금액 간의 차이가 없는 한 혜택을 부여하는 것으로 간주되지 아니한다. 이 경우 이러한 두 금액 간의 차이가 혜택이 된다. (a loan by a government shall not be considered as conferring a benefit, unless there is a difference between the amount that the firm receiving the loan pays on the government loan and the amount the firm would pay on a comparable commercial loan which the firm could actually obtain on the market. In this case the benefit shall be the difference between these two amounts)
>
> 다. 정부에 의한 대출보증은 보증을 받는 기업이 정부가 보증한 대출에 대하여 지불하는 금액과 동 기업이 정부보증이 없었을 경우 비교가능한 상업적 차입에 지불할 금액 간의 차이가 없는 한 혜택을 부여하는 것으로 간주되지 아니한다. 이 경우 수수료상의 차이를 조정한 두 금액 간의 차이가 혜택이 된다. (a loan guarantee by a government shall not be considered as conferring a benefit, unless there is a difference between the amount that the firm receiving the guarantee pays on a loan guaranteed by the government and the amount that the firm would pay on a comparable com-mercial loan absent the government guarantee. In this case the benefit shall be the difference between these two amounts adjusted for any differences in fees)

---

52) 고무로 노리오(2010), 415면.

라. 정부에 의한 상품 또는 서비스의 제공 또는 상품의 구매는, 이러한 제공이 적절한 수준 이하의 보상을 받고 이루어지거나, 구매가 적절한 수준 이상의 보상에 의해 이루어지지 아니하는 한 혜택을 부여하는 것으로 간주되지 아니한다. 보상의 적정성은 당해 상품 또는 서비스에 대한 제공 또는 구매 국가에서의 지배적인 시장 여건(가격·질·입수가능성·시장성·수송 및 다른 구매 또는 판매 조건을 포함함)과 관련되어 결정된다. (the provision of goods or services or purchase of goods by a government shall not be considered as conferring a benefit unless the provision is made for less than adequate remuneration, or the purchase is made for more than adequate remuneration. The adequacy of remuneration shall be determined in relation to prevailing market conditions for the good or service in question in the country of provision or purchase (including price, quality, availability, marketability, transportation and other conditions of purchase or sale))

제3절 특정성(specificity)

Ⅰ 의의

SCM협정상 보조금은 특정성이 있는 경우에만 규제대상이 된다(제2조). 즉, 보조금이 특정 산업 또는 특정 기업을 대상으로 하는 경우 보조금협정에 의해 규제를 받는다. 금지보조금의 경우 특정성이 있는 것으로 간주된다(제2.3조).

Ⅱ 법률상 특정성

'법률상 특정성'(de jure specificity)은 공여기관이나 관련 법규가 보조금에 대한 접근을 명백히 특정 기업이나 산업 또는 특정 기업군이나 산업군에 한정하는 경우 존재한다(제2.1조 제(a)호). 다만 공여당국이나 관련 법규가 보조금의 수혜자격과 금액을 규율하는 '객관적 기준 또는 조건[53]'을 명확히 설정하고, 수혜자격이 자동적으로 정해지고[54], 동 기준과 조건이 엄격히 준수되는 경우에는 특정성이 없다.

> **📖 조문 ┃ 제2조 제1항 제(a)호 – 법률상 특정성 존재**
>
> 공여당국 또는 공여당국이 그에 따라 활동하는 법률이 보조금에 대한 접근을 특정 기업으로 명백하게 한정하는 경우 이러한 보조금은 특정성이 있다. (Where the granting authority, or the legislation pursuant to which the granting authority operates, explicitly limits access to a subsidy to certain enterprises, such subsidy shall be specific.)

---

53) 객관적 기준 또는 조건이란 종업원 수, 기업의 규모와 같이 중립적이고, 특정 기업에 대하여 다른 기업보다 특혜를 주지 않으며, 성격상 경제적이며 적용 시 수평적인 기준 또는 조건을 의미한다(제2조각주2).
54) '수혜자격이 자동적으로 정해진다'는 것은 공여기관의 재량판단이 개입할 여지가 존재하지 아니한다는 의미이다. 즉, 일정한 요건이 존재하거나 존재하지 않는 경우 공여기관은 그러한 사실에 기속되어 당연히 보조금 수혜자격을 인정하거나 부정해야 한다는 것을 의미한다(김성준(1996), 455면).

공여당국 또는 공여당국이 그에 따라 활동하는 법률이 보조금의 수혜 요건 및 금액을 규율하는 객관적인 기준 또는 조건을 설정하고, 수혜 요건이 자동적이며 이러한 기준과 조건이 엄격히 준수되는 경우, 특정성은 존재하지 아니한다. 이러한 기준 및 조건은 검증이 가능하도록 법률, 규정 또는 그 밖의 공식문서에 명백하게 규정되어야 한다. (Where the granting authority, or the legislation pursuant to which the granting authority operates, establishes objective criteria or conditions governing the eligibility for, and the amount of, a subsidy, specificity shall not exist, provided that the eligibility is automatic and that such criteria and conditions are strictly adhered to. The criteria or conditions must be clearly spelled out in law, regulation, or other official document, so as to be capable of verification.)

Ⅲ 사실상 특정성

법률상 특정성이 없는 경우라 할지라도 '사실상의 특정성'(de facto specificity)이 있는 것으로 판정할 수 있다. 사실상의 특정성 존부에 대해서는 a) 제한된 특정 기업에 의한 보조금계획의 사용, b) 특정 기업에 대한 보조금의 압도적 사용, c) 특정 기업에 대한 보조금의 불균형적 지급, d) 보조금 지급 결정에 대한 공여기관의 재량권 행사 방식 등을 고려하여 결정할 수 있다(제2.3조).

제(a)호 및 제(b)호에 규정된 원칙의 적용결과 외견상 특정성이 없음에도 불구하고 보조금이 사실상 특정적일 수 있다고 믿을 만한 이유가 있는 경우에는 다른 요소들이 고려될 수 있다. 이러한 요소는 제한된 숫자의 특정 기업에 의한 보조금 계획의 사용, 특정 기업에 의한 압도적인 사용, 특정 기업에 대해 불균형적으로 많은 금액의 보조금 지급 및 보조금 지급 결정에 있어서 공여기관의 재량권 행사방식과 같은 것이다. 이 호를 적용함에 있어서 보조금계획이 집행되는 기간 뿐 아니라 공여기관의 관할하에 있는 경제활동의 다양화의 정도가 고려된다. (If, notwithstanding any appearance of non-specificity resulting from the application of the principles laid down in subparagraphs (a) and (b), there are reasons to believe that the subsidy may in fact be specific, other factors may be considered. Such factors are: use of a subsidy programme by a limited number of certain enterprises, predominant use by certain enterprises, the granting of disproportionately large amounts of subsidy to certain enterprises, and the manner in which discretion has been exercised by the granting authority in the decision to grant a subsidy. In applying this subparagraph, account shall be taken of the extent of diversification of economic activities within the jurisdiction of the granting authority, as well as of the length of time during which the subsidy programme has been in operation.)

Ⅳ 입증

특정성에 대한 결정은 '명확한 증거'(positive evidence)에 기초하여 명백히 입증되어야 한다(제2.4조).

I 유형

1. 수출보조금

수출보조금이란 법률상 또는 사실상 수출실적에 따라(contingent upon export performance) 지급되는 보조금을 말한다. '법률상' 수출실적에 연계되었다는 것은 관련 법규의 문언에 기초하여 조건이 입증될 수 있다는 것이, 또는 조치를 명시한 법률문서에 수출을 전제조건으로 한다는 것이, 함축적이라도(though implicitly), 명백한 경우를 의미한다. 반면, '사실상' 수출실적에 연계되었다는 것은 보조금 부여에 관련된 사실을 총체적으로 고려한 후 사례별로 유추하여 판단한다는 것을 의미한다.[55] 캐나다 – 항공기 사건I에서 상소기구는 법률상 수출을 조건으로 하여 보조금이 교부되는지 여부는 관련 법률의 해석에 의해 판정된다고 하였다. 브라질 – 항공기 사건에서는 국가가 수출촉진을 위해 수출대부은행에 대해 행한 이자지급이 수출보조금으로 판단되었다. 이 사건에서 브라질항공기를 구입하는 외국항공사는 수출대부은행에서 항공기의 구입자금을 차입해 차입에 따른 이자를 변제받거나 브라질정부가 변제 이자의 일부를 부담하였다. 이 사건에서 보조금은 수출에 대해서가 아닌 수출대부은행에 대해 공여되었으나 수출보조금이라고 판정되었다. 미국 – 해외판매법인(FSC) 사건에서 수출보조금은 수출자에 대한 직접세 감면 형태를 취했다. 캐나다 – 자동차협정 사건의 경우 수출을 조건으로 한 수입관세 면제가 수출보조금으로 간주되었다. 보조금협정 부속서 1은 12가지 유형의 수출보조금을 예시하고 있다.

2. 수입대체보조금(부품현지조달보조금)

수입대체보조금(import replacement subsidy)은 제조업이 상품의 제조과정에서 부품을 수입품 대신 국산품을 사용할 것을 조건으로 지급되는 보조금을 의미한다. 캐나다 – 자동차협정 사건에서 패널은 수입대체보조금은 '법률상' 보조금에 한정된다고 하였으나, 상소기구는 이를 파기하고 사실상의 부품현지조달요구도 포함된다고 하였다. 미국 – 면화보조금 사건에서 미국이 국산면화를 사용하는 생산자에게 보조금을 지급한 것이 수입대체보조금으로 판정되었다.

📋 **조문 | 제3조 제1항 – 금지보조금**

3.1 농업에 관한 협정에 규정된 경우를 제외하고, 제1조의 의미 내에서의 다음의 보조금은 금지된다.

가. 부속서 1(Re.4)에 예시된 보조금을 포함하여 유일한 조건으로서 또는 다른 여러 조건 중의 하나로서, 법률상 또는 사실상(Re. 5) 수출실적에 따라 지급되는 보조금(subsidies contingent, in law or in fact(Re. 4), whether solely or as one of several other conditions, upon export performance, including those illustrated in Annex I(Re. 5))

(Remark 4) 부속서 1에서 수출보조금에 해당되지 아니한다고 언급된 조치는 이 규정 및 이 협정의 그 밖의 규정에 의하여 금지되지 아니한다.

(Remark 5) 이 기준은 보조금 지급이 법률적으로는 수출실적을 조건으로 이루어지지 아니하나, 실제로는 실제 또는 예상되는 수출이나 수출수입과 결부된다는 것이 사실에 의해 증명되는 경우 충족된다. 수출하는 기업에게 보조금이 지급된다는 단순한 사실만으로는 이러한 보조금이 이 규정의 의미내의 수출보조금으로 간주되지 아니한다.

나. 유일한 조건으로서 또는 다른 여러 조건 중의 하나로서, 수입품 대신 국내상품의 사용을 조건으로 지급되는 보조금(subsidies contingent, whether solely or as one of several other conditions, upon the use of domestic over imported goods.)

---

55) 최승환(2006), 336면.

📖 조문 | 부속서 1 - 수출보조금 예시 목록

가. 수출실적에 따라 정부가 기업 또는 산업에 대하여 제공하는 직접보조금

나. 수출상여금을 포함하는 외화보유제도 또는 유사한 관행

다. 국내선적분에 비해 보다 유리한 조건으로 정부에 의해 제공하거나 위임되는 수출선적분에 대한 국내 수송 및 운임

라. 수출품의 생산에 사용되는 수입품 또는 국내상품 또는 서비스를, 국내 소비용 상품생산에 사용되는 동종상품 또는 서비스 또는 직접경쟁 상품 또는 서비스의 제공보다 유리한 조건으로, 정부 또는 정부대행기관이 정부위임제도에 따라 직접 또는 간접적으로 제공하는 것. 단, (상품의 경우) 그러한 조건이 세계시장에서 그들의 수출업자가 상업적으로 이용가능한(Re. 57) 것보다 유리한 경우에 한한다.
(Remark 57) '상업적으로 이용가능한'의 의미는 국내상 품 및 수입품 간의 선택이 제한이 없고, 상업적인 고려에만 의존하는 것을 말한다.

마. 산업적 또는 상업적 기업이 지불한 또는 지불해야 할 직접세 또는 사회보장 부과금을 명시적으로 수출과 관련하여 완전 또는 부분적으로 면제, 경감 또는 유예하는 것

바. 직접세 과세표준 산정에 있어 국내소비를 위한 생산과 관련하여 부여되는 이상의, 수출 또는 수출 실적과 직접 관련된 특별공제의 허용

사. 국내소비를 위하여 판매되는 동종상품의 생산 및 유통과 관련하여 부과되는 간접세를 초과하는 수출품의 생산 및 유통과 관련한 간접세의 면제 또는 경감

아. 국내소비를 위하여 판매되는 동종 상품의 생산에 사용되는 상품 및 서비스에 부과되는 동종의 전단계 누적간접세의 면제, 경감 또는 유예를 초과하는, 수출품의 생산에 사용되는 상품 및 서비스에 대한 전단계 누적간접세의 면제, 경감 또는 유예. 그러나 수출품의 생산에 소비된 투입요소에(폐기물을 정상적으로 참작하여) 전단계 누적간접세가 부과된 경우에는 국내소비를 위해 판매된 동종상품에 대하여 전단계 누적간접세가 면제, 경감 또는 유예되지 아니하는 경우에도 수출품에 대해서는 면제, 경감 또는 유예될 수 있다. 이러한 품목은 부속서 2에 포함된 생산과정에서의 투입요소의 소비에 관한 지침에 따라 해석된다.

자. 수출상품의 생산에 소비된(폐기물을 정상적으로 참작하여) 수입 투입요소에 부과된 수입과징금을 초과하는 수입과징금의 경감 또는 환급. 단, 그러나 특수한 경우 기업은 수입 투입요소 대신에 그와 동질, 동일한 성격의 국내시장 투입요소를 대체품으로 일정량 사용하는 경우에는 수입과 그에 상응하는 수출이 2년을 넘지 않는 합리적인 기간 내에 이루어지면 이 규정의 혜택을 받을 수 있다. 이 항복은 부속서 2에 포함된 생산과정에서 투입요소의 소비에 관한 지침 및 부속서 3에 포함된 대체 환급제의 수출보조금의 결정 지침에 따라 해석된다.

차. 정부(또는 정부가 통제하는 특수기관)가 수출신용보증 또는 보험계획, 수출품의 비용 증가에 대비한 보험 또는 보증계획, 환리스크 보증계획을 이러한 계획의 장기적인 운영비용 또는 손실을 보전하기에 부적절한 우대금리고 제공하는 것

카. 수출신용조건 분야에서 실질적인 이익을 확보하기 위하여 사용되는 한, 정부(또는 정부에 의해 통제 되고 또는 정부의 권한을 대신하는 특수기관)가 조달자금을 실제로 지불해야 하는 금리(또는 수출신용과 동일한 만기 및 그 외 신용조건의 그리고 동일한 화폐로 표시된 자금을 얻기 위해 국제 자본시장에서 차입할 경우 지불하여야 할 비용에 대해)보다 낮은 금리로 제공하는 수출신용, 또는 수출자 또는 금융기관이 신용을 얻을 때 발생하는 비용 전부 또는 일부에 대한 정부의 지불. 그러나 특정회원국이 1979년 1월 1일 현재 적어도 12개 이상의 이 협정 원회원국(또는 동 원회원국에 의해 채택된 후속 약속)이 당사자인 공적 수출신용에 관한 국제약속의 당사자인 경우, 또는 특정회원국이 사실상 관련 약속의 이자율 규정을 적용하는 경우, 이같은 규정에 합치하는 수출신용관행은 이 협정이 금지하는 수출보조금으로 간주되지 아니한다.

타. 1994년도 GATT 제16조의 의미 내에서 수출보조금을 구성하는 그 밖의 공공계정에의 부담

Ⅱ 다자적 구제절차

1. 의의

다른 회원국이 금지보조금을 지급하고 있다고 판단한 경우 그 회원국에 대해 협의를 요청하고 이후 패널, 항소 절차 등을 통해 보조금의 폐지를 위한 구제 절차가 예정되어 있다.

2. 절차

첫째, 협의를 요청한 경우 요청 후 30일 이내에 상호 합의된 해결책에 도달하지 못한 경우 협의당사국은 DSB에 사안을 회부할 수 있다. 둘째, DSB에 의해 역총의로 패널이 설치되며, 패널은 구성 및 위임사항이 확정된 일자로부터 90일 이내에 최종보고서를 배포한다. 셋째, 분쟁당사국이 항소하지 않는 경우 30일 이내에 역총의로 패널보고서가 채택된다. 당해 조치가 금지보조금으로 판정된 경우 패널은 보조금 공여국에게 '지체 없이'(without delay) 보조금을 철폐하도록 권고한다(제4.7조).

3. 대응조치

패널이 정한 기간 내에 DSB의 권고 이행되지 않는 경우, DSB가 총의로 제소국의 대항조치 요청을 거절한 경우를 제외하고 DSB는 제소국이 '적절한 대응조치'(appropriate countermeasures)를 취하는 것을 승인한다 (제4.10조). 대응조치에는 '상계관세'가 포함된다. 금지보조금의 경우에는 국내산업에 야기된 피해를 입증하지 않더라도 금지보조금의 존재 그 자체만으로 협의 및 대항조치를 취할 수 있다.[56]

4. 기한

협의요청에서 패널보고서의 채택까지의 기한은 총 150일이 소요되며 항소된 경우 30일 또는 60일이 추가된다 (제4.9조). 달리 규정이 있는 경우를 제외하고 금지보조금에 대한 구제절차에 소요되는 기한은 DSU에 규정된 기한의 절반으로 단축된다(제4.12조).

Ⅲ 일방적 구제절차(상계관세부과)

금지보조금의 지급으로 인해 상대국의 국내산업에 피해를 주거나 줄 우려가 있거나 또는 산업의 확립을 지연시킬 경우에는 상대국은 보조금협정 제5부의 규정에 따라 상계관세를 부과할 수 있다.

56) 최승환(2006), 337면.

⚖️ 판례 | 캐나다 – 자동차 사건

캐나다는 1998년 제정된 Motor Vehicle Tariff Order(MVTO)를 통해 일정 조건[57]을 충족하는 자동차 제작사에게 자동차를 무관세로 수입할 수 있는 수입관세 면제혜택 부여하였으며, SRO(Special Remission Order)규정을 통해서도 자동차 제작사에게 수입관세 면제혜택을 부여하였다. SRO 역시 회사별로 생산 대 판매 비율과 CVA 요건을 설정하였다. 자동차 제작사들은 CVA 요건을 충족하겠다는 서약서(Letter of Undertaking)를 제출하였다. 한편, MVTO, SRO에 의거하여 수입관세 면제대상이 되는 기업은 1989년 이후 추가되지 않았다. 이에 대해 제소국들(EC,일본)은 수입관세 면제조치는 수출보조금이며, CVA 요건은 수입대체보조금으로서 금지보조금이라고 주장하였다.

우선, 수입관세 면제조치와 관련하여 제소국들은 캐나다의 수입관세 면제조치는 보조금협정상 보조금이고, 또한 수출보조금이라고 주장하였다. 관세징수의 포기는 SCM협정 제1조 제1항 가호 1 (나)에 규정된 재정적 기여에 해당하고, 해당 기업은 납부해야 할 관세를 납부하지 않은 것이므로 면제된 금액만큼 혜택을 본 것이며, Ratio requirement를 충족하기 위해서는 무관세로 수입하는 자동차 판매액에 해당하는 만큼 캐나다 내 생산 자동차를 수출할 수밖에 없으므로 이는 수출실적에 따라 지급되는 수출보조금이라고 하였다. 이에 대해 패널은 제소국 측의 주장을 인용하여 수입관세면제조치는 보조금에 해당하며, 또한 수출실적에 연계된 수출보조금이라고 판정하였다. 상소기구는 패널 판정을 지지하였다. 상소기구에 의하면, 법률상의 수출조건성은 당해 조치의 근거규정, 법령상에 기재된 명문 표현을 근거로 입증되어야 하나 그 조건은 명시적 또는 묵시적으로 표현될 수 있다. 즉, 비록 수입관세 면제조치규정이 수출실적을 조건으로 한다고 규정하고 있지 않다고 하더라도 동 규정이 요구하는 비율 충족 요건은 수출을 조건으로 하는 것으로 보아야 한다.

CVA 요건과 관련하여 제소국들은 수입대체보조금으로서 금지보조금이라고 주장하였다. 즉, CVA 요건은 수입상품에 비해 국내상품의 사용을 유인하므로 보조금협정 제3조 제1항 나호에 규정된 수입대체보조금에 해당한다고 주장한 것이다. 패널은 제소국 측 주장을 기각하였다. 패널에 의하면, CVA 요건은 법적으로 국내상품 사용을 조건으로 하고 있지 않으며 국내상품을 전혀 사용하지 않고도 달성될 수 있으므로 수입관세 면제조치는 법적으로 국내상품 사용을 조건으로 지급되는 보조금이 아니다.

상소기구는 패널 판정을 파기하였다. 상소기구에 의하면, 패널이 국내상품을 사용하지 않고도 CVA 요건을 달성할 수 있다고 판단한 것은 '이론적'이므로 실제 그것이 가능한지에 대해 실증적 분석을 했어야 한다. CVA 요건이 낮다면 국내상품을 사용하지 않고 국내노동만으로도 그 요건을 충족할 수 있을 것이나 그 요건이 국내상품을 사용하지 않고서는 도저히 달성할 수 없을 정도의 높은 수준이라면 국내상품의 사용을 조건으로 하는 것이라고 본 것이다. 상소기구는 패널 판정을 파기하였으나, 사실적인 자료나 증거가 불충분하여 심리를 계속할 수는 없다고 하였다.

⚖️ 판례 | Korea – commercial vessels case

1. 수출입은행 관련 법규 자체

패널은 수출입은행 관련 법규 자체가 수출보조금에 해당하기 위해서는 보조금일 것, 수출보조금일 것(수출부수성), 관련 법규가 강행법규일 것 등 세 가지 요건을 요한다고 판단하였다. 패널은 보조금에는 해당한다고 인정하였으나 '강행법규'가 아니므로 법자체가 보조금협정에 반하지 않는다고 판시하였다. 또한 강행법규가 아닌 이상 '수출 조건성'에 대해서는 검토할 실익이 없다고 보고 검토하지 않았다. 첫째, 수출입은행 법규에서 규정하고 있는 대출이나 채무보증은 보조금협정상 보조금 요건을 충족한다. 수출입은행은 '공공기관'이며 대출이나 채무보증은 '재정적 기여'에 해당한다. 대출이나 채무보증에 있어서 시장에서 얻을 수 있는 조건보다 유리한 조건을 획득할 수 있으므로 혜택이 존재한다. 둘째, 수출입은행 법규 자체가 보조금 지급을 '강제'하지 않는다. 패널은 수출입은행 법규의 WTO협정 위반 여부에 대해 강행법규·재량법규기준에 따라 심리하였으며 결과적으로 EC는 수출입은행 법규가 그 자체로 보조금 지급을 강제(mandate)하고 있음을 증명하지 못했다고 판정하였다.

---

57) 세 가지 조건을 충족해야 한다. 첫째, 기준년도 중 수입자동차와 동급의 차량을 캐나다 국내에서 생산한 실적이 있어야 한다. 둘째, 캐나다 내에서 생산된 자동차의 판매총액과 캐나다 내에서 판매된 동급 차량 판매총액 간의 비율이 기준년도의 그것보다 같거나 높아야 한다. 셋째, 캐나다 내 자동차 제작에 투여된 캐나다의 부가가치가 기준년도의 그것보다 같거나 높아야 한다(Canadian Value Added requirement: CVA). 둘째 조건이 기준년도보다 낮을 수도 있으나 최소한 75:100은 초과해야 한다. 셋째 요건과 관련하여 CVA 요건 충족비율이 각 자동차 회사별로 지정되었다. 이 비율은 캐나다 국내상품 사용, 국내노동자 고용, 캐나다 내 수송비용 및 캐나다 내에 발생한 경상비 등을 통해 달성할 수 있다.

2. 선수금 환급 보증(APRG)[58] 및 제작금융(PSL)[59] 제도 자체의 적법성

APRG나 PSL제도 자체가 보조금협정을 위반하기 위해서는 보조금일 것, 수출보조금일 것, 관련 법규가 강행법규일 것을 요한다. 패널은 양 제도가 보조금에 해당한다는 점은 인정하였으나 강행법규라는 점을 EC가 입증하지 못하였다고 판단하였다. 수출부수성은 소송경제의 원칙을 적용하여 심리하지 않았다. 패널은 EC가 강행성의 근거로 제시한 수출입은행 관련 법규들이 강행성을 뒷받침하지 못한다고 하였다. 또한 수출입은행 관련 자료에 PSL의 목적이 수출을 부양하기 위한 것이라고 명시되었다는 것이 곧 관련 제도가 WTO협정 위반을 강제하는 것으로 판단할 수 없다고 하였다.

3. 개별적인 선수금 환급 보증 거래의 수출보조금 해당 여부

수출입은행이 개별 조선소에 제공한 APRG가 수출보조금에 해당하기 위해서는 보조금일 것, 수출부수성이 있을 것을 요한다. 패널은 대우중공업 등 몇 개 기업에 제공된 APRG는 수출보조금에 해당한다고 판정하였다. 또한, 한국이 수출보조금 예시 목록 (j)호에 기초하여 제기한 예외(safe haven) 주장도 배척하였다. 첫째, 개별적인 APRG는 보조금에 해당한다. 수출입은행은 공공기관이며, APRG는 '자금의 잠재적 직접이전'으로서 재정적 기여에 해당하고, 시장에서 보다 더 낮은 보증 수수료를 납부하므로 '혜택'도 존재한다. 패널은 대우중공업과 대우조선해양, STX·대동조선, 삼성중공업에 수출입은행이 제공한 선수금 환급 보증은 EC의 주장대로 보조금에 해당하고, 삼호·한라중공업, 한진중공업에 수출입은행이 제공한 선수금 환급 보증에 대해서는 비교기준과 관련하여 EC의 주장을 기각한바, 보조금에 해당한다고 볼 수 없다고 판시하였다. 둘째, APRG는 수출부수성(export contingency)이 있다. 패널은 EC의 주장을 수용하여 수출입은행이 제공한 선수금 환급 보증 및 제작금융은 동 제도의 정의상 수출 거래에 제공된 것이며 따라서 수출에 따르는 것임이 명백하다고 판시하였다. 셋째, 패널은 보조금협정 부속서 1 (j)호[60]는 반대 해석이 허용되지 아니하며 설사 허용된다고 하더라도 APRG는 수출신용보증이나 수출품의 비용 증가에 대비한 보험에 해당하지 아니한다고 판정하였다. 패널은 우선 (j)호를 반대 해석할 수 있는지부터 검토하였다. 패널은 동 부속서 (i)호를 반대 해석할 수 없다고 판시한 Brazil-Aircraft Article 21.5 사건 패널의 논지에 의거하여 (j)호 역시 반대 해석할 수 없다고 보았다. 패널은 동 사건 패널 판시대로 보조금협정 각주5의 규정상 보조금협정 대상에서 제외되기 위해서는 수출보조금에 해당되지 않는다고 부속서 1에 명시되어야 할 것이나 (j)호에는 그러한 언급이 없으므로 각주5의 범주에 속하지 않는다고 확인하였다. 패널은 (j)호를 반대 해석할 수 없으며 설사 반대 해석할 수 있다고 하여도 선수금 환급 보증은 (j)호에 규정된 수출신용보증이나 수출품의 비용증가에 대비한 보증에 해당되지 않는다고 판시하였다.

4. 개별적인 제작 금융의 수출보조금 해당 여부

수출입은행이 제공한 제작금융이 특혜였는지를 가지기 위해서는 제작금융의 금리가 시장조건을 반영한 비교기준보다 낮았는지 여부가 핵심이었다. 패널은 수출입은행이 각 조선사에 제공한 제작 금융 이자율이 EC가 회사채 이자율을 기초로 구성한 시장 기준보다 낮게 책정되었음을 확인하고 동 이자율 차액만큼 혜택을 부여한 것이므로 보조금에 해당하며 수출상품에 제공한 것이므로 수출 부수성도 인정, 수출보조금이라고 판시하였다. 한국은 이에 대해 보조금협정 부속서 (l)호의 예외(수출신용)에 해당한다고 주장하였으나, 패널은 (j)호를 반대 해석할 수 없듯이 (l)호 역시 반대 해석할 수 없으며, 설사 반대 해석할 수 있다 하더라도 (l)호의 수출신용은 수출자 또는 수출거래은행이 구매자에게 제공하는 여신이므로 조선사(수출자)에 제공되는 수출입은행의 제작금융은 수출신용에 해당되지 않는다고 판시하였다.

---

58) 선수금 환급 보증(Advance Payment Refund Guarantee Bond): 수입자가 수출목적물 인도 전에 지급하는 선급금(수출자의 입장에서는 선수금)에 대하여 수출자 귀책사유로 인하여 계약조건대로 수출목적물을 인도하지 못하는 경우에 그 선수금을 반환할 것을 보증하는 것이다.

59) 선박 제작 금융(preshipment loan): 일반적으로 제작금융이란 금융기관이 수출대상물 제작에 필요한 경비의 전부 또는 일부를 수출자에게 대출하여 주는 것이다. 선박 건조에는 막대한 비용이 소요되므로 조선사는 수주 시 제작금융을 받는 경우가 대부분이며 그 금리는 조선사의 신용상태에 따라 달리 적용된다.

60) (j) 정부(또는 정부가 통제하는 특수기관)가 수출신용보증 또는 보험계획, 수출품의 비용 증가에 대비한 보험 또는 보험계획, 환리스크 보증계획을 이러한 계획의 장기적인 운영비용 또는 손실을 보전하기에 부적절한 우대 금리로 제공하는 것이다.

I 정의

SCM협정에는 조치가능보조금에 대한 명확한 정의 조항은 존재하지 않는다. 다만 제5조에 따르면 a) 타방회원국의 국내산업에 대한 피해, b) 특정성 있는 보조금 지급에 따른 양허 혜택의 무효화 또는 침해, c) 타방 회원국의 이익에 대한 심각한 손상(serious prejudice)과 같은 부정적 효과(adverse effects)를 발생시키는 일방 회원국의 보조금을 의미하는 것으로 규정한다.

📋 조문 | 제5조 - 부정적 효과

어떤 회원국도 제1조 제1항 및 제2항에 언급된 보조금의 사용을 통하여 다른 회원국의 이익에 아래와 같은 부정적 효과를 초래해서는 아니 된다. 즉,

가. 다른 회원국의 국내산업에 대한 피해(injury to the domestic industry of another Member)

나. 1994년도 GATT에 따라 다른 회원국이 직접적 또는 간접적으로 향유하는 혜택, 특히 동 협정 제2조에 따른 양허 혜택의 무효화 또는 침해(nullification or impairment of benefits accruing directly or indirectly to other Members under GATT1994 in particular the benefits of concessions bound under Article II of GATT1994)

다. 다른 회원국의 이익에 대한 심각한 손상(serious prejudice to the interests of another Member)

II 심각한 손상

심각한 손상이 존재하는 것으로 간주되는 경우는 첫째, 총 보조금 지급이 상품가액(ad valorem)의 5%를 초과하는 경우, 둘째, 특정 산업이 입은 영업손실을 보전하기 위해 보조금이 지급된 경우, 셋째, 특정 기업이 입은 영업 손실을 보전하기 위해 보조금이 지급된 경우, 넷째, 직접적인 채무감면을 위한 교부금 등이다(제6.1조). 또한 다음과 같은 효과 중 하나 이상 발생해야 심각한 손상이 발생한다(제6.3조). 첫째, 보조금으로 인해 보조금지급 회원국의 시장에서 동종상품의 수입을 배제 또는 방해하는 효과, 둘째, 보조금으로 인해 제3국 시장에서 다른 회원국의 동종제품 수출을 배제 또는 방해하는 효과, 셋째, 보조금으로 인해 동일 시장에서 다른 회원국의 동종상품과 비교하여 '현저한' 가격인하를 초래하거나, 다른 회원국 동종상품의 '현저한' 가격인상 억제, 판매감소를 초래하는 효과, 넷째, 보조금으로 인해 보조금을 받는 일차상품의 세계 시장점유율이 과거 3년간 평균점유율보다 증가하고 이러한 증가가 보조금 지급 기간 중 지속적 추세를 보이는 효과 등. 심각한 손상 판정기준은 WTO협정 발효 후 5년간 잠정적으로 적용되어 1999년 말에 실효되었다(제31조).

Ⅲ 협의 등

다른 회원국에 의해 지급된 보조금이 자국 국내산업에 대해 피해, 무효화 또는 침해, 또는 심각한 손상을 초래한다고 믿을만한 사유가 있는 경우 해당 회원국은 언제든지 관련 회원국에 대해 협의를 요청할 수 있다(제7.1조). 협의 이후 절차는 시한이 다소 긴 것을 제외하고 금지보조금의 경우와 유사하다. 패소국이 부정적 효과를 제거하기 위한 적절한 조치를 취하지 않거나, 보조금을 철폐하지 않거나, 보상에 관한 합의가 없는 경우 승소국은 DSB의 승인을 얻어 대항조치를 취할 수 있다. 대항조치는 존재하는 것으로 판정된 부정적 효과의 정도와 성격에 상응하는 것이어야 한다(제7.9조).

Ⅳ 상계조치

조치가능보조금에 대해서는 SCM협정 제5부 규정에 따라 상계관세를 부과할 수 있다.

> **⚖️판례 | Korea – commercial vessels case**
>
> ## 1. 조치가능보조금
> 조치가능보조금에 해당하기 위해서는 우선 보조금협정 제1조상의 보조금 요건을 충족해야 한다. 패널은 지급주체 및 재정적 기여에 대해서는 요건을 충족한다고 보았으나, 혜택의 존재에 대해서는 EC 측이 충분하게 입증하지 못했다고 판단하였다. 보조금이 아니라고 판단하였기 때문에 '특정성'이 있는지 여부에 대해서는 별도로 판단하지 않았다.
> 첫째, 보조금 공여 주체와 관련하여 패널은 구조조정에 참가한 자산관리공사, 산업은행, 기업은행, 수출입은행은 지분과 경영진 임면권을 정부가 소유하고 있는 점 등에 비추어 공공기관이라고 판단하였고 한국도 반론을 제기하지 않았다. 그러나 민간은행의 경우 패널은 EC가 제시한 증거가 정부의 지시나 위임을 입증할 정도의 증거력을 갖고 있는지 각각에 대해 증거 수준을 검토한 후 모두 증거능력을 인정할 수 없다고 기각하였다. 관련 국무총리훈령 어디에도 구조조정에 금융기관을 강제적으로 참가하게 하는 구절이 없으며 또 민간은행 지분의 태반을 정부나 공공기관이 소유하고 있다고 해서 특정 구조조정 사안에 참가토록 지시나 위임하였다고 볼 수는 없다고 보았다.
> 둘째, 패널은 구조조정조치들이 재정적 기여에 해당한다고 판정하였다. 한국은 주채권은행의 채무 면제, 이자율 인하, 출자전환 등의 조치는 금적적인 이익을 이전한 것이 아니므로 재정적 기여가 아니라고 주장하였다. 동 조치는 추후에 변제받게 될 채무를 보전하고 증가시키기 위한 채권은행의 자구조치이지 해당 기업에 금전적인 이익을 제공하는 것은 아니라는 것이다. 패널은 한국의 주장을 기각하였다. 보조금협정 제1조 제1항 제a호 (1)에 나열된 무상지원, 대출 및 지분 참여는 자금의 직접이전 형태의 일부로 예시된 것뿐이며 이자 · 채무면제는 무상지원, 이자율 인하 · 만기연장은 신규 여신, 출자전환은 지분참여에 해당한다고 단정하였다.
> 셋째, 패널은 수혜자에 대한 혜택에 대해서는 EC 측이 충분하게 입증하지 못했다고 판단하였다. 패널은 채권은행의 조선사 구조조정 참가가 조선사에 혜택을 부여하였는지 여부를 가리기 위해 그 행위의 상업적 합리성 여부를 기준으로 사용하였다. 패널은 입증 책임을 안고 있는 EC가 제시하는 근거가 정상적인 금융기관이라면 구조조정에 참가하지 않았을 것임을 인정할 만큼 타당한지 여부를 중점 점검하였다. 그 결과 패널은 EC가 충분한 증명을 하지 못했다고 판단하여 EC의 주장을 기각하였다.
>
> ## 2. 심각한 손상
> 패널은 구조조정조치는 보조금이 아니라고 이미 판시하였으므로 선수금 환급 보증과 제작금융을 받고 건조된 3개 선종이 해당 선종의 국제시세에 영향을 미쳤는지를 검토하였다. 패널은 제출받은 거래내역을 토대로 선수금 환급 보증과 제작금융이 당해 지원 선박 가격에 미친 영향도 산출하였다. 패널은 보조금을 지원받은 건조 선박 수가 전체 선박 수에 비해 미미하고 산출된 가격효과 역시 세계선가에 영향을 미칠 정도가 아니라고 판단하였다. 따라서 당해 지원 국제 선가의 인상을 억제하거나 하락시켰다고 볼 수 없으며 결국 EC의 이익에 심각한 손상을 초래하지도 않았다고 결론짓고 EC의 주장을 배척하였다.

I 범위

허용보조금(non-actionable subsidy)은 SCM협정 제2조의 의미 내에서 특정성이 없는 보조금이나, 특정성이 있더라도 연구개발보조금, 지역개발보조금, 환경보조금과 같이 국제무역의 흐름을 왜곡하지 않아 국가정책상 지급이 허용되는 보조금을 말한다(제8.1조)

II 구제 절차

허용보조금이 협정상 요건을 충족함에도 불구하고 자국의 국내산업에 심각한 부정적 효과(serious adverse effect)를 초래한다고 믿을만한 사유가 있는 회원국은 해당 회원국에 대해 협의를 요청할 수 있다(제9.1조). 협의에 의해 상호 만족할 만한 해결에 도달하지 못한 경우 협의당사국은 '보조금 및 상계조치 위원회'에 이 사안을 회부할 수 있다(제9.3조). 위원회는 부정적 효과가 존재한다고 결정하는 경우 관련 회원국에게 문제된 보조금 지급계획의 수정을 권고할 수 있다. 위원회의 권고가 6개월 내에 이행되지 않는 경우 위원회는 존재하는 것으로 판정된 부정적 효과의 정도와 성격에 상응하는 대항조치를 요청회원국이 취하는 것을 승인한다(제9.4조). 한편, 허용보조금에 대해서는 SCM협정 제5부에 따른 조사절차가 허용되지 않으나 '보조금 및 상계조치 위원회'는 회원국으로부터 통보받은 허용보조금이 제8조 제2항상의 요건을 충족하는지 여부에 대해 조사할 수 있다(제8.4조).

제7절 상계관세의 부과

I 의의

상계관세(countervailing duty)란 상품의 제조, 생산 또는 수출에 직접 또는 간접적으로 지급된 보조금을 상쇄하기 위하여 부과되는 특별 관세를 의미한다(제10조 각주36). 회원국은 1994GATT에 따르는 경우를 제외하고는 다른 회원국의 보조금에 대해 특정한 조치(specific action against subsidy)를 취할 수 없다(제32.1조).

---

61) SCM협정 제31조는 허용보조금에 관한 규정인 제8조 및 제9조는 WTO협정 발효일로부터 5년간 적용된다고 규정하고 동 기간 종료 전 180일 전까지 관련 규정의 적용 연장에 대해 WTO보조금위원회가 검토할 것을 명시하였다. 그러나 회원국들 간 의견 대립으로 연장에 대한 합의를 보지 못해 2000년 1월 1일자로 동 조항들은 적용이 종료되었다(고준성 외(2006), 203면).

Ⅱ 실체적 요건

1. 의의

상계조치를 취하기 위해서는 특정성이 있는 보조금의 지급으로 인해서 국내산업에 피해가 발생해야 한다. 따라서 보조금, 특정성, 피해, 인과관계를 요건으로 한다. 여기서는 피해 및 인과관계 관련 규정을 서술한다.

2. 동종상품(like product)

보조금의 지급으로 인한 피해는 수입국에서 동종상품을 생산하는 산업에 발생해야 한다. SCM협정상 동종상품은 '조사대상상품과 동일한(identical), 즉 모든 면에서 유사한 상품 혹은 그러한 상품이 없는 경우에는 모든 면에서 유사하지는 않으나 조사대상상품과 매우 유사한(closely resembling) 특성을 가지는 다른 상품'을 의미한다(제15.1조 각주46). 이러한 정의는 상품의 물리적 특성(physical character)에 초점을 맞추고 있다.[62]

3. 국내산업

국내산업이란 동종상품을 생산하는 국내생산자 전체 또는 그 생산량의 합계가 당해 상품의 국내총생산량 중 주요한 부분(a major proportion)을 차지하는 국내생산자를 의미한다(제16.1조).

4. 피해

(1) 의의

피해는 국내산업에 대한 '실질적 피해'(material injury), 실질적 피해의 위협(threat of material injury) 또는 산업의 확립에 있어 실질적 지연(material retardation of the establishment of such an industry)을 포함한다(제15조 각주45).

(2) 피해판정 시 고려요소

피해판정 시 고려해야 할 요소는 보조금 지급 수입품의 수량[63], 보조금 지급 수입품이 국내시장에서의 동종상품의 가격에 미치는 영향[64], 이러한 수입품이 당해 상품의 국내생산자에게 미치는 영향[65]이다(제15.1조).

(3) 실질적 피해의 위협판정 시 고려요소[66]

실질적 피해의 위협은 실질적 피해의 발생이 명백히 예측되고 급박한(clearly foreseen and imminent) 것을 의미한다(제15.7조). 실질적 피해의 위협에 대한 판정은 사실(facts)에 기초해야 하며, 단순히 주장(allegationa)이나 추측(conjecture) 또는 막연한 가능성(remote possibility)에 기초해서는 안 된다(제15.7조).

---

62) 김성준(1996), 500면.
63) 수량과 관련하여 조사당국은 절대적 기준, 또는 수입국의 생산 또는 소비와 비교한 상대적 기준에 의해서 수입품이 상당히 증가하였는지 여부를 고려한다(제15.2조 제1문).
64) 조사당국은 수입국 내 동종상품의 가격이 보조금 지급 수입으로 상당한 인하가 있었는지, 상당한 정도로 하락하였는지, 가격상승이 상당한 정도로 억제되었는지를 고려한다(제15.2조 제2문).
65) 영향평가에 있어서 당해 산업의 상태에 영향을 미치는 관계된 모든 경제적 요인 및 지표들을 평가해야 한다. 특히 생산량, 판매, 시장점유율, 이익, 생산성, 투자수익율, 설비 가동율 등을 조사한다(제15.4조 제1문). 이러한 요인들은 예시적이다. 따라서 어느 하나 또는 수개의 요인이 반드시 결정적인 판단기준이 될 수 없다(제15.4조 제2문).
66) 협정 제15조 제7항 제3문에 의하면 보조금으로 인한 무역효과, 국내시장에서 보조금 지급 수입품의 현저한 증가율, 조사대상상품의 재고율 등을 실질적 피해의 위협판정 시 고려할 요소로 규정하고 있다.

5. 인과관계

보조금 지급 사실의 존재와 국내산업 피해 간에 인과관계가 존재해야 한다. 피해판정은 보조금 지급 수입품이 보조금의 효과를 통하여 국내산업에 피해를 야기하고 있는 경우에만 정당화된다(제15.5조). 다른 요인들에 의해 야기된 피해의 원인이 보조금 지급 수입품으로 인한 것으로 귀속되어서는 안 된다(제15.5조 제3문). 보조금지급 수입품 이외의 다른 요소에는 보조금을 받지 아니한 당해 상품수입의 수량 및 가격, 수입감소나 소비형태에 있어서의 변화, 외국생산자와 국내생산자의 제한적인 무역관행 및 이들 간 경쟁, 기술개발, 국내산업의 수출실적 및 생산성 등이 포함된다(제15.5조 제4문).

Ⅲ 조사

1. 조사개시

보조금 조사는 조사기관의 직권에 의해 또는 수입국의 국내산업이나 이를 대리한 자의 서면신청에 의해 개시된다(제11조). 조사개시 신청에 있어서 보조금 및 그 금액, 피해, 인과관계에 관한 증거 등이 제시되어야 한다(제11.2조 제1문). 조사신청을 지지하는 국내생산자의 생산량이 조사신청에 대해 의견을 표명한 국내생산자가 생산한 동종상품 총생산량의 50%를 초과하고 국내산업에 의해 생산된 동종상품 총생산량의 25% 이상인 경우에 제소적격이 인정된다.

2. 조사개시의 공고 등

조사당국은 조사개시 결정을 내리지 아니하는 한 조사개시 신청을 공표해서는 안 된다(제11.5조). 또한 조사당국이 조사의 개시를 정당화할 만한 충분한 근거가 있다고 인정하는 경우 자국의 상품이 조사의 대상이 된 회원국 및 조사에 이해관계가 있는 것으로 알려진 다른 이해당사국에게 이를 통지하고 공고해야 한다(제22.1조).

3. 조사의 수행

(1) 이해당사자의 권리

조사가 개시되는 즉시 당국은 접수된 서면신청서 전문을 수출업자 및 수출회원국 당국에 제공해야 하며, 요청이 있는 경우 다른 관련된 이해당사자에게도 이를 제공해야 한다(제12.1조 (3) 제1문). 모든 이해당사자는 당국이 요구하는 정보에 대해 통지를 받을 뿐 아니라 당해 조사와 관련이 있다고 생각되는 일체의 증거를 서면으로 제출할 충분한 기회를 부여받는다(제12.1조).

(2) 입수가능정보

이해당사자가 합리적 기간 내에 필요한 정보에의 접근을 거부하거나 이의 제출을 거부하는 경우 또는 조사를 현저하게 방해하는 경우에 당국은 입수가능한 사실을 기초로 하여 예비판정 또는 최종판정을 내릴 수 있다(제12.7조).

(3) 현장조사(on-the-spot investigation)

조사당국은 충분한 시간 전에 당해 회원국에게 통보하고 이 회원국이 조사에 반대하지 아니하는 경우 필요에 따라 다른 회원국의 영토 내에서 조사를 수행할 수 있다(제12.6조).

4. 협의

조사개시 신청이 수락되면 가능한 한 조속히, 어떠한 경우에도 조사가 개시되기 전에, 자국의 상품이 이러한 조사의 대상이 될 수 있는 회원국은 제11조 제2항에 규정된 제소의 내용에 언급된 상황을 명백하게 하고 상호 합의된 해결책에 도달하기 위한 협의에 초청받는다(제13.1조).

5. 조사종결

조사개시를 위한 증거가 충분하지 않거나, 보조금액이 종가기준 1% 미만이거나, 보조금을 받은 수입품의 실제적, 잠재적 수량 및 피해가 무시할 만한 수준인 경우 조사는 즉시 종결된다(제11.9조).

Ⅳ 예비판정

당국은 조사절차에서 보조금으로 인해 관련 국내산업이 피해를 입었다고 판단하는 경우에는 보조금과 피해 여부에 대한 긍정적인 예비판정을 하게 된다. 예비판정의 가장 중요한 효과는 잠정조치를 취할 수 있고 또 가격인상약속의 제안과 수락이 가능한 점이다. 부정적인 예비판정이 있을 경우 절차는 즉시 종결된다.

Ⅴ 잠정조치

1. 의의

잠정조치는 보조금과 그로 인한 피해가 명확함에도 불구하고 최종적인 판정을 기다렸다가는 국내산업이 회복할 수 없는 피해를 입을 것이 예상되는 경우에 잠정적으로 취하는 규제조치이다(제17조).

2. 요건(제17.1조)

첫째, 조사가 보조금협정 제11조에 따라 개시되고, 그러한 취지의 공고가 이루어지고, 이해당사국 및 이해당사자들에게 정보를 제출하고 의견을 진술할 수 있는 적절한 기회가 부여되었을 것. 둘째, 보조금이 존재하고 보조금 지급 수입품으로 국내산업에 피해가 야기되었다는 예비적 긍정판정(a preliminary affirmative determination)이 있을 것. 셋째, 관계당국이 조사기간 중에 야기되고 있는 피해를 방지하기 위하여 그러한 잠정조치가 필요하다고 판단할 것

3. 잠정관세의 부과

잠정적으로 산정된 보조금액과 같은 잠정상계관세를 부과한다. 잠정관세는 4개월을 초과하지 아니하는 범위 내에서 가능한 한 짧은 기간으로 국한되어야 한다(제17.4조). 잠정관세는 임시적 성격을 띠고 있으며, 부과금액은 최종결과에 따라 조정된다.

4. 잠정조치의 적용

잠정조치는 원칙적으로 잠정조치를 부과하기로 하는 결정이 취하여진 이후에 소비용(for consumption)으로 반입되는 상품에 대해서만 적용된다(제20.1조). 최종판정이 부정적인 경우 잠정조치의 적용기간 동안 공탁된 모든 현금은 신속하게 환불(refund)되고 모든 유가증권담보(bonds)는 즉시 해제(release)된다(제20.5조).

5. 잠정조치의 공고

조사당국이 예비판정을 내리는 경우 긍정적이든 부정적이든 모든 판정을 공고해야 한다. 공고에는 모든 사실, 법률과 관련된 쟁점사항에 관하여 도달한 사실인정 및 결론을 상세하게 설시해야 한다(제22.3조).

⚖판례 | US – Lumber CVDs Prelim 사건

1. 잠정조치의 소급적용의 위법성

미국은 위기 상황(critical circumstances)에 대한 잠정판정에 기초하여 잠정조치를 소급적용하였다. 보조금협정 제20조 제6항에 의하면 위기상황에서는 잠정조치 적용일 전 90일 이내에 소비용으로 반입된 수입상품에 대해 소급적으로 확정 상계관세를 부과할 수 있다. 미국은 '잠정조치' 결정 및 적용 이전 90일에 반입된 상품에 대해서도 '잠정조치'를 취한 것이 문제가 된 것이다. 패널은 제20조 제6항의 예외는 '확정조치'를 취하는 경우에만 적용되는 것으로 보고 미국의 조치가 협정 제20조 제6항에 합치되지 아니한다고 판정하였다.

2. 잠정조치의 발효 시점과 기간의 위법성

보조금협정 제17조는 잠정조치는 조사 개시일로부터 60일 이내에는 적용되지 아니할 것(제3항)과 기한은 4개월을 초과하지 아니할 것(제4항)을 규정하고 있다. 그러나 미국은 2001년 4월 23일 조사 시작, 2001년 5월 19일 잠정조치 소급적용, 2001년 8월 17일 잠정 판정, 2001년 12월 14일까지 잠정조치 부과 등의 조치를 취했다. 패널은 이에 대해 미국의 조치는 제17조 제3항 및 제4항에 반한다고 판단하였다.

Ⅵ 가격 약속(Undertakings)

1. 의의

보조금협정상 가격 약속이란 당국이 보조금으로 인한 피해의 효과가 제거되었다고 확신할 수 있을 만큼 수출업자가 그 수출가격을 수정하거나 하겠다는 자발적인 약속 또는 수출회원국의 정부가 보조금을 제거 혹은 제한하거나 또는 보조금의 효과에 관한 다른 조치를 취하겠다는 만족스럽고도 자발적인 약속(satisfactory voluntary undertakings)을 의미한다(제18.1조).

2. 가격 약속의 제의

가격 약속은 수출회원국의 당국에 의해 제의되어야 한다. 가격 약속의 형태는 수입국의 국내생산자와 수출국 생산자 사이의 협정 형식으로는 성립될 수 없다. 수입국 당국 역시 수출업자에게 가격인상 약속을 제안할 수 있다(제18.5조).

3. 가격 약속의 수락

수입국 당국은 제안된 가격 약속에 대해 수락하거나 거부할 수 있는 광범한 재량권을 갖는다. 가격 약속을 수락하지 않는 경우 당국은 수출업자에게 가능한 한 수락이 부적절하다고 간주하게 된 이유를 제시하고 수출업자에게 의견을 제시할 수 있는 기회를 부여한다(제18.3조)

4. 가격 약속의 내용

가격 약속의 내용은 통상 수출업자가 수출가격을 국내산업에 미치는 피해를 제거할 수 있는 수준으로 수정하겠다는 형태 또는 수출회원국 정부가 보조금을 제거 또는 제한하거나 보조금의 효과에 관한 다른 죄를 취하겠다는 형태를 띤다. 가격인상은 보조금액을 제거하는 데 필요 이상이어서는 안 되고, 국내산업에 대한 피해를 제거하는 데 적절한 수준이라면 인상폭은 보조금액보다 낮게 설정되는 것이 바람직하다(제18.1조 (ii)).

5. 가격 약속의 규제

첫째, 가격 약속은 수입국 당국이 보조금 지급과 피해에 대한 긍정적 예비적 판정을 내리고, 수출업자의 약속인 경우 수출회원국의 동의를 얻은 경우에만 수출업자에게 가격 약속을 요구하거나 수출업자의 약속을 수락할 수 있다. 둘째, 가격 약속이 수락되었다 할지라도 수출업자가 보조금 지급 및 피해에 대한 조사를 희망하거나 당국이 조사를 계속하기로 결정한 경우에는 조사를 완료해야 한다. 부정적 최종판정 시 가격 약속은 자동적으로 실효하나, 긍정판정이 내려지면 가격 약속은 지속된다(제18.4조).

6. 가격 약속의 이행 및 위반

가격 약속은 수락된 이후 수입국 당국에 의해 이행 여부가 감시된다. 수입회원국 당국은 가격 약속을 수락받은 모든 수출업자들에게 가격 약속의 이행과 관련한 정보를 주기적으로 제공할 것을 요구할 수 있고 관련 자료의 검증을 허용하도록 요구할 수 있다(제18.6조 제1문). 수출업자가 가격 약속을 위반한 경우 수입국은 잠정조치의 즉각적 실시를 포함하여 신속한 조치를 취할 수 있다(제18.6조).

7. 가격 약속의 존속기간 및 심사

피해를 야기한 보조금 지급을 상쇄하는 데 필요한 기간 및 범위 내에서만 가격 약속은 효력을 유지한다(제21.5조). 이행당사자는 당국에 대해 보조금 지급을 상쇄하기 위하여 가격 약속이 계속적으로 필요한지 여부 등에 대해 조사를 요청할 수 있는 권리를 갖는다. 당국의 심사결과 가격 약속의 지속이 적절하지 않다고 결정하면 가격 약속은 즉시 종결된다(제21.5조, 제21.2조). 한편, 모든 가격 약속은 원칙적으로 부과일로부터 5년 이내에 소멸된다(제21.5조, 제21.3조).

8. 공고

가격 약속의 수락결정이나 약속의 종결은 공고해야 한다. 모든 공고 및 보고서는 상품생산국 및 이해당사자에게 전달되어야 한다(제22.3조).

Ⅶ 확정관세의 부과

1. 의의

수입국의 보조금의 존재 및 금액에 대하여 최종판정(final determination)을 하고 보조금 지급 수입품이 피해를 초래한다고 판정한 경우 수입국은 보조금이 철회되지 아니하는 한 본 협정에 규정에 따라 상계관세를 부과할 수 있다(제19.1조). 상계관세 부과 여부 및 부과금액은 수입국의 재량사항이다(제19.2조 제1문).

> 📋 **조문 | 제32조 제1항 – 보조금에 대한 조치**
>
> 이 협정에 의하여 해석된 바에 따라, 1994년도 GATT의 규정에 따르지 아니하고는 다른 회원국의 보조금에 대하여 구체적인 조치를 취할 수 없다. (No specific action against a subsidy of another Member can be taken except in accordance with the provisions of GATT1994, as interpreted by this Agreement)

판례 | EC – Commercial Vessel 사건

EC는 2003년 6월 한국을 WTO에 제소하였고(Korea – Commercial Vessels 사건), 이에 앞서 2002년 WTO 패널 결정이 나올 동안 EC 조선업계를 보호한다는 구실 아래 한국과 경쟁하는 선종에 대해서는 한국 조선사와 수주 경합이 붙은 EC 조선사에게 수주가의 최대 6%에 해당하는 보조금을 제공한다는 규정을 채택하였고 독일, 덴마크, 프랑스 등 회원국은 국내이행규정을 마련하였다. 한국은 EC의 임시보호규정(Temporary Defense Mechanism: TDM)과 회원국의 이행규정 보조금협정 제32조 제1항에 위반된다고 주장하였다. 한국은 TDM규정이 한국의 보조금에 '대하여' 취해진 '구체적인 조치'이므로 보조금협정 제32조 제1항에 위반된다고 주장하였다. 즉, 한국은 TDM규정이 보조금 구성요소와 불가분하게 연결되어 있고 강한 상관관계를 가지고 있으므로 '구체적인 조치'라고 주장하였다. 또한, 한국은 TDM규정의 구조나 고안이 한국의 보조금 지급 관행에 대항하고(opposed to) 그러한 관행을 중단시키려는 유인을 창출하기 위한 것이므로 보조금에 '대응하는(against)' 조치라고 주장하였다. 패널은 이 쟁점에 대해 두 가지로 나눠서 접근하였다. 즉, 구체적 조치인지 여부 및 보조금에 대한 조치인지 여부를 검토하였다.

우선, 어떤 조치가 반덤핑·보조금에 대한 '구체적인 조치'인지 여부는 반덤핑·보조금의 구성요소와 불가분하게 연결되어 있고 강한 상관관계를 갖고 있는지를 판단해야 한다는 점이 이미 US – 1916 Act 사건과 US – Byrd Amendment 사건 상소기구 판정에서 확인되었으므로 패널은 TDM규정이 보조금의 구성요소와 이러한 관계에 있는지 여부를 판정하는 것이 관건이라고 보았다. 패널은 TDM규정이 채택된 상황을 볼 때 한국이 제공하고 있다는 보조금에 대응하기 위하여 채택된 것임이 명백하다고 전제하고 한국조선사가 EC조선사보다 낮은 가격으로 응찰했을 경우에 보조금이 지급되는 점, 보조금지급 대상 선종이 한국이 경쟁력 있는 선종으로 제한된 점, TDM규정 종료 또는 중단시점이 한국 보조금에 대한 WTO 분쟁 종결 또는 한국과 EC 간 체결된 조선합의의사록이 제대로 이행될 경우로 연계되어 있다는 점을 볼 때 TDM규정과 보조금(보조금 구성요소) 간의 관계가 불가분하게 연결되어 있고 강한 상관관계를 갖는다고 판단, '구체적인 조치'에 해당한다고 판단하였다.

둘째, 패널은 어떤 조치가 다른 회원국의 보조금에 '대응하는(against)' 조치인지 여부를 평가하기 위해서는 두 가지 분석이 필요하다고 보았다. 첫째, 당해 조치의 디자인 및 구조가 보조금 지급 관행을 자제토록 하거나 또는 당해 관행을 종료하도록 하는 인센티브를 창출하는지 여부를 분석해야 한다. 둘째, 당해 조치의 '디자인 및 구조'가 주로 외국생산업자 또는 수출업자와 이들과 경쟁 관계에 있는 국내경쟁자들 간에 '재정적 재원의 이전'(transfer of financial resources)을 가져오는지 여부를 조사해야 한다. 다른 회원국의 보조금에 대응하는 보조금 즉, '대응보조금'(counter-subsidy)은 단순히 이것이 경쟁 조건에 영향을 미친다고 해서 보조금에 '대응하는' 특정 행위를 구성하지는 않는다. 오히려 당해 조치의 디자인과 구조에 내재하는(inherent) 보조금지급 관행을 자제하도록 하거나 종료하도록 권장하는 다른 추가적 요인이 존재해야 한다. 이러한 추가적 요인의 하나로 대응보조금이 외국생산업자 또는 수출업자와 국내경쟁업자 간에 재정적 재원의 이전을 통해 조달되는 것으로 예로 들 수 있다. 이러한 전제에서 패널은 한국의 주장이 양 조선소 간의 경쟁관계에 관한 것이고 counter-subsidy가 경쟁관계에 어느 정도 영향을 미치거나, 나아가 겨냥하는 보조금지급 행위를 일정부분 단념 또는 중단하게 할 수도 있겠으나, 이것만으로는 '대항성' 요건을 충족한다고 단정할 수 없고 한국은 입증에 필요한 추가적인 요소를 적출(identify)하지 못했다고 판단하였다. 이상을 토대로 패널은 TDM규정과 회원국들의 이행규정은 '보조금에 대한 구체적인 조치'에 해당되지 않는다고 판정하였다.

2. 비차별 원칙

어느 상품에 대하여 상계관세를 부과하는 경우 보조금이 지급되고 피해를 야기하고 있는 것으로 판정된 모든 수입원(all sources)으로부터의 수입품에 대해 각 사안별로 적절한 금액의 상계관세를 비차별적 방식으로(on a non-discriminatory basis) 부과해야 한다(제19.3조).

3. 관세액수

상계관세는 보조금액을 초과하여 부과되지 아니하며(제19.4조), 보조금액보다 적은 상계관세로 피해를 제거하는데 적절한 경우 상계관세는 보조금액보다 적은 것이 바람직하다(제19.2조).

4. 관세의 적용범위

상계관세는 상계관세를 부과하기로 하는 결정이 효력을 발생한 이후에 소비용(for consumption)으로 반입되는 상품에 대해서만 적용되는 것이 원칙이다(제20.1조). 다만 회복하기 어려운 피해가 초래된다고 판단하고 그 같은 피해 재발 방지를 위해 소급적 상계관세가 필요하다고 간주하는 긴급상황에서는 잠정조치 적용일 전 90일 이내에 소비용으로 반입된 수입품에 대해 소급적으로 확정상계관세를 부과할 수 있다(제20.6조). 피해의 최종판정이 내려진 경우 또는 비록 피해의 위협의 최종판정이 내려졌으나 잠정조치가 취하여지지 아니하였더라면 보조금 지급 수입품의 효과로 인하여 피해판정이 내려졌을 것이라고 인정되는 경우, 상계관세는 잠정조치가 적용된 기간에 대하여 소급적으로(retroactively) 부과될 수 있다(제20.2조).

> **📑 조문 | 제20조 제2항 – 상계조치의 소급적용**
>
> 피해의 최종판정(피해의 우려 또는 산업의 확립에 실질적인 지연에 관한 결정이 아닌)이 내려지거나, 피해의 우려 최종판정의 경우에 잠정조치가 없었더라면 보조금을 받은 수입품의 효과가 피해판정으로 귀결되었을 경우, 상계관세는 잠정조치가 있는 경우, 적용된 기간에 대하여 소급하여 부과될 수 있다. (Where a final determination of injury (but not of a threat or of a material retardation of the establishment of an industry) is made or, in the case of a final determination of a threat of injury, where the effect of the subsidized imports would, in the absence of the provisional measures, have led to a determination of injury, countervailing duties may be levied retroactively for the period for which provisional measures, if any, have been applied.)

5. 관세의 환급

피해의 위협 또는 실질적 지연에 대한 최종판정이 내려진 경우 잠정조치 적용기간 중 행하여진 모든 현금공탁은 신속하게 환불되고 모든 유가증권담보는 신속하게 해제된다(제20.4조). 확정상계관세는 현금공탁 또는 유가증권에 의해 담보된 금액보다 많은 경우 그 차액은 징수되지 아니한다. 또한 확정관세가 현금공탁 또는 유가증권에 의하여 담보된 금액보다 적은 경우 초과되는 금액은 신속하게 환불하거나 유가증권담보를 해제하여야 한다(제20.3조).

6. 관세의 존속기간

상계관세는 보조금 지급을 상쇄하는 데 필요한 기간 및 범위 내에서만 효력이 지속된다(제21.1조). 모든 확정 상계관세는 원칙적으로 부과일로부터 5년 이내에 소멸된다.

7. 재심

(1) 상황변경 재심

이해당사자는 당국에 대하여 보조금 지급을 상쇄하기 위하여 관세의 계속적인 부과가 필요한지 여부 또는 관세가 제거되거나 변경되었을 경우 피해가 계속되거나 재발할 가능성이 있는지 여부에 대하여 조사를 요청할 수 있는 권리를 갖는다. 요건으로는 관세부과 이후 합리적인 기간이 경과할 것과 심사의 필요성을 입증하는 적극적인 정보(positive information)를 제출할 것이 있다. 당국은 정당성이 있는 경우 직권 또는 이해당사자의 요청에 근거하여 관세의 지속 필요성에 대해 심사하고 부적절하다고 결정하는 경우 관세부과조치는 즉시 종결된다(제21.2조).

당국은 정당한 경우 자체적으로, 또는 확정적인 상계관세의 부과로부터 합리적인 기간이 경과하는 경우 검토의 필요성을 입증하는 명확한 정보를 제출하는 이해당사자의 요청에 의하여 상계관세의 계속부과 필요성을 검토한다. 이해당사자는 당국에 대하여 관세의 계속부과가 보조금 지급을 상쇄하기 위하여 필요한지의 여부, 관세가 철회되거나 변경되는 경우 피해가 계속되거나 재발할 것인지 여부 또는 이 두 가지 문제에 대하여 조사를 요청하는 권리를 갖는다. 이 항에 따른 검토결과 당국이 상계관세 부과가 더 이상 타당하지 아니하다고 판정하는 경우에는 상계관세는 즉시 종료된다. (The authorities shall review the need for the continued imposition of the duty, where warranted, on their own initiative or, provided that a reasonable period of time has elapsed since the imposition of the definitive countervailing duty, upon request by any interested party which submits positive information substantiating the need for a review. Interested parties shall have the right to request the authorities to examine whether the continued imposition of the duty is necessary to offset subsidization, whether the injury would be likely to continue or recur if the duty were removed or varied, or both. If, as a result of the review under this paragraph, the authorities determine that the countervailing duty is no longer warranted, it shall be terminated immediately.)

(2) 일몰 재심(sunset review)

상계관세는 원칙적으로 5년 이내에 소멸되어야 하나, 5년이 지나기 전에 직권 또는 국내산업의 청구에 의하여 재심사하여 연장할 수 있다. 재심에서는 관세의 종료가 보조금 지급 및 피해의 지속이나 재발을 초래할 가능성이 있는지 판단한다(제21.3조). 재심은 일반적으로 심사개시일로부터 12개월 이내에 종료되어야 한다(제21.4조).

제1항 및 제2항의 규정에도 불구하고 모든 확정 상계관세는 부과일(또는 제2항에 따른 검토가 보조금 지급과 피해 모두에 대하여 이루어진 경우 가장 최근의 검토일 또는 이 항에 따른 가장 최근의 검토일)로부터 5년 이내에 종료된다. 단, 당국이 자신이 동 일자 이전에 자체적으로 개시한 검토 또는 동 일자 이전의 합리적인 기간 내에 국내산업에 의하거나 국내산업을 대신하여 이루어진 적절히 입증된 요청에 의하여 개시된 검토에서, 관세의 종료가 보조금 지급과 피해의 계속 또는 재발을 초래할 가능성이 있다고 당국이 판정하는 경우에는 그러하지 아니한다. 이러한 검토결과가 나오기 전까지 관세는 효력을 유지할 수 있다. (Notwithstanding the provisions of paragraphs 1 and 2, any definitive countervailing duty shall be terminated on a date not later than five years from its imposition (or from the date of the most recent review under paragraph 2 if that review has covered both subsidization and injury, or under this paragraph), unless the authorities determine, in a review initiated before that date on their own initiative or upon a duly substantiated request made by or on behalf of the domestic industry within a reasonable period of time prior to that date, that the expiry of the duty would be likely to lead to continuation or recurrence of subsidization and injury. (Re. 52) The duty may remain in force pending the outcome of such a review.)

⚖️ 판례 | US – German Steel CVDs 사건

1. 직권 일몰 재심 개시에 있어서 보조금 직권 조사에 관한 조항(제11조 제6항)이 준용되는가?
EC는 당국이 일몰 재심을 자체적으로 개시하기 위해서는 제11조 제6항에 규정된 것과 같이 관계당국이 조사개시 신청을 접수하지 않고 조사개시를 결정하는 경우와 동일한 수준의 충분한 증거를 확보해야 한다고 주장하였다.

이에 대해 패널 및 상소기구는 일반보조금 조사에 관한 제11조 제6항이 일몰 재심 개시에 관한 제21조 제3항에 적용된다고 볼 수 없다고 하였다. 그 논거로는 첫째, 제21조 제3항에 충분한 증거 확보의무를 규정하지 않고 있다. 둘째, 제11조 제6항과 제21조 제3항의 입법에 차이를 둔 입법자의 의사를 존중해야 한다. 일반 보조금 조사의 자체적 개시에 있어서 충분한 증거를 확보할 것을 요구한 이유는 근거없는 보조금 조사 남발로 수출이 부당하게 영향(chilling effect)받지 않도록 하기 위한 것이다. 그러나 일몰 재심의 경우 이미 부과 중인 보조금의 지속 여부를 검토하기 위한 조사가 개시된다고 해도 추가적인 위축효과가 발생하는 것은 아니다. 따라서 반드시 충분한 증거를 확보할 것을 요구할 이유가 없는 것이다. 따라서 미국의 일몰 재심 법규에 제11조 제6항과 같은 증거 요건이 없다고 해도 협정을 위반했다고 볼 수 없다.

2. 최소허용수준에 관한 조항(제11조 제9항)이 일몰 재심에 적용되는가?

EC는 협정 제11조 제9항에 규정된 최소허용수준(보조금액 1% 미만)은 일몰 재심에도 적용된다고 주장하고, 미국의 관련 법규에는 일몰 재심에 있어서 최소허용수준을 0.5%로 규정하고 있으므로 보조금협정 제21조 제1항과 제3항에 위반된다고 하였다.

패널은 EC 주장을 인용하였다. 비록 제21조 제1항과 제11조 제9항에 1% 최소허용수준이 일몰 재심에도 적용됨이 명기되어 있지 않지만 해석상 일몰 재심에도 적용되는 것으로 보아야 한다고 하였다. 최소허용수준을 둔 것은 최소허용수준 이하의 보조금에 대한 조사로 인해 수출업자가 불편을 겪는 것을 방지하려는 것이며, 또한 최소허용수준 내의 보조금은 피해가 없는 것으로 간주하고자 하는 것이라고 하였다. 동일한 최소허용수준이 일반 보조금 조사 시에는 피해를 초래하지 않는 것으로 간주되고 일몰 재심에서는 피해를 초래한다고 보아야 할 합리적인 이유가 없으므로 최소허용수준 규정은 일몰 재심에도 적용된다고 판단하였다. 그런데 미국의 일몰 재심 관련 법규는 0.5%를 최소허용수준이라고 규정하고 있으므로 협정 제21조 제3항, 제32조 제5항, WTO설립협정 제16조 제4항에 위반된다고 판정하였다.

그러나, 상소기구는 패널 판정을 파기하였다. 상소기구는 패널의 법률해석은 여러 측면에서 오류를 범하고 있다고 하였다. 첫째, 제21조 제3항에 최소허용수준에 대해 아무런 언급이 없는 것은 일견 그러한 요건이 없는 것으로 해석해야 한다. 둘째, 제11조는 조사개시와 후속조치라는 제목이 보여 주듯이 보조금 조사의 진행과 절차에 관해 주로 기술하고 있으며 제11조 제9항의 어느 구절도 최소허용수준이 보조금 조사의 범위를 벗어나서 적용된다고 제시하지 않고 있다. 셋째, 제11조 각 항은 타 조항을 교차 기준으로 언급할 때 이를 명시적으로 밝히고 있으나, 제9항의 최소허용수준에 관해서는 명시적인 교차 기준을 언급하지 않고 있으며, 이는 특정한 이유가 있는 것으로 보아야 한다. 넷째, 최소허용수준을 1% 미만으로 규정한 이유가 그러한 정도의 보조금은 피해를 유발하지 않기 때문인 것으로 단정할 수 없다. 협정상 피해에 관한 조항은 '보조금의 규모'와 피해의 상관 관계를 언급하지 않고 있다. 보조금 규모가 적은 경우 피해가능성이 없을 것 같으나 보조금협정은 그러한 가능성을 배제하고 있는 것은 아니다. 다섯째, 일반보조금조사와 일몰 재심에 상이한 최소허용수준이 적용되면 비합리적이라고 단정할 수 없다. 보조금 조사 시 1% 이상의 보조율을 가졌던 보조금이 나중에 1% 수준 이하로 인하될 수 있으며 그럼에도 불구하고 상계관세를 철회하면 여전히 피해의 지속이나 재발가능성을 초래할 수 있는 상황이 있을 수 있으며 이를 비합리적이라 단정할 수 없다. 요컨대, 최소허용수준 1% 미만 규정이 일몰 재심에도 적용된다는 패널의 판정을 파기하며, 따라서 미국의 관련 국내법이 협정에 위반된다는 패널의 판정도 파기한다.

3. 협정 제21조 제3항은 조사당국에게 적극적 검토 의무를 부과하는가?

EC는 미국의 일몰 재심 법규가 적용된 이번 사례에서 미국의 조치는 협정 제21조 제3항을 위반하였다고 주장하였다. 미국은 상계관세가 철회될 경우 독일산 탄소 강판에 0.54%의 보조가 계속될 것이라고 산정하였으나 이 수치는 상계관세 부과 후 폐지된 2건의 보조금제도의 보조율을 최초 보조율에서 단순 차감한 것에 불과하다. 또한 최초 보조금조사 시의 계산서류를 일몰 재심 시 고려해 달라는 독일 수출업체의 요청을 받고도 계산서류가 당초 조사 시 마감 시한을 초과하여 접수된 것이라는 이유로 수용하지 않았다. 따라서 미국이 보조금 지속가능성을 온당하게 '판정'했다고 볼 수 없으며 상계관세를 계속 부과하기로 한 조치는 협정 제21조 제3항에 위반된다고 주장하였다.

이에 대해 패널은 EC 측 주장을 인용하였다. '판정'이란 적극적으로 수집한 사실관계에 근거하여야 할 것이나 미국의 가능성 판단은 단순한 수치 계산에 불과하고 충분한 사실관계를 결여하고 있는 것이며 독일 수출업체의 요청을 거절한 것은 새로운 사실관계를 수집하기는커녕 기왕에 미 당국이 소지하고 있는 정보조차 적절히 검토하지 못한 것이라고 하였다. 따라서 미국의 조치는 협정 제23조 제1항에 위반된다고 판정하였다.

보조금협정은 선진국의 입장을 반영하여 보조금에 대한 규율을 대폭 강화하였고, 보조금을 금지, 조치가능, 허용보조금으로 분류한 후 각각의 식별기준 및 의무위반에 대한 구제조치를 명시하고 있다. 이와 같은 새로운 내용을 보면 긍정적인 면과 부정적인 면을 동시에 가지고 있는데, 기존의 보조금코드에서 정확한 정의를 내리지 못하고 있던 보조금의 정의를 상세히 다루고 있으며 심각한 손상에 대한 상세한 규정을 도입하는 등 명료성을 상당히 확보함으로써 그만큼 남용의 가능성을 축소시킨 반면, 보조금 사용의 폭을 크게 제한하였을 뿐 아니라 개념상의 불확실성을 여전히 내포하고 있기 때문에 실제 적용에 있어서 자의적 집행의 가능성이 있다는 점도 부인할 수 없다.

기출 및 예상문제

1. 다음을 읽고 물음에 답하시오. [2009행시]

(사례 1)

WTO 회원국인 A국은 세계 최대 철강 생산국이다. A국 정부는 오래 전부터 철강 제조단지 인근 항구에 최신식 부두시설을 설립하여 철강 산업의 운송비용 감소효과를 거두는 정책을 취해온 바가 있다. 이후 이 시설은 철강 자재의 운송은 물론 어로활동을 위한 편의시설과 여객선의 접안지 등 여러 가지 목적으로 사용되어 왔다. WTO 회원국인 B국은 A국이 생산하는 수산물의 주요 수입국이다. B국 어민들은 최근 A국으로부터 수산물 수입이 급증하고 있는 것이 최첨단 항구시설로 인한 혜택과 관련이 있다고 믿고 있다. 이에 B국 정부는 실태조사를 거쳐 항구시설 신설로 인한 혜택이 보조금이라고 판정하고 그 이익 만큼에 해당하는 관세를 A국으로부터 수입되는 수산물에 대해 추가로 부과하는 조치를 취하였다.

(사례 2)

A국 세법은 속인주의에 입각하여 자국 기업의 해외소득에 대해서도 법인세를 부과해 왔다. 그런데 최근 A국은 자국의 수출기업들이 해외에서 경쟁력을 확보할 수 있도록, 해외에 설립된 자국 기업이 A국에서 생산된 상품의 해외수출판매 활동에 종사하는 경우 법인세를 면제하는 조치를 취하였다. 아울러 A국 정부는 해외로 수출되는 농산물에 대한 유통비용의 50%를 지원하는 프로그램을 함께 도입하였다. B국은 A국의 법인세 면제와 수출을 위한 유통비용 지원행위가 WTO 보조금 및 상계조치에 관한 협정 및 농업협정에서 금지하는 금지보조금이라고 항의하고 있다. 이에 대해 A국은 과세권은 회원국의 고유한 권리로서 과세 여부는 전적으로 회원국의 재량에 속하는 문제이며, 유통비용 지원과 같은 간접적 지원은 금지보조금이 아니라고 항변하고 있다.

이상의 (사례 1)에서 B국이 취한 조치의 WTO규범과의 합치성과 (사례 2)에서 A국의 항변내용의 정당성을 WTO규범에 입각해서 논하시오. (50점)

2. WTO 회원인 A국이 자국의 자동차 산업을 육성하기 위하여 시행한 다음의 조치들이 WTO협정에 위반되는지 여부를 논하시오. (50점) [2005행시]

(1) 자국산 자동차를 구매하는 국내소비자에 대하여 자동차 구매자금을 장기 저리로 융자해 주는 조치

(2) 자국의 민간은행으로 하여금 국내자동차 생산기업에 대하여 시중금리보다 현저히 낮은 금리로 장기융자를 제공하도록 하는 조치

(3) 국내자동차 회사가 수입부품을 사용하여 생산한 자동차를 수출하는 경우, 이 부품의 수입에 부과·징수한 관세를 환급해 주는 조치

(4) A국산 부품을 20% 이상 사용한 자동차를 수입하는 경우, 사용된 자국산 부품의 비율을 기준으로 관세를 감면하는 조치

3. A국은 경제위기로 어려움을 겪고 있던 조선산업을 보호하고 육성하기 위해 조선사들에 대해 해외 수주 시 발주업체로부터 받은 계약금에 대한 환급 보증(선수금 환급 보증) 및 선박 제작을 위한 제작금융(인도전 제작금융)을 제공하였다. 이러한 조치는 'X법률'에 기초하여 취해졌다. 또한 유동성 위기를 겪고 있던 관련 기업들에게 부채 탕감, 채무 재조정, 만기 연장 등의 구조조정 지원조치를 시행하였다. 선수금 환급 보증 및 인도전 제작금융은 A국 재무부가 주식의 90%를 보유하며 이사진 및 경영진을 임명하는 은행(Y은행)을 통해 제공되었다. 구조조정 지원조치에는 X은행과 함께 민간은행(Z은행)이 함께 참여하였다. 이에 대해 A국과 경쟁관계에 있는 조선사의 국적국인 B국은 A국의 조치가 WTO협정에 위반된다고 주장하며 A국을 제소하였다. 이와 관련하여 다음 물음에 답하시오(단, A국과 B국은 모두 WTO 회원국이다). (총 50점)

(1) B국은 A국이 제정한 X법률 자체가 WTO협정에 위반된다고 주장한다. B국 주장의 타당성을 위한 입증책임의 범위에 대해 논의하시오. (15점)

(2) A국의 조치는 특정성이 있는가? (10점)

(3) A국 조선산업에 대한 구조조정 지원조치의 법적 성격에 대해 보조금 및 상계조치협정에 기초하여 논의하시오. (10점)

(4) B국은 패널 보고서가 DSB에 배포되기 전에 A국의 보조금 지급조치를 상쇄하기 위해 A국과 수주경쟁을 하고 있는 자국 기업에 대해 예상되는 선박가격의 30%에 해당하는 보조금을 지급하기로 하였다. B국의 조치는 WTO협정에 합치되는가? (15점)

제4장 | 세이프가드협정

제1절 의의

I 개념

세이프가드조치(safeguards)란 수입증가로 초래된 특정 국내산업의 피해를 한시적으로 구제하여 줌으로써 당해 국내산업을 보호해 줄 목적으로 행사되는 예외적인 조치를 말한다. 세이프가드조치는 공정무역관행에 대해 규제를 부과할 수 있도록 허용되는 조치라는 점에서 덤핑이나 보조금과 같은 불공정한 무역관행에 대처하도록 허용되는 반덤핑조치나 상계조치와 구별된다.

II 세이프가드조치의 유형

WTO체제에서 세이프가드조치는 네 가지 유형으로 대별할 수 있다. 첫째, WTO세이프가드협정에 규정된 일반 세이프가드조치. 제4장은 이 유형에 대한 서술이다. 둘째, 특별세이프가드조치. WTO농업협정상 특별세이프가드조치와 WTO섬유협정상 섬유에 대한 세이프가드조치가 있다. 농산물세이프가드조치는 1994년부터 2000년까지의 관세화 이행기간에만 허용되었다. 섬유세이프가드조치의 경우 WTO 출범 이후 10년 간 한시적으로 인정되었다. 셋째, 대중국 특별 세이프가드조치. 중국의 WTO 가입 의정서는 회원국이 중국상품에 대해서만 차별적으로 취할 수 있는 대중국 품목별 세이프가드조치, 대중국 무역전환방지조치, 대중국 섬유세이프가드조치를 도입하였다. 넷째, 특혜세이프가드조치. 선진국이 일반특혜제도의 범주의 개발도상국 상품에 적용하는 GSP세이프가드조치, FTA참가국 상호 간 적용하는 FTA세이프가드조치 등이 여기에 해당한다.

III 연혁

1. GATT 제19조

동 조에서는 긴급조치를 취할 체약국의 권리를 인정하고 있으며, 그 발동 요건으로 (ⅰ) 예견하지 못한 사태의 발전과 관세양허를 포함한 협정 하에서 체약당사자가 부담하는 의무의 효과의 결과로서 수입의 증가가 있고 (ⅱ) 이러한 수입의 증가가 국내생산자에게 심각한 피해를 초래하거나 그러한 위협이 있을 것을 요구하고 있다. 그러나 심각한 피해 판단 여부, 행사기간에 대한 구체적 기준 미비로 그 적용을 둘러싸고 체약당사자들에 의한 자의적인 운영이 문제되었다. 또한 1970년대 후반 이후에는 체약국들이 수입증가로 인한 국내산업의 보호를 위해 GATT 제19조의 긴급조치를 이용하기보다는 소위 '회색지대조치'(grey-area measures)를 보다 선호하는 경향이 나타났는바, 이는 체약국들이 GATT협정의 의무에 저촉되지 않은 채 회색지대조치를 통해 수입 규제의 효과를 가져와 문제점으로 지적되었다.

2. 세이프가드협정

이러한 문제점으로 인해 UR에서는 GATT 제19조상 긴급조치의 실시에 관한 제반 사항에 있어 투명성 및 명료성을 확보하고, 회색지대조치의 철폐 문제에 대해 논의되었다. 그 결과, 세계무역기구설립협정의 부속서 1A 상품무역협정에 부속된 14개의 협정 중 하나로서 '세이프가드협정'이 성립되었다.

제3장

제2절 세이프가드협정과 GATT 제19조의 관계

세이프가드협정은 GATT 제19조에 규정된 긴급조치의 적용에 관한 구체적인 규칙을 규정한 동 조의 이행협정에 해당된다고 볼 수 있다(제1조). 그러나 동 협정상의 규정이 GATT 제19조와 충돌하는 때에는 협정이 규정이 우선한다(WTO협정 부속서 1A에 대한 일반해석주). Argentina-Footwear Safeguard 사건 등에서 상소기구는 WTO협정 발효 이후 행사되는 세이프가드조치는 GATT 제19조와 세이프가드협정 양자의 규정을 준수해야만 한다고 결론내렸다.

제3절 세이프가드조치의 발동 요건: 실체적 요건

I 서설

세이프가드협정상 세이프가드조치를 발동하기 위해서는 당해 상품이 국내생산에 비해 절대적 또는 상대적으로 증가된 수량으로 수입될 것, 이로 인해 동종상품이나 직접적인 경쟁상품을 생산하는 국내산업에 심각한 피해를 초래하거나 초래할 우려가 있을 것을 요한다(제2.1조). 발동 요건과 관련하여 협정 제5.1조에 규정된 '필요성'이 세이프가드조치 발동의 전제 조건인지 여부가 쟁점이 되었다. 동 조항은 회원국에 대해 심각한 피해를 방지하거나 구제하고 동시에 조정을 용이하게 하기 위해 필요한 한도 내에서 세이프가드조치로서 수량제한조치를 취하도록 하고 있다. 따라서 세이프가드조치를 취하기 전에 구조조정 계획을 책정하고 실시해야 하는지가 문제되는 것이다. 이에 대해 미국 - 한국산선관 세이프가드 사건에서 상소기구는 구조조정의 필요성이 요건이라는 점을 부인하고 수량제한조치를 취함에 있어서 심각한 피해에 대처하기 위해 필요한 범위에서만 조치를 취할 것을 요구하는 조항이라고 하였다.

1. (a) 체약국은 예측하지 못한 사태의 발전과 관세양허를 포함한 본협정에 따라 체약국이 부담하는 의무의 효과로 인하여 어느 산품의 자국 영역 내에서 동종상품 또는 직접적 경쟁산품의 국내생산자에 대하여 중대한 손해를 주거나 손해를 줄 우려가 있을 정도로 증가된 수량 및 조건으로 체약국의 영역에로 수입되고 있을 때에는, 동 체약국은 동 산품에 대한 전기 손해를 방지 또는 구제하는데 필요한 한도 및 기간동안 동 의무의 전부 또는 일부를 정지하거나 또는 양허를 철회 또는 수정할 수 있다. (If, as a result of unforeseen developments and of the effect of the obligations incurred by a contracting party under this Agreement, including tariff concessions, any product is being imported into the territory of that contracting party in such increased quantities and under such conditions as to cause or threaten serious injury to domestic producers in that territory of like or directly competitive products, the contracting party shall be free, in respect of such product, and to the extent and for such time as may be necessary to prevent or remedy such injury, to suspend the obligation in whole or in part or to withdraw or modify the concession.)

📑 **조문 | 제2조 제1항 – 요건**

회원국은 아래에 명시된 규정에 따라 특정 상품이 동종 또는 직접경쟁적인 상품을 생산하는 국내산업에 심각한 피해를 초래하거나 초래할 우려가 있을 정도로 국내생산에 비해 절대적 또는 상대적으로 증가된 물량과 조건하에 자기 나라의 영토 내로 수입되고 있다고 판정한 경우에만, 그 상품에 대하여 긴급수입제한조치를 취할 수 있다. (A Member may apply a safeguard measure to a product only if that Member has determined, pursuant to the provisions set out below, that such product is being imported into its territory in such increased quantities, absolute or relative to domestic production, and under such conditions as to cause or threaten to cause serious injury to the domestic industry that produces like or directly competitive products.)

Ⅱ 수입의 증가

1. 수입의 절대적 또는 상대적 증가

세이프가드조치가 발동되기 위해서는 수입의 절대적 또는 상대적 증가가 있어야 한다. GATT 제19조에서는 단지 '증가된 수량의 수입'으로만 표현하였던 것을 세이프가드협정에서는 '절대적 또는 상대적으로'라는 표현이 추가되었다. 수입의 절대적 증가는 수입수량의 증가를 말하며, 통계에 의해 용이하게 확인할 수 있다. 수입의 상대적(relative) 증가란 절대적인 수입의 증가가 없거나 심지어 줄었다고 하더라도 국내소비에 대한 수입의 비중이 증가한 것을 의미한다. 수입의 증가는 심각한 피해를 초래하기에 충분히 최근(recent), 갑작스럽고(sudden), 급격하며(sharp), 상당한(significant) 것이어야 한다(Argentina-Footwear Safeguard 사건, 상소기구).

⚖️ **판례 | '수입의 증가' 판단 관련 사건**

1. US – Line Pipe Safeguards case
   이 사건에서 한국은 미국이 수입의 증가를 판단함에 있어서 가장 최근의 자료를 기준으로 하지 않고 1994년부터 1999년까지의 통계자료에 근거하였고, 비교대상 기간을 선정하는 데에도 오류가 있었으므로, GATT 제19조 제1항 (a)와 SG협정 제2.1조 위배된다고 주장하였다. 이에 대해 미국은 최근에, 갑작스럽게, 급격하게 현저한 수입의 증가가 있었으므로 ITC의 판정은 정당하다고 주장하였다. 이와 관련하여 증가된 수입 판정을 위한 조사기간이 특히 문제되었다. 패널은 WTO협정이 조사기간의 길이에 대해 특별히 규정하고 있지 않으며 조사기간의 분할 등도 전적으로 조사 당국의 재량에 따른 것이라고 확인하였다. 상소기구 역시 최근 과거의 수입증가가 반드시 조사 당국의 판정 직전의 과거를 의미하는 것도 아니며 제2조 제1항이 increasing이 아니라 increased imports라고 규정하고 있으므로 수입이 반드시 현재 증가 중에 있어야 하는 것도 아니므로 미국의 수입증가 판정이 타당하다고 보았다.

2. US - Steel Safeguards

제소국은 Argentina-Footwear 사건 상소기구의 판정을 인용하면서 수입은 양과 질 두 측면에서 모두 국내산업에 심각한 피해 또는 그 우려를 초래하기에 충분할 정도로 최근이고(recent), 갑작스러우며(sudden), 급격하고 (sharp), 심각해야(significant) 한다고 주장한 반면, 미국은 수입의 근래성(recentness) 및 갑작성(suddenness) 등은 협정에 제시된 기준이 아니므로 수입증가 판정의 구성요소가 아니며 조사당국의 재량이라고 주장하였다. 이에 대해 패널은 제2조 제1항상의 수입 증가 판정은 근래성, 돌연성, 급격성, 심각성에 대한 어느 정도의 증거가 있어야 한다고 언급하였다. 패널은 수입 증가는 불가피하게 어느 두 시점 간의 비교를 수반하나 긴급수입제한조치협정은 비교 대상 시점이나 조사 기간의 길이에 대해 언급하고 있지 않으므로 수입 증가의 근래성 여부는 각 사안에 따라 결정될 것으로 보았다. 패널은 그러나 조사 당국은 반드시 조사 기간 전체에 걸친 수입 동향에 대해 양적이고 질적인 분석을 해야 하며 수입이 최근에 증가하였는지에 대해 평가(assess)해야 한다고 하였다. 패널은 근래성 여부는 반드시 가장 최근의 자료, 기간에 중점을 두어야 하나 그 이전의 자료와 분리해서 검토할 것은 아니고 최근의 수입 감소, 수입 증가율 감소 등의 수입 동향상의 변화를 보아야 한다고 하였다. 이러한 전제에서 패널은 미국이 일부 품목에 대한 최근의 수입 증가에 대해 합리적인 설명을 제시하지 못했으며, 또 일부 품목에 대해서는 조사 기간 종료 무렵에 수입이 상당히 감소하였는데 이에 대한 합당한 이유도 제시되지 않았다고 판단하였다. 요컨대, 미국은 수입 증가의 판단에 관한 협정상의 의무를 위반한 것으로 판정하였다. 상소기구는 긴급 수입 제한 조치를 부과하기 위해서는 동 수입이 근래적이고 돌연하며 급격하고 심각해야 한다는 'Argentina-Footwear 사건' 상소기구 판정을 재확인하여 패널 판정을 지지하였다.

2. 예측하지 못한 사태의 발전(Unforseen Development)의 결과로서의 수입 급증

수입의 증가는 예측하지 못한 사태의 발전에 기인한 것이어야 한다(GATT1994 제19.1 (a)).

예측하지 못한 사태의 발전이란 '수입국이 관세인하 양허의 교섭을 행한 후에 발생한 사태의 발전'으로서 관세양허를 행하는 수입국의 교섭자가 양허 시점에서는 합리적으로 예견할 수 없는 발전을 말한다(미국 – 모피모자 세이프가드 사건 작업반(1951)). 동 문언이 세이프가드협정에 명시되지 않아 요건성에 대해 논란이 있었으나 WTO 패널·상소기구는 세이프가드조치 발동에 있어서 세이프가드협정은 물론 GATT규정 모두 적용된다고 본다. 따라서 세이프가드조치를 취하는 국가는 세이프가드조치를 적용하기 전에 예측하지 못한 사태의 발전을 입증해야 하며, 따라서 단순히 일부 새로운 사태의 발전을 언급한 것만으로는 동 요건을 충족한 것으로 볼 수 없다.

📖 참고 예기치 못한 사태(Unforseen developments)의 법적 의미[67]

1. 문제의 소재

예기치 못한 사태의 법적 의미와 관련해서는 이것이 세이프가드조치를 취하기 위한 실체적 요건인지, 그렇다면 타 요건과의 관계는 어떠한지 그리고 입증책임을 누가 져야하는 것인지 등이 문제된다. 이 문제가 특히 논쟁이 되는 이유는 1994GATT 제19조에서는 '예기치 못한 사태의 발전'이라는 문언이 규정에 포함되어 있으나 세이프가드협정에는 규정되어 있지 않기 때문이다. 이와 관련한 회원국 국내법도 일치하지 않아 논란이 된 것이다.

2. GATT 제19조와 세이프가드협정의 상호관계

(1) 부속서 1A에 대한 일반해설서

동 해설서에 의하면 "GATT 규정과 이의 보충협정상의 규정이 상충되는 경우에 상충되는 범위 내에서 보충협정의 규정이 우선한다." 따라서 GATT와 보충협정 간 관계는 상위법과 하위법 관계가 아니라 일반법과 특별법 관계에 있다.

(2) 세이프가드협정상 상호관계

동 협정 제11조 제1항 제a호에 의하면 "회원국은 1994년도 GATT 제19조에 명시된 특정 상품의 수입에 대한 긴급조치가 이 협정에 따라 적용되는 동 조의 규정과 합치하지 아니하는 경우, 이러한 조치를 취하거나 모색하지 아니한다." 이는 GATT 제19조가 세이프가드협정에 의해 적용되는 것임을 밝힘과 동시에 비록 동 협정상으로는 문제가 없다 할지라도 GATT 제19조에 부합하지 않을 경우엔 해당 조치를 취할 수 없는 것으로 보아야 하는 것으로 파악될 수 있다.

---

67) 김석호(2008), GATT 제19조상 '예기치 못한 사태'의 법적 의미, 법학연구 제32집.

① Korea – Dairy 사건: 패널은 '예기치 못한 사태'는 세이프가드조치가 필요한 이유를 설명하는 것일 뿐 세이프가드조치 행사를 위한 법적 요건을 구성하지는 않는다고 하였다. 그러나 상소기구는 패널의 판정을 파기하고 세이프가드협정 제1조 및 제11조 제1항의 법적 해석을 통해 '예기치 못한 사태'가 세이프가드조치의 법적 요건임을 확인하였다.

② Argentina – Footwear(EC) 사건: 패널은 Korea–Dairy 사건 상소기구의 입장을 좇아 '예기치 못한 사태'가 세이프가드조치의 법적 요건임을 확인하였다. 패널은 양 협정이 모두 세이프가드조치라는 동일한 대상에 관계하는 것으로서 별개가 아니라 '불가분의 일체'로 고려되어야 한다고 하였다. 또한 조약해석 방법인 '실효성의 원칙'을 도입하여 불가분의 일체를 이루는 양 협정은 그들의 모든 규정들에 대해 그 의미를 부여할 수 있도록 해석하는 것이 올바른 해석방법임을 지적하였다.

③ US – Lamb 사건: 동 사건 상소기구는 협정 제11조 제1항 제a호는 GATT 제19조가 '완전하고도 지속적인 적용가능성'을 가짐을 인정하는 것이며 또한 그것은 별개로 존재하는 것이 아니라 동 협정에 의해 보다 명확하게 되고 강화되는 것임을 밝히고 있는 것이라고 지적하였다. 덧붙여 'unforseen development'의 존재는 협정 제3조 제1항 규정상의 '관련된 법 및 사실의 문제(pertinent issue of fact and law)'에 해당하는 것으로서 '예기치 못한 사태'의 존재에 대한 사실관계(finding)나 합리적인 결론(reasoned conclusion)은 관계당국이 공표한 보고서에서 반드시 제시해야 하는 요소로 파악하였다.

④ US – Steel 사건: 동 사건 상소기구는 'unforseen development'는 동 협정 제4조 제2항 제c호의 적용대상이라고 판정하였다. 즉, 동 조항상의 공표의무의 범위에 '예기치 못한 사태의 발전'에 관한 사실도 포함된다고 본 것이다.

3. '예기치 못한 사태(unforseen develoment)'의 실체적 의미

(1) 해당 용어의 구체적 내용

① US – Hatter Fur 사건: 동 사건에서 Working Party는 "unforseen development란 관세협상 이후에 발생된 상황으로서 양허국의 협상 담당자가 협상 당시 예측할 수 없었거나 또는 당연히 예측했어야 할 것으로 기대하는 것이 합리적이지 못한 상황을 말한다."라고 하였다. 동 사건과 관련하여서는 "모자 스타일의 변화라는 사실 그 자체만으로 예기치 못한 사태에 해당한다고 보기는 어려우나, 유행의 변화가 경쟁상황에 미치는 정도를 1947년 '양허협상 당시' 피소국인 미국이 예측했어야 한다고 기대하는 것은 불합리하므로 이 요건은 충족된 것으로 볼 수 있다."라고 판단하였다.

② US – Lamb 사건: 동 사건 상소기구는 '예기치 못한'이란 '예측할 수 없는(unforeseeable)'이라는 의미라기보다는 '기대하지 못한(unexpected)'의 의미에 더 가까운 것으로 파악하였다. 즉, '예기치 못한'이란 이론적으로(theoretically) 예측할 수 없는 경우이어야 한다는 것이 아니라 어쨌든 현실적으로(actually) 예측하지 못한 것을 의미한다. 그러나 현실적으로 예측하지 못하였다고 할지라도 현실적으로 예측할 수 없게 된 상황에 대해서는 설득력있는 설명을 제시해야 한다고 보았다.

(2) 독립적 시행 요건인지 여부

Korea – Dairy 사건에서 패널은 독립적 요건성을 부정했으나 상소기구는 패널 판정을 파기하였다. 상소기구는 '예기치 못한 사태'가 독립적인 요건(independent conditions)은 아니고 독립적 요건을 규정한 제19조 제1항 제a호 후반부에 부가된(additional) 것이라고 판단하였다. 따라서 GATT 제19조가 세이프가드협정과 일치 또는 조화되기 위해서는 '예기치 못한 사태'를 포함한 첫 번째 구절은 사실의 문제(as a matter of fact)로서 입증되어야 할 특정한 상황(certain circumstances)을 의미하는 것으로 보아야 한다고 하였다.

4. '예기치 못한 사태(unforseen development)'의 절차적 의미

(1) 입증(demonstration)되어야 할 사실(fact)의 문제

US – Lamb 사건에서 상소기구는 '예기치 못한 사태'는 세이프가드협정 제3조 제1항상의 '관련된 법 및 사실의 문제'에 해당하는 것으로서 관계 당국이 공표한 보고서에 반드시 적시되어 있어야 한다고 하였다. 또한 US – Steel 사건에서 상소기구는 동 협정 제4조는 제3조와 별개가 아니라 부연하는 것이므로 '예기치 못한 사태'가 동 협정 제3조상의 보고서에 포함되어야 할 '법 및 사실의 문제'(issue of fact and law)에 해당하는 것이라면 이는 역시 동 협정 제4조의 적용대상으로서 그에 대한 입증이 필요하다고 판단하였다.

(2) 입증의 우선순위

입증 순서에 있어서 '예기치 못한 사태'는 '급격한 수입증가', '심각한 피해' 등과 같은 직접적인 세이프가드 발동 요건이 충족된 경우에 부수적으로 입증되어야 하는 상황이므로 만약 직접적인 발동요건 자체가 충족되지 않는다고 판단될 경우 '예기치 못한 사태'의 존부에 대한 입증은 더 이상 문제되지 않는다. 이는 Argentina – Footwear(EC) 사건, US – Wheat Gluten 사건 등에서 확인되었다.

(3) 입증방법

세이프가드조치를 발동하기 위해서는 '예기치 못한 사태'의 존재와 수입증가 간에는 논리적 관련성(logical connection)이 있어야 하고 이러한 관련성의 존재에 대한 입증을 위해서는 단순히 관련 통계만 제시하는 것으로는 부족하고 적절하고 합리적인 설명이 보고서에 적시되어야 하며 이러한 관계는 해당 상품 각각에 대해 인정되어야 한다. US – Steel 사건에서 이 문제가 심도있게 다뤄졌다. 동 사건에서 상소기구는 특정한 수입의 증가와 '예기치 않은 사태' 간에는 논리적 관계가 성립되어야 하고 이것이 입증되어야 한다고 하였다. 이는 명시적 방법, 즉 명백하고(clear) 모호하지 않아야 하며(unambiguous) 단순히 암시적이거나 간접적인 시사(imply or suggest)만으로는 부적합하다고 하였다.

(4) 입증시기

'예기치 못한 사태'의 존부에 대해서는 세이프가드협정 제2조 제1항의 요건과 함께 조치를 취하기 전에 조치국의 관계당국의 보고서에서 반드시 입증되어야 하는 하나의 '사실문제'에 해당한다. 따라서 만약 보고서에서 이 문제에 대한 해명이 포함되지 않은 경우 사후의 설명(ex post facto explanation)에 의해 이러한 흠은 치유될 수 없다(US – Lamb 사건).

3. GATT협정상 부담하는 의무의 효과

수입의 증가는 GATT협정상 체약국이 부담하는 의무의 효과로 발생해야 한다. 체약국이 부담하는 의무에는 관세양허뿐 아니라 수량제한의 철폐나 완화가 포함된다.

Ⅲ 국내산업에 대한 피해 또는 피해의 우려

1. 국내산업

(1) 동종 및 직접경쟁상품

국내산업의 범위에는 동종상품을 생산하는 산업뿐 아니라 직접적인 경쟁상품(directly competitive products)을 생산하는 산업도 포함된다(제2.1조). 반덤핑조치나 상계조치와 달리 세이프가드조치의 경우 직접경쟁상품도 포함된다. 동종상품은 상품의 물리적 특성을 기준으로 동종성을 판단하나, 직접경쟁상품은 상업적 대체가능성을 기준으로 경쟁성 여부를 판단한다.[68] 직접경쟁상품은 동종상품보다 더 넓은 개념으로 해석된다.

(2) 국내산업

국내산업(domestic industry)이란 회원국의 영역 내에서 활동하는 동종 또는 직접경쟁 상품의 생산자 전체 또는 자신들의 동종 또는 직접적인 경쟁상품의 출고량 합계가 당해 상품의 국내총생산의 상당한 비율(major proportion)을 차지하는 생산자들을 의미한다(제4.1조 (c)). 양고기 생산자와 양사육자(growers and feeders of live lambs)는 비록 후자에서 전자로 이어지는 지속적 생산라인이 존재하고 양자 간 공통의 이해관계가 있다고 하더라도 같은 국내산업으로 볼 수 없다(US – Lamb SG 사건). 원료생산자가 세이프가드조치상 국내 산업이 되는 것은 그 원료가 수입되는 최종 생산물과 동종이거나 직접경쟁관계에 있는 경우에 한정된다(US – Lamb SG 사건).

---

68) 최승환(2006), 352면.

📖 참고 세이프가드협정상 국내산업 범위에 대한 해석[69]

1. 동종제품의 인정기준

(1) 쟁점사항

미국 양고기 세이프가드조치에서 동종제품을 결정하는 기준이 쟁점이 되었다. 이 사건에서는 제소국은 미국이 동종제품을 생산하는 국내 산업에 양고기의 가공업자와 축산 농가를 포함시킨 점이 SG협정 제4조 1 (c)에 위반된다고 주장하였다. 미국은 양사육업자를 포함시킨 그 이유로 원재료인 양과 가공제품인 양고기 간 일관된 생산라인의 존재, 축산농가와 가공업자 간 경제적 이익의 실질적인 일치를 근거로 내세웠으며, 살아있는 양은 양고기 도매가격의 약 88%를 구성하고 있으며 축산농가와 가공업자 간의 수직통합의 정도가 매우 높다는 것을 내세웠다.

미국철강세이프가드조치 사건에서는 '철판류'에 관한 USITC의 동종제품 인정범위가 쟁점이 되었다. USITC는 판금, 열연강판, 냉연강판, 표면처리강판 및 슬래브의 다섯 가지 제품을 단일의 철판류로서 동종제품이라고 주장하였다. 이들 제품은 일관된 생산 공정을 가지고 있고, 물리적 특성을 공유하고 있으며, 산업이 수직 통합되어 있고, 생산설비가 공통인 점이 근거로 제시되었다. 이러한 USITC의 주장에 대해 제소국은 물리적 특성, 최종용도, 소비자의 인식 및 관세분류의 측면에서 동종제품으로 인정할 수 없다고 보았다. 예를 들어 이들 제품은 두께 측면에서 차이가 있고, 사용목적에 대해서도 차이가 존재하며, 이로 인해 소비자들은 이들은 상호 대체가능한 제품으로 인식하고 있지 않다는 것이다. 이에 대하여 패널은 동종제품 및 국내산업의 범위에 대해서는 사법적 판단을 회피하였으나, 수입증가와 심각한 손해 간의 인과관계를 적절히 입증하지 못하였다는 이유로 이 사건을 기각하고 있어 미국이 주장한 국내 산업의 범위를 인정하지 않는 것 같다.

미국 면직방적사 세이프가드 사건에서 미국은 상용 면사생산을 하는 생산자만을 국내산업으로 정의하고, 수직 통합된 면사생산자가 자가 소비를 위하여 면사 생산을 하는 경우 국내산업의 범위에서 제외하였다. 이러한 기준이 ATC 제6조2에 부합하는지 여부가 문제되었다.

(2) 패널의 견해

미국 양고기 세이프가드 사건에서 패널은 미국이 제4.1조 (a) 및 제2.1조를 위반하였다고 판시하였다. 그 이유는 제4.1조 (c)의 '동종 또는 직접경쟁제품의 생산자'는 실제 제품을 생산하는 생산자를 의미하며, 소재 원료제공자는 포함하지 않으며, 제4.1조 (c)의 '생산자의 전체'란 생산자의 수량적 벤치마크를 나타내는 관련 데이터의 대표성을 요구하는 것으로 소재, 원료 공급자의 포함근거가 될 수 없다는 것이다. 이러한 해석은 SG협정의 취지와 목적에도 부합된다고 보았다. 이러한 견해는 New Zealand – Transformers 사건, US – Wine and Grapes 사건의 패널 결정, Canada – Beef 사건의 패널 결정에 의해서도 지지된다고 하였으며, 축산업자에게도 파급력이 있다면 양고기 생산자만을 보호해도 그 이익이 파급될 것이므로 이는 국내산업의 범위를 넓히는 근거가 될 수 없다고 보았다.

그러나 패널은 '직접 경합하는 제품'은 동종제품보다 더 넓은 의미로 정의 가능하다는 점만을 지적하였을 뿐 이점에 관하여서는 심사하지 않았다.

철강세이프가드사건에서도 패널은 국내산업의 정의에 대한 판단은 회피하였으나 SG협정 및 GATT 제19조는 예외 규정으로서 좁게 해석해야 하며, 권리 및 의무 간의 균형을 유지하면서 협정의 취지 및 목적을 고려하고, 통상적 의미에 따라 해석해야 한다는 원칙을 제시하였다.

(3) 상소기구의 견해

양고기사건에서 미국은 패널 판정에 대해 상소하였다. 그러나 상소기구는 다음과 같은 이유에서 패널의 판정을 지지하였다. SG협정 제4.1조 (c) 및 제2.1조에 따르면 "동종 또는 직접경쟁제품의 생산자만이 국내 산업에 해당되고 그 외의 생산자는 국내 산업에는 포함되지 않는다."라고 하였다. USITC의 요건은 문언상 국내산업의 결정과는 관계가 없으며, 제품보다 생산공정에 기초하여 국내산업을 결정하는 것은 적절치 않다고 판시하였다. 세이프가드협정에는 동종 또는 직접경쟁하는 제품 이외의 제품의 생산자까지 포함할 정도로 국내산업의 범위를 넓히는 기준은 규정되어 있지 않다고 하였다.

---

69) 이은섭, 김선옥, 세이프가드협정상의 국내산업 범위에 대한 해석, 통상정보연구 제8권 2호

2. 직접경쟁적인 제품의 인정기준에 대한 해석

(1) 쟁점사항

미국 수입면사 세이프가드조치 사건에서 국내산업의 범위가 섬유협정 제6.2조에 정합적인지 여부가 문제로 되었는데, ATC 제6.2조에 의하면 '섬유세이프가드조치 발동을 위해서는 동종 또는 직접적으로 경쟁하는 제품을 생산하는 국내산업에 심각한 손해를 초래하거나 초래할 우려가 있을 정도로 증가한 수입'이 있어야 한다.

(2) 패널의 견해

미국 수입면사 세이프가드조치 사건에서 패널은 미국이 주장한 국내산업의 인정기준은 섬유협정 제6.2조에 정합적이지 않다고 판단하였다. 우선, ATC 제6조는 WTO협정과 GATT 제3조의 '직접적으로 경쟁제품 또는 대체가능제품에 대한 규정'도 포함하여 해석하여야 하며, 고려해야 할 요소로서 소비자의 특정 용도 및 기호를 대체적으로 만족하는 것이 가능한지 여부를 들었다. 또한 Korea – Alcoholic Beverages 패널, 상소기구의 보고를 인용하면서 ATC 제6조의 '경쟁'이 직접적이어야 한다는 것은 관련성이 낮은 경쟁을 제외함으로써 대상을 한정하는 의미이며, 직접경쟁 정도 심사 시 상품의 교환가능성, 특정의 필요성 및 취향을 충족시킬 수 있는 대체성도 고려해야 할 것이라고 하였다.

이에 대해 미국은 Korea – Alcoholic Beverages 상소기구 보고서에는 GATT 제3조에만 존재하는 '대체가능한'이라는 문구를 GATT 제3조의 목적에 의거하여 해석하고 있는 것으로 이 사건과는 관계가 없다고 주장하였으나, 패널은 이 사건의 쟁점이 동종제품의 경쟁 정도에 관한 것으로 수직 통합된 직물생산자가 어느 시장에서 판매하는지의 선택은 직접경쟁 여부 판단에 영향을 미치지 않는다는 견해를 제시하면서 미국의 반론을 기각하였다.

그리고 ATC 제6.2조상의 'and·or'의 해석과 관련하여 미국은 국내산업이 동종이나 직접경쟁하지 않는 제품, 동종이 아니지만 직접경쟁하는 제품, 동종이고 직접경쟁하는 제품을 생산하는 생산자로 구성된다고 보았으나 이에 대해 패널은 ① 동종이지만 직접경쟁하지 않는 제품이라는 해석은 섬유 세이프가드조치 규정을 의미 없는 규정으로 만들어버리며, ② 동종이지 않지만 직접경쟁하는 제품 생산자에게 심각한 손해 인정 시 기술상, 소비자 기호의 변화를 발동요건으로 인정하지 않는 협정의 취지에 위배된다는 점에서 기각하였다.

(3) 상소기구의 견해

미국은 이러한 패널의 견해에 대해 상소하였으나 상소기구는 패널의 판단을 지지하면서 다음과 같이 해석하였다. 첫째, 동종 또는 직접경쟁이라는 문구는 생산자 지향적인 것이 아니라 제품 지향적으로 해석해야 한다. 둘째, ATX 제6.2조의 생산한다는 문구는 어느 시장을 대상으로 한 생산인지를 구별하고 있지 않다. 셋째, 동종 및 직접적으로 경쟁한다는 문구는 수입제품과 관련한 적절한 국내산업을 확정하기 위한 국내제품의 특성에 관한 기준이고, 수입제품과 국내제품이 어느 정도 경쟁관계에 있을지는 수입제품을 대상으로 타당한 세이프가드조치를 발동하기 위해 중요한 문제가 된다. 넷째, 직접적으로 경쟁한다는 문구에 의해 관련성이 낮거나 희박한 경쟁관계만 존재하는 동종이 아닌 제품의 생산자는 국내산업에 포함되지 않는다.

따라서 직물생산자가 면제방적사를 상용시장에서 판매하지 않는다고 자가소비를 위한 면제방적사와 상용 면제방적사 간 경쟁 관계가 없다고 할 수 없으며, 발동된 세이프가드조치는 수직 통합된 생산자에게 편익을 부여할 수 있고, 자가소비 위한 제품을 대상에서 제외 시 실효성 상실 우려가 있다는 것이다.

2. 피해

(1) 피해의 정도

세이프가드조치를 취하기 위해서는 수입증가가 국내산업에 '심각한 피해'(serious injury)를 초래하거나 초래할 우려가 있어야 한다. 심각한 피해란 국내산업의 상태에 있어서 중대하고 전반적인 손상을 의미한다(제4.1조). 심각한 피해는 반덤핑 및 상계조치 발동에 있어서 요구되는 '실질적 피해'(material injury)보다 높은 것으로 이해된다(US – Lamb SG 사건). 피해의 정도를 가중한 이유는 반덤핑이나 상계조치는 불공정 무역관행에 대응하기 위한 조치인 반면, 세이프가드조치는 공정한 수입에 대해 예외적으로 대처하도록 허용하는 조치이기 때문이다.[70]

---

70) 고준성 외(2006), 226면.

(2) 심각한 피해의 판정

피해를 판정하기 위해서 주무당국은 당해 산업의 상황에 영향을 미치는 객관적이고 계량가능한 '모든 관련 요소들'(all relevant factors)을 평가하고, 특히 절대적 및 상대적 관점에서의 관련 상품의 수입증가율과 증가량, 증가된 수입의 국내시장점유율, 판매, 생산, 생산성, 생산능력, 이윤 및 손실, 고용수준에 있어 변화를 평가한다(제4.2조 (a)). WTO 상소기구에 의하면 협정 제4.2조 (a)에 열거된 모든 요소 및 그 밖의 관련 모든 요소들을 평가해야 한다. 그러나 심각한 피해결정에 있어서 고려해야 할 모든 요소들이 하향 경향을 나타내야 하는 것은 아니다. 전체로서의 사실이 심각한 피해 및 이의 우려 결정을 뒷받침한다면 한두 개의 요소가 하향 경향을 나타냈다고 할지라도 전반적인 손상이 발생할 수 있다.

⚖ 판례 | Korea-Dairy Safeguard case

우리나라 무역위원회(KTC)는 1993년 3,200톤이었던 혼합 분유 수입량이 1995년 28,000톤으로 급증함에 따라 산업 피해 여부를 조사했다. KTC의 조사에 의거, 농림부는 1997년 3월 7일부터 혼합 분유에 대한 긴급수입제한조치를 시행, 2001년 2월 28일까지 수량 규제를 통한 국내 시장 안정을 꾀하기로 했다. EC는 이 조치가 WTO협정상의 긴급수입제한조치 발동 요건에 충족되지 못한다고 주장, WTO에 제소했다. 긴급수입제한조치협정 제4조 제2항은 수입급증으로 인한 피해판정 시 관련된 산업의 상황에 영향을 미치는 객관적이고 계량가능한 성격의 모든 관련 요소를 평가할 것을 요구하고 있으며 수입증가율, 점유율, 생산성 등 고려요소를 제시하고 있는바, EC는 한국이 동 피해요소를 적절히 평가하지 못했다고 주장하였다. 패널은 한국 무역위의 조사 결과 보고서에 제4조 제2항상의 피해요소 중 일부가 검토되지 않았음을 확인하였다. 패널은 일부 피해요소에 대한 한국의 논증이 충분하지 못하고 심각한 피해를 초래하였음을 설명하지 못하는바, 한국의 심각한 피해판정은 긴급수입제한협정 제4조 제2항의 요건을 충족하지 못한다고 판정하였다.

---

(3) 심각한 피해의 우려

'심각한 피해의 우려'란 명백히 급박하고도 심각한 피해를 의미한다(제4.1조). 심각한 피해의 우려의 존재에 대한 결정은 사실에 기초해야 하며, 따라서 단순히 주장이나 추측 또는 희박한 가능성을 근거로 해서는 안 된다(제4.1조 (b)).

⚖ 판례 | US-Lamb Safeguards case

1998년 10월 미국 무역위원회는 수입양고기(생육, 냉장, 냉동육)에 대해 긴급수입제한조치 조사개시를 공고하고 1999년 2월 심각한 피해 우려가 있다고 판정하였다. 1999년 7월 캐나다, 멕시코, 이스라엘 등 일부 국가를 제외한 나머지 국가로부터 수입되는 양고기에 대해 3년 시효의 관세율할당(tariff quota) 방식의 긴급수입제한조치가 부과되었다. 이 사건에서 호주와 뉴질랜드는 미국이 협정 제4조 제2항 가호상의 피해요소 모두에 대해 고려하지 않았고, 미래동향에 대한 분석(prospective analysis)을 실시하지 않았으며, 자료수집은 전(前) 5년을 대상으로 한 반면 피해 우려 분석은 조사기간 말기 자료에 중점을 두었고, ITC가 이용한 자료(data)가 해당 산업의 전체를 충분히 대표하지 못한다고 주장했다. 패널은 심각한 피해 우려 분석을 하려면 첫째, 우려 판정은 지근(至近) 과거의 객관적이고 검증가능한 data 분석에 기초해야 하고, 둘째, 국내산업에 중대하고 전반적인 손상이 임박하였음을 확인하기 위해 산업 동향에 대한 사실에 근거한 예측이 있어야 하고, 셋째, 긴급수입제한조치가 채택되지 않으면 심각한 정도의 피해가 실제로 조만간 발생할 것인지 분석해야 한다고 추론하였다. 제소국의 주장과 관련하여 패널은 호주와 뉴질랜드가 지적한 쟁점 가운데 피해요소 전체에 대한 분석이 없었다는 주장은 받아들이지 않았다. 패널은 일부 요소에 대한 검토가 불충분하기는 하나 협정 제4조 제2항 가호의 피해요소는 모두 검토한 것으로 볼 수 있다고 하였다. 또한 자료수집 기간과 분석대상 기간이 상이하나 피해 우려 분석은 긴급성을 내포하므로 지근 자료에 중점을 두어야 하므로 미국의 우려 판정에 위법성이 없다고 하였다. 패널은 미국이 국내산업의 어려움(하강 추세)을 나타내는 각종 피해지표에 근거를 두고 지근(至近) 과거 자료를 바탕으로 산업동향의 전체적 상황을 예견한 점도 인정하였다. 그러나 패널은 미국이 사용한 data의 산업 대표성이 미흡하다는 제소국의 주장을 인용하였다. 즉, 패널은 미국의 근거 자료는 협정 제4조 제1항 다호가 요구하는 상당한 비율에 미치지 못한다고 판정하였다. 패널은 이상의 판단을 종합하여 미국의 심각한 피해 우려 판정은 협정 제4조 제1항 다호에 합치되지 않으며 따라서 협정 제2조 제1항과도 부합하지 않는다고 판시하였다.

상소기구는 몇 가지 패널 판정을 파기하였다. 첫째, 피해 우려 분석방법에 대한 패널의 해석을 번복하였다. 상소기구는 패널의 해석은 지근(至近) 과거의 특정 자료를 지나치게 강조했고 다른 자료, 특히 더 가까운 과거의 자료는 무시한 점이 인정되며 지근 과거의 자료를 전체 기간 자료와 대비하여 분석하지 않았다고 지적하고 협정 제4조 제2항 가호에 대한 패널의 해석(지근 과거 자료에 대한 특별한 중요성)을 번복하였다. 둘째, 상소기구는 패널이 미 ITC의 심각한 피해 우려 판정에 대한 사실관계를 검토함에 있어서 'standard of review'를 올바르게 적용하지 못했다고 판정하였다. 상소기구는 패널이 미 ITC가 협정 제4조 제2항 가호의 피해요소를 모두 검토했다고 판정한 것에 대해서는 동의하였으나 미 ITC가 사실 관계가 자신의 결정을 어떻게 지지하는지에 대해 합리적이고 적절한 설명을 제공하였는지 여부에 대해 패널은 실질적인 검토를 하지 못했다고 판단했다. 셋째, 상소기구는 Data의 산업 대표성에 관한 패널 판정을 지지하였으나 위반 조항에 대해서는 의견을 달리하였다. 상소기구는 협정 제4조 제2항 가호에 따라 검토 자료는 반드시 국내산업을 대표해야 한다고 강조하였다. 그러나 상소기구는 미국이 협정 제4조 제1항 다호를 위반했다고 본 패널의 입장과 달리 협정 제4조 제2항 가호를 위반한 것이라고 판정하였다.

(4) 인과관계

물품의 수입증가와 심각한 피해 또는 피해 우려 간에 인과관계가 존재함이 입증되어야 한다. 수입증가 이외의 다른 요소가 국내산업에 피해를 준 경우에는 그 피해를 수입증가에 전가시켜서는 안 된다(제4.2조 (b); 비귀책 요건(non-attribution requirement)). 인과관계에 관한 요건을 충족시키기 위해서는 국내산업에 피해를 초래한 다양한 요인들을 조사해야 하고, 피해를 초래한 요인과 피해를 초래하지 않은 요인들을 구분해야 한다. 또한 피해를 초래한 요인과 피해를 초래하지 않은 요인들을 어떻게 구분했는지에 관한 충분하고 논리적인 설명을 제시해야 한다.

📑 참고 세이프가드협정상 인과관계의 해석 관련 판례

1. Argentina – Safeguard Measures on Imports of Footwear

(1) 패널의 판단
이 사건에서 패널은 '수입의 경향'과 '손해요인의 경향' 간의 관계라는 특유의 방법으로 인과관계 존재 여부를 판단하였다. 만약 인과관계가 존재한다면 통상적으로 수입증가는 관련된 피해요소의 하락과 일치해야 한다는 것을 지적하며 다음 세 가지 사항을 심사하였다.
첫째, 수입의 증가경향이 손해요인의 하향경향과 일치하고 있는가? 일치하지 않을 경우 인과관계가 인정되는 것에 대한 근거 있는 설명이 이루어져야 하는데 아르헨티나는 수입증가와 손해요인의 경향의 불일치에 대해 설득적 설명을 제시하지 않았다고 하였다.
둘째, 아르헨티나의 신발시장에서 수입신발과 국산신발과의 경쟁 조건에 대해 객관적 증거에 의거하여 분석되고, 그 분석에 의해 수입과 손해 간에 인과관계의 존재를 입증하고 있는가에 대해 분석해야 한다는 것이다. 아르헨티나는 수입가격이 국내생산자의 가격이나 생산 등에 미치는 영향에 대한 분석을 결하고 있어 이를 손해로 인정할 수 없다고 하였다.
셋째, 수입 이외의 관련 요인이 분석되어야 하며, 또한 이로 인해 발생한 손해를 수입에 의해 발생한 손해로 간주하지 않도록 하고 있는가에 대한 분석에서 아르헨티나는 객관적이고 수치화된 모든 요인을 평가하고 있지 않다고 판단하였다. 즉 패널은 인과관계 존재 분석에 있어서 절대량뿐 아니라 경향이 중요하고, 수입의 추이와 손해요인의 추이 간 관계 여부를 중심적 요소로 판단하고 있다.

(2) 상소기구의 판단
상소기구는 패널의 견해에 동의하면서 수입의 증가와 관련 피해요인의 하락이 일치하는 현상은 "인과관계가 존재한다면 통상적으로 발생했어야 한다."라고 하며 패널이 제시한 방법에 대해서도 중요성을 강조했다. 그러나 상소기구는 주로 SG협정 4.2 (b)에 규정된 'non-attribution requirement'에 초점을 맞추고 있어 증가된 수입이 심각한 손해 또는 그 우려의 원인으로서 충분해야 하는가 하는 의문이 제기되는데, 이에 대해서는 비록 증가된 수입이 전부를 설명할 수 없다 하더라도 다른 요인에 의한 손해를 수입의 증가로 인해 발생한 것으로 간주해서는 안 된다는 것을 강조하고 있다.

2. United States – Definitive Safeguard Measures on Imports of Wheat Gluten from the European Communities
USITC는 미국기업의 수익률이 하락하는 원인을 생산가동률의 하락과 연결시켜 이는 수입의 증가에 기인한 것이라고 주장하였다.

(1) 패널의 판단
패널은 수입증가와 심각한 손해 간 인과관계 존재 여부 판단에 있어 아르헨티나 신발 사건에서 적용한 방법을 사용하였다. 즉, 수입의 상승경향과 손해 관련 요인의 하향경향과의 일치 여부와 수입제품과 국내제품의 경쟁 조건이 수입과 손해와의 인과관계의 존재를 나타내고 있는가에 대해서는 SG협정 4.2조의 위반이 아니라고 보았으나, 수입증가 이외의 요인을 수입증가에 의해 발생한 손해로 간주하고 있어 SG협정 4.2조의 위반으로 판결하였다. 즉, 동 협정의 인과관계는 수입증가 그 자체만으로 협정상의 '심각한(serious)'이라는 요건을 충족하기에 충분해야 한다고 해석하고 있다. 또한 다른 요인이 수입증가만큼 중요한 영향을 미치지 않는다고 하여 전혀 관계없다고 할 수 없다고 하여 인과관계를 인정하지 않고 있다. 즉, 패널은 수입증가에 의한 손해와 다른 요인에 의한 손해를 구별한 후에 전자에 의한 원인만으로 심각한 손해의 발생을 초래하여야 한다고 판단하는 것 같다.

(2) 상소기구의 판단
상소기구는 '그 자체만으로' 심각한 손해의 원인이 되지 않으면 안 된다고 해석한 패널의 해석을 부정하였다. 첫째, 인과관계는 수입증가가 심각한 손해를 초래하는 요인이 된다는 '관계'를 나타내는 것이며 두 요소 간 '진정하고 실질적인 관계'가 존재하는지 여부를 검토해야 한다. 둘째, 동 규정은 수입증가의 영향만을 고려할 것을 요구하나 이것만이 심각한 손해의 원인으로 되어야 한다고 규정하는 것은 아니다. 셋째, SG협정 4.2 (a), 4.1 (a), 2.1조는 심각한 손해 인정 시 국내산업의 상태에 관련하는 요인을 모두 고려할 것을 요구하고 있으며, 이외의 요인을 모두 배제하는 것은 규정의 취지에 어긋난다고 해석하고 있다.
상소기구의 논리는 다른 요인이 국내산업의 상태에 영향을 초래할 수 있다는 것을 전제로 수입증가와 심각한 손해 간 인과관계가 존재할 수 있다는 것을 시사한다. 문제는 수입증가에 의한 효과와 다른 요인에 의한 효과를 구분하는 것인데 상소기구는 다른 요인의 존재를 단순히 지적하는 것을 넘어 국내산업에 미친 영향을 적절히 평가해야 한다는 판단기준을 제시하였다. 그러나 이 구별이 현실적으로 어려우며 어느 정도 기여해야 하는지에 대한 판단의 문제에 대해서는 태도를 명확히 하고 있지 않다.

3. United States – Safeguard Measures on Imports of fresh, Chilled Lamb Meat from New Zealand and Australia
이 사건은 미국이 양고기 수입에 대해 발동한 세이프가드조치에 대해 오스트리아 및 뉴질랜드가 GATT 제19조 및 SG협정 제 규정의 위반을 주장한 사건이다.

(1) 패널의 판단
패널은 인과관계에 관한 SG협정 규정을 수입의 증가가 심각한 수준의 손해를 발생시키거나 우려가 있을 정도의 필요 또는 충분한 원인의 관계에 있어야 한다고 판단하였다. 이는 유일한 원인의 의미가 아니며 수입의 증가만으로도 심각한 손해를 초래하기에 충분해야 한다는 것이다. 본 사건에서 미국이 주장하는 인과관계는 수입증가와 손해 간의 필요 또는 충분한 원인을 증명하고 있지 못하며 이는 사건마다 달리 판단해야 한다고 언급하였다.

(2) 상소기구의 판단
상소기구는 US – Wheat Gluten 사건의 상소기구 보고를 수용하여 패널 해석을 파기하였다. 미국은 수입증가의 영향과 다른 요인의 영향을 명확히 구별하고 있지 않으며 상대적으로 검토하고 있어 SG협정 4.2 (b) 및 2.1조에 위반한다고 판결하였다. 상소기구는 수입증가와 심각한 손해 간에 '진정하고 실질적인 원인결과의 관계'가 존재하는지 여부를 검토해야 한다는 기준을 제시하고 있다. 그러나 입증 방법에 대해서는 여전히 언급이 부재하며 구체적인 기준 또한 명확하지 않다는 문제가 존재한다.

4. United States – Definitive Safeguard Measures on Imports of Circular Welded Carbon Quality Line Pipe from Korea
이 사건은 미국이 2000년 2월에 발동한 세이프가드조치에 대해 우리나라에서 GATT 제19조 및 세이프가드 제 협정 등에 위반한다고 신청한 사건이다.

(1) 패널의 판단
수입증가와 심각한 손해 간 인과관계에 대하여 패널은 'non–attribution'에 중점을 두고 판단하면서 USITC가 국내산업의 심각한 손해가 수입증가 이외의 요인에 의해서 발생한 것이 아니라는 것을 적절히 설명하지 않아 SG협정 4.2조 (b)에 위반되는 것으로 인정하였다.

(2) 상소기구의 판단

상소기구는 SG협정 4.2 (b)조의 두 번째 문장이 수입증가에 의한 손해효과를 다른 요인과 구분할 것을 요구하고, 이들 구별된 요인에 의한 손해효과의 성질과 정도를 충분히 설명해야 하며 이유있는 적절한 설명으로 명시적으로 증명하도록 요구하고 있다고 해석하였다. 더구나 이들 요건에 대한 설명은 명확 또는 명백해야 한다고 언급함으로써 양고기 세이프가드 사건보다도 더 엄한 인과관계의 해석을 요구하고 있다. 따라서 상소기구는 USITC의 보고는 단순한 주장으로서 SG협정 4.2 (b)의 요건을 충족한 증명을 하지 않았다고 하며 패널의 결정을 지지하였다.

본 사건에서 상소기구는 종래의 판단기준을 유지하고 패널과 동일한 해석을 채택하였으나 손해의 성질과 범위를 특정, 설명해야 한다고 하여 보다 구체적인 내용을 제시하고 있다.

5. United States – Definitive Safeguard Measures on Import of Certain Steel Products Complaint by European Communities

이 사건은 2002년 3월 수입철강제품에 대한 미국의 세이프가드조치에 대해 우리나라를 포함한 EC등 8개국이 GATT 제19조 및 SG협정에 위반한다고 주장한 사건이다.

(1) 패널의 판단

본 사건에서 패널은 인과관계 존재의 심사기준에 대해 다음의 네 가지를 제시하였다. 첫째, 수입증가와 심각한 손해 간에 '진정 또는 실질적인 원인과 결과와의 관계'가 존재해야 하며, 둘째, 이를 증명하기 위해서는 수입의 증가만이 원인이 될 필요는 없고, 수입의 증가가 심각한 손해의 발생에 기여해야 하며, 셋째, SG협정 4.2 (b)조는 인과관계를 증명하는 방법에 대해서는 규정이 없으므로 상황에 알맞은 인과관계분석을 철저하게 입증해야 한다는 것이다. 넷째, 본 건에서 미국이 사용한 경쟁 조건에 관한 분석에 대해 과거 WTO 사례는 주로 동시성분석을 사용하고 있으나 이외의 방법으로도 증명하는 것이 가능하다는 견해를 제시하고 있다. 또한 수량화, 계량화모델 이용 필요성과 관련하여 이를 의무화 하고 있지는 않으나 필요한 경우도 있을 수 있다고 언급하고 있다.

패널은 미국 소맥글루텐 SG 사건, 미국양고기 SG 사건, 미국 라인파이프 SG 사건의 상소기구의 'non-attribution 원칙' 해석을 인용하여 본 건에 적용하고 있다. USITC는 수입증가 외의 요인에 의해 초래된 손해가 수입증가로 간주되어 있지 않다는 '이유를 제시하여 적절히' 설명하고 있지 않다는 이유로 SG협정 4.2 (b)조의 의무를 이행하고 있지 않다고 보았다.

(2) 상소기구의 판단

상소기구는 미국 소맥글루텐 SG 사건, 미국양고기 SG 사건, 미국 라인파이프 SG 사건의 판단을 다시 확인하면서 본 SG조치는 GATT 제19조 및 SG협정 제2.1조, 제3.1조에 위반하는 것으로 판결하였다. 또한 'non-attribution 원칙'에 대한 해석을 정리하여 '발동국은 실증적 증거에 의하여 인과관계 존재를 제시해야 하며, 그것이 어떻게 그 결정을 지지하는지 이유 있는 적절한 설명을 하지 않으면 안 된다'고 하였다.

제4절   절차적 요건[71)]

Ⅰ 기본 원칙

1. 절차의 개요

국내산업의 조사신청의 제출, 주무관청의 조사개시 결정, 조사절차의 진행, 산업피해판정, 구제조치의 건의 및 시행 순으로 진행된다.

---

71) 서헌제(1998), 400–403면.

2. 국내 절차의 투명성

세이프가드협정은 조사절차상의 투명성을 특히 엄격하게 요구하고 있다. 이를 위하여 조사개시의 공고, 조사단계에서 의견제출, 공청회 개최, 조사결과에 대한 보고서의 공개 등을 요구하고 있다(제3.1조). 조사단계에서 제출된 비밀정보는 제출한 당사자의 허가없이 공개할 수 없다(제3.2조).

3. 통보 및 협의의무

절차의 투명성을 제도적으로 보장하기 위해 회원국의 조치에 대한 WTO에의 통보와 협의에 관해 규정하고 있다. 또 조치의 대상이 되고, 실질적 이해관계를 가지고 있는 국가에 대해 사전 협의기회를 제공해야 한다(제12.3조).

⚖ 판례 | Korea – Dairy Safeguard case

1. 통보의무의 대상 및 제12조 제2항 '모든 관련 정보'의 범위

패널은 긴급수입제한조치협정 제12조상 회원국은 긴급수입제한조치 조사 과정 중 5번의 통보의무가 있다고 보았다. i) 제12조 제1항상의 조사개시, ii) 피해판정, iii) 조치 적용(연장)시 SG위원회에 통보, iv) 제12조 제2항 및 제3항 추론상, 조치의 내용과 조치의 제안 시 통보, v) 제12조 제4항상 잠정조치 채택 전 통보의무가 있다. 통보의 내용에 관해 패널은 제12조 제2항의 모든 관련된 정보란 EC가 주장하는 대로 제3조 및 제4조에 의거, 국내적으로 공표된 모든 사항을 요약해서 통보하라는 것은 아니며 실질적 이해관계를 갖고 있는 회원국이 이용하기에 충분한 정도의 정보를 말한다고 판단하였다.

상소기구는 패널의 판정을 번복하였다. 상소기구는 모든 관련된 정보의 내용은 최소한 동 구절 이하에 기재된 사항을 포함해야 하는 것이며 무엇이 심각한 피해의 증거를 구성하는지는 패널의 판단과는 달리 조치발동국이 결정할 수 있는 것이 아니라고 결정하였다. 상소기구는 그 근거로 긴수입제한조치협정 제4조 제2항 제(a)호에 심각한 피해 판정 요소가 명시되어 있음을 환기하였다. 상소기구는 한국의 긴급수입제한조치 통보문에 판매, 생산, 생산성, 고용 등에 관한 분석이나 인과관계에 대한 명시적인 설명이 없으므로 한국은 심각한 피해요소 평가의무를 다하지 못했으며 이는 제12조 제2항 위반에 해당한다고 판시하였다.

2. 통보시점

통보시점에 관해 패널은 제12조 제1항의 '즉시(immediately)'란 어느 정도의 긴급성(urgency)을 나타내는 것이며 심각한 피해판정에 관한 통보는 제12조 제3항상의 협의 전에 이루어져야 할 것이라고 판단하였다. EC의 주장대로 조사 개시 통보가 긴급수입제한조치의 모든 법적 요건을 포함해야 하는 것은 아니라고 보았다. 패널은 i) 한국이 조사 개시 14일 후 통보한 것, ii) 심각한 피해판정 국내 공고 40일 후 통보한 것, iii) 조치적용 결정 6주 후 통보한 것은 제12조 제1항의 '즉시 통보의무'를 다하지 못한 것이라고 판정하였다.

Ⅱ 조사신청

세이프가드협정에 신청자격에 대한 구체적인 기준은 없으며 각국의 실정에 맞게 운용하고 있다. 미국의 경우 이해관계인의 청원이나 대통령 혹은 ITC의 발의에 의해 조사를 개시한다. EU는 생산자의 직접제소는 인정하지 않고 회원국 정부를 통하거나 집행위원회의 직권으로 조사를 개시한다.

Ⅲ 조사개시결정

협정은 조사개시결정에 대해서도 별도의 규정을 두지 않고 있으며, 다만 개시결정과 이유를 세이프가드위원회에 통보하도록 요구하고 있다(제12.1조 (a)).

Ⅳ 조사절차

세이프가드협정은 조사절차의 투명성을 위해 조사절차의 공개성, 객관성, 및 비밀유지에 관한 규정을 두고 있다. 조사는 모든 이해관계자에게 합리적으로 공고되어야 하며, 이해관계자들의 견해를 제출할 수 있는 공청회 등의 개최를 보장해야 한다. 또한 주무당국은 판정사실, 법리해석 등에 관한 결론을 서명하는 보고서를 공개해야 한다(제3.1조).

Ⅴ 피해판정

예비판정과 최종판정이 있다. 예비판정은 지연 시 회복하기 어려운 손상을 초래할 중대한 상황에서 잠정조치를 시행하기 위해 내리는 중간적 판정으로서 심각한 피해 또는 피해의 우려에 대한 명백한 증거가 있어야 한다(제6조). 예비판정이 부정적일 경우 조사절차는 즉시 종결된다.

Ⅵ 구제조치의 건의 및 조치의 시행

한국의 경우 피해판정이 긍정적일 경우 무역위원회는 판정일로부터 45일 이내에 관계 행정기관의 장에게 필요한 구제조치를 건의하고 관계행정기관의 장은 건의를 받은 후 45일 이내에 조치의 시행 여부를 결정해야 한다(대외무역법 제28조, 제29조).

제5절 세이프가드조치

Ⅰ 세이프가드조치의 형태

1. 잠정조치

잠정 세이프가드조치(a provisional safeguard measures)는 지체될 경우 회복하기 어려운 피해가 초래될 수 있는 절박한 상황에서 수입의 증가가 심각한 피해를 초래하거나 초래할 우려가 있다는 명백한 증거가 있다는 예비판정에 따라 취할 수 있는 조치를 의미한다(제6조). 잠정조치의 존속기간은 200일을 초과할 수 없으며 관세인상의 형태만 취할 수 있다(제6조).

2. 최종조치

(1) 서설

세이프가드협정은 세이프가드조치의 형태에 대해 달리 제한을 두고 있지 않다. 따라서 회원국은 세이프가드조치로서 관세인상은 물론 쿼터나 관세율쿼터를 도입할 수 있고, 그밖의 다른 형태의 세이프가드조치도 취할 수 있다.[72] 세이프가드조치는 국내산업에 대한 심각한 피해를 방지하거나 구제하고 조정을 촉진하는 데 필요한 범위 내에서만 적용될 수 있다(제5.1조).

---

72) 고준성 외(2006), 230면.

📖 조문 | 제5조 - SG조치의 적용

1. 회원국은 심각한 피해를 방지하거나 구제하고 조정을 촉진하는 데 필요한 범위 내에서만 긴급 수입제한조치를 적용한다. 수량제한이 사용되는 경우 이러한 조치는, 다른 수준이 심각한 피해를 방지 또는 구제하는 데 필요하다는 명백한 정당성이 제시되지 아니하는 한 통계가 입수가능한 과거 대표적인 3년간의 평균수입량인 최근 기간의 수준 이하로 수입량을 감소하여서는 아니 된다. 회원국은 이러한 목적달성에 가장 적합한 조치를 선택하여야 한다. (A Member shall apply safeguard measures only to the extent necessary to prevent or remedy serious injury and to facilitate adjustment. If a quantitative restriction is used, such a measure shall not reduce the quantity of imports below the level of a recent period which shall be the average of imports in the last three representative years for which statistics are available, unless clear justification is given that a different level is necessary to prevent or remedy serious injury. Members should choose measures most suitable for the achievement of these objectives.)

2. 가. 쿼타가 공급국가들 간에 할당되는 경우, 이러한 제한을 적용하는 회원국은 관련 상품의 공급에 실질적인 이해를 가진 모든 다른 회원국과 쿼타율의 할당에 관하여 합의를 모색할 수 있다. 이 방법이 합리적으로 실현가능하지 않은 경우 관련 회원국은 동 상품을 공급함에 있어서 실질적인 이해를 가진 회원국에게 동 회원국이 과거 대표적 기간 중에 공급한 물량이 그 상품의 총수입 물량 또는 총수입액에서 차지하는 비율에 근거한 몫을 할당하며, 이 경우 그 상품의 무역에 영향을 미쳤거나 미칠 수 있는 특별한 요소를 적절히 고려한다.

   나. 회원국은 제12조 제3항에 따른 협의가 제13조 제1항에 규정된 긴급수입제한조치위원회의 주관 하에서 수행되고, (1) 특정 회원국으로부터의 수입이 대표적인 기간 중 관련 상품의 수입의 총 증가와 관련하여 불균형한 비율로 증가하였고, (2) 가호의 규정으로부터의 일탈 사유가 정당화되고, 또한 (3) 그러한 일탈의 조건이 관련 상품의 모든 공급자에게 공평하다는 데에 대한 분명한 증명이 위원회에 제시되는 경우, 가호 규정으로부터 일탈할 수 있다. 이러한 조치의 존속기간은 제7조 제1항에 따른 최초기간을 초과하여 연장되지 아니한다. 위에 언급된 일탈은 심각한 피해의 우려의 경우에는 허용되지 아니한다.

🎿 판례 | Korea-Dairy Safeguard case

긴급수입제한조치협정 제5조 제1항은 심각한 피해를 방지하거나 조정을 촉진하는 데 필요한 범위 내에서만 실시할 의무를 부과하고 있으며 수입량도 전 3년 평균 수입량 이하로 제한해서는 안 된다고 규정하고 있는바, EC는 한국이 i) 조정 촉진 방안에 대해서는 아무 고려도 하지 않은 채 긴급수입제한조치를 취하였고, ii) 수입제한 외에 달리 가장 적합한 조치가 있는지도 살피지 않았으며, iii) 제한된 쿼터가 피해방지 및 구제에 꼭 필요한 수준이라는 것도 제시하지 못하였을 뿐 아니라 iv) 다른 수준이 심각한 방지 또는 구제하는데 필요하다는 명백한 정당성을 제시하지 않고 대표적 3년 기간을 설정하였으므로 이는 긴급수입제한조치협정 제5조 제1항에 위반된다고 주장하였다.

패널은 제5조 제1항 제1문을 긴급수입제한조치는 그 전체가(in its totality) 피해방지, 구제, 조정을 촉진하는 데 필요한 수준 이상으로 제한적이어서는 안 된다는 의미로 해석하였다. 아울러 제5조 제1항 제2문에 비추어 조치 시행국은 당해조치가 제5조 제1항 요건을 모두 충족하고 결론에 어떻게 도달하였는지 합리적인 설명을 제시하여야 하며, 패널 스스로가 당해 조치의 필요성 기준 충족 여부를 판단할 것은 없다고 보았다. 패널은 한국의 혼합분유 긴급수입제한조치가 왜 다른 조치보다 선호되어야 하는지 합리적인 설명이 결여되어 있어 제5조 제1항 제1문의 요건을 충족하지 못했다고 판시했다.

상소기구는 제5조 제1항 제1문에 대한 패널의 해석은 지지하였다. 반면 2문의 '명백한 정당성'에 기초한 패널의 두 번째 해석은 받아들이지 않았다. 상소기구는 '명백한 정당성'이란 수량 제한에만 적용되는 것이라고 한정하였다. 한국의 제5조 제2항 제2문 위반 여부를 결정하기 위해서는 한국이 통계가 입수 가능한 과거 대표적인 3년간 평균 수입량 이하로 수량제한을 하였는지를 판단하여야 하나 패널이 이에 관한 사실관계 판단을 하지 않아, 패널의 분석을 종료할 수 없다고 하였다.

이 사건에서 한국은 미국의 Line Pipe 긴급수입제한조치가 SG협정 제5조 제1항상 '필요한' 것임을 입증하지 못했으며 '필요한 범위'도 초과하였다고 주장하고, 그 근거로 미 무역위의 권고보다 더 제한적이라는 점을 제시하였다. 패널은 긴급 수입제한 조치가 필요한 것임을 입증해야 한다는 한국의 주장을 수용하지 않았다. 제5조 제1항은 조치부과국으로 하여금 조치의 필요성을 입증할 것을 요구하지는 않는다고 판시했다. Korea-Dairy Safeguard 사건 패널 판정대로 동 조항은 단지 국내산업이 겪고 있는 심각한 피해를 방지 또는 구제하거나 국내산업의 조정을 촉진시키려는 목적에 상응한(commensurate with) 조치를 취하라는 의무를 부과하는 것이지 제5조 제1항 준수를 입증하는 절차적 의무를 부과하는 것이 아니라고 설명하였다. 필요한 범위를 초과했다는 한국의 두 번째 주장에 대해서도 패널은 미국의 조치가 미 무역위의 권고보다 더 제한적이라 하더라도 제5조 제1항에서 허용된 최대 수준 이하일 수 있다는 점을 언급하였고 또한 더 제한적이라는 점을 한국이 입증하지도 못했다고 지적하였다. 상소기구는 패널의 첫 번째 판정은 지지하였으나, 두 번째 판정을 파기하였다. 협정 제4조 제2항 제(b)호 제2문에 비추어 이 조항은 전체 피해 중 적절한 부분만을 수입증가에 귀속시켜야 한다는 기준으로 볼 수 있으며 제5조 제1항에 언급된 심각한 피해는 수입의 증가에 의해 초래된 심각한 피해만을 의미하는 것이며 SG조치는 수입증가에 의해 초래된 피해를 해소하는 범위에서만 적용할 수 있는 것으로 해석해야 한다고 결론지었다. 따라서 미국이 수입증가 이외의 요소의 피해를 수입 증가에 귀속시키지 말아야 한다는 제4조 제2항 제(b)호를 위반한 점이 패널에 의해 확인되었으므로 미국의 조치는 수입증가에 의해 초래된 심각한 피해를 방지하거나 구제하고 조정을 촉진하는데 필요한 범위를 일탈한 것이라고 판시하였다.

(2) 수량제한

세이프가드조치로서 수량제한조치를 취할 수 있다. 다만 수량제한조치를 취하는 경우 달리 명백한 근거가 제시되지 않는 한 통계가 입수 가능한 지난 3년의 대표적 기간의 평균 수입량에 해당되는 최근 기간의 수준 이하로 수입량을 감소해서는 안 된다(제5.1조). 또한 쿼터를 수출국에 할당하는 경우 관련 상품 공급에 실질적 이해관계를 갖는 모든 다른 회원국들과 합의를 모색하고, 합의가 실현 가능하지 않은 경우, 과거 대표적 기간 동안 당해 상품을 공급함에 있어서 실질적인 이해를 가진 회원국들이 공급한 상품의 총수입 물량이나 총 수입액 중 차지한 비율을 근거로 당해 회원국에 할당해야 하며, 이 경우 당해 상품의 교역에 영향을 미쳤거나 미치는 특별한 요소들을 고려해야 한다(제5.2조 (a)). 수량할당에 있어서 비차별원칙이 적용되나, 일정한 요건[73] 하에 차별적 배분조치가 적용될 수 있다.

(3) 보조금 지급의 문제[74]

세이프가드조치의 일환으로 보조금을 지급할 수 있는지가 문제된다. 세이프가드협정에는 보조금 지급 여부에 대해 명시적 규정은 없다. 그러나 회원국은 심각한 피해를 방지하거나 구제하고 구조조정을 촉진하기 위한 목적달성에 가장 적합한 조치를 선택할 수 있으므로(제5.1조) 국내산업의 구조조정을 위한 보조금의 지급은 허용된다. 다만, 구조조정을 위해 지급되는 수출보조금은 보조금 및 상계조치에 관한 협정상 '허용보조금'에 해당되지 않는다. 그러나 세이프가드조치는 국내산업에 대한 심각한 피해를 방지 또는 구제하기 위해 예외적으로 허용되는 조치이기 때문에 협정의 목적달성에 가장 적합하는 한 금지보조금을 지급하는 것도 허용된다. 이 경우 관련회원국은 보조금 및 상계조치협정의 규정에 따라 상계관세를 포함한 대항조치를 취할 수 있다.

---

73) 세이프가드협정 제5.2조 제(b)호에 의하면, 세이프가드위원회 주최로 관계국과의 협의, 어느 회원국에서의 수입이 대표적 기간에 관계 상품의 수입 총 증가량에 대해 균형을 잃은 비율로 증가했을 것, 비차별 원칙에서 이탈하는 정당한 이유가 있을 것, 일탈의 조건이 상품의 모든 공급국에 있어서 공평하다는 것이 세이프가드위원회에 대해 명확하게 입증될 것을 요한다.

74) 최승환(2006), 355-356면.

Ⅱ 세이프가드조치의 적용대상

세이프가드조치는 '원산지에 관계없이' 수입되는 모든 상품에 대해 적용된다. 다만 UR세이프가드협상에서 세이프가드협정을 모든 부류의 상품을 대상으로 적용할 수 있는지 아니면 섬유나 농산물과 같은 일부 품목에 대해서는 이의 적용을 면제해야 하는가가 쟁점이 되었다. 이에 대해 세이프가드협정에는 명시적 규정이 없다. 다만, 농업협정 및 섬유 및 의류협정에서 각각 특별 세이프가드조치에 관한 규정을 두고 있다. 섬유 및 의류협정에서 규정한 과도적 세이프가드조치는 2004년 말 소멸하였다. 따라서 2005년부터는 섬유 및 의류 상품도 GATT1994 제19조 및 세이프가드협정의 적용을 받는다.

Ⅲ 세이프가드조치의 적용 원칙

1. 비차별과 선별성의 문제

구제조치의 선별성(selectivity)이란 세이프가드조치로서의 구제조치가 특정국가의 수입물품에 대해서만 차별적 또는 선별적으로 적용되는 것을 말한다. 1994GATT 제19조는 세이프가드조치의 비차별성에 대해 명시적 언급이 없었으므로 선별적 세이프가드조치가 MFN의무에 위반되는지 논란이 되었다. 그러나 세이프가드협정은 수입물품의 원산지에 관계없이 세이프가드조치를 비차별적으로 적용하도록 하여 원칙적으로 선별적 적용을 인정하지 않았다(제2.2조).

> 📖 **조문 | 제2조 제2항 – 비차별 원칙**
>
> 긴급수입제한조치는 수입되는 상품에 대하여 출처에 관계없이 적용된다. (Safeguard measures shall be applied to a product being imported irrespective of its source.)

2. 병행주의

(1) 쟁점

NAFTA 등 일부 FTA의 경우 다자간 세이프가드조치[75]를 취함에 있어서 다른 당사국으로부터의 수입품이 심각한 피해나 피해 위협의 실질적 원인이 아닌 경우에는 당해 당사국의 수입품에 대해 동 조치의 적용을 예외적으로 배제할 수 있도록 허용하고 있다. 따라서 이러한 조치가 비차별 원칙에 반하는지, 반한다 하더라도 1994GATT 제24조에 의해 정당화 되는지가 문제된다.

(2) WTO 패널·상소기구 입장

WTO 패널 및 상소기구는 다자간 세이프가드조치의 적용에 있어서 특정 지역무역협정 당사국을 제외하는 것인지의 문제에 대해 직접 언급하지 않고 이른바 병행주의(parallelism)의 문제로 다루고 있다. 즉, 세이프가드조치의 조사단계에 있어 대상 범위와 세이프가드조치의 적용단계에서 대상 범위가 같아야 한다는 것이다.

---

75) 양자간 세이프가드조치에 대한 개념으로서 다자간 세이프가드조치는 GATT 제19조 및 WTO 세이프가드협정에 기한 세이프가드조치를 의미한다. 양자간 세이프가드조치는 지역무역협정 당사국들 간에 수입되는 상품에 대해서만 적용되는 세이프가드조치를 의미한다.

🔨 판례 | '병행주의' 관련 사건

1. US − Steel Safeguards

미국은 2001년 6월 철강제품의 수입급증으로 국내 철강산업에 중대한 산업피해 발생 여부를 조사할 것을 발표했고 국제무역위원회(International Trade Commission: ITC)에 조사를 의뢰한 후, 최종적으로 10개 제품에 대해 8~30%에 달하는 추가관세를 3년간 부과하는 긴급수입제한조치를 시행하였다. 동 조치 시행에 있어서 자유무역협정이 체결된 캐나다, 멕시코, 이스라엘, 요르단은 조치 부과대상에서 제외되었다. 이에 대해 제소국은 미국이 NAFTA 회원국인 캐나다, 멕시코 및 별도의 자유무역협정을 체결한 요르단, 이스라엘으로부터의 수입물량을 조사단계에는 포함시켰으나 긴급수입제한조치를 적용하지 않은 것은 병행주의 원칙에 위반된다고 주장하였다. 패널은 이전 판례와 협정 제2조 규정에 비추어 미국은 조치를 취함에 있어서 병행주의 요건을 충족해야 한다고 판정하였다. 즉, 조사대상과 조치적용대상이 같아야 한다. 다만, 조사대상국이 조치적용대상국에서 배제되었다고 하더라도 조치적용대상 수입만으로 SG 발동 요건을 충족한다는 점에 대해 조사당국이 입증한 경우 병행주의를 충족한 것으로 본다고 하였다. 미국은 조사대상에는 캐나다, 멕시코, 이스라엘, 요르단 등을 포함시켰으면서도 이들을 적용 대상에서 배제하였으며, 그에 대한 합당한 이유를 제시하지도 않았으므로 병행주의를 위반한 것으로 판정하였다. 상소기구도 패널 판정을 지지하였다.

2. US − Line Pipe Safeguards case

1999년 8월 미 무역위원회는 한국, 중국 등으로부터 수입되는 line pipe에 대해 피해조사를 개시하여 그 해 10월 동 제품의 수입 급증이 국내산업에 심각한 피해 및 피해 우려를 초래하고 있다고 판정하였다. 이에 따라 미국 정부는 2000년 2월 세이프가드조치를 발동하였다. 미국은 세이프가드조치를 취함에 있어서 NAFTA 회원국인 캐나다, 멕시코는 적용대상에서 제외하였다. 패널은 미국의 조치는 tariff quota이므로 GATT 제24조 제8항 (b)에 의거, 일정 조건이 충족될 경우 FTA 회원국에는 면제될 수 있다고 보았다. 그 조건은 GATT 제24조 제5항 (b), (c) 충족 여부 및 관세와 기타의 제한적 통상 규칙이 실질적으로 모든 NAFTA 교역에서 철폐되어야 한다는 것인데 미국이 이를 충분히 입증하였다고 판단, GATT 제24조를 원용할 수 있다고 판시하였다. 이에 대해 상소기구는 패널의 판정이 무의미하며 법적인 효력이 없다고 결정하였다. 상소기구는 병행주의가 성립될 때에만 GATT 제24조가 SG협정 제2조 제2항의 예외로 이용될 수 있다고 하였다. 즉, 첫째, SG조치로부터 면제된 수입이 심각한 피해판정 시 고려되지 않았거나, 둘째, SG조치로부터 면제된 수입이 심각한 피해판정 시 고려되었지만 조사당국이 합리적이고 적절한 설명을 통해 자유무역지대 외의 수입만으로도 SG조치 적용 조건이 충족된다는 것을 명백히 밝힌 경우 병행주의요건을 충족한다. 그런데 이번 사건의 경우 멕시코와 캐나다산 line pipe는 심각한 피해판정 시 고려된 점이 분명하나 조치의 적용대상에서 배제한 것에 대해 미국이 합리적이고 적절한 설명을 제시한 바 없으므로 GATT 제24조가 SG협정 제2조 제2항의 예외로 원용될 수 있는지 검토할 필요가 없다고 판단하였다.

3. US − Wheat Gluten 사건

1997년 10월 미 무역위원회는 밀 글루텐에 대해 피해조사를 개시하여 1998년 6월 밀 글루텐의 수입 물량을 3년간 제한하는 긴급수입제한조치를 확정 부과하였다. 최초 년도 수량제한은 1993년 6월부터 9월까지의 곡물 평균 수입을 감안하여 57,521,000kg으로 책정하고 동 기간을 기준으로 수출국별 quota를 배정하였다. 미국은 캐나다와 특정 개도국은 긴급수입제한조치 적용대상에서 배제하였고 이 국가들의 quota는 긴급수입제한조치 적용을 받는 국가에 추가로 할당해 주었다. 이에 대해 EC는 미국이 캐나다산 상품에 대해 긴급수입제한조치 적용대상에서 제외한 것은 협정에 위반된다고 주장하였다. 패널과 상소기구는 미국이 동등대우(병행주의)의무를 위반했다고 판정하였다. 패널은 협정 제4조 제2항 가호 및 나호는 심각한 피해판정과 긴급수입제한조치 적용 간에 분석상의 대칭(analytical symmetry)을 요구하므로 조사대상이 된 수입상품의 범위와 긴급수입제한조치 적용대상이 되는 수입상품의 범위는 반드시 동일해야 한다고 판단하였다. 협정 제2조 제2항 역시 동등대우를 요구한다고 하였다. 따라서 미국이 캐나다 수입품은 조사는 하고 조치적용대상에서 제외한 것은 협정 제2조 제1항과 제4조 제2항을 위반한다고 결론지었다. 상소기구 역시 협정 제2조 제1항과 제2항이 모두 'product … being imported'라는 동일한 구절을 사용하고 있으므로 조사대상범위상품과 조치 적용대상상품은 일치해야 한다고 하였다.

4. Argentina – Footwear Safeguards 사건

1997년 2월 아르헨티나는 신발류 수입 급증에 대한 긴급수입제한조치 조사를 개시하였고 관세부과 형식의 잠정조치를 취하였다. 이후 1997년 9월 12일 특정 관세부과 형식의 확정 긴급수입제한조치를 발동하였다. 아르헨티나는 신발류의 수입 동향, 피해, 인과관계 조사 시에는 그 자신이 가입해 있는 MERCOSUR 회원국으로부터의 수입을 포함한 반면 긴급수입제한조치는 MERCOSUR 회원국을 제외한 타 수출국에만 부과하였다. EC는 아르헨티나의 조치는 부당하며 MERCOSUR 회원국을 긴급수입제한 조치 부과대상에서 배제하려면 조사 단계에서부터 MERCOSUR 회원국의 수입량을 배제했어야 한다고 주장하였다. 패널은 아르헨티나가 조사대상에는 '남미공동시장' 회원국을 포함시켰음에도 불구하고 조치의 적용대상에서 배제한 것은 협정을 위반한 것으로 판정하였다. 패널은 협정 제2조 제2항이 긴급수입제한조치는 출처에 관계없이 적용된다고 규정하고 있음에 비추어 이 조항의 통상적 의미는 관세동맹의 어느 회원국의 긴급수입제한조치는 관세동맹 내외에 관계없이 모든 공급원으로부터 수입된 상품에 대해 무차별적으로 적용되어야 한다는 의미라고 결론지었다. 패널은 각주1은 긴급수입제한조치 조사범위와 적용범위 간 '동등대응(parallelism)'을 암시하고 있으며 상기와 같은 해석이 동등대응 원칙에 부합한다고 밝혔다. 패널은 아르헨티나의 조치는 GATT 제24조에 의해 정당화되지 못한다는 점도 덧붙였다. GATT 제19조는 GATT 제24조 제8항의 예외로 명기되지 않은 점, 긴급수입제한조치의 역내적용에 대해 관세동맹마다 확립된 관행이 부재한 점 등을 이유로 들었다. 상소기구는 패널의 결론과 '동등대응'에 대해서는 동의하였다. 그러나 각주1은 동등대응의 논거로 사용할 수 없다고 보고 패널의 법적 추론을 부인하였다. 각주1은 관세동맹이 전체 또는 회원국을 대표하여 긴급수입제한조치를 발동할 때 적용되는 것이므로 이번 사건과 같이 회원국이 개별적으로 발동하는 경우에는 적용될 수 없다고 하였다.

Ⅳ 존속기간

세이프가드조치는 심각한 피해를 방지하거나 구제하고 구조조정을 촉진하는 데 필요한 기간 동안만 실시할 수 있으며, 이 기간은 달리 연장되지 않는 한 4년을 초과할 수 없다(제7.1조). 단, 수입회원국의 주무당국이 심각한 피해를 방지하거나 구제하는 데 세이프가드조치의 지속이 필요하며 당해 산업이 구조조정 중에 있다는 증거가 존재한다고 판정하는 등의 요건을 충족한 경우 기한을 연장할 수 있다(제7.2조). 그렇다 하더라도 세이프가드조치의 총 적용기간은 잠정조치 및 최초 적용기간을 포함하여 총 8년을 초과할 수 없다(제7.3조).

Ⅴ 재검토

세이프가드조치의 기간이 3년을 초과하면 동 조치를 적용하는 국가는 조치기간의 중간 시점 이전에 상황을 재검토하여 조치를 철회하거나 자유화속도를 증가해야 한다(제7.4조). 동 조치가 연장된 경우 당해 조치는 최초 기간의 종료시점에 비해 더 제한적이어서는 안 되고, 계속하여 자유화되어야 한다(제7.4조). 이렇듯 세이프가드조치는 경감성(degressivity)을 가진 조치이어야 한다.

📄 조문 | 제7조 – 긴급수입제한조치의 존속기간 및 검토

1. 회원국은 긴급수입제한조치를 심각한 피해를 방지하거나 구제하고 조정을 촉진하는 데 필요한 기간 동안에만 적용한다. 동 기간은 제2항에 따라 연장되지 아니하는 한 4년을 초과하지 아니한다.

2. 수입회원국의 주무당국이 제2조, 제3조, 제4조 및 제5조에 규정된 절차와 합치하여 심각한 피해를 방지하거나 구제하기 위하여 긴급수입제한조치가 계속 필요하며, 산업이 조정 중에 있다는 증거가 존재한다고 판정하고 제8조 및 제12조의 관련 규정이 준수되는 경우, 제1항에 언급된 기간은 연장될 수 있다.

3. 긴급수입제한조치의 총 적용기간은 잠정조치 적용기간, 최초 적용기간 및 그 연장을 포함하여 8년을 초과하지 아니한다.

4. 제12조 제1항의 규정에 따라 통보된 긴급수입제한조치의 예상 존속기간이 1년을 넘는 경우 조정을 촉진하기 위하여 이러한 조치를 적용하는 회원국은 적용기간 동안 정기적으로 이를 점진적으로 자유화한다. 조치의 존속기간이 3년을 초과하는 경우 이러한 조치를 적용하는 국가는 조치의 중간시점 이전에 상황을 검토하며, 적절한 경우 동 조치를 철회하거나 자유화를 가속화 한다. 제2항에 따라 연장된 조치는 최초기간의 종료 시점보다 더 제한적이어서는 아니되며 계속하여 자유화되어야 한다.

5. 세계무역기구협정의 발효일 이후에 취해진 긴급수입제한조치의 대상이었던 상품의 수입에 대하여는 이러한 조치가 이전에 적용되었던 기간만큼의 기간 동안은 긴급수입제한조치를 재적용하지 아니한다. 단, 이 경우 비적용기간이 최소한 2년이 된다.

6. 제5항의 규정에도 불구하고 존속기간이 180일 이내인 긴급수입제한조치는 다음 경우에 해당하는 품목의 수입에 대하여 재적용할 수 있다.
   가. 상품의 수입에 대하여 긴급수입제한조치가 도입된 날로부터 최소한 1년이 경과하였으며, 또한
   나. 이러한 긴급수입제한조치가 도입된 날 이전 과거 5년의 기간 내에 동일상품에 대하여 2번을 초과하여 동 조치가 적용되지 아니한 경우

제6절 | 보상 및 보복조치

Ⅰ 의의

긴급수입제한조치는 정당한 수출행위에 대해 수입국 국내사정을 이유로 하여 발동되는 규제조치이므로 그 규제조치로 인해 수출국이 입을 손해를 보상하고 만일 보상협의가 원만하게 이루어지지 않을 경우에는 상대국에 대해서도 동일한 수준의 대응조치를 취하도록 해야 한다(GATT 제19.2조).

Ⅱ 보상적 구제조치

보상적 구제조치(compensatory remedies)란 세이프가드조치의 발동국가인 수입국이 당해 조치의 적용을 받는 수출국에게 제공하는 보상조치를 의미한다. 세이프가드협정 제8조 제1항은 관련 회원국들이 세이프가드조치로 인해 교역에 미치는 부정적 효과에 대해 적절한 무역보상수단에 관해 합의할 수 있다고 규정하고 있다. 보상조치로는 수출국 상품에 대한 관세의 인하, 시장접근의 확대 등이 있다.

> **조문 | 제8조 제1항 – 보상**
>
> 긴급수입제한조치의 적용을 제안하거나 동 조치를 연장하고자 하는 회원국은 제12조 제3항의 규정에 따라 그러한 조치에 의해 영향을 받는 수출회원국과 자기 나라간에 1994년도 GATT에 따라 존재하는 양허와 다른 의무의 수준이 실질적으로 동일하게 유지되도록 노력한다. 이러한 목적을 달성하기 위하여 관련 회원국은 그들의 무역에 대한 긴급수입제한조치의 부정적 효과에 대한 적절한 무역보상 방법에 관하여 합의할 수 있다.

Ⅲ 보복적 대응조치

📄 조문 | 제8조 제2항 – 양허의 정지(보복조치)

제12조 제3항에 따른 협의에서 30일 이내에 합의가 이루어지지 아니하는 경우, 영향을 받는 수출회원국은 조치가 적용된 날로부터 90일 이내에, 상품무역이사회가 그러한 양허정지의 서면 통고를 접수한 날로부터 30일 경과한 후, 상품무역이사회가 반대하지 아니하는 한 긴급수입제한조치를 적용한 회원국의 무역에 대하여 1994년도 GATT의 실질적으로 동등한 양허나 다른 의무의 적용을 자유로이 정지한다.

---

1. 의의

규제국과 피규제국이 30일 내에 보상에 관한 합의가 이루어지지 않는 경우 피규제국은 규제국의 무역에 대해 실질적으로 동등한 양허나 다른 의무의 적용을 자유로이 정지할 수 있다(제8.2조).

2. 요건

첫째, 피규제국은 세이프가드조치가 취해진 날로부터 90일 이내에 보복조치를 취해야 한다. 둘째, 상품무역이사회가 양허정지의 서면통고를 받은 날로부터 30일이 경과해야 한다. 셋째, 상품무역이사회가 반대하지 않아야 한다.

3. 제한

세이프가드조치가 수입의 절대적 증가의 결과 취해지고 당해 조치가 세이프가드협정의 규정과 합치하는 경우 보복조치는 당해 조치가 유효한 최초 3년 동안에는 행사되지 아니한다(제8.3조).

제7절　세이프가드조치의 통제[76]

Ⅰ 재발동의 제한

WTO협정 발효 전에 세이프가드조치가 취해진 상품에 대해 협정 발효 이후 세이프가드조치를 취하고자 하는 경우 이전에 적용되었던 기간만큼은 동 조치를 재발동할 수 없으며, 적어도 2년 동안에는 동 조치를 재발동할 수 없다(제7.5조).

---

76) 세이프가드조치의 통제에는 내재적 한계, 존속기한의 한계, 재발동의 제한, 보상과 보복, 통보와 협의, 감시 등이 포함된다. 여기서는 앞에서 논의되지 아니한 사항들을 중심으로 정리한다.

Ⅱ 통보

첫째, 회원국은 심각한 피해나 위협과 관련한 조사절차의 개시 및 그 사유, 수입의 증가로 인한 심각한 피해나 피해의 위협에 대한 판정, 세이프가드조치의 적용 및 연장에 관한 결정을 세이프가드위원회에 즉시 통고해야 한다(제12.1조). 둘째, 심각한 피해판정이나 세이프가드조치의 적용 등에 관한 모든 정보를 제공해야 한다. 셋째, 세이프가드조치와 관련된 자국의 법률 등에 대해 세이프가드위원회에 통고해야 한다.

Ⅲ 협의

세이프가드조치를 발동하거나 연장하려는 회원국은 관련 상품의 수출국으로서 실질적인 이해관계를 가진 회원국에 대해 정보의 검토 및 당해 조치에 대한 의견 교환 등을 위하여 사전 협의(prior consultations)를 위한 적절한 기회를 제공해야 한다(제12.3조).

Ⅳ 감시

세이프가드협정은 '세이프가드위원회'를 설립하여 협정이행과 관련한 감시체제(surveillance mechanism)를 강화하였다. 동 위원회는 협정의 일반적 이행감독, 협정 개선 권고, 세이프가드조치 발동 시 절차 요건 준수 여부 판정, 회원국 간 협의 지원 등의 업무를 담당하고 있다(제13조).

제8절 기타 조항

Ⅰ 분쟁해결

세이프가드협정의 해석 및 적용에 관한 회원국 간 분쟁은 '분쟁해결양해'에 따른 1994GATT 제22조와 제23조가 통일적으로 적용된다(제14조).

Ⅱ 회색지대조치

회원국들은 수출자율규제나 시장질서유지협정 또는 수출이나 수입 측면에서 이와 유사한 조치들을 모색하거나 취하거나 유지해서는 아니 되며, WTO설립협정 발효일 당시 시행 중인 일체의 그러한 조치를 협정과 일치시키거나 협정의 규정에 따라 단계적으로 폐지해야 한다(제8.1조 (b)). 단계적 폐지는 WTO설립협정 발효일로부터 180일 이내에 관련 회원국이 세이프가드조치위원회에 제시한 일정표에 따라 시행해야 한다. 원칙적으로 WTO협정 발효일로부터 4년 이내에 단계적으로 폐지되거나 세이프가드협정과 일치시켜야 한다(제11.2조).

Ⅲ 개도국 특별대우

첫째, 개도국이 원산지인 상품에 대한 세이프가드조치의 적용과 관련하여 수입회원국에서 당해 개도국의 관련 상품의 수입점유율이 3%를 초과하지 않으며, 이와 같이 3% 미만의 수입점유율을 차지하는 개도국이 차지하는 총수입점유율이 상품의 총수입의 9%를 넘지 아니할 경우 개도국이 원산지인 상품에 대해서는 세이프가드조치가 적용되지 아니한다(제9.1조). 둘째, 개도국이 적용하는 세이프가드조치의 적용기간의 연장이나 재발동과 관련하여 협정상 규정된 최대기간을 초과하여 2년까지 당해 조치의 적용을 연장할 수 있다(제9.2조). 셋째, WTO설립협정 발효 이후 취하여진 세이프가드조치의 적용대상이 된 상품의 수입에 대해서는 이전에 당해 조치가 적용된 기간의 1/2에 해당하는 기간이 경과하면 당해 조치를 다시 적용할 수 있다(제9.2조).

기출 및 예상문제

X국은 A, B, C국으로부터 철강제품을 수입한다. 그런데 철강제품의 수입급증으로 인하여 X국의 국내 철강산업에 피해가 발생하였다. X국은 자국의 국내법이 정한 규정과 절차에 따라 조사를 한 후 세이프가드조치를 발동하였다. X국과 A, B, C국은 WTO 회원국이다. 그리고 X국과 C국은 자유무역협정(FTA)을 체결하였다. 이 FTA는 협정당사국에 대해 세이프가드조치를 발동하지 않기로 규정하고 있으며 이미 발효된 것으로 가정한다. (총 40점) [2010외시]

(1) X국은 세이프가드조치를 발동하기 위한 조사단계에서 A, B, C국으로부터의 수입 물량의 증가 및 이로 인하여 발생한 피해를 조사하였다. 조사 결과 A, B, C국으로부터 수입되는 철강제품이 국내산업에 피해를 초래하는 것으로 판정되었다. X국은 자국과 FTA를 체결한 C국에 대하여 세이프가드조치를 발동하지 않고 A국과 B국으로부터 수입되는 철강제품에 한하여 세이프가드조치를 발동하였다. X국 조치의 WTO협정 위반 여부를 설명하시오. (20점)

(2) X국은 세이프가드조치를 발동하기 위한 조사단계에서 A와 B국으로부터의 수입물량의 증가 및 이로 인하여 발생한 피해에 대해서만 조사하였고, 자국과 FTA를 체결한 C국으로부터의 수입에 대해서는 조사 및 피해판정을 하지 않았다. 조사 결과 A와 B국으로부터 수입되는 철강제품이 국내산업에 피해를 초래하는 것으로 판정되었다. 따라서 X국은 A와 B국으로부터 수입되는 철강제품에 한하여 세이프가드조치를 발동하였다. X국 조치의 WTO협정 위반 여부를 설명하시오. (10점)

(3) 위 FTA가 GATT 제24조상 정당화되기 위한 대내적·대외적 요건에 대해 설명하시오. (10점)

제5장 │ 농업협정

제1절 서설

Ⅰ 배경

농산물은 공산품과 달리, 상품으로서 생산, 거래되기보다는 식량안보, 환경보존, 전통적 생산양식의 보존과 같은 비교역적 목표가 우선시 되어 왔다. GATT체제 하에서는 이러한 농산물의 특성을 반영하여 강력한 규범체계를 형성하지는 못했고, 사실상 GATT체제의 범위 밖에 방치되어 왔다. 그러나 1980년대 들어 개도국은 식량자급이 달성되고, EU도 식량수입국에서 수출국으로 전환함에 따라 세계적인 농산물 공급과잉 상태가 도래하였다. 이에 따라 국가 간 수출경쟁이 격화되었고, 국가들은 경쟁적으로 각종 수출보조금을 과잉지급하고 수입장벽을 쌓아 농산물 교역질서가 심하게 왜곡되었다.

Ⅱ UR협상의 기본목표

시장개방, 수출보조금, 국내보조금 감축이 UR농업협상의 3대 과제였으며, 특히 한국과 일본의 쌀시장 개방문제, 미국과 EU 간 국내보조금 감축문제, 개도국에 대한 특별대우 부여가 쟁점이 되었다.

Ⅲ 농업협정의 목적

농업협정은 전문에서 'GATT 규칙과 규율의 확립'을 통하여 '공정하고 시장지향적인 농업무역체계의 확립'을 추진할 것을 선언함으로써 정부의 인위적인 시장개입은 물론 무역장벽의 설치, 덤핑수출 등을 방지하여 각국 농업의 고유한 비교우위에 따라 국제분업이 이루어지고 자유무역이 달성될 수 있는 세계 농산물무역질서를 수립하는 것을 동 협정의 목적으로 규정하고 있다.[77]

---

77) 한국농촌경제연구원(1994), 우루과이 라운드 농업협정문 해설, 7면.

Ⅳ 농업협정의 기본구조[78]

규범의 종류	시장개방 기초: 86~88	수출보조 기초: 86~90	국내보조 기초: 86~88
가격	비관세장벽의 관세화 관세 또는 관세상당치의 평균 36% 감축(최소 15%)	수출보조금의 36% 감축	전체 AMS의 20%까지 감축
수량	최소시장접근 국내소비의 3~5%	보조금혜택 수출분의 21% 감축	
기타	세이프가드규정	평화조항(Peace Clause)	

제2절 시장접근(Market Access)

Ⅰ 예외 없는 관세화

공정하고 시장지향적인 농산물교역체제를 확립하기 위하여, 원칙적으로 관세화를 통한 시장개방을 하여야 하며 수량제한 등 비관세조치를 금지한다. 비관세장벽에 의해 보호되고 있는 품목은 1986년부터 1988년까지 당해품목의 국내외 가격차를 '관세상당치[79]'(Tariff Equivalent)로 평가하여 감축한다. 모든 농산물의 관세와 관세상당치를 양허하여 감축하되, 선진국의 경우 6년(1995년~2001년) 동안 단순평균 36% 감축해야 하며, 품목별 최저감축률은 15%이다. 단, 개도국은 10년 동안 평균 24%, 품목별 최저 10% 감축한다.

Ⅱ 현행시장접근(Current Market Access: CMA)

1986년부터 1988년 간 어떤 품목의 수입량이 국내소비량의 3% 이상인 경우에는, 이 기간의 평균수입량을 차액관세가 아닌 '현행관세'로 1995년부터 6년 동안 수입해야 한다는 원칙이다.

Ⅲ 최소시장접근(Minimum Market Access: MMA)

1986년~1988년 간 어떤 품목의 수입이 전혀 없거나 또는 미미한 경우에는 1986년부터 1988년 간 동 품목의 국내소비량의 3%에 해당하는 물량을 현행관세로 협정 시행연도인 1995년에 보장하고 6년(개도국은 10년) 동안 5%를 보장해야 한다는 원칙이다. 한국의 쌀은 시장접근에 대해 특례를 인정받아 첫 해인 1995년 1%를 개방하고 2000년까지 2%, 2004년까지 4%로 인상하도록 하였다.

---

78) 서헌제(1998), 국제경제법, 224면.
79) 관세상당치(TE) = (국내가격 − 국외가격) / 국외가격 × 100. 관세상당치는 기준기간(1986년~1988년)인 3년간의 평균 국내외 가격차, 즉 국산품의 국내도매가격과 수입품의 CIF의 가격의 차이를 말한다.

Ⅳ 예외

1. 비교역적 관심사항의 경우: 제5부속서 1항

기준년도기간 특정주요농산물의 수입이 국내소비량의 3% 미만인 농산물로 이러한 특별 취급품목이 식량안보 등 비교역적 관심사항(non-trade concerns: NTC)을 반영하는 경우 시장접근에 대한 예외를 허용하였다. 이러한 품목으로 지정되면 관세화를 1995년부터 6년간 유예하되 최소시장접근 물량을 이행 최초년도 4%에서 이행 최종년도에는 8%까지 증가시켜야 한다. 일본의 쌀시장 유예가 그 대상이었다. 일본은 MMA 증가에 따른 재고부담으로 1999년 4월부터 쌀시장에 대한 개방유예를 포기하고 관세부과정책으로 전환하였다.[80]

2. 전통적인 주식품목의 경우: 제5부속서 7항

개도국의 경우 전통적 식품소비패턴상 매우 중요한 농산물에 대하여는 해당 품목에 대하여 기준년도 국내소비량의 1%에 해당하는 물량에 대하여만 시장을 개방하도록 규정하고, 10년 차에는 4%로 증가시키도록 하였다. 한국의 쌀시장 유예가 그 대상이었는바, 우리나라는 개도국 지위를 인정받아 이행 첫 해 1%의 최소시장접근을 허용하고, 그 이후에는 5차년도까지는 국내소비량의 2%, 6차년도부터 2004년까지 국내소비량의 4% 수준까지 달하게 해야 했다. 또한 2005년에 추가연장을 위한 재협상을 하도록 한 규정에 따라 재협상을 진행하여 10년 동안 추가로 쌀 시장 개방을 유예하기로 하였다.[81]

> 📖 **조문 | 부속서 5 제7항~제10항 – 한국산 쌀의 관세화 유예**
>
> 7. 제4조 제2항의 규정은 또한 어느 개발도상회원국의 전통적 식생활에 있어 가장 중요한 주식이면서 그리고 제1항 가호로부터 제1항 라호까지에 명시된 관련품목에 적용되는 조건에 추가하여 아래 조건에 합치하는 1차 농산물에 대하여는 세계무역기구협정 발효와 동시에 적용되지 아니한다.
>   가. 관련 개발도상회원국의 양허표 제1부 제1절 B에 명시된 관련 품목에 대한 최소접근기회는 이행기간 제1차년도의 초부터 동 품목의 기준기간의 국내소비량의 1%에 해당하며, 이행기간 제5차년도 초까지 기준기간의 상응하는 국내소비량의 2%로 매년 균등하게 증가된다. 이행기간 제6차년도 초부터 관련 품목에 대한 최소접근기회는 기준기간의 상응하는 국내소비량의 2%에 해당되며, 제10차년도 초까지 기준기간의 상응하는 국내소비량의 4%로 매년 균등하게 증가된다. 그 이후 이 공식으로 인한 제10차년도의 최소접근기회 수준은 관련 개발도상회원국의 양허표에 유지된다.
>   나. 이 협정의 다른 품목에 대하여 적절한 시장접근기회가 부여되었다.
> 8. 이행기간의 개시로부터 제10차년도가 종료된 이후 제7항에 명시된 특별대우의 계속이 가능한지 여부의 문제에 관한 협상은 이행기간 개시 이후 제10차년도 그 해의 시간 범위 내에 개시되고 종결된다.

---

80) 김태곤(2001), 일본 쌀관세화 전환의 효과와 문제, 농촌경제, 3면.

81) 한국은 2004년 1월 20일 협상개시를 WTO에 통보하였고 2004년 주요국들과 양자협상을 종료하였다. 협상결과를 요약하면 다음과 같다.
① 의무적 수입물량을 1988년~1990년을 기준으로 하여 2005년에 국내소비량의 4.4%(225,575톤)에서 2014년 7.96%(408,700톤)로 매년 균등하게 증량한다.
② 관세화유예를 2005년부터 2014년까지 10년간 연장하며 이해 5년차인 2009년도에 연장 여부에 영향을 미치지 않는 다자간 이행상황에 대한 중간점검을 실시한다. 이행기간 중 언제든지 관세화로 전환이 가능하며, 관세화 전환 시 관세율은 농업협정문과 DDA협상의 일반 원칙이 적용된다.
③ 수입방식은 현행과 같이 전량 국영무역방식을 유지한다. 소비자시판은 2005년 수입물량 중 10%가 판매되고, 6년차인 2010년에는 30%까지 늘리되 2014년까지 30% 비율을 유지한다.
④ 의무수입물량 중 기존물량에 대해서는 국별 쿼터를 설정하고, 신규물량은 최혜국대우 방식으로 운영한다(박지현(2005), 쌀협상 결과와 시사점, 세계경제, 대외경제정책연구원).

9. 제8항에 언급된 협상의 결과 회원국이 특별대우를 계속 적용할 수 있도록 합의가 이루어지는 경우 동 회원국은 동 협상에서 결정된 바에 따라 추가적이고 수락 가능한 양허를 부여한다.

10. 제7항에 따른 특별대우가 이행기간의 개시로부터 제10차년도 종료 이후 계속되지 않는 경우, 관련 품목은 이 부속서의 첨부물에 규정된 지침에 따라 계산되는 관세상당치에 기초하여 설정된 일반관세의 대상이 되며, 동 일반관세는 관련 회원국의 양허표에 양허된다. 다른 측면에서는 제6항의 규정이 이 협정에 따라 개발도상회원국에게 부여된 관련 특별 및 차등대우에 의하여 수정되어 적용된다.

3. 특별세이프가드

(1) 의의

관세화와 관세인하 등 시장개방조치의 이행으로 수입국 농민들에게 피해를 줄 경우 수입국이 발동할 수 있는 보호조치이다. 특별세이프가드조치는 이행 기간에만 한시적으로 허용되는 제도이다. 수입물량에 의한 특별긴급수입제한과 수입가격에 의한 특별긴급수입제한으로 대별된다.

(2) 수입물량에 의한 특별긴급수입제한

이 조치는 시장접근기회(Market Access Opportunity: MAO)의 크기에 따라 기초발동수준(Base Trigger Level:BTL)이 결정되는 긴급수입제한조치이다. 시장접근기회란 이전 3개년간 수입물량의 국내시장 점유율을 말하고, 기초발동수준은 추가관세가 부과될 기간 동안의 평균수입량의 변화폭을 말한다. 시장접근기회가 적은 경우에는 수입물량이 급격히 증가하더라도 피해는 상대적으로 적기 때문에 기초발동수준은 높게 설정되는 반면 시장접근기회가 큰 경우에는 기초발동수준이 낮게 설정된다. 즉, 시장접근기회가 10% 이하인 경우에는 기초발동수준은 125%, 시장접근기회가 10~30%이면 110%, 30% 이상이면 기초발동수준은 105%가 된다. 예컨대, 시장접근기회가 10% 이하인 경우 수입량이 25% 이상 증가하면 특별세이프가드를 발동할 수 있다.

(3) 수입가격에 의한 특별긴급수입제한

수입가격이 발동가격(trigger price)에 비해 기준선 이하로 하락하는 경우 긴급수입제한조치를 취할 수 있다. a) 수입가격과 발동가격 차가 10% 이하인 경우 추가 관세를 부과할 수 없다. b) 가격차가 발동가격의 10~40%이면 추가관세는 가격차가 10%를 초과하는 부분의 30%이다. c) 가격차가 40~60%이면 가격차가 40%를 초과하는 부분의 50%에 b)의 추가관세를 더한 수치를 관세로 부과한다. d) 가격차가 60~75%인 경우 추가관세는 가격차가 발동가격의 60%를 초과하는 부분의 70%에 c)의 관세를 더한 수치가 된다. e) 가격차가 발동가격의 75%보다 큰 경우에는 초과부분의 90%에 d)의 관세를 더한 수치가 된다.

(4) 절차 및 제한

특별세이프가드조치를 취한 국가는 WTO농업위원회에 10일 이내에 이를 통보해야 한다(제5.7조). 농업협정상의 특별세이프가드는 세이프가드협정상의 세이프가드조치와 동시에 취해질 수 없다(제5.8조).

(5) 일반세이프가드와의 차이

첫째, 국내산업피해 여부와 관계없이 발동할 수 있다(발동요건). 둘째, 농산물 관세화대상 품목에 한하여 발동된다(대상품목의 제한). 셋째, 관세화 이행기간 동안에만 한시적으로 적용된다(적용기간의 제한). 넷째, 추가적인 관세인상만 허용된다(구제조치의 제한). 다섯째, 이해관계국의 보복조치가 허용되지 않는다(보복조치의 제한).

📖 조문 | 제6조 – 국내보조 약속

1. 각 회원국의 양허표 제4부에 포함된 국내보조 감축 약속은 이 조와 이 협정 부속서 2에 규정된 기준에 따라 감축 대상이 아닌 국내조치를 제외한 농업생산자를 위한 모든 국내보조조치에 적용된다. 약속은 보조총액측정치의 합계와 '연간 및 최종 양허 약속수준'으로 표시된다.

2. 농업 및 농촌개발을 장려하기 위한 정부의 직·간접 지원조치는 개발도상국의 개발계획의 불가분의 일부라는 중간평가합의에 따라, 개발도상회원국에서 농업에 대해 일반적으로 제공되는 투자보조금과 개발도상회원국의 저소득 또는 자원빈약 생산자에게 일반적으로 제공되는 농업투입재 보조금은 그 밖의 경우에는 적용되는 국내보조 감축 약속에서 면제되며, 또한 불법적인 마약작물의 재배로부터의 작목 전환 장려를 위하여 개발도상회원국의 생산자에게 지급되는 국내보조도 국내보조 감축 약속에서 면제된다. 이 항의 기준을 충족하는 국내보조는 회원국의 현행보조총액측정치 합계의 계산에 포함되도록 요구되지 아니한다.

3. 회원국은 특정 년도에 현행보조총액측정치 합계에 따라 표시된 농업생산자를 위한 국내보조가 자기 나라의 양허표 제4부에 명시된 당해 연간 또는 최종 양허 약속수준을 초과하지 아니하는 경우 자기 나라의 국내보조 감축 약속을 준수하는 것으로 간주된다.

4. 가. 회원국은 아래 사항에 해당되는 보조를 현행보조총액측정치 합계에 산입하도록 요구되지 아니하며 이를 감축하도록 요구되지 아니한다.
   (1) 그 밖의 경우 회원국의 현행보조총액측정치의 계산에 포함되도록 요구되나 당해 년도 중 이러한 보조가 동 회원국의 기초농산물의 총생산가의 5%를 초과하지 아니하는 품목 특정적 국내보조, 그리고
   (2) 그 밖의 경우 회원국의 현행보조총액측정치의 계산에 포함되도록 요구되나 이러한 보조가 동 회원국의 총 농업생산가의 5%를 초과하지 아니하는 품목 불특정적 국내보조로서
   나. 개발도상회원국에 대하여는 이 항에 따른 최소허용비율은 10%로 한다.

5. 가. 아래의 경우 생산제한계획에 따른 직접지불은 국내보조 감축 약속 대상에서 면제된다.
   (1) 이러한 지불이 고정된 면적과 수확량을 기준으로 하는 경우, 또는
   (2) 이러한 지불이 기준 생산수준의 85% 이하에 대하여 이루어지는 경우, 또는
   (3) 축산에 대한 지불이 고정된 사육두수에 대하여 이루어지는 경우
   나. 위의 기준을 충족시키는 직접지불에 대한 감축 약속의 면제는 회원국의 현행보조총액측정치합계를 계산할 때 직접지불액을 제외시킴으로써 반영된다.

Ⅰ 의의

농업보조금은 공산품을 대상으로 하는 일반 보조금과 달리 가격지지 등 복잡한 메커니즘을 가지고 있어서 개별적으로는 그 규모를 측정하기가 곤란하다. 따라서 농업협정에서는 '보조총액측정치'(Aggregate Measurement of Support: AMS) 개념을 도입하고 있다. 보조총액측정치는 어느 한 국가의 연간 전체적인 보조규모를 의미하는 것으로서 농업협정은 이를 총체적으로 감축해 나가는 방식을 채택하였다. 보조총액측정치에 포함되는 보조금을 감축대상보조금이라 하며, 여기에 포함되지 않는 보조금을 허용보조금이라 한다. 허용보조금은 '포지티브 목록'(Positive List) 방식이 적용된다.

Ⅱ 허용보조금

1. 의의

무역왜곡효과나 생산에 미치는 효과가 없거나 미소한 '국내보조조치'(domestic support measures)로서 감축대상에서 제외되며 'Green Box조치'라 한다. 허용되는 보조는 소비자로부터의 소득이전을 수반하지 않으면서 공적 재원으로 조달되는 정부의 지원 프로그램에 의해 제공되며, 생산자에 대한 가격지지 효과가 없는 보조금이어야 한다(부속서 2 제1항).

2. 부속서상 허용보조금

농업협정 부속서 2는 허용보조금을 열거하고 있다. 허용보조금에는 크게 정부의 서비스 프로그램에 의하여 부여되는 보조와 생산자에 직접 지급되는 보조로 대별된다. 정부서비스프로그램에 의한 지원에는 농업연구, 병충해방제, 인력훈련, 연구자문서비스, 검사서비스 등과 같은 일반서비스, 식량안보 목적의 공공비축을 위한 지출, 빈곤 국민층에 대한 국내식량구호제공에 관련한 지출 등을 포함한다. 생산자에 직접 지급되는 보조금 중 허용대상이 되는 것은 비연계소득보조, 소득보험 미 소득안전망 프로그램에 대한 정부의 재정적 참여, 자연재해로부터의 구호를 위한 직접지급 또는 농작물보험 프로그램에 대한 정부의 재정적 참여를 통한 지급, 생산자의 연금 프로그램을 통해 제공되는 구조조정지원 등이 있다.

3. 생산제한계획 하의 직접지불[82]

생산제한계획 하의 직접지불(이른바 Blue Box)은 국내보조 감축 약속 대상에서 제외된다. 다만, 고정된 면적과 수확량을 기준으로 하는 경우, 기준 생산수준의 85% 이하에 대해 이루어지는 경우, 축산에 대한 지불이 고정된 사육두수에 대해 이루어지는 경우에 한한다. 이러한 기준을 충족시키는 직접지불에 대한 감축 약속의 면제는 회원국의 현행보조총액측정치 합계를 산정할 때 직접지불액을 제외시킴으로써 반영된다(제6.5조).

Ⅲ 국내보조의 감축

1. 접근 방식

감축대상 국내보조에 대하여는 보조총액측정치라는 농업부분에 대한 전체보조금을 감축해가는 독특한 방식을 취하고 있다. 감축대상이 되는 보조총액측정치 합계(Total AMS)는 품목별 AMS[83]와 품목 불특정 AMS[84], 그리고 보조상당측정치(Equivalent Measurement of Support: EMS[85])를 합하여 산출한다.

2. 감축 방식

위 세 가지 유형의 보조금의 합계로 TOTAL AMS가 산출되면 이는 기초보조총액측정치로서 감축대상보조금의 상한선이 된다. 이 상한선은 1986년~1988년을 기준으로 설정되는데 1995년부터 2000년간 20%를, 개도국은 10년간 13.3%를 감축해야 한다.

---

82) 최승환(2006), 283-284면.
83) 각 품목별로 연간 보조금총액을 산출한 것이다.
84) 보조금의 특성상 개별 AMS 산출이 어려운 경우 이를 한데 묶어 전체적으로 산출한 것이다.
85) 보조금이 존재하나 실질적으로 AMS 계산이 곤란한 품목에 대하여 AMS 산출구성요소에 기초하여 산출한 연간보조수준이다.

3. 최소허용보조

감축대상보조금이라 하더라도 전체농업보조총액의 계산 및 감축 약속에서 제외할 수 있는 보조를 최소허용보조(de minimis)라 한다. 해당연도의 기초농산물 총 생산액의 5%를 초과하지 않는 품목 특정적 국내보조는 전체농업보조총액의 계산 및 감축 약속에서 제외된다. 개도국의 경우 감축의무 면제 상한을 10%로 완화시켜 주었으며, 동시에 농업에 대한 일반적 투자보조, 저소득층에 대한 투입재 보조, 마약작물 작목전환지원은 Total AMS 계산 시 제외된다(제6.2조, 제6.4조).

제4절 수출보조

I 의의

수출보조금과 관련한 협정상 의무는 세 가지이다. 첫째, 기존 수출보조금을 부분적으로 감축할 의무. 둘째, 수출보조금을 신설하지 않을 의무. 셋째, 이상의 두 가지 의무를 우회하지 않을 의무이다.

II 기존 수출보조금의 감축

1. 감축대상 수출보조

첫째, 수출실적을 조건으로 정부 또는 그 대행기관이 지급하는 현물을 포함한 직접보조. 둘째, 정부 또는 그 대행기관이 비상업적 재고를 수출하기 위해 국내시장에서 구매자가 부담하는 가격보다 낮게 판매 또는 처분하는 행위. 셋째, 해당 농산물 또는 수출품의 원료농산물에 대한 부과금을 재원으로 한 수출보조를 포함하여 정부의 활동에 이해 조성된 재원을 통한 수출보조. 넷째, 수출농산물의 출하, 등급, 가공, 유통비용의 절감을 목적으로 한 보조금. 다섯째, 국내소비용물량보다 수출물량에 대해 유리한 조건으로 정부가 제공한 국내운송비. 여섯째, 수출품의 원료농산물에 대한 보조 등이 열거되어 있다(제9조).

2. 감축 약속

감축대상 수출보조금은 1986년~1990년을 기준으로 6년간(1993년~1999년) 매년 균등하게 재정지출 기준 36%, 수출물량 기준 21% 감축해야 한다.[86] 개도국은 10년 동안 선진국의 2/3 수준만큼(즉, 각각 24%, 14%) 감축해야 한다. 각 회원국은 양허표에 개별 약속 품목에 대해 기준기간의 보조금을 받는 수출수량(연평균), 1995년 이후의 연차수량 수준, 6년째(2001년) 이후의 최종의 연차수량 수준을 명기해야 한다. 회원국이 일단 양허표 안에 기존 수출보조금의 감축을 약속하였다면, 양허표에서 정한 연차수량 수준을 넘어 수출보조금을 공여하는 것은 불가능하다. 캐나다 – 우유 사건에서 수출보조금을 받는 낙농품의 수출수량이 캐나다가 약속한 수량 수준을 초과하여 협정 위반 판정을 받았다.

---

86) 예를 들어 EC가 밀에 대한 수출보조금을 감축하는 경우. 기준기간 행해진 보조금을 받는 밀 수출의 수량이 평균 3억 톤(1986년 2억 톤, 1987년 3억 톤, 1988년 3억 톤, 1989년 2억 톤, 1900년 5억 톤)이었다면 EC는 1995년 이후 6년간 총액 21%(6,300만 톤)의 수량을 감축하도록 의무가 지워진다. 그 결과 2001년 이후 EC가 수출보조금을 받아 수출할 수 있는 밀의 수출수량은 2억 3,700만 톤 수준으로 한정된다.

Ⅲ 수출보조금의 신설금지

회원국은 양허품목에 대해 수출보조금 감축의무와 함께 비양허품목에 대한 수출보조금 신설금지 의무를 부담한다. 비양허품목이란 회원국이 기준 기간에 수출보조금을 교부하지 않은 품목으로서 회원국이 양허표에 기재하지 않은 품목을 말한다.

Ⅳ 우회금지

1. 의의

협정상 감축약속 대상이 되는 기존 수출보조금은 여섯 가지로 한정된다. 따라서 여섯 가지 이외 수출보조금은 감축약속의 대상이 되지 않고 WTO 출범 이후에도 일정 조건 하에 허용된다. 그러나 협정은 회원국이 감축대상이 아닌 수출보조금을 수출보조금규정을 우회(circumvention)하기 위해 사용하지 아니할 의무를 부과하고 있다(제10.1조).

2. 감축대상 외 수출보조금

감축대상 외 수출보조금에는 식품원조, 수출신용, 수출신용보증 등이 있다. 해외자회사 이익에 대한 법인세의 면제도 감축대상 외 수출보조금에 해당한다(미국 – 해외판매법인 사건). 그러나 미국 – 해외판매법인 사건 상소기구는 미국이 감축대상 외 수출보조금을 통해 수출보조금규정을 우회하고 있어 농업협정 위반이라고 판정하였다. 비양허품목의 경우 수출보조금의 신설이 금지되어 있으나 미국의 수출보조금규정은 감축대상 외 수출보조금에 의해 우회되었다. 수출기업은 비양허품목에 관해 무제한으로 수출보조금을 받은 것으로 볼 수 있었기 때문이다. 또한 양허품목을 위한 수출보조금 감축규정도 우회한 것으로 판정되었다. 미국은 양허품목에 관해 보조금을 받는 수출수량이 연착 수량수준을 넘지 않을 것을 약속하였으나, 감축대상 외 무제한의 수출보조금에 의해 양허품목을 위한 연차 수량수준은 의미를 상실하게 되었다. 즉, 약속품목을 위한 수량수준규정은 감축대상 외 수출보조금에 의해 우회된 것이다. 따라서 상소기구는 미국의 조치는 우회금지규정(제10.1조)에 위반된다고 판정하였다.[87]

Ⅴ 판례[88]

1. 미국 – 외국판매법인(FSC) 사건

미국은 미국의 모기업이 해외의 조세도피처에 설립한 외국판매법인(자회사)을 통해 미국상품을 수출하는 경우 수출이익과 수출 관련 서비스 이익에 대한 법인세를 면제받았다. 이에 대해 EC는 법인세감면이 수출보조금에 해당한다고 주장하고 보조금 및 상계조치협정과 농업협정에 반한다고 주장하였다. 농업협정과 관련해서 미국의 조치가 보조금에 해당하는지, 농업협정에 위반되는지가 문제되었다. 보조금 여부가 문제된 것은 농업협정에 보조금의 정의규정이 없기 때문이었으나, 상소기구는 보조금 및 상계조치협정 제1조 제1항을 준용하여 보조금에 해당한다고 판정하였다. 또한 수출보조금에 해당하는지 여부에 대해서도 보조금 및 상계조치협정 제3.1조에 기초하여 판정하였다. 상소기구는 미국이 부여한 농업수출보조금은 수출보조금규정의 우회를 초래하여 농업협정 제10.1조를 위반하였다고 판정하였다.

---

87) 고무로 노리오(2010), 555-556면.
88) 고무로 노리오(2010), 556-557면.

2. 캐나다 – 우유 사건

본 건은 캐나다가 낙농품 수출에 부과한 수출보조금이 협정에 합치되는지가 문제된 것이다. WTO 출범 이전부터 수출보조금을 지급하였던 캐나다는 WTO체제에서 낙농품에 대한 수출보조금을 단계적으로 감축하기로 양허하고 양허표에 수출보조금을 받는 수출수량에 관한 연차 수량수준을 명시하였다. 그러나 캐나다는 수출 낙농품에 사용되는 원료 우유를 싸게 낙농업자에게 지급하는 방식으로 낙농품에 수출보조금을 부여하였다. 이는 수출품의 원료를 저가로 수출자에게 부여하는 현물지급(payment-in-kind)에 해당한다. 패널과 상소기구는 원료의 현물지급도 감축약속의 대상이 되는 수출보조금에 해당한다고 판정하였다. 저가의 현물지급은 경제적 가치에서 보면 자금의 공여와 다르지 않기 때문이라고 하였다. 나아가 패널과 상소기구는 캐나다가 수출보조금을 받는 수출을 양허수준을 초과하여 지급함으로써 농업협정 제3.3조 및 제8조를 위반하였다고 판정하였다. 한편, 캐나다는 이행과정에서 새로운 우유판매제도인 '상업수출우유(Commercial Export Milk, CEM) 판매제도'를 도입하였으나, 이행패널 및 이행상소기구 판정에 의해 이 제도 역시 수출보조금에 해당하고 수출보조금을 받는 수출이 연차 수량수준을 초과하여 농업협정상 수출보조금 감축의무에 위반된다고 판정되었다. 동 제도는 정부가 개입하지 않고 우유 생산자가 수출용 낙농품 생산자에게 직접 저렴하게 원유를 공급하게 함에도 불구하고, 정부가 국내판매용 원유에 대해 높은 가격통제를 유지함으로써 평균비용 이하의 저렴한 원유공급을 가능하게 한 것으로 판정되었기 때문이다. 캐나다 정부의 조치는 농업협정상 정부의 조치에 의해 농산물 수출을 위해 행해진 지급(제9.1조 c)으로서 수출보조금에 해당되는 것으로 판정되었다. 이 사안에서 주목할 점은 첫째, 수출보조금을 낳은 지급원조는 수출품의 원료가 수출자에 원가 이하로 판매되는 경우에 인정된다고 한 점이다. 둘째, 원가의 개념은 해당 산업 수준의 평균생산비(industry-wide average cost of production)로 정의한 점이다. 원료 우유의 원가는 전 우유 생산자의 평균생산비로서 개별 우유 생산자마다 다른 생산비를 말하는 것이 아니다. 농업협정은 회원국에 의무를 부과하는 것이지 개별 생산자에게 의무를 부과하는 것은 아니기 때문이다. 셋째, 상소기구는 지급이 민간에 의해 행해져도 정부의 수출보조금에 상당할 수 있다고 하였다. 민간의 지급의 정부의 조치에 의해 실현된다면 수출보조금이 될 수 있다고 본 것이다.

제5절 기타 규정

I 평화조항

WTO 회원국들은 Green Box정책과 양허 약속에 부합되는 국내 및 수출보조금에 대해 보조금 및 상계조치협정상의 대항조치를 취하지 않을 것, GATT 및 WTO협정상의 상계조치권을 발동함에 있어 '적절한 자제'(due restraint)를 행할 것, 무효화 및 침해에 대한 조치에 있어 한계를 수락할 것에 대해 합의하였다(제13조). 이를 '평화조항'(Peace Clause)라 한다. 평화조항은 2003년 12월 31일까지 적용되어 현재 만료되었다.

Ⅱ 수출금지 및 제한

수출금지 또는 제한조치를 시행하고자 하는 국가는 그 조치가 수입국의 식량안보(food security)에 미치는 영향에 대해 정당한 고려(due consideration)를 해야 하며, 동 조치의 시행 시 GATT1994 제11조 제2항 제a호의 조건을 충족해야 한다(제12조 제1항 제a호). 수출금지 또는 제한조치를 시행하는 국가는 이러한 조치의 시행에 앞서 그 조치의 정보를 농업위원회에 서면으로 통고(notice)해야 하고 수입국으로서 실질적인 이해관계를 갖는 수입회원국의 요청이 있을 때 협의(consult)해야 한다. 또한 동 국가는 요청 회원국에게 필요한 정보를 제공한다(제12조 제1항 제b호).

Ⅲ 개도국과 최빈개도국에 대한 특별 및 차등대우

개도국은 관세인하율, 국내 및 수출보조감축률이 선진국의 2/3 수준까지, 이행기간은 선진국의 6년보다 긴 10년까지이다(제15조). 최빈개도국은 모든 감축의무에서 면제된다.

Ⅳ 농업위원회의 약속이행 검토

농업위원회(Committee on Agriculture)는 회원국이 제출한 국가별 이행계획서(Schedule of commitments)를 토대로 하여 국내보조금과 수출보조금 등 농업협정 전반에 대한 의무이행 여부에 대해 검토한다. 또한, 회원국은 협정의 수출보조금 약속의 이행체계 내에서 세계농산물 무역의 정상적인 증가에 참여하는 것과 관련하여 농업위원회에서 매년 협의해야 한다(제18조).

제6절 결론: 평가

WTO 출범 이전 GATT규범에서 예외적 조치를 받아 왔던 농산물 분야가 UR농업협상을 계기로 다자간협정의 규정하에 최초로 놓이게 되었다. 그 결과 비관세장벽의 철폐 및 관세화를 통해 농산물의 수입을 개방시켰으며, 국내농업보조를 규제하고 수출보조를 대폭적으로 감축하는 등 획기적인 변화를 가져왔다. 그러나 평가에 있어서는 농산물 수출국과 수입국의 입장 차이가 있는 바, 수출국들은 관세상당치의 과다계상, 국영무역 등에 의한 시장개입과 관리무역, 미흡한 국내보조 감축 등으로 UR농업협상의 이행결과는 기대에 못 미치는 것으로 평가하고 있다. 반면, 농산물 수입국들은 국내보조금의 감축에 따라 농산물 수출선진국들의 생산 및 재고가 감소하고 세계시장의 농산물 가격이 상승했다고 주장하며 긍정적으로 평가하고 있다.[89]

---

89) 이재옥(2005). WTO 농업협상의 전개과정과 평가. 한국농촌경제연구원. 155면

제6장 | 위생 및 검역협정

제1절 SPS협정의 입법취지

SPS협정은 인간이나 동식물의 생명 또는 건강을 보호하기 위해 정부가 취하는 조치(SPS조치)가 국제무역에 미치는 영향을 최소화하고자 목적을 지닌다. 특히 농업협정 체결로 농산물 교역의 증대가 기대되나 SPS조치가 비관세장벽으로 변질되지 않도록 하기 위해 동 협정을 체결하였다.

제2절 SPS협정의 적용범위

SPS협정은 국제무역에 직 · 간접적으로 영향을 주는 모든 SPS조치에 대해 적용된다.

I SPS조치의 정의

SPS협정 부속서 A에 의하면 SPS조치란 다음의 목적으로 적용되는 조치를 말한다.
첫째, 병해충, 질병매개체 또는 질병원인체의 유입, 정착 또는 전파로 인하여 발생하는 위험으로부터 회원국 영토 내의 동물 또는 식물의 생명 또는 건강의 보호. 둘째, 식품, 음료 또는 사료 내의 첨가제, 오염물질, 독소 또는 질병원인체로 인하여 발생하는 위험으로부터 회원국 영토 내의 인간 또는 동물의 생명 또는 건강의 보호. 셋째, 동물 및 식물 또는 동물이나 식물로 만든 생산품에 의하여 전달되는 질병이나 해충의 유입, 정착 또는 전파로 인하여 발생하는 위험으로부터 회원국 영토 내의 인간의 생명 또는 건강의 보호. 넷째, 해충의 유입, 정착 또는 전파로 인한 회원국 영토 내의 다른 피해의 방지 또는 제한 등이다.

1. **위생 또는 식물위생 조치 – 아래 목적으로 적용되는 모든 조치**

   가. 병해충, 질병매개체 또는 질병원인체의 유입, 정착 또는 전파로 인하여 발생하는 위험으로부터 회원국 영토 내의 동물 또는 식물의 생명 또는 건강의 보호(to protect animal or plant life or health within the territory of the Member from risks arising from the entry, establishment or spread of pests, diseases, disease-carrying organisms or disease-causing organisms)

   나. 식품, 음료 또는 사료 내의 첨가제, 오염물질, 독소 또는 질병원인체로 인하여 발생하는 위험으로부터 회원국 영토 내의 인간 또는 동물의 생명 또는 건강의 보호(to protect human or animal life or health within the territory of the Member from risks arising from additives, contaminants, toxins or disease-causing organisms in foods, beverages or feedstuffs)

   다. 동물, 식물 또는 동물 또는 식물로 만든 생산품에 의하여 전달되는 질병이나 해충의 유입, 정착 또는 전파로 인하여 발생하는 위험으로 부터 회원국 영토 내의 인간의 생명 또는 건강의 보호(to protect human life or health within the territory of the Member from risks arising from diseases carried by animals, plants or products thereof, or from the entry, establishment or spread of pests)

   라. 해충의 유입, 정착 또는 전파로 인한 회원국 영토 내의 다른 피해의 방지 또는 제한(to prevent or limit other damage within the territory of the Member from the entry, establishment or spread of pests)

   위생 또는 식물위생 조치는 모든 관련 법률, 법령, 규정, 요건 및 절차를 포함하며, 특히, 최종제품 기준, 가공 및 생산 방법, 시험, 조사, 증명 및 승인 절차, 동물 또는 식물의 수송 또는 수송 중 생존에 필요한 물질과 관련된 적절한 요건을 포함한 검역처리, 관련 통계 방법, 표본추출절차 및 위험평가 방법에 관한 규정, 식품안전과 직접적으로 관련되는 포장 및 상표부착을 포함한다. (Sanitary or phytosanitary measures include all relevant laws, decrees, regulations, requirements and procedures including, inter alia, end product criteria; processes and production methods; testing, inspection, certification and approval procedures; quarantine treatments including relevant requirements associated with the transport of animals or plants, or with the materials necessary for their survival during transport; provisions on relevant statistical methods, sampling procedures and methods of risk assessment; and packaging and labelling requirements directly related to food safety.)

Ⅱ SPS조치의 목적

SPS조치인지 판단함에 있어서 조치의 '목적'이 중요한 기준이 된다. 따라서, 공중보건 보호를 목적으로 하는 모든 조치가 SPS의 적용대상이 되는 것은 아니다. 예컨대, 유기농법 인증서 부착조치와 같이 건강 보호와 직접 관계되지 않고 단지 소비자에게 정보를 제공할 목적의 조치는 SPS조치가 아니다. 조치의 목적은 주관적 판단이 아니라 조치의 구조나 그 효과 등의 객관적 요소에 의해 판단되어야 한다. 부속서 A에 기술된 조치의 유형은 '예시적'으로 목적관련성이 있는 경우 그 밖의 조치도 SPS조치에 포함된다.

Ⅲ SPS조치와 위험

SPS조치는 수입품이 초래하는 위험으로부터 인간, 동물 또는 식물의 생명이나 건강을 보호하는 것을 목적으로 한다. 부속서 A에 따르면, 수입품이 초래하는 위험은 크게 네 가지로 대별할 수 있다. 첫째, 유해동식물, 병원균, 병원균매개물, 병원생물의 침입·정착·만연. 둘째, 음식물, 사료, 첨가물, 오염물질, 독소병균야기생물이 초래하는 위험. 셋째, 동물, 식물 또는 동식물을 원료로 하는 상품에 의해 매개되는 병원균. 넷째, 유해동식물의 침입·정착·만연에 의한 기타 피해

1. 유해동식물(pests)

'동식물을 파괴하고 괴롭히는 일체의 동식물'을 의미한다(EC-GMO사건 패널). 예상하지 않게 생긴 유전자변형식물과 예상 밖의 유전형질(traits)을 나타내는 교잡종(cross-breeds)은 유해동식물(pests)에 해당한다. 환경파괴식물이나 독사 등도 유해동식물(pest)에 해당한다.

2. 병원매개생물

EC-GMO 사건 패널에 의하면 병을 옮기는 생물(disease-carrying organisms)은 WHO가 정하는 바이러스 등을 말한다.

3. 음식물

위험음식물에는 광우병 쇠고기, 구제역 돼지고기, 스크래피병 양고기 등이 속할 수 있다.

4. 위험사료

육골분 등이 포함될 수 있다.

5. 첨가물(additives)

첨가물은 다양한 산화방지, 유화, 안정, 보존, 향료, 감미 등을 포함한다. 인공감미료를 예로 들면 아스파르테임은 무해하지만, 둘신(dulcin), 치클로(zyclo) 등은 발암성 유해감미료로서 일본의 경우 판매나 수입이 금지되어 있다. 가공식품용 첨가유전자의 경우 EC-GMO 사건 패널은 항생물질내성 메이커 유전자를 유해첨가물로 들었다.

6. 오염물질(contaminants)

오염물질에는 변형유전자가 초래하는 뜻밖의 유해단백질이 들어간다(EC-GMO 사건 패널).

7. 독소(toxins)

독소에는 유전자 변형의 성장과정에서 발생하는 유해물질이 포함된다(상기 패널). 알레르기원이 독소에 해당하는지는 협정은 침묵하고 있지만 유전자변형작물이 낳은 식품알르레기는 독소에 해당한다(상기 패널).

Ⅳ SPS조치의 시간적 범위

SPS협정은 SPS조치가 언제 처음 시행되었는가와 관계없이 SPS협정 발효 이후에도 계속해서 효력을 유지하고 있으면 동 조치에 적용된다. 이는 조약법협약 제28조의 '조약불소급의 원칙'의 적용을 배제하는 것이다. 국가는 기존의 SPS조치라도 동 협정에 일치시킬 의무가 있다(EC 호르몬 사건).

EC는 일련의 이사회 지침(Council Directives)을 통해 성장호르몬을 투여하여 육성한 육류 및 육류 제품의 판매와 수입을 금지하여 왔다. 미국은 EC의 이러한 조치가 SPS협정 제3조 위반이라고 하였다. 패널은 동 조항은 2개의 요건 즉, i) 국제표준, 지침, 권고가 있어야 하고(exist), ii) SPS조치가 이러한 기준 등에 기초해야 한다는(based on) 요건을 포함하고 있다고 보았다. 그리고 SPS협정 부속서 1의 제3조 제(a)호는 식품 안전의 경우 국제표준은 국제식품규격위원회(Codex)에 의해 수립된 표준 등이라고 명기하고 있음에 주목하였다. 패널은 문제가 된 6개 호르몬 중 MGA를 제외한 5개 호르몬에 대해서는 Codex가 정한 표준이 존재하고 있음을 확인하고 5개 호르몬에 대해서는 i)의 요건이 충족된다고 판단하였다. ii) 위생조치가 국제표준에 기초하기 위해서는 당해 조치가 국제표준과 같은 정도의 보호수준은 반영해야 한다고 판단, 국제표준에 기초(based on)한다는 것은 국제표준에 부합(conform to)하는 것이라고 보았다. 그런데 EC의 조치는 Codex 표준과 상이한 보호 수준을 부과하는 것으로서 국제표준에 기초하지 않고 있다고 판시하였다. 패널은 Codex 표준과 합치되지 않는 5개 호르몬에 관한 EC조치가 제3조 제3항 요건에 합치되면 설사 제3조 제1항에 위반되더라도 정당화될 수 있으므로 제3조 제3항에 해당되는지 여부를 살펴보았다. 패널은 EC의 조치가 SPS 협정 제5조에 합치되지 않으면 제3조 제3항에 의해 정당화 될 수 없고 설사 제5조에 합치된다 하더라도 제3조와 제5조 외의 다른 SPS협정 조항과도 합치되어야 제3조 제3항에 의한 정당성이 인정됨을 확인하였다. 상소기구는 패널이 국제표준에 '기초'한 것과 '부합'되는 것을 동일시 한 것은 잘못이라며 패널의 판정을 번복하였다. 국제표준에 기초한 조치와 부합되는 조치가 반드시 같은 것은 아니며 국제표준의 요소를 부분적으로 채택하는 경우에도 국제표준에 기초한 것이라고 할 수 있다고 하였다.

제3절 WTO협정 상호 간 관계

Ⅰ TBT협정과의 관계

TBT협정은 건강보호를 목적으로 하는 조치를 포함한 기술규정과 표준에 광범위하게 적용되기 때문에 건강보호를 목적으로 하는 조치를 규율하는 SPS협정과 동시 적용될 수 있다. 이 경우 TBT가 SPS보다 적용요건이 완화되어 있어서 어떤 협정이 적용되는가가 중요하다. 이 문제는 TBT 협정 제1조 제5항이 상호 배타적 적용을 명시함으로써 해결되었다. 즉, 어떤 조치가 TBT협정상 기술규정 또는 표준에 해당되더라도 SPS협정상의 SPS조치에 해당한다면 SPS협정만이 배타적으로 적용되는 것이다.

📑 **참고 SPS협정과 TBT협정의 적용범위[90]**

SPS협정과 TBT협정은 서로 기준인증이라는 비관세장벽을 다루는 점에서 유사하나, 두 개 협정은 적용범위가 다른 상호 배타적인 협정이다. 국가조치는 두 개 협정 중 어느 하나만 적용되고 두 개 협정이 동시에 적용되는 것이 아니다. 수입품이 농산물인지 공산품인지는 문제가 되지 않는다. 물고기의 명칭에 관한 기준은 TBT협정이 적용되었다(EC – 정어리 명칭 사건). 그러나 과일, 쇠고기, 비열처리 연어, 유전작변형식품의 위험성을 둘러싼 조치는 SPS협정의 대상이 되었다(일본 사과 검역사건, EC 호르몬 쇠고기 사건, 호주 연어 사건, EC 유전자변형식품 사건). 공산품이라 하더라도 건축 자재의 기준은 TBT협정이 적용되었으나(EC 석면사건), 병원균 매개 나무상자의 검역은 SPS협정의 범위에 속한다. 국가의 비관세장벽 중 어느 것이 TBT협정에 의해 규제되고 어느 것이 SPS협정을 적용받는 것인지는 사례별로 결정된다. EC 유전자변형식품 사건의 패널에 의하면 조치가 검역조치와 비검역조치의 어느 쪽에 해당하는지는 주로 '조치의 목적'(the purpose of the measure)과 성질에 비추어 판정한다고 하였다. 수입규제조치가 상기의 병과 위험 등으로부터 국내의 위생환경을 보호하려는 목적을 가지고 있다면 SPS협정의 적용을 받을 것이다. 식품안전기준과 첨가제안전기준 등은 SPS협정과 TBT협정 양자 모두 적용되는 것으로 볼 여지가 있는 미묘한 문제이다. 이 경우에도 조치가 어느 쪽의 협정에 의해 규제될 것인가는 조치의 목적과 성질을 정밀히 조사해 판정해야 한다.

---

90) 고무로 노리오(2010), 226–227면.

Ⅱ GATT와의 관계

SPS협정과 1947GATT 제20조 b호와의 관계가 문제된다. 'EC 호르몬 사건'에서 패널은 SPS협정상의 의무사항은 WTO 하의 다른 협정상 의무와 무관하게 독자적으로 적용된다고 판시하였다. 또한 SPS협정은 GATT 제20조에서 요구되는 의무를 보다 상세히 그리고 추가적으로 규정하였다고 판단하였다. 따라서 두 협정 중 어떤 것에 근거한 청구를 먼저 심사할 것인가의 문제에 있어서 SPS에 근거한 청구를 먼저 심사해야 한다고 판단하였다. GATT를 먼저 심사하는 경우 그 위반 여부에 관계없이 관련 조치의 SPS협정 일치성을 심사해야 하기 때문이다. SPS 협정 역시 '이 협정의 관련규정에 따르는 위생 또는 식물위생 조치는 동 조치의 이용과 관련된 1994년도 GATT규정, 특히 제20조 b호의 규정에 따른 회원국의 의무에 합치하는 것으로 추정된다'고 규정하고 있다(제2조 제4항). 회원국의 조치가 SPS협정에 합치되는 경우 제소국측에서 1994GATT 제20조 제(b)호에 대한 합치성의 추정에 대해 반증을 제기할 수 있는지는 명확하지 않다. 한편, 회원국의 조치가 SPS협정에 위반되는 경우 피제소국은 1994GATT 제20조 제(b)호에 의한 정당화를 주장할 수 있는가? 이 문제는 패널에서 다뤄진 바 없다. 학설의 경우 부정하는 견해도 있고, 한정된 조건 하에서 긍정하는 견해도 있다. 조건부 긍정설의 경우 SPS협정은 GATT의 일반적 예외 조항을 부연하기 위해 만들어졌으나 SPS협정의 적용범위보다 GATT 일반적 예외 조항의 범위가 더 넓기 때문에 SPS협정의 적용범위를 넘는 GATT 일반적 예외 조항에 의해 협정위반조치가 정당화될 수 있다고 본다.[91]

제4절 | 기본적 권리 및 의무

> ### 📑 조문 | 제2조 - 기본적 권리 및 의무
>
> 1. 회원국은 인간, 동물 또는 식물의 생명 또는 건강을 보호하기 위하여 필요한 위생 및 식물위생 조치를 취할 수 있는 권리를 갖는다. 단, 동 조치는 이 협정의 규정에 합치하여야 한다. (Members have the right to take sanitary and phytosanitary measures necessary for the protection of human, animal or plant life or health, provided that such measures are not inconsistent with the provisions of this Agreement)
> 2. 회원국은 위생 및 식물위생 조치가 인간, 동물 또는 식물의 생명 또는 건강을 보호하는 데 필요한 범위 내에서만 적용되고, 과학적 원리에 근거하며 또한 충분한 과학적 증거없이 유지되지 않도록 보장한다. 단, 제5조 제7항에 규정된 사항은 제외된다. (Members shall ensure that any sanitary or phytosanitary measure is applied only to the extent necessary to protect human, animal or plant life or health, is based on scientific principles and is not maintained without sufficient scientific evidence, except as provided for in paragraph 7 of Article5)
> 3. 회원국은 자기 나라 영토와 다른 회원국 영토 간에 차별 적용하지 않는 것을 포함하여 자기 나라의 위생 및 식물위생 조치가 동일하거나 유사한 조건 하에 있는 회원국들을 자의적이고 부당하게 차별하지 아니하도록 보장한다. 위생 및 식물위생 조치는 국제무역에 대한 위장된 제한을 구성하는 방법으로 적용되지 아니한다. (Members shall ensure that their sanitary and phytosanitary measures do not arbitrarily or unjustifiably discriminate between Members where identical or similar conditions prevail, including between their own territory and that of other Members. Sanitary and phytosanitary measures shall not be applied in a manner which would constitute a disguised restriction on international trade)

---

91) 고무로 노리오(2010), 229면.

4. 이 협정의 관련규정에 따르는 위생 또는 식물위생 조치는 동 조치의 이용과 관련된 1994년도 GATT 규정, 특히 제20조 제(b)항의 규정에 따른 회원국의 의무에 합치하는 것으로 간주된다. (Sanitary or phytosanitary measures which conform to the relevant provisions of this Agreement shall be presumed to be in accordance with the obligations of the Members under the provisions of GATT1994 which relate to the use of sanitary or phytosanitary measures, in particular the provisions of Article XX(b))

I 권리

회원국은 인간, 동물 또는 식물의 생명 또는 건강을 보호하기 위하여 필요한 위생 및 식물위생 조치를 취할 수 있는 권리를 갖는다(제2조 제1항). SPS조치가 권리로서 인정되기 때문에 제소국이 해당 조치가 SPS협정에 합치되지 않는다는 점에 대한 입증책임(burden of proof)을 진다. 이는 GATT체제에서는 건강상의 조치를 실시한 피제소국이 그의 정당성에 대한 입증책임을 부담하는 것과 구별된다.[92]

II 의무

1. 필요성(necessity)

회원국은 위생 및 식물위생 조치가 인간, 동물 또는 식물의 생명 또는 건강을 보호하는 데 필요한 범위 내에서만 적용해야 한다(제2조 제2항). 필요성 요건을 충족하기 위해서는 첫째, GATT 및 WTO협정에 위반되지 않거나 덜 위반되는 다른 대체수단이 없거나 다른 대체수단을 모두 사용해 보았어야 한다. 둘째, SPS조치가 인간, 동물 또는 식물의 생명 또는 건강의 보호라는 목적과 합리적 연관성이 있어야 한다. 셋째, 조치와 목적 간 비례성이 있어야 한다.[93]

2. 과학적 근거(scientific basis)

회원국은 위생 및 식물위생 조치가 과학적 원리에 근거하며 또한 충분한 과학적 증거없이 유지되지 않도록 보장해야 한다. EC – 호르몬 쇠고기 사건에서 상소기구는 위험성은 특정이 가능해야 하고 가설과 이론적 불확실성에 근거해서는 안 된다고 하였다. 또한 위험성은 엄격한 관리 하의 과학실험으로 확증되는 것뿐 아니라 인간사회에 '현실적인' 악영향을 주는 것이어야 한다고 하였다. 과학적 증거가 반드시 과학분야의 다수설만을 의미하는 것은 아니며 소수설도 과학적 근거가 될 가능성이 있다. 과학적 근거에 기초할 의무는 제5조 제1항의 위험평가(risk assessment)에 근거하라는 형태로 구체화되어 있고 조치가 충분한 과학적 증거없음에 대한 입증책임은 제소국이 부담한다(일본 농산물 사건). 한편, 제5조 제7항은 과학적 불확실성이 있는 경우에도 일정한 조건하에 잠정조치를 취할 수 있는 권리를 부여하고 있다.

---

92) 고준성 외(2006), 274면.
93) 최승환(1999), WTO체제상 위생 및 검역 규제의 합법성, 국제법무연구.

⚖️ **판례 | '과학적 정당성' 관련 사건**

1. 일본 – 농산물 사건

일본은 1950년 식물보호법과 식물보호법 시행령을 제정하여 일본에서 존재가 확인되지 않은 해충 또는 일본에 존재하나 공식적으로 통제 받는 해충을 검역해충으로 정의하고, 수입된 식물 및 식물상품에 대한 검사기제를 수립하였다. 동 법에 의하면 일본 농림수산성은 해충이 만연한 국가로부터 숙주 식물의 수입을 금지할 권한이 있었다. 농림수산성은 식물보호법에 따라 코들링 나방의 잠재적 숙주가 된다는 이유로 사과, 버찌, 복숭아, 호두, 살구, 배, 자두, 모과 등 8종의 미국산 농산품의 수입을 금지하였으며, 수출국이 수입 금지에 상응하는 보호수준을 달성하는 대체적 검역 처리를 제안하는 경우에만 수입금지를 해제하였다. 이에 대해 미국은 일본의 관련조치가 협정 제2조 제2항에 위반하여 '충분한 과학적 증거'없이 유지되었으며, 협정 제5조 제1항과 제2항에 위반하여 위해성 평가에 기초하지 않았다고 주장하였다. 패널 및 상소기구는 미국이 일본의 관련 규정이 충분한 과학적 증거 없이 유지되었다는 추정을 제공하였고, 동 추정은 일본에 의하여 충분히 반박하지 못하였으므로 일본은 SPS협정 제2조 제2항 상 '충분한 과학적 증거 없이' 관련 규정을 유지하였다고 판정하였다.

2. 일본 – 사과 사건

일본은 화상병(火傷病, fire blight) 유입 방지를 위해 사과나무 등 숙주식물 15종과 과일의 수입을 특정 조건을 충족하는 경우만을 제외하고 원칙적으로 금지하였다. 일본은 미국산 사과에 대해서 화상병균이 없는 과수원에서 재배될 것을 조건으로 수입을 건별로 허락하였다. 또한 화상병균이 없는 과수원이 충족해야 할 조건에 대해 제시하였다. 이에 대해 미국은 일본의 조치, 특히 화상병 증상이 없는 성숙 사과의 수입을 일본이 금지한 것은 과학적 증거가 충분하지 않다고 하였다. 패널은 미국의 주장을 인용하였다. 패널은 SPS협정 제2조 제2항 위반 여부를 판단하기 위해서는 과학적 근거 존재 여부를 위해 입증되어야 할 대상과 이를 입증하는 방법에 대해 검토해야 한다고 하였으며, 본 사안의 입증대상과 관련해서 사과가 화상병균의 전달경로가 될 수 있는지가 문제된다고 하였다. 입증방법에 있어서는 과학적 증거, 즉 과학적인 방법을 통해 수집된 증거가 존재해야 하고 문제가 된 위생조치와 과학적 근거 간에 합리적인 관계가 있다는 점을 입증해야 한다고 하였다. 패널은 사과가 화상병균의 전염경로가 될 수 있다는 과학적인 증거가 불충분하다고 보고 일본의 조치는 충분한 과학적 증거 없이 유지되는 것이므로 협정 제2조 제2항에 반한다고 판정하였다. 상소기구에서는 패널절차에서 문제되지 않았던 화상병 증상이 없는 성숙 사과 외의 사과가 문제되었다. 일본은 화상병에 감염된 사과도 전염을 초래하지 않는다는 사실에 대해 미국이 패널절차에서 입증하지 아니하였으므로 패널이 일본의 주장을 호의적으로 고려했어야 한다고 주장하였다. 그러나 상소기구는 특정 조치가 특정 협정, 의무에 합치되지 않는다는 것을 입증할 책임은 이를 주장하는 제소국 측에 있으나 제소국 시비에 대응하여 피제소국이 제기한 사실의 입증 책임은 피제소국에 있다고 하였다. 즉, 감염된 사과가 수입되어 이로 인해 화상병균이 유입될 가능성이 있다는 점은 일본이 입증해야 한다고 판단한 것이다. 미국이 감염사과에 대해 반박 증거를 제시하지는 않았으나 패널은 심리과정 중 제출된 모든 자료를 종합적으로 판단하여 감염사과에 의해 화상병균이 전이될 가능성에 대해 부정적으로 판단하였는바, 상소기구는 패널의 판단이 DSU 제11조에 규정된 패널의 조사 권한의 범위를 넘은 것은 아니라고 판단하였다. 요컨대, 상소기구는 패널이 일본의 조치가 충분한 과학적 증거 없이 유지되고 있다고 판단한 것을 지지한 것이다.

3. 비차별(non-discrimination)

회원국은 자기 나라 영토와 다른 회원국 영토 간에 차별 적용하지 않는 것을 포함하여 자기 나라의 위생 및 식물 위생 조치가 동일하거나 유사한 조건 하에 있는 회원국들을 자의적이고 부당하게 차별하지 아니하도록 보장해야 한다(제2조 제3항 제1문). 2000년 '호주 연어 사건'의 이행패널은 동 조항의 위반 요건으로 세 요건을 제시하였다. 즉, ⅰ) 조치 실행국 이외의 회원국 영토 간 또는 조치 실행국과 다른 회원국의 영토 간에 차별적인 조치가 있고, ⅱ) 그 차별이 자의적이거나 정당화될 수 없고, ⅲ) 비교되는 회원국 영토가 동일한 또는 유사한 조건에 있는 경우이다. 비차별 의무는 제5조 제5항에서 보다 구체화되고 있다.

4. 국제무역에 대한 위장된 제한 금지

회원국은 또한 위생 및 식물 위생 조치는 국제무역에 대한 위장된 제한을 구성하는 방법으로 적용되지 아니한다(제2조 제3항 제2문). 필요한 정도와 범위를 초과하여 취해지는 통상규제, 과학적 근거에 입각하지 않은 통상규제, 자의적이고 부당한 차별적 통상규제 등이 위장된 통상규제로 규정될 수 있다.

Ⅲ 조화의 원칙 및 예외

> ### 📖 조문 | 제3조 – 조화(Harmonization)
>
> 1. 위생 및 식물위생 조치를 가능한 한 광범위하게 조화시키기 위하여, 이 협정에 달리 규정된 경우, 특히 제3항에 규정된 경우를 제외하고, 회원국은 자기 나라의 위생 또는 식물위생 조치를 국제기준, 지침 또는 권고가 있는 경우 이에 기초하도록 한다. (To harmonize sanitary and phytosanitary measures on as wide a basis as possible, Members shall base their sanitary or phytosanitary measures on international standards, guidelines or recommendations, where they exist, except as otherwise provided for in this Agreement, and in particular in paragraph 3)
>
> 2. 관련 국제표준, 지침 또는 권고에 합치하는 위생 또는 식물위생 조치는 인간, 동물 또는 식물의 생명 또는 건강을 보호하는 데 필요한 것으로 간주되며, 이 협정 및 1994년도 GATT의 관련 규정에 합치하는 것으로 추정된다. (Sanitary or phytosanitary measures which conform to international standards, guidelines or recommendations shall be deemed to be necessary to protect human, animal or plant life or health, and presumed to be consistent with the relevant provisions of this Agreement and of GATT1994.)
>
> 3. 회원국은 과학적 정당성이 있거나, 회원국이 특정 보호의 수준의 결과 제5조 제1항부터 제8항까지의 관련 규정에 따라 적절하다고 결정하는 경우 회원국은 관련 국제기준, 지침 또는 권고에 기초한 조치에 의하여 달성되는 위생 또는 식물위생 보호 수준보다 높은 보호를 초래하는 위생 또는 식물위생 조치를 도입 또는 유지할 수 있다. 상기에 불구하고, 국제기준, 지침 또는 권고에 기초한 조치에 의하여 달성되는 위생 또는 식물위생 보호 수준과 상이한 보호 수준을 초래하는 모든 조치는 이 협정의 그 밖의 규정과 불일치하지 아니한다. (Members may introduce or maintain sanitary or phytosanitary measures which result in a higher level of sanitary or phytosanitary protection than would be achieved by measures based on the relevant international standards, guidelines or recommendations, if there is a scientific justification, or as a consequence of the level of sanitary or phytosanitary protection a Member determines to be appropriate in accordance with the relevant provisions of paragraphs 1 through 8 of Article 5. (Re.2) Notwithstanding the above, all measures which result in a level of sanitary or phytosanitary protection different from that which would be achieved by measures based on international standards, guidelines or recommendations shall not be inconsistent with any other provision of this Agreement.)

1. 원칙

SPS조치가 국제무역을 저해하지 않도록 하기 위해서는 회원국의 SPS조치를 조화시키는 것이 필요하다. 이를 반영하여 SPS협정 제3조는 SPS조치를 도입함에 있어서 관련 국제표준(International Standard)이 존재하는 경우 이에 기초할 것을 요구하고 있다. 국제표준에 합치되는 조치는 인간, 동물 또는 식물의 생명이나 건강 보호를 위해 필요한 조치로 추정된다(제3.2조). 다만, 이 추정은 반증을 허용한다(EC-호르몬 사건 상소기구). 현재, SPS조치 관련 국제표준으로는 국제식품규격위원회의 CODEX규격(식품첨가물, 의약품·호르몬 등의 잔류치, 오염물질 관련), 국제수역사무국(Office International des Épizooties, OIE)의 OIE수역규격(동물검역), 국제식물방역조약(International Plant Protection Convention, IPPC)의 IPPC식물방역규격(식물검역) 등이 있다.

2. 예외[94]

회원국은 일정한 조건 하에서 국제표준보다 더 높은 수준의 검역조치를 도입할 수 있다. 첫째, 과학적으로 정당한 이유가 있는 경우 국제표준이 SPS조치로서 적절하지 않다고 간주할 수 있다(제3.3조). 입수가능한 과학적 정보는 협정규정에 따라 검토·평가되어야 한다. 둘째, 회원국은 또한 협정의 위험성 평가 규정에 근거하여 적절한 보호수준을 스스로 결정할 수 있고, 이 경우 국제표준보다 높은 수준의 검역조치를 취할 수 있다. 과학적 근거가 충분하지 않은 경우 잠정조치로서 국제표준보다 더 엄격한 규제조치를 취할 수도 있다.

3. 입증책임[95]

국제표준을 상회하는 조치를 취하는 경우 입증책임은 제소국이 진다. EC-호르몬 쇠고기 사건에서 패널은 피제소국(EC)이 국제표준에서의 이탈에 대한 정당성을 입증해야 한다고 하였으나, 상소기구는 이를 파기하고 제소국(미국)이 국제표준에서의 이탈의 부당성을 입증해야 한다고 하였다. 즉, 제소국인 미국은 피제소국인 EC가 국제표준을 준수하는 것만으로도 EC가 추구하는 목적을 달성할 수 있었음에 대해 입증해야 한다고 하였다.

제5절 위험평가

📑 조문 | 제5조 제1항 및 제2항 – 위험평가

1. 회원국은 관련 국제기구에 의해 개발된 위험평가 기술을 고려하여, 자기 나라의 위생 또는 식물위생 조치가 여건에 따라 적절하게 인간, 동물 또는 식물의 생명 또는 건강에 대한 위험평가에 기초하도록 보장한다. (Members shall ensure that their sanitary or phytosanitary measures are based on an assessment, as appropriate to the circumstances, of the risks to human, animal or plant life or health, taking into account risk assessment techniques developed by the relevant international organizations)

2. 위험평가에 있어서 회원국은 이용가능한 과학적 증거, 관련 가공 및 생산 방법, 관련 검사, 표본추출 및 시험방법, 특정 병해충의 발생율, 병해충 안전지역의 존재, 관련 생태학적 및 환경조건, 그리고 검역 또는 다른 처리를 고려한다.

📑 조문 | 부속서 1 제4항 – 위험평가의 정의

적용될 수 있는 위생 또는 식물위생 조치에 따라 수입회원국의 영토 내에서 해충 또는 질병의 도입, 정착 또는 전파의 가능성과 이와 연관된 잠재적인 생물학적 및 경제적 결과의 평가, 또는 식품, 음료 및 사료내의 첨가제, 오염물질, 독소 또는 질병원인체의 존재로 인하여 발생하는 인간 또는 동물의 건강에 미치는 악영향의 잠재적 가능성에 대한 평가 (The evaluation of the likelihood of entry, establishment or sprezad of a pest or disease within the territory of an importing Member according to the sanitary or phytosanitary measures which might be applied, and of the associated potential biological and economic consequences; or the evaluation of the potential for adverse effects on human or animal health arising from the presence of additives, contaminants, toxins or disease-causing organisms in food, beverages or feedstuffs)

---

94) 고무로 노리오(2010), 231면.
95) 고무로 노리오(2010), 231면.

Ⅰ 개념

위험평가란 '적용될 수 있는 위생 또는 식물위생 조치에 따라 수입회원국의 영토 내에서 해충 또는 질병의 유입, 정착 또는 전파의 가능성과 이와 연관된 잠재적인 생물학적 및 경제적 결과의 평가, 또는 식품, 음료 및 사료 내의 첨가제, 오염물질, 독소 또는 질병원인체의 존재로 인하여 발생하는 인간 또는 동물의 건강에 미치는 악영향의 잠재적 가능성에 대한 평가'를 말한다(부속서 1 제4항).

⚖ 판례 | 호주 – 연어 사건

호주는 1995년 10월 캐나다산 열처리되지 않은 생·냉장·냉동 연어 수입을 금지하였다. 호주는 열처리되지 않은 연어에서 발생할 수 있는 24종의 병원체를 규명하고 자국이 행한 연어 수입품 위험 분석에 관한 보고서(1996년 최종 보고서)에 근거하여 캐나다산 연어 수입을 금지하는 위생 조치를 취한 것이다. 캐나다는 호주의 비열처리 연어 수입 금지 조치의 근거가 된 1996년 최종보고서는 태평양산 활연어를 대상으로 조사한 것인데 이를 바탕으로 모든 비열처리 연어의 수입을 금지한 것은 부당하다 하였다. 이에 대해 호주는 제5조 제1항은 상황에 따라 적절한 위해성 평가를 할 수 있도록 규정하고 있고 동 보고서를 토대로 모든 연어의 수입을 금지할 수밖에 없었던 사정이 있었다고 반박하였다. 패널은 위생조치를 '상황에 따라 적절한' 평가에 근거하도록 규정한 제5조 제1항의 언급은 위험성 평가의 수행 방법과 관련된 것이지 위생조치를 위해성 평가에 기초하여야 한다는 실체적 의무를 소멸시키거나 폐기할 수는 없다고 분명히 하였다. 이 사건의 경우 1996년 최종 보고서 대상상품 이외의 기타 연어 제품도 문제가 된 위생조치의 대상에 포함되었으므로 패널은 호주의 위생조치는 제5조 제1항에 합치되지 않았다고 판시하였다.

Ⅱ 음식에 근거한 위험 평가

1998년 'EC 호르몬 사건'에서 패널은 음식에 근거한 위험평가의 두 가지 요건을 제시하고 있다. 첫째, 고기나 육가공품에 사용된 성장촉진제로부터 발생하는 인간 건강에 대한 악영향(adverse effect)의 확인, 둘째, 그러한 악영향이 있다면 그 효과가 발생할 잠재성(potential) 또는 가능성(probability)의 평가. 그러한 위험은 '확인할 수 있는 위험'(identifiable risk)이어야 하나 반드시 정량적(quantitative)일 필요는 없고 정성적(qualitative)으로 파악될 수도 있다.

Ⅲ 해충 또는 질병으로부터의 위험 평가

'호주 연어 사건'이나 '일본 농산물 사건'에 따르면 이 경우 위험평가가 적절하게 이루어졌는가에 대해 세 가지를 평가해야 한다. 첫째, 조치를 행하는 국가가 방지하고자 하는 질병을 특정한다. 둘째, 그 질병의 침입 가능성(likelihood) 및 잠재적인 생물학적 또는 경제적 영향을 검토한다. 셋째, 채택된 위생검역조치에 비추어 질병의 침입가능성(likelihood)을 검토한다. 이 경우의 가능성(likelihood)은 단순한 가능성(possibility)이 아닌 개연성(probability)을 요구하는 것으로서 음식에 근거한 위험평가보다 더욱 구체적인 입증을 요구하는 것이다. 음식물의 경우가 건강, 생명에 보다 치명적이므로 보다 가능성이 낮더라도 SPS조치의 도입을 가능하게 하려는 것이다.

Ⅳ 위험평가 시 고려 요인

위험평가에 있어서 회원국은 이용가능한 과학적 증거, 관련 가공 및 생산 방법, 관련검사, 표본추출 및 시험방법, 특정 병해충의 발생율, 병해충 안전지역의 존재, 관련 생태학적 및 환경조건, 그리고 검역 또는 다른 처리를 고려한다(제5조 제2항). 이 조항에 대한 상소기구의 입장은 동 조항은 예시 조항으로서 동 조항에 언급된 기술적 또는 과학적 분석 이외에 경제적, 사회적 요인도 고려할 수 있다는 것이다. 이러한 입장은 패널과 다른 것으로 패널은 제5조 제2항과 제3항은 구분되는 것으로 보고 사회적, 경제적 평가는 위험관리에서만 고려된다고 판단하였다.

Ⅴ SPS조치와 위험평가의 관계

제5조 제1항에 의하면 SPS조치는 위험평가에 '기초해야' 한다. SPS조치가 위험평가에 기초하고 있는지의 여부는 취해진 조치와 위험평가로부터 도출되는 과학적 결론과의 인과관계에 달려있다. 따라서 인과관계가 성립한다면 위험평가에 기초한 것으로 판단할 수 있다. 'EC 호르몬 사건'에서 상소기구는 SPS조치와 위험평가의 결론간에 합리적인 관계가 존재한다면 인과관계가 존재하는 것이라고 판단하였다.

> **⚖ 판례 | EC – Biotech Products case**
>
> EC는 GMO상품의 판매 승인 절차 등을 규율하는 지침 또는 규정을 운영하였다. EC는 GMO상품 판매승인을 일정 기간 사실상 중단시켰으며 또한 판매승인이 된 상품에 대해서도 판매를 금지시켰다. 이에 대해 미국·캐나다·아르헨티나가 SPS 협정에 위반된다고 주장하였다. 이 사건에서 EC의 판매금지조치가 위험평가에 기초하여 과학적 정당성을 갖는지가 문제되었다. 패널은 SPS협정 제5조 제1항은 회원국이 위험평가에 기초할 것으로 의무화 한 조항이며, 동 조항은 제소국에 의해 입증되어야 한다고 하였다. 동 조항에 합치되기 위해서는 위험평가가 존재하고, 그 위험평가에 기초해야 한다. 패널은 위험평가가 존재하지 않았으며, 위험평가에 기초하지도 않았다고 판단하고 EC의 조치는 동 조항에 위반된다고 판정하였다. 패널은 위험평가를 반드시 조치를 취하는 국가가 해야 하는 것은 아니라고 하였다. 위험평가 존부와 관련하여 패널은 EC 회원국이 EC 집행위에 제출한 문서를 검토하였으나 동 문서는 '위험평가 절차'에 관한 내용만 있고 '위험 여부'에 대해서는 언급되어 있지 아니하므로 위험평가가 존재한다고 볼 수 없다고 판단하였다. 또한 위험평가에 기초하지도 않았다고 판정하였다. '기초'의 의미에 대해 패널은 위험평가와 문제가 된 조치 간에 합리적인 관계가 존재한다는 것이며 위험평가가 당해 SPS조치를 충분히 보장하거나 논리적으로 지지한다는 것을 의미한다고 하였다. 패널은 EC 회원국의 조치가 위험평가에 의해 보장되거나 지지되지 않았다고 판정하였다.

Ⅵ 잠정조치

위험평가의 결과 과학적인 증거가 불충분하나 건강상의 위험을 차단하기 위해 SPS조치를 취해야 할 필요성이 있다. SPS협정은 이러한 경우를 예상하고 제5조 제7항에서 잠정조치(provisional measures)를 취할 수 있음을 명시하고 있다. 동 조항은 이른바 '사전주의 원칙'(precautionary principle)을 도입하고 있는 것으로 평가된다. 일본 농산물 사건에서 상소기구는 제5조 제7항으로부터 네 가지 요건을 제시하였다. 첫째, 조치가 관련 과학적 증거가 불충분한 경우에 취해졌고, 둘째, 입수 가능한 적절한 정보에 기초하여 채택되었으며, 셋째, 회원국이 더욱 객관적인 위험평가를 위해 필요한 추가적인 정보를 찾기 위해 노력하였고, 넷째, 합리적인 기간 내에 조치를 검토해야 한다. 네 가지 요건은 누적적 요건으로서 하나라도 누락되는 경우 문제된 조치는 제5조 제7항에 위반된다.

📋 조문 | 제5조 제7항 – 잠정조치

관련 과학적 증거가 불충분한 경우, 회원국은 관련 국제기구로부터의 정보 및 다른 회원국이 적용하는 위생 또는 식물 위생 조치에 관한 정보를 포함, 입수가능한 적절한 정보에 근거하여 잠정적으로 위생 또는 식물위생 조치를 채택할 수 있다. 이러한 상황에서, 회원국은 더욱 객관적인 위험평가를 위하여 필요한 추가정보를 수집하도록 노력하며, 이에 따라 합리적인 기간 내에 위생 또는 식물 위생 조치를 재검토한다. (In cases where relevant scientific evidence is insufficient, a Member may provisionally adopt sanitary or phytosanitary measures on the basis of available pertinent information, including that from the relevant international organizations as well as from sanitary or phytosanitary measures applied by other Members. In such circumstances, Members shall seek to obtain the additional information necessary for a more objective assessment of risk and review the sanitary or phytosanitary measure accordingly within a reasonable period of time.)

⚖️ 판례 | 잠정조치 관련 사건

1. EC – 호르몬 사건

동 사건의 패널 심리에서 EC(피제소국)는 문제가 된 조치는 사전주의원칙(precautionary principle)으로 시행된 것이므로 정당성이 인정된다는 주장을 제기하기도 하였으나 패널과 상소기구는 모두 이를 인정하지 않았다. 사전주의원칙이란 과학적 불확실성이 존재하는 경우 사전에 규제조치를 마련하는 것을 정당화하는 원칙이다. 이 원칙은 심각하거나 회복할 수 없는 피해의 우려가 있는 경우 과학적인 확실성이 없다고 하여 환경 피해 방지 조치를 취하지 못하게 하는 것은 안된다는 것을 의미한다. 이러한 사전주의 원칙이 국제 관습법상 확립된 원칙인지 여부에 대해서는 학자들 간에 논란이 있다. EC는 이 원칙을 원용하여 설사 EC의 위생조치가 과학적 근거에 입각하지 않았다하더라도 사전주의 원칙상 성장 호르몬 사용을 금지할 수 있다고 주장하였다. 그러나 패널과 상소기구는 모두 사전주의 원칙은 SPS 협정 제5조 제1항·제2항의 명문상의 규정에 우선적으로 적용될 수 없다고 판단하였다. SPS협정은 이미 제5조 제7항에 관련 과학적 증거가 불충분할 경우 회원국은 입수 가능한 적절한 정보에 입각하여 SPS조치를 잠정적으로 취할 수 있다는 것을 규정하고 있어 사전주의 원칙을 이미 반영하고 있으나 EC가 이 조항을 사용하지도 않았다고 지적하고 EC의 주장을 기각하였다.

2. 일본 – 농산물 사건

일본이 미국산 농산물에 대해 품종시험 요건을 부과한 것에 대해 패널은 일본의 품종시험 요건은 잠정조치로서 정당화될 수 없다고 하였다. 일본이 보다 객관적인 위험평가를 위하여 필요한 추가적 정보 획득을 위해 노력하지 않았으며, 합리적 기간 내에 식물 위행조치를 검토했다는 충분한 증거를 제시하지 못했기 때문이라고 하였다.

3. 일본 – 사과 사건

일본은 화상병(火傷病, fire blight) 유입 방지를 위해 사과나무 등 숙주식물 15종과 과일의 수입을 특정 조건을 충족하는 경우만을 제외하고 원칙적으로 금지하고 있었다. 일본은 미국산 사과에 대해서 화상병균이 없는 과수원에서 재배될 것을 조건으로 수입을 건별로 허락하였다. 또한 화상병균이 없는 과수원이 충족해야 할 조건에 대해 제시하였다. 이와 관련하여 일본의 조치가 잠정조치로서 정당화되는지가 문제되었다. 패널은 잠정조치 요건에 대한 입증책임은 피제소국인 일본에 있다고 하였다. 그러나 일본이 과학적 증거가 불충분하다는 점에 대해 입증하지 못하였으므로 잠정조치로서 정당화될 수 없다고 하였다. 상소심에서 일본은 화상병 자체에 관한 과학적 증거가 충분하다고 하더라도 사과를 매개로 한 전염 여부에 대해서는 명백한 결론이 내려지지 않았으므로 잠정조치를 취할 수 있다고 주장하였다. 그러나 상소기구는 제5조 제7항의 규정상 동 조항 적용 여부는 과학적 불확실성에 의해서가 아니라 과학적 증거의 부재나 부족에 의해 촉발되는 것이라고 반박하고 일본의 주장을 기각하였다. 즉, 어느 정도 증거가 있는 경우에는 잠정조치를 취할 수 없다고 판단한 것이다.

4. EC – Biotech Products case

이 사건에서 EC가 미국산 GMO식품의 판매중단조치가 SPS협정 제5조 제7항에 의해 정당화되는지가 문제되었다. EC는 동 조항에 대해 '권리'로 주장하고 제소국은 제5조 제1항의 '예외'로 주장하였다. 패널은 '조건부 권리'(qualified right)로 판단하고 '제소국'에 의해 입증되어야 한다고 판단하였다. 따라서 제5조 제7항의 요건을 모두 충족해야만 잠정조치로서 정당화 될 수 있다고 하였다. 패널은 EC가 잠정조치의 요건을 충족하지 못했다고 판정하였다. 잠정조치의 요건 중 '과학적 증거의 불충분성'이 문제되었다. 패널은 과학적 증거가 불충분하지 아니하였다고 판단하였다. 패널은 EC가 판매중단조치를 채택하면서 대상 GMO상품의 위험평가를 실시하였다고 주장한 점에 주목하여 만일 과학적 증거가 충분하지 않다면 위험평가 자체를 실시할 수 없었을 것이라고 판단하고 과학적 증거가 불충분하지 않았다고 최종 결론을 내렸다.

📋 참고 카르타헤나 생물다양성의정서와 WTO협정(SPS협정)의 상충 문제[96]

1. 카르타헤나 의정서

카르타헤나 의정서(The Cartagena Protocol on Biosafety)는 생물다양성협약 제19조 제3항에 근거한 조약으로, 국제연합 기관인 UNEP에서의 검토와 작업반에서의 교섭을 거쳐 2000년 1월 몬트리올에서 채택되었으며, 2003년 9월 발효되었다. 동 의정서에는 환경보호를 위한 예방조치에 관한 규정이 포함되어있다. 의정서에서 SPS협정과 관련하여 특히 문제가 되는 내용은 환경보호를 위한 위험예방조치를 규정한 것이다. 즉, 심각한 피해의 우려가 있는 경우 완전한 과학적 확실성이 없다는 이유로 환경악화를 예방하기 위한 조치를 미뤄서는 안 된다. 따라서 각국은 완전한 과학적 확실성이 없어도 위험방지를 위한 환경보호대책을 예방적으로 취할 수 있다. 한편, GMO의 수출에는 사전합의제도를 도입하였다. 즉, GMO의 수입과 GMO의 의도적인 환경에의 도입에 관해 수출국은 수입국에 통지의무를 진다. 수입국은 통지를 받은 후 270일 이내에 위험성 평가를 실시하고 수입의 가부를 결정해야 한다. 수입국은 수입을 금지할 수도 있고, 조건부로 수입을 허가할 수도 있다. 또한 의정서 제11조에 의하면 수입국은 GMO의 수입을 의정서의 목적에 합치하는 한 국내 규제에 근거해 금지하거나 제한할 수 있다. 또한 수입국은 GMO의 수입을 사전주의 원칙에 근거해서 충분한 과학적 근거가 없어도 규제할 수 있다. 그러나 GMO는 동시에 WTO의 SPS협정에 의해서도 규제되기 때문에 수입국에 의한 GMO의 수입제한을 둘러싸고 의정서와 SPS협정이 저촉할 가능성이 발생한다. 특히 SPS협정은 엄격한 조건 하에 사전주의 원칙에 근거하여 수입제한을 인정하고 있으나, 의정서는 이와 같은 조건을 규정하고 있지 않다. 따라서 수입국이 의정서의 예방 원칙에 근거해 취하는 수입제한이 SPS협정의 예방 원칙규정과 저촉할 우려가 있다.

2. 카르테헤나 의정서의 충돌회피조항

카르타헤나의정서와 WTO규정의 관계를 어떻게 조정할 것인가는 의정서의 교섭과정에서 주요한 쟁점의 하나가 되었으며, 양자의 조정을 위해 다음과 같은 충돌회피조항을 의정서 전문에 삽입하였다. 첫째, 의정서와 WTO는 상호보완적이다(mutually supportive). 둘째, 의정서는 '기존의' WTO·SPS협정에 근거한 협정서 체약국의 권리의무를 변경하지 않는다. 따라서 신법우선의 원칙은 적용되지 않는다. 또한 특별법우선의 원칙도 적용되지 않는다. 셋째, 의정서는 '다른' 국제협정에 종속하지 않는다. 즉, 의정서와 기존 또는 장래의 WTO협정과의 사이에 우열의 구분은 없다. 이러한 충돌회피조항에도 불구하고 카르타헤나의정서와 SPS협정의 관계가 명확하게 정리된 것은 아니다. WTO와 의정서 쌍방에 가입하고 있는 회원국 간에 환경보호와 자유무역에 대해서 분쟁이 발생한 경우 WTO와 의정서 중 어느 쪽이 적용될 것인지가 애매하기 때문이다. SPS협정의 예방 원칙은 엄격한 조건에 의해 규제되고 있는 것에 비해 의정서의 예방 원칙은 특전 조건으로 규율되지 않기 때문에 의정서에 근거한 예방 원칙이 SPS협정의 조건을 충족하지 않을 가능성이 있다.

3. 카르타헤나의정서와 SPS협정의 중복 적용과 조약법에 관한 비엔나협약

빈협약에 의하면 몇 가지로 나눠서 적용규범을 특정할 수 있다. 첫째, 분쟁 당사국이 모두 WTO와 협정서에 가입한 경우 구법 WTO규범은 신법인 의정서와 양립하는 범위에서만 적용된다. 따라서 SPS협정과 의정서의 규정이 양립하지 않는 경우는 신법인 의정서가 우선 적용된다. 둘째, WTO 분쟁당사국의 어느 일방만이 의정서에 가입한 경우에는 원칙적으로 분쟁당사국이 모두 가입하고 있는 WTO규정만이 적용된다. 즉, SPS협정이 의정서에 우선해 적용되는 것이다. 셋째, WTO 분쟁당사국이 모두 의정서에 가입하지 않은 경우에는 SPS협정만이 적용된다. 다만, 조약해석의 수단으로서 국제관습법이 이용되기 때문에 의정서의 어떤 규정이 국제관습법이 된 시점에서는 패널과 상소기구는 문제의 국제관습법을 LMO분쟁에 적용할 여지가 있다.

---

96) 고무로 노리오(2010), 250-255면.

회원국은 위험평가에 기초하여 회원국이 추구하는 적절한 보호수준이나 이러한 보호수준을 달성할 수 있는 조치를 선택할 수 있는바, 이를 위험관리(risk management)라 한다. SPS협정 제5조 제3항~제6항은 위험관리에 관해 규정하고 있다.

I 적절한 보호수준에 관한 권리

적절한 보호수준(appropriate level of protection)이란 '조치를 수립하는 회원국에 의해 적절하다고 판단되는 보호수준'을 말한다(부속서 A. 5). 보호수준의 결정은 회원국의 전속적인 권리이다. 따라서 일단 위험에 관한 과학적 증거가 확정된 경우 회원국은 그 나름대로의 보호수준을 선택할 수 있으며, 위험도 '0' 수준을 적정 보호수준으로 채택할 수 있다(호주 연어 사건).

> ### 📖 조문 | 제5조 제3항 – 적정보호수준에 대한 권리
>
> 동물 또는 식물의 생명 또는 건강에 대한 위험평가와 이러한 위험으로부터 위생 또는 식물위생 보호의 적정수준을 달성하기 위해 적용되는 조치를 결정함에 있어서 회원국은 병해충이 유입, 정착 또는 전파될 경우 생산 또는 판매에 미치는 손실을 기준으로 한 잠재적 피해, 수입국의 영토 내에서의 방제 및 박멸비용, 위험을 제한하기 위해 대안으로서 접근방법의 상대적 비용 효율성을 관련된 경제적인 요소로서 고려한다. (In assessing the risk to animal or plant life or health and determining the measure to be applied for achieving the appropriate level of sanitary or phytosanitary protection from such risk, Members shall take into account as relevant economic factors: the potential damage in terms of loss of production or sales in the event of the entry, establishment or spread of a pest or disease; the costs of control or eradication in the territory of the importing Member; and the relative cost-effectiveness of alternative approaches to limiting risks.)

II 부정적 무역효과의 최소화

회원국은 위생 또는 식물 위생 보호조치의 적정한 수준을 결정하는 데 있어서 부정적 무역효과(negative trade effects)를 최소화시키는 목적을 고려해야 한다(should take into account)(제5조 제4항). 동 조항은 법적 구속력 있는 조항은 아니나, 부정적 무역효과를 최소화하려는 목적은 기타 SPS협정 조항의 해석에 있어서 고려되어야 한다(EC 호르몬 사건).

> ### 📖 조문 | 제5조 제4항
>
> 위생 또는 식물위생 보호의 적정수준 결정 시, 회원국은 무역에 미치는 부정적 영향을 최소화 하는 목표를 고려하여야 한다. (Members should, when determining the appropriate level of sanitary or phytosanitary protection, take into account the objective of minimizing negative trade effects.)

Ⅲ 위험에 대한 보호의 일관성 유지

1. 의미

인간, 동물 또는 식물의 생명 또는 건강에 대한 위험으로부터의 위생 또는 식물위생 보호의 적정수준이라는 개념의 적용에 있어서 일관성을 달성할 목적으로, 각 회원국은 상이한 상황에서 적절한 것으로 판단하는 수준에서의 구별이 국제무역에 대한 차별적 또는 위장된 제한을 초래하는 경우에는 자의적 또는 부당한 구별을 회피한다(제5조 제5항 제1문).

2. 요건

EC 호르몬 사건과 호주 연어 사건에서 패널은 동 조항에 위반인가를 판단하는 세 가지 요건을 제시하였다. 첫째, 상이한 상황, 즉 비교가능한 상황에서 보호수준의 차이가 있을 것, 둘째, 그와 같은 보호수준의 차이가 '자의적 또는 부당한 구별일 것', 셋째, 보호수준의 차이가 '국제무역에 대한 차별 또는 위장된 제한'을 초래할 것

3. 요건 해석

'비교 가능한 상황'에 대해서 호주 연어 사건의 상소기구는 동일한 또는 유사한 질병이 침입, 정착, 또는 전파되는 위험을 포함하는 경우 또는 동일 또는 유사한 잠재적인 생물학적 · 경제적 영향이 있는 위험을 포함하는 경우라고 판단하였다.[97] 자의적 또는 부당한 차이가 존재하는 가의 여부는 비교가능한 상황에 대한 보호수준의 차이를 정당화하는 이유가 있는가에 의해 판단된다. 세 번째 요건은 항을 달리하여 상세하게 검토해 보자.

4. 차별 또는 위장된 제한

분쟁해결과정에서 차별 또는 위장된 제한이 존재하는지에 대한 판단기준에 대해 논란이 많았다. EC 호르몬 사건에서는 두 번째 요건과 세 번째 요건과의 관계에 대해서도 패널과 상소기구가 입장을 달리하였다.

---

97) 이은섭 외, WTO 위생검역협정상 위험평가 및 보호수준의 적정성, 국제상학, 제19권 제2호, 217면.

우선, '자의적 또는 부당한 구별'과 '국제무역에 대한 차별 또는 위장된 제한' 요건 간 관계에 있어서 패널은 두 요건을 구별하기는 하였으나 자의적 또는 부당한 차이가 있는 경우에는, 그것이 '차별 또는 위장된 제한'이라고 결론지을 가능성이 있다고 판단하였다. 반면, 상소기구는 이러한 패널의 해석을 파기하였다. 상소기구에 의하면 자의적 또는 부당한 차이가 있다는 것은 차별 또는 위장된 제한이 있다는 간접적인 증거에 불과하고 그러한 차이가 차별 또는 위장된 제한을 초래하는지는 개별적이고 구체적인 사정에 비추어서 판단된다고 하였다. 한편, 호주 연어 사건 패널은 국제무역에 대한 차별 또는 위장된 제한으로 판단할 수 있는 요소로서 '경고요소'(warning signals)와 몇 가지의 보다 실질적인(more substantial in nature) 요소를 들고 있다. 경고요소로는 보호수준에 있어서 '자의적 또는 부당한 차이'가 존재할 것, 그 차이가 상당히 중대할 것, 조치가 SPS협정에 제5조 제1항에 반하는 것, 즉 조치가 위험평가에 기초한 것이 아닌 것일 것 등 세 가지이다. 보다 실질적인 요소는 이러한 세 가지 경고 요소만으로 국제무역에 대한 차별 또는 위장된 제한으로 결정짓는 것이 충분하지 못할 경우 문제의 조치를 취하게 된 요인과 절차를 통하여 경고요소를 보강할 수 있는 보다 구체적인 요소이다.

Ⅳ 필요 이상으로 무역제한적이지 않을 것

📄 조문 | 제5조 제6항

제3조 제2항을 저해함이 없이, 위생 또는 식물위생 보호적정수준을 달성하기 위하여 위생 또는 식물위생조치를 수립 또는 유지하는 때에는, 회원국은 기술적 및 경제적인 타당성을 고려하여, 동 조치가 위생 또는 식물위생 보호의 적정수준을 달성하는 데 필요한 정도 이상의 무역제한적인 조치가 되지 않도록 보장한다. (Without prejudice to paragraph 2 of Article 3, when establishing or maintaining sanita-ry or phytosanitary measures to achieve the appropriate level of sanitary or phytosanitary protection, Members shall ensure that such measures are not more trade-restrictive than required to achieve their appropriate level of sanitary or phytosanitary protection, taking into acco-unt technical and economic feasibility. (Re. 3)

(Remark 3) 제5조 제6항의 목적상, 기술적 및 경제적인 타당성을 고려하여 합리적으로 이용가능하고 위생 또는 식물위생 보호의 적정수준을 달성하면서 무역에 대한 제한이 현저히 적은 다른 조치가 없는 경우, 동 조치는 필요한 정도 이상의 무역제한조치가 아니다. (For purposes of paragraph 6 of Article 5, a measure is not more trade restrictive than required unless there is another measure, reasonably available taking into account technical and economic feasibility, that achieves the appropriate level of sanitary or phytosanitary protection and is significantly less restrictive to trade.)

제5조 제6항은 GATT 제20조 제(b)호에 규정된 '필요성' 원칙과 관련되고, 제5조 제4항의 '부정적 교역효과 최소화'와 관련된다. 제5조 제4항이 WTO 회원국들이 추구하는 목적에 관한 것인 반면, 제6항은 목적을 달성하기 위한 수단에 관한 규정이다. 즉, 부정적 교역효과를 최소화하기 위해서는 필요 이상으로 무역 제한적이어서는 안 된다. 제6항의 주석에 의하면, '기술적 및 경제적인 타당성을 고려하여 합리적으로 이용가능하고 위생 또는 식물위생 보호의 적정수준을 달성하면서 무역에 대한 제한이 현저히 적은 다른 조치가 없는 경우, 동 조치는 필요한 정도 이상의 무역제한조치가 아니다.' 호주 연어 사건의 상소기구는 목적달성을 위해 사용된 수단이 가장 덜 제한적인지의 여부를 판단하기 위한 3단계 기준을 제시하였다. 첫째, 기술적 및 경제적 이용가능성을 고려하여 합리적으로 이용가능할 것(reasonable available), 둘째, 적절한 보호수준의 달성이 가능할 것, 셋째, 경합될 수 있는 다른 SPS조치보다 상당히(significantly) 덜 무역 제한적일 것 등이 그것이다.[98]

---

98) 고준성 외(2006), 284면.

참고 GMO 식품 관련 국제경제법적 쟁점

1. GMO 식품의 정의

유전자 재조합식품(Genetically Modified Food: GM Food)이란 식품으로 이용되는 GMO(Genetically Modified Organisms) 그 자체와 GMO로부터 만들어진 식품을 일컫는 것으로, 일반적으로 특정 생물체(공여체)의 유용한 유전자를 취하여 직접 다른 생물체(숙주)에 삽입하는 유전자 재조합 기술을 이용하여 만든 품종(유전자조작체)으로부터 만든 식품으로 농산물, 수산물, 축산물 및 그 가공식품이 포함된다.

2. 법적 쟁점

GMO 식품 관련 법적 쟁점은 첫째, GMO 식품과 비(非)GMO 식품이 동종상품인지, 따라서 양 상품을 달리 대우하는 경우 비차별 원칙에 위반되는지 문제된다. 둘째, 수입국이 GMO 식품에 대해 특정 조치를 취하는 경우 여기에 적용될 규범이 무엇인지 논란이 되고 있다. 특히 EU에서 도입한 'GMO 식품 표시의무제'의 적법성 판단에 있어서 어떤 규범이 적용되는지 문제된다.

3. GMO 식품과 비GMO 식품의 동종성[99]

(1) 동종상품 여부의 판단기준 – BTA approach

국경세조정사건, EC석면사건 등에 따르면, 동종성의 판단은 ① 제품의 물리적 속성, ② 최종용도, ③ 소비자의 기호 및 취향, ④ 관세 분류에 따라 '사안별로(case by case)' 이루어진다.

(2) GMO 제품과 非GMO 제품 간의 동종성 판단

GMO 식품이 전통적인 식품과 동일한 최종소비를 위해 생산되었으며, 양자가 현행 법체제에서 상이하게 분류되지 않는다는 점에서 최종용도와 관세분류 기준상으로는 양자는 동종상품으로 볼 여지가 있다. 한편, 제품의 특성·속성의 기준 상으로는 '양자 간의 분자구조 차이가 WTO체제에서 제품을 구별하는 데 있어 결정적이며 충분한지' 여부가 문제가 된다. EC 석면 사건 상소기구는 결정적 요소로서 '건강위험'과 '시장에서의 경쟁력'을 인용하였다. EC 석면 사건에서는 해당 제품의 발암위험이 과학적으로 증명되었으나, GMO의 인체위해성에 대한 과학적 증거는 여전히 불확실하므로 제품의 특성이나 속성상 다른 상품인지 여부가 명확하지 않다. 또한 시장의 경쟁력과 대체가능성의 쟁점은 GMOs 식품은 비GMOs 식품과 경쟁할 목적으로 생산된 것이라는 주장과 소비자들이 GMO 식품에 혐오감을 갖고 있다는 주장이 대립하고 있다. 결국 시장의 경쟁력 및 대체가능성을 결정하는 것은 소비자의 행동이기 때문에 GMOs의 동종성 여부는 소비자의 지각과 행위에 따라 결정되는 시장에서의 대체성과 경쟁력의 정도에 달려있게 된다.

4. GMOs 식품 '표시의무제'의 적법성

(1) 적용 법규

표시의무제에 관련된 WTO협정은 SPS협정, TBT협정 및 1994GATT 등이 있다. 표시의무제가 SPS조치에 해당한다면 SPS협정 제1조 제4항 및 TBT협정 제1조 제5항에 의해 SPS협정이 우선 적용된다. 또한 SPS협정과 GATT협정의 관계에서 SPS협정과 일치하는 규제조치는 GATT의 해당규정과 일치하는 것으로 추정된다. 이는 특정 조치가 SPS협정에 위반되는 것으로 판정될 경우에는 GATT규정의 검토가 불필요함을 의미하는 것이다.

(2) SPS협정인가 TBT협정인가?

표시의무제에 대해 어느 협정이 적용될 것인지 여부는 제소국과 피제소국의 입장에서 중요한 문제이다. 왜냐하면 인간의 건강보호와 관련하여 위험의 존재가 과학적으로 명확하게 입증이 되는 사건은 당연히 SPS협정을 적용하기를 원하겠지만, 그렇지 못한 경우에는 SPS협정에 비하여 TBT협정의 요건을 충족하는 것이 상대적으로 용이하고, 1994GATT 제20조 제(b)호의 예외적인 입증책임도 피제소국에 부담이 될 수 있기 때문이다.[100] 두 협정의 적용을 결정함에 있어 조치의 목적은 결정적인 요소가 된다.[101] GMO 식품에 대한 표시의무제가 GMO 식품에 내재한 오염위험으로부터 건강을 보호하는 것이 주목적이라면 SPS협정이 적용될 것이다. 그러나 소비자에게 정보를 제공할 목적이라면 TBT협정이 적용될 것이다. 즉 라벨링이 소비자에게 GMO의 함유를 알려주는 기능이 더 강하다면 TBT협정이 적용되어야 할 것이다.[102]

---

99) 이은섭 외(2006), WTO체제에서의 유전자 변형식품에 대한 무역규제의 적법성, 무역학회지 제31권 3호, 155–156면.

100) 이은섭 외(2006), 160면.

101) 이은섭 외(2006), 159면.

102) 이재영(2007), WTO기술무역협정과 위생 및 식물검역협정과의 주요 쟁점에 관한 연구, 국제상학 제22권 제4호, 211면.

(3) SPS협정이 적용되는 경우 표시의무제의 적법성

표시의무제에 SPS협정에 해당한다고 판정될 경우, 다음 3가지 기본적인 요건을 충족시켜야 한다.

① SPS협정은 동일한 조건이 만연한 회원국에 대하여 '자의적이거나 부당한 차별'을 형성하거나 '국제무역에 위장된 제한을 구성해서는 안 된다.'(SPS협정 제2.3조) Thailand—Cigarette 사건 패널은 GATT규정과 보다 더 일치하는 대체적인 조치가 없는 경우에만 필요성 요건이 충족된다고 판정하였고, SPS협정 제5.6조에 따르면 '기술 및 경제적 실현가능성을 고려하여, 적절한 보호수준을 달성하는 데 요구되는 것보다 무역제한적이지 않아야' 하며, '합리적으로 이용가능하며 무역에 대한 제한이 현저한 다른 조치가 없어야' 필요성 요건을 충족한다고 규정하고 있다. 이와 관련하여 '자발적인' 라벨링이 덜 무역제한조치에 해당하므로 동 요건을 위반한다는 주장이 있다. 그러나 자발적인 라벨링이 적정보호수준을 달성할 수 없으므로 적절한 대체조치가 아니라는 반론도 있다.

② 회원국이 SPS조치를 국제표준에 기초할 때, 동 조치는 SPS협정과 GATT1994에 일치하는 것으로 추정된다(SPS협정 제3.2조). 따라서 표시의무제를 도입하는 국가의 규정상 위험평가조항이 Codex의 원칙과 합치한다면 SPS협정 하에서 유효하게 된다. 그러나 Codex 원칙도 위험평가가 과학적 근거에 기초해야 함을 강조하고 있어 GMO 무역규제조치가 적법성을 갖추기는 어려울 것이다.

③ 국제표준이 존재하지 않거나, 국제표준보다 높은 국내조치를 취하기 위해서 회원국은 관련 국제기구가 개발한 위험평가를 고려하여 적절한 상황에서 위험평가에 기초해야 한다(SPS협정 제5.1조). 국제표준의 부재 시 요구되는 과학적 증거의 수준은 조치의 특성 및 이용가능한 과학적 증거와 SPS조치 사이에 합리적인 관계가 존재할 경우에 충분한 것으로 간주된다. 현재로선 GMO 식품의 소비가 건강위해를 구성한다는 과학적 증거가 부족하다는 점을 감안하면, 표시의무제에 SPS협정이 적용된다면 위험평가에 필요한 요건을 충족하기는 어려워 보인다. 과학적 증거가 불충분한 경우 회원국은 임시적 조치로서 SPS조치를 부과할 수 있으나, SPS협정 제5.7조상의 후속 요건을 충족해야 한다. 따라서 GMO 식품과 관련된 SPS조치는 GMO 식품 소비로 인해 발생하는 장기적인 효과에 대한 정보를 수집하는 동안에 실시되는 일시적인 조치라고 주장한다면 그 적법성이 인정될 수 있다.

(4) TBT협정이 적용되는 경우 표시의무제의 적법성

TBT협정 부속서 1 (2)에 따르면 본 협정은 국제표준이나 과학적 증거가 존재하지 않을 경우에도 기술규정 또는 표준을 부과할 수 있는 것으로 해석되므로, GMO규정과 관련한 국내규제조치는 SPS조치로서 보다는 TBT협정의 기술규정에 의거하여 제정될 가능성이 높다. 특히 라벨링의 가장 중요한 목적은 GMO라는 제품 특성에 대한 소비자의 지각을 높이는 것이라고 판단되므로 TBT협정만이 적용되어야 할 것이다.

표시의무제에 TBT협정을 적용하면 우선 무차별 원칙의 위반 여부가 중요한데, 무차별 원칙은 결국 동종상품의 기준과 실무적인 적용에 의해 판단되는 것이므로 GMO 제품과 전통제품의 상이성이 충분하게 입증되어야 한다.

둘째로 표시의무제가 국제무역에 불필요한 장애를 초래하는지 여부가 문제가 된다. 우선 이러한 표시의무제는 합법적인 목적을 가져야 한다. TBT협정은 무역규제의 합법적인 목적으로 '국가안보', '기만적 관행의 방지', '인간의 건강 또는 안전', '동식물의 생명 또는 건강', '환경의 보호'를 규정하고 있다. 또한 EC-Sardines 사건 상소기구는 TBT협정상의 합법적 목적뿐만 아니라 '소비자보호', '시장의 투명성 및 공정경쟁' 등도 합법적인 목적에 포함되는 것으로 판단하였다. 한편, 정당한 목적을 지닌 합법적 규제라 할지라도 국제무역에 불필요한 장애를 초래해서는 안 된다. 만약 자발적 표시제가 국제무역에 덜 제한적인 조치라는 것이 인정된다면 표시의무제(강제적 라벨링)는 국제무역에 불필요한 장애를 초래하는 것으로 판정될 여지가 있다.

(5) 1994GATT가 적용되는 경우 표시의무제의 적법성

SPS협정과 TBT협정이 GMO 논쟁을 직접적으로 다루지 못할 경우 GATT의 규정이 적용되는데, 이 때 표시의무제가 합법화되기 위해서는 GATT 제20조 제(b)항의 요건을 충족시켜야 한다. 이는 GMO 제품과 전통제품이 현재까지 WTO 판례에서 확립된 동종상품 정의에 기초할 때 동종상품으로 판단되어 내국민대우 원칙에 위반될 가능성이 크기 때문이다. GATT 제20조 제(b)항은 인간, 동식물의 생명 또는 건강을 보호하기 위하여 '필요한' 조치에 해당하는 경우 예외조치를 허용하고 있는데, GATT · WTO판례는 '필요성'을 '최소한으로 무역제한적인 조치'로 해석하였고, 이와 함께 '자의적이거나 부당한 차별이 아니어야' 한다는 전문의 규정을 동시에 충족시켜야 한다고 판정하였다. EC - Asbestos 사건에서 제20조 제(b)항의 요건이 충족된 것으로 판정되었는데, 그 이유는 첫째, 석면의 발암성은 과학자들에 의해 이미 잘 알려져 있는 것으로 조치의 목적이 인간의 건강보호를 위한 것으로 인정되었고, 둘째, 프랑스가 요구하는 수준으로 위험을 감소시킬 만한 대체조치가 없다는 점에서 동 금지조치의 '필요성'이 인정되었고, 셋째, 동 조치가 국내외생산자에게 동일하게 적용되었다는 점에서 자의적이거나 부당한 차별을 초래하는 것은 아니며, 넷째, 인간의 건강보호가 금지의 주목적이었기 때문에 무역에 대한 위장된 제한이 아니었다는 것이었다.

⚖️ 판례 | 한국 – 일본 농수산물 수입규제 사건

1. 사실관계

2011년 3월 11일, 일본 지진 관측사상 최대 규모인 진도 9.0의 강진이 동일본 지역을 강타했다. 최대 20m에 달하는 쓰나미가 후쿠시마현을 휩쓸었고, 이 사고로 후쿠시마 원자력발전소 1~4기가 폭발, 방사능이 유출되는 참사가 발생했다. 한국은 우리 국민의 안전을 보호하기 위한 일련의 수입규제조치를 채택했다. 일본 정부가 출하를 제한한 후쿠시마 인근 13개현 농산물 등 일반식품 26개 품목, 8개 현 수산물 50여종을 수입금지하고, 기타 지역의 일본산 농수산물 및 가공식품에서 세슘이 미량이라도 검출될 경우 추가 핵종에 대한 검사증명서를 요구하였다. 이에 대해 2015년 5월, 일본은 한국을 WTO에 제소하였다.

2. 자의적이거나 부당한 차별인지 여부

일본은 한국의 조치가 유사한 조건 하에 있는 회원국들을 자의적이고 부당하게 차별하지 않도록 해야 한다는 SPS 협정 제2조 제3항 1에 위반된다고 주장하였다. 패널은 일본산 식품의 방사능 오염도가 다른 나라 식품과 유사하게 세슘 100Bq/kg 이하일 가능성이 높다고 보았다. 이에 따라 일본과 다른 나라가 유사한 조건 하에 있음에도 일본 식품에 대해서만 강화된 규제를 적용한 한국의 조치는 부당한 차별에 해당한다고 판시하였다. 반면, 상소기구는 패널이 판정의 여러 부분에서 방사능 오염환경이 식품에 미칠 수 있는 잠재적 위해성을 인정하고 있음을 지적한 뒤, 그럼에도 불구하고 오염환경으로 인한 잠재적 위해성에 대한 분석을 배제하고 식품에 현존하는 위해성만 검토함으로써 SPS 제2조 제3항을 잘못 적용하였다고 판단하였다. 이에 상소기구는 패널의 잘못된 제2조 제3항 해석 및 적용에 근거한 판정을 파기하였다.

3. 필요 이상으로 무역제한조치인지 여부

일본은 세슘 검사만으로 우리나라의 적정보호수준(ALOP; Appropriate Level of Protection)을 달성할 수 있는데도 한국이 일본 8개 현 수산물에 대해 수입을 전면금지하고, 여타 식품에 대해 미량의 세슘 검출 시 추가핵종검사 증명서를 요구한 것은 필요한 정도 이상의 무역제한적인 조치로, SPS 협정 제5.6조2에 위반된다고 주장하였다. 이에 대해 패널은 회원국이 명시적으로 오염수준의 정량적 한계를 설정하였다면, 그 수치 이하의 오염수준을 포함하는 상품은 그 보호수준을 충족하는 것으로 볼 수 있다고 보면서, 일본의 대안조치로 연간 1mSv 이하의 방사능 노출이라는 보호수준을 달성할 수 있다면 한국의 조치가 필요한 정도 이상의 무역제한적인 조치라는 것이 입증된다고 결론 내렸다. 그리고 과학적 검토 결과 일본의 대안조치로 한국 소비자들이 연간 1mSv보다 현저히 낮은 수준의 방사능에 노출되는 것이 보장되므로, 한국의 수입제한조치는 필요 이상의 무역제한적인 조치라고 판시하였다. 반면, 상소기구는 패널이 한국의 보호수준이 정성 및 정량의 동등한 3개 기준으로 구성되어 있다고 인정하면서도 실제로는 연간 1mSv 이하의 방사능 노출이라는 정량적 기준만을 근거로 판정을 내렸다고 지적하면서, 한국의 조치가 제5조 제6항에 위반된다는 패널의 판정을 번복하였다. 상소기구는 패널이 한국의 보호수준의 정성적 기준과 관련하여 일부 검토를 수행하였지만, 그 결과 일본의 대안조치가 한국의 정성적 보호수준을 어떻게 달성할 수 있는지에 대한 해답을 제시하지 못하였다고 지적하였다.

4. SPS협정 제5조 제7항 위반 여부(잠정조치로서 정당화 여부)

패널은 한국의 8개 현 수입금지조치와 추가핵종검사 요구가 상기 4가지 요건을 모두 충족시키지 못하므로, 한국의 조치가 제5조 제7항에 합치하지 않는다고 하였다. 반면, 상소기구는 패널이 한국의 조치가 제5조 제7항을 위반하였는지에 대해 판정한 것은 패널에 부여된 위임사항을 벗어난 것으로 DSU 제7조 제1항 및 제11조 위반이며, 이에 따라 제5조 제7항과 관련된 패널 판정이 무효이며 법적 효과가 없다고 판정하였다.

5. 절차규정 위반 여부

일본은 한국의 수입금지조치와 추가핵종검사 요구조치가 이해당사국이 인지할 수 있도록 공표되지 않았고, 한국의 문의처가 일본의 합리적인 질문에 대해 적절한 문서와 답변을 제공하지 않아 한국이 SPS협정 제7조 및 부속서 2 제1항, 제3항 (가), 제3항 (나) 5를 위반하였다고 주장하였다. 이에 대해 패널은 일본의 입장을 지지하였다. 그러나, 상소기구는 공표의무(제7조 및 부속서 2 제1항) 위반과 관련된 패널 판정은 인용하였으나, 문의처와 관련된 패널 판정은 파기하였다. 상소기구는 부속서 2 제3항 위반을 검토하기 위해서는 해당 문의처에 접수된 총 문의 건수, 문의 건수에 대한 답변 비율, 요청된 정보의 성질 및 범위, 해당 문의처가 지속적으로 답변하지 않았는지 여부 등 관련 요소를 모두 검토하여야 한다고 판시하였다. 따라 패널이 해당 문의처가 단지 1회 답변하지 않은 사실로 동 조항 위반을 판단한 것은 잘못이라고 판정하였다.

1. A국은 유전자변형기법을 통해 생산된 상품 Y에 대해 수입·생산·판매를 금지하는 법 'X'를 제정하였다. 동 법에 의하면 동 법 제정 이전에 수입되어 판매가 승인된 Y에 대해서도 판매를 중단하도록 하였다. 그러나 유전자변형기법을 도입하지 아니한 동일한 상품 Z에 대해서는 여하한 생산·판매·수입 금지 등의 조치를 취하지 아니하였다. 현재 Z는 C국 및 D국으로부터 수입되고 있다. A국은 이러한 조치를 취하면서 위험평가를 실시하여 인간·동물 또는 식물의 생명이나 건강에 유해한 영향을 주는지 여부가 불확실하다는 평가를 얻었으나 이를 무시하고 동 법을 제정하였다. 현재 A국에서는 Y가 전혀 생산되지 않고 Z만 생산되고 있다. A국 조치에 대해 Y를 수출하고 있는 B국이 A국을 WTO에 제소하였다. 이와 관련하여 다음 물음에 답하시오. 단, A, B, C, D국은 모두 WTO 회원국이다. (총 45점)

   (1) A국의 조치는 1994GATT 제1조 및 제3조에 위반되는가? (15점)

   (2) A국의 조치에 대해 SPS협정이 적용되는가? (10점)

   (3) A국의 조치는 SPS협정에 합치되는가? (10점)

   (4) A국이 자국의 조치는 '잠정조치'라고 항변하는 경우 입증책임은 누가 지는가? (10점)

2. A국은 B국과 C국으로부터 甲을 수입하고 있다. B국은 오랫동안 지속해 왔던 유전자 재조합 방식을 통한 甲의 생산에 성공을 하게 되어 유전자 변형 기법을 적용해서 생산한 甲(이하 乙이라 함)을 A국에 수출하기 시작하였다. 현재 乙이 인체에 유해하다는 주장은 있으나 과학적으로 명확하게 밝혀진 바는 없다. 그러나 A국은 장기적으로 초래될 수 있는 위험으로부터 자국민의 건강과 생명을 보호하고 소비자들에게 정보를 제공할 목적으로 국내법을 제정하여 乙이 유전자 변형을 통해 생산된 제품임을 표시하도록 하는 '표시의무제'를 도입하였다. 이 사안과 관련하여 다음 물음에 답하시오(단, A, B, C국은 모두 WTO 회원국이다). (총 50점)

   (1) B국은 乙에 대해서만 표시의무제를 적용하는 것은 WTO협정에 위반된다고 주장하고 있다. B국 주장의 타당성을 검토하시오. (10점)

   (2) A국의 조치와 관련하여 적용될 수 있는 WTO협정을 예시하고 적용법규 상호 간 관계에 대해 WTO 관련 협정 및 패널·상소기구 판정례에 기초하여 설명하시오. (10점)

   (3) A국의 조치에 대해 '기술무역장벽협정'이 적용된다고 전제할 때 동 협정상 A국의 조치가 정당화되기 위한 실체적·절차적 요건에 대해 설명하시오. (15점)

   (4) A국의 조치에 대해 '위생 및 검역 조치에 관한 협정'이 적용된다고 전제할 때 동 협정상 A국의 조치가 정당화되기 위한 실체적·절차적 요건에 대해 설명하시오. (15점)

제7장 | 기술무역장벽협정

제1절 서설

I TBT의 개념

무역에 대한 기술장벽(technical barriers to trade)이란 상품의 기술표준의 차이 때문에 발생할 수 있는 국가 간의 상품이동에 대한 장애를 총칭한다.[103] 기술장벽은 어떤 상품의 기술명세(technical specification)를 정하는 표준화제도와 그 상품이 이러한 표준에 적합한지 여부를 검사하는 적합판정 절차로 구분된다. 예컨대, KS표시제는 기술표준에 속하고, 수입상품이 KS표시를 획득하기 위한 신청과 검사, 합격판정 등의 절차는 후자에 속한다. 특정 국가가 각종 표준이나 기술규정 및 적합판정 절차 등을 자국의 실정에 따라 까다롭게 운영하는 경우 상품을 수출하는 국가는 수출대상국의 표준, 기술규정 요건에 맞도록 새로운 생산설비를 구비하거나 까다로운 절차를 통과하는 데 막대한 비용과 시간을 소비해야 하므로 이는 수입을 제한하는 무역기술장벽으로 작용하게 된다.

II WTO · TBT협정의 배경

비관세장벽으로서의 기술장벽은 동경라운드에서 처음 논의되어 1979년에는 '무역에 관한 기술장벽협정'으로 채택되었다. 그러나 이 협정의 시행에도 불구하고 표준화제도를 관세인하에 대체하는 무역장벽으로 이용하는 국가가 증가하였다. 이에 따라 표준화제도와 관련된 국제통상마찰이 급격히 증가하게 되면서 UR협상에서는 기술장벽에 대한 규제를 강화하기로 하여 WTO · TBT협정이 성립하게 되었다.

III TBT협정의 목적[104]

TBT협정의 목적을 다음과 같이 정리할 수 있다. 첫째, 사람의 안전과 건강의 보호이다. TBT협정은 이러한 목적을 달성하기 위한 기술규정이나 표준의 제정을 정당한 것으로 인정하고 있다. 둘째, 동식물의 생명과 건강의 보호이다. 회원국들은 동식물의 생명과 건강을 보호하기 위해 적절하다고 판단하는 수준에서 필요한 조치를 취할 수 있다. 셋째, 환경보호이다. 넷째, 기만적 관행을 방지하기 위해 필요한 조치도 정당화된다.

---

103) 서헌제, 428면.
104) 왕상한, WTO 뉴라운드와 기술무역장벽, 신론사, 45-46면.

Ⅳ GATT · TBT와 WTO · TBT 비교

양자를 비교해 보면, 우선 WTO · TBT는 중앙정부가 운영하는 기술규정 등 뿐만 아니라, 지방정부 및 비정부기관에 대해서도 적용된다. 즉, 신설된 '표준의 준비, 채택 및 적용에 관한 공정관행규약'은 중앙정부, 지방정부 및 비정부기관을 막론하고 규격제정을 담당하는 모든 표준화기관에 적용된다. 둘째, WTO · TBT는 기술규정 이외에 임의규정인 '표준'에도 적용된다. 셋째, 표준 및 기술규정의 개념을 제품의 성능 위주에서 생산 및 공정 방법(PPMS: production and process methods)까지 확대하였다. 넷째, GATT체제에서는 TBT협정의 범위가 모든 공산품과 농산품을 대상으로 하였으나 WTO체제 하에서는 식품위생 및 동식물검역과 관련된 조치는 SPS협정을 신설하여 TBT에서 분리하였다.

제2절 적용범위

Ⅰ 일반적 적용범위

TBT협정은 공산품과 농산품을 포함한 모든 상품에 적용된다(제1조 제3항). 그러나 농산품의 경우 '위생 및 검역조치협정'이 적용되는 부문은 TBT협정의 규율대상에서 제외되며, 정부조달 관련 기술규정도 TBT협정이 적용되지 않고 정부조달협정에 따른다(제1조 제4항, 제5항).

Ⅱ 구체적 적용범위: 기술규정, 표준 및 적합판정 절차

TBT협정은 기술규정, 표준 및 적합판정절차에 적용된다. 이와 관련하여 TBT협정은 정의규정을 두고 있다.

1. 기술규정(technical regulations)

제품의 특성 또는 관련 공정 및 생산방법에 관한 행정규정을 포함한 문서로 준수가 강제적인 것을 말한다. 또한 제품, 공정 및 생산방법에 적용되는 용어, 기호, 포장, 표시 또는 상품표시부착 요건 등을 포함하거나 이들만을 의미할 수 있다.

> **📖 조문 | 부속서 1 제1항 – 기술규정의 정의**
>
> 적용가능한 행정규정을 포함하여 상품의 특성 또는 관련 공정 및 생산방법이 규정되어 있으며 그 준수가 강제적인 문서. 이는 또한 상품, 공정 및 생산방법에 적용되는 용어, 기호, 포장, 표시, 또는 상표부착요건을 포함하거나 전적으로 이들만을 취급할 수 있다. (Document which lays down product characteristics or their related processes and production methods, including the applicable administrative provisions, with which compliance is mandatory. It may also include or deal exclusively with terminology, symbols, packaging, marking or labelling requirements as they apply to a product, process or production method.)

⚖ 판례 | EC – Sardines case

1989년 6월 EC는 Council Regulation 2135/89호(이하 CR 2135/89)를 채택하여 EC 시장에서 통조림 정어리로 상표가 부착되어 판매되기 위해서는 반드시 Sardina pilchardus 정어리만 사용해야 한다고 규제하였다. 이에 따라 페루가 주로 어획하는 Sardinops sagax는 통조림 정어리로 EC 시장에서 판매할 수가 없게 되었다.[105] 이 사건과 관련하여 우선 이 사건에 TBT협정이 적용되는지가 문제되었다. EC는 CR 2135/89는 기술규정에 해당하지 아니한다고 항변하였다. 그 논거로는 첫째, CR 215/89는 sardina pilchardus만이 통조림 정어리라는 이름으로 판매될 수 있다는 것이므로 상품의 naming에 관한 것이지 labelling에 관한 것은 아니며 따라서 기술규정이 아니라는 것이다. 둘째, CR 2135/89는 sardina pilchardus라는 상품에 대해서만 상표 부착 요건을 규정한 것이지 sardinops sagax에 대해서는 동 요건을 부과한 것이 아니라고 주장하였다. 이에 대해 패널은 CR 2135/89는 기술규정에 해당하여 TBT협정이 적용된다고 판정하였다. 패널은 특정 조치가 기술규정에 해당하기 위해서는 상품 특성을 규정하여야 하고 그 준수가 강제적이어야 한다고 하였다. CR 2135/89는 통조림 정어리의 상품특성을 sardina pilchardus종(種)으로 만든 것이라고 규정하고 있고 크기, 색상, 향취 등 통조림 정어리의 외양과 품질을 객관적으로 정의하고 있으므로 상품 특성에 해당하며, CR 2135/89는 EC 모든 회원국에 적용된다고 규정하고 있으므로 그 준수 역시 강제적이므로 기술규정에 해당한다고 판정하였다. 패널은 CR 2135/89가 설사 상표부착 요건(labelling requirement)을 포함하고 있지 않다 하더라도 여러 가지 상품 특성을 규정하고 있으므로 기술규정인 점은 분명하며 기명(naming) 요건이나 상표부착 요건이나 모두 상품을 '식별(identify)'하는 수단이므로 양자의 요건을 구별할 필요가 없다고 하였다. 또한 협정 부속서 제1조 1의 기술규정은 상품 특성을 긍정적 방식뿐 아니라 부정적 방식으로 규정(lay down)할 수 있다고 하였다. 즉, EC가 통조림 정어리 상품 특성을 sardina pilchardus를 사용한 것이라고 적시함으로써 sardinops sagax는 통조림 정어리의 상품 특성이 될 수 없다고 규정한 것, 즉 sardinops sagax의 상품 특성을 부정적인 방식으로 규정한 것이라고 본 것이다. 상소심은 패널 판정을 지지하였다. EC는 CR 2135/89는 상품 기명 규정(rule)이지 상표부착 요건이 아니므로 부속서상 '상품 특성'(product characteristics)을 '규정'한 것이 아니라고 항변하였으나 상소기구는 EC – Asbestos 사건 상소기구가 상품 특성에는 상품인식 수단(mean of identification)도 포함된다고 판단하였음을 환기하면서 naming과 labelling을 구별하는 것이 불필요하다고 보았다. 이 사건의 경우 CR 2135/89는 통조림 정어리로 판매되기 위해서는 반드시 sardina pilchardus로만 만들어야 한다고 적시하고 있으므로 이 요건은 통조림 정어리가 본래 갖추어야 하는 상품 특성이라는 것이고 상품인식 수단은 상품 특성 중의 하나이며 상품 명칭(name)은 명백히 그 상품을 인식하는 것이라고 단정하였다.

📖 참고 기술규정의 정의에 대한 패널 · 상소기구 입장(EC – Asbestos 사건, 2001)

동 사건에서는 TBT협정이 적용될 수 있는지가 쟁점의 하나로 부각되었다. 프랑스의 석면금지법은 크게 전면금지조항과 예외조항(백석면허용조항)으로 구별되어 있었다. 패널은 기술규정에 해당하기 위해서는 문제가 되는 조치가 하나 또는 그 이상의 특정 상품을 대상으로 하고, 그 상품이 조치 발동국 내에서 판매되기 위해서 지켜야 할 특성을 특정(specify)해야 하며 그 준수가 의무적이어야 한다고 하였다. 이러한 해석 하에 패널은 전면금지조항은 기술규정이 아니나 예외조항은 백석면이라는 상품과 그 특성을 특정하고 있고 의무조항이므로 기술규정에 해당한다고 하였다. 다만 캐나다가 전면금지의 예외 부분에 대해서는 특별히 시비하지 않았으므로 결론적으로 동 사안에 TBT협정은 적용되지 않는다고 판정하였다. 한편, 상소기구는 TBT협정이 적용되지 않는다는 패널의 입장을 번복하면서 TBT협정상 기술규정의 요건을 정리하였다. 상소기구는 첫째, 상품의 특성(product characteristics)이 규정(lay down)되어 있어야 하는 바, 특성이란 객관적으로 구분할 수 있는(definable) 형상(features), 성질(qualities), 속성(attributes) 또는 기타 다른 것과 구별되는 표시(distinguishable marks)(구성, 크기, 모양, 색상, 재질, 경도, 인화성, 전도성, 밀도 등)를 포함한다고 하였다. 둘째, 상품 특성에 관한 준수가 의무적이어야 한다고 확인하였다. 이러한 강제는 특정 특성을 갖추라는 적극적 형태와 특정 특성을 가져서는 안 된다는 부정적 양식으로 행사될 수 있다고 설명하였다. 셋째, 상소기구는 기술규정은 구별할 수 있는(identifiable) 하나의 상품, 상품군에 적용할 수 있는 것이어야 한다고 하였다. 그렇지 않을 경우 집행할 수 없기 때문이다. 그러나 기술규정이 반드시 규정 내에 대상 상품을 기명(name)하거나, 구분하거나(identify), 특정(specify)해야 하는 것은 아니며 대상 상품이 기술규정에 규정된 상품의 특성을 통해 구분될 수 있기만 하면 된다고 하였다. 이러한 전제에서 상소기구는 프랑스의 석면금지법이 TBT협정상 기술규정에 해당한다고 판정하였다.

---

105) 정어리에는 sardina pilchardus라 불리는 유럽산과 sardinops sagax라 불리는 남미산이 있다.

TBT협정은 상품의 생산 공정 및 생산 방식(Process and Production Methods: PPMs)에 관한 기술규정에 대해서도 적용된다. GATT 도쿄라운드에서 제정된 무역에 대한 기술장벽에 관한 협정에서는 상품에 대한 기술규정에 한정되었다. 그러나 상품의 생산 공정과 생산 방법은 최종상품의 특질에 영향을 주는 한 매우 중요한 것이다. 상품의 PPM은 경우에 따라 최종상품의 안정성, 품질성능, 환경보호에 충격을 주기 때문이다. 국가가 소비자의 건강안전과 환경보호를 완전하게 확보하기 위해서는 최종상품의 기준규격을 정하는 것만으로는 부족하다. 따라서 PPM 중 최종상품의 성질에 영향을 주는 PPM에 대해서도 기술규정을 정할 필요가 있는 것이다. 우루과이라운드 교섭 결과 WTO무역에 대한 기술장벽에 관한 협정은 상품의 PPM도 기술규정에 포함을 시켰다. TBT협정에 의하면 PPM 중 특히 상품의 성질에 영향을 주는 것은 무역장벽이 될 우려가 있다. 예컨대, 공업 분야(반도체의 생산 공정), 임업 분야(목재의 벌채방법), 낙농업(착유방법, 치즈제조 공정)에서 보는 것같이 일정의 PPM은 상품의 성질에 영향을 주는 경우 기술규정에 의해 규제된다.

1. 개념
환경라벨제도란 같은 용도의 제품들 가운데 생산, 유통, 사용, 폐기에 이르는 제품의 전 과정에서 다른 제품에 비해 환경오염을 덜 일으키거나 자원이나 에너지를 절약할 수 있는 상품에 대해 그 환경친화성을 정부나 공인기관이 인증해 주고 일정한 표지를 부착할 수 있도록 하는 제도를 말한다. 자발적 제도와 강제적 제도로 구분된다.

2. 취지
환경라벨제도의 기본적인 취지는 소비자에게 환경친화적인 상품을 선택해 사용할 수 있도록 정확한 정보를 제공함으로써 소비자로 하여금 환경보전활동에 간접적으로라도 참여할 수 있도록 하고, 또 기업에게는 소비자의 친환경적 구매욕구에 부응하는 환경친화적인 상품과 기술을 개발할 수 있도록 유도하는 역할을 담당하게 하는 데 있다. 또 정부의 구매 물자의 일부를 환경라벨 획득 제품으로 충당하게 하는 것과 같이 일정한 요건에 해당할 경우에는 그 판매를 지원하는 인센티브를 부여하기도 한다.

3. 국제 관행
환경라벨제도는 1977년 독일에서 처음 도입된 이래 유럽연합 내 국가들, 일본, 캐나다 등 선진국은 물론 싱가포르, 인도 등 개도국으로 확대되어 현재 약 30여 개 국가들이 시행하고 있다. 우리나라 역시 1992년부터 이 제도를 시행해 오고 있다. 개별 국가의 여건에 따라 국가가 직접 운영하기도 하고 민간단체가 운영하기도 하며, 정부와 민간의 협조체제로 운영하고 있는 국가도 있다.

4. 법적 쟁점
환경라벨링과 관련한 쟁점은 첫째, 이 제도 자체가 기술장벽이며, 국제교역에 대한 불필요한 장애를 초래하기 때문에 허용할 수 없는가 하는 점. 둘째, 환경라벨링 문제에 TBT협정이 적용되는가 하는 점이다. 특히 제품의 특성과 무관한 생산 및 공정에 기초한 표시, 즉 제품 무관련 PPM(NPRPPM)이 TBT협정의 적용을 받는가 하는 점이 문제된다.

(1) 제도자체의 인정 문제

EU를 비롯한 선진국들은 대체로 환경라벨링제도는 환경보호를 정당한 목적으로 인정하는 TBT협정에 비추어 합법적인 제도라고 주장하나, 이집트와 말레이시아 등 개도국들은 환경라벨제도 자체가 기술무역장벽을 허용하는 것으로 이를 금지해야 한다는 입장이다.

(2) PPMs와 Eco-Labelling

환경라벨의 부여에 있어서 제품의 전 수명(생산, 분배, 사용, 소비, 처리)에 걸친 환경적 분석을 요하고 있으므로, 이 제도를 시행함에 있어서 불가피하게 PPMs의 환경적 영향을 고려하지 않을 수 없다. GATT는 상품의 특성에 대한 기술규정이나 표준을 적용대상으로 하였으므로 PPMs는 규율을 받지 않았다. 그러나 WTO · TBT협정은 기술규정과 표준의 정의에 PPMs를 포함하고 있으므로 PPMs도 TBT협정의 적용을 받는다. 다만, 기술규정에 대한 정의는 '제품의 특성에 관련된 PPMs'(product-related PPMs)만을 대상으로 정하고 있어서, '제품의 특성과 무관한 PPMs'(non-product-related PPMs)에 적용되는가에 대해 논란이 있다. 이에 대해 일부 국가들은 PPMs가 수입국의 환경에 실질적으로 영향을 미치지 않을 경우에는 제품의 PPMs를 이유로 하여 무역제한조치를 정당화 할 수 없다고 주장한다.108)

---

106) 고무로 노리오(2010), 212면.
107) 고준성 외(2006), 295-301면 ; 왕상한, 77-80면.
108) 왕상한, 77면.

2. 표준(standards)

규칙, 지침 또는 제품의 특성, 관련 공정 및 생산방법에 관한 공통의 반복적 사용을 위하여 인정기관에 의해 승인된 문서로 준수가 강제적이 아닌 것을 말한다. 또한 제품, 공정 및 생산방법에 적용되는 용어, 기호, 포장, 표시 또는 상품표시부착 요건 등을 포함하거나 이들만을 의미할 수 있다.

> **📑 조문 | 부속서 1 제2항 – 표준의 정의**
>
> 규칙, 지침 또는 상품의 특성 또는 관련 공정 및 생산방법을 공통적이고 반복적인 사용을 위하여 규정하는 문서로서, 인정된 기관에 의하여 승인되고 그 준수가 강제적이 아닌 문서. 이는 또한 상품, 공정 또는 생산방법에 적용되는 용어, 기호, 포장, 표시 또는 상표부착 요건을 포함하거나 전적으로 이들만을 취급할 수 있다. (Document approved by a recognized body, that provides, for common and repeated use, rules, guidelines or characteristics for products or related processes and production methods, with which compliance is not mandatory. It may also include or deal exclusively with terminology, symbols, packaging, marking or labelling requirements as they apply to a product, process or production method.)

3. 적합성 판정 절차(conformity assessment procedures)

기술규정 또는 표준 관련 요건이 충족되었는지 여부를 결정하기 위해 직접 또는 간접적으로 이용되는 모든 절차로 표본추출, 시험 및 검사, 평가, 검증 및 적합성 보증, 등록, 인증 및 승인 그리고 이들의 조합을 포함한다.

> **📑 조문 | 부속서 1 제3항 – 적합성 판정 절차의 정의**
>
> 기술규정 또는 표준의 관련 요건이 충족되었는지를 결정하기 위하여 직접적 또는 간접적으로 사용되는 모든 절차(Any procedure used, directly or indirectly, to determine that relevant requirements in technical regulations or standards are fulfilled.)

Ⅲ 생산 및 공정방법의 문제

TBT협정의 기술규정이나 표준에 대한 정의는 둘 다 PPM을 언급하고 있으나, 모든 PPM규정이 협정의 대상이 되는 것은 아니다. TBT협정은 생산 특성에 직접 관계되는 규정만을 대상으로 한다. 생산 특성에 관련되지 않은 PPM규정은 기술규정이 아니므로, TBT협정이 적용되지 않는다. 단, PPM이 생산 특성과 직접 관련되지 않아서 PPM규정이 TBT협정의 대상이 되지 않는 경우라도 회원국은 GATT의 MFN과 NT 원칙을 충족시켜야 한다.[110]

---

109) 고준성 외(2006), 297면.
110) 성재호, 국제경제법(개정판), 268면.

Ⅰ 중앙정부기관에 의한 기술규정의 준비·채택·적용

📄 **조문 | 제2조 - 중앙정부에 의한 기술규정의 준비·채택·적용**

2.1 회원국은 기술규정과 관련하여 어떤 회원국의 영토로부터 수입되는 상품이 자기 나라 원산의 동종상품 및 그 밖의 국가를 원산지로 하는 동종상품보다 불리한 취급을 받지 아니하도록 보장한다. (Members shall ensure that in respect of technical regulations, products imported from the territory of any Member shall be accorded treatment no less favourable than that accorded to like products of national origin and to like products originating in any other country.)

2.2 회원국은 국제무역에 불필요한 장애를 초래할 목적으로 또는 그러한 효과를 갖도록 기술규정을 준비, 채택 또는 적용하지 아니할 것을 보장한다. 이러한 목적을 위하여, 기술규정은 비준수에 의해 야기될 위험을 고려하여, 정당한 목적수행에 필요한 이상으로 무역을 규제하지 아니하여야 한다. 이러한 정당한 목적은 특히 국가안보상 요건, 기만적 관행의 방지, 인간의 건강 또는 안전, 동물 또는 식물의 생명 또는 건강, 또는 환경의 보호이다. 이러한 위험평가 시 고려할 관련 요소는 특히 이용가능한 과학적 및 기술적 정보, 관련 처리기술 또는 상품의 의도된 최종용도이다. (Members shall ensure that technical regulations are not prepared, adopted or applied with a view to or with the effect of creating unnecessary obstacles to international trade. For this purpose, technical regulations shall not be more trade-restrictive than necessary to fulfil a legitimate objective, taking account of the risks non-fulfilment would create. Such legitimate objectives are, inter alia: national security requirements; the prevention of deceptive practices; protection of human health or safety, animal or plant life or health, or the environment. In assessing such risks, relevant elements of consideration are, inter alia: available scientific and technical information, related processing technology or intended end-uses of products.)

2.3 기술규정은 그 채택을 야기한 상황 또는 목적이 더 이상 존재하지 아니하거나, 변화된 상황 또는 목적이 무역에 덜 제한적인 방법으로 처리될 수 있을 경우에는 유지되지 아니하여야 한다.

2.4 기술규정이 요구되고 관련 국제표준이 존재하거나 그 완성이 임박한 경우, 회원국은 예를 들어 근본적인 기후적 또는 지리적 요소나 근본적인 기술문제 때문에 그러한 국제표준 또는 국제표준의 관련 부분이 추구된 정당한 목적을 달성하는 데 비효과적이거나 부적절한 수단일 경우를 제외하고는 이러한 국제표준 또는 관련 부분을 자기 나라의 기술규정의 기초로서 사용한다. (Where technical regulations are required and relevant international standards exist or their completion is imminent, Members shall use them, or the relevant parts of them, as a basis for their technical regulations except when such international standards or relevant parts would be an ineffective or inappropriate means for the fulfilment of the legitimate objectives pursued, for instance because of fundamental climatic or geographical factors or fundamental technological problems.)

2.5 다른 회원국의 무역에 중대한 영향을 미칠 수 있는 기술규정을 준비, 채택 또는 적용하는 회원국은 다른 회원국의 요청이 있을 경우 제2항부터 제4항까지의 규정에 따라 해당 기술규정의 정당성을 설명한다. 기술규정이 명백히 제2항에 언급된 정당한 목적 중의 하나를 위해 준비, 채택 또는 적용되고 관련 국제표준을 따른 경우에는 언제나 이러한 기술규정은 국제무역에 불필요한 장애를 초래하지 않는다고 추정되나 반박이 가능하다.

2.6 기술규정을 가능한 한 광범위하게 조화시키기 위하여, 회원국은 자신이 기술규정을 이미 채택하였거나 또는 채택할 것이 예상되는 상품에 대해 적절한 국제표준기관이 국제표준을 준비하는 데 있어서 자기 나라의 자원의 범위 내에서 최대한의 역할을 다한다.

---

111) 왕상한. 전게서. 48-65면 요약.

2.7 회원국은 비록 그 밖의 회원국의 기술규정이 자기 나라의 기술규정과 다를지라도 자기 나라의 기술규정의 목적을 충분히 달성한다고 납득하는 경우 이러한 기술규정을 자기 나라의 기술규정과 동등한 것으로 수용하는 것을 적극 고려한다.

2.8 적절한 경우에는 언제나 회원국은 도안이나 외형적 특성보다는 성능을 기준으로 하는 상품요건에 기초하여 기술규정을 명시한다.

2.9 관련 국제표준이 존재하지 아니하거나 제안된 기술규정의 기술적인 내용이 관련 국제표준의 기술적인 내용과 일치하지 아니하고, 동 기술규정이 다른 회원국의 무역에 중대한 영향을 미칠 수가 있을 때에는 언제나 회원국은,

2.9.1 자기 나라가 특정한 기술규정을 도입하려고 한다는 사실을 다른 회원국의 이해당사자가 인지할 수 있도록 하는 방법으로 적절한 초기 단계에 간행물에 공표하며,

2.9.2 사무국을 통하여 다른 회원국에게 제안된 기술규정의 목적과 합리적 이유에 관한 간단한 설명과 함께 기술규정이 적용될 상품을 통보한다. 그러한 통보는 수정이 가능하고 의견이 고려될 수 있는 적절한 초기단계에 시행되며,

2.9.3 요청이 있을 경우, 제안된 기술규정의 상세한 내용 또는 사본을 다른 회원국에게 제공하고, 가능한 경우에는 언제나 관련 국제표준과 실질적으로 일탈하는 부분을 밝혀야 하며,

2.9.4 차별없이 다른 회원국이 서면으로 의견을 제시할 수 있는 합리적인 시간을 허용하고, 요청이 있는 경우 이러한 의견에 대해 논의하며, 또한 이러한 서면의견과 이러한 논의결과를 고려한다.

2.10 제9항 도입부의 규정을 조건으로, 어떤 회원국에 대하여 안전, 건강, 환경보호 또는 국가안보의 긴급한 문제가 발생하거나 발생할 우려가 있는 경우, 이 회원국은 제9항에 열거된 단계 중 필요하다고 판단하는 단계를 생략할 수 있다. 단, 이 회원국은 기술규정 채택 시,

2.10.1 긴급한 문제의 성격을 포함하여 기술규정의 목적 및 합리적 이유에 관한 간단한 설명과 함께 동 특정 기술규정과 대상품목을 사무국을 통하여 즉시 다른 회원국에게 통보하며,

2.10.2 요청이 있는 경우, 다른 회원국에게 동 기술규정의 사본을 제공하며,

2.10.3 차별없이 다른 회원국이 서면으로 자기 나라의 의견을 제시하도록 허용하고, 요청이 있는 경우 이러한 의견을 논의하며, 또한 이러한 서면의견과 이러한 논의 결과를 고려한다.

2.11 회원국은 채택된 모든 기술규정이 다른 회원국의 이해당사자가 인지할 수 있도록 하는 방법으로 신속하게 공표되거나 달리 입수 가능하도록 보장한다.

2.12 제10항에 언급된 긴급한 상황의 경우를 제외하고, 회원국은 수출회원국 특히 개발도상회원국의 생산자가 자신의 상품 또는 생산방법을 수입회원국의 요건에 적응시키는 시간을 허용하기 위하여 기술규정의 공표와 그 발효 사이에 합리적인 시간 간격을 허용한다.

1. 중앙정부의 개념

중앙정부기관이라 함은 그 수행 업무 및 활동에 관하여 '중앙행정부'의 지휘 및 조정을 받는 기관을 말한다.

2. 기술규정 채택 목적

제2조 제2항 및 전문은 기술규정을 채택할 수 있게 하는 '정당한 목적'을 제시하고 있는바, '특히 국가안보상 요건, 기만적 관행의 방지, 사람의 건강 또는 안전, 동물 또는 식물의 생명 또는 건강, 또는 환경의 보호'이다. 이는 예시적 사항의 열거이므로 동 조항이 말하는 정당한 목적이 이에 국한되는 것은 아니다.

3. 회원국의 의무

(1) 최혜국대우와 내국민대우

중앙정부는 기술규정의 제정과 적용에 있어서 WTO 회원국에서 수입하는 동종수입품에 대해 최혜국대우를 부여해야 한다. 또한 동종수입품에 대해 국산품보다 불리하지 아니한 대우를 부여해야 한다(제2.1조). 동종성 판단이 선행되어야 하나, 구체적 규정은 없다. 동종성 판단은 TBT협정의 범위 내에서 이루어져야 한다.

(2) 국제무역에 불필요한 장애를 초래하지 않을 것

기술규정은 정당한 목적 달성을 위해 필요 이상으로 무역제한적이어서는 안 된다(제2.2조). EC 석면 사건에서 상소기구는 프랑스의 석면 수입 규제조치는 합법적 목적 달성을 위한 정당한 조치라고 인정하였다. 다만, 상소기구는 패널과 달리 TBT협정이 본 건에 적용된다고 판정하였으나 패널이 이를 구체적으로 검토하지 않아 TBT협정 위반 여부를 검토할 수는 없다고 하였다. 따라서 GATT 제20조 (b)에 의한 정당화 여부를 검토하고 이에 대해 긍정적 판정을 하는 데 그쳤다.

(3) 위험성 평가

기술규정이 제품의 위험성을 평가하기 위한 것일 경우, 그 평가는 이용가능한 과학적 및 기술적 정보, 관련 처리 기술 등을 종합적으로 고려하되, 제품이 원래 의도하는 최종용도를 기준으로 평가해야 한다.

(4) 기술규정의 폐지 또는 변경

어떤 기술 규정을 채택하게 된 원인이 되는 상황이나 그 목적이 더 이상 존재하지 않을 경우, 또는 상황이나 목적의 변화로 인해 덜 무역 제한적인 방법으로 그 목적을 달성할 수 있을 경우 기존의 기술규정은 폐지 또는 변경되어야 한다(제2조 제2항·제3항).

(5) 국제표준의 활용의무

각 중앙정부는 자국의 기술규정을 제정함에 있어서 이미 존재하거나 또는 그 성립이 조만간 이루어질 국제표준을 따라야 한다. 국제표준에 따라 자국의 기술규정을 제정할 경우 이러한 조치들은 국제무역에 불필요한 장애를 초래하지 않는다고 일응 추정된다(제2조 제5항). 따라서 이러한 추정을 배척하기 위해서는 추정을 배척하고자 하는 측에서 입증 책임(burden of proof)을 부담한다. 다만, 기후적 원인이나 지리적인 요소 또는 이에 준하는 근본적인 기술적 문제로 국제표준이 당초 기술규정을 통해 달성하려고 하는 정당한 목적에 효과적이지 못하거나 부적절한 수단인 경우에는 국제표준 활용의무로부터 면제된다(제2조 제4항). 문맥상 이러한 요소들은 예시적인 것이므로 이들 요소 외에 국제표준을 채택하지 못할 다른 사유가 있다면 실질적으로 심사하여 판단해서 정당성이 인정된다면 예외로 허용된다. EC 정어리 사건에서 패널은 EC가 정어리 명칭 관련 기술규정을 채택함에 있어서 국제표준에 기초하지 않았고, 이를 정당화할 만한 다른 사정도 존재하지 않아 TBT협정 제2.4조에 위반된다고 판정하였다.

⚖ 판례 | EC – Sardines case

이 사건에서 페루는 정어리와 관련된 국제 표준으로는 Codex Stan 94가 있으며 EC는 동 표준이 존재함에도 불구하고 이를 CR 2135/89의 기초로 사용하지 않았으므로 TBT협정 제2조 제4항 위반이라고 주장하였고, EC는 Codex Stan 94는 EC가 추구하는 정당한 목적을 달성하는 데 비효과적이고 부적절하다고 반박하였다. 패널은 EC의 CR 2135/89는 관련있는 국제표준인 Codex Stan 94가 존재함에도 불구하고 이에 기초하지 않았으며 Codex Stan 94를 사용하는 것이 정당한 목적을 달성하는 데 비효과적이거나 부적절하지 않다고 판정하였다. 첫째, 패널은 Codex Stan 94는 CR 2135/89와 관련이 있는(relevant) 국제표준이라고 보았다. 양자는 모두 통조림 정어리라는 동일 상품에 관한 것이기 때문이다. 둘째, Codex Stan 94는 sardina pilchardus 이외의 정어리에 대해서도 국명, 지역명, 어종명 등의 수식어와 함께 사용하여 정어리라는 상품명을 사용할 수 있도록 규정하고 있으나 CR 2135/89는 이러한 '정어리'라는 명칭을 이러한 수식어귀와 결합하여 사용하는 것도 금지하고 있으므로 Codex Stan 94를 기초로 사용한 것이라고 볼 수 없다고 판단하였다. 셋째, EC는 EC 회원국 소비자는 대부분 정어리를 sardina pilchardus를 지칭하는 것으로 인식해 왔으므로 Codex Stan 94는 소비자 보호, 시장 투명성 제고, 공정 경쟁 함양이라는 정당한 목적을 달성하는 데 비효과적이고 부적절하다고 주장하였으나 패널은 이를 인정하지 않았다. 페루와 EC가 제출한 자료를 검토한 결과 소비자가 정어리를 배타적으로 sardina pilchardus로 인식하고 있다는 점을 수긍할 수 없다고 판단했기 때문이다. 상소기구 역시 패널 판정을 지지하였다. 즉, Codex Stan 94는 CR 2135/89에 관련이 있는 국제표준이며 CR 2135/89는 Codex Stan 94와 상충하므로 CR 2135/89는 Codex Stan 94를 기초로 사용하지 않은 것이라고 판단하였다. 다만 상소기구는 패널의 판정 중 Codex Stan 94가 비효과적이거나 부적절하다는 입증책임은 EC가 부담해야 한다는 패널의 판단을 번복하여 제소국, 즉 페루가 비효과적이거나 부적절하지 않다는 점을 입증해야 한다고 판정하였다.

4. 외국 기술규정의 동등성

회원국은 다른 회원국의 기술규정이 자기 나라의 그것과 다르다 하더라도, 자국의 기술규정 목적을 충분히 달성할 수 있다면 다른 회원국의 기술규정이 자국의 기술규정과 동등한 것으로 인정받을 수 있도록 적극 고려해야 한다(제2조 제7항). 이 조항은 이미 자국의 기술규정을 가지고 있는 경우 국제표준을 채택하는 것이 어렵다는 점을 고려하여 회원국 간 상호 인정을 통해 기술규정의 조화를 위해 필요한 시간과 비용을 줄여보자는 취지로 이해할 수 있다. 실제 상호 인정이 이루어지는 예는 거의 찾아볼 수 없다.

5. 통보 및 의견 접수, 긴급 시의 예외

(1) 통보 및 의견 접수

어떤 회원국이 다른 회원국과의 교역에 중대한 영향을 미칠 수 있는 기술규정을 채택하려 할 경우, 그 조치에 관한 관련 국제표준이 존재하지 않거나, 또는 그 조치가 기존 국제표준과 일치하지 않을 때에는, 다른 회원국의 이해 당사자가 인지할 수 있는 방법으로 이를 공표해야 한다. 또한 WTO 사무국을 통해 채택하려는 기술규정의 목적과 합리적 이유에 관한 설명을 제출해야 하고, 당해 기술규정이 적용될 제품이 무엇인지 다른 회원국들에게 통보해야 한다. 이러한 통보는 이에 대해 이해관계가 있는 다른 회원국이 합리적인 의견을 개진할 수 있도록 도입 초기 단계에 충분한 시간을 갖고 취해져야 한다.

(2) 긴급 시의 예외

사람이나 동식물의 안전이나 건강, 환경보호 또는 국가안보의 긴급한 문제가 발생하거나 발생할 우려가 있는 경우 통보 및 의견 접수 등의 절차를 생략할 수 있다. 다만, 이 경우에도 당해 회원국은 그 절차를 생략할 수밖에 없는 긴급한 사유가 무엇인지, 그리고 기술규정의 목적과 무엇을 대상 품목으로 하고 있는지 등에 대해 WTO 사무국을 통해 다른 회원국에게 통보하고 요청이 있을 경우 그 사본을 제공하고 다른 회원국이 의견을 제시할 경우 이를 접수하고 논의에 응하여야 한다(제2조 제10항).

Ⅱ 지방정부기관 및 비정부기관에 의한 기술규정

1. 개념

부속서 1에 따르면 지방정부란 중앙정부 이외의 정부를 말하며 주, 도, 시 등을 예로 들 수 있다. 지방정부기관은 그 부처 또는 당해 활동에 대해 중앙정부의 통제를 받는 모든 기관을 말한다. 비정부기관은 기술규정을 시행할 법적 권한을 가진 비정부기관을 포함하여 중앙정부나 지방정부기관 이외의 기관을 의미한다.

2. 중앙정부의 의무

중앙정부는 지방정부기관과 비정부기관에 관하여 이들이 통보의무를 제외한 제2조의 규정을 준수하도록 합리적인 조치를 취해야 한다. 또한 회원국은 지방정부나 비정부기관들이 이러한 의무에 일치하지 않는 방법으로 행동하는 것을 요구하거나 장려해서는 안 된다(제3조 제1항 및 제4항). 중앙정부는 지방정부의 기술규정을 통보해야 할 의무를 부담한다.

3. 취지

제2조의 의무를 지방정부나 비정부기관에도 적용하는 것은 중앙정부들이 참여하는 교섭의 결과인 협정이 실질적으로 지방정부나 비정부기관에 의하여 이행되지 않을 경우 사실상 협정 자체가 의미를 상실하게 될 것을 우려하여 제정된 조항이다. 특히 연방제 국가의 경우 지방정부들이 사실상 기술규정이나 표준을 제정함에 있어서 결정적으로 관여하므로 이들의 협정 준수가 보장되지 않는다면 다른 국가들도 협정을 준수할 것을 기대하기가 힘들 것이다.

제4절 기술규정 및 표준에의 적합

Ⅰ 일반 원칙

1. 비차별: MFN, NT

회원국은 적합성 평가절차를 운용함에 있어서 내국민대우 원칙을 준수해야 한다. 즉, 다른 회원국 영토를 원산지로 하는 동종상품의 공급자가 자기 나라에서 생산된 동종상품이나 여타 다른 국가를 원산지로 하는 동종상품의 생산자에 대해 요구되는 것보다 불리하지 않은 조건으로 그 절차에 대한 접근권을 보장해야 한다(제5조 제1항 제1호). 이는 절차적 평등을 규정한 것이며, 절차에 있어서의 평등한 대우는 공급자의 권리이다.

2. 국제무역에 대한 불필요한 장애 초래 금지

적합성 평가절차는 기술규정이나 표준과 마찬가지로 국제무역에 불필요한 장애를 초래하거나 그러한 효과를 갖도록 만들어지거나 적용되어서는 안 되며 부적합이 초래할 위험을 고려하여 과도하게 엄격해서는 안 된다(제5조 제1.2항).

Ⅱ 적합성 평가절차의 운용

1. 처리기간 공표 등

적합성 평가절차의 표준 처리기간을 공표해야 하며 회원국으로부터 별도 요청이 있는 경우 예상 처리기간을 통보해야 한다. 절차가 불가피하게 지연될 경우 신청자의 요청이 있으면 그 이유에 대한 해명과 함께 절차의 진전단계를 통보해야 한다.

2. 제출된 정보와 관련된 의무

상품에 관한 정보는 그 적합 여부를 판정하고 수수료를 산정하는 데 필요한 범위에서만 제출을 요구할 수 있고 적합성 평가절차를 통하여 수집된 다른 회원국의 영토를 원산지로 하는 상품에 대한 정보의 비밀성은 국내 상품의 경우와 동일하게 정당한 상업적 이익이 보호되는 방법으로 존중된다.

3. 수수료 산정

다른 회원국의 영토를 원산지로 하는 상품의 적합성 평가를 위하여 부과되는 모든 수수료는 자기 나라 원산의 동종상품이나 다른 회원국인 제3국을 원산지로 하는 동종상품의 적합성 평가에 부과되는 수수료와 형평을 이루어야 한다.

4. 이의제기

적합성 평가절차의 운용에 대한 이의가 있을 경우 신청자가 주무기관에 이의를 신청하고 필요할 경우 적절한 시정조치를 취할 수 있는 절차를 마련해야 한다.

Ⅲ 적합성 평가 절차의 국제적 조화

상품이 기술규정이나 표준과 일치한다는 보증이 필요한 경우, 이와 관련된 국제표준기관이 발표한 지침이나 권고사항이 존재하거나 또는 그 완성이 임박해 있다면 회원국은 자국 중앙정부기관이 적합성 평가절차의 근거로 이러한 국제표준지침이나 권고사항 등을 수용해야 한다(제5조 제4항).

Ⅳ 중앙정부기관에 의한 적합성 평가의 인정

다른 회원국의 적합성 평가절차가 자기 나라의 그것과 다르다 하더라도 다른 회원국의 절차가 자기 나라의 그것에 상응하는 기술규정이나 표준에 대한 적합성을 보증할 수 있으면 상대국 적합성 평가 절차에 의한 결과를 수용한다(제6조). 이를 위해서는 수출국의 관련 적합성 평가기관이 내린 적합성 평가 결과를 수입국에서 신뢰할 수 있도록, 절차가 객관적이고 또한 평가능력이 확보되어 있는지에 대해 양국 해당 기관 간 사전 협의가 전제되어야 한다.

Ⅴ 지방정부기관 및 비정부기관에 의한 적합성 평가 절차

회원국은 자국 영토 내에 있는 지방정부기관들이 적합성 평가절차와 관련된 규정들을 보장하기 위해 필요한 조치를 취해야 한다(제7조). 또한 자국 영토 내의 비정비기관이 제안된 적합성 평가절차와 관련하여 통보 의무를 제외한 모든 다른 규정들을 준수하도록 합리적인 조치를 취해야 한다(제8조).

Ⅵ 국제적 및 지역적 체제

TBT협정은 적합성 평가 절차의 보다 광범위한 조화를 확보하기 위해 동 조항을 두고 있다. 회원국은 가능한 경우 적합 판정에 대한 국제적인 체제를 수립하고 채택하며 또한 이 체제의 회원국이 되거나 이에 참여한다. 또한 자국 영토 내의 관련 기관이 참여하고 있는 적합성 평가체제가 국제기준과 규범 내용에 부합할 수 있도록 합리적인 조치를 취해야 한다(제9조).

제5절 정보 및 지원

Ⅰ 문의처 설치

각 회원국은 다른 회원국을 포함한 모든 관련 이해 당사자들로부터 문의를 받을 경우 이에 응답하고, 또 필요한 관련 문서 등을 제공할 수 있도록 문의처를 설치해야 한다(제10조). 문의처는 경우에 따라 두 곳 이상을 설치할 수 있으며 이 경우에는 각 문의처의 책임의 범위를 다른 회원국에게 알려야 하고 잘못된 문의처로 문의가 송부되었을 경우 이를 정확한 문의처로 신속히 전달할 것을 보장해야 한다. 우리나라는 4개의 문의처를 운영하고 있다. 공산품 분야는 기술표준원, 농산품은 농림부, 수산물은 해양수산부, 식품은 식품의약품안전청에서 문의처 기능을 담당한다.

Ⅱ 통보 방법

회원국에 대한 통보의 경우 언어 제한은 없으므로 각국은 자국의 언어로 문서의 사본을 제공할 수 있다. 그러나 WTO 사무국에 대한 통보의 경우 영어, 불어, 또는 스페인어로 해야 한다. 회원국이 무역에 중대한 영향을 미칠 수 있는 기술규정, 표준 또는 적합성 평가 절차와 관련된 문제에 대하여 다른 국가와 합의를 한 때는 언제나 합의 당사국 중 적어도 한 회원국이 합의 내용과 대상품목을 사무국을 통해 다른 회원국에게 통보해야 한다.

Ⅲ 다른 회원국에 대한 기술지원: 제11조

각 회원국은 다른 회원국의 지원 요청이 있을 경우 자국 기술규정 및 평가시스템 등에 대해 조언해 주어야 한다. 또한 요청이 있을 경우 자국의 국가표준기관의 설립이나 국제표준기관의 참가 등에 대해 그 과정 및 결과를 설명하고 조언해야 할 의무를 부담한다.

제6절 공정관행규약

I 공정관행규약의 의의

공정관행규약(the Code of Good Practice)이란 그 준수가 강제적이지 않은 표준에 대한 규약으로서 표준의 준비, 채택 및 적용에 대해 규율하는 규범이다. 공정관행규약은 기술규정이나 적합성 판정 절차에 대해서는 규정하고 있지 않다. 표준은 기술규정에 비해 그 무역제한적 효과가 상대적으로 적은 편이나, 이를 제정하는 기관들이 늘어나면서 그 불일치로 인한 현실적인 불편을 해소하기 위해 제정되었다. 공정관행규약은 부속서 3에 규정되어 있다.

> **참고 표준의 무역제한 효과[112]**
>
> 표준(standard)은 상품의 특성 또는 PPM에 관해 정해진다. 규격을 채택하는 것은 표준화기관으로서 크게 국내표준화기관, 지역표준화기관(유럽의 CEN, CENELEC), 국제표준화기관(ISO, IEC, ITU 등)이 있다. 국내표준화기관은 아시아의 경우 원칙적으로 중앙정부기관(한국의 경우 지식경제부, 기술표준원)이지만 유럽과 미국에서는 대개 민간기관이다. 지역표준화기관 중 유럽의 기관은 민간기관이며, 국제표준화기관은 정부간기관[WHO · FAO 국제식품규격위원회(Codex Alimentarius Commission), ILO, WHO 등], 비정부기관(국제표준화기관 International Standard Organization; ISO) 등이 있다. 표준의 경우 국가의 정부기관이 정하든, 국내적 · 지역적 · 국제적 민간표준화기관이 정하든 원칙적으로 강력력을 가지지 않는다. 이러한 임의적 성격 때문에 표준은 본래 무역제한적 효과가 없다고 할 것이다. 외국상품은 수입국의 표준에 합치할 필요가 없기 때문이다. 그러나 국내표준의 경우 예외적으로 다음의 경우 수입품의 시장접근을 방해하는 무역제한 효과를 띤다. 첫째, 표준이 국내법령에 인용되어 법령규정과 마찬가지로 법적 강력력을 갖는 경우이다. 예컨대, 한국의 국내법령에 특정 표준이 인용된 경우 당해 부분에 대해 법적 강력력을 가지게 되고, 그러한 표준에 합치하지 않는 외국상품은 한국에 수입판매를 금지당하게 될 것이다. 둘째, 표준이 사실상 강력력을 갖는 경우도 있다. 예컨대, 공공사업자가 가스기구의 설치 시 국내표준에 합치한 기구만을 설치하는 경우, 공공조달 시 공공기관이 국내표준에 합치한 상품만을 구매하는 경우, 보험회사가 국내표준에 합치한 자재에서 발생하는 피해에 대해서만 보험료의 지급을 인정하는 경우 등이다. 이 경우 국내표준은 이른바 사실상 강력력을 가지고, 국내표준과 다른 외국표준에 근거한 수입품은 수입을 제한당하게 된다.

II 회원국의 의무

회원국은 중앙정부나 지방정부 및 비정부표준기관이 공정관행규약을 수용하고 이를 준수하도록 할 것을 보장해야 하며 자국내표준기관이 공정관행규약을 어떤 형태로도 위반하지 않도록 최선을 다해 유념해야 한다(제4조).

III 공정관행규약의 내용

1. 적용범위

공정관행규약은 회원국 내의 모든 중앙정부기관, 지방정부기관 및 비정부기관을 대상으로 한다. 또한, 국가들에 의해 설립된 지역표준기관, 비정부지역표준기관에 WTO 회원국이 참여하고 있는 경우 지역기관도 규약의 대상이 된다.

---

112) 고무로 노리오(2010), 213–214면.

2. 기본 원칙

공정관행규약에서도 TBT협정 전체를 관통하고 있는 기본적인 원칙, 즉 무역에 대한 불필요한 장애 금지, 내국민대우 및 최혜국대우 등 비차별 원칙이 그대로 적용된다. 또한 국제표준에 대한 준수의무, 표준의 국제적인 조화를 위한 노력, 도안이나 외형적 특성보다는 성능을 기준으로 한 상품 요건에 따라 표준을 제정할 의무 등도 적용된다.

3. 공표의무

표준기관들은 자신들의 업무에 대한 공표의무를 지고 있다. 최소한 6개월마다 현재 준비 중이거나 이미 채택한 표준을 포함한 작업계획을 공표해야 하고, 다른 회원국으로부터 요청이 있을 경우 구체적인 표준을 영어, 불어 또는 스페인어로 제공해야 한다.

제7절 개발도상국에 대한 특별대우

I 취지

기술장벽은 기본적으로 각 회원국의 기술수준의 차이에 따라 그것이 무역에 미치는 영향에 있어서 차이가 있다. 특히 선진국이 설정해 놓은 기술규정을 개발도상국이 충족시키는 데 어려움이 있고, 또한, 개발도상국이 설정하고 있는 기술규정이나 표준이 과학적 근거를 충분히 제시하지 못할 경우가 있다. 따라서 기술선진국과 개발도상국에 동일한 기준을 요구하는 경우 기존의 경제력 격차가 심화될 가능성이 있음을 인식하고 개발도상국에 대한 특별대우를 규정하고 있다.

II '보다 유리한 대우'와 개발도상국에 대한 지원

회원국은 개발도상국에 대해 협정 전반에 걸쳐 다른 일반 회원국들보다 유리한 대우를 제공해야 한다. 회원국은 표준화제도가 개발도상국의 수출확대 등에 불필요한 장애를 초래하지 않도록 개발도상국에 기술원조를 제공하며, 기술원조의 조건을 결정함에 있어 특히 최빈개발도상국의 발전단계를 고려해야 한다. 기술원조에 대한 구체적인 사항은 쌍무협정으로 이루어진다.

III 개발도상국의 독자성 인정

각 회원국은 개발도상국이 국제표준이나 지침, 권고사항 등에도 불구하고 이에 상응하지 않는 고유의 기술, 생산방법 및 공정의 보전을 위한 특정의 표준화제도를 채택하고자 할 때 이를 인정해야 한다.

IV 개발도상국에 대한 예외 인정

개발도상국 회원국은 표준화제도를 준비하고 운영함에 있어 그 특수성으로 인해 어려움이 예상되므로 각 회원국은 개발도상국이 처한 특수한 상황을 충분히 고려하여야 하며 TBT협정 역시 개발도상국의 발전단계에 상응하도록 탄력성 있게 운영되어야 한다. WTO 무역에 대한 기술장벽위원회는 개발도상국에 대해 TBT협정상의 의무 전체 또는 일부에 대해 한시적이고 명시적인 예외를 부여할 수 있다.

기출 및 예상문제

1. 상품 Y1을 생산하는 데 필수적으로 사용되는 석유화학물질 X는 환경에 부정적 영향을 야기한다. 이러한 상품 Y1을 생산하는 A국은 X물질의 사용을 억제하기 위하여 X물질 1g을 사용하는 데 $10의 조세를 부과하는 반면, B국은 이러한 조세를 부과하지 않는다. B국으로부터 수입된 상품 Y2가 X물질을 포함하고 있으므로 A국은 B국으로부터 상품 Y2를 수입할 때 조세를 부과한다. 이에 B국은 A국을 WTO에 제소하였다(단, A국과 B국은 WTO 회원국이며, 상품 Y1과 Y2는 동종상품이다). (총 50점) 2010행시

   (1) A국이 상품 Y2에 대하여 조세를 부과하는 것이 정당한지 논하시오. (10점)

   (2) X물질은 해양포유동물인 고래의 수정을 방해하는 치명적인 물질임이 밝혀졌고, 나아가 규제가 없는 경우 향후 5년 내에 고래종이 멸종위기에 처해진다는 사실이 알려졌다. 이에 A국은 자국 국내법을 제정하여 상품 Y1에 포함되어 있는 X물질의 연간 사용량을 일방적으로 설정하고, 또한 기준량 이상의 X물질을 함유하는 상품 Y2의 수입을 금지하였다. 이에 내륙국가인 B국은 A국의 조치를 다시 WTO분쟁해결기구에 제소하였다. A국의 조치가 GATT 제20조 제(g)호의 요건 및 Chapeau 요건 중 자의적 차별(arbitrary discrimination)과 부당한 차별(unjustifiable discrimination)에 해당하는지 논의하시오. (20점)

   (3) B국은 A국의 조치(즉, X물질을 함유하고 있는 상품 Y2의 전면적 수입금지)가 1994GATT에서 금지하고 있는 PPMs(Process-Production-Methods)에 대한 규제로서 WTO협정 위반이라고 주장한다. 이에 A국이 자국의 조치가 상품의 특성을 규율하고 있는 WTO협정 적용대상이라고 주장하는 경우, A국 주장의 정당성 여부를 설명하시오. (10점)

   (4) 이후 관련 국제기관은 X물질의 사용에 대한 국제기준을 확립하였다. 그러나 A국은 X물질의 사용에 대한국제기준보다 엄격한 국내기준을 채택하였다. 이에 B국은 A국의 조치가 관련 협정의 정당한 목적과 수단이 아니라고 주장한다. B국 주장의 정당성 여부를 판단하시오. (10점)

2. A국은 유아용 장난감의 안전에 관한 기술규정(technical regulation)을 마련하여 이 기준에 미달하는 제품의 수입을 금지하고 있다. 또한 A국은 이 안전기준을 충족하는 유아용 장난감의 국내생산자에 대한 저리의 신용대출 프로그램을 시행하고 있다. 한편 B국은 유아용 장난감을 수출하고 있는바, A국의 조치로 인해 자국의 수출이 저해당하고 자국 장난감 생산업자의 무역상 이익이 침해당하고 있다고 판단한다. A 및 B는 WTO 회원국이다. A국에 대하여 B국이 제기할 수 있는 이의의 WTO협정상 논거를 서술하시오. (45점) 2004외시

제8장 | 무역 관련 투자조치협정(TRIMs)

제1절　의의

1980년대 중, 후반 외국인 직접투자의 급격한 증가로 각국 정부들은 국내법 보호 및 외화유출을 막기 위해 외국인 직접투자에 다양한 형태의 제한을 가하였다. 이러한 조치가 종종 GATT1994의 제3조 및 제11조를 위배함에 따라 국제투자문제가 본격적으로 GATT 차원에서 거론되기 시작했다. 이에 따라 UR협상 과정의 시작과 더불어 동 사안에 대한 논의가 시작되었으나 국제투자 문제 자체를 협상 대상으로 하기보다는 무역의 자유로운 흐름을 왜곡하는 투자조치만을 비관세장벽차원에서 다루었다. 이후 1993년 UR협상에서 무역 관련 투자조치협정(TRIMs)이 타결되었고 이에 따라 상품무역에 왜곡적 효과를 미치는 투자조치에 대해 규제하기 시작했다. 즉, WTO의 TRIMs협정은 투자조치의 무역왜곡 및 무역제한 효과를 방지함에 있어 법적 구속력을 지닌 최초의 다자간규범이 되었다.

제2절　적용범위

TRIMs협정은 전적으로 상품무역에 관련된 투자조치 즉, 무역 관련 투자조치에 적용된다. 즉, '무역' 관련 투자규범에 적용범위를 한정하고 있으므로 '서비스' 관련 투자는 규율하지 못하며 직접투자가 아닌 간접투자는 동 협정대상에서 제외된다.

I 동 협정상 투자조치의 범위

인도네시아 자동차 사건에서 인도네시아는 TRIMs협정은 기본적으로 외국인 투자 분야를 규율하기 위한 것으로 국내의 보조금 및 조세 관련 조치는 무역 관련 투자조치로 해석될 수 없다고 주장한 바 있다. 하지만 패널은 투자조치를 외국인투자와 관련된 조치에 한정되지 않으며 오히려 국내투자를 포함하는 개념으로 판단하였다.

⚖ 판례 | 인도네시아 – Auto 사건

인도네시아는 '1993년 프로그램'을 통해 인도네시아산 부품을 일정 비율 이상 사용하는 자동차 제작에 사용되는 수입 부품에 대해서는 그 자동차의 국산화율(local content)에 비례하여 수입관세를 경감하거나 지정된 국산화비율을 초과 하는 자동차에 대해서는 사치세(luxury tax)를 경감하여 주었다. 또한, '1996년 National Car Program'을 통해 인 도네시아 자동차 회사가 인도네시아 기업이 소유하는 생산시설에서 자동차를 국내생산하고 인도네시아 국민이 소유한 브랜드를 부착할 경우 그 자동차 회사에 국민차 회사라는 지위를 부여하고 동 자동차 제작에 소요되는 외국산 부품에 대해서는 수입관세를, 자동차에 대해서는 사치세를 면제하여 주었다. 국민차 회사 지위를 유지하기 위해서는 3개년간 에 걸쳐 국산화율을 증가시켜 나가야 했다. 1996년 program은 또한 인도네시아 국민이 외국에서 제작하였고 국산화 율을 충족한 차량은 국내에서 제작된 것과 동일하게 취급하였다. 단 해외 생산자가 동 자동차 가격의 25%에 해당하는 인도네시아산 부품을 구매할 경우 20%의 국산화율을 충족하는 것으로 간주하였다. 제소국들은 1993년 Program과 1996년 Program이 TRIMs협정 제2조 제1항 위반이라고 주장하였다.

패널은 TRIMs협정 제2조 제1항을 적용하기 위해서는 무역과 관련된 특정 투자조치가 있어야 하고, 그 조치가 GATT 제3조 또는 제11조에 위반되어야 한다고 전제하고, 인도네시아의 조치는 동 조항에 반한다고 판단하였다. 첫째, 패널 은 투자조치란 반드시 외국인 투자에 국한된 것이 아니라 국내투자도 포함하는 것이며 문제된 조치의 목적은 인도네시 아 완성차 및 부품산업 발전을 촉진하기 위한 것이므로 이들 조치는 관련 산업투자에 상당한 영향을 미칠 수밖에 없으 므로 투자조치에 해당한다고 판단하였다. 또 국산화율 요건은 수입상품에 대해 국내상품의 사용을 요구하는 것이므로 당연히 무역에 관련된 것이라고 단정하였다. 둘째, 패널은 인도네시아의 조치가 TRIMs협정 부속서 제1조에 해당하는 지를 검토한 결과 인도네시아의 조치상 조세 및 관세혜택을 얻기 위해서는 국산화율을 충족한 완성차나 국내부품을 사 용할 수밖에 없으며 조세 및 관세혜택은 부속서 제1항에 규정된 특혜(advantage)에 해당한다고 보았다.

II '무역 관련' 조치의 의의

'인도네시아 자동차 사건에서 패널은 국산부품 사용 요건은 항상 수입부품보다 국산부품의 사용을 장려함으로 서 '무역에 영향'을 미친다고 보았다. 따라서 무역 관련 투자조치란 무역에 영향을 미치는(affecting) 조치라고 판단할 수 있다.

제3절 기본 원칙과 예외

I 회원국의 의무

회원국은 1994년도 GATT에 따른 그 밖의 권리와 의무를 저해함이 없이, 1994년도 GATT 제3조 또는 제11조 의 규정에 합치하지 아니하는 무역 관련 투자조치를 적용하지 아니한다(제2조 제1항). 1994년도 GATT 제3조 제4항에 규정된 내국민대우의무와 1994년도 GATT 제11조 제1항에 규정된 수량제한의 일반적인 철폐의무에 합치하지 아니하는 무역 관련 투자조치의 예시 목록이 이 협정의 부속서에 포함된다(제2조 제2항).

📋 조문 | 부속서 제1항 – GATT 제3조 제4항에 위반되는 TRIMs

1994년도 GATT 제3조 제4항에 규정된 내국민대우의무와 합치하지 아니하는 무역 관련 투자조치는 국내법 또는 행정적인 판정에 의하여 의무적이거나 집행가능한 조치 또는 특혜를 얻기 위하여 준수할 필요가 있는 조치로서(TRIMs that are inconsistent with the obligation of national treatment provided for in paragraph4 of Article III of GATT1994 include those which are mandatory or enforceable under domestic law or under administrative rulings, or compliance with which is necessary to obtain an advantage, and which require:),

가. 기업으로 하여금 국산품 또는 국내공급제품을, 특정 제품을 기준으로 하거나 제품의 수량 또는 금액을 기준으로 하거나 또는 자신의 국내생산량 또는 금액에 대한 비율을 기준으로 하여 구매 또는 사용하도록 하거나(the purchase or use by an enterprise of products of domestic origin or from any domestic source, whether specified in terms of particular products, in terms of volume or value of products, or in terms of a proportion of volume or value of its local production),

나. 기업의 수입품의 구매 또는 사용을 자신이 수출하는 국산품의 수량이나 금액과 관련된 수량으로 제한하도록 하는 조치를 포함한다. (that an enterprise's purchases or use of imported products be limited to an amount related to the volume or value of local products that it exports.)

---

1. 의의

GATT 제3조 제4항에 규정된 내국민대우의무와 합치하지 아니하는 무역 관련 투자조치는 국내법 또는 행정적인 판정에 의하여 의무적이거나 집행가능한 조치 또는 특혜를 얻기 위하여 준수할 필요가 있는 조치로서 현지부품조달의무(local content)와 수출입균형(또는 수입연계제도)이 있다.

2. 현지부품조달의무(Local Content Requirements)

현지부품조달의무는 특정 품목, 특정 물량 혹은 금액 또는 국내생산량이나 금액의 일정 비율을 정하여 국산품 또는 국내 조달물품을 구매토록 하거나 혹은 사용을 강제하는 조치를 말한다. 동 조치는 수입품보다 동종의 국내상품을 우대하는 차별적 조치로 내국민대우에 위반된다. 인도네시아 자동차 사건에서 인도네시아의 면세특혜에 의한 현지부품조달의무가 TRIMs협정 위반으로 판정되었다.

3. 수출입균형(Trade Balancing Measures)

투자기업에 대해 원부자재의 수입량을 수출양의 일정 비율로 제한하고 원부자재의 수입량과 완성품 수출량을 일정 비율로 균형을 맞추게 하는 조치도 내국민대우에 위반된다. 수입원부자재보다 동종의 국산 원부자재를 우대하는 차별적 효과를 초래하기 때문이다.

Ⅲ GATT1994 제11조 제1항에 위배되는 사례

GATT 제11조 제1항에 규정된 수량제한의 일반적인 철폐의무에 합치하지 아니하는 무역 관련 투자조치는 국내법 또는 행정적 판정에 의하여 의무적이거나 집행가능한 조치 또는 특혜를 얻기 위하여 준수할 필요가 있는 조치로서 a) 기업의 수입대금 지급을 위한 외환구입을 당해 기업의 외환획득액과 연계시킴으로써 국내생산에 필요한 물품의 수입을 제한하는 조치(외환구입제한) b) 수출 시 특정 품목, 특정 물량 혹은 금액을 정하거나 또는 국내생산량이나 국내생산금액의 일정 비율을 정하여 기업의 수출이나 수출을 위한 판매를 제한하는 조치(수출제한) c) 해당 기업의 국내생산에 사용되는 물품의 수입을 그 기업의 수출물량이나 금액만큼 제한하는 조치를 명기하고 있다.

Ⅳ 예외

GATT1994에 따른 모든 예외는 동 협정의 규정에 적절히 적용된다(TRIMs 제3조). 따라서 이에 따라 GATT 제11조, 제20조 혹은 제21조 등에 규정되어 있는 예외가 적용된다.

Ⅴ 개도국 우대

GATT 제18조(경제개발에 대한 정부지원), GATT1994 국제수지규정에 관한 양해, 국제수지를 목적으로 한 무역조치에 관한 선언에 입각하여 개도국에 대해서는 TRIMs 제2조 의무로부터의 면제가 일시적으로 허용된다(TRIMs 제4조).

Ⅵ 통고 및 경과조치

회원국은 WTO협정 발효 후 90일 이내에 이에 위배되는 자국의 모든 무역관련투자조치를 상품교역에 관한 이사회에 통보하여야 한다. 모든 회원국은 위와 같이 통보된 조치를 선진국은 2년, 개도국은 5년, 그리고 최빈개도국의 경우 7년의 유예기간 이내에 폐지하여야 한다(제5조 제1항 · 제2항).

Ⅶ 투명성(TRIMs 제6조)

GATT 제10조(무역규제의 공표 및 시행)와 1979년 '통보, 협의, 분쟁해결 및 감시에 관한 양해' 및 1994년 통보절차에 관한 각료회의결정에 따른 투명성 및 통보의무를 이행한다.

제4절 TRIMs협정의 한계와 무용론

TRIMs협정은 무역관련투자조치를 명문화한 다자간협정이라는 점에서 그 의의가 있으나 제한된 적용범위, GATT 제3조와의 중복성 등으로 한계를 지적받고 있다. 우선 동 협정은 상품무역과 관련된 것만을 다룸으로써 최근 증가하고 있는 서비스무역과 관련된 투자에 대한 규제를 다루고 있지 않다. 또한 선진국과 개도국들의 입장 차이로 인해 협의 과정에서 그 내용이 대폭 축소되어 실질적인 다자간투자규범으로서의 충분한 역할을 다하지 못하고 있다. 선진국이 주장하던 기술이전의무나 외국인지분 참여제한 조건 등의 금지 및 개도국 측에서 주장한 경쟁제한행위 규제도 그 대상에서 제외되고 외국인투자에 대한 유인 문제도 보조금 및 상계관세 부문에서 일반적으로 다루기로 하였다. 나아가 TRIMs협정 제3조에서는 1994GATT에 따른 모든 예외가 동 협정에도 적용됨을 규정하고 있어 사실상 TRIMs협정이 무용하다는 무용론이 제기되고 있는 실정이다. 추후 DDA 논의를 통해 TRIMs협정의 적용범위 확대를 도모하여 동 협정의 실효성을 꾀해야 할 필요성이 제기되고 있다.

제9장 │ 선적전 검사에 관한 협정

제1절 서설

I 의의

선적전 검사(Preshipment Inspection: PSI)라 함은 수입국정부로부터 위임받은 전문검사기관이 수입국정부나 수입당사자를 대신하여 수출국에서 물품을 선적하기 전에 수입품의 품질이나 수량을 검사하고, 수입품의 거래가격(transaction value)이 그 물품의 원산지에서의 일반적인 수출시장가격(export market value)과 합치하는지를 평가하는 절차를 말한다.

II 선적전 검사의 기능

수입되는 물품에 대해 수출 전에 그 내용을 검사함으로써 그 수량이나 품질이 수입면허와 일치하는지를 사전에 확인하는 기능을 한다. 또한 수출가격을 현지에서 확인함으로써 수출입 당사자 간의 거래가격 조작으로 인한 외화도피나 관세평가의 왜곡을 방지할 수 있게 한다.

III 선적전 검사의 규제 필요성: 교역왜곡적 효과

선적전 검사는 주로 개도국이 주로 이용하고 있으나, 선진국은 다음과 같은 이유로 이를 비관세장벽의 하나로 보고 있다. 첫째, 선적을 지연시킨다. 둘째, 영업정보를 누출한다. 검사기관은 수출자에게 조사대상물품의 가격분석표나 비밀정보 등 민감한 자료의 제출을 요구하는 경우가 많다. 셋째, 검사기준이 불투명하다. 검사기관들은 당사자들이 제출한 거래가격에 관한 자료가 자신들이 제시한 일정한 기준에 맞지 않으면 무조건 배척하고 있다.

IV UR협상의 목표

개도국은 선적전 검사를 다자규범에 편입시켜 국제적 인정을 받고자 하였고, 선진국은 규범화를 통해 남용을 억제하고자 하였다. 또한, 선적전 검사는 그 자체는 정당한 국제교역관행으로 인정하되 이를 비관세장벽으로 남용하지 못하도록 할 구체적인 행동규범을 마련하고자 하였다.

Ⅰ 기본목표

개도국의 선적전 검사 시행을 적법한 것으로 인정하되, 교역에 대한 불필요한 지연이나 차별적 취급을 초래함이 없이 시행되어야 하며, 반드시 수출국의 영토에서 수행되어야 함을 밝히고 있다.

Ⅱ 적용범위: 제1조

WTO 회원국 정부나 정부기관의 위임 여부를 불문하고 회원국 영토 내에서 이루어지는 모든 선적전 검사 활동에 적용된다. 즉, 선적전 검사의 사용국을 기준으로 하지 않고 검사가 이루어지는 수출국을 중심으로 하여 결정됨을 의미한다. 또 PSI의 적용을 받는 선적전 검사 활동이라 함은 사용국의 영토로 수출되는 상품의 품질, 수량, 환율 및 금융조건을 포함한 가격과 관세분류의 검증과 관련된 모든 활동을 의미한다.

Ⅲ 사용국의 의무

1. 비차별

사용국은 선적전 검사의 절차와 기준이 객관적이고 모든 수출자들에게 동일하게 적용되도록 하여야 한다. 사용국은 자국의 법률, 규정 및 요건과 관련된 선적전 검사 활동에서 GATT 제3조 제4항(내국세 및 규제에 관한 내국민 대우)이 관련되는 한 이를 준수해야 한다.

2. 검사장소

사용국은 선적전 검사활동이 상품이 수출되는 관세영역 내에서 이루어지도록 보장해야 한다.

3. 투명성

투명성을 보장하기 위해 검사기관이 수출자와 최초로 접촉할 때 검사요건의 충족에 필요한 모든 정보를 제공하도록 하고, 수출자가 요청 시 정보를 제공하며, 통보되지 않은 변경된 절차규정은 적용하지 않아야 한다.

4. 영업비밀의 보호

사용국은 검사기관이 검사과정에서 접수한 모든 정보 중에 이미 공표되었거나 제3자가 일반적으로 입수 가능하거나 공공의 영역에 있지 않는 정보는 영업비밀(confidential business information)로 취급해야 하며, 검사기관으로 하여금 비밀유지를 위한 절차를 유지하도록 보장해야 한다.

5. 지연

사용국은 검사기관이 검사를 부당하게 지연시키지 않도록 보장해야 한다. 이를 위해 검사기관과 수출자가 합의하여 정한 검사일자를 상호합의나 불가항력이 없는 한 변경하지 못하도록 하고, 검사종결 후 5일 이내에 검사결과 보고서를 발급하거나 발급거부 사유를 기재한 서면을 제공해야 한다.

6. 가격검증

사용국은 송상(送狀)상 과도 또는 과소금액 기재와 사기행위를 방지하기 위해 검사기관이 가격검증을 실시하도록 보장해야 한다. 즉, 검사기관의 가격검증은 비교가능한 판매 조건 하에서, 동일한 시기에 동일한 수출국으로부터 동종 유사상품의 가격을 기초로 해야 한다.

7. 이의 절차

사용국은 검사기관이 수출자가 제기한 불만을 접수하고 검토하여 결정을 내리는 절차를 마련하고 투명성의 원칙에 따라 이러한 이의절차에 관한 정보를 수출자가 입수할 수 있도록 보장해야 한다.

8. 검사면제

사용국이 정한 최소금액 이하의 선적은 검사를 받지 않도록 보장해야 한다.

Ⅳ 수출국의 의무

수출국의 의무로는 비차별, 투명성, 및 기술지원 등이 규정되어 있다. 투명성과 관련해서는 선적전 검사 활동과 관련된 법률 등을 공표할 것을 의무화하고 있다. 또한 기술지원과 관련해서는 상호 합의된 조건에 따라 필요한 기술지원을 제공하도록 하였다.

제3절 분쟁해결

Ⅰ 독립적 검토 절차

WTO 회원국은 검사기관과 수출자 간의 분쟁을 상호 간 해결하도록 권장한다. 다만 이의절차에 따라 이의제기를 한 후 2영업일이 경과하면 PSI협정에 의한 독립적 검토 절차에 회부할 수 있다. 이 절차는 검사기관을 대표하는 단체와 수출자를 대표하는 단체가 공동으로 구성하는 독립기관에 의해 운영된다. 패널을 설치할 수 있으며 다수결에 의해 결정되는 패널결정은 분쟁당사자 모두에 대해 구속력을 갖는다(제4조).

Ⅱ 협의 및 분쟁해결

각 회원국은 이 협정의 운영에 영향을 미칠 모든 사안에 대해 협의해야 하며 이러한 협의 및 분쟁해결에 대하여는 WTO 분쟁해결양해가 적용된다(협정 제7조, 제8조).

PSI협정은 사용국과 수출국의 의무를 동시에 규정하고 있으며 수출국인 선진국과 개도국의 입장이 비교적 균형되게 반영되어 있어 한국으로서는 특별히 불리한 점은 없다고 보여진다. 오히려 동 협정으로 동남아 중남미 등에 대한 수출여건이 호전될 것으로 예상된다. PSI협정 제9조에 따라 각 회원국은 자국법을 협정에 합치시킬 의무를 부담하게 되기 때문에 한국도 대외무역법 제42조[113)]에 근거규정을 설치하였다.

---

113) 수입국 정부와의 계약체결 또는 수입국 정부의 위임에 의하여 기업이 수출하는 물품에 대하여 국내에서 선적전에 검사를 실시하는 기관은 WTO 선적전 검사에 관한 협정을 준수해야 하고 이 경우 선적전 검사기관은 선전적 검사가 기업의 수출에 대한 무역장벽으로 작용하도록 하여서는 안 된다.

제10장 │ 원산지규정협정

제1절   의의

I 개념 및 중요성

원산지(Country of Origin)란 어떤 물품이 성장했거나 생산, 제조 또는 가공된 지역을 말하는데 이는 물품에 대한 일종의 국적을 의미한다. 그리고 이러한 물품의 원산지를 결정하는 데 적용되는 법률, 규정 그리고 행정적 결정 등을 원산지규정이라고 한다.

원산지규정이 국제무역에 있어서 중대한 관심사로 등장하게 된 배경에는 기업활동의 글로벌화와 지역주의의 확산 등 최근의 국제경제질서의 변화에 기인한다고 볼 수 있다. 또한 원산지규정에 관한 통일된 국제규범이 존재하지 않음으로써 관세결정, 반덤핑관세 및 상계관세의 부과, 긴급수입제한조치, 원산지표시, 쿼터적용 등 원산지의 식별이 필수적으로 요구되는 경우에 각국들은 자국의 원산지규정을 국가에 따라 차별적으로 적용하여 무역장벽적 효과를 발생시키고 있다는 점에서 객관적이고 예측가능한 원산지규정이 필요성이 대두되었다.

II 원산지규정의 분류

원산지규정은 그 적용목적에 따라 크게 특혜 원산지규정(Preferential Rules of Origin)과 비특혜 원산지규정(Non-Preferential Rules of Origin)으로 분류된다.

1. 특혜 원산지규정

특혜 원산지규정은 유럽연합(EU), 북미자유무역협정(NAFTA), 남미공동시장(MERCOSUR) 등 자유무역지대, 관세동맹 또는 공동시장 등의 형태로 운영되는 경우나, 일반특혜 관세제도(GSP), 카리브연안 이니셔티브(CBI) 등 특정 국가군을 대상으로 관세상의 특혜를 부여하는 경우에 적용되는 원산지규정을 말한다. 이 규정은 수혜국을 정확히 식별하여 비수혜국이 부당하게 혜택을 입는 것을 방지함으로써 특혜 프로그램의 실효를 거두기 위한 것으로 볼 수 있다.

2. 비특혜 원산지규정

비특혜 원산지규정은 수입수량제한, 무역통계작성, 반덤핑관세 및 상계관세부과, 원산지표시 등 무역정책상 일반적으로 상품의 원산지를 식별할 필요가 있는 경우에 적용된다.

Ⅲ 원산지규정의 기능[114]

원산지규정의 기능은 첫째, 생산된 물품의 원산지를 명확하게 판정함으로써 물품의 소비자에게 필요한 정보를 제공하고, 이를 통해 소비자를 보호한다. 둘째, 생산자를 보호한다. 경쟁력을 가진 상품인 경우 특정 지역에서 생산된 상품에 대해서만 정확한 원산지를 부여함으로써 생산자를 보호할 수 있다. 셋째, FTA 원산지규정의 경우 특혜 관세를 부여하는 중요한 기준을 제시함으로써 FTA 체결국으로부터 수입되는 상품에 대해 특혜 관세를 부여할 수 있다. FTA 원산지규정을 특혜 원산지규정이라 한다. 넷째, 비특혜 원산지규정의 경우 특정 국가에서 생산된 상품에 반덤핑관세 부과, 세이프가드 적용, 쿼터제도의 적용 등의 무역조치를 취함에 있어서 그 기준으로 삼게 된다. 이러한 목적으로 사용되는 원산지규정을 비특혜 원산지규정이라 한다.

Ⅳ 원산지의 판정기준

현재 제품의 원산지결정에 관한 통일된 국제규범은 존재하지 않으나 각국들은 일반적으로 원산지결정기준으로 완전생산기준과 실질적 변형기준을 두고 있다.

1. 완전생산기준

하나의 국가에서 완전히 생산 또는 획득된 제품에 대하여 원산지를 결정하는 기준으로서, 특정 국가에서 완전히 생산된 제품은 당해 국가를 원산지로 결정하게 된다.

2. 실질적 변형기준

2개국 이상에 걸쳐 제조, 생산된 제품에 대하여 '실질적 변형'이 발생한 국가에 원산지를 부여하는 방법이다. 실질적 변형의 정의에 대해 논란이 있으나, 현재 국제적으로 사용되고 있는 실질적 변형의 판단기준으로는 세번변경기준, 부가가치기준, 제조 · 가공 공정기준이 있다.

(1) 세번변경기준(change of tariff classification)

사용된 원재료, 부품의 세번(HS 품목번호)과 완제품의 세번을 비교하여 세번이 일정 단위 이상 변하는 경우 실질적 변형으로 인정하여 해당 공정이 일어난 국가에 원산지를 부여하는 기준으로서, 가장 객관적이고 일반적인 기준이다. 세번이란 물품에 부여되는 고유의 번호를 말하며, 통일상품명 및 부호체계(Harmonized Commodity Description and Coding System: HS코드)에 따른다. 세번변경기준은 품목에 따라 HS 2단위가 바뀌는 2단위 변경기준(change of chapter), 4단위가 바뀌는 4단위 변경기준(change of tariff heading), 6단위가 바뀌는 6단위 변경기준(change of tariff sub-heading)으로 구분된다.

(2) 부가가치기준(ad valorem percentages)

제품의 전체 가치 중 일정 비율의 부가가치를 창출한 국가에 원산지를 부여한다는 기준이다. 다만, 부가가치 산정 시 정확한 경비계산이 곤란한 경우가 많고, 회계기준이 국가마다 다르기 때문에 실무상 여러 가지 복잡한 문제가 발생한다는 문제점이 있다.

---

114) 국제경제법학회(2012), 국제경제법, 343-344면.

(3) 제조·가공 공정기준(manufacturing or processing operations)

당해 제품의 중요한 특성을 발생시키는 기술적인 제조 또는 가공작업을 기술한 일반적인 명세표를 사용하여 지정된 가공공정이 일어난 국가를 원산지로 간주하는 기준이다. 섬유제품 생산 시 염색공정이나 재단·봉제공정을 거치는 경우 실질적 변형을 인정하는 것을 예로 들 수 있다.

Ⅴ 연혁

1. GATT 제9조

원산지표시제도가 보호주의적 비관세장벽으로 사용되는 것을 방지하기 위하여 GATT 제9조에서는 원산지표시에 관한 규정을 두고 있다. 그러나 이는 각국의 의견차이로 원산지판정기준 등 실질적인 원산지규정에는 미치지 못하는 수준의 규정이었다.

2. WTO원산지규정

원산지규정의 적용상 투명성 확보를 통하여 무역장벽을 해소하고 국제무역을 증진하기 위하여 우루과이라운드협상 결과, WTO원산지규정에 관한 협정이 채택되었다.

제2절 WTO원산지규정협정

Ⅰ UR협상의 배경

GATT체제하에서는 국제적으로 통일된 원산지규정의 부재로 자국의 국내산업 보호를 위한 원산지규정을 제정·시행함으로써 원산지규정이 수입제한적 효과를 발생시켰다. 이에 보다 투명하고 조화로운 '통일원산지규정'(Harmonized Rules of Origin)을 제정하고자 UR에서 협상의제로 채택되었다.

Ⅱ 정의

본 협정상 원산지규정이란 회원국이 제품의 원산지 국가를 결정하는 데 일반적으로 적용하는 법률, 규정 및 행정적 결정 등을 일컫는다(제1조 제1항).

Ⅲ 적용범위

원칙적으로 특혜무역을 제외한 일반적인 교역에 있어서 체약국이 제품의 원산지국가를 결정하는 데에 그 범위가 한정된다. 따라서 유럽연합(EU), 북미자유무역협정(NAFTA) 등 특혜무역 부문에는 적용되지 않으며, 이 점이 본 협정의 결점으로 지적되기도 한다.

Ⅳ 원산지규정의 적용을 위한 규율

원산지규정의 적용을 위한 규율은 (ⅰ) 통일원산지규정의 제정을 위한 작업이 완료될 때까지의 과도기간 동안에 원산지규정의 적용상 회원국들이 지켜야 할 원칙(제2조)과 (ⅱ) 통일원산지규정의 제정을 위한 작업이 완료된 이후에 그 결과를 이행하는 데 지켜야 할 원칙(제3조)으로 나뉘어져 있다.

1. 과도기간 중의 원산지판정기준 및 주요 원칙

(1) 원산지판정기준

완전생산기준 이외에 특정 제품이 2개국 이상에서 생산공정을 거쳤을 경우, 과도기간 동안에 회원국들은 세번변경기준, 부가가치기준, 가공공정기준 중 어느 하나에 기초한 원산지판정기준을 정할 수 있으나, (ⅰ) 세번변경기준이 적용되는 경우 세번변경으로 인정되는 세번의 단위를 분명히 명시해야 하고, (ⅱ) 부가가치기준이 적용되는 경우 부가가치비율을 산정하는 방법이 원산지규정에 명시되어야 하며, (ⅲ) 가공공정기준이 적용되는 경우 관련 제품의 원산지를 부여하는 공정이 정확하게 명시되어야 한다(제2조 제(a)항).

(2) 무역장벽화 지양

원산지규정은 통상정책상의 조치나 수단과 연계되어 있지만 무역상의 목적을 직·간접적으로 추구하기 위한 수단으로 사용하면 안 되며(제2조 제(b)항), 원산지규정의 부당한 적용으로 세계무역을 제한하거나 또는 교란시키는 효과를 초래해서는 안 된다.

(3) 비차별 원칙

수출입 물품에 적용되는 원산지규정은 국내물품 판정에 적용되는 원산지 규정보다 더 엄격해서는 안 되며 모든 회원국에 비차별적으로 적용되어야 한다(제2조 제(d)항). 또 원산지규정은 일관성 있고 통일되며 공정하고 합리적인 방식으로 운용되어야 한다(제2조 제(e)항).

(4) 투명성 보장 및 제고

원산지규정은 원산지를 부여받을 수 있는 기준을 중심으로 기술하는 적극적인 기준(Positive Standard)을 기초로 하여야 한다(제2조 제(f)항). 원산지규정의 투명성을 제고하기 위하여 원산지규정의 일반적인 적용과 관련한 법률, 규정 및 사법적, 행정적 결정은 GATT 제10조 제1항의 규정이 적용되는 것처럼 공표되어야 한다(제2조 제(g)항).

(5) 불소급 원칙

원산지규정을 개정하거나 새로운 원산지규정을 도입할 경우 회원국의 법률 및 규정에 따라 이를 소급 적용해서는 안 된다(제2조 제(i)항).

2. 과도기 이후의 원칙

협정 제3조는 통일원산지규정의 제정작업이 완료된 이후에 원산지규정의 적용 시 회원국들이 준수해야 할 원칙을 제시하고 있다. 그러나 이 원칙은 제2조의 과도기간 중에 준수해야 할 원칙과 매우 유사하다. 즉, 비차별 원칙, 투명성 원칙, 불소급 원칙 등을 동일하게 규정하고 있다.

Ⅴ 원산지규정의 통일

협정 제9조에서는 세계무역의 확실성 제고를 위해 각국의 원산지규정 운영과 통일원산지규정의 기본 원칙을 천명하고 있다. 통일원산지규정의 제정을 위한 작업은 WTO설립협정 발효일 이후 가능한 한 조속히 개시되어야 하며 개시 후 3년 이내에 완결되어야 한다(제9조 제2항).

제3절 통일원산지규정의 제정을 위한 후속작업, 주요 쟁점 및 전망

Ⅰ 통일원산지규정 제정작업의 진행현황

각국의 원산지규정 운영과 통일원산지규정의 기본원칙을 천명한 WTO 원산지규정에 관한 협정 제9조에 의거하여 WTO 산하 원산지규정위원회와 기술위원회는 지난 1995년 7월부터 국제적으로 통일된 원산지규정을 제정하기 위한 작업을 진행하고 있다. 그러나 각국 간의 첨예한 입장 차이로 인하여 아직 완료되지 못하고 있으며, 10년째 난항을 거듭하면서 여러 가지 어려움에 봉착하고 있다.

Ⅱ 주요 쟁점

WTO 일반이사회는 상정된 총 94개 핵심정책쟁점 중에서도 12개 쟁점을 결정적 쟁점(Critical Issues)으로 분류하여 집중적 검토를 하고 있다. 그 중에서도 협상타결의 가장 커다란 걸림돌로 작용하고 있는 것은 '통일원산지규정의 적용범위'에 관한 쟁점이다. 즉, 통일원산지규정을 반덤핑, 상계관세, 세이프가드 등 모든 비특혜 무역정책수단에 그대로 적용할 것인지 아니면 다른 WTO 위원회나 각 회원국들이 동 규정의 적용 여부를 선택할 수 있는지에 대한 논의이다.

Ⅲ 전망

WTO 원산지규정협정의 부속서 3으로 추가될 통일원산지규정 협상이 완료되면, 원산지 판정에 관한 불확실성이 감소되고 객관성과 예측가능성이 제고되어 세계무역의 활성화에 크게 기여할 것으로 전망된다. 그러나 통일원산지규정은 지역무역협정 가입국 간에 적용하는 특혜 원산지규정에는 적용되지 않는다는 한계가 있다. 국내적으로는 WTO 통일원산지규정이 제정되면 이에 부합하도록 관련 국내법 체계도 정비하여야 한다. 또한 남북 간 경제협력에 따른 무역증대와 관련한 원산지 문제에도 대비해야 할 것이다.

제11장 | 수입허가절차협정

제1절 서론: 협상의 배경과 목표

GATT체제의 출범은 국제무역에서 관세장벽의 완화에 큰 기여를 하였다. 그러나 대부분의 국가들은 관세 외에 여러 가지 비관세장벽을 이용하여 국제무역질서를 왜곡시키고 있다. 수입허가절차는 투명성이 결여되거나 절차가 까다롭고 부당하게 지연될 경우 수입억제수단으로 남용될 소지가 있다. 이와 같은 문제의 해결을 위해 동경라운드에서는 '수입허가절차에 관한 협정'(Agreement on Import Licensing Procedures)을 채택하여 각종 수입 관련 행정절차의 간소화와 투명성 및 절차운용의 공평성을 보장하고자 하였다. 그러나 그 내용의 불명확성 및 가입의 비강제성으로 인해 협정의 실효성이 문제된 결과 UR협상에서 수정하여 수입허가절차협정을 채택하였다. 동 협정은 기존 협정의 간소화 및 투명성 제고를 통해 수입허가제도가 비관세장벽으로 야기할 수 있는 무역왜곡효과를 완화하고자 하였다.

제2절 수입허가절차협정의 주요 내용

수입허가절차협정은 전문과 본문 8개 조항으로 구성되어 있다.

Ⅰ 협정의 목적

동 협정에 의하면 수입허가절차는 자동수입허가와 비자동수입허가로 구분된다. 자동수입허가절차의 유용성을 인정하되 그 절차가 무역을 제한하기 위해 사용되어서는 안 되며, 비자동수입허가절차가 투명하고 예측 가능한 방법으로 시행되어야 하고 필요 이상의 행정적 부담이 되어서는 안 된다. 동 협정은 수입허가절차의 유용성과 동시에 수입허가절차가 국제무역의 흐름을 제한할 수 있음을 인정하고 수입허가에 대한 행정절차와 관행을 간소화하고 투명성을 촉진하며 그러한 절차와 관행의 공정하고 공평한 적용과 시행을 보장하는 것을 목적으로 한다(전문).

Ⅱ 일반 원칙

1. 수입허가의 정의

수입허가(Import Licensing)란 수입국 관세영역으로의 수입을 위한 선행조건으로서 관련 행정기관에게 신청서나 기타서류(단, 통관목적으로 요구되는 문서 제외) 제출을 요구하는 수입허가제도의 운영에 사용되는 행정절차로 정의된다(제1조 제1항).

2. 수입허가절차의 성격

회원국은 수입허가제도가 부적절하게 운영되어 무역왜곡이 발생하는 것을 방지하고 개도국의 경제적 필요를 고려하면서 관련 절차가 GATT1994 규정에 부합하도록 보장한다. 수입허가절차에 관한 규칙은 중립적이고 형평하며 공정하게 적용되어야 한다(제1조 제2항·제3항).

3. 규칙과 정보의 공표 및 토의기회 제공

수입허가절차에 관한 규칙과 정보는 가능한 한 발효일 21일 이전, 늦어도 발효일 이전에 공표하여 다른 회원국 및 무역업자가 인지할 수 있도록 하여야 한다. 다른 회원국들은 이에 대해 서면 의견을 제출할 수 있으며 요청이 있는 경우 토의의 기회가 제공된다. 관련 회원국은 이러한 의견과 토의결과를 적절히 고려한다(제1조 제4항).

4. 수입허가 신청 양식 및 규칙

수입허가 신청 및 갱신양식·절차는 가능한 한 단순해야 하며 필수 서류는 신청 시 요구하고 합리적 기간 내에 원칙적으로 하나의 행정기관에 신청하도록 해야 한다(제1조 제5항·제6항). 이는 접수국에 의한 절차의 부당한 지연을 방지하고 실질적 이용가능성을 확보하기 위함이다. 회원국들은 신청서에 포함된 기본적 자료를 변경시키지 않는 사소한 서류상의 오류를 이유로 신청을 거부해서는 안 되며 사기의 의도나 중대한 부주의로 이루어진 것이 아닌 서류상 혹은 절차상 누락이나 오류에 대하여 단순한 경고 이상의 벌칙을 부과해서는 안 된다(제1조 제7항). 허가된 수입은 선적 과정에서 발생한 가치·물량·중량의 사소한 변경, 대량적하에 부수되는 우발적 차이 및 정상적 상관행과 일치하는 사소한 차이를 이유로 거부되지 아니한다(제1조 제8항).

Ⅲ 자동수입허가

1. 정의

자동수입허가란 모든 경우에 신청에 대한 승인이 부여되는 것으로서 수입품에 대한 규제효과를 초래하는 방법으로 운영되지 않아야 한다(제2조 제1항).

2. 무역제한효과 발생의 예외

자동허가절차는 다음의 경우를 제외하고 무역제한효과를 가지는 것으로 간주된다. 즉, 자동허가절차가 무역제한효과를 갖지 않기 위해서는 ⅰ) 자동허가품목의 수입과 관련한 수입국의 법적 요건을 충족시키는 모든 개인, 회사 또는 기관에게 수입허가를 신청하고 획득하는 데 있어 동등한 자격을 부여하고 ⅱ) 수입허가신청서는 상품통관 이전 어떠한 근무일에도 제출될 수 있으며 ⅲ) 신청서가 적절하고 완전한 형태로 제출되었을 때 행정적으로 가능한 한 즉시, 늦어도 10일 이내 승인되어야 한다(제2조 제2항 (a)).

3. 절차의 필요성과 유지

회원국은 다른 적절한 절차가 구비되지 않은 경우 자동수입허가가 필요하다는 것을 인정하며, 그 도입 여건이 지속되고 행정상 근본적인 목적을 성취할 보다 적절한 방법이 없는 한 자동수입허가를 유지할 수 있다(제2조 제2항 (b)).

IV 비자동수입허가

1. 개념 및 원칙

비자동수입허가는 자동수입허가 이외의 경우로서 수입에 대한 무역제한이나 왜곡효과를 갖지 않아야 한다. 비자동수입허가절차는 범위와 존속기간에 있어 행정목적에 상응하며 조치 시행에 절대적으로 필요한 이상의 행정적 부담이 되어서는 안 된다(제3조 제1항·제2항).

2. 정보의 공표 및 제공

수량제한의 시행 이외의 목적을 위해 허가요건을 규정하는 경우, 회원국은 다른 회원국과 무역업자가 허가를 부여 또는 배분하는 근거를 알 수 있도록 충분한 정보를 공표해야 한다. 회원국이 개인, 기업 또는 기관에게 허가요건의 예외 또는 일탈을 요청할 가능성을 제공하는 경우 관련정보는 제1조 제4항에 따라 공표되는 정보에 포함시켜야 한다(제3조 제3항·제4항). 이해관계 회원국의 요청이 있는 경우 회원국은 제한의 시행, 최근 부여된 수입허가, 그러한 허가의 공급국 간 배분 및 가능한 경우 수입허가 대상품목에 관한 수입통계에 관련된 정보를 제공하여야 한다. 허가를 통하여 쿼터를 관리하는 회원국은 쿼터총량, 쿼터 개시일 및 마감일, 그리고 이에 관한 모든 변경사항을 발효일로부터 21일 이내에 공표하여야 한다. 쿼터가 공급국 간 배분되는 경우에도 할당되는 쿼타의 몫이나 쿼터 기간의 조기개시 일자도 동 기한 내에 공표하여야 한다(제3조 제5항 (a)~(d)).

3. 신청서의 접수·처리

수입회원국의 법적 및 행정적 요건을 충족하는 모든 신청자들은 동등한 자격을 부여받는다. 신청서는 회원국이 통제할 수 없는 이유로 불가능한 경우를 제외하고는 접수가 선착순으로 고려되는 경우에는 접수 후 30일, 모든 신청서가 동시에 검토되는 경우에는 60일 내에 처리되어야 한다(제3조 제5항 (e)~(f)).

4. 허가의 발급 및 배분

예측하지 못한 단기적 필요를 충족시키기 위하여 수입이 필요한 특별한 경우를 제외하고, 허가의 유효기간은 원거리 공급원으로부터의 수입을 배제하지 않는 합리적 기간이 되어야 한다. 쿼터 시행 시 회원국은 발급된 허가에 따라 이루어지는 수입을 방해하거나 쿼터의 충분한 활용을 억제해서는 안 된다. 허가는 경제적 물량으로 발급하는 것이 바람직하며 배분함에 있어서는 신청자의 수입실적을 고려해야 한다. 과거에 발급된 허가가 충분히 활용되지 않은 경우 그 이유를 검토하고 새로운 허가 배분 시 고려하며, 신규 수입자 및 개도국 상품 수입자를 특별히 고려한다(제3조 제5항 (g)~(j)).

제3절 절차적 규정

I 수입허가위원회 설치

수입허가위원회는 각 회원국 대표로 구성되어 의장과 부의장을 자체적으로 선출하고 협정의 운영이나 그 목적의 증진에 관한 모든 사안에 관하여 협의하기 위해 회합한다(제4조). 동 위원회는 회원국들로부터 수입허가절차의 제정·개정사항, 동 협정과 관련된 국내법규의 모든 변경사항을 통보받고 협정 운용과 관련한 각 회원국들의 진전 사항을 상품교역이사회에 통보한다(제5조 제1항, 제8조 제2항 (b), 제7조 제4항).

Ⅱ 통보(Notification)

수입허가절차를 제정하거나 변경한 회원국은 구체적 정보를 공표 후 60일 이내에 수입허가위원회에 통보하여야 한다. 허가절차 대상상품 목록, 자격요건에 관한 정보를 얻을 수 있는 접촉창구, 신청서를 제출할 행정기관, 허가절차가 공표된 경우 공표일자와 명칭, 자동·비자동 여부, 자동수입허가절차인 경우 행정적 목적, 비자동수입허가절차인 경우 동 허가절차를 통하여 시행되고 있는 조치, 허가절차의 예상 존속기간 및 상기 정보가 제공되지 못할 경우 그 이유 등에 관한 정보가 통보에 포함된다. 다른 회원국이 이상의 정보를 통보되지 않았다고 판단하는 이해당사국은 해당 회원국의 주의를 환기시킬 수 있으며, 그럼에도 신속하게 통보되지 않는 경우 그 이해당사국은 스스로 허가절차나 변경사항을 통보할 수 있다(제5조).

Ⅲ 협의 및 분쟁해결

동 협정의 운용에 영향을 미치는 모든 사안에 관한 협의 및 분쟁해결은 분쟁해결양해에 의해 발전되고 적용되는 GATT1994 제22조와 제23조의 규정을 따른다(제6조). 일례로 Venezuela-Import Licensing Measures on Certain Agricultural Products 사건에서 미국은 베네주엘라가 다수의 농산물에 대해 임의적 수입허가제도를 설치하고 자의적 운용을 함으로써 투명성 및 예측가능성 확보에 실패하여 해당 제품의 교역을 심각하게 저해하고 있다고 주장하였다. 그러나 동 사건은 미국 및 EC, 캐나다, 뉴질랜드 등이 협의를 요청하고 베네수엘라가 이를 수락함으로써 협의단계에서 종결되었다.

Ⅳ 검토

수입허가위원회는 최소한 2년에 한 번 협정의 시행과 운영을 검토하며, 검토의 기초로서 사실보고서를 준비한다. 동 보고서는 검토대상기간 중 모든 변화나 발전사항을 명시하여야 하며 회원국들은 수입허가절차에 관한 연례질의서를 신속하고 성실하게 작성한다(제7조).

제4절 결론

수입허가절차협정은 허가의 요건과 절차를 간소화하고 관련 국내법규의 제정·개정 시 공표의무를 부과하는 한편, 다른 모든 회원국의 동의가 없는 한 여하한 유보도 허용하지 않는다. 이는 수입허가절차 이용의 투명성과 공정성, 예측가능성을 제고하고 비관세무역장벽으로 오용될 소지를 획기적으로 차단한 것으로 평가된다. 한편, 동 협정의 발효에 따라 한국은 기존 '수입선 다변화제도'가 동 협정에 위반되므로 이를 단계적으로 축소, 1999년 전면 폐지하였다.

해커스공무원 학원·인강
gosi.Hackers.com

제4편
서비스무역에 관한 협정(GATS)

제4편 │ 서비스무역에 관한 협정(GATS)

제1절 서비스무역의 의의

서비스의 무역 규모는 전 세계적으로 급격히 팽창하여 오늘날 연간 2조 달러 이상에 달하고 전체 생산의 65% 및 교역량의 20% 이상을 차지한다. UR에서는 이러한 현실을 인식하고 서비스무역에서 또한 상품무역과 마찬가지로 투명성과 점진적 자유화를 보장할 수 있는 다자간협상을 벌인다. 하지만 선, 개도국가 간 서비스 발전 정도의 현격한 차이나 서비스무역의 자유화로 인한 국내산업의 피해 등을 고려할 때 서비스무역의 일률적인 자유화는 국가들의 합의를 이끌어내지 못했다. 이에 UR협상에서는 통일적인 국제협정이 없는 상태에서 당사국 간 협정 등의 형태로 해당 국가들이 필요에 따라 그때그때 높여 놓은 무역제한의 제도화 수준과 관행을 계속 누리게 할 필요성에 대해 인정한 바 있다. 그 결과 서비스분야에서는 최혜국대우, 국내규제 등 다자주의의 틀 내 일반적 의무를 규정함과 동시에 개별 국가들의 동의를 바탕으로 하는 구체적 의무를 분할하여 규정하게 되었다. 또한 이러한 일반적·구체적 의무는 추후협상에 의한 시장개방 약속에 따라 점진적으로 개방하도록 허용하고 있다.

제2절 GATS와 GATT의 관계

I GATT와 GATS 실체적 규정의 차이점

첫째, 시장접근에 있어서 GATS는 '적극적 약속(positive commitment)' 방식을 취하고, 회원국이 적극적으로 개방을 약속한 분야에 대해서만 내국민대우 원칙과 시장접근의무를 부과한다. 둘째, 내국민대우의 경우 GATT는 상품 전체에 대해 원칙적의 적용을 규정하고, 예외를 매우 제한적으로 인정하나, GATS는 각국이 자국 양허표에서 적극적으로 약속한 범위에서만 내국민대우의무를 진다. 셋째, 시장접근에 있어서 GATT는 수량제한을 일반적으로 금지하였으나, GATS는 회원국이 자국양허표에 약속하지 않는 한 수량제한을 포함해 시장접근을 제한할 수 있다. 또한 양허한 분야라 하더라도 양허표에 기재를 조건으로 시장접근 제한 조치를 취할 수 있다. 넷째, 무역구제조치의 경우 GATT는 상품 수입에 대해 다양한 수입규제(반덤핑관세, 상계조치, 세이프가드조치, 대항조치 등)를 인정하고 있으나, GATS는 서비스 수입에 대한 무역규제조치에 대해 규정하지 않고 있다. 양허표의 수정과 철회를 통해 자유화의 정지와 서비스무역을 제한할 수 있기 때문이다. GATS는 세이프가드조치(제10조), 보조금에 대한 규제(제15조)를 위한 교섭을 규정하고 있으나 별다른 진전은 보이지 않고 있다.

Ⅱ GATT와 GATS의 적용

상품을 규율하는 GATT와 서비스를 규율하는 GATS는 그 범위나 영역의 경계선이 모호한 경우가 종종 있다. 즉, GATT와 GATS가 특정 사안에 대해 동시에 적용이 될 수 있는 경우가 발생하여 서로 간의 위상 및 관계를 설정하는 것이 복잡할 수 있다. WTO의 규정은 이에 대해 침묵하고 있다. 하지만 '캐나다 정기간행물 사건'에서 캐나다의 국내소비세법이 광고라는 서비스에 관한 것인지 정기간행물이라는 상품에 관한 것인지가 하나의 쟁점이 되었고 패널은 이에 GATT와 GATS의 적용 관계를 판시한 바 있다. 패널은 GATT와 GATS의 의무는 상호 양립할 수 있고 어느 하나가 다른 하나를 무효화하지 않으며 GATT와 GATS가 중첩되는 부분에서도 어느 한 쪽의 적용이 다른 한 쪽의 적용을 배척하지 않는다고 결론지은 것이다. 따라서 GATT와 GATS는 해당 조치의 성격에 따라 중복해서 적용될 수도 있다.

제3절 서비스무역협정의 적용범위

Ⅰ 적용대상

동 협정은 '서비스무역'에 영향을 미치는(affecting) '회원국의 조치'에 적용된다(GATS 제1조 제1항).

Ⅱ 서비스무역의 정의

동 협정의 목적상 서비스무역은 다음과 같은 서비스 공급으로 정의된다(GATS 제1조 제2항)

1. 유형 1 – 서비스의 국경 간 공급(cross border supply, 제1조 제2항 (a))

유형 1은 한 회원국에 위치한 서비스 이용자가 다른 회원국에 위치한 공급자로부터 서비스를 직접 공급받는 경우이다. 이러한 유형의 서비스로는 국경 간 이동이 있는 국제통신서비스, 설계서비스 혹은 개도국에서의 법률보조서비스나 정보보조서비스 등 아웃소싱 형태로의 제공 등이 포함된다. 유형 1의 경우에는 서비스 공급자가 위치한 국가와 서비스 수입국이 모두 회원국인 경우에만 적용되고 있다. 하지만 서비스 공급자가 반드시 국적상 회원국에 소속될 필요는 없다. 비회원국의 기업이 다른 회원국에 진출한 후 그 국가를 기반으로 또 다른 회원국에게 국경 간 서비스를 제공한 경우 해당 기업은 그 실질적인 국적과 관계없이 유형 1에 해당되는 것이다.

2. 유형 2 - 서비스 소비자의 해외소비(movement of customers, 제1조 제2항 (b))

유형 2는 한 회원국의 서비스 이용자가 국경을 직접 이동하여 다른 회원국에서 서비스를 공급, 구매, 소비하는 경우이다. 대표적인 예로 관광객이 해외에서 소비하는 관광서비스, 환자가 외국의 병원에서 받는 의료서비스, 유학생이 학비를 지불하고 받는 교육서비스 등이 포함된다. 유형 2에서 명시하는 소비 이용자는 반드시 자연인이나 법인이 아니어도 된다. 소비자뿐만 아니라 소비자의 소유물이 이동하여 제공받는 서비스도 이러한 유형 2에 해당된다. 서비스소비자의 소유물이 이동하는 예는 주로 운송 분야에서 찾아볼 수 있다. 항공기, 선박, 차량 등이 해외에서 운행하는 도중 현지에서 수선·유지관리 서비스를 받는 경우가 이에 해당한다. 유형 2에서의 국적의 결정은 유형 1과 마찬가지로 서비스공급영역을 따르도록 하고 있다.

3. 유형 3 - 외국서비스공급의 상업적 주재(commercial presence abroad, 제1조 제2항 (c))

유형 3은 한 회원국의 서비스 공급자가 다른 회원국에 가서 설립한 즉, 상업적 주재를 통하여 서비스 이용자에게 서비스를 제공하는 경우이다. 서비스 이용자의 이동 없이 상업적 주재를 통한 서비스 공급자의 이동에 의해 제공되는 서비스 형태를 말한다. 여기서 상업적 주재는 모든 유형의 사업체나 전문업체를 의미하며 회원국에 설립된 외국기업체의 지점이나 현지사무소를 통해 받는 금융서비스나 컨설팅서비스가 대표적인 예가 된다. 유형 3의 경우 거점설치를 위한 해외투자를 동반하므로 서비스무역에서 상당한 관심을 끌고 있다. 해외에서 거점을 통해 시장 참여하는 외국 기업이 국내 서비스 제공자를 경쟁에 의해 축출하거나 국내기업의 주식보유와 인적 지배에 의해 조종할 우려가 있기 때문이다.

4. 유형 4 - 자연인의 주재(presence of natural persons abroad, 제1조 제2항 (d))

유형 4는 다른 회원국에 거주하는 자연인이 일시적으로 국경을 이동하여 현지사용자를 위한 서비스를 공급해주는 방식이다. 건축가 혹은 건설엔지니어가 해외 건설사업을 위해 해외 현장으로 가서 자문을 해주는 경우나 변호사 회계사 및 통역가 같은 전문직이 해외출장을 통해 제공하는 서비스 등이 포함된다. 유형 3과 가장 구별되는 차이점은 법인이 아닌 자연인이 서비스의 주체라는 점이다. 예를 들어 현지에 자사를 설립하여 상업적 주재를 갖는 외국회사는 유형 3에 해당하겠지만 외국회사가 임직원을 현지에 파견하여 서비스를 공급하면 이는 결과적으로 유형 4에 해당되는 것이다.

참고 서비스교역의 정의

서비스 공급자의 주재 여부	공급 형태	정의	이동 요소
서비스 공급자가 서비스 수입국 영토 내에 주재하지 않는 경우	국경 간 공급	인력이나 자본 등 생산요소의 이동이 수반되지 않은 서비스 자체의 국경 간 공급	서비스 자체의 이동
	해외소비	서비스 소비자의 본국 이외의 영토에서 소비행위가 완결되는 경우	소비자의 이동
서비스 공급자가 서비스 수입국 영토 내에 주재하는 경우	상업적 주재	서비스 수입국내에 서비스 공급주체를 설립하여 서비스를 생산·판매하는 경우	자본의 이동
	자연인의 주재	서비스 수입국내에 서비스 공급인력의 주재	노동의 이동

Ⅲ 회원국의 조치(measures by Members)

동 협정의 목적상 회원국의 조치란 ① 중앙, 지역 또는 지방의 정부 및 당국 그리고 ② 중앙, 지역 또는 지방의 정부 또는 당국에 의해 위임된 권한을 행사하는 비정부기관에 의해 취해진 조치를 의미한다. 즉, 어떤 기관이 서비스 협정 적용대상인지 여부는 동 기관이 사적 기관(private entity)이냐 공적 기관(public entity)이냐에 따라 결정되는 것이 아니라 중앙정부 또는 지방정부 고유 권한의 일부를 위임받아 행사하는지 여부에 따라 결정된다.

Ⅳ 서비스

동 협정상 서비스에 관한 명시적 정의는 규정되어 있지 않다. 하지만 동 협정상 서비스는 정부의 권한을 행사함에 있어서 공급되는 서비스를 제외하고는 모든 분야에서의 모든 서비스를 포함한다(GATS 제1조 제3항 (b)). 단, 정부의 권한을 행사함에 있어서 공급되는 서비스는 상업적 기초에서 공급되지 아니하며 하나 또는 그 이상의 서비스 공급자와의 경쟁 하에 공급되지 아니하는 모든 서비스를 의미한다(GATS 제1조 제3항 (c)). 현재 법적으로 구속력있는 서비스분야 목록은 없으므로 한 회원국이 서비스협정하의 이익이 침해되고 있다고 생각하는 분야가 있으면 무엇이든 문제를 제기할 수 있다.[1]

Ⅴ GATS상 원산지 문제

1. 서비스의 원산지

국경 간 거래와 해외소비의 경우 서비스의 원산지는 서비스 제공국이다. 해상운송서비스의 경우 당해 운송선박이 등록되어 있는 선적국이 서비스의 원산지가 된다. 상업적 주재와 자연인의 주재의 경우 서비스 제공자의 원산지와 서비스의 원산지가 일치한다.

2. 서비스 제공자의 원산지

첫째, 서비스 제공자가 자연인인 경우 그 국적국이 원산지이다. 둘째, 서비스 제공자가 법인인 경우 법인의 설립준거법국이 원산지이다. 다만, 서비스 제공 법인이 GATS의 이익을 받기 위해서는 WTO 회원국의 법률에 근거해 설립될 뿐 아니라 당해 WTO 회원국 또는 다른 회원국에서 실질적인 업무에 종사하고 있어야 한다. 따라서 WTO 비회원국의 기업이 회원국에 편의상 설립한 기업은 GATS의 이익을 받을 수 없다.[2] 셋째, 서비스가 외국의 거점을 통해 제공되는 경우 당해 서비스의 원산지는 거점을 소유하거나 지배하는 기업의 설립준거법국[3] 또는 거점을 소유하거나 지배하는 자연인의 국적[4]이 서비스의 원산지이다.

---

1) 한철수, 서비스산업개방과 WTO, 다산출판사, 85면.
2) 고무로 노리오(2010, 저)/박재형(역), 국제경제법, 595면.
3) 거점의 원산지는 거점의 설립준거법국이 아니라 거점을 소유하거나 지배하는 기업의 설립준거법국이다. 다만, 이 경우 거점을 소유하거나 지배하는 기업은 설립준거법국 또는 다른 WTO 회원국에서 실질적인 업무에 종사해야 한다.
4) 소유는 당해 법인의 주식을 50% 초과 보유하는 것을 말하고, 지배는 당해 법인의 임원의 과반수를 지명하거나 당해 법인의 활동을 법적으로 관리하는 것을 말한다.

3. 판례

EC – 바나나 사건에서 미국과 멕시코의 대기업이 라틴아메리카 각국의 농장에서 재배한 바나나를 EC로 판매하기 위해 EC 역내에 도매전문 자회사를 설립해 운영하고 있었다. 패널은 이 자회사들(거점)이 미국과 멕시코에 설립된 기업에 의해 소유되고 있기 때문에 미국과 멕시코의 서비스 제공자로 간주하였다. 패널은 거점을 소유·지배하는 기업이 다시 누군가에 의해 소유·지배되고 있는지는 서비스의 원산지 판정에 있어서 문제가 되지 않는다고 하였다. 캐나다 – 자동차 사건에서는 다임러크라이슬러 캐나다사의 원산지가 문제되었다. 다임러크라이슬러 캐나다사는 미국에서 설립된 모회사 다임러크라이슬러사의 캐나다 거점이기 때문에 미국의 원산지를 인정받았다.

제4절 GATS의 일반적 의무

GATS는 크게 일반적 의무사항과 특정 분야별 의무사항으로 나뉘어 있다. 일반적 의무사항이란 자국 양허표에 기재하고 있지 않더라도 회원국이 서비스무역 분야에서 준수해야 하는 사항으로 15가지의 세부적인 의무로 규정되어 있다. 특히 그 중에서 비차별주의, 우월적 지위의 남용방지, 절차의 공정성과 투명성 등은 특히 강조되는 부분이다.

Ⅰ 최혜국대우(GATS 제2조)

> 📖 **조문 | 제2조 – 최혜국대우**
>
> 1. 이 협정의 대상이 되는 모든 조치에 관하여, 각 회원국은 그 밖의 회원국의 서비스와 서비스 공급자에게 그 밖의 국가의 동종 서비스와 서비스 공급자에 대하여 부여하는 대우보다 불리하지 아니한 대우를 즉시 그리고 무조건적으로 부여한다. (With respect to any measure covered by this Agreement, each Member shall accord immediately and unconditionally to services and service suppliers of any other Member treatment no less favorable than that it accords to like services and service suppliers of any other country)
> 2. 제2조의 면제에 관한 부속서에 열거되어 있으며 또한 그 부속서상의 조건을 충족시키는 경우에는 회원국은 제1항에 일치하지 아니하는 조치를 유지할 수 있다.
> 3. 이 협정의 규정은 어떠한 회원국도 현지에서 생산되고 소비되는 서비스의 인접 접경지대에 국한된 교환을 촉진하기 위하여 인접국에 혜택을 부여하거나 허용하는 것을 금지하는 것으로 해석되지 아니한다.

1. 최혜국대우 원칙

GATS 제2조에서는 GATT와 마찬가지로 서비스무역 분야에 최혜국대우의무를 도입하고 있다. 최혜국대우는 한 회원국의 서비스와 서비스 공급자에게 그 밖의 국가의 동종서비스나 서비스 공급자보다 불리하지 않은 대우를 부여하는 것이다. 또한 이 같은 불리하지 않은 대우는 모든 회원국이나 공급자에게 '즉각적이고 무조건적으로(immediately and unconditionally)' 제공해야 한다(제2.1조).

2. 동종서비스

최혜국대우 원칙은 동종서비스와 서비스 공급자를 대상으로 한다. 동종성의 판정은 사례별로 이루어진다. EC – 바나나 사건에서 바나나의 도매서비스는 바나나의 원산지가 어디든 모두 동종으로 판정되었다. 따라서 라틴아메리카 바나나를 수입 판매하는 도매서비스와 ACP산 바나나를 수입 판매하는 도매서비스는 동종이고 또한 그들의 도매서비스 제공자도 동종으로 판정되었다. 동종서비스인지 여부 결정은 쉬운 문제가 아니다. 예 컨대, 선진국에서 훈련을 받은 의사가 제공하는 의료서비스와 최빈개도국에서 훈련받은 의사가 제공하는 의료 서비스는 동종으로 볼 수 있는지가 문제될 수 있다.

3. 차별

EC – 바나나 사건에 의하면 최혜국대우 원칙은 법률상 차별뿐 아니라 사실상의 차별도 규제한다. GATS 제17 조는 형식적으로 다른 대우에 의한 법적 차별과 형식적으로는 동일한 대우에 의한 사실상의 차별을 구별하고 있으나 GATS 제2조에서는 이런 구별을 규정하지 않았다. 그러나 패널은 제2조 역시 법률상 차별과 사실상 차별을 포함한다고 해석하였다. EC의 바나나수입제도는 원산지에 관계없이 모든 서비스 제공자에게 형식적으 로 동일하게 적용되지만 라틴아메리카 바나나의 도매서비스 제공자를 ACP산 바나나의 도매서비스 제공자보 다 사실상 차별하고 있다고 판정하였다. 상소기구 역시 패널의 법률해석을 지지하고, 법적 차별만 금지된다면 국가는 사실상 차별에 의해 최혜국대우 원칙의 기본 목적을 쉽게 우회할 수 있을 것이라고 지적하였다.

4. 예외

(1) 면제등록

제2조의 면제에 관한 부속서에 의하면 회원국은 합의된 면제목록에 면제사항을 기재하고 또한 면제조건을 충족하는 경우 최혜국대우를 이탈하는 조치를 취할 수 있다(제2조 제2항). 부속서에 따르면 WTO협정 발 효일 이후 신청하는 모든 새로운 면제조치는 동 협정 제9조 제3항에 따라 다루어진다. 하지만 이러한 면 책조항의 남용방지를 위해 면제기간이 5년 이상인 면제조치의 경우, 서비스무역이사회의 정기적인 검토를 받아야 하며 면제기간은 원칙적으로 10년을 초과할 수 없다(제2조의 면제에 관한 부속서 제3항, 6항).

(2) 의무면제

WTO 신규 회원국에 대해서는 WTO의 의무면제 절차가 적용된다. WTO 각료회의에서 3/4의 다수결로 신규 회원국의 차별적 조치가 예외적으로 허가될 수 있다. 중국은 WTO 가입 시 운송 분야에서 차별적 조 치를 허가받았다.

(3) 지역통합

GATS 제5조는 지역통합에 의해 최혜국대우 원칙으로부터 이탈할 수 있도록 허용하고 있다. EC는 역내 서비스자유화와 역외국에 대한 차별적 조치를 허용받았다. NAFTA 역시 역내 서비스 자유화와 역외국에 대한 차별조치를 취하고 있다. 지역통합에 대해서는 아래서 상술한다.

(4) 정부조달

정부기관이 정부용으로 구입하는 서비스의 조달은 GATS의 기본 원칙이 적용되지 않는다. 따라서 GATS 의 최혜국대우, 내국민대우, 시장접근의무는 서비스의 정부조달에서는 적용되지 않는다(제13.1조). WTO 정부조달협정 수락국 상호 간 서비스조달에서 최혜국대우 및 내국민대우가 적용된다.

(5) 상호인정협정

회원국들은 개별 서비스 분야에서 상호 간 자격면허 조건 등을 승인하고 상호 간 당해 개별 분야의 서비스 무역 자유화를 도모할 수 있다. 따라서 상호인정협정을 체결하는 국가는 상호 간에 자유화를 도모하고 제 3국의 서비스와 서비스 제공자는 차별할 수 있다.

⚖ 판례 | 캐나다 – 자동차 사건

1. 사실관계

캐나다는 1998년 제정된 Motor Vehicle Tariff Order(MVTO)를 통해 일정 조건[5]을 충족하는 자동차 제작사에게 자동차를 무관세로 수입할 수 있는 수입관세 면제혜택을 부여하였다. 또한, 캐나다는 SRO(Special Remission Order)규정을 통해서도 자동차 제작사에게 수입관세 면제혜택을 부여하였다. SRO 역시 회사별로 생산 대 판매 비율과 CVA 요건을 설정하였다. 자동차 제작사들은 CVA 요건을 충족하겠다는 서약서(Letter of Undertaking)를 제출하였다. MVTO, SRO에 의거하여 수입관세 면제대상이 되는 기업은 1989년 이후 추가되지 않았다.

2. 제소국 주장

수입관세면제조치와 관련하여 제소국(EC,일본)은 동 조치가 GATS 제2조 MFN 원칙에 위반된다고 주장하였다. 일본과 EC는 캐나다의 수입관세 면제조치는 EC나 일본 자동차 공급자보다 미국 자동차 공급자에게 더 유리한 대우를 부여하는 것이므로 GATS 제2조 위반이라고 주장하였다. 양국은 비록 수입관세 면제조치 대상 자격에 국적 요건이 명시되어 있지는 않지만 동 대상으로 선정된 기업은 모두 미국계 회사이므로 동 조치는 사실상의 차별조치이며 수입관세 면제혜택을 보는 자동차 도매업자와 그렇지 못한 도매업자 간의 경쟁 조건을 변경 시키므로 GATS 제2조 제1항의 MFN의무 위반에 해당한다고 주장하였다. 반면, 캐나다는 수입관세 면제조치는 서비스공급에 영향을 미치는 조치가 아니므로 GATS 적용대상이 아니라고 반박하였다. 또한 GATS 제5조에 의해서도 정당화된다고 하였다.

3. 패널 판정

패널은 GATS 적용 여부는 사전적으로(a priori) 결정할 수 없고 관련 조치가 GATS의 중요 의무를 위반하였는지를 먼저 판정해야 한다고 보고, 수입관세 면제조치는 서비스 교역에 영향을 미치는 조치이므로 GATS가 적용된다고 하였다. 또한 사실상 수입관세 면제대상 기업이 모두 미국계 회사이며, 캐나다 내 생산시설이 없는 자동차 도매 서비스 공급자는 수입관세 면제대상에서 배제되므로 캐나다의 조치는 GATS 제2조 제1항에 규정된 MFN의무에 반한다고 판정하였다.

한편, 패널은 GATS 제5조에 의해 정당화 주장도 기각하였다. 캐나다는 미국과 캐나다가 NAFTA 회원국이므로 GATS 제5조 제1항에 의거하여 수입관세 면제조치는 GATS 제2조 제1항 의무에서 이탈할 수 있다고 주장하였다. 그러나 패널은 MVTO 1998과 SRO가 NAFTA의 서비스 교역 자유화 조항의 일부분이라고 볼 수 없으며 설사 동 조항의 일부라고 인정한다고 하여도 수입관세 면제혜택이 미국과 멕시코의 모든 자동차 기업 또는 도매업자에게 부여되는 것이 아니므로 서비스교역 자유화라고 볼 수 없다고 판정하였다.

---

5) 세 가지 조건을 충족해야 한다. 첫째, 기준년도 중 수입자동차와 동급의 차량을 캐나다 국내에서 생산한 실적이 있어야 한다. 둘째, 캐나다 내에서 생산된 자동차의 판매총액과 캐나다 내에서 판매된 동급 차량 판매총액 간의 비율이 기준년도의 그것보다 같거나 높아야 한다. 셋째, 캐나다 내 자동차 제작에 투여된 캐나다의 부가가치가 기준년도의 그것보다 같거나 높아야 한다 (Canadian Value Added requirement: CVA). 둘째 조건이 기준년도보다 낮을 수도 있으나 최소한 75:100은 초과해야 한다. 셋째 요건과 관련하여 CVA 요건 충족비율이 각 자동차 회사별로 지정되었다. 이 비율은 캐나다 국내상품 사용, 국내노동자 고용, 캐나다 내 수송비용 및 캐나다 내에 발생한 경상비 등을 통해 달성할 수 있다.

4. 상소기구 판정

상소기구는 패널 판정을 파기하였다. 상소기구에 따르면, GATS 적용 여부는 의무 위반 판단에 '앞서' 행해져야 한다. 그런데 패널은 수입관세 면제조치가 GATS 적용대상인지 여부를 사전적으로 조사하지 아니하여 해석상의 오류를 범했다고 하였다. 이 사건에서 문제가 되는 서비스무역은 '캐나다 내에 상업적으로 주재하고 있는 특정 국가의 서비스 공급자에 의해 제공되는 자동차 도매 서비스'이다. 그러나 패널은 캐나다의 조치가 자동차 도매서비스에 영향을 주는 조치인지 여부에 대해 검토하지 않았으므로 상소기구가 추가적인 검토를 진행할 수 없다고 하였다. GATS 제2조 제1항 위반 여부에 있어서도 패널은 관련 사실을 제대로 조사하지 못했고 GATS 제2조 제1항을 적절히 해석하지도 못했다고 보았다. 즉, 수입관세 혜택을 받는 기업은 자동차 제작사이고 GATS 제2조 제1항의 적용을 받는 것은 자동차 도매업자인데 패널이 확인한 수입관세 면제 대상인 기업과 자동차 도매업자가 어떻게 연결되는지 양자 간의 적절한 관계를 수립하는 데 실패하였다고 판정하였다.

Ⅱ 투명성(Transparency, 제3조)

투명성은 GATS의 일반적인 의무사항이다. 첫째, GATS 제3조에 따라 회원국은 서비스무역과 '관련되거나 영향을 미치는' 일반적으로 적용되는 모든 관련 조치를 신속히 공표하며 긴급상황의 경우를 제외하고는 늦어도 발효 전까지 공표한다(제3조 제1항). 제1항에 언급된 공표가 실행불가능할 경우, 그러한 정보를 달리 공개적으로 입수가능하도록 한다(제3조 제2항). 각 회원국은 자국의 양허표에 기재된 서비스무역에 중대한 영향을 미치는(significantly affect) 법률, 규정, 또는 행정지침의 새로운 도입 또는 수정에 관하여 서비스무역이사회에 신속히 그리고 적어도 해마다 통보해야 한다(제3조 제3항). 상품의 공급과는 달리 규제, 인허가 요건 등이 서비스 제공을 가로막는 주된 무역장벽이기 때문에 이 같은 요건이 필요하다. 하지만 통보대상은 서비스무역에 중대한 영향을 미치는 법률 등에 한정되어 있고 그 범위가 상대적으로 넓지 않을 뿐 아니라 사후통보를 요구한다는 사실은 주목할 만한 부분이다. 각 회원국은 제1항의 의미 내의 일반적으로 적용되는 자기 나라의 모든 조치에 관한 모든 요청에 대하여 신속하게 응답한다. 또한 각 회원국은 요청이 있는 경우 제3항의 통보요건에 따른 사항뿐 아니라 모든 이러한 문제에 대한 구체적인 정보를 다른 회원국에게 제공하기 위해 하나 또는 그 이상의 문의처를 설립한다(제3조 제4항).

Ⅲ 개도국의 참여증진(제4조)

개도국의 적극적인 참여는 국제서비스무역의 자유화를 위한 필수적인 사항이다. 하지만 개도국은 선진국에 비하여 서비스산업의 발전수준이나 경쟁력이 높지 않은 경우가 많아 적극적인 참여가 어려운 실정이다. 이를 고려하여 GATS 제4조에서는 개도국의 참여를 협상에 의한 국체적 약속을 통하여 권장하고 있다. 이러한 약속으로는 a) 기술접근을 통한 개도국의 국내 서비스능력과 그 효율성 및 경쟁력의 강화 b) 유통망과 정보망에 대한 개도국의 접근 개선 c) 개도국이 수출관심을 가지고 있는 분야 및 공급형태에서의 시장접근 자유화 가 포함된다(제4조 제1항). 또한 각 회원국은 개도국 서비스 공급자가 a) 서비스 공급의 상업적 및 기술적 측면 b) 전문자격의 등록, 인정 및 취득 c) 서비스기술의 입수가능성에 관한 정보를 얻을 수 있도록 접촉처(contact point)를 개설해야 한다(제4조 제2항). 나아가 최빈개도국의 특별한 경제상황과 개발, 무역 및 재정의 필요에 비추어 협상된 구체적 약속을 수락하는 데 있어서 최빈개도국의 심각한 어려움을 특별히 고려해야 한다(제4조 제3항). 하지만 회원국이 어떤 방법으로 최빈국의 상황을 고려해야 할지는 명시되어 있지 않기 때문에 이 조항은 선언적인 의무에 불과하다는 한계가 있다.

Ⅳ 지역경제통합협정(제5조)

📋 조문 | 제5조 – 경제통합

1. 이 협정은 회원국이 서비스무역을 자유화하는 양자 간의 혹은 여러 당사자 간의 협정의 당사자가 되거나 이러한 협정을 체결하는 것을 방해하지 아니한다. 단, 그러한 협정은,

   가. 상당한 분야별 대상범위를 가지며(has substantial sectoral coverage), (Re. 1) 그리고

   (Remark 1) 이 조건은 분야의 수, 영향을 받는 무역량 그리고 공급 형태의 관점에서 이해된다. 이 조건을 충족시키기 위해서는 협정이 특정 공급형태를 사전에 제외하는 것을 규정하여서는 아니 된다.

   나. 아래 조치를 통해, 가호에 따라 대상이 되는 서비스분야에 있어서 제17조의 의미상 양자 간 혹은 여러 당사자 간에 실질적으로 모든 차별조치를 그 협정의 발효 시 또는 합리적인 시간계획에 기초하여 없애거나 폐지하도록 규정하여야 한다.
   (1) 기존 차별조치 폐지, 그리고/또는
   (2) 신규 혹은 더욱 차별적인 조치의 금지,
   단, 제11조, 제12조, 제14조 그리고 제14조의2에 따라 허용되는 조치는 예외로 한다.

2. 제1항 나호의 조건이 충족되고 있는지 여부를 평가하는 데 있어서 협정과 관계국 간의 경제통합 또는 무역자유화의 보다 광범위한 과정과의 관계가 고려될 수 있다.

3. 가. 개발도상국이 제1항에 언급된 유형의 협정의 당사자인 경우, 전반적 및 개별적인 서비스분야와 업종에서의 관련국가의 발전수준에 따라 제1항에 규정된 조건, 특히 제1항 나호와 관련하여 융통성이 규정된다.

   나. 제1항에서 언급된 유형의 협정이 오직 개발도상국에만 관련된 경우에는 제6항에도 불구하고 그러한 협정 당사자의 자연인에 의해 소유되거나 지배되는 법인에 대하여 보다 유리한 대우를 부여할 수 있다.

4. 제1항에 언급된 모든 협정은 그 협정의 양 당사자간의 무역을 촉진하기 위한 것이 되어야 하며, 협정의 당사자가 아닌 모든 회원국에 대하여 그러한 협정이 체결되기 이전에 적용가능한 수준과 비교하여 각 서비스분야 및 업종에서의 서비스무역에 대한 전반적인 장벽의 수준을 높여서는 아니 된다. (Any agreement referred to in paragraph 1 shall be designed to facilitate trade between the parties to the agreement and shall not in respect of any Member outside the agreement raise the overall level of barriers to trade in services within the respective sectors or subsectors compared to the level applicable prior to such an agreement.)

5. 제1항에 따른 협정의 체결, 확대, 또는 중대한 수정을 하는데 있어서 회원국이 자기 나라의 양허표에 규정된 조건들과 일치하지 아니하게 구체적 약속을 철회하거나 수정하려고 하는 경우, 그 회원국은 최소한 90일 이전에 그러한 수정 또는 철회를 사전 통보하며, 제21조 제2항, 제3항 및 제4항에 규정된 절차가 적용된다.

6. 제1항에 언급된 협정의 일방 당사자의 법률에 따라 설립된 법인인 그 밖의 회원국의 서비스 공급자는, 이러한 협정의 당사자의 영토 내에서 실질적인 영업활동에 종사하고 있을 경우, 이러한 협정이 부여하는 대우를 받을 권리를 갖는다.

7. 가. 제1항에 언급된 협정의 당사자인 회원국은 이러한 협정과 그 협정의 확대 또는 중대한 수정을 신속히 서비스무역이사회에 통보한다. 또한 회원국은 서비스무역이사회가 요청할 수 있는 관련 정보를 이사회가 입수 가능하도록 해야 한다. 이사회는 이러한 협정 또는 그 협정의 확대 또는 수정을 검토하고 이 조에 합치하는지의 여부에 대하여 이사회에 보고할 작업반을 설치할 수 있다.

   나. 시간계획에 따라 이행되는 제1항에 언급된 협정의 당사자인 회원국은, 그 이행에 대해 서비스무역이사회에 정기적으로 보고한다. 이사회는 작업반이 필요하다고 판단하는 경우 이러한 보고를 검토할 작업반을 설치할 수 있다.

   다. 이사회는 가호 및 나호에 언급된 작업반의 보고에 기초하여 당사자에 대하여 적절하다고 판단하는 권고를 할 수 있다.

8. 제1항에 언급된 협정의 당사자인 회원국은 이러한 협정으로 인하여 그 밖의 회원국에게 귀속될 수 있는 무역혜택에 대한 보상을 청구할 수 없다.

1. 체결주체

동 협정은 회원국이 서비스무역을 자유화하는 양자 혹은 다자간협정의 당사자가 되거나 협정을 체결하는 것을 방해하지 아니한다(제5조 제1항). 즉, WTO 비회원국과의 서비스지역협정을 인정함을 시사하고 있는 것이다.

2. 역내적 요건(제5조 제1항)

역내적 요건을 충족시키기 위해서는 당사국 간 무역의 실질적인 상당한 분야별 대상범위(substantial sectoral coverage)에서 무역자유화를 실현해야 한다. 또한 기존의 차별조치 폐지(roll back의무) 및 신규 혹은 더욱 차별적인 조치의 금지(standstill의무)를 통해 당사자 간의 실질적으로 모든 차별조치(substantially all)를 협정 발효 시 혹은 합리적 시간 계획에 기초하여 없애거나 폐지하도록 규정해야 한다. 단 제11조, 제12조, 제14조 그리고 제14조2에 따라 허용되는 조치는 예외로 한다.

3. 역외적 요건(제5조 제4항)

제4조 제1항에 언급된 모든 협정은 그 협정의 양당사자 간의 무역을 촉진하기 위한 것이 되어야 한다. 또한 협정의 당사자가 아닌 모든 회원국에 대하여 그러한 협정이 체결되기 이전에 적용가능한 수준과 비교하여 서비스 거래에 대한 장벽이 통합 전보다 높고 엄격해서는 안 된다. 장벽은 '각각 분야'에 대해 통합 전보다 높고 엄격해서는 안 된다. 예컨대 건설설계 분야에서의 규제 완화를 회계 분야에서의 규제 강화에 의해 상쇄해서는 안 된다.[6] 서비스무역 자유화는 상당 분야의 각각에서 독립적으로 행해져야 하고, 어느 분야에서는 규제를 강화하고 다른 분야에서는 규제를 완화해 규제 수준의 상쇄를 도모하는 것은 허용되지 않는다. 한편, 당해 통합에 의해 역외 회원국에 대해 무역상의 이익이 주어지는 경우 지역통합 회원국은 당해 역외국에 대해 보상을 요구해서는 안 된다(제5.8조).

4. 절차적 요건(제5조 제7항)

제4조 제1항에 언급된 협정의 당사자인 회원국은 이러한 협정과 그 협정의 확대 또는 중대한 수정을 신속히 서비스무역이사회에 통보한다. 또한 회원국은 서비스무역이사회가 요청할 수 있는 관련 정보를 이사회가 입수 가능하도록 해야 한다.

5. 노동시장통합협정(제5조의2)

GATS는 GATT와는 달리 요소시장의 일종인 노동시장의 통합에 대해서 별도의 규정을 두고 있다. 동 규정에 따르면 각 회원국이 노동시장의 완전한 통합을 이루는 양자 간의 또는 여러 당사자 간의 협정의 당사자가 되는 것을 방해하지 아니한다.

---

6) 고무로 노리오(2010), 600면.

Ⅴ 국내규제(Domestic Regulation, 제6조)[7)

GATS는 무역자유화를 강조하면서도 동시에 회원국의 국가정책 목표를 달성하기 위한 서비스공급의 규제와 신규규제의 도입을 보장하고 있다. GATS 제6조에 따르면 구체적 약속이 행하여진 분야에 있어 각 회원국은 서비스무역에 영향을 미치는 일반적으로 적용되는 모든 조치가 합리적이고 객관적이며 공평한 방식(reasonable, objective and impartial manner)으로 시행되도록 보장해야 한다(제6조 제1항). 이는 서비스무역에 대한 국내규제가 무역장벽으로 악용되는 것을 방지하기 위해 제정된 것이나 합리성, 객관성이나 공평성의 기준에 대한 구체적인 정의는 마련되어 있지 않다. 한편 각 회원국은 영향을 받는 서비스 공급자의 요청에 따라 서비스무역에 영향을 미치는 행정결정을 신속히 검토하고, 정당화되는 경우 행정결정에 대한 적절한 구제를 제공할 사법, 중재, 또는 행정 재판소 절차를 실행가능한 한 조속히 유지하거나 설치한다. 이러한 절차가 관련 행정결정을 위임받는 기관과 독립적이지 아니한 경우 회원국은 동 절차가 실제에 있어서 객관적이고 공평한 검토를 제공하도록 보장한다(제6조 제2항).

📑 참고 GATS상 규제조치의 분류

규제기준 차별여부	양적 규제[8)	질적 규제[9)
차별적 조치	시장접근에 대한 제한 (제16조)	내국민대우에 대한 제한 (제17조)
무차별적 조치	시장접근에 대한 제한 (제16조)	합법적 국내규제 (제6조)

Ⅵ 인정제도(Recognition, 제7조)

서비스 공급업자의 승인, 면허 또는 증명에 관한 표준 등에 대해서는 WTO 회원국 간의 상호인정 및 조화가 권장되고 있다. 즉, 회원국은 특정 국내에서 습득한 교육이나 경험, 충족된 요건, 또는 부여받은 면허나 증명을 인정할 수 있다(제7조 제1항). 단, 서비스 공급자에 대한 승인, 면허 또는 증명에 필요한 표준이나 기준을 적용할 때는 인정제도가 회원국 간의 차별수단으로 또는 서비스무역에 대한 위장된 제한의 방식으로 이용되어서는 안된다(제7조 제3항). 인정제도의 도입 여부 자체는 강제 혹은 의무사항이 아니라 권장사항에 불과하다.

---

7) 국내규제의 전형적인 예로는 면허제도(Licensing Requirements) – 최소자본금 요건, 시설기준, 기술인력 보유 기준 등 기업설립의 면허기준, 기술적 표준(Technical Standards) – 건축설계 안전 기준 등의 기술적 표준, 자격제도(Qualification Requirements) – 변호사, 회계사 등 전문직업인의 자격취득 요건 등이 있다.
8) 양적 규제는 차별적이든 무차별적이든 모두 시장접근에 대한 제한조치로 분류된다.
9) 차별적 질적 규제는 내국민대우에 대한 제한조치로 분류되며, 무차별적 질적 규제는 합법적인 국내규제이다.

Ⅶ 독점서비스 공급자, 배타적 서비스 공급자 및 영업관행(제8조)

회원국은 독점서비스 공급자가 관련시장에서 독점 서비스를 제공함에 있어 제2조 및 구체적 약속에 따른 회원국의 의무에 일치하지 아니하는 방식으로 행동하지 아니하도록 보장한다(제8조 제1항). 여기서 독점서비스 공급자라 함은 우편서비스 같이 특정 서비스분야의 유일한 공급자로 독점적인 권한을 부여받은 공공사업체나 민간기업체를 말한다. 나아가 자신의 독점권 범위 밖에 있으며 또한 동 회원국의 구체적 약속의 대상이 된 서비스를 공급함에 있어서는 독점적 지위를 남용하여 그러한 약속에 일치하지 아니하는 방식으로 행동하지 않도록 보장한다(제8조 제2항). 한편, 동 조에서는 독점서비스 공급자와 달리 배타적 서비스 공급자도 규정하고 있는데 소수의 공급자에게만 운영 권한을 주고 자국 영토 내에서 다른 공급자의 경쟁을 '실질적으로 방지'(substantially prevents)하는 경우를 말한다(제8조 제5항). 이러한 배타적 서비스 공급자에게 또한 독점서비스 공급자에 적용되는 8조의 규정이 적용된다.

Ⅷ 일반적 예외(제14조)

> ### 📖 조문 | 제14조 – 일반적 예외
>
> 아래의 조치가 유사한 상황에 있는 국가 간에 자의적 또는 정당화될 수 없는 차별의 수단이 되거나 혹은 서비스무역에 대한 위장된 제한을 구성하는 방식으로 적용되지 아니한다는 요건을 조건으로, 이 협정의 어떠한 규정도 이러한 조치를 채택하거나 시행하는 것을 방해하는 것으로 해석되지 아니한다. (Subject to the requirement that such measures are not applied in a manner which would constitute a means of arbitrary or unjustifiable discrimination between countries where like conditions prevail, or a disguised restriction on trade in services, nothing in this Agreement shall be construed to prevent the adoption or enforcement by any Member of measures)
>
> 가. 공중도덕을 보호하거나 또는 공공질서를 유지하기 위하여 필요한 조치(necessary to protect public morals or to maintain public order)(Re. 5),
>
> (Remark 5) 공공질서를 위한 예외는 사회의 근본적인 이익에 대하여 진정하고도 충분히 심각한 위협이 제기되는 경우에만 원용될 수 있다.
>
> 나. 인간, 동물 또는 식물의 생명 또는 건강을 보호하기 위하여 필요한 조치(necessary to protect human, animal or plant life or health)
>
> 다. 아래 사항에 관한 조치를 포함하여 이 협정의 규정과 불일치하지 아니하는 법률이나 규정의 준수를 확보하기 위하여 필요한 조치(necessary to secure compliance with laws or regulations which are not inconsistent with the provisions of this Agreement including those relating to)
>
>   (1) 기만행위 및 사기행위의 방지 또는 서비스계약의 불이행의 효과의 처리(the prevention of deceptive and fraudulent practices or to deal with the effects of a default on services contracts)
>
>   (2) 사적인 자료의 처리와 유포와 관련된 개인의 사생활 보호와 개인의 기록 및 구좌의 비밀보호
>
>   (3) 안전

라. 제17조에는 일치하지 아니하는 조치. 단, 상이한 대우가 다른 회원국들의 서비스 또는 서비스 공급자들에 대한 공평하거나 효과적인(Re. 6) 직접세의 부과 또는 징수를 보장하기 위한 것일 경우에 한한다.

(Remark 6) 직접세의 공평하거나 효과적인 부과 또는 징수를 보장하기 위한 조치는 회원국이 자기 나라의 조세 제도에 따라 채택하는 조치로서 아래 조치를 포함한다. (1) 비거주자의 납세의무가 회원국 영토 내에 원천이 있거나 나 소재하는 과세대상과 관련하여 결정된다는 사실을 인정하여 비거주 서비스 공급자에게 적용되는 조치, 또는 (2) 회원국 영토 내에서의 조세부과 또는 징수를 확보하기 위하여 비거주자에게 적용되는 조치, 또는 (3) 준수조치를 포함하여 조세회피 또는 탈세를 방지하기 위하여 비거주자 또는 거주자에게 적용되는 조치, 또는 (4) 회원국 영토 내의 원천으로부터 비롯되는 소비자에 대한 조세의 부과 또는 징수를 보장하기 위하여 다른 회원국의 영토 내에서 또는 그 영토로부터 공급된 서비스의 소비자에게 적용되는 조치, 또는 (5) 서비스 공급자들 간의 과세표준의 성격 상의 차이를 인정하여, 전 세계적으로 과세대상이 되는 세목에 대한 과세의 대상이 되는 서비스 공급자를 다른 서비스 공급자로부터 구별하는 조치, 또는 (6) 회원국의 과세표준을 보호하기 위하여, 거주자 또는 지사, 또는 관계인 또는 동일인의 지사 간의 소득, 이윤, 익금, 손금, 공제 또는 세액공제를 결정, 배분 또는 조정하는 조치 제14조 라항과 이 각주의 조세용어 또는 개념은 그 조치를 취하는 회원국의 국내법상의 조세의 정의와 개념, 혹은 동등 또는 유사한 정의와 개념에 따라 결정된다.

마. 제2조와 일치하지 아니하는 조치. 단, 상이한 대우가 회원국을 기속하는 이중과세 방지에 관한 협정 또는 그 밖의 국제협정 또는 약정의 이중과세방지에 관한 규정의 결과일 경우에 한한다.

GATS는 제14조를 통해 일반적 예외를 규정하고 있다. 이 중 (a) 공공질서 혹은 공공질서를 보호, 유지하기 위해 필요한 조치, 단 동 조치는 남용가능성이 높으므로 사회의 근본적인 이익(fundamental interest of society)에 대하여 진정하고 충분히 심각한 위협(genuine and sufficiently serious threat)이 제기되는 경우에 한함(각주 5) (b) 인간, 동식물의 생명 또는 건강을 보호하기 위해 필요한 조치, (c) 기만행위방지, 사생활보호 혹은 안전 등에 관한 조치를 포함하여 WTO협정과 불일치하지 않는 법률이나 규정의 준수를 확보하기 위해 필요한 조치는 GATT체제 내에서도 유사한 규정을 찾아볼 수 있다. 한편, (d) 제17조 내국민대우와 일치하지 않는 조치 중 그 상이한 대우가 타회원국들의 서비스 및 서비스 공급자들에 대한 공평하거나 효과적인 직접세의 부과 또는 징수를 보장하기 위한 것일 경우, (e) 제2조 최혜국대우와 일치하지 않는 조치로서 이중과세 방지에 관한 협정 또는 그 밖의 국제협정의 이중과세방지에 관한 규정의 결과인 경우 일반적 예외로서 인정한다. 이는 GATT 규정에는 대응되는 규정이 없는 GATS 규정의 특징적인 규정들이다. 단, 이러한 다섯 가지 세부규정은 제14조의 전문, 즉 chapeau 규정을 만족시킬 때에 한하여 예외 사유로서 인정될 수 있다. 동 세부조치들이 유사한 상황에 있는 국가 간에 자의적(arbitrary) 또는 정당화될 수 없는(unjustifiable) 차별의 수단을 구성하거나 서비스무역에 대한 위장된 제한(disguised restriction)을 구성하는 방식으로 적용되지 않는다는 것이 전문의 규정이다.

⚖ 판례 | US - Gambling case

이 사건에서 미국은 인터넷을 매개로 한 도박에 대하여 사이트접속 자체를 차단함으로써 규제조치를 단행하였다. 패널은 GATS 제16조상의 시장접근에 관한 규정을 위반한 것으로 판정하였으나, 미국은 GATS 제14조상의 일반적 예외조항에 의해 정당화 된다고 주장하였다. 미국은 공중도덕의 보호 또는 공공질서 유지를 위해 필요한 조치 또는 법률의 준수를 확보하기 위해 필요한 조치이며 전문의 요건을 충족한다고 항변하였다.

첫째, 공중도덕의 보호 또는 공공질서의 유지를 위해 필요한 조치인가? 이에 대해 패널은 미국의 조치가 공중도덕을 보호하거나 공공질서를 유지하기 위한 조치라는 점은 인정하였으나 그것이 '필요한 조치'라는 미국의 주장은 기각하였다. 즉, 패널은 미국의 관련 법규의 입법의도는 돈세탁, 조직범죄, 사기, 미성년자 도박 및 병적인 도박에 포함되는 문제들에 대하여 채택된 것이라는 점은 인정하였다. 그러나 패널은 미국의 관련 법규 및 조치는 '필요성' 요건을 충족하지 못한다고 판단하였다. 패널은 필요성 테스트에서 중요한 점은 미국이 WTO와 합치하는 합리적으로 가능한 대체적인 조치를 조사하고 열거하였는지 여부라고 보았다. 이와 관련하여 패널은 미국이 안티구아바부다가 미국의 도박과 내기 서비스의 원격 공급과 제한에 대해 양자협의할 것을 제안하였으나 이를 거절한 것은 미국이 WTO와 합치하는 대체적인 조치를 찾을 가능성을 성실하게 추구하지 않은 것이라고 하였다. 그러나 상소기구는 미국이 '필요성' 요건을 충족하지 못하였다는 패널의 판정을 파기하고 이를 충족하여 미국의 조치는 GATS 제14조 가호에 의해 정당화된다고 판시하였다. 우선 상소기구는 양국간 '협의'는 문제가 되고 있는 조치와 비교될 수 있는 합리적으로 이용가능한 대안의 자격이 되지 못한다고 보고 패널이 비교될 수 있는 조치로 판단한 부분을 파기하였다. 그리고 미국이 '필요성'에 대해 prima facie case를 수립하였으나 안티구아바부다는 합리적으로 이용 가능한 대안조치를 확인하는 데 실패하였으므로 미국이 자국의 연방 법률이 필요하다는 것을 입증했다고 판단하였다.

둘째, 법률의 준수를 확보하기 위해 필요한 조치인가? 패널은 GATS 제14조 다호를 통한 정당화를 위해서는 당해 조치가 다른 법 또는 규정의 준수를 확보할 것, 그러한 다른 법이 WTO협정과 합치할 것, 당해 조치가 법 또는 규정의 준수를 확보하기 위해 '필요한' 조치일 것을 요한다고 보고 이에 기초하여 판단하였다. 패널은 미국의 조직범죄 관련 법은 'RICO법'[10](Racketeer Influenced and Corrupt Organization Statute)의 준수를 확보하기 위한 조치라고 보았다. 그러나 '필요한 조치'라는 점은 인정하지 않았다. 패널은 필요성 요건과 관련하여 'weighing and balancing' 테스트가 요구된다고 보고 법이 보호하고자 하는 이익이나 가치의 중요성, 시행 조치가 법의 준수를 확보하는 데 공헌하는 정도, 시행조치의 무역효과를 평가해야 한다고 보았다. 패널은 RICO법에 의해 보호되는 이익이 매우 중대하고 중요한 사회적 이익이라는 점, 분쟁대상 조치는 RICO법의 준수 확보에 '중대한 공헌'을 한다는 점은 인정하였다. 그러나 분쟁 대상 조치에 비해 무역에 부정적 효과를 덜 초래하는 합리적인 대체조치에 대해 미국이 충분하고 성실하게 조사하지 않았다고 판단하였다. GATS 제14조 가호 검토에서와 마찬가지로 안티구아바부다의 양자협상 제안을 거부한 것을 주요 논거로 삼았다. 요컨대, 패널은 분쟁대상이 된 미국의 조치는 WTO에 합치되는 법률의 준수를 확보하기 위한 조치에 해당하나 필요한 조치는 아니라고 판단하였다. 그러나, 상소기구는 가호에 대한 패널 평결에 대한 파기와 유사한 논리로 다호에 대한 패널 평결 역시 파기하였다. 즉, 미국의 조치는 필요성 테스트 역시 통과한다고 본 것이다.

셋째, 그러나 패널과 상소기구는 모두 GATS 제14조 전문의 요건을 충족하지 못한다고 판정하였다. 패널은 미국의 조치가 본문의 요건을 충족하지 못하였다고 판시하였음에도 불구하고 전문의 요건을 검토하였다. 패널은 전문의 합치성 검토에 있어서 '일관성'의 관점에서 접근하였다. 즉, 미국이 도박 및 내기 서비스의 원격공급에 관한 조치에 있어서 일관성이 부재하다면 전문의 요건을 위반한 것이라고 본 것이다. 이러한 해석에 기초하여 패널은 미국의 관련 조치들을 검토한 결과 일관성이 없다고 판단하였다. 즉, 미국은 자국 내에서 인터넷을 통한 내기 서비스 제공에 대해 별다른 제한 조치를 취하지 아니하였으므로 자의적이거나 정당화될 수 없는 차별 또는 국제무역에 대한 위장된 제한에 해당한다고 평결하였다. 상소기구는 패널의 법률해석 및 적용을 부분적으로 파기하였으나 패널의 결론은 지지하였다. 즉, 미국의 관련 조치가 GATS 제14조 전문에 합치된다는 점을 미국이 적절하게 입증하지 못하였으므로 전문의 요건은 충족하지 못하였다고 판정하였다.

---

10) 조직범죄 단속을 위해 1970년 제정된 미 연방법으로서 도박, 살인, 방화 등 특정 범죄에 대한 가중 처벌을 골자로 하고 있다.

Ⅸ 국가안보에 관한 예외(제14조2)

국가안보상의 예외로서 우선 회원국의 중대한 안보이익에 반하는 정보공개는 GATS에 의해 강요될 수 없다 (제14조2의 제1항). 또한 자국의 중대한 안보이익을 보호하기 위하여 필요하다고 회원국이 간주하는 다음과 같은 조치 즉, 군사시설에 직·간접적으로 서비스를 공급하는 경우, 서비스가 핵분열과 핵융합물질과 관련된 경우, 전시나 국제관계상의 긴급한 상황인 경우 등의 조치는 GATS규정상 금지되는 것으로 해석되지 아니한 다(제14조2의 제2항). 마지막으로 국제평화와 안전을 유지하기 위하여 UN헌장상의 의무를 준수하기 위하여 회원국이 조치를 취하는 것으로 해석되지 아니한다(제14조2의 제3항).

Ⅹ 긴급수입제한(제10조)

서비스교역의 특성상 기술적 어려움 및 시간부족으로 세이프가드조항은 마련되지 못하였으며, 서비스협정 발 효 이후 3년 내에 이에 대한 협상을 완료하고 협상결과가 있을 경우에 한하여 동 조항이 발효된다. 단, 3년 이내에 어떤 회원국에 긴급한 국내산업피해가 발생한 경우 양허수정 절차(제21조)를 원용할 수 있다.

Ⅺ 지급 및 이전(Payments and Transfers; 제11조)

서비스거래 자체의 자유화는 국경 간 공급이든 상업적 주재이든 구체적 약속에 대한 협상을 통하여 국가별로 분야별로 다양하게 결정되지만 일단 구체적 약속을 한 서비스분야에 있어서는 동 분야의 서비스거래와 기업 설립 등에 필요한 자금의 이동을 제한할 수 없다. 동 조항은 경상거래에 대한 지급의 제한 금지 및 구체적 약 속과 관련되는 자본이동의 허용이 주요 규정이다. 첫째, 경상거래에 대한 지급제한 금지란 각 회원국은 구체 적 약속을 한 분야에서 발생하는 서비스대가 지불, 영업수익 송금 등 경상거래에 대한 지급을 제한해서는 안 됨을 의미한다. 둘째, 구체적 약속과 관련되는 자본이동의 허용이란 구체적 약속을 한 분야의 자회사, 지사 설 립 등에 필요한 자본금 반입, 기업 청산에 따른 자본금 반출 등의 자본이동을 허용해야 함을 의미한다.

Ⅻ 국제수지 옹호를 이유로 한 수입제한(제12조)

회원국의 국제수지에 문제가 발생한 경우 자국의 양허표에 양허한 서비스교역이나 동 교역에 대한 대가지급을 제한할 수 있다. 발동 요건은 국제수지 및 대외자금사정의 심각한 어려움이나 위협의 존재이다. 발동대상은 모든 형태의 서비스교역과 지급 및 이전이다. 다만, 제한조치는 일시적이고 필요 최소한에 그쳐야 하고 IMF 협정의 규정과도 일치해야 하며, 국제수지 및 대외자금사정의 호전정도에 따라 점진적으로 폐지되어야 한다.

ⅩⅢ 정부조달(제13조)

서비스의 정부구매관련 법률, 규제 등에는 MFN, 시장접근, 내국민대우 적용이 배제된다. 다만, 정부조달서비 스가 서비스협정으로부터 확정적으로 배제된 것은 아니며 공개주의 등 다른 의무는 적용될 뿐만 아니라 추가 적 자유화약속 대상이 될 수 있으며 서비스협정 발효 후 2년 이내 재협상 대상이다.

XIV 보조금(제15조)

보조금 지급을 금지하는 아무런 실질적 의무규정은 없다. UR 이후 후속협상을 통하여 구체적인 규정을 개발할 예정이다. 서비스산업에 있어서 보조금은 기술적으로 매우 복잡한 문제이기 때문에 시간 및 정보부족으로 UR에서는 구체적 규정을 마련하지 못하였다. 다만, 실질적 의무규정은 없으나 국가 간 협상을 통하여 구체적 약속대상이 될 수 있으며, 서비스협정 하의 분쟁제기도 가능하다. 제15조 제1항에 의하면 보조금이 서비스교역을 왜곡하는 효과를 가지는 경우도 있다는 것을 명시하고 있고, 제15조 제2항은 회원국의 보조금 지급으로 인해 불이익을 당한 회원국은 보조금 지급 회원국에 협의를 요청할 수 있다고 규정하고 있기 때문이다.

제5절 구체적 약속

양허표에 기재된 구체적 약속은 서비스시장 자유화의 핵심이라 할 수 있다. GATS 제3부에서는 GATS의 일반적인 의무사항을 토대로 양허표에 기재된 구체적 약속사항에 대한 규정을 명시하고 있다.

I 시장접근(제16조)

> **조문 | 제16조 – 시장접근**
>
> 1. 제1조에 명시된 공급형태를 통한 시장접근과 관련하여 각 회원국은 그 밖의 회원국의 서비스 및 서비스 공급자에 대해 자기 나라의 양허표상에 합의되고 명시된 제한 및 조건하에서 규정된 대우보다 불리하지 아니한 대우를 부여한다. (With respect to market access through the modes of supply identified in Article I, each Member shall accord services and service suppliers of any other Member treatment no less favourable than that provided for under the terms, limitations and conditions agreed and specified in its Schedule)(Re. 8)
>
> (Remark 8) 회원국이 제1조 제2항 가호에 언급된 공급 형태를 통하여 서비스공급과 관련한 시장접근 약속을 한 경우로서 자본의 국경간 이동이 서비스 자체의 중요한 일부인 경우에, 동 회원국은 이로 인하여 그러한 자본의 이동 허용을 약속한 것으로 된다. 회원국이 제1조 제2항 다호에 언급된 공급형태를 통한 서비스공급과 관련하여 시정접근 약속을 한 경우에는 동 회원국은 이에 의하여 자기 나라 영토 내로의 관련 자본의 이전 허용을 약속한 것으로 된다.
>
> 2. 시장접근 약속이 행해진 분야에서 자기 나라의 양허표상에 달리 명시되어 있지 아니하는 한, 회원국이 자기 나라의 일부지역이나 혹은 전 영토에 걸쳐서 유지하거나 채택하지 아니하는 조치는 다음과 같이 정의된다. (In sectors where market-access commit-ments are undertaken, the measures which a Member shall not maintain or adopt either on the basis of a regional subdivision or on the basis of its entire territory, unless otherwise specified in its Schedule, are defined as)
>
> 가. 수량쿼타, 독점, 배타적 서비스 공급자 또는 경제적 수요심사 요건의 형태여부에 관계없이, 서비스 공급자의 수에 대한 제한(limitations on the number of service sup-pliers whether in the form of numerical quotas, monopolies, exclusive service suppliers or the requirements of an economic needs test)
>
> 나. 수량쿼타 또는 경제적 수요심사 요건의 형태의 서비스거래 또는 자산의 총액에 대한 제한(limitations on the total value of service transactions or assets in the form of numerical quotas or the requirement of an economic needs test)

다. 쿼타나 경제적 수요심사 요건의 형태로 지정된 숫자단위로 표시된 서비스 영업의 총 수 또는 서비스의 총 산출량에 대한 제한(limitations on the total number of service operations or on the total quantity of service output expressed in terms of designated numerical units in the form of quotas or the requirement of an economic needs test)(Re. 9)

(Remark 9) 제2항 다호는 서비스 공급을 위한 투입요소 를 제한하는 회원국의 조치들은 그 대상으로 하지 아니한다.

라. 수량쿼타 또는 경제적 수요심사 요건의 형태로 특정 서비스분야에 고용되거나 혹은 한 서비스 공급자가 고용할 수 있는, 특정 서비스의 공급에 필요하고 직접 관련되는, 자연인의 총 수에 대한 제한(limitations on the total number of natural persons that may be employed in a particular service sector or that a service supplier may employ and who are necessary for, and directly related to, the supply of a specific service in the form of numerical quotas or the requirement of an economic needs test)

마. 서비스 공급자가 서비스를 제공할 수 있는 수단인 법인체나 합작투자의 특정 형태를 제한하거나 요구하는 조치(measures which restrict or require specific types of legal entity or joint venture through which a service supplier may supply a service)

바. 외국인 지분소유의 최대 비율한도 또는 개인별 투자 또는 외국인 투자합계의 총액 한도에 의한 외국자본 참여에 대한 제한(limitations on the participation of foreign capital in terms of maximum percentage limit on foreign shareholding or the total value of individual or aggregate foreign investment)

1. 의의

서비스 제공자들의 최종목표는 바로 각 회원국의 시장자유화이다. 시장접근의 방식은 자유화하고자 하는 분야나 업종에 대한 구체적인 양허를 양허표에 기재하는 적극적 방식(positive system)을 취한다. 즉, 회원국은 양허할 서비스분야, 업종 및 내용을 명시적으로 양허표에 기재해야 하며 기재되지 않은 내용은 자유화의 의무가 존재하지 않고 양허의 대상이 되지 않는다. 한편 회원국이 일단 양허를 기재한 분야나 업종에 대해서는 특정한 조건이나 제한이 명시되지 않는 한 기재된 조건 및 제한 외에 다른 규제를 추가할 수 없는 소극적 방식(negative system)이 채택되고 있다. 따라서 GATS의 시장접근 하에서는 적극적 방식과 소극적 방식이 모두 사용되고 있는 것이다. 각 회원국은 제16조에 따라 그 밖의 회원국의 서비스 및 서비스 공급자에 대하여 자국의 양허표상에 합의되고 명시된 제한 및 조건 하에서 규정된 대우보다 불리한 대우를 부여하지 아니한다(제16조 제1항).

2. 시장접근에 대한 제한

시장접근 약속이 행해진 분야에서 자국의 양허표상에 달리 명시되어 있지 아니하는 한 회원국은 시장접근 제한조치를 자국의 일부지역이나 혹은 전 영토에 걸쳐서 유지하지 아니한다. 제한조치를 규정한 제16조 제2항은 한정적 열거목록(exhaustive list)이기 때문에 동 조문에 열거된 사항 이외의 규제조치는 모두 합법적 국내규제로 간주된다. 한편, 제16조 제2항 (a)~(d)까지의 네 개의 양적 제한조치는 최대한도제한(maximum limitation)만 포함한다. 즉, 회사 설립 시 최소 자본금요건과 같이 최소요건(minimum limitation)은 시장접근에 대한 제한조치가 아니다. 즉, 최대한도제한은 양허표에 기재해야 하나, 최소요건은 기재하지 않아도 된다. 그러나 규제조치의 성격이 어떠하든 내·외국인 간 차별적 조치는 모두 내국민대우에 대한 제한조치가 된다.

3. 시장접근 제한조치의 유형

(1) 서비스 공급자수의 제한

어느 서비스분야에 종사할 수 있는 업체수를 제한하는 조치로서 쿼타를 설정하거나 독점업체를 지정한 경우 또는 소수의 지배적 사업자를 지정한 경우와 경제적 수요심사(economic needs test)[11]에 의하여 사업자 수를 제한하는 조치를 말한다. 경제적 수요심사에 의한 식당, 호텔, 주유소 등의 사업면허, 외국의료인 입국에 대한 연간 쿼타 등을 예로 들 수 있다.

(2) 서비스 거래액이나 자산가액에 대한 제한

숫적인 쿼타나 경제적 수요심사의 형태로 서비스 총매출액이나 총자산가액을 제한하는 조치로서 1개 기업당 제한과 한 서비스분야 전체를 기준으로 한 제한 모두 포함된다. 금융분야의 경우 외국인은행의 총금융 자산에 대한 한도, 1개 외국은행 자회사 또는 지점당 수신고 또는 여신금액 제한, 외국보험회사 지사 및 자회사의 총계약고 제한 등을 예로 들 수 있다.

(3) 서비스 영업량이나 총산출량에 대한 제한

지정된 계수로 표시되는 제한조치로서 총영업량에 대한 제한조치로는 영업일수나 영업시간 제한 등을 예로 들 수 있으며, 총산출량에 대한 제한조치로는 외국산 필름의 방송시간 쿼터를 들 수 있다. 그 밖에 1개 병원당 진료가능 환자 수 제한, 변호사 사무소당 연간 법률상담 건수 제한 등이 있다.

(4) 총고용인력 제한

한 서비스 공급자가 고용할 수 있는 총자연인수에 대한 제한, 어느 한 서비스분야에 종사할 수 있는 총자연인수에 대한 제한으로서 수량쿼터나 경제적 수요심사 형태의 제한조치가 이에 해당한다. 건설분야 전문인력 중 외국인력이 30%를 초과할 수 없도록 제한하거나 1개 건설회사당 외국인부가 50명을 초과할 수 없도록 제한하는 것을 예로 들 수 있다.

(5) 서비스 공급기업의 법적 형태 제한이나 합작투자 제한

주식회사나 합명회사, 조합, 개인기업 등 여러 가지 상업적 주재 형태 중에서 특정 형태의 업체에 한하여 설립을 허용하거나 특정 형태의 설립을 금지하는 조치, 합작투자에 한하여 설립을 허용하거나 합작투자를 금지하는 조치 등이 이에 해당한다. 예를 들어 외국은행은 지점설립을 불허하고 자회사만 설립을 허용하거나, 회계사는 회계법인에 고용될 수 없고 합명회사(partnership)만 설립하도록 하는 것 등이 있다.

(6) 외국인 자본참여에 대한 제한

1개 기업당 외국인 소유지분의 제한, 어느 한 서비스분야 또는 1개 기업당 총외국인 투자가액 제한 또는 외국인 1인당 투자가액 제한이 이에 해당한다.

---

11) 경제적 수요심사란 서비스 공급업체의 설립을 시장의 수요·공급 메커니즘에 맡기지 않고 정부가 일정한 기준을 설정하여 동 기준에 합치할 경우에만 업체설립을 인가하는 것을 말한다. 예컨대, 매 2km당 주유소 1개소 설치, 인구 1만 명당 약국 1개소 등의 규제조치가 이에 해당한다.

⚖ 판례 | US - Gambling case

미국은 인터넷을 매개로 한 도박에 대하여 사이트접속 자체를 차단함으로써 규제조치를 단행하였다. 이에 대해 안티구 아바부다는 미국이 도박서비스를 양허하였으며, 시장접근에 대한 제한조치를 양허표에 기재하지 않았으므로 GATS 제 16조 위반이라고 주장하였다. 반면, 미국은 도박서비스는 양허한 분야가 아니라고 항변하였다. 패널 및 상소기구는 미 국이 도박 서비스를 양허하였으며, 사이트접속 자체를 차단한 것은 양허표에 기재되지 아니한 조치이므로 허용되지 않 는다고 판정하였다.

우선, '도박서비스'에 대해 미국이 양허하였는가와 관련하여 '도박서비스'가 미국이 양허한 '기타 레크레이션 서비스'에 해당하는지 아니면 양허에서 제외되는 '스포팅 서비스'에 해당하는지가 문제되었다. 패널은 'UN국제생산물분류 (Central Product Classificastion: CPC)'를 원용하여 CPC 분류체계에서 'other recreational service'에 도박 및 내기 서비스가 포함되므로 미국이 양허한 범위에 도박 및 내기서비스가 포함된다고 판단하였다. 패널은 미국이 도박 서비스에 대한 약속을 의도하지 않았다는 점에 대해 동의하면서도 특정 약속의 범위는 협상의 시점에서 회원국이 의도 하였는지 의도하지 않았는지는 상관이 없다고 하였다. 미국은 도박 및 내기서비스가 자국 양허범위에 해당한다는 패널 의 판정에 대해 상소하였다. 그러나 상소기구는 조약법에 관한 비엔나협약 제31조 및 제32조에 기초하여 미국의 양허 표를 해석한 결과 도박 및 내기서비스는 'sporting'의 범위에서 배제되는 것이 명백하고 또한 'other recreational service'에는 포함된다고 보고 패널의 판정을 지지하였다.

둘째, 미국은 시장접근에 대해 위법적 제한조치를 취했는가? 미국은 '기타 여가 선용 서비스'에 대한 시장접근 제한조 치에 대해 'none'이라고 규정하였음에도 불구하고 서비스의 국경 간 공급을 완전 차단하였으므로 GATS 제16조를 위 반하였는지가 문제되었다. 패널은 미국의 연방법 및 주법이 서비스 공급자수를 '0'으로 제한함으로써 GATS 제16조 제 2항을 위반하였다고 판단하였다. 우선 패널은 3개 연방법(전신법, 여행법, 불법도박영업법)이 국경 간 공급을 포함한 하나 또는 그 이상의 공급수단을 금지하였으며, 이는 하나 이상의 공급 수단에 대해 '0쿼터'를 형성하고 있다고 평결하 였다. 또한 패널은 루이지애나, 매사추세츠 주 등의 법률이 국경 간 공급에서 공급 수단을 금지하고 있으므로 이는 '0 쿼터'를 형성하고 있어서 GATS 제16조를 위반한다고 판단하였다.

상소기구는 패널의 판정을 지지하였다. 우선 GATS 제16조 제2항 가호와 관련하여 상소기구는 '0쿼터'를 위한 제한은 수량제한이며 이는 GATS 제16조 제2항 가호의 범주에 포함된다고 하였다. 또한 동 조치가 Model 1에 포함된 하나 이상의 모든 국경 간 전달수단의 서비스 공급자에 의한 이용을 전적으로 금지하고 있기 때문에 이러한 금지는 '수량적 쿼터의 형태로 서비스 공급자의 수에 대한 제한'이라는 패널의 평결을 지지하였다. 또한 GATS 제16조 제2항 다호와 관련하여 문제가 된 조치는 서비스 산출에 있어서 '0쿼터'에 달하게 하였으므로 다호의 범주에도 포함된다고 하였다. 요컨대 미국의 조치는 서비스 공급자 수 또는 서비스 산출량에 대한 제한에 해당하나 이에 대해 미국이 양허표에 기재 하지 아니하였으므로 GATS 제16조에 위반된다고 판단한 패널의 평결을 지지하였다.

Ⅱ 내국민대우(제17조)

> **📑 조문 | 제17조 - 내국민대우**
>
> 1. 자기 나라의 양허표에 기재된 분야에 있어서 양허표에 명시된 조건 및 제한을 조건으로, 각 회원국은 그 밖의 회원국의 서비스 및 서비스 공급자에게 서비스의 공급에 영향을 미치는 모든 조치와 관련하여 자기 나라의 동종 서비스와 서비스 공급자들에게 부여하는 대우보다 불리하지 아니한 대우를 부여한다. (In the sectors inscribed in its Schedule, and subject to any conditions and qualifications set out therein, each Member shall accord to services and service suppliers of any other Member, in respect of all measures affecting the supply of services, treatment no less favourable than that it accords to its own like services and service suppliers.)(Re. 10)
>
> (Remark 10) 이 조에 상정된 구체적 약속은 어떤 회원 국으로 하여금 관련 서비스 또는 서비스 공급자가 외국산이라는 성격으로부터 기인하는 내재적인 경쟁상의 불리함을 보상하도록 요구하는 것으로 해석되지 아니한다. (Specific commitments assumed under this Article shall not be construed to require any Member to compensate for any inherent competitive disadvantages which result from the foreign character of the relevant services or service suppliers.)
>
> 2. 회원국은 자기 나라의 동종 서비스와 서비스 공급자에게 부여하는 대우와 형식적으로 동일한 대우 또는 형식적으로 상이한 대우를 그 밖의 회원국의 서비스와 서비스 공급자에게 부여함으로써 제1항의 요건을 충족시킬 수 있다. (A Member may meet the requirement of paragraph 1 by according to services and service suppliers of any other Member, either formally identical treatment or formally different treatment to that it accords to its own like services and service suppliers.)
>
> 3. 형식적으로 동일하거나 상이한 대우라도 그것이 그 밖의 회원국의 동종서비스 또는 서비스 공급자와 비교하여 회원국의 서비스 또는 서비스 공급자에게 유리하도록 경쟁 조건을 변경하는 경우에는 불리한 대우로 간주된다. (Formally identical or formally different treatment shall be considered to be less favourable if it modifies the conditions of competition in favour of services or service suppliers of the Member compared to like services or service suppliers of any other Member.)

GATT와는 달리 GATS상에서는 내국민대우의무를 일반적 의무사항 즉, 포괄적인 규제 방법으로 보장하는 대신 양허표의 구체적 약속 형태로 정의하고 있다. 이는 서비스 분야에서 초보적인 수준에 한하여 개방하고 있는 국가들의 현실이 반영되었기 때문이다. 제17조 내국민의무에 따르면 자국의 양허표에 기재된 분야에 있어 양허표에 명시된 조건 및 제한을 조건으로 각 회원국은 그 밖의 회원국의 서비스 및 서비스 공급자에게 서비스의 공급에 영향을 미치는 모든 조치와 관련하여 자국의 동종서비스와 서비스 공급자들에게 부여하는 대우보다 불리하지 아니하는 대우를 부여한다(제17조 제1항). 회원국은 자국의 동종서비스와 서비스 공급자에 부여하는 대우와 형식적으로 동일한 대우뿐 아니라 상이한 대우를 통해서도 이러한 1항의 요건을 충족시킬 수 있다(제17조 제2항). 단, 상이한 대우라도 그 밖의 회원국의 동종서비스 또는 서비스 공급자와 비교하여 회원국의 서비스 또는 서비스 공급자에게 유리하도록 경쟁 조건(condition of competition)을 변경하는 경우에는 불리한 대우로 간주한다(제17조 제3항). 즉, 이러한 차별대우는 형식적·법적 차별뿐만 아니라 사실상 또는 실질적 차별을 포함한다.

캐나다는 1998년 제정된 Motor Vehicle Tariff Order(MVTO)를 통해 일정 조건[12]을 충족하는 자동차 제작사에게 자동차를 무관세로 수입할 수 있는 수입관세 면제혜택을 부여하였다. 또한, 캐나다는 SRO(Special Remission Order) 규정을 통해서도 자동차 제작사에게 수입관세 면제혜택을 부여하였다. SRO 역시 회사별로 생산 대 판매 비율과 CVA 요건을 설정하였다. 자동차 제작사들은 CVA 요건을 충족하겠다는 서약서(Letter of Undertaking)를 제출하였다. MVTO, SRO에 의거하여 수입관세 면제대상이 되는 기업은 1989년 이후 추가되지 않았다. 이와 관련하여 제소국들은 수입관세 면제조치 및 CVA 요건은 GATS 제17조상의 내국민대우 원칙에 위반된다고 주장하였다. 일본은 수입관세 면허 조치는 자동차 무관세 수입권을 갖게 된 캐나다 서비스 공급자를 그러한 권리를 갖지 못한 일본 서비스 공급자에 비해 유리하게 대우하는 것이므로 GATS 제17조에 반한다고 주장하였다. 그러나 패널은 수입관세 면제혜택을 보는 캐나다 자동차 제작업체가 자동차 도매 서비스 공급자라는 점을 일본이 입증하지 못했다고 보고 일본의 주장을 기각했다. 한편, 일본과 EC는 CVA 요건은 수입관세 면제혜택 기업으로 하여금 외국에서 제공되는 서비스보다 캐나다 국내 서비스를 사용하게 하는 유인을 제공하므로 GATS 제17조에 반한다고 주장하였다. 패널은 CVA 요건상 수입관세 면제대상 기업은 캐나다 내에서 공급되는 서비스를 외국에서 공급되는 것보다 선호하여 사용하게 되고 이는 양자의 경쟁 관계를 캐나다 내에서 공급되는 서비스에 유리하게 변경하는 것이므로 외국에서 공급되는 서비스에 덜 유리한 대우를 부여하는 것이라고 판정하였다.

Ⅲ 추가적 약속(제18조)

회원국은 자격, 표준, 또는 면허사항에 관한 조치를 포함하여 제16조, 또는 제17조에 따른 양허표 기재사항은 아니나 서비스의 무역에 영향을 미치는 조치와 관련하여 약속에 관한 협상을 할 수 있다. 이러한 약속은 회원국의 양허표에 기재된다. 단, 추가적 약속은 포지티브 선택방식으로 기재하기 때문에 명시적으로 언급된 사항만 해당된다.

제6절 양허표의 수정 및 분쟁해결

Ⅰ 양허표의 수정

회원국은 약속의 발효일로부터 3년이 경과하면 약속을 수정 또는 철회하기 위한 제안을 행할 수 있다(제21.1조). 다만, 회원국은 수정 또는 철회 예정일의 3개월 전까지 수정 또는 철회의 의향을 서비스무역이사회에 통보해야 한다(제21.2조). 양허표의 수정 또는 철회에 의해 영향을 받는 이해관계국은 필요한 보상적 조정을 위해 교섭을 요청할 수 있다. 제안국은 교섭요청국과 최혜국대우 원칙에 입각해 무차별교섭을 진행한다. 관계국은 수정 또는 철회 전에 양허표에서 부여받았던 수준보다도 불리하지 않는 호혜적 약속의 일반적 수준을 유지하도록 노력해야 한다.

---

12) 세 가지 조건을 충족해야 한다. 첫째, 기준년도 중 수입자동차와 동급의 차량을 캐나다 국내에서 생산한 실적이 있어야 한다. 둘째, 캐나다 내에서 생산된 자동차의 판매총액과 캐나다 내에서 판매된 동급 차량 판매총액 간의 비율이 기준년도의 그것보다 같거나 높아야 한다. 셋째, 캐나다 내 자동차 제작에 투여된 캐나다의 부가가치가 기준년도의 그것보다 같거나 높아야 한다(Canadian Value Added requirement: CVA). 둘째 조건이 기준년도보다 낮을 수도 있으나 최소한 75:100은 초과해야 한다. 셋째 요건과 관련하여 CVA 요건 충족비율이 각 자동차 회사별로 지정되었다. 이 비율은 캐나다 국내상품 사용, 국내노동자 고용, 캐나다 내 수송비용 및 캐나다 내에 발생한 경상비 등을 통해 달성할 수 있다.

교섭기간 만료일까지 교섭이 타결되지 않는 경우 이해관계국은 이 문제를 중재에 회부할 수 있다. 제안국이 중재 결정을 따르는 경우 보상적 조정을 행한 후에만 약속의 수정 또는 철회를 행할 수 있다. 제안국이 중재 결정에 따르지 않는 경우 이해관계국은 제안국에 대해 차별적 보복조치를 취할 수 있다.

Ⅲ 분쟁해결

회원국은 GATS의 운영에 영향을 미치는 사항에 있어서 다른 회원국이 제기하는 주장과 관련된 협의에 대해 호의적으로 고려(sympathetic consideration)해야 한다(제22조 제1항). 회원국은 협의를 위한 적절한 기회를 제공해야 하며 이때 협의절차는 GATT 분쟁해결양해(DSU)에 따라 적용된다. 단, 협의를 통해서도 만족스러운 해결책에 이르지 못하는 경우, 회원국의 요청이 있으면 서비스무역이사회나 분쟁해결기구는 당면 문제에 관해 직접 협의를 개시할 수 있다(제22조 제2항). GATS는 WTO체제에 포함되어 있으므로 회원국 간 서비스협정 관련 분쟁이 발생하였을 경우, 당연히 WTO 분쟁해결절차를 따를 수 있다. 즉, 한 회원국이 GATS에 따른 의무나 구체적 약속을 이행하지 않으면 다른 회원국은 이에 대해 분쟁해결양해를 이용하여 분쟁해결기구에 제소할 수 있다(제23조 제1항).

기출 및 예상문제

A국은 자국의 X서비스 시장을 개방하기로 하였다. 다만 외국국민에 의한 X서비스는 매출액 기준으로 10억 달러까지로 제한하기로 하고 이를 자국의 양허표에 기재하였다. 또한 A국은 외국인은 X서비스를 수도권에서만 제공하도록 하는 규제조치를 양허표에 기재하였다. A국은 B국 국민에 의해 제공되는 X서비스의 시장지배력이 높아지자 행정명령을 발동하여 외국인의 X서비스 연간 총매출액을 8억 달러로 제한하는 한편, X서비스를 제공하는 B국 국민에 대한 소득세를 동종서비스를 제공하는 A국 국민에 비해 더 높게 부과하였다. A국의 조치는 WTO협정에 합치하는가?(단, A국과 B국은 WTO 회원국이다) (30점)

제5편
무역 관련 지적재산권 협정(TRIPs)

제1장 | 서설

제1절　협정체결 배경

전통적으로 지적재산권 보호는 각국 정부와 세계지적재산권기구(World Intellectual Property Organization)
나 국제연합교육과학문화기구(UNESCO)가 관장하는 사항으로 인식되어 왔다. 그러나, 지적재산권보호가 국
제교역에 미치는 영향이 크기 때문에 지적재산권보호에 관한 통일적인 협정 마련이 절실히 요구되었고 이 점
을 감안하여 WTO에서는 이 분야에 대한 강력한 협정을 추진하게 되었다. UR협상에서 개발도상국들은 지적
재산권은 인류의 공동재산이라는 취지의 '인류공동유산론'(the common heritage of mankind)을 주장하며,
협정체결에 강력히 반발하였으며, 지적재산권에 관한 협정을 체결하는 경우에도 해적상품의 유통 문제에 국한
하게 하고 지적재산권 전반에 관한 문제는 WIPO에서 관장하여야 한다고 주장하였다. 그러나, 개발도상국들
은 GATT체제 하에서의 상품에 대한 시장접근(market access)을 조건으로 선진국들의 요구를 수용하였다.
WTO무역 관련 지적재산권협정(Agreement on Trade Related Aspects of Intellectual Property Rights:
이하 TRIPs)은 모든 국가들이 참여할 수 있도록 장기간의 협정시행 유예기간을 부여하고 있는데, 개발도상국
에 대하여는 WTO설립협정 시행 후 5년간의 시행 유예기간을 부여하고 최빈국에 대하여는 더 장기간의 유예
기간을 부여하고 있다. 원래 개발도상국들은 개발도상국들에 대한 특별 대우를 요구하며 GATT 제36조와 같
은 소위 Enabling Clause를 규정해 줄 것을 요청하였다. 이에 대하여 선진국들은 적용 예외를 인정하지 않고
시행 유예기간을 주는 쪽을 택하였던 것이다. 이렇게 함으로서 규범의 완결성을 침해하지 않고 개발도상국의
폭넓은 참여도 유도할 수 있게 된 것이다.

제2절　지적재산권과 무역의 관계[1]

I 국내 지적재산권법에 의한 시장접근 제한

지적재산권법의 내용과 운용에 의해 수입상품의 시장접근을 제한할 수 있다. 첫째, 방법특허는 국내법으로 보
호하되 물질특허를 인정하지 않는 경우 국내산업을 보호할 수 있다. 방법특허는 상품의 제법에 관한 특허인
반면, 물질특허는 의약품 등 제품의 원료와 성분이 되는 물질 자체의 특허를 말한다. 물질특허를 부정하는 경우
국내 제약회사를 외국 선진제약회사로부터 보호할 수 있고 국내기업의 응용특허를 촉진할 수 있다. 또한 외국
기업의 시장 참여를 저해할 수 있다. 둘째, 균등론을 부정하거나 균등성을 좁게 해석함으로써 외국 사업자의
국내시장 접근을 제한할 수 있다. 특허 침해에서 문제가 되는 것은 침해의 의심이 있는 상품이 특허권자의 특허
발명의 기술적 범위에 속하는지 여부 및 특허발명의 기술을 모방하고 있는지 여부이다. 특정 발명품을 모방한
상품에 대해 특허 상품과의 균등론을 인정하지 않는 경우 외국 사업자는 특허소송을 제기하기가 어렵게 된다.
이 경우 외국 사업자는 균등성을 제한적으로 적용하는 국가에 대한 시장접근에 소극적이게 될 것이다.

---

1) 고무로 노리오(2010, 저)/박재형(역), 국제경제법, 646-648면.

셋째, 국가가 신기술에 대해 폭넓은 특허를 인정하는 경우 권리자의 배타적 권리가 폭넓게 설정되어 신규 참여자의 시장 참여가 저해될 수 있다. 넷째, 특허의 강제 실시를 인정하는 경우 선진국의 특허권자는 당해 조치를 실시하는 개도국에 대한 시장접근에 소극적일 것이다.

Ⅱ 지적재산권 침해상품의 무역과 유해 효과

지적재산권법이 없거나 불충분한 보호를 하는 국가의 존재로 모방품이 만들어질 수 있다. 모방품이 국제적으로 거래되는 경우 발생할 수 있는 피해로는 첫째, 모방품 수입으로 수입국의 지적재산권자의 권리가 침해를 받는다. GATT체제에서는 GATT 제20조 (d)에 의해 모방품 수입을 규제하였다. 둘째, 모방품이 만들어지고 거래되는 경우 선진국의 특허제품의 수출기회가 상실될 것이다.

제3절　TRIPs협정의 의의[2]

TRIPs협정이 갖는 의의는 다음과 같이 요약할 수 있다. 첫째, 지적재산권을 국제무역의 관점에서 규율한 최초의 국제지적재산권조약이다. 둘째, '국제협약 플러스 방식'을 채택함으로써 기존의 지적재산권협약들과 일관성을 유지하고자 하였다. 셋째, 동 협정에서 채택된 기본 원칙들과 최소한의 기준들은 각국 국내법의 조화와 통일을 촉진시킴으로써 자유무역의 확대에 기여할 것이다. 넷째, 회원국의 지적재산권 보호수준을 높임으로써 결과적으로 공정무역을 지향한다.

> **📝 참고 세계지적재산권기구(WIPO)와 주요 지적재산권협약[3]**
>
> **1. WIPO의 역사와 발전**
> WIPO는 1883년 산업재산권의 보호에 관한 파리협약과 1886년의 문학과 미술저작물의 보호에 관한 베른협약을 소관하는 합동사무국으로서 발족하였으며 1967년 WIPO설립조약에 의해 WIPO로 확대·개편되고 1974년 국제연합의 전문기관이 되었다. 회원국은 179개국(2004년 4월)이다. WIPO는 지적재산권 보호 촉진, 국제협정의 체결 장려, 개도국 원조, 기존 협정의 효율적 관리 등을 목적으로 한다. WIPO 소관 조약은 지적재산권 보호를 위한 공통규정에 관한 11개 조약, 국제등록제도와 서비스에 관한 8개 조약, 산업재산권의 분류에 관한 4개 조약 등 총 23개 조약이다.
>
> **2. 지적재산권의 보호를 위한 공통규정에 관한 11개 조약**
> 파리조약(산업재산권), 베른조약(저작권), 마드리드협정(허위·오인 원산지표시 방지), 로마협약(실연자·음반제작자·방송사업자 보호), 음반의 무단복제로부터 음반제작자를 보호하기 위한 협약, 나이로비조약(올림픽심벌 보호), 1994년 상표법조약, 위성에 의하여 송신되는 프로그램 전달신호의 배포에 관한 협약, WIPO 저작권 조약, WIPO 실연·음반 조약, 특허법조약이 여기에 해당한다.
>
> **3. 국제등록제도와 서비스에 관한 8개 조약**
> 표장의 국제등록에 관한 마드리드협정 및 표장의 국제등록에 관한 마드리드 의정서, 의장의 국제기탁에 관한 헤이그협정, 특허절차상 미생물 기탁의 국제적 승인에 관한 부다페스트조약, 원산지 명칭의 보호 및 국제등록을 위한 리스본협정, 특허협력조약, typeface의 보호 및 그 국제기탁을 위한 빈협정, 과학적 발견의 국제등록에 관한 제네바협정이다.
>
> **4. 산업재산권의 분류에 관한 4조약**
> 국제특허분류에 관한 스트라스부르조약, 표장등록을 위한 상품과 서비스의 국제분류에 관한 니스조약, 표장의 도형 요소의 국제분류를 창설하기 위한 빈조약, 공업의장의 분류를 확립하기 위한 로카르노협정이다.

---

2) 최승환(2006), 국제경제법, 455면.
3) 고무로 노리오(2010), 635–645면.

제2장 | 일반규정

제1절 협정의 목적

협정 전문에 의하면, TRIPs협정은 국제무역의 왜곡과 장애를 감소하고, 지적재산권의 효과적이고 적절한 보호를 촉진하고, 지적재산권을 시행하는 조치 및 절차가 정당한 무역에 대한 장애가 되지 않도록 지적재산권의 보호와 행사와 관한 규칙과 절차를 확보하는 것을 목적으로 한다.

제2절 협정의 적용대상

I 지적재산권의 개념

TRIPs는 지적재산권(Intellectual Property Rights)을 정의하지 않고 제2부 제1장에서 규정하고 있는 저작권 및 저작인접권, 상표권, 지리적 표시권, 공업의장권, 특허권, 반도체 배치설계권, 영업비밀권을 지적재산권의 예로 들고 있다(TRIPs 제1조 제2항). 그러나, 세계지적재산권기구는 설치협약 제2조 제8항에 따라 '지적재산권이라 함은 ① 문학·예술과 과학작품, ② 연출, 예술가의 공연, 음반 및 방송, ③ 인간노력의 모든 분야에 있어서의 발명, ④ 과학적 발견, ⑤ 공업의장, ⑥ 등록상표·서비스 마크·상호 및 기타 명칭, ⑦ 부정경쟁에 대한 보호 등에 관한 권리와, ⑧ 공업·과학·문학 또는 예술분야의 지적활동에서 파생되는 모든 권리를 포함한다'는 개념으로 정의하고 있다. 따라서 지적재산권이란 새로운 물질의 발견, 새로운 제조기술의 발명, 새로운 용도의 개발, 새로운 상품의 디자인, 상품의 새로운 기능의 개발 등과 같은 산업적 발명과 새로운 문학·미술·문학작품의 저작과 새로운 연출·공연·제작 및 방송 등의 저작생산물(Intellectual Property)에 대한 배타적 소유권을 말하는 것으로 이해한다.

Ⅱ 지적재산권의 유형

지적재산권은 산업재산권, 저작권 및 신지적재산권의 세 종류로 크게 분류되고 있다.

1. 산업재산권

산업재산권은 최근까지 사용되어 왔던 공업소유권을 확대하여 개칭한 것으로 특허, 의장, 실용신안, 상표 및 지리적 표시 등에 대한 권리로 구성되어 있다. 특허권은 새로운 산업적 발명에 대하여 그 발명자가 일정 기간 동안 동 발명의 독점권을 가지는 것을 말하며 크게 물질특허, 제조특허 및 용어특허 등으로 구분된다. 의장권은 상품의 새롭고 독창적인 모양이나 형태를 그 소유권의 대상으로 하며, 실용신안권은 고안 등 특허에 비하여 상대적으로 작은 발명에 주어지는 것으로 상품의 형태, 구조 또는 조립에 관한 기술적 창작에 대한 재산권을 말한다. 상표권은 어떤 상품을 다른 상품과 구별하기 위하여 사용된 문자, 도형, 기호 및 색채 등의 결합으로 표현된 상징에 대한 독점적 사용권을 말한다.

2. 저작권

저작권은 크게 협의의 저작권과 저작인접권(neighbouring right)으로 구분되고 있다. 저작권은 문학·예술적 창작물인 저작에 대한 배타적 소유권을 말하며, 저작재산권과 그 저작물의 복제·공연·방송 등의 권리를 관할하는 저작인격권을 포함하고 있다. 한편 저작인접권은 저작권의 이용과 배포에 관련된 권리로서 녹음, 녹화, 방송, 재방송 및 위성방송 등에 관한 권리를 말한다.

3. 신지적재산권

신지적재산권은 크게 산업저작권, 첨단산업저작권과 정보재산권으로 구별할 수 있다. 산업저작권(industrial copyright)은 산업재산권(industrial property right)과 저작권(copyright)의 복합어로 창작의 방법과 내용에 있어서는 저작권인 측면을 보유하고 있으나, 그 용도는 산업재산권과 같이 산업적 활용이 주요 기능인 지적생산물에 대한 소유권을 말한다. 첨단산업저작권은 첨단산업에 관련된 산업재산권을 말하는 것으로 유전공학, 전자 및 정보산업 등 첨단기술의 급속한 발달에 따라 과거의 산업재산권에서 논의되던 것과는 구별되는 매우 다른 성질의 물질과 기술들에 대한 재산권을 말한다. 정보재산권은 상품의 제조, 판매, 영업 및 기획 등의 분야에서 상품화될 수 있는 정보와 이의 전달수단에 대한 소유권을 말하며, 영업비밀권(trade secret), 데이터 베이스권(data base) 및 신방송매체권(new media) 등이 여기에 속한다.

Ⅲ 회원국의 국민

TRIPs협정은 다른 회원국의 국민(nationals of other members)에게 적용된다. '국민'이란 지적재산권 보호에 관한 조약에 규정된 보호의 적격 요건을 충족시키는 자연인과 법인을 의미한다. TRIPs협정상의 지적재산권은 다른 회원국의 국민에게 적용되는 사권(私權)(private rights)이다. 그러나 협정상의 보호기준을 부여하는 주체는 '회원국'이며, 각 회원국은 자국의 고유한 법제도와 관행 내에서 본 협정의 규정을 이행하는 적절한 방법을 자유롭게 결정할 수 있다.

제5편

회원국은 다른 회원국의 국민(Re. 1)에 대하여 이 협정에 규정된 대우를 제공한다. 관련 지적재산권에 대하여 다른 회원국의 국민은, 세계무역기구의 모든 회원국이 파리협약(1967년), 베른협약(1971년), 로마협약 및 집적회로에 관한 지적재산권조약의 회원국인 경우 이들 조약(Re. 2)에 규정된 보호의 적격 요건을 충족시키는 자연인 또는 법인으로 양해된다. 로마협약의 제5조 제3항 또는 제6조 제2항에 규정된 가능성을 원용하고자 하는 회원국은 동 조항에 규정된 바에 따라 무역 관련 지적재산권위원회에 통보한다.

(Remark 1) 이 협정에서 '국민'이 언급될때, 세계무역기구 회원국인 독자적인 관세영역의 경우, 국민은 이러한 독자적인 관세 영역에 거주하거나 실질적이고 효과적인 공업 또는 상업적 사업장을 가지고 있는 자연인 또는 법인을 의미하는 것으로 간주된다.

(Remark 2) 이 협정에서 '파리협약'은 산업재산권보호에 관한 '파리협약'을 지칭하며, '파리협약(1967년)'은 이 협약의 1967년 7월 14일자 스톡홀름 의정서를 지칭한다. '베른협약'은 문학적·예술적 저작물의 보호를 위한 베른협약을 의미하며, '베른협약(1971년)'은 이 협약의 1971년 7월 24일자 파리의정서를 지칭한다. '로마협약'은 1961년 10월 26일 로마에서 채택된 실연자음반제작 및 방송기관의 보호에 관한 국제협약을 지칭한다. '집적회로에 관한 지적 재산권보호조약'(IPIC 조약)은 1989년 5월 26일 워싱턴에서 채택된 집적회로에 관한 지적재산권보호 조약을 지칭한다. '세계무역기구협정'은 세계무역기구 설립을 위한 협정을 지칭한다.

제3절 기존협약의 효력과 준용

TRIPs협정은 '국제협약 Plus방식'을 채택하여 기존의 지적재산권협약들의 원칙과 규정들을 그 성립 및 운영의 기초로 하고 있다. TRIPs협정의 어떠한 규정도 '파리협약', '베른협약', '로마협약', '집적회로에 관한 지적재산권조약'에 따라 회원국 상호 간 존재하는 의무를 손상시키지 못한다고 규정하고 있다.

1. 이 협정의 제2부, 제3부 및 제4부와의 관련, 회원국은 파리협약(1967년)의 제1조에서 제12조까지 및 제19조를 준수한다.

2. 이 협정의 제1부에서 제4부까지의 어느 규정도 파리협약, 베른협약, 로마협약, 그리고 집적회로에 관한 지적재산권 조약에 따라 회원국 상호 간에 존재하는 의무를 면제하지 아니한다.

제4절 지적재산권 행사의 공익성

지적재산권은 재산권적 성격과 사회권적 성격을 모두 가지고 있으므로 각국은 공공이익 등을 위해 지적재산권의 행사에 일정한 제한을 가하고 있으며, TRIPs협정에서도 이러한 제한을 인정하고 있다. 동 협정 제8조는 공중보건이나 영양상태 보호 등 공공이익을 증진시키기 위하여 필요한 조치 및 권리자에 의한 지적재산권의 남용 또는 불합리하게 무역을 제한하거나 국가 간 기술이전에 부정적 영향을 미치는 관행을 방지하기 위하여 적절한 조치를 취하는 것을 허용한다.

제3장 │ 기본 원칙 및 예외

제1절 │ 기본 원칙

I 내국민대우

> **📖 조문 │ 제3조 - 내국민대우**
>
> 1. 각 회원국은 파리협약(1967년), 베른협약(1971년), 로마협약 또는 집적회로에 관한 지적재산권조약이 각각 이미 규정하고 있는 예외의 조건에 따라, 지적재산권 보호(Re. 3)에 관하여 자기 나라 국민보다 불리한 대우를 다른 회원국의 국민에게 부여하여서는 아니 된다. 실연자, 음반제작자, 방송기관에 관하여는, 이러한 의무는 이 협정에 규정되어 있는 권리에 관해서만 적용된다. 베른협약(1971)의 제6조 또는 로마협약의 제16조 제1항 나호에 규정된 가능성을 원용하고자 하는 회원국은 동 조항에 규정된 바에 따라 무역 관련 지적재산권위원회에 통보한다.
>
> (Remark 3) 제3조 및 제4조의 목적상 '보호'는 이 협정에서 구체적으로 언급된 지적재산권의 사용에 영향을 미치는 사항뿐 아니라 지적재산권의 취득가능성, 취득, 범위, 유지 및 시행에 영향을 미치는 사항을 포함한다.
>
> 2. 회원국은 다른 회원국의 관할권 내에 있는 주소지 지정 또는 대리인의 임명을 포함한 사법 및 행정절차와 관련하여, 제1항에서 허용되는 예외를 이용할 수 있다. 단, 그러한 예외가 이 협정의 규정과 불일치하지 아니하는 법과 규정의 준수를 확보하기 위하여 필요한 경우 및 이러한 관행이 무역에 대해 위장된 제한을 구성하지 아니하는 방법으로 적용되는 경우에 한한다.

1. 의의

회원국은 지적재산권의 보호에 관하여 자국민에게 부여하는 수준에 비해 '불리하지 아니한'(no less favorable) 대우를 타 회원국 국민에게 부여해야 한다(제3.1조). 지적재산권의 '보호'란 동 협정에서 구체적으로 규정된 지적재산권의 사용에 영향을 미치는 사항들뿐 아니라 지적재산권의 획득가능성, 취득, 범위, 유지 및 시행에 영향을 미치는 사항들도 포함된다. GATT상의 내국민대우는 '동종상품'(like product)에 대해서 적용되나, TRIPs 협정상 내국민대우는 회원국의 '국민'(nationals)에 대해 적용된다는 차이가 있다.

2. 예외

첫째, 파리협약, 베른협약, 로마협약 및 집적회로에 관한 지적재산권조약에 이미 규정되어 있는 예외 사항들은 TRIPs협정에서도 인정된다(제3.1조). 둘째, 실연자, 음반제작자, 방송기관에 대해서는 'TRIPs협정'에 규정되어 있는 권리에 대해서만 내국민대우가 적용된다. 따라서 저작인접권에 대해서는 내국민대우 원칙을 배제할 수 있다(제3.1조). 셋째, 회원국은 다른 회원국의 관할권 내에 있는 주소지의 지정 또는 대리인의 임명을 포함한 '사법 및 행정절차'와 관련하여 내국민대우 원칙의 예외를 원용할 수 있다(제3.2조). 단, 이러한 예외는 'TRIPs협정'의 규정과 합치하는 법과 규정의 준수를 확보하기 위하여 필요한 경우여야 하고, 무역에 대한 위장된 제한을 구성하지 아니하는 방법으로 적용되어야 한다(제3.2조 단서).

3. 미국 - 1930년 관세법 337조 사건(1989년 패널)[4]

이 사건은 미국의 조치가 GATT 제3.4조에 위반된다고 판정한 사건이다. GATT 제3.4조는 수입품과 국산품을 판매, 운송, 사용 등의 단계에서 차별을 금지하는 규정으로서 지적재산권의 보호에 관한 내국민대우를 규정한 TRIPs협정 제3.1조와는 구분된다. 미국은 지적재산권 침해상품의 정지절차에 있어서 국산품과 수입품을 달리 규정하였다. 국산품의 경우 연방재판소 판결에 의해 침해상품의 유통을 정지시키고, 절차기간에 제한이 없으며, 판결에 대해 미국기업은 항소할 수 있었다. 그러나 수입상품의 경우 ITC결정으로 유통을 정지시키고, 기간제한이 있으며, 외국기업은 ITC결정에 항소할 수 없었다. 패널은 미국의 337절차가 상품 분야의 내국민대우를 위반한 것으로 판정하였다. 다만, 미국의 조치는 특허부여 절차 등에 있어서 미국인과 외국인을 차별한 것은 아니므로 TRIPs협정에 위반된 것은 아니다.

Ⅲ 최혜국대우

📖 조문 | 제4조 - 최혜국대우

지적재산권의 보호와 관련, 일방 회원국에 의해 다른 회원국의 국민에게 부여되는 이익, 혜택, 특권 또는 면제는 즉시, 그리고 무조건적으로 다른 모든 회원국의 국민에게 부여된다. 일방 회원국에 의해 부여되는 다음 경우의 이익, 혜택, 특권 또는 면제는 동 의무에서 제외된다.

가. 사법공조에 관한 국제협정 또는 특별히 지적재산권의 보호에 한정되지 아니하는 일반적 성격의 법률 집행에서 비롯되는 경우

나. 내국민대우에 따라서가 아니라 다른 나라에서 부여되는 대우에 따라서 대우를 부여하는 것을 허용하는 로마협약 또는 베른 협약(1971년)의 규정에 따라 부여되는 경우

다. 이 협정에서 규정되지 아니하는 실연자, 음반제작자 및 방송기관의 권리에 관한 경우

라. 세계무역기구협정의 발효 이전에 발효된 지적재산권보호 관련 국제협정으로부터 비롯되는 경우. 단, 이러한 협정은 무역 관련 지적재산권위원회에 통보되어야 하며 다른 회원국 국민에 대하여 자의적이거나 부당한 차별을 구성하지 아니하여야 한다.

---

1. 의의

기존의 지적재산권 관련 국제협약들이 속지주의에 따른 내국민대우만을 기본 원칙으로 규정하고 있었으나 'TRIPs협정'은 국제적으로 통일된 규범체계를 수립하기 위해 최혜국대우 원칙을 최초로 도입하였다.[5] 지적재산권보호와 관련하여 다른 회원국의 국민에 부여하는 모든 이익(advantage), 혜택(favor), 특권(privilege) 또는 면제(immunity)는 즉시 무조건적으로 다른 모든 회원국의 국민들에게 부여해야 한다(제4조).

---

4) 고무로 노리오(2010), 655면.
5) 최승환(2006), 463면.

2. 예외

국내보호수준을 강화하지 않는 회원국들의 무임승차를 방지하기 위해 예외들을 규정한다. 첫째, 일방회원국이 부여하는 이익 등이 사법공조에 관한 국제협정이나 또는 특별히 지적재산권의 보호에 한정되지 아니하는 일반적 성격의 법집행에서 비롯되는 경우 최혜국대우 원칙이 적용되지 않는다(제4조 (a)). 둘째, 일방회원국이 부여하는 이익 등이 내국민대우 원칙이 아닌 상호주의 원칙을 채택한 '로마협약'이나 '베른협약'의 규정에 따라 부여되는 경우 최혜국대우 원칙이 적용되지 않는다(제4조 (b)). 셋째, 실연자, 음반제작자, 방송기관에 대해서는 'TRIPs협정'에 규정되어 있는 권리에 대해서만 최혜국대우가 적용된다. 즉, 저작인접권에 대해서는 최혜국대우 원칙의 적용을 배제할 수 있다(제4조 (c)). 넷째, 일방회원국이 부여하는 이익 등이 WTO협정이 발효되기 전에 발효한 지적재산권 관련 국제협정으로부터 비롯되는 경우, TRIPs이사회에 통보되고 다른 회원국 국민에 대하여 자의적이거나 부당한 차별을 구성하지 아니하는 한, 최혜국대우 원칙이 적용되지 않는다(제4조 (d)). 다섯째, 지적재산권의 취득과 유지에 관해 WIPO의 주관 하에 체결된 다자간협정에 규정된 절차에는 최혜국대우 원칙이 적용되지 아니한다(제5조).

Ⅲ 최소보호수준의 보장 원칙

최소보호수준의 보장 원칙이란 회원국은 타회원국의 국민에게 기존 국제협약에서 규정된 권리만큼은 최소한 부여해야 한다는 원칙을 의미한다. 즉, TRIPs협정은 '기존협약 Plus방식'을 채택하여 기존 국제협약상의 보호수준을 최저수준으로 하여 보호수준을 향상시키도록 하고 있다. 이 원칙의 취지는 속지주의와 내국민대우 원칙만 적용되는 경우 지적재산권보호가 회원국의 국내법에 위임됨으로써 각국의 보호수준 차이가 지나치게 커지는 것을 방지하는 것이다. 지적재산권 보호수준에 관한 국가별 차이는 국제무역을 저해하고 왜곡시킬 수 있으므로 보호수준의 통일은 국제무역의 왜곡과 저해를 감소시키는 데 기여할 수 있다. 동 협정상 최소보호수준 이상의 지적재산권보호는 회원국의 재량사항이다.

Ⅳ 투명성

투명성 원칙이란 무역과 관련한 국내법규, 사법적, 행정적 결정 및 정책을 명료히 하고 공개하는 원칙을 의미한다. 투명성 원칙은 명료성(clearness)과 공개성(publicity)을 주요 내용으로 한다. 동 원칙은 국제무역에 있어서 예측가능성을 제고하고 국제무역과 관련된 조치가 공개적으로 명료하게 적용되도록 함으로써 특정 조치의 존재와 내용에 대한 무지로 인한 불이익을 시정하고, 관련 무역규칙의 자의적인 해석과 적용에 따른 통상분쟁을 사전에 방지하는 기능을 하는 것으로, 궁극적으로 다자간무역체제의 실효성을 확보하기 위한 것이다. 단, 이 원칙은 법집행에 방해가 되거나, 공익에 반하거나, 특정 공기업이나 사기업의 '정당한 상업적 이익'을 저해할 수 있는 비밀정보에 관한 경우, 국가안보와 관련된 경우 등에는 예외가 인정된다.

I 환경보호 예외

회원국은 환경보호와 관련된 발명에 대해 특허대상에서 제외할 수 있다. 즉, 회원국은 인간, 동식물의 생명이나 건강보호 또는 심각한 환경피해(serious prejudice to the environment)를 방지하기 위해 필요한 발명을 특허대상에서 제외하거나 회원국 영역 내에서 영업적 이용을 금지할 수 있다(제27.2조).

II 국가안보 예외

회원국은 공개 시 자국의 필수적 국가안보이익에 반한다고 판단되는 정보를 제공하지 않을 수 있다. 또한 핵분열 물질 또는 이로부터 추출되는 물질, 무기, 탄약, 전쟁장비의 거래 및 군사시설에 대한 보급목적을 위하여 직·간접적으로 수행되는 상품 및 재료의 거래, 전시 또는 국제관계에 있어서의 기타 비상사태에 취해진 조치 등과 관련하여 자국의 필수적인 국가안보이익의 보호를 위해 필요하다고 간주되는 조치를 취할 수 있다. 또한 국제평화유지를 위한 UN헌장상의 의무이행을 위한 조치를 취할 수 있다(제73조).

참고 권리소진 원칙의 문제

1. 의의

권리소진 원칙(Exhaustion of Intellectual Porperty Rights)이란 지적재산권의 권리자가 권리가 체화된 특허나 상표 등의 이용권을 양도한 후에는 다시 자신의 권리를 주장할 수 없다는 원칙으로 '최초판매 원칙'(principle of first-sale)이라고도 한다. 권리소진 원칙에 의하면 적법하게 만들어진 지적재산권 상품을 일단 판매하면 최초의 판매로써 권리자의 권리가 소진되므로 동 상품의 권리자는 원권리자의 독점적인 지적재산권에도 불구하고 이를 재판매하거나 다른 방법으로 처분할 수 있게 된다.[6]

2. 권리소진 원칙과 병행수입의 관계

권리소진 원칙은 병행수입(parallel import)과 밀접한 관련이 있다. 병행수입이란 권리자의 국가 이외에서 적법하게 제조되거나 복제된 지적재산권 상품이 권리자의 국가로 수입되는 것을 말한다. 원권리자가 병행수입을 금지하거나 방해하는 경우 독점규제법이나 경쟁법상 문제를 야기할 수 있다. 권리소진 원칙이 인정되면 병행수입이 허용된다.

3. 기능

권리소진 원칙은 경제적으로 지적재산권보호를 받는 상품제조지역 할당의 효율성을 증진시키고, 병행수입과 같은 수단을 통하여 수입국 소비자에게 저렴한 값의 공급원을 개방하는 역할을 한다.

4. TRIPs협정

권리소진 원칙을 제한하고자 하는 선진국의 입장과 권리소진 원칙 인정을 요구하는 개도국의 입장 차이로 인해 권리소진 원칙에 관한 통일된 규범을 채택하지 못했다. 이에 대해서는 각 회원국이 국내법에서 자국의 이해와 정책에 따라 권리소진 원칙을 인정 또는 제한할 수 있도록 하였고, 분쟁해결 절차의 대상이 되지 않도록 하였다(제6조). 한국은 1995년 '지적재산권보호를 위한 수출입통관사무처리규정'에서 병행수입제도를 허용하고 있다.

---

[6] 예컨대 프랑스에서 브랜드상품의 핸드백이 권리자인 X사 자신에 의해 판매되었다면 그 핸드백이 제3국을 경유해 병행수입업자(정규 대리점을 통하지 않고 판매하는 수입자)에 의해 값싸게 영국에 수입되어도 X사의 정규 영국 대리점은 영국의 상표권에 근거해 병행수입품의 수입판매를 저지할 수 없다(고무로 노리오(2010), 661면).

제4장 | 구체적 권리 보호

제1절 저작권

I 저작권의 내용

1. 저작재산권

저작권이란 저작자가 자신이 창작한 저작물(works)에 대해 갖는 권리를 의미하며 저작재산권과 저작인격권(moral rights)으로 구분된다. 저작재산권은 저작자의 재산적 이익을 보호하고자 하는 권리로서 주로 저작물을 제3자가 이용하는 것을 허락하고 대가를 받을 수 있는 권리이다. 저작인격권은 저작자가 자신의 창작물에 대해 갖는 인격적 이익의 보호를 목적으로 하는 권리이며, 저작재산권과 달리 성질상 일신전속적이며 양도가 불가능하다. 저작인격권은 'TRIPs협정'의 보호대상에서 제외된다(제9.1조 단서). 저작재산권에는 번역권, 복제권, 공연권, 방송권 등이 있다.

2. 대여권

회원국은 적어도 컴퓨터 프로그램과 영상저작물에 관하여, 저작자나 권리승계인에게 그들 저작물의 원본이나 사본을 대중에 상업적으로 대여하는 행위를 허가하거나 금지할 수 있는 권리를 부여해야 한다(제11조).

II 저작권의 보호

저작권의 보호에는 기본적으로 베른협약이 준용(準用)된다. 즉, 저작권 및 저작인접권의 보호에 있어서 각 회원국은 베른협약 제1조에서 제21조까지와 부속서를 준수해야 한다(제9.1조). 저작물의 보호기간은 승인된 발행(authorized publication)의 역년(calendar year)의 말로부터 최소 50년간, 또는 작품의 제작 후 50년 이내에 승인된 발행이 이루어지지 아니한 경우 제작된 역년 말로부터 50년이 된다(제12조).

III 저작재산권의 제한

저작물의 정상적 사용(normal exploitation)에 저촉되지 아니하고 권리자의 정당한 이익(legitimate interests)을 불합리하게 저해하지 아니하는 일부 특별한 경우에 배타적 권리에 대한 제한 또는 예외가 인정된다(제13조). 즉, 이 경우 저작권자의 동의없이 저작물을 자유롭게 사용할 수 있다.

I 의의

저작인접권이란 구체적으로 실연자가 갖는 복제방송의 독점권과 음반제작자가 갖는 복제권, 배포권 및 방송기관에 대한 보상청구권, 그리고 방송기관이 갖는 복제권 및 동시방송중계권을 말한다. 저작인접권은 로마협약의 적용을 받아왔다.

II 실연자, 음반제작자 및 방송기관의 권리

첫째, 실연자(performers)는 실연을 음반에 고정하는 것과 관련하여 고정되지 아니한 실연의 고정과 그러한 고정의 복제행위가 자신의 승인없이 실시될 경우 이를 금지시킬 수 있다(제14.1조). 둘째, 음반제작자(producers of phonograms)는 자신의 음반에 대한 직접 또는 간접적 복제를 허가 또는 금지할 권리를 향유한다(제14.2조). 셋째, 방송기관(broadcasting organizations)은 방송의 고정, 고정물의 복제, 무선수단에 의한 재방송과 그것의 텔레비전 방송을 통한 대중전달행위가 자신의 승인없이 실시될 경우, 이를 금지할 수 있는 권리를 가진다(제14.3조).

III 대여권

TRIPs협정 제11조의 대여권규정은 음반제작자 및 회원국법에 정해진 음반관련 기타 권리자에게도 준용된다.

IV 보호기간

실연자와 음반제작자의 경우 적어도 실연이 이루어지거나 고정된 역년의 말로부터 50년 기간의 말까지, 방송기간의 경우에는 방송이 실시된 역년의 말로부터 적어도 20년간 계속된다(제14.5조).

I 보호대상

상표권의 보호대상은 상표(商標)이다. 상표란 사업자의 상품 또는 서비스를 다른 사업자의 상품 또는 서비스로부터 식별시킬 수 있는 표지 또는 표지의 결합으로서 이러한 표지, 즉 성명을 포함하는 단어, 문자, 숫자, 도형과 색채의 조합 및 이러한 표지의 결합은 상표로서 등록될 수 있다(제15.1조).

Ⅱ 상표권의 보호

상표권의 보호에는 파리협약(1967년) 제1조에서 제12조까지와 제19조가 적용된다. 파리협약은 상표권 보호의 기본원칙으로서 내국민대우 원칙, 우선권보장 원칙[7], 상표독립의 원칙[8]을 채택하고 있다. 상표의 출원과 등록요건은 각 가맹국에서 그 국내법에 따라 정한다. 파리협약은 주지(周知)상표(商標)(well-known marks)의 보호, 국가표장, 공공인장, 정부 간 기구 표장의 보호, 서비스마크, 상호 및 단체상표의 보호 등에 관한 내용을 규정하고 있다.

Ⅲ 상표권의 내용과 제한

상표권자는 등록상표에 대해 배타적 사용권을 가진다. 즉, 등록상표의 소유자는 제3자가 소유자의 동의없이 등록된 상표의 상품이나 서비스와 동일하거나 유사한 상품이나 서비스에 대하여 동일 또는 유사한 표지의 사용으로 인하여 혼동의 가능성이 있을 경우 거래과정에서 이의 사용을 금지할 수 있는 권리를 가진다. 이러한 배타적 권리도 기술적 용어(descriptive terms)의 공정사용과 같이 상표에 의해 부여된 권리에 대하여 제한적인 예외를 인정할 수 있다. 다만, 그러한 예외는 상표권자와 제3자의 정당한 이익(legitimate interests)을 고려하는 경우에 한한다(제17조).

Ⅳ 보호기간

상표의 최초 등록과 그 후의 갱신등록에 따른 보호기간은 7년 이상으로 한다. 상표등록은 무한적으로 갱신할 수 있다(제18조).

제4절 지리적 표시권

Ⅰ 의의

지리적 표시(geographical indications)란 '어떤 상품이 특정 회원국의 영토에서 혹은 그 영토 내의 특정 지역이나 지방에서 유래하는 것임을 식별하는 표시로서, 당해 상품의 특정 품질, 명성 또는 기타 특성이 본질적으로 그것의 지리적 출처로 귀속될 수 있는 경우'를 의미한다(제22.1조).

---

7) 우선권보장 원칙이란 가맹국 중 어느 한 나라에서 최초로 등록출원을 한 날로부터 6개월 이내에 동일 출원인 또는 승계인이 동 일상표에 대해 타 가맹국에 등록출원하면 그의 출원은 최초 국가의 출원과 동일한 일자에 출원한 것으로 인정된다는 원칙이다.
8) 상표독립의 원칙이란 가맹국의 국민이 각 가맹국에서 정당하게 등록된 상표는 타 가맹국에서 등록된 상표와 독립된 것으로 간 주된다는 원칙이다.

Ⅱ 주요 내용

각 회원국은 당해상품의 지리적 출처·원산지에 대하여 대중의 오인을 유발하는 방법으로 진정한 원산지가 아닌 지역을 원산지로 표시하거나 암시하는 상품의 명명 또는 소개수단의 사용, 파리협약 제10조의2에서 규정된 불공정경쟁행위를 구성하는 사용 등의 두 가지 행위를 금지시킬 수 있는 법적 수단을 이해당사자에게 제공해야 한다(제22.2조). 또한 상품의 표시사용이 대중에게 진정한 원산지의 오인을 유발할 우려가 있는 경우에는 자국의 법이 허용하는 한도 내에서, 직권으로 또는 이해관계인의 요청에 따라 상표의 등록을 거부하거나 무효화하여야 한다(제22.3조). 지리적 표시에 대한 보호는 상품의 원산지인 영역, 지역, 지방이 문자상으로는 사실이지만 그 상품이 다른 영역을 원산지로 하는 것으로 대중에게 오인되는 지리적 표시에 대해서도 적용된다(제22.4조). 한편, 포도주와 주류에 대해서는 별도 규정을 두고 있다. 회원국은 비록 상품의 진정한 원산지표시가 나타나 있거나 또는 지리적 표시가 번역되어 사용되거나 또는 종류(kind), 유형(type), 양식(style), 모조품(imitation) 등의 표현이 수반되는 경우에도 당해 지리적 표시에 나타난 장소를 원산지로 하지 아니하는 포도주 또는 주류에 산지를 나타내는 지리적 표시를 사용하는 것을 금지해야 한다(제23.1조).

Ⅲ 협상의무

각 회원국은 제23조에 따른 개별적인 지리적 표시의 보호증대를 목적으로 협상을 개시해야 한다(제24.1조). 제24조는 지리적 표시의 보호에 관한 몇 가지 예외를 인정하고 있지만, 제24조 제1항은 이러한 예외를 협상의 진행과 양자 또는 다자협정의 체결을 거부하기 위해 원용하는 것을 금하고 있다.

Ⅳ 예외

협정 제24조 제4항에서 제6항까지는 제22조 및 제23조에 따른 지리적 표시의 보호에 대하여 예외를 규정하고 있다. 첫째, 회원국은 타회원국의 포도주나 주류의 지리적 표시를 계속해서 사용할 수 있는 권리를 자국 국민이나 거주자에게 부여할 수 있다. 단, 이 권리는 문제의 지리적 표시가 1994년 4월 15일 이전의 최소 10년 동안, 또는 동일자 전에 선의로 상품 또는 서비스에 대하여 사용해 왔을 것을 조건으로 한다(제24.4조). 둘째, 회원국이 자국 영역 내에서 상품과 서비스에 대한 일반명칭으로서 일반언어로 사용되는 관습적인 용어와 관련표시가 동일한 상품과 서비스에 관한 다른 회원국의 지리적 표시, 일방회원국이 WTO협정의 발효일 현재 자국영역내에 존재하는 포도의 종류에 대한 통상의 명칭과 관련 표시가 동일한 포도제품에 대한 다른 회원국의 지리적 표시에 대해서도 TRIPs협정의 적용 예외가 인정된다(제24.6조). 다만 원산지국가에서 보호되지 않거나 보호가 중단되거나 또는 그 나라에서 사용되지 않게 된 지리적 표시는 TRIPs협정에 따라 보호할 의무가 없다(제24.9조).

제5절 의장권

Ⅰ 의의

의장(意匠)(industrial design or model)이란 물품의 형상, 모양, 색채 또는 이들을 결합한 것으로서 시각을 통하여 미감을 일으키는 것을 말한다. 의장은 공산품의 장식적·미적 효과를 보호하기 위한 것으로 경제거래의 대상이 되는 상품의 외관에 구현된 심미적·전체적 효과의 보호를 목적으로 한다는 점에서, 상품의 실용적·기술적 효과를 보호하려는 실용신안과 구별된다.

Ⅱ 보호의 요건

신규성(novelty) 또는 독창성(originality)이 있는 '독립적으로 창작된' 의장은 보호된다. 각 회원국은 공지된 의장이나 공지된 의장의 형태의 결합과 '현저하게'(significantly) 다르지 아니하는 의장에 대해서는 신규성이나 독창성이 없다는 이유로 보호대상에서 제외할 수 있으며, '본질적으로 기술적 또는 기능적 고려'에 의해 요구되는 의장 역시 보호대상에서 제외할 수 있다(제25.1조).

Ⅲ 보호의 내용

의장의 권리자는 제3자가 권리자의 동의없이 보호의장을 복제하였거나 실질적으로 복제한 의장을 지녔거나 형체화 한 물품을 '상업적 목적으로' 제조, 판매 또는 수입하는 행위를 금지할 권한을 갖는다(제26.1조). 의장의 보호기간은 10년 이상이다(제26.3조).

Ⅳ 보호의 제한 또는 예외

회원국은 의장의 보호에 대해 제한적인 예외를 규정할 수 있다. 다만 이러한 예외는 제3자의 정당한 이익을 고려하여 보호되는 의장의 정상적인 이용에 불합리하게 저촉되지 아니하여야 하며, 보호되는 권리자의 정당한 이익을 불합리하게 저해하지 아니하여야 한다(제26.2조).

Ⅰ 특허의 대상

모든 기술 분야에서 물질(products) 또는 제법(processes)에 관한 어떠한 발명도 신규성(novelty), 진보성(inventive step) 및 산업적 이용가능성(capability of industrial application)을 구비하였다면 특허의 대상이 될 수 있다(제27.1조 전단). 단, 환경보호와 관련한 발명에 대해서는 특허대상에서 제외하는 것을 허용한다(제27.2조). '파이프라인제품'(pipeline products)도 보호된다. 특허의 대상이 되나 아직 개발되거나 시판되지 않는 의약품 등에 대한 보호를 '파이프라인보호'라고 한다. 의약품 등에 대해 협정 발효일 이후 5년간의 배타적 판매권이 보장된다. 5년 이전에 특허 여부가 판정되면 배타적 판매권은 종료된다(제70.8조 및 제70.9조). 발명품이 국산품인가 수입품인가는 문제되지 않는다. 회원국은 수입품에 대해서도 특허를 인정할 의무가 있다.

Ⅱ 물질특허9)

TRIPs협정은 방법특허 외에 물질특허를 특허의 대상으로 포함시켰다. 의약품 등에 관한 물질특허는 제품의 원료와 성분이 되는 물질 자체의 특허로서 제법과 용도 여부를 불문한다. 따라서 의약품 등의 물질특허의 모방이 있는 경우 제품은 제법의 여부를 불문하고 압류의 대상이 된다. 미국은 신약개발에 대한 투자 회수와 선발자 이익 보호를 위해 물질특허를 주장하였으나 인도 등 개도국은 새로운 제법의 개발 의욕 감퇴와 의약품 가격상승으로 인한 국민생활 위협을 이유로 물질특허에 반대하였다. 물질특허는 미국의 입장을 반영한 것이다.

Ⅲ 특허권의 내용

첫째, 특허는 특허권자에게 제조, 사용, 판매, 수입에 관한 배타적 권리를 부여한다(제28.1조). 둘째, 특허권자는 특허권을 양도하거나 또는 상속에 의해 이전할 수 있으며, 사용권설정계약(licensing contracts)을 체결할 권리를 갖는다(제28.2조). 셋째, 특허의 취소 또는 몰수 결정에 대해서는 사법심사의 기회가 부여되어야 한다(제32조). 넷째, 특허의 보호기간은 출원일(filing date)로 부터 20년이다(제33조). 다섯째, 회원국은 특허에 의해 허여된 배타적 권리에 대해 제한적 예외를 규정할 수 있다. 다만 그러한 예외는 제3자의 정당한 이익을 고려하여 특허권의 정상적 이용(normal exploitation)에 불합리하게 저촉되지 아니하고, 특허권자의 정당한 이익을 불합리하게 저해하지 아니하여야 한다(제30조).

Ⅳ 강제실시권

1. 의의

강제실시권은 공공의 이익보호나 특허권의 남용방지 등과 같은 일정한 경우, 권리자의 허락없이 특허를 강제로 실시하게 하는 것이다. 강제실시제도는 특허의 불실시를 통한 권리남용에 대한 법적 구제 또는 제재수단의 하나이다.10)

---

9) 고무로 노리오(2010), 677면.
10) 최승환(2006), 487면.

2. 요건

첫째, 강제실시의 승인은 '개별적인 사안의 내용에 따라' 고려되어야 한다(개별성의 원칙). 둘째, 특허권의 강제실시를 요청하는 자가 특허사용에 앞서 상업적으로 합리적인 조건을 제시하여 특허실시권 제의를 하였음에도 '합리적인 기간 내에' 특허실시권을 얻지 못한 경우에 한해 보충적으로 허용되어야 한다(보충성의 원칙). 셋째, 강제실시가 승인되는 경우 강제실시권의 범위와 기간은 강제실시가 승인된 목적에 한정되어야 한다(최소성의 원칙). 넷째, 강제실시는 비배타적(non-exclusive)이어야 한다(비배타성의 원칙). 다섯째, 강제실시권은 원칙적으로 양도될 수 없다(양도금지의 원칙). 여섯째, 강제실시권은 강제실시를 승인하는 회원국 내의 국내시장에 대한 공급을 위해서만 승인된다(국내실시의 원칙). 일곱째, 강제실시를 허용하게 한 상황이 종료하고 그러한 상황이 재발되지 않을 것으로 판단되는 때에는 강제실시권을 부여받은 자의 정당한 이익에 대한 적절한 보호를 조건으로 강제실시를 종료할 수 있다(한시성의 원칙). 여덟째, 권리자는 각 사안의 상황에 따라 승인의 경제적 가치를 고려하여 '적절한 보상'(adequate remuneration)을 지급받는다(보상의 원칙). 아홉째, 강제실시의 승인과 보상에 관한 모든 결정에 대한 법적 유효성은 사법심사 또는 회원국 내의 별개의 상위당국에 의한 독립적 심사의 대상이 된다(사법적 심사의 원칙).

Ⅴ 특허 보호의 예외

첫째, 국가는 공공질서와 미풍양속을 보호하기 위해 필요한 경우 특정 발명을 특허 보호대상에서 제외할 수 있다. 공서 양속의 보호목적에는 인간, 동물 또는 식물의 생명이나 건강을 보호할 목적과 환경을 보호할 목적이 포함된다. 환경보호의 경우 환경에 대한 심각한 피해를 회피할 목적이어야 한다. 둘째, 사람과 동물의 치료를 위한 진단 방법, 치료 방법이나 미생물 이외의 동식물 및 동식물의 생물학적 생산 방법은 특허 보호대상에서 제외할 수 있다(제27.3조).

Ⅵ 판례[11]

1. 캐나다 - 특허 보호기간 사건

캐나다 특허법은 1989년 10월 1일 이전에 출원된 것은 특허 보호기간을 20년이 아닌 17년으로 단축하였다. 미국은 이에 대해 제소하였으며 패널은 캐나다법은 TRIPs협정에 위반된다고 판정하였다.

2. 캐나다 - 의약품특허 보호 사건

이 사건은 후발의약품, 즉 제네릭의약품(generic drug)에 관한 사건이다. 제네릭의약품은 제조 승인을 받고 있는 신약(선발의약품)과 성분, 용법, 효능 등이 동등한 의약품으로 선발의약품의 특허 유효기간이 다하자마자 다른 제약 메이커가 유효성분이 같은 의약품을 발매하기 시작하는 의약품을 말한다. 캐나다는 제네릭의약품이 선발의약품의 특허 유효기간이 다하면 바로 시장에 판매할 수 있도록 하여 후발의약품 메이커(generic copier)를 보호하고자 하였다. 이를 위해 두 가지 조치를 취했다. 하나는 제네릭약 메이커가 특허권자의 허락 없이 특허 보호기간 만료 전에 특허를 실시하도록 허용하였으며, 다른 하나는 특허 보호기간 만료의 직전 6개월 간 제네릭약 메이커가 건강안전심사에 합격한 제네릭약을 생산·비축하도록 허용하는 것이었다. 이에 대해 패널은 전자는 합법이나 후자는 위법이라고 판정하였다. 즉, 후발 메이커가 정부의 판매허가를 얻기 위해 특허권자의 허가없이 특허 기간 만료 전에 특허 발명을 사용해 후발품을 제조하는 것은 허용된다고 본 것이다. 그러나, 후발품을 생산하고 비축(stockpiling)해두는 것은 협정에 위반된다고 본 것이다.

---

11) 고무로 노리오(2010), 681-682면.

제7절 집적회로 배치설계

Ⅰ 보호체제

반도체칩의 '배치설계(layout designs or topographies)'에 대한 보호는 1989년 채택된 '집적회로에 관한 지적재산권조약'(IPIC Treaty, 일명 워싱턴조약)을 중심으로 이루어지고 있으며, TRIPs협정은 워싱턴조약 플러스 방식을 채택하고 있다.

Ⅱ 보호대상 및 범위

TRIPs협정은 보호되는 배치설계, 보호되는 배치설계가 포함된 집적회로, 불법적으로 복제된 배치설계를 계속 포함하는 집적회로를 내장한 제품을 상업적 목적으로 수입, 판매, 유통시키는 행위 등이 권리자의 승인없이 행해지는 경우 이를 불법적 행위(unlawful ats)로 간주한다(제36조). 배치설계는 창작 당시 집적회로의 제작자나 배치설계자 간에 통상적인 내용이 아니라는 의미에서 독창성(originality)이 있어야 한다.

Ⅲ 선의취득자의 보호

불법적으로 복제된 배치설계를 포함하는 집적회로 또는 이러한 집적회로를 포함하는 품목을 수입, 판매, 배포하거나 지시하는 자가 취득 당시 불법적으로 복제된 배치설계를 포함하였음을 알지 못하였거나 알 수 있는 합리적인 사유가 없을 경우, 즉 선의로 취득한 경우에는 그러한 행위는 적법한 것으로 간주된다(제371조).

Ⅳ 보호기간

배치설계의 보호기간은 10년이다. 보호 요건으로서 등록을 요구하는 회원국의 경우 배치설계의 보호기간은 등록출원일로부터 또는 세계 어느 지역에서 발생하였는지에 관계없이 최초의 상업적 이용일로부터 10년간 보호되며, 보호 요건으로 등록을 요구하지 않는 회원국의 경우 세계 어느 지역에서 발생하였는지에 관계없이 최초의 상업적 이용일로부터 10년간 보호된다.

제8절 미공개 정보의 보호

Ⅰ 의의

미공개 정보(undisclosed information)란 기술적인 노하우나 고객명부, 신제품의 생산계획 등과 같이 영업상의 비밀로 관리되고 있어 경제적 가치가 있는 기술상 또는 경영상의 비밀정보로서 영업비밀(trade secret), 재산적 정보(proprietary information), know-how 등으로 불린다.

II 보호대상

자연인과 법인은 합법적으로 자신의 통제 하에 있는 정보가 자신의 동의없이 '건전한 상업적 관행'(honest commercial practices)에 반하는 방법으로 타인에게 공개되거나 타인에 의해 획득 또는 사용되는 것을 금할 수 있다. 다만 그러한 정보는 비밀이어야 하고(비공지성), 상업적 가치를 가져야 하며(경제성), 적법하게 정보를 통제하고 있는 자에 의해서 비밀로 유지하기 위한 합리적 조치 하에 있어야 한다(비밀유지성)(제39.2조).

III 보호기간

TRIPs협정상 미공개 정보의 보호기관에 관한 조항이 없다. 영업비밀성이 유지되는 한도 내에서는 보호기간을 한정할 수 없다고 해석된다.[12]

제9절 사용허가계약에 포함된 반경쟁행위의 통제

I 의의

지적재산권법은 지적재산권으로 인정된 부류의 지적창작물의 소유자에 대하여 독점권을 부여한다. 독점권의 부여는 관련된 발명, 디자인, 상표, 저작물에 대한 배타적인 상업적 이용을 가능하게 함으로써 창작활동과 기술개발의 유인책을 제공하기 위한 것이다. 그러나 독점권자가 확보하는 상업적 이익이 너무 커서 원래의 창작노력에 대한 합리적인 보상수준을 초과할 위험이 있으며, 지적재산권의 남용은 공공이익을 저해하거나 정당한 무역에 장애가 될 수도 있다. 따라서 TRIPs협정은 지적재산권에 대한 제한조치를 취할 수 있도록 하고 있다.

II 금지되는 관행 및 조건

TRIPs협정 제40조 제2항은 회원국이 관련시장(relevant market)의 경쟁에 부정적 영향을 주는 지적재산권의 남용을 구성하는 사용허가 관행이나 조건(licensing practices or conditions)을 국내법에 명시하는 것을 허용하고 있다. 따라서 각 회원국은 자국의 관련 법규에 입각하여 예컨대 '배타적인 일방적 양도 조건'(exclusive grantback conditions), '유효성 이의제기 금지 조건'(conditions preventing challenges to validity), '강제적인 일괄사용허가'(coercive package licensing) 등의 관행을 금지하거나 통제하기 위하여, 본 협정의 기타규정과 일치하는 범위 내에서 적절한 조치를 취할 수 있다(제40.2조).

---

12) 최승환(2006), 494면.

제5장 | 지적재산권의 관리 및 집행

제1절 서설

지적재산권에 관한 기존 협약들이 지적재산권 침해에 관한 효과적인 구제수단을 결여하고 있다는 반성에 기초하여 TRIPs협정은 집행 절차에 관한 구체적 규정을 두고 있다. TRIPs협정은 각 회원국이 포괄적인 집행체제를 수립할 것을 의무화하고 있다. 다만 국가들 간의 법제도의 차이를 고려하여 각 회원국이 자국의 고유한 법제도 및 관행 내에서 협정의 제규정에 대한 이행 방법을 자유롭게 결정하고(제1.1조), 일반적인 법집행을 위한 사법제도와 구별되는 지적재산권의 집행을 위한 사법제도를 마련할 의무를 부과하거나 회원국의 일반적인 법집행에 지장을 주어서는 안 된다는 원칙을 규정함으로써(제41.5조) 각 회원국의 법집행제도를 최대한 존중하도록 하였다.

제2절 집행 절차

Ⅰ 일반적 의무

첫째, 회원국은 지적재산권 침해 행위에 대한 효과적인 대응조치를 취하기 위해 필요한 국내법을 정비한다(제41.1조). 둘째, 지적재산권의 행사절차는 '공정하고 공평하여야 하며'(fair and equitable), 불필요하게 복잡하거나 비용이 많이 들거나, 불합리하게 시간을 제한하거나 부당하게 지연해서는 안 된다(제41.2조). 셋째, 사안의 본안에 대한 결정은 서면주의와 증거주의에 입각해야 한다(제41.3조). 넷째, 사법당국의 결정에 대해 재심 기회를 부여해야 한다(제41.4조). 다섯째, 각 회원국의 고유한 사법제도를 존중해야 한다(제41.5조).

Ⅱ 민사 및 행정 절차와 구제

각 회원국은 지적재산권의 행사에 관하여 민사상의 공정하고 공평한 사법 절차를 권리자에게 보장해야 한다. 동 절차는 각국의 현행 헌법상의 요건에 위반되지 않는 범위 내에서 비밀정보를 확인하고 보호하는 수단을 제공해야 한다(제42조).

Ⅲ 잠정조치

침해를 방지할 긴급할 필요가 있다고 인정되는 경우 사법당국은 침해상품의 유통경로에의 유입을 방지하고 침해혐의에 관한 관련 증거를 보전하기 위한 목적으로 신속하고 효과적인 잠정조치를 취할 수 있다.

Ⅳ 국경조치

TRIPs협정은 위조상품의 유통을 규제하기 위해 필요한 국경조치를 취할 의무를 회원국에게 부여하고 있다(제51조). 지적재산권의 침해상품의 유통에 대한 규제는 시장에서 유통되기를 기다리는 것보다 국경에서 '통과 중일 때'(in transit) 통관을 저지하는 것이 가장 효과적이기 때문이다. 회원국은 상표권자 및 저작권자가 상표권 또는 저작권 침해상품의 통관정지 또는 보류를 사법 및 행정당국에 서면으로 청구할 수 있는 절차를 채택해야 한다.

Ⅴ 형사 절차

회원국은 고의로 상표권 또는 저작권을 상업적 규모로 침해한 경우에 적용될 형사절차와 처벌을 규정해야 한다(제61조).

제3절   취득과 유지 및 관련당사자 간 절차

각 회원국은 지적재산권의 취득이나 유지의 조건으로 TRIPs협정의 규정에 부합되는 합리적인 절차와 형식의 준수를 요구할 수 있다(제62.1조). 지적재산권의 취득에 있어 권리의 부여 또는 등록을 요건으로 하는 경우, 회원국은 보호기간이 부당하게 단축되는 것을 방지하기 위하여 부여 또는 등록을 합리적 기간 내에 허용하도록 보장해야 한다(제62.2조).

제4절   경과조치

TRIPs협정은 개도국 및 최빈개도국에 관한 경과조치를 규정하고 있다. 개도국의 경우 제3조(내국민대우), 제4조(최혜국대우), 제5조(보호의 취득 또는 유지에 관한 다자간협정)의 규정을 제외한 본 협정의 적용일을 2000년 1월 1일까지 연기할 수 있다. 최빈개도국의 경우는 2006년 1월 1일까지 10년간 연기할 수 있으며, TRIPs 이사회에 의해 연장될 수 있다.

제5절   분쟁해결

TRIPs협정상 지적재산권분쟁은 WTO설립협정에 부속된 분쟁해결양해(DSU)가 적용된다. 다만 DSU에 우선적으로 적용되는 몇 가지 특별규칙을 규정하고 있다. WTO설립협정 발효 후 5년 간 1994GATT 제23조 제1항 제(b)호 및 제(c)호, 즉 비위반제소와 상황제소는 제한된다.

해커스공무원 학원 · 인강
gosi.Hackers.com

제6편
분쟁해결양해(DSU)

⊙ WTO 분쟁해결 절차 흐름도

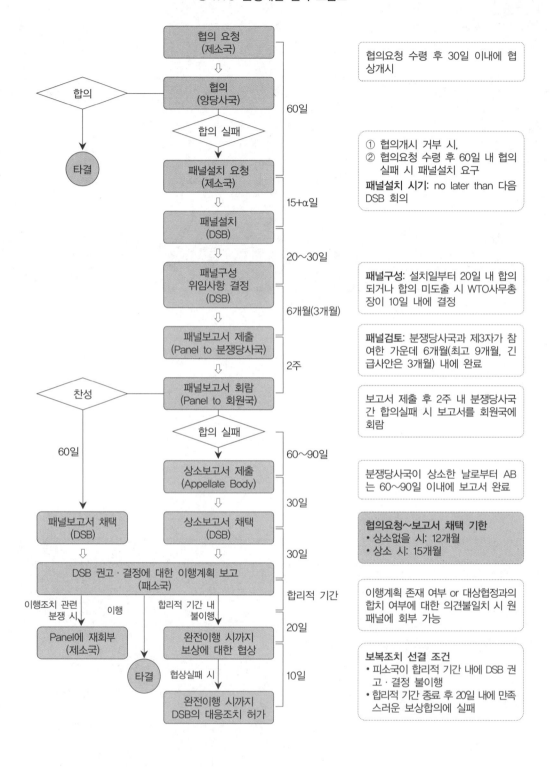

협의 요청
(제소국)

⇩

협의요청 수령 후 30일 이내에 협상개시

합의

협의
(양당사국)

60일

타결

합의 실패

패널설치 요청
(제소국)

15+α일

① 협의개시 거부 시,
② 협의요청 수령 후 60일 내 협의 실패 시 패널설치 요구
패널설치 시기: no later than 다음 DSB 회의

패널설치
(DSB)

⇩

20~30일

패널구성
위임사항 결정
(DSB)

⇩

6개월(3개월)

패널구성: 설치일부터 20일 내 합의 되거나 합의 미도출 시 WTO사무총장이 10일 내에 결정

패널보고서 제출
(Panel to 분쟁당사국)

⇩

2주

패널검토: 분쟁당사국과 제3자가 참여한 가운데 6개월(최고 9개월, 긴급사안은 3개월) 내에 완료

찬성

패널보고서 회람
(Panel to 회원국)

60일

합의 실패

60~90일

보고서 제출 후 2주 내 분쟁당사국 간 합의실패 시 보고서를 회원국에 회람

상소보고서 제출
(Appellate Body)

30일

분쟁당사국이 상소한 날로부터 AB는 60~90일 이내에 보고서 완료

패널보고서 채택
(DSB)

⇩

상소보고서 채택
(DSB)

⇩

30일

협의요청~보고서 채택 기한
• 상소없을 시: 12개월
• 상소 시: 15개월

DSB 권고 · 결정에 대한 이행계획 보고
(패소국)

합리적 기간

이행계획 존재 여부 or 대상협정과의 합치 여부에 대한 의견불일치 시 원패널에 회부 가능

이행조치 관련
분쟁 시

이행

합리적 기간 내
불이행

20일

Panel에 재회부
(제소국)

타결

완전이행 시까지
보상에 대한 협상

협상실패 시

10일

보복조치 선결 조건
• 피소국이 합리적 기간 내에 DSB 권고 · 결정 불이행
• 합리적 기간 종료 후 20일 내에 만족스러운 보상합의에 실패

완전이행 시까지
DSB의 대응조치 허가

제1장 │ 서설

제1절 서론: DSU의 의의

GATT 분쟁해결 방식은 외교적 방식과 사법적 방식 간의 일진일퇴적 선택에 의해 이루어져 왔으나 WTO에서는 사법적 방식이 우세하게 되었다. DSU는 WTO체제 하에서 통상 관련 분쟁을 해결하기 위한 포괄적 구조를 예정한 것이다. DSU에 따른 분쟁해결제도는 WTO협정에 규정된 회원국의 권리의무를 보전하기 위한 것이며, 국제관습법상의 해석 규칙에 따라 협정규정을 명백히 하기 위한 것이다. WTO 분쟁해결제도는 기본의 GATT 분쟁해결제도를 발전시켜 훨씬 효율적인 것으로 평가되고 있다.

제2절 제소 사유 및 제소대상이 되는 국가조치의 범위

I 제소 사유

📑 **조문 │ 1994GATT 제23조 제1항 – 무효 또는 침해(Nullification or Impairment)**

체약국은 (a) 다른 체약국이 본 협정에 따른 의무의 이행을 태만히 한 결과, (b) 다른 체약국이, 본 협정의 조항에 저촉 여부를 불문하고, 어떤 조치를 적용한 결과 또는 (c) 기타 다른 어떤 사태가 존재하는 결과로서, 본 협정에 따라, 직접 또는 간접으로 자국에 부여된 모든 이익이 무효 또는 침해되거나, 본 협정의 목적 달성이 저해되고 있다고 인정할 때에는, 동 문제의 만족한 조정을 위하여 관계가 있다고 동 체약국이 인정하는 다른 체약국 또는 체약국들에 대하여 서면으로 사정의 설명 또는 제안을 할 수 있다. 동 사정의 설명 또는 제안을 받은 체약국은 사정의 설명 또는 제안에 대하여 호의적인 교려를 하여야 한다. (If any contracting party should consider that any benefit accruing to it directly or indirectly under this Agreement is being nullified or impaired or that the attainment of any objective of the Agreement is being impeded as the result of (a) the failure of another contracting party to carry out its obligations under this Agreement, or (b) the application by another contracting party of any measure, whether or not it conflicts with the provisions of this Agreement, or (c) the existence of any other situation, the contracting party may, with a view to the satisfactory adjustment of the matter, make written representations or proposals to the other contracting party or parties which it considers to be concerned. Any contracting party thus approached shall give sympathetic consideration to the representations or proposals made to it.)

1. 의의

제소 사유란 WTO 분쟁해결 절차를 개시할 수 있는 사유를 의미하며, 이는 1994GATT 제23조에서 규정하고 있다. GATT 제23조 제1항에 의하면, 다른 체약국이 GATT에 따른 의무의 이행을 태만히 한 결과, 또는 다른 체약국이 GATT의 조항에 저촉 여부를 불문하고 어떤 조치를 적용한 결과, 또는 기타 다른 어떤 사태가 존재하는 결과로서 GATT에 따라 직접 또는 간접으로 자국에 부여된 모든 이익이 무효화 또는 침해되거나, GATT 목적 달성이 저해되고 있다고 인정할 경우 체약국은 분쟁해결 절차에 호소할 수 있다.

2. 위반제소(violation complaints)

위반제소는 다른 회원국이 GATT · WTO에 위반되는 조치를 취해 그 결과 자국의 GATT · WTO상 이익이 무효화 또는 침해되거나 협정 목적이 저해되는 경우에 소를 제기하는 것을 의미한다. DSU는 대상 협정상 의무가 위반된 경우 그 의무위반 조치는 일견(prima facie) 무효화 또는 침해를 구성하는 것으로 간주된다고 규정한다.

> ### 📑 조문 | 제3조 제8항 – 일층추정의 원칙
>
> 대상협정에 따라 부담해야 하는 의무에 대한 위반이 있는 경우, 이러한 행위는 일견 명백한 무효화 또는 침해 사례를 구성하는 것으로 간주된다. 이는 일반적으로 규칙 위반이 동 대상협정의 당사국인 다른 회원국에 대하여 부정적인 영향을 미친다고 추정됨을 의미하며, 이 경우 피소국이 제소국의 협정의무 위반 주장에 대하여 반박하여야 한다. (In cases where there is an infringement of the obligations assumed under a covered agreement, the action is considered prima facie to constitute a case of nullification or impairment. This means that there is normally a presumption that a breach of the rules has an adverse impact on other Members parties to that covered agreement, and in such cases, it shall be up to the Member against whom the complaint has been brought to rebut the charge.)

> ### 📑 참고 회원국의 법률에 대한 제소(as such complaint)의 문제[1]
>
> #### 1. 의의
> WTO 분쟁해결사례에서 제소국은 피제소국의 특정 조치의 위법성을 시비하는 것(as applied complaint)과 함께 피제소국의 관련 국내법 자체를 시비하는 경우가 많다. 제소국이 피제소국의 법 자체의 위법성을 따지는 것은 위법적 조치가 반복될 수 있기 때문이다. 법률 자체에 대해 제소된 경우 GATT 패널은 문제가 된 법률이 강제법(mandatory legislation)인지 임의법(discretionary legislation)인지에 따라 판단하였다. 즉, 정부 당국으로 하여금 일정 조건이 갖추어지면 WTO법에 위반된 조치를 취하도록 의무를 부과하는 강제법은 WTO에 위반된다고 판정하였다. 정부에게 조치를 취할 것인지에 대한 재량권을 부여하는 법률인 임의법은 그 자체로 WTO법에 위반되는 것은 아니라고 하였다. WTO협정에 위반된 강제법은 WTO에 합치시켜야 한다.
>
> #### 2. GATT 패널 사례
> (1) 미국 슈퍼펀드 사건
> 　미국의 Superfund Act는 수입 특정 화학물질에 대해 재무부로 하여금 내국세를 징수하도록 하였다. 수입품에 대한 내국세는 동종의 국산품에 부과하는 내국세를 초과하지 않았으므로 국경세 조정규정에 합치하였다. 다만, 내국세 산정을 위해 필요한 자료를 제출하지 않은 경우 수입품에 대해 벌칙세(penalty tax)를 부과하도록 하여 동종의 국산품보다 무거운 세금이 부과되었다. 패널은 이 조치가 GATT 제3.2조 위반이라고 판정하였다. 그러나 동 법 자체가 협정 위반은 아니라고 판단하였다. 동 법은 당국으로 하여금 벌칙세를 면제할 권한을 부여하고 있었기 때문에 벌칙규정은 '임의법'이라고 판단했기 때문이다. 요컨대, 행정당국에 차별적 내국세 부과를 강제하는 국내법은 현실에서 적용 여부를 떠나 GATT 위반이나 행정당국에 차별적 내국세의 부과를 허가하는 데 불과한 국내법은 그 자체로 GATT 위반은 아니다.

---

1) 고무로 노리오(2010, 저)/박재형(역), 국제경제법, 809~811면.

(2) EC 우회방지세 사건

EC가 제정한 우회방지규정은 수출국기업이 반덤핑관세를 회피하기 위해 우회하는 것을 막기 위해 우회방지세를 도입하였다. 패널은 우회방지세가 GATT에 위반된다고 판정하였다. 그러나 우회방지규정 자체가 GATT에 위반되는 것은 아니라고 하였다. EC 규정은 당국이 일정 조건을 충족하는 경우 우회방지세를 부과할 것을 허가하는 임의법이므로 GATT에 위반되지 않는다고 하였다.

3. WTO 패널 사건

(1) 미국 – 1974년 통상법 제301조 사건

미국의 통상법 제301조는 미국의 이익을 해하는 국가에 대해 보복조치를 규정하고 있다. 동 법에 의하면 미국 USTR은 조사 개시 후 18개월 이내에 외국이 WTO에 위반하여 미국의 이익을 해하는 조치를 시정하였는지에 대해 판정해야 한다. EC는 이러한 조항이 DSU 제23조에 위반된다고 주장하였다. 패널은 종래 임의법 · 강제법이론을 적용하지 않았다. 관련 WTO규정 분석을 통해 임의법이라도 허용되지 않는지를 판단해야 한다고 하였다. 패널은 미 통상법 제301조 임의법이나 법 자체가 분쟁해결양해 제23조에 위반된다고 판정하였다. 특정국의 조치가 WTO협정에 위반되는지에 대한 판정은 DSU에 따르면 18개월을 넘을 수도 있기 때문이다. 다만, 미국이 WTO 준수를 약속함으로써 위법성이 제거되었다고 결론지었다.

(2) 미국 – 1916년 덤핑방지법 사건과 버드수정조항 사건

패널은 종래의 강제법 · 임의법이론 대신 문제의 규정을 강제법으로 간주한 다음 WTO 위반으로 판정하였다.

(3) 미국 – 철강 일몰 재심 사건

상소기구는 임의법이라도 협정을 위반할 수 있다고 판정하였다. 패널은 강제법이 아니라는 이유로 미국의 일몰규정 자체가 협정에 위반되는 것은 아니라고 하였다. 상소기구는 반덤핑협정 제18.4조는 회원국의 법령 전체가 WTO에 합치할 것을 의무로 하기 때문에 임의법규도 협정 위반 가능성이 있다고 하였다. 그러나 패널이 충분한 사실심사를 행하지 않았기 때문에 미국법령의 반덤핑협정 위반 여부는 판단할 수 없다고 하였다.

3. 비위반제소(non-violation complaints)

협정문의 명백한 위반 없이 이익의 무효화 또는 침해가 발생하는 경우를 말한다. 이익은 협정상의 권리와 의무 또는 양허와 이행 간의 균형으로 해석된다. 비위반제소는 협정위반에 따른 제소에 비해 실증하기가 매우 어려운 것으로, 협정 규정의 위반이라기보다 협정의 정신을 위배한 것이라 볼 수 있다. 비위반제소는 위반제소와 달리 '일응추정의 원칙'이 인정되지 않는다. 따라서 제소국 측에 입증책임이 가중된다.

📖 조문 | 제26조 제1항 – 1994년도 GATT 제23조 제1항 (b)에 규정된 형태의 비위반제소

1994년도 GATT 제23조 제1항 (b)의 규정이 특정 대상협정에 적용될 수 있는 경우, 패널 또는 상소기구는 일방 분쟁당사자가 특정 회원국의 조치의 결과로 인하여 동 조치의 특정 대상협정의 규정에 대한 위반 여부에 관계없이, 특정 대상협정에 따라 직접적 또는 간접적으로 자기 나라에 발생하는 이익이 무효화 또는 침해되고 있다고 간주하거나 동 대상협정의 목적달성이 저해되고 있다고 간주하는 경우에만 판정 및 권고를 내릴 수 있다. 이러한 당사자가 특정 사안이 1994년도 GATT 제23조 제1항 (b)의 규정이 적용될 수 있는 대상협정의 규정과 상충하지 아니하는 조치에 관한 것이라고 간주하고, 또한 패널이나 상소기구가 그렇게 판정하는 경우에 이 양해의 절차가 다음에 따를 것을 조건으로 적용된다. (Where the provisions of paragraph 1(b) of Article XXIII of GATT1994 are applicable to a covered agreement, a panel or the Appellate Body may only make rulings and recommendations where a party to the dispute considers that any benefit accruing to it directly or indirectly under the relevant covered agreement is being nullified or impaired or the attainment of any objective of that Agreement is being impeded as a result of the application by a Member of any measure, whether or not it conflicts with the provisions of that Agreement. Where and to the extent that such party considers and a panel or the Appellate Body determines that a case concerns a measure that does not conflict with the provisions of a covered agreement to which the provisions of paragraph1(b) of Article XXIII of GATT1994 are applicable, the procedures in this Understanding shall apply, subject to the following)

가. 제소국은 관련 대상협정과 상충하지 아니하는 조치에 관한 제소를 변호하는 상세한 정당한 사유를 제시한다. (the complaining party shall present a detailed justification in support of any complaint relating to a measure which does not conflict with the relevant covered agreement)

나. 특정 조치가 관련 대상협정을 위반하지 아니하면서 동 협정에 따른 이익을 무효화 또는 침해하거나 동 협정의 목적 달성을 저해한다고 판정이 내려지는 경우, 동 조치를 철회할 의무는 없다. 그러나 이러한 경우 패널 또는 상소기구는 관련 회원국에게 상호 만족할 만한 조정을 행하도록 권고한다. (where a measure has been found to nullify or impair benefits under, or impede the attainment of objectives, of the relevant covered agreement without violation thereof, there is no obligation to withdraw the measure. However, in such cases, the panel or the Appellate Body shall recommend that the Member concerned make a mutually satisfactory adjustment)

다. 제21조의 규정에도 불구하고 제21조 제3항에 규정된 중재는 일방 당사자의 요청이 있는 경우 무효화 또는 침해된 이익의 수준에 대한 결정을 포함할 수 있으며, 또한 상호 만족할 만한 조정에 이르기 위한 수단 및 방법을 제의할 수 있다. 이러한 제의는 분쟁당사자에 대하여 구속력을 갖지 아니한다. (notwithstanding the provisions of Article 21, the arbitration provided for in paragraph3 of Article21, upon request of either party, may include a determination of the level of benefits which have been nullified or impaired, and may also suggest ways and means of reaching a mutually satisfactory adjustment; such suggestions shall not be binding upon the parties to the dispute)

참고 비위반제소(non-violation complaint)

1. 비위반제소의 인정 이유

GATT1947의 기본 취지는 제2차 세계 대전 이후 체결된 최초의 다자무역협상의 성과를 보장하는 데 있었는데 특히 협상참가국들 사이의 이익의 균형을 보전해야 할 필요성이 있었다. 이점에서 GATT1947상의 의무에 위반하지 않았지만 GATT법의 효과인 '이익의 균형'(balance of interest)이 훼손되었다고 주장하는 경우에 GATT1947 제23조상의 분쟁해결장치가 발동될 수 있게 하였다. 비위반제소 절차는 실체법이 적용되지 않는 사건에서 훼손된 이익의 균형을 유지할 수 있는 가능성을 제공하여 일정한 한도에서 법의 허점을 메워주는 장치(loophole-closing-device)로서 의의를 갖는다. 상대국의 합법적인 조치에 대해서도 이익의 무효화 또는 침해가 인정되면 보복조치를 허가받을 수 있다. 국제법상 형평(equity)의 실현제도로 평가된다.

2. 비위반제소 절차의 전제 조건

비위반제소 절차가 개시되기 위해서는 문제의 비위반조치가 '대상협정에 저촉하지 않는 조치'라는 것을 분쟁당사국이 인정하고 또한 패널 또는 상소기구도 같은 취지의 인정을 행할 것이라는 전제 조건이 충족되어야 한다(DSU 제26.1조). GATS는 명시적으로 비위반제소를 인정하고 있고 TRIPs협정은 협정 발효 후 5년간 비위반제소 절차를 배제하였다. 모든 상품협정이 비위반제소를 인정하는지는 명확하지 않으나 농업협정, 무역 관련 투자조치협정, 원산지규정에 관한 협정, 수입허가절차협정, 선적 전 검사협정, 세이프가드협정, GATT1994 등은 비위반제소를 명시하고 있다. 복수국 간 무역협정 중 정부조달협정은 비위반제소를 명시하고 있다.

3. 비위반제소의 요건

일본 - 필름사건에서 패널은 비위반제소의 요건을 크게 ⅰ) 조치의 적용, ⅱ) GATT에 따라 발생한 이익, ⅲ) 이익의 무효화 또는 침해, ⅳ) 인과관계로 구분하였다.

(1) 조치의 적용

패널은 구속적 정부조치뿐 아니라 구속적 정부조치로 동일시되는 비구속적 정부조치도 포함하였다. 즉, 민간행위자의 순응 가능성(likelihood of compliance)을 수반하는 실질적으로 구속력 있거나 강제적인 성격을 지니지 않는 정책성명이나 행정지도라 할지라도 '효과성'(effectiveness)에 기초하여 조치의 범위에 포함시켰다. 일본 - 반도체 사건에서 패널은 효과성을 결정하는 기준으로 '행위장려·행위억제 기준'(incentives·disincentives test)을 활용하였다. 패널의 검토 대상이 되는 조치는 현재 유효하게 적용되는 조치에 한정된다. 일본 - 필름사건에서 패널은 공식적으로 철회되지 않은 낡은 조치(old measure)가 지속적으로 행정지도를 통하여 계속 적용될 수 있는 가능성이 있다고 판단하였다. 또한 주장된 조치가 공식적으로 폐지되었더라도 그 근본정책(underlying policy)이 지속적인 행정지도를 통하여 계속 적용될 수 있다고 하였다.

(2) GATT에 따라 발생한 이익

GATT 제23조 제1항 b호는 'GATT에 따라 직접적으로 또는 간접적으로 발생하는 이익'을 언급하면서도 '이익'에 대한 개념을 정의하고 있지 않다. GATT 패널은 이익의 개념을 객관화하기 위하여 '합리적인' 또는 '정당한' 이익으로 그 범위를 제한하였다. EEC – 통조림 과일 사건이나 EEC – 유지종자 사건의 패널 평결에 따르면 연속적인 관세협상에서 부여된 양허로부터 발생하는 이익이 개별적으로 시장접근의 개선에 대한 합리적인 기대를 발생시킨다. 한편, 관세양허협상타결 시점에서 제소국의 시장접근에 대한 기대가 합리적인 경우에만 정당한 이익으로 보호된다. 문제된 조치가 협상타결시점 이후에 도입된 경우 시장접근에 대한 기대는 정당하다고 추정되며 피소국이 이러한 추정을 반박할 입증책임을 진다. 반면, 문제된 조치가 협상타결시점 이전에 도입된 경우 제소국은 동 조치를 인식하고 있었을 것으로 추정되므로 제소국이 이러한 추정을 반박할 입증책임을 진다. 제소국이 입증하지 못한 경우 자신의 기대는 정당하다고 볼 수 없다.

(3) 이익의 무효화 또는 침해

이익의 무효화 또는 침해가 인정되기 위해서는 관련 시장접근 양허로부터 발생하는 수입품의 경쟁적 지위(competitive position)가 합리적으로 기대되지 못한 조치의 적용에 의하여 전복되고 있다는 것이 입증되어야 한다. 패널은 일관되게 무효화 또는 침해를 관세 양허의 결과로서 수입품과 국내상품 사이에서 확립된 '경쟁관계를 전복하는 것'(upsetting the competitive relationship)과 동일시한다.

(4) 인과관계

조치의 적용과 이익의 무효화 또는 침해 사이에 인과관계가 있어야 한다. 인과관계를 입증하기 위하여 자국의 주장을 뒷받침하는 상세한 정당성(detailed justification)을 제시해야 한다. 일본 – 필름 사건에서 패널은 제소국은 정부의 조치가 무효화 또는 침해에 '최소허용수준을 넘는 기여'(more than a de minimis contribution)를 하였는지가 입증되어야 한다고 판단하였다. 또한 패널은 이 사건에서 일본의 원산지 중립적인 조치가 미국의 수입품에 대해 본질적으로 상이한 영향(disparate impact)을 미치는 '사실상의 차별'(de facto discrimination)을 초래할 수 있음은 인정하였으나, 미국이 이를 입증하지 못하였다고 판정하였다.

4. 비위반제소의 절차의 규정

(1) 입증책임

비위반제소를 제기하는 나라는 제소를 정당화하기 위한 상세한 근거를 제시해야 한다(DSU 제26.1조 a). 비위반제소의 입증책임은 제소국에 부과되며 이는 위반제소와 다르다. 위반제소의 경우 위반조치가 있는 경우 반증이 없는 한 무효화와 침해의 추정이 발생하므로 추정을 뒤집기 위한 반증책임은 피제소국이 진다(DSU 제3.8조).

(2) 패널보고서의 채택

비위반제소에 관한 패널보고서와 상소기구 보고서는 역총의제로 채택된다. 따라서 패소국은 단독으로 보고의 채택을 거부할 수 없다. 상황제소의 경우 1989년 4월 12일 GATT 결정에 따라 '포지티브 컨센서스'로 채택된다(DSU 제26.2조). 따라서 패소국은 보고서의 채택을 저지할 수 있다.

(3) 패널보고의 효과

비위반제소를 패널이나 상소기구가 인용하는 경우 비위반조치를 적용한 회원국은 당해 조치를 철회하지 않아도 된다. 다만, 이 경우 패널이나 상소기구는 분쟁 당사국에 대해 상호 만족할 만한 조정을 행하도록 권고한다(DSU 제26.1조 b). 위반제소의 경우 제소가 인용되면 패널이나 상소기구는 위반국에 대해 조치를 WTO협정에 합치하도록 권고해야 한다. 패널이나 상소기구는 조치를 취하는 국가가 권고를 이행하는 방법을 제안할 수 있다(DSU 제19.1조).

(4) 권고 및 판정의 이행

분쟁당사국 간 합의가 없는 경우 중재(arbitration)가 이행을 위한 합리적 기간을 정한다. 중재는 기간 설정 시 일방 당사국의 요청에 근거하여 무효화되거나 침해된 이익의 정도를 결정할 수 있고, 상호 만족할 만한 조정을 행할 방법과 수단을 제안할 수 있다. 다만, 중재의 제안은 분쟁당사국을 구속하지 않는다(DSU 제26.1조 c). 위반제소의 경우 이행을 위한 기간을 정하는 중재 결정은 구속력을 가진다(제21.3조).

(5) 보상

비위반제소에 관한 분쟁해결기구의 권고와 판정이 합리적인 기간 내에 이행되지 않는 경우 보상이 분쟁의 최종적 해결방법으로서의 상호 간에 만족할 만한 조정의 일부로 된다(DSU 제26.1조 d). 위반제소의 경우 보상은 잠정적 수단으로서 위반조치를 협정에 합치시키도록 하는 권고와 판정의 완전 이행이 최우선된다(DSU 제22.1조).

(6) 권고와 판정의 불이행과 제재

위반제소의 경우 권고와 판정이 이행되지 않거나 보상교섭이 결렬된 경우 제소국은 위반국에 대해 제재조치를 취하기 위해 DSB에 승인을 요청할 수 있다(DSU 제22.1조). 그러나 비위반제소에서 권고와 판정이 불이행되는 경우 제재조치를 취할 수 있는지는 명확하지 않다. 호주 황산암모늄보조금 사건의 작업반 보고는 GATT 제23조에서의 체약국단의 최종적 권한은 피해국에 제재를 승인하는 것이라고 하였다. 그러나 DSU에는 비위반제소의 경우 제재에 대해서는 언급하지 않았다. 다만, GATS의 경우 비위반제소의 경우 제소국에 의한 제재를 일정 조건 하에 인정하고 있다(GATS 제23.3조).

5. GATT 사례[2]

(1) 호주 황산암모늄보조금 사건

호주는 자국산 질산나트륨과 황산암모늄 비료에 대해 보조금을 지급하고 있었다. 이후 호주는 질산나트륨에 대한 관세를 인하하면서 보조금을 폐지하였다. 보조금의 폐지는 GATT에 위반되는 조치는 아니지만 이 조치에 의해 질산나트륨을 수출하는 칠레의 GATT상의 이익이 무효화되고 침해되었다고 작업반은 결론을 내렸다.

(2) 독일 정어리관세율 사건

독일은 세 종류의 정어리(culpea pilchardus 정어리, sprattus 정어리, harengus 정어리)에 대해 각각 30% 수입관세를 부과하고 있었다. 1951년 독일은 노르웨이와의 교섭을 통해 sprattus 정어리, harengus 정어리 제품의 관세율을 각각 25%와 20%로 인하하기로 하였다. 이후 독일은 일방적으로 culpea pilchardus 정어리의 관세율을 14%로 인하하여 노르웨이산 sprattus 정어리, harengus 정어리와 관세율 격차가 생겼다. 또한 독일은 culpea pilchardus 정어리 제품에는 유리하고 sprattus 정어리, harengus 정어리에는 불리한 수입과징금을 부과하는 한편, culpea pilchardus 정어리 제품에 대해서는 수량제한을 폐지하고 sprattus 정어리, harengus 정어리 제품에 대해서는 수량제한을 유지하였다. 패널은 독일의 관세양허로 노르웨이가 가진 정당한 기대이익이 이후 도입한 독일의 조치로 인해 무효화·침해되었다고 판정하였다.

(3) EEC 유량종자 사건

EEC는 미국과의 교섭을 통해 유량종자(대두, 해바라기, 채종)를 무관세 수입하기로 합의하였다. EEC는 이후 EC산 유량종자를 원료로 사용하는 역내 가공업자(식물유를 생산하는 착유업자)에 대해 보조금을 지급하는 조치를 취하였다. 보조금액은 고가의 EC산 종자의 역내가격과 저가의 해외종자의 세계 시장가격의 차액으로서 보조금 지급은 역내 가공업자에게 EC산 종자를 원료로 사용하는 인센티브를 부여하였다. EC의 이 조치에 대해 패널은 GATT 제3조 제4항 위반이라고 판정하였다. 나아가 설령 보조금 지급 조치가 GATT 위반이 아니라고 하여도 보조금 지급으로 미국산 유지종자의 시장접근을 방해함으로써 관세양허에서 발생한 미국의 이익을 무효화하고 침해하였다고 판정하였다.

6. WTO 사례

(1) 일본 - 필름 사건

본 건은 미국이 일본 시장에서 일본 기업들의 반경쟁행위를 문제삼아 WTO에 제소한 사건이다. 일본 기업들은 'keiretsu'(系列)라는 관행을 유지하고 있었다. keiretsu에는 '수평적 keiretsu'와 '수직적 keiretsu'가 있다. 전자는 은행 등을 통해 직접적인 경쟁자(direct competitor) 간에 특수한 관계를 맺고 있는 것을 말하며 후자는 제조업자와 부품의 공급자 또는 유통업자 간의 특수한 연대 관계를 의미한다. 미국은 일본 내 최대 필름제조업체인 후지사의 유통시장에 대한 특수한 결합 관계를 문제삼았다. 미국은 후지사가 이러한 특수한 결합 관계를 통하여 1차 도매업자로 하여금 자사의 제품만을 취급하게 만들어 결국 필름 및 인화지 유통시장을 단일 브랜드 시장구조로 만들었다고 주장하였다. 미국은 이러한 폐쇄적인 시장구조의 형성에 일본정부가 상당히 깊숙이 관여해 왔다고 주장하였다. 즉, 미국은 유통활동 저해조치(distribution countermeasure)를 통해 코닥사가 도매시장에 접근할 수 없도록 하고 대규모점포법(Large Stores Law)을 통해 대체적인 시장접근 방법의 모색도 거의 불가능하게 만들었으며 자유로운 판매촉진활동을 어렵게 하는 다양한 조치(promotion countermeasure)를 남발함으로써 후지사의 반경쟁활동을 조장하였다고 주장하였다. 미국은 이러한 정부조치가 각의(Cabinet), 통산성(MITI), 일본공정취인위원회(공취위) 및 사적기구(private entities)인 공정거래촉진위원회 등에 의해 취해졌다고 주장하였다. 미국은 유통활동 저해조치, 대규모 점포법 관련 조치 및 판매촉진 저해활동 등의 일본 정부 조치로 인하여 개별적(individually) 또는 집합적으로(collectively) 케네디라운드, 도쿄라운드 및 우루과이라운드시 일본이 제공한 양허에서 발생하는 미국의 정당한 이익이 무효화 또는 침해되었다고 주장하였다. 패널은 미국이 자신의 비위반제소를 정당화하기 위해서는 정부조치의 적용, 양허상의 이익의 무효화 또는 침해, 조치 및 무효화 또는 침해 간의 인과관계를 입증해야 한다고 판단하였다. 패널은 일본의 몇몇 조치들은 첫 번째 요건을 충족시키는 정부조치에 해당한다고 판단하였다. 그러나 그러한 정부조치라 하더라도 양허시점에서 미국에게 발생한 합리적인 이익을 무효화 또는 침해하였는지 여부에 대해서 미국이 입증하지 못하였다고 판시하였다. 따라서 미국이 제소대상으로 삼은 어떠한 조치도 비위반제소의 요건을 충족하지 못하였다고 평결하였다.

(2) EC - 석면 사건

1996년 12월 24일 프랑스 정부는 석면 및 석면 함유제품의 생산, 수입 및 판매 금지 법안(Decree No.96-1133 of 24 December)을 채택하였으며, 1997년 1월 1일부로 이를 시행하였다. 동 법에서는 노동자와 소비자들을 보호하기 위하여 석면 또는 석면류를 포함하는 상품 등의 제조, 판매, 수입, 수출, 유통 등을 포괄적으로 금지하였으며, 예외적으로 온석면의 경우 산업재해의 위험이 보다 적은 기술적으로 입증된 적절한 대체물이 없는 경우에 한시적으로 사용을 허용하였다. 이에 대해 캐나다는 동 조치가 TBT협정 및 1994GATT 제3조에 위반된다고 주장하는 한편, 비위반제소도 같이 제기하였다. 패널은 비위반제소의 인용 요건으로 정부 조치의 적용, 합리적 이익의 존재, 이익의 무효화 또는 침해 및 인과관계를 요한다고 하였다. 그러나 석면 수출과 관련하여 형성된 캐나다의 기대가 '합리적'이었다고 보기 어렵다고 하였다. 캐나다는 프랑스가 석면사용에 대해 보다 제한적인 기준을 채택할 것이라고 알 수 있었기 때문이었다. 결국 패널은 캐나다에 합리적 이익이 존재한다고 보기 어렵다고 보고 비위반제소를 기각하였다.

4. 상황제소

다른 회원국이 위반 또는 비위반조치를 취하지 않아도 그 나라에 존재하는 여하한 상태 때문에 자국의 이익이 무효화 또는 침해되거나 또는 협정 목적이 저해되는 경우에 제기하는 소를 의미한다. 예컨대, 수입국정부는 어떤 조치도 취하지 않고 있는 경우에도 민간의 수입카르텔과 수입품 불매운동(보이콧)을 방치하는 듯 수수방관하는 때에는 카르텔에 의해 수입제한 상태가 발생하고 이것에 의해 수출국의 이익이 무효화되거나 침해되고 또는 협정 목적이 저해될 우려가 있을 수 있다.[3]

Ⅱ 제소대상이 되는 국가조치의 범위[4]

1. 중앙정부와 지방정부의 조치

DSU에 의하면 중앙정부 조치 외에 지방정부 또는 지방기관의 조치도 WTO규정에 의해 규제되므로 제소의 대상이 된다. 지방정부와 기관의 조치가 WTO규정에 위반되면 패널과 상소기구가 판정하고 분쟁해결기구가 그 취지의 판정을 실시하는 경우에는 문제의 패소국은 규정의 준수를 확보하기 위해 이용 가능하고 타당한 조치를 취해야 한다(DSU 제22조 제9항). 상품무역의 경우 GATT1994에 의하면 회원국이 지역 또는 지방정부에 의한 규정 준수를 확보해야 한다(제24조 제12항). 서비스무역의 경우에도 GATS는 서비스무역에 대한 회원국의 조치에 적용된다고 규정한 후 회원국의 조치에는 중앙정부의 조치 외에 지역 또는 지방정부와 기관의 조치가 포함된다고 규정하고 있다(제1조 제1항). TRIPs협정의 경우 지적재산권에 대한 지역 또는 지방정부의 조치에 대한 규정은 없다. 이것은 종래 지역 또는 지방정부가 전통적으로 지적재산권을 규율하지 않았기 때문이다. 그러나 기존협약 플러스 형식을 취하고 있는 TRIPs의 경우 회원국은 산업재산권에 대한 파리조약과 저작권에 대한 베른조약을 준수해야 한다. 동 조약의 해석에 의하면 당사국은 지역 또는 지방 당국의 지적재산권 관련 조치에 관해 책임을 질 것을 확인하고 있으므로 지방당국도 파리조약이나 베른조약상 의무를 준수해야 한다. 따라서 지방당국에 의한 의무 위반이 있는 경우 WTO에 제소될 수 있다.

2. 법률과 행정조치

(1) 법률

국가의 법률 구 자체가 제소대상이 되어 WTO 위반의 판정을 받을지 여부는 법률이 강제법인지 임의법인지 여부에 달려있다. 행정당국에 WTO 위반조치를 취할 것을 의무 짓는 강제법은 그것 자체로 WTO 위반으로 인정될 수 있다. 한편, 행정 당국에 WTO 위반의 조치를 취할 것을 단순히 허용하는 임의법은 그것만으로는 WTO 위반이 되지 않는다. 임의법은 행정 당국에 의해 실시되고 당국이 위반조치를 취했을 때 문제가 되고 당해 위반조치만이 WTO 위반 판정을 받게 된다. 이 문제에 대한 WTO 판례는 유동적이다. 미국 철강 일몰 재심 사건에서 패널은 미국의 일몰규정 그 자체는 강제법규가 아니어서 WTO반덤핑협정에 위반되지 않는다고 판단하였으나, 상소기구는 반덤핑법은 회원국의 법령절차 전체가 WTO에 합치하도록 의무를 부여하고 있기 때문에 임의법규도 협정 위반의 가능성이 있다고 지적하였다. 그런데, 한국 조선 보조금 사건(Korea-Commercial Vessels 사건)의 패널은 미국 철강 일몰 재심 사건의 상소기구 판단은 종래의 강제법·임의법이론을 부인한 것으로 해석할 수 없다고 하면서 한국의 수출입은행법 자체가 정부 소유의 수출입은행에 WTO 위반의 수출보조금을 교부하도록 의무 부여하고 있는지 여부를 검토하고 강제법이 아니므로 WTO에 위반되지 않는다고 판정하였다.

---

2) 고무로 노리오(2010), 816–817면.
3) 고무로 노리오(2010), 761면.
4) 고무로 노리오(2010), 764–769면.

(2) 행정조치

행정당국이 법률을 실시하기 위해 취하는 조치는 재정조치든, 비재정조치든, 구속적인 행정규칙이든 비구속적 행정지도든 모두 포함된다. 패널에 의하면 행정지도가 기업에 대해 어떤 행위를 취하도록 유인책을 부여하거나 또는 취하지 않도록 억제하는 경우 제소대상이 되는 '정부조치'의 범위에 해당한다고 판단하였다(일본 반도체 사건). 그러나 이에 대해 일본 필름 사건 패널은 그와 같은 유인책(incentive)과 억제기준(disincentive test)은 특정 행정지도가 정부 조치에 해당하는지 여부를 판단하는 수단이 되지 못한다고 하였다. 동 패널은 비구속적인 행정지도는 구속력이 있는 조치와 '유사한 효과'를 가지면 행정조치에 해당한다고 하였다. 패널은 정부의 정책과 행동이 사적 당사자에 의해 준수되기 위해서는 반드시 구속력을 가질 필요는 없다고 하였다.

3. 사적 당사자의 행위

패널은 사적 당사자의 행위도 일정 조건에서 정부에 귀속하고 결국 정부의 조치로 인정된다는 것을 명확히 해왔다. 일본 반도체 사건에서는 반도체 기업의 제3국 수출제한이 GATT 제소의 대상이 될 수 있는지가 문제되었다. 이 사건에서 패널은 일본에서는 정부에 의해 특수한 행정구조가 창설되어 있고 이것에 의해 사기업은 원가 이하 가격으로 반도체를 수출하지 않도록 최대한 압력을 받고 있었다고 판단하였다. 따라서 패널은 정부와 기업의 긴밀한 관계 위에 형성된 수출관리가 정부조치로 간주되는 것이라고 하였다. EC 후식용 사과수입제한 사건에서도 EEC의 사과에 관한 역내제도가 회원국 정부의 조치와 생산자 그룹의 행위로 이루어진 복합적인 성격을 띤 점이 지적되었다. 패널은 정부와 기업행위의 총체를 위법한 정부조치로 간주하였다. 일본 필름 사건의 패널은 '행위가 사적 당사자에 의해 취해진다고 하는 사실이 당해 행위가 정부 조치로 간주될 가능성을 배제하지 않는다'고 하였다. 패널에 의하면 사적당사자의 행위는 '정부의 충분한 관여'를 받아들이면 정부조치에 해당할 가능성이 있다고 하였다.

제3절 제소 조건[5]

I 제소와 법적 이익

WTO에 제소하기 위해서는 법적 이익(legal interest)이 있어야 하는가? 바나나 사건(III)에서 패널과 상소기구는 WTO 분쟁해결 절차의 제소국이 제소의 법적 이익을 가질 필요는 없다고 하였다. WTO는 국가의 조치가 '실제 무역에 주는 영향'에 대해 규율하는 것은 아니고, 상품과 서비스의 무역을 확대하기 위해 '경쟁기회를 보호'하는 것을 목적으로 한다. EC 바나나 사건(III)에서 EC는 미국이 EC에 바나나를 수출하지 않기 때문에 WTO 제소를 행할 법적 이익을 갖지 않고, 따라서 제소 적격이 없다고 주장하였다. 패널은 EC의 주장을 기각했다. 패널은 상품 또는 서비스무역에 관해 잠재적인 이익을 갖는 나라는 그 경쟁기회를 확보하기 위해 패널 절차에 제소할 수 있다고 하였다. 나아가 국가는 설령 관련된 무역에 잠재적 이익을 가지지 않더라도 타국의 조치에 대해 제소를 행할 자격을 가진다고 하였다. 상소기구 역시 DSU 제3조 제7항에 기초하여, 국가가 제소할지 여부에 대해 자기결정권(self-regulating)을 가진다고 보고 제소국이 법적 이익을 가질 필요는 없다고 하여 패널의 판정을 지지하였다.

---

5) 고무로 노리오(2010), 769-770면.

Ⅲ 국내적 구제

국가가 타국의 조치에 대해 제소하기 전에 제소국의 기업과 국민이 조치를 취한 국가의 재판소에 미리 국내적 구제를 다하도록 하는 것은 필요하지 않다. WTO 분쟁해결 절차는 정부 대 정부의 분쟁을 다루기 때문에 사인 자체는 설령 분쟁의 원인이 되고 있어도 WTO 절차에는 직접 관련하지 않는다. 따라서 사인에 의한 국내적 구제는 WTO 절차와는 다른 차원의 문제이기 때문에 국내 구제의 완료가 WTO 절차의 전제 요건이 되지는 않는다.

제4절 WTO 분쟁해결에 대한 적용법규[6]

Ⅰ 서설

WTO 분쟁해결 절차에서 적용되는 주된 법원(규정)은 WTO협정이다. 그러나 이외에도 관습법, 과거의 패널 보고와 상소기구 보고, 법의 일반 원칙, 관련 국제협정, 학설 등이 보충적으로 원용된다. 국제사법재판소와 달리 분쟁해결양해에는 패널이나 상소기구가 적용하는 법원에 대해 명시적 규정을 두지 않고 있다.

Ⅱ WTO협정

국가의 조치가 WTO협정에 위반되는지 여부를 심사함에 있어서 WTO설립협정 및 부속서가 적용된다. GATT 와 다른 분야별 개별협정이 내용상 저촉되는 경우 개별협정이 GATT에 우선한다(부속서 1 가에 대한 일반적 주해). 회원국의 조치가 동시에 복수의 협정에 저촉하는 경우 패널은 조치의 심사에 있어서 복수의 협정을 동시에 적용할 수 있다. 따라서 국가 조치가 상품무역과 서비스무역에 모두 관계되는 경우 GATT 및 다른 상품 무역협정과 GATS가 모두 적용된다. 바나나 사건 Ⅲ에서 패널은 만약 GATT와 GATS의 적용범위가 상호 간에 배타적이라면, 즉 일방의 규정이 적용된 국가의 조치는 다른 쪽의 규정을 동시에 적용받는 것이 아니라고 한다면 회원국의 권리의무는 손상되고 GATS와 GATT의 목적은 저해된다고 하였다. 패널은 더욱이 GATT와 GATS가 따로 따로 적용되게 되면 국가는 가령 서비스무역에도 간접적인 영향을 줄 수 있는 상품무역조치를 채택하는 방법으로 GATS규정을 우회할 수도 있고, 반대로 상품무역에도 간접적인 영향을 줄 수 있는 서비스 무역조치를 취하는 방법으로 GATT규정을 우회할 수도 있다고 덧붙였다.

---

6) 고무로 노리오(2010), 771–786면.

Ⅲ 관습법

1. 조약법에 관한 비엔나협약의 조약 해석규정

WTO 패널과 상소기구가 의존하는 관습법은 주로 조약법에 관한 비엔나협약의 조약 해석규정이다. DSU 제3조 제2항에 의하면 분쟁해결의 목적은 국제법의 해석에 관한 관습법규칙에 따라 WTO협정의 규정을 명확히 하는 것에 있다. 이러한 해석규칙은 빈협약 제31조 및 제32조에 규정되어 있다. 패널은 문맥과 목적에 의한 원칙적인 해석 방법이 애매한 결과를 초래하지 않는다면 보충적 해석 방법을 동원할 필요는 없다고 하였다(인도 수량제한 사건). 그러나 조약의 원칙적 해석 방법에서 조약규정의 의미가 확실치 않을 때, 특히 회원국이 특정 약속 교섭에서 행한 약속의 내용이 쟁점이 되는 경우에는 보충적 해석 방법을 동원하기도 한다(캐나다 낙농품 사건, 한국 정부조달 사건).

2. 다른 국제관습법

(1) 사전주의 원칙(precautionary principle)

EC 호르몬 쇠고기 사건에서 패널은 사전주의 원칙이 설령 국제관습법으로 간주된다고 해도 그것은 WTO협정에 명시된 규정에는 우선하지 않는다고 하였다. 상소기구 역시 사전주의 원칙이 관습법의 원칙으로 폭넓게 받아들여졌는지 여부는 명확하지 않다고 하였다.

(2) 최혜국대우 원칙

GATT · WTO의 최혜국대우 원칙은 관습국제법을 법전화한 것이라고는 말할 수 없다. 상품 분야의 최혜국대우 원칙은 근대 이후 특정 양국 간 통상협정에서 관세율이나 수량제한 등 특정 분야에서만 적용되었다. 서비스무역이나 지적재산권 분야의 최혜국대우 원칙은 WTO 출범과 더불어 도입된 원칙이다. 또한 최혜국대우 원칙에는 다양한 예외가 존재한다. 따라서 최혜국대우 원칙이 법적 확신을 가진 일반적 관행으로서의 국제관습법이라고 할 수 없다. 실제에서도 WTO 회원국들은 비회원국에 대해 상호조약을 체결하지 않는 한 차별적으로 취급하고 있다.

(3) GATT 체약국단의 관행

WTO설립협정 제16조 제1항은 WTO 패널이 GATT 시대 체약국단의 결정, 절차, 관행을 지침으로 하도록 정하고 있다. 그러나 GATT 체약국단의 관행은 국제관습법에는 해당하지 않는다.

Ⅳ 패널 및 상소기구 판정례

1. 선례구속성 인정 여부

채택된 패널보고서와 상소기구 보고서는 패널 절차에 참고가 되어 WTO협정 해석의 보조적 수단이 된다. 그러나 이들은 선례로서 후의 패널과 상소기구를 구속하지 않는다. WTO는 선례구속(stare decisis)의 법리를 가지지 않기 때문이다. 일본 주세 사건Ⅱ에서 GATT 패널 보고서가 WTO 시대 GATT1994의 일부를 이루는지가 문제되었다. GATT1994는 GATT1947의 제규정과 GATT 체약국단의 결정 등으로 이루어진다고 규정하고 있다. 이에 대해 패널은 채택된 패널보고가 체약국단의 결정에 포함되고 따라서 GATT1994의 불가분의 일부가 된다고 판단하였다. 그러나, 상소기구는 패널과 달리 GATT 시대의 채택된 패널 보고서는 GATT 유산(acquis)의 중요한 일부를 구성하지만 GATT 체약국단의 결정에는 해당하지 않는다고 하였다. 상소기구는 GATT의 채택된 패널보고서는 WTO협정의 해석에 있어 참조는 될지언정 최종의 확정적인 해석은 되지 못한다고 하였다.

패널보고서와 마찬가지로 상소기구 보고서도 분쟁 당사국만을 구속한다. 또한 구속적인 선례는 되지 못한다. 과거의 패널과 상소기구가 어떤 판단을 내렸든지 새로운 분쟁 사건에서 상소기구는 과거와 다른 판단을 내릴 수 있다.

2. 기판력의 문제

통상 국내재판소에서는 본안 판결이 일단 내려지면 동일 당사자 간에서 또는 동일 청구에 대해 최종적인 구속력을 가진다. 그러나 이러한 기판력(res judicata)에 대해 DSU는 다루지 않고 있다. 다만 패널은 몇 건의 사건에서 기판력이 사실상 WTO에서도 적용된다고 판단하였다. 인도 자동차 사건에서 패널은 기판력에 대해 처음으로 언급하였다. 패널은 기판력을 WTO체제의 기간(基幹, systemic) 문제로 삼은 뒤 기판력이 WTO 분쟁해결 절차에서 적용되기 위해서는 일정 요건(동일 청구, 동일 당사자 등)이 충족되어야 한다고 하였다. EC 인도산 침대용품 사건(EC – Bed Linen 사건) 이행 패널은 '원심 패널 보고 중에서 상소하지 않은 부분과 상소한 사항에 대해 상소기구가 재결한 부분은 분쟁의 최종적 해결로 간주되고 또한 본건의 분쟁 당사국과 패널에 의해 최종 해결로 취급되어야 한다'고 판정하였다.

V 법의 일반 원칙

패널은 GATT 시대부터 필요에 따라 문언 해석에 있어 법의 일반 원칙을 원용해 왔다. 첫째, '원칙에 대한 예외는 좁고 엄격하게 해석해야 한다'라는 일반 원칙이다. 예컨대, 반덤핑협정상 동종상품의 해석은 엄격하게 해야한다고 하였다. 반덤핑조치가 최혜국대우 원칙에 대한 예외를 구성하기 때문이다. 둘째, 금반언(estoppel)의 원칙이다. 미국 인도산 강판 사건에서 인도는 서면절차의 과정에서는 주장을 방치하였다가 이후 주장을 부활시켰다. 이에 대해 패널은 인도가 주장을 일단 방치하였다가 후에 부활시킨 것은 전언(前言)을 뒤집은 것이 되어 허용되지 않는다고 기술하였다. 패널에 의하면 이 사건에서 분쟁 당사국인 미국과 심리에 참가한 제3국은 인도가 문제의 주장을 방기한다는 전언을 믿고 행동하였기 때문이다. 그 밖에도 텍스트무용화 해석의 회피 원칙이나 국가주권의 존중을 위한 완해해석 원칙 등이 법의 일반 원칙으로서 WTO 패널이나 상소기구에 의해 적용되었다.

VI 관련 국제협정

WTO협정에 인용된 국제협정과 WTO 회원국 간 국제협정도 WTO협정의 해석에 필요한 규정이 되고 있다. 첫째, WTO협정은 다수의 국제협정을 인용하고 있다. TRIPs가 언급하는 산업재산권 파리조약, 저작권 베른조약, 저작인접권 로마조약, 반도체집적회로 워싱턴조약 등이 대표적인 예이다. 둘째, WTO 회원국 간의 국제협정의 경우 양국 간 협정과 회원국 간 국제협정으로 나눠서 살펴볼 필요가 있다. 우선 양국 간 협정의 경우 원칙적으로 GATT · WTO 다자적 분쟁해결 절차에서 원용할 수 없으나 예외적으로 양국 간 협정이 GATT와 밀접하게 관련되어 있고, 동 협정이 GATT의 목적과 합치하며, 분쟁 당사국 쌍방이 GATT 중재 절차를 요청한 경우 예외적으로 GATT에서 원용될 수 있다(캐나다 – EC 관세양허재교섭권 사건). WTO 패널 및 상소기구도 양자간협정이 GATT와 관련되어 있고 WTO 패널 판정에 필요한 경우 이를 원용할 수 있다고 하였다(EC 닭고기 수입조치 사건). 한편, 회원국 간 국제협정의 경우 모든 GATT 체약국에 의해 수락된 협정에 한해 GATT의 해석에 원용할 수 있다(미국 참치수입제한 사건II). EC 유전자변형식품 사건 패널 역시 WTO 전 회원국을 구속하는 국제협정만이 WTO협정의 해석 시 고려된다고 하였다.

Ⅶ 적용규정 간 충돌의 문제

1. WTO체제 내의 규정 충돌

WTO체제 내의 규정 충돌에 대해서는 WTO협정 내에 관련 규정을 두고 있다. 우선 WTO설립협정과 다자간무역협정이 충돌할 경우 WTO설립협정이 우선한다(설립협정 제16조 제3항). 둘째, 상품무역규정에 관해 GATT 1994와 개별 협정이 충돌하는 경우 개별 협정이 우선한다(부속서 1 A의 해석을 위한 일반적 주석). 한편, 다자간상품무역협정의 특정 제 협정이 충돌하는지 여부에 대해서는 패널과 상소기구가 사례별로 결정한다. 지금까지 규정충돌이 인정된 사례는 없는 바, 이는 패널과 상소기구는 관련하는 규정의 충돌을 인정하지 않기 때문이다. 패널과 상소기구는 오히려 관련 규정이 양립, 중복해서 적용된다고 판단해 왔다.

2. WTO규정과 비WTO규정의 충돌

충돌하는 것처럼 보이는 규정은 가능한 한 합치하도록 해석하고 그것들을 중복 적용하거나, 신법 우선의 원칙 또는 특별법 우선의 원칙에 의해 해결해야 할 것이다.

제5절   분쟁해결기구(DSB)

> ### 🗒 조문 | 제2조 – 실시(Administration)
>
> 1. 이 규칙과 절차를 실시하기 위하여, 그리고 대상협정에 달리 규정되어 있지 아니하는 한, 대상협정의 협의 및 분쟁해결규정을 실시하기 위하여 분쟁해결기구가 설치된다. 이에 따라 분쟁해결기구는 패널을 설치하고, 패널 및 상소기구보고서를 채택하며, 판정 및 권고의 이행상황을 감독하고, 대상협정에 따른 양허 및 그 밖의 의무의 정지를 허가하는 권한을 갖는다. 복수국간무역협정인 대상협정에 따라 발생하는 분쟁과 관련, 이 양해에서 회원국이라는 용어는 당해 복수국간무역협정의 당사자인 회원국만을 지칭한다. 분쟁해결기구가 복수간무역협정의 분쟁해결규정을 집행하는 경우 오직 그 협정의 당사자인 회원국만이 그 분쟁에 관하여 분쟁해결기구가 취하는 결정이나 조치에 참여할 수 있다.
>
> 2. 분쟁해결기구는 세계무역기구의 관련 이사회 및 위원회에 각각의 소관 대상협정의 규정과 관련된 분쟁의 진전상황을 통보한다.
>
> 3. 분쟁해결기구는 이 양해에 규정된 시한내에 자신의 기능을 수행하기 위하여 필요할 때마다 회의를 개최한다.
>
> 4. 이 양해의 규칙 및 절차에 따라 분쟁해결기구가 결정을 하여야 하는 경우 컨센서스에 의한다. (Re. 1)
>   (Remark 1) 결정 채택 시 분쟁해결기구 회의에 참석한 회원국 중 어떠한 회원국도 그 결정에 대하여 공식적인 반대를 하지 않을 경우, 분쟁해결기구는 검토를 위해 제출된 사안에 대하여 컨센서스로 결정하였다고 간주된다.

I 구성

일반이사회가 분쟁해결기구로 활동한다.

II 임무

대상협정상의 협의 및 분쟁해결 관련 조항을 집행한다. 주요 임무로는 패널의 설치, 패널 및 항소기구 보고서의 채택, 판정 및 권고안의 이행상태 감독, 대상협정상의 양허 및 기타 의무의 정지 허가 등이 있다.

III 관할권

첫째, 인적관할은 WTO 회원국으로서 비회원국이나 사인 또는 국제기구는 제소할 수 없다. 둘째, 물적 관할은 WTO 모든 협정에 적용된다. 셋째, DSU의 규칙과 절차는 대상 협정상 분쟁해결과 관련하여 특정 규정이 있는 경우 이에 종속된다. 넷째, DSB는 당사국의 요청이 있는 경우에만 해당 사안을 심리한다. 즉, DSB는 스스로 제소할 권한을 갖고 있지 못하다.

📋 **조문 | 제1조 – DSU의 대상범위 및 적용**

1. 이 양해의 규칙 및 절차는 이 양해의 부록1에 연결된 협정(이하 '대상협정'이라 한다)의 협의 및 분쟁해결규정에 따라 제기된 분쟁에 적용된다. 또한 이 양해의 규칙 및 절차는 세계무역기구설립을 위한 협정(이하 '세계무역기구협정'이라 한다) 및 이 양해만을 고려하거나 동 협정 및 양해를 다른 대상협정과 함께 고려하여 세계무역기구협정 및 이 양해의 규정에 따른 회원국의 권리·의무에 관한 회원국 간의 협의 및 분쟁해결에 적용된다.

2. 이 양해의 규칙 및 절차는 이 양해의 부록2에 명시된 대상협정에 포함된 분쟁해결에 관한 특별 또는 추가적인 규칙과 절차에 따를 것을 조건으로 하여 적용된다. 이 양해의 규칙 및 절차가 부록2에 명시된 대상협정의 특별 또는 추가적인 규칙 및 절차와 상이한 경우 부록2의 특별 또는 추가적인 규칙 및 절차가 우선한다. 2개 이상의 대상협정 상의 규칙 및 절차가 관련되는 분쟁에 있어서, 검토대상이 되고 있는 이러한 대상협정들의 특별 또는 추가적인 규칙 및 절차가 서로 상충하고, 분쟁당사자가 패널설치로부터 20일 이내에 적용할 규칙 및 절차에 대하여 합의에 이르지 못하는 경우, 제2조 제1항에 규정된 분쟁해결기구의 의장은 분쟁당사자와 협의하여 일방 분쟁당사자의 요청 후 10일 이내에 적용할 규칙 및 절차를 확정한다. 분쟁해결기구 의장은 가능한 한 특별 또는 추가적인 규칙 및 절차를 이용해야 하며, 이 양해의 규칙 및 절차는 상충을 피하기 위하여 필요한 범위 안에서 이용해야 한다는 원칙에 따른다.

IV 의결

분쟁해결기구는 GATT의 전통에 따라 컨센서스로 의결한다. 단, 패널 및 항소기구의 판정 및 권고안을 의결한 경우 역총의제(reverse consensus system)에 의한다.

Ⅰ 통합성

WTO 분쟁해결제도는 GATT와 달리 DSU로 단일화되었을 뿐 아니라, 분쟁해결절차의 구성을 체계화 하였다.

Ⅱ 배타성

WTO 회원국 간 WTO협정의 위반, 무효화 및 침해 등에 관련된 모든 분쟁은 DSU의 규칙과 절차에 따라서만 해결할 것을 규정하고 있다. 나아가 DSU에 따른 분쟁해결에 의하지 않고 위반이 발생하였다는 결정을 내려서는 안 된다. 그러나 DSU는 패널 이외의 수단으로 분쟁을 해결하는 것을 금지하는 것은 아니다.

📄 조문 | 제23조 – 다자간체제의 강화

1. 회원국은 대상협정상의 의무위반, 이익의 무효화 또는 침해, 또는 대상협정의 목적달성에 대한 장애의 시정을 추구하는 경우 이 양해의 규칙 및 절차에 호소하고 또한 이를 준수한다. (When Members seek the redress of a violation of obligations or other nullification or impairment of benefits under the covered agreements or an impediment to the attainment of any objective of the covered agreements, they shall have recourse to, and abide by, the rules and procedures of this Under-standing.)

2. 이러한 경우 회원국은 다음과 같이 한다.

   가. 이 협정의 규칙 및 절차에 따른 분쟁해결에 호소하지 아니하고는 위반이 발생하였다거나 이익이 무효화 또는 침해되었다거나 대상협정의 목적달성이 저해되었다는 취지의 판정을 내리지 아니하며, 분쟁해결기구가 채택한 패널보고서나 상소기구보고서에 포함된 조사결과 또는 이 양해에 따라 내려진 중재판정에 합치되도록 그러한 판정을 내린다. (not make a determination to the effect that a violation has occurred, that benefits have been nullified or impaired or that the attainment of any objective of the covered agreements has been impeded, except through recourse to dispute settlement in accordance with the rules and procedures of this Understanding, and shall make any such determination consistent with the findings contained in the panel or Appellate Body report adopted by the DSB or an arbitration award rendered under this Understanding)

   나. 관련 회원국이 권고 및 판정을 이행하기 위한 합리적인 기간을 확정하는 데 있어서 제21조에 명시된 절차를 따른다.

   다. 관련 회원국이 합리적인 기간 내에 권고 및 판정을 이행하지 아니하는 데 대한 대응으로서 대상협정상의 양허 또는 그 밖의 의무를 정지하기 전에 양허 또는 그 밖의 의무의 정지의 수준을 정하는 데 있어서 제22조에 명시된 절차를 따르며 동 절차에 따라 분쟁해결기구의 승인을 얻는다.

EC는 2003년 6월 한국을 WTO에 제소하였고(Korea–Commercial Vessels 사건), 이에 앞서 2002년 WTO 패널 결정이 나올 동안 EC 조선업계를 보호한다는 구실 아래 한국과 경쟁하는 선종에 대해서는 한국 조선사와 수주 경합이 붙은 EC 조선사에게 수주가의 최대 6%에 해당하는 보조금을 제공한다는 규정을 채택하였고 독일, 덴마크, 프랑스 등 회원국은 국내이행규정을 마련하였다.

한국은 EC의 임시보호규정(Temporary Defense Mechanism: TDM)과 회원국의 이행 규정은 WTO 분쟁해결제도를 무시하는 자력구제로서 DSU 제23조 제1항·제2항에 위배된다고 주장하였다. 한국은 DSU 제23조 제1항이 회원국의 자력구제(일방주의)를 포괄적으로 금지하는 조항이라고 언급하면서, TDM규정과 국내이행규정이 한국의 보조금협정의 무 위반을 시정하기 위한 것이나 DSU 절차에 호소하고 이를 준수한 것이 아니므로 동 조항 위반이라고 주장하였다. EC는 동 조항은 DSU 절차를 준수하라는 절차 규정이고 제23조 제2항에 나열된 문제에 대해 적용될 뿐이며 따라서 WTO협정과 양허의 중단 문제에 대해서는 WTO가 배타적인 관할권을 보유한다는 것을 선언한 것에 불과하다고 반박하였다.

패널은 회원국이 추구하는 위반시정행위는 제23조 제2항에 열거된 양허나 의무정지 외에 여러 가지가 있을 수 있으므로 제23조 제1항은 제2항에 적시된 문제에 국한하여 적용되는 것은 아니며 DSU상의 구제조치를 통해 얻을 수 있는 결과를 DSU 외의 다른 수단을 통해 일방적으로 추구하는 회원국의 모든 행위에 대해 적용되는 것이고, WTO 문제를 다른 국제법정에 회부할 경우에만 제23조 제1항 위반이 성립하는 것이 아니라고 해석하였다. 단, 한 회원국이 다른 회원국의 WTO에 불합치되는 행위로 인해 자국 내에 초래된 피해를 보충하거나 완화하기 위해 취한 조치가 부당 행위를 한 회원국의 행위에 영향을 미치려고 고안된 것이 아니라면 그러한 조치까지 포함하는 것은 아니라고 부연하였다. 타국의 부당한 조치로 영향 받은 국내산업 구조조정 지원조치가 그 예가 된다. 패널은 TDM규정이 한국을 겨냥하고 있는 점이 명백하며 EC 조선소가 TDM 보조금을 수령할 수 있는 기간은 한국의 보조금에 대한 WTO 분쟁절차기간과 동일하므로 TDM이 한국의 보조금협정 위반 행위를 시정하기 위한 것이라는 점도 분명하다고 보았다. 패널은 TDM규정이 한국의 보조금협정 위반행위에 대응하여 EC가 취한 조치이며 한국으로 하여금 WTO협정에 합치되지 않는 보조금을 제거하도록 유인하려는 것이 확실하며, WTO협정에 합치되지 않는 보조금을 제거하여 이전의 권리의무관계의 균형을 회복하려면 반드시 DSU 절차를 이용해야 하는 것이므로 EC는 제23조 제1항에 합치되지 않게 행동한 것이라고 판정하였다. 제23조 제1항 위반이라고 판정하였으므로 2항 위반 여부는 사법경제를 적용, 심리하지 않았다.

Ⅲ 신속성

협의기간 이후 분쟁해결에 실제로 호소하는 시점에서부터 패널이나 항소기구의 결정 및 권고를 이행하기 위한 합리적 기간의 최대치에 이르기까지 DSU상 절차상의 모든 주요 단계마다 명백한 최종기한을 설정하고 있다.

Ⅳ 사법성

특히 상설항소기구의 설치는 사법적 심사의 강화 측면에서 큰 의미를 가진다. 상소제도는 패널보고서에 법적 잘못이 있는 경우, 이를 재검토할 가능성을 열어 놓은 것으로, 분쟁해결 절차의 사법화 측면에서 중요한 의미를 갖는다.

Ⅴ 자동성

GATT 1947 하에서는 패널결정에 대해 한 국가만이라도 반대하면, 채택이 불가능하였기 때문에 패널보고서는 구속력 있는 결정이 되기 어려웠다. 그러나 DSU에서 보고서의 채택을 봉쇄하는 것은 사실상 불가능하다. 역총의제의 도입 때문이다. 이는 종래 체약국에 있던 영향력을 패널과 항소기구로 옮겨 놓은 것으로, 패널 절차의 사법적 성격을 강화한 것으로 평가된다.

Ⅵ 구속성

DSU 제17조 제14항에 의하면 분쟁 당사국은 항소기구 보고서를 조건 없이 수락해야 한다. 즉, 패널이나 항소기구가 행한 최종 결정과 권고는 당사국을 구속한다.

기출 및 예상문제

A국은 필름(film)에 대한 B국의 아래 〈조치〉를 이유로 B국을 WTO 분쟁해결기구(DSB)에 제소하였다. 다음 물음에 답하시오(단, A국과 B국은 모두 WTO 회원국이다). (총 50점) [2006행시]

| 〈조치〉 | 가. B국산 필름에 비해 A국산 필름에 불리한 간접세 부과 조치 |
| | 나. WTO 대상협정상의 규정을 위반하지는 않지만 A국산 필름 판매에 불리한 유통구조를 초래한 조치 |

(1) 〈조치〉 '가'에 대해
  ① WTO 대상협정에 위반됨을 이유로 A국이 이익 침해를 주장하는 경우와
  ② WTO 대상협정 위반 여부와 관계없이 A국이 이익 침해를 주장하는 경우의 청구원인(causes of action)상 요건을 각각 설명하시오. (20점)
(2) 제소국 A의 입장에서 (1)의 ①, ② 중 어떤 청구가 유리한지를 설명하시오. (10점)
(3) 〈조치〉 '나'에 대해 A국이 승소한 경우의 구제수단(조치의 철회 등)을 위반제소의 경우와 비교하여 설명하시오. (20점)

제2장 │ 비사법적 해결 절차

제1절 협의

I 절차

협의는 GATT · WTO 분쟁해결 절차의 필수적인 단계이다. 각 회원국은 GATT 제22조 제2항의 정신에 따라 대상협정의 운용에 영향을 미치는 자국의 영토 내에서 취해진 조치에 관하여 회원국이 표명한 입장을 호의적으로 고려하여야 하며, 적절한 협의기회를 부여하여야 한다(DSU 제4조 제1항).

II 협의시한

협의요청이 있는 경우 회원국은 달리 합의하지 않는 한 협의요청 접수 후 10일 이내에 답변하여야 하며, 협의요청일로부터 30일 이내에 서로 만족할 만한 해결책을 모색하기 위해 성실하게 협의에 응하여야 한다. 10일 이내에 답변이 없거나, 30일 이내에 또는 달리 합의한 기간 이내에 협의에 응하지 않을 경우에는 협의요청 회원국이 직접 패널의 설치를 요청할 수 있다(DSU 제4조 제3항).

III 협의요청 방식

협의요청국은 분쟁해결기구 및 관련 기구에 통고한다. 협의요청은 서면으로 하여야 하며, 문제가 되고 있는 조치, 제소의 법적 근거 등을 포함하여 협의요청 사유를 명시하여야 한다.

IV 협의의 결렬과 패널설치

협의요청일로부터 60일 이내에 협의를 통한 분쟁해결에 실패하는 경우, 제소국은 패널설치를 요청할 수 있다. 협의 참가국들이 협의를 통한 분쟁해결에 실패하였다고 동의하는 경우 60일 이전에도 패널설치를 요청할 수 있다(제4조 제7항).

V 제3국의 참여

협의대상국이 아닌 회원국으로서 당해 협의에 실질적인 교역상의 이익을 가지고 있다고 판단하는 국가는, 협의요청 문서가 배포된 날로부터 10일 이내에 협의당사국 및 분쟁해결기구에 협의참여의사를 통고할 수 있다. 원 제소당사국이 협의참가요청에 충분한 근거가 있다고 동의하는 경우, 제3국은 협의에 참가할 수 있다.

I 절차

주선, 조정, 중개는 분쟁당사국이 동의하는 경우 시행된다. 비공개이며, 동 절차의 진행을 이유로 당사국이 향후 분쟁해결절차를 진행시키는 데 하등의 불이익을 받지 않는다(제5조 제2항).

II 절차의 요청과 종료

분쟁당사국은 언제든지 주선, 조정 및 중개 절차를 요청할 수 있다. 동 절차가 개시되는 경우 이 절차가 종료되면 제소국은 패널설치를 요청할 수 있다. 당사국들이 동의하는 경우 주선, 조정, 중개 절차는 패널진행 중에도 계속될 수 있다.

III 사무총장의 직권조정

회원국들의 분쟁해결을 돕기 위해 사무총장은 공식적인 입장으로 자신의 주선, 조정, 중개를 제공할 수 있다(제5조 제6항).

제3장 │ 패널 절차

제1절 │ 서설

Ⅰ 패널의 기능

패널의 기능은 분쟁해결기구(DSB)가 분쟁해결양해(DSU) 및 대상협정상의 임무를 수행하도록 도와주는 것이다. 이를 위해 패널은 분쟁의 사실, 대상협정의 적용가능성 및 동 협정과의 합치성을 포함하여 패널에 회부된 사안에 대해 객관적으로 평가하여야 한다. 또한 DSB가 요청하는 경우 DSB가 대상협정에 규정되어 있는 권고를 하거나 판정을 하는 데 도움이 되는 기타 조사결과를 제출하여야 한다(제11조).

> ### 📑 조문 │ 제11조 – 패널의 기능
>
> 패널의 기능은 분쟁해결기구가 이 양해 및 대상협정에 따른 책임을 수행하는 것을 지원하는 것이다. 따라서 패널은 분쟁의 사실부분에 대한 객관적인 평가, 관련 대상협정의 적용가능성 및 그 협정과의 합치성을 포함하여 자신에게 회부된 사안에 대하여 객관적인 평가를 내려야 하며, 분쟁해결기구가 대상협정에 규정되어 있는 권고를 행하거나 판정을 내리는 데 도움이 되는 그 밖의 조사결과를 작성한다. 패널은 분쟁당사자와 정기적으로 협의하고 분쟁당사자에게 상호 만족할 만한 해결책을 찾기 위한 적절한 기회를 제공하여야 한다. (The function of panels is to assist the DSB in discharging its responsibilities under this Understanding and the covered agreements. Accordingly, a panel should make an objective assessment of the matter before it, including an objective assessment of the facts of the case and the applicability of and conformity with the relevant covered agreements, and make such other findings as will assist the DSB in making the recommendations or in giving the rulings provided for in the covered agreements. Panels should consult regularly with the parties to the dispute and give them adequate opportunity to develop a mutually satisfactory solution.)

Ⅱ 패널의 임무

패널은 분쟁당사국이 위임한 표준위임사항 또는 특별위임사항을 검토한다. 패널은 당사국이 인용하는 모든 대상협정의 관련 규정을 검토하여야 한다(제7조).

I 패널설치의 요청과 위임사항(terms of reference)

분쟁당사국 간 협의 실패 시 협의요청국은 패널설치를 서면으로 요청할 수 있다. 요청서에는 협의개최 여부, 문제가 된 특정 조치, 제소내용에 대한 요약된 법적 근거를 적시해야 한다. 분쟁사안의 범주를 확정하는 위임사항 설정 시 표준위임사항과 다른 사항을 위임하는 경우 특별위임사항이 제시된 문안이 동 요청서에 포함되어야 한다(제6.2조).

II 패널의 설치

제소국이 패널설치를 요청하는 경우, 늦어도 패널설치 요청이 의제에 상정되는 DSB 회의의 다음 회의에서는 패널이 설치되어야 한다. 패널은 역총의제(reverse-consensus)에 의해, 즉 총의에 의해 패널을 설치하지 않기로 결정하지 아니하는 한 자동적으로 설치된다(제6.1조).

III 패널의 구성

패널은 정부 및 비정부인사의 명부에 등재된 일정한 자격을 갖춘 패널위원 중 일반적으로 3인, 당사국 간 합의시 5인으로 구성된다. 사무국은 분쟁당사자들에게 후보자들을 제안하고, 분쟁당사자들은 불가피한 사유가 없는 한 패널위원 후보자의 임명을 거부하지 못한다. 패널설치로부터 20일 이내에 구성에 대한 합의가 없는 경우 사무총장은 일방 당사국의 요청에 따라 DSB 의장과 협의한 후 패널을 구성한다. 한편 개도국과 선진국 간 분쟁 시 개도국의 요청이 있는 경우 최소 1인은 개도국 출신 패널위원을 선정하여야 한다. 패널위원은 개인자격으로 임무를 수행한다(제8조).

IV 패널의 병합

동일사안에 대해 둘 이상 회원국이 패널설치를 요청하는 경우 절차적 효율성을 위해 별개의 제소를 가능한 한 하나의 패널로 병합하여 진행한다(제9조). 대표적 예로 US – Steel Safeguards 사건에서 8개국의 제소를 단일패널에서 다룬 경우를 들 수 있다. 반면 EC – Beef Hormones 사건에서는 동일 사안에 대해 두 개의 패널을 설치하면서 양자의 패널위원 3인을 동일하게 구성하였다.

V 제3자 참여

분쟁사안에 대해 중대한 이해를 가지는 회원국은 패널에 제3자 참여를 신청할 수 있다. 참여국은 패널에 서면으로 의견을 제출할 수 있으며 구두변론에 참가하거나 분쟁당사국의 서면입장을 받아 볼 수 있다(제10조). 패널절차가 비공개를 원칙으로 하므로 이해관계국이 신속히 정보를 입수하고 이해를 개진할 수 있다는 데 의의가 있다. EC – Bananas 사건의 경우 20개국이 제3자 참여를 하였다.

Ⅰ 패널작업 일정과 시한

패널은 DSU에 첨부된 작업 절차에 따라야 한다. 패널구성원들은 분쟁당사국들과 협의한 후 가장 빠른 시일 내에, 가능하면 일주일 이내에 패널작업 일정을 확정하여야 한다. 패널작업 일정은 분쟁당사국들이 준비서면을 마련하는 데 필요한 충분한 시간을 부여하여야 한다. 패널구성 및 위임사항에 대한 합의로부터 분쟁당사국에 최종보고서 제시까지는 원칙적으로 6개월 내에 이루어져야 한다. 부패성 식품 등 긴급을 요하는 분쟁의 경우 3개월 이내로 시한이 단축되며, 부득이한 경우 서면보고에 의해 최대 9개월까지 연장할 수 있다. 단, 개도국을 상대로 하는 경우 개도국에 주장을 준비·제출할 충분한 시간을 제공할 수 있다(제12조). 패널시한을 설정함으로써 패널 절차의 신속성과 효율성을 확보할 수 있다.

Ⅱ 패널 절차의 비공개

패널의 심리내용은 공개되지 않으며 패널위원의 개별 의견은 익명으로 처리된다(제14조). 패널에 제출되는 서면입장은 비밀로서 취급되나 분쟁당사국은 이를 입수하거나 자국의 입장을 공개할 수 있다. 공정성의 확보를 위해 패널은 심의 중인 사안과 관련하여 일방 분쟁당사국과 의사소통이 금지된다(제18조). 패널보고서는 분쟁당사국이 참석하지 않는 가운데 작성되며 수집된 정부와 표명된 의견 등을 토대로 하여야 한다.

Ⅲ 패널의 작업중단

패널은 제소국이 요청하는 경우 12개월을 초과하지 아니하는 기간동안 작업을 중단할 수 있다. 패널작업이 중단되는 경우 전체적인 작업시한은 패널작업이 중단되는 기간만큼 연장된다. 패널작업이 12개월 이상 중단되는 경우에 패널설치 권한이 소멸된다(제12조 제12항).

제4절 심사

Ⅰ 입증책임

US – Wool Shirts and Blouses 사건에서 항소기구는 분쟁당사국들 중 특정 쟁점에 대한 주장이나 사실관계를 제기하는 측이 입증책임을 진다고 판시하였다. 즉, 해당 국가는 자신들이 제기한 주장이 사실임을 추정할 수 있도록 하는 충분한 증거자료를 제시하여야 한다. 이를 충족시킬 경우 입증책임은 분쟁상대국으로 전환되며 이에 반박하는데 충분한 증거를 제시하지 못하는 경우 원래의 주장이 채택된다(제3.8조). 소위 '일응 입증'(prima facie case)이 성립되었다는 것으로 EC – Hormones 사건에서는 이를 피제소국이 효과적으로 반박하지 못하는 경우 패널이 제소국에 유리하게 판결하도록 하는 것이라 설명하였다. 단, 일응 입증이 성립하지 않는 경우라도 패널이 증거자료를 보충함으로써 제소국 주장의 입증이 가능할 수 있다.

Ⅱ 심리기준

DSU는 패널 판결 시 심리기준에 대한 명문의 규정이 없다. 단, EC – Hormones 사건에서 항소기구는 조사당국이 해당 사안에 대하여 객관적인 평가를 수행하였는지 여부가 패널의 심리기준이 되어야 한다고 판결하였다. 단, 반덤핑협정 제17.6조의 경우 조사당국의 판정에서 사실관계 판단 및 평가가 공정하고 객관적이라면 패널은 이를 수용하도록 규정하였다. 또한 복수의 해석이 존재하는 경우 이에 기초한 조치의 합법성을 인정해야 한다.

Ⅲ 정보요청권과 Amicus curiae brief

패널은 필요한 경우 적절한 개인이나 기관에 정보 및 기술적 자문을 구할 권리를 가지며, 모든 관련 출처로부터 정보를 구할 수 있고 사안의 특정 측면에 대한 의견을 구하기 위하여 전문가와 협의할 수 있다. 또한 패널은 일방당사국이 제기하는 과학적 또는 기타 기술적 사항과 관련된 사실문제에 대하여 전문가 검토반에게 자문보고서를 요청할 수 있고 이는 권고적 성격을 갖는다(제13조). 한편, Amicus curiae brief란 패널의 요청이 없이도 분쟁 관련 분야 전문가들이 자발적으로 정보를 제시하는 것을 말하며, US – Shrimp 사건에서 항소기구가 패널의 검토 권한을 인정한 후 이것이 관행으로 정착되었다.

> **📖 조문 | 제13조 – 정보요청권(Rights to Seek Information)**
>
> 1. 각 패널은 자신이 적절하다고 판단하는 모든 개인 또는 기관으로부터 정보 및 기술적 자문을 구할 권리를 갖는다. 그러나 패널은 회원국의 관할권 아래에 있는 개인이나 기관으로부터 이러한 정보나 자문을 구하기 전에 동 회원국의 당국에 통보한다. 패널이 필요하고 적절하다고 간주하는 정보를 요청하는 경우, 회원국은 언제나 신속히 그리고 충실하게 이에 응하여야 한다. 비밀정보가 제공되는 경우, 동 정보는 이를 제공하는 회원국의 개인, 기관 또는 당국으로부터의 공식적인 승인 없이는 공개되지 아니한다. (Each panel shall have the right to seek information and technical advice from any individual or body which it deems appropriate. However, before a panel seeks such information or advice from any individual or body within the jurisdiction of a Member it shall inform the authorities of that Member. A Member should respond promptly and fully to any request by a panel for such information as the panel considers necessary and appropriate. Confidential information which is provided shall not be revealed without formal authorization from the individual, body, or authorities of the Member providing the information.)
>
> 2. 패널은 모든 관련 출처로부터 정보를 구할 수 있으며, 사안의 특정 측면에 대한 의견을 구하기 위하여 전문가와 협의할 수 있다. 패널은 일방 분쟁당사자가 제기하는 과학적 또는 그 밖의 기술적 사항과 관련된 사실문제에 관하여 전문가검토단에게 서면 자문보고서를 요청할 수 있다. 이러한 검토단의 설치에 관한 규칙 및 검토단의 절차는 부록 4에 규정되어 있다. (Panels may seek information from any relevant source and may consult experts to obtain their opinion on certain aspects of the matter. With respect to a factual issue concerning a scientific or other technical matter raised by a party to a dispute, a panel may request an advisory report in writing from an expert review group. Rules for the establishment of such a group and its procedures are set forth in Appendix 4.)

참고 WTO 분쟁해결과정에서 Amicus Brief의 취급문제

1. 문제의 소재

'Amicus Curiae Brief'란 '법정의 친구들'이라는 의미의 라틴어 어휘(amicus curiae)에서 유래된 것으로, 사건의 당사자가 아닌 개인이나 단체가 법원에 제출하는 서면을 말한다. amicus brief는 사건 당사자들에게 영향을 줄 수 있는 가치 있는 정보나 법률 문제를 제공하기도 하며, 어떤 기관들은 법원에 로비를 하기 위한 시도로 brief를 제공하기도 한다. WTO는 투명성을 원칙으로 하며, 이는 개방과 참여 둘 다를 의미한다. 그러나 WTO 분쟁해결과정에서 판정 절차의 투명성은 분쟁해결이 협상과는 다른 성질과 기능을 가지고 있기 때문에 특별한 주의가 필요하다. WTO는 회원국들만이 분쟁해결과정에 참여할 자격을 가지고 있어서 시민사회의 직접참여는 amicus brief의 형태로 이루어져 왔다. 또한 DSU도 amicus brief에 대해 명시적으로 언급하고 있지 않기 때문에 이러한 비공식적인 의견서를 WTO 분쟁해결기구가 수락할 수 있는지 또는 수락해야 하는지에 대해 논쟁이 지속되어 왔다.

2. WTO 분쟁해결에 있어서 Amicus Brief 문제

(1) 1996년 Reformulated Gasoline 사건

패널은 amicus brief는 회원국 정부들이 직접 제출해야 한다고 지적하며 몇몇 환경단체들이 제출한 amicus brief를 반송하였다.

(2) Beef Hormone 사건

패널은 환경단체가 제출한 brief를 수락 가능하지도 않고 환영받지도 않는다는 충고와 함께 반송하였다. 그러나 항소기구는 이러한 패널판정을 번복하면서, 항소기구는 패널의 요청여부에 관계없이 제출된 정보와 조언을 고려하거나, 수락 또는 거절할 재량권을 갖는다고 판단하였다.

(3) US – Shrimp · Turtle 사건

① 서설: WTO 분쟁해결과정에서 amicus brief를 거부하는 관행은 1998년 US Shrimp · Turtle 판정에서 항소기구가 처음으로 DSU 제13조에 근거하여 패널이 amicus brief를 고려하도록 허용하는 광범위한 해석을 하면서 변화되기 시작하였다. US Shrimp · Turtle 사건 및 US Lead Bars 사건의 항소기구는 DSU 제17.9조와 재판실무절차규칙 제16.1조에 근거하여 항소기구는 패널 및 항소기구는 비정부기구가 제공한 정보가 타당하고 유용하다면, 요청하지 않은 정보를 받아들이고 고려할 수 있는 법적 권한이 있다고 판정하였다.

② 패널: 패널은 'WTO 회원국이 아닌 다른 실체'로부터 제출받은 amicus brief를 받아들일 권한이 없다고 했으나, 당사국들은 자신들의 서면제출에 amicus brief를 첨부할 수도 있다고 하였다. '정보를 추구할 권리'를 규정하고 있는 DSU 제13조는 패널에게 관련 있는 어떠한 출처로부터도 정보를 추구할 수 있고, 전문가들의 의견을 얻기 위해 협의할 수 있는 권한을 부여하고 있다. 그러나 동 사건에서 패널은 "'비정부적 출처'로부터의 요청되지 않은 정보를 수락하는 것은 현재 적용되는 DSU의 조항들과 양립할 수 없다"며 amicus brief를 거절하였다. 그러나 패널은 '당사자'가 사건을 입증하기 위해 타당하다고 생각되는 문서는 무엇이든 간에 제출하는 것이 일반적 관행이고, 이 사건에서 어느 '당사자'가 이러한 문서의 일부 또는 전부를 패널에게 제출하는 문서의 일부로 제출하기를 원한다면 그렇게 할 수 있다고 하였다.

③ 상소기구: 상소기구는 '회원국'이 '비정부기구'의 amicus brief를 첨부할 경우, 그것은 당사자 서면제출의 일부가 될 수 있다고 하면서, 패널 단계에서 수락하지 않은, 요청하지 않은 두 개의 amicus brief를 수락하였다. 이는 DSU 제17.8조에 따르면 항소기구가 'DSU 규칙 또는 절차와 충돌하지 않는' 절차규칙을 채택할 광범위한 권한이 있다는 데 근거한 것이었다. 이를 두고 WTO 회원국 간에 논쟁이 발생했으나, 항소기구는 항소자 측이나 피소자 둘 중 하나의 서면제출에 첨부된 의견이나 자료는 "그러한 자료가 어떻게, 어디서 유래되었는지에 관계없이 적어도 그 사건 당사자 서면제출의 명백한 구성부준이다."라고 판정하였다. 또한 항소기구는 DSU 제12.1조가 패널이 DSU 부속서 3에서 당사자들과의 협의 후에 재판실무절차에 첨부하거나 분리할 수 있는 권한을 규정하고 있다고 보았으며, DSU 제12.2조는 지나치게 패널절차를 연기하지 않으면서 좀 더 나은 양질의 패널보고서를 보장하기 위해야 충분한 융통성을 제공해야 한다는 것을 나타내고 있다고 보았다.

(4) 호주 Salmon 사건

이 사건에서 패널은 두 명의 호주인 어부가 제출한 amicus brief를 사건과 관련이 있다고 보고 받아들였다. 동 사건의 이행패널 역시 요청되지 않은 서신을 수락하면서 이는 DSU 제13.1조에 따라 패널에게 부여된 권한이므로 서면으로 제출된 정보는 고려되고 기록의 일부로서 이 정보를 수락할 것이라고 하였다.

(5) EC 석면 사건

패널은 4개의 요청하지 않은 amicus brief를 받았는데 캐나다는 패널에게 모든 amicus brief를 거절할 것을 요청하였다. 패널은 EC가 서면제출에 첨부한 amicus brief를 제출된 다른 문서들과 같이 고려하였고, 캐나다에게 서면 혹은 구두로 답변할 기회를 주었다.

(6) US – Softwood Lumber 사건

본 사건은 GATT와 보조금협정에 따라 캐나다가 수출하는 특정 각재(softwood lumber)에 부과한 미국의 상계관세에 대해 캐나다가 제소한 사건이다. 패널은 회원국 또는 제3당사국이 amicus brief의 주장을 받아들일 경우에만 그 주장을 고려할 것이라고 함으로써 amicus brief를 받아들일 가능성을 열어두고 동시에 그러한 주장의 유형을 제한함으로써 당사국과 제3당사국을 달랠 수 있었다. 항소기구는 두 개의 amicus brief를 제출받았고 당사국과 제3당사국에게 amicus brief에서 제기된 문제를 다룰 기회를 주었다. 항소기구는 amicus brief가 제출서면에서 다루지 않은 일부 문제를 다루고 있고 당사국 중 어느 국가도 amici의 주장을 채택하지 않았기 때문에 amicus brief를 고려하는 것이 불필요하다고 하였다.

3. WTO 회원국들의 입장

(1) 미국

미국을 포함한 일부 회원국들은 amicus brief에 대해 개방된 자세를 취하고 있고, 이것을 WTO 회원국들이 해결해야 하는 심도 있는 논의를 위한 이슈로 생각하고 있다. 특히 미국은 amicus brief가 WTO 분쟁해결과정에서의 참여를 증가시키고 투명성을 제고하며, amicus brief의 사용이 WTO의 정당성을 강화시킬 것이라고 주장하고 있다.

(2) 개발도상회원국

다수를 차지하는 개발도상국들은 amicus brief의 수락은 WTO 분쟁해결과정에서 제한된 능력과 재원을 갖고 있는 국가들의 부담을 증가시킬 것이라고 지적하고 있다. 개발도상회원국들은 아래와 같은 네 가지 근거를 제시하고 있다. 첫째, DSU 어디에도 amicus brief가 실제로 언급되고 있지 않으므로 절차에 관한 조항은 회원국들에 의해서 사전에 승인을 받아야 한다. 둘째, NGO들이 amicus brief를 제출하는 것에 대한 시간규정이 없기 때문에 NGO들이 회원국들보다 분쟁해결절차에서 더 많은 권한을 부여받을 가능성이 있다. 셋째, 전통적으로는 NGO들이 주로 amicus brief를 제출하였으나, 오늘날에는 로펌과 비즈니스 그룹도 amicus brief를 제출하기 때문에 회원국들이 긴장하고 있다. 넷째, 회원국들은 WTO가 국가 간 기구의 성격에서 멀어질 것을 염려하고 있다.

4. 입법론

amicus brief에 대하여 비록 논쟁은 존재하지만 amicus brief의 유용성을 부정할 수는 없을 것이다. 따라서 WTO는 앞으로 amicus brief와 관련하여 다음과 같은 입장을 취하는 것이 바람직할 것이다. 첫째, amicus brief에 대한 현재의 법적 불확실성을 제거하기 위해 WTO 회원국들은 패널과 항소기구에 의해 amicus brief에 관한 고려와 수락을 다루는 규칙을 협상하고 이에 합의해야 한다. 둘째, 표준, 조건, 시한 등을 포함한 공개적인 시간제한 규정을 마련하여 amicus brief가 너무 늦게 제출되지 않도록, 그리고 분쟁해결과정에서 지나친 부담으로 작용하지 않도록 해야 한다. 셋째, 패널은 amicus brief의 요청 여부에 관계없이 즉시 당사자들에게 통지해야 한다. 넷째, amicus brief를 관리하는 과정은 ① amicus brief에 대한 허용 여부, ② amicus brief 내용의 실질적인 고려와 같이 최소한 두 가지 단계를 포함해야 하며, 패널은 첫 번째 단계에서는 절차적 기준의 충족 여부를, 두 번째 단계에서는 실질적 기준의 충족 여부를 검토해야 한다. 다섯째, 패널은 당사자들의 의견에 비추어 amicus brief의 허용 여부에 대해 예비판정을 해야 한다.

제5절 잠정검토단계(Interim Review Stage)

I 사전단계

패널은 답변서와 구두변론내용을 고려하여 보고서 초안 중 기술적인 부분(descriptive sections: factual and argument)을 정리하여 분쟁당사국에게 제출한다. 패널이 지정한 기한 내에 분쟁당사국은 서면으로 이에 대한 논평을 제출한다(제15.1조).

II 중간보고서(Interim Report)

분쟁당사국들로부터 논평접수 마감일이 지난 후, 패널은 기술적인 부분과 패널의 판단 및 결론을 모두 포함하는 중간보고서를 작성하여, 분쟁당사국들에게 제시한다. 당사국의 요청이 있는 경우 추가적인 회의를 개최하여야 하며, 논평 기간 내에 분쟁 당사국들이 논평을 제출하지 않는 경우 중간보고서는 최종 패널보고서로 간주되며 지체없이 회원국들에게 배포된다(제15.2조).

III 최종보고서(Final Report)

최종 패널보고서는 잠정 재검토기간 중에 이루어진 논의사항이 반영되어야 한다. 잠정 재검토단계는 패널보고서 작성기간 내의 범위에서 진행되어야 한다(제15.3조).

제6절 패널보고서의 채택

I 보고서 검토 및 이의제기

DSB의 회원국들에게 패널보고서를 충분히 검토할 시간을 부여하기 위하여 패널보고서가 회원국들에게 배포된 날로부터 20일이 지난 후부터 비로소 DSB에서 보고서 채택을 위한 논의를 시작할 수 있다(제16.1조). 패널보고서에 이의가 있는 회원국은 적어도 패널보고서가 논의되는 분쟁해결기구회의가 개최되기 10일 이전에 반대하는 취지 및 반대이유를 기재한 서면으로 제출하여 회원국들에게 배포되도록 해야 한다(제16.2조).

II 채택 방법: 역총의제

분쟁당사국이 공식적으로 항소의사를 표명하거나 DSB가 총의로 패널보고서를 채택하지 않기로 하지 않는 한 패널보고서는 회원국에게 배포된 날로부터 60일 이내에 자동적으로 채택된다(제16.4조). 역총의제는 일방 회원국에 의해 패널 절차의 진행이 저지되거나 지체되는 것을 방지하기 위해 도입되었다. 일방분쟁당사국이 항소의사를 통보한 경우, 패널보고서는 항소절차 종료 시까지 DSB에서 논의되지 아니한다.

Ⅲ 법적 구속력

패널보고서 자체는 법적 효력이 없으나, 채택된 패널보고서는 법적 효력을 갖는다. 따라서 패소당사국은 이행의무를 부담한다. 패널은 문제가 된 조치가 대상협정의 위반이라고 결론짓는 경우 그 조치를 대상협정에 일치시킬 것을 권고해야 한다. 또한 권고안의 이행 방법도 제시할 수 있다. 그러나 채택된 패널보고서에 적시된 이행 방법은 '권고'이므로 그 자체로서 구속력을 갖는 것은 아니다. 한편, Japan-Taxes on Alcoholic Beverages 사건에서 항소기구는 채택되지 않은 패널보고서가 법적 지위는 결여하였더라도 판결의 논리는 관련 사안에 유용한 지침으로 검토될 수 있다고 밝혔다.

기출 및 예상문제

A국은 B국으로부터 甲을 수입하고 있다. 甲은 A국 내에서도 생산이 되고 있다. A국 내의 환경단체들은 B국이 甲을 생산하는 과정에서 오염물질 배출을 감축시키는 조치를 취하고 있지 아니한다는 이유로 甲에 대해 환경과징금을 부과할 것을 요구하였고 A국은 이들의 주장을 받아들여 B국으로부터 수입되는 甲에 대해 가격의 10%에 달하는 과징금을 부과하는 법을 만들었으며 동 법은 발효되었다. 이와 관련하여 다음 물음에 답하시오(단, A국과 B국은 WTO 회원국이다). (총 50점)

(1) B국은 자국산 甲에 대해 10% 과징금을 부과하는 것은 WTO협정에 위반된다고 주장하며 A국에 협의를 요청하였으나 A국이 응하지 아니하자 분쟁해결기구(DSB)에 패널설치를 요청하였다. B국이 사안과 관련하여 원용할 수 있는 WTO규범에 대해 설명하시오(단, 동 법은 모든 수입산 甲에 대해 동일하게 적용된다고 가정하시오). (15점)

(2) B국은 예비적 청구로서 A국의 조치가 WTO협정에 위반되지 아니한다고 하더라도 WTO협정상 정당화되지 아니함을 제기하였다. B국이 자신의 주장을 정당화하기 위해 입증해야 할 책임의 범위에 대해 설명하시오. (10점)

(3) 패널 절차가 진행되는 과정에서 국제환경단체 C는 甲을 생산하는 과정에서 오염물질을 감축하는 조치를 취하지 아니한 경우 국제환경에 미치는 위해를 조사한 보고서를 당해 패널에 제시하였다. 패널은 이를 검토할 수 있는 권한이 있는가? (10점)

(4) 패널 절차에서 A국이 패소한 경우 A국은 상설항소기구에 항소할 수 있다. 항소심의 관할범위를 설명하고, 항소심의 관할범위에 관련하여 제기되는 문제점 및 입법론에 대해 설명하시오. (15점)

제4장 | 상소 절차

📖 조문 | 제17조 – 상소심(Appellate Review)

상설상소기구

1. 분쟁해결기구는 상설상소기구를 설치한다. 상소기구는 패널사안으로부터의 상소를 심의한다. 동 기구는 7인으로 구성되며, 이들 중 3인이 하나의 사건을 담당한다. 상소기구 위원은 교대로 업무를 담당한다. 이러한 교대는 상소기구의 작업 절차에 정해진다.

2. 분쟁해결기구는 4년 임기의 상소기구위원을 임명하며 각 상소기구위원은 1차에 한하여 연임할 수 있다. 다만, 세계무역기구협정 발효 직후 임명되는 7인 중 3인의 임기는 2년 후 만료되며, 이는 추첨으로 결정한다. 결원은 발생할 때마다 충원된다. 임기가 만료되지 아니한 상소기구위원을 교체하기 위하여 임명된 위원은 전임자의 잔여임기 동안 상소기구위원의 직을 수행한다.

3. 상소기구는 법률, 국제무역 및 대상협정 전반의 주제에 대하여 입증된 전문지식을 갖춘 인정된 권위자로 구성된다. 상소기구위원은 어느 정부와도 연관되지 아니한다. 상소기구위원은 세계무역기구 회원국을 폭넓게 대표한다. 모든 상소기구위원은 어느 때라도 단기간의 통지로 이용가능해야 하며 세계무역기구의 분쟁해결활동 및 그 밖의 관련 활동을 계속 숙지하고 있어야 한다. 상소기구위원은 직접 또는 간접적인 이해의 충돌을 이야기할 수 있는 분쟁의 심의에 참여하지 아니한다.

4. 분쟁당사자만이 패널보고서에 대하여 상소할 수 있으며 제3자는 상소할 수 없다. 제10조 제2항에 따라 사안에 대한 실질적인 이해관계가 있음을 분쟁해결기구에 통지한 제3자는 상소기구에 서면입장을 제출하고 상소기구에서 자신의 입장을 개진할 기회를 가질 수 있다. (Only parties to the dispute, not third parties, may appeal a panel report. Third parties which have notified the DSB of a substantial interest in the matter pursuant to paragraph 2 of Article 10 may make written submissions to, and be given an opportunity to be heard by, the Appellate Body.)

5. 일반적으로 일방 분쟁당사자가 자기 나라의 상소결정을 공식적으로 통지한 날로부터 상소기구가 자신의 보고서를 배포하는 날까지의 절차는 60일을 초과하지 아니한다. 자신의 일정 확정시 상소기구는 관련되는 경우 제4조 제9항의 규정을 고려한다. 상소기구는 60일 이내에 자신의 보고서를 제출하지 못할 것이라고 간주하는 경우, 지연 사유를 보고서 제출에 소요될 것으로 예상되는 기간과 함께 서면으로 분쟁해결기구에 통보한다. 어떠한 경우에도 그 절차는 90일을 초과할 수 없다.

6. 상소는 패널보고서에서 다루어진 법률문제 및 패널이 행한 법률해석에만 국한된다. (An appeal shall be limited to issues of law covered in the panel report and legal interpretations developed by the panel.)

7. 상소기구는 자신이 필요로 하는 적절한 행정적 및 법률적 지원을 제공받는다.

8. 여행경비 및 수당을 포함하여 상소기구위원이 업무를 수행하는 데 소요되는 비용은 예산·재정 및 관리위원회의 권고에 근거하여 일반이사회가 채택하는 기준에 따라 세계무역기구의 예산으로 충당한다.

상소 절차

9. 상소기구는 분쟁해결기구 의장 및 사무총장과의 협의를 거쳐 작업절차를 작성하며, 동 작업절차는 회원국들이 알 수 있도록 통보된다.

10. 상소기구의 심의과정은 공개되지 아니한다. 상소기구보고서는 제공된 정보 및 행하여진 진술내용에 비추어 분쟁당사자의 참석 없이 작성된다.

11. 상소기구보고서에 표명된 개별상소기구위원의 견해는 익명으로 한다.

12. 상소기구는 제6항에 따라 제기된 각각의 문제를 상소심의과정에서 검토한다.

13. 상소기구는 패널의 법률적인 조사결과와 결론을 확정, 변경 또는 파기할 수 있다. (The Appellate Body may uphold, modify or reverse the legal findings and conclusions of the panel.)

상소기구보고서의 채택

14. 상소기구보고서가 회원국에게 배포된 후 30일 이내에 분쟁해결기구가 컨센서스로 동 보고서를 채택하지 아니하기로 결정하지 아니하는 한, 분쟁해결기구는 이를 채택하며 분쟁당사자는 동 보고서를 무조건 수락한다. (Re. 8) 동 채택절차는 회원국이 상소기구보고서에 대하여 자기 나라의 견해를 표명할 수 있는 권리를 저해하지 아니한다. (Remark 8) 분쟁해결기구의 회의가 동 기간중 계획되어 있지 않은 경우, 동 목적을 위하여 분쟁해결기구 회의가 소집된다.

제1절 의의

Ⅰ 항소기구의 설립

UR협상과정에서 패널보고서 채택을 기존의 총의제로부터 역총의제로 개편함에 따라 사실상 자동적인 보고서 채택의 보완책으로서 항소기구 설치를 통한 재심사 필요성이 제기되었다. 그 결과 항소기구는 DSU의 규정에 따라 WTO 출범과 함께 상설적 기구로서 설립되었다. 이는 GATT 분쟁해결절차상 가장 혁신적인 것으로 WTO체제의 안정성과 예측가능성을 제고한 것으로 평가된다.

Ⅱ 항소기구의 특징

항소기구는 패널에서 항소된 분쟁을 심리하며 이는 최종심이자 법률심이다. 제소가 있는 경우 사후적으로 구성되는 패널과 달리 항소기구는 법률, 국제무역 및 대상협정 전반의 주제에 대해 전문지식을 갖춘 공인된 권위자인 항소기구위원 7인으로 상설 구성되어 있다. 항소기구위원의 임기는 4년이며 1회에 한하여 연임할 수 있다. 항소 요청이 있는 경우 항소기구위원중 3인이 무작위로 선정되어 부(division)를 구성하여 판결한다.

제2절 항소적격 및 물적 관할권

Ⅰ 항소적격

항소는 분쟁당사국만 할 수 있으며 제3국은 항소적격이 없다. 다만, 실질적 이해관계가 있음을 분쟁해결기구에 통고하고 패널절차에 참가한 제3국은 제3자로서 항소에 참여하여 항소기구에 서면입장을 제출하고 의견을 진술할 기회를 가질 수 있다(제17.4조).

Ⅱ 물적 관할권

항소기구는 패널보고서에서 제기된 법률 문제와 패널의 법률적 해석에 대해서만 심리한다(제17.6조). 따라서 항소대상이 아닌 사실문제 및 패널이 다루지 않은 법률 문제는 항소심에서 다루어지지 않는다. 사실관계와 법률 관계의 구분이 모호한 경우 법률 해석의 문제로서 항소기구의 관할대상이 된다. EC – Hormones 사건에서 항소 기구가 법과 사실관계 구분에 대해 판결하였으나 여전히 분류 기준이 명확하지 않으며, 일례로 Canada – Periodicals 사건의 경우 항소기구가 사실관계에 관해 판정한 것으로 평가되고 있다.

제3절　주요 절차 규정

Ⅰ 분쟁처리기간

항소 절차는 항소제기일로부터 최종보고서 제출까지 60일을 초과할 수 없다. 부패물 등 긴급성을 요하는 분쟁 시 기한을 단축할 수 있으며 어떠한 경우에도 최대 90일을 넘을 수 없다(제17.5조). 원칙적으로 패널 설치일 로부터 패널보고서 또는 항소보고서 채택 심리까지의 기간은 항소요청이 없는 경우 9개월, 항소절차 이용 시 12개월을 초과할 수 없다(제20조).

Ⅱ 항소 절차

항소기구의 작업 절차는 DSB 의장과 사무총장의 협의로 작성된다(제17.9조). 심리과정은 공개하지 않으며 항 소보고서는 제공된 정보와 진술 내용에 비추어 분쟁당사국의 참석 없이 작성된다(제17.10조). 항소 절차는 분 쟁당사국 중 일방이 DSB에 서면통보나 항소기관사무국에 항소장의 제출하는 것으로 시작되며 분쟁당사국 간 합의 시 언제든 항소를 철회하고 절차를 종료할 수 있다.

Ⅲ 항소심의 판정

항소기구는 항소심리과정에서 제기된 모든 법률적 쟁점 또는 문제들에 대해 검토한 후 법률적 판정(legal findings)과 결론(conclusions)을 지지(uphold), 변경(modify) 또는 파기(reverse) 할 수 있다(제17.13조). 단, 패널평결 파기 시 이를 다시 심리하도록 원 패널에 사건을 반송하는 '파기환송권'은 없다.

Ⅳ 항소기구 보고서의 채택

보고서 배포 후 30일 이내에 DSB가 보고서를 채택하지 않기로 총의로서 결정하지 않는 한 항소기구보고서는 자동 채택된다. 분쟁당사국들은 항소기구의 보고서를 무조건 수락해야 한다. 회원국들은 항소보고서에 대해 자국의 입장을 표명할 권리를 갖는다(제17.14조).

I 항소기구와 패널의 관할권 경계의 문제

패널은 분쟁당사국이 위임하는 모든 사항을 검토하는 반면 항소기구는 패널보고서에 제기된 법률적 문제만을 다룰 수 있다. 그러나 우선 법률 문제와 사실 문제의 정확한 구분기준이 불명확하므로 개별 사안에서 논란이 발생할 여지가 있다. 이와 관련하여 EC – Hormones 사건에서 항소기구는 패널의 '고의적인' 관련 증거의 무시가 입증되는 경우에 한하여 패널의 사실관계에 대한 판정을 법적인 오류의 범주에서 파기할 수 있다고 판결하였으나 여전히 불명확성이 존재한다. 또한 항소기구가 패널보고서에서 다루지 않은 법적 해석이나 사실관계에 대한 결정을 할 수 있는지가 문제되는 바, Canada – Periodicals 사건에서 항소기구는 DSU 제3조 제3항에 기술된 WTO 목적에 비추어 패널의 보고서에 충분한 근거가 있다면 항소심에서도 패널이 판단하지 않은 사항에 대해서도 심사할 수 있다고 판단하였다.

II 파기환송권(remand authority)의 부존재

항소심은 패널보고서에 제기된 법률 문제와 패널의 법률적 해석에 대해 심리하는 법률심이자 상급심이다. 그러나 항소기구는 패널의 판결이 문제가 있는 경우 사건을 원 패널로 돌려보내는 권한 즉, 파기환송권이 없다. 그 결과 항소절차를 이용한 후에도 핵심적인 법적 쟁점에 대해 판정이 내려지지 않을 수 있다. EC – Asbestos 사건에서 항소기구가 문제의 석면수입금지조치의 TBT협정 관련성을 긍정하였음에도 패널에서 이를 다루지 않았다는 이유로 그 위반 여부를 판단할 수 없었던 것이나 US – DRAMS 사건에서 항소기구가 패널의 증거채택 기준에 대한 판정을 번복하였음에도 직접적으로 미국 상무부 조치의 위법성을 판정할 수 없었던 것이 그 예이다. 이는 패널이 소송경제를 이유로 일부 쟁점을 다루지 않는 관행과 결합되어 판결의 공백을 야기하는 원인이 되고 있다.

> **판례 | 캐나다 – 정기간행물 사건**
>
> 캐나다 국내 소비세법은 캐나다에서 배포되는 분리 발행 정기간행물(split-run periodical)의 광고가치의 80%에 해당하는 국내소비세를 발행부수에 따라 부과하였다. 이에 대해 미국은 동종상품에 대한 차별과세로서 1994GATT 제3조 제2항 제1문에 위배된다고 주장하였으며 패널은 이를 인용하였다. 그러나, 상소기구는 패널판정을 파기하였다. 패널이 당사국이 제출한 증거에 기초하여 결정하지 않았기 때문이었다. 따라서 상소기구는 패널이 보고서에 기술한 증거가 불충분하므로 제3조 제2항 제1문 위반 여부에 대해서는 판단할 수 없다고 판시하였다. 그러나 상소기구는 캐나다의 조치가 제3조 제2항 제2문에는 위반된다고 판정하였다. 캐나다는 이 부분에 대해 당사국이 항소하지 않았으므로 상소기구가 판단할 권한이 없다고 주장하였으나 상소기구는 DSU 제3조 제3항에 기술된 WTO 목적에 비추어 볼 때 상소기구는 패널보고서에 충분한 근거가 있다면 상소기구는 이를 심사할 권한 내지 의무가 있다고 판시하였다. 상소기구는 비분리 발행 정기간행물과 수입 정기간행물 사이에 경쟁관계가 있으므로 DCSP에 해당한다고 판단하였다. 광고수입에 있어서 캐나다 출판업자들이 경쟁관계에 있게 된다고 본 것이다. 전체 광고가치의 80%에 해당하는 고율의 조세는 유사하게 과세되지 않은 것이고 국내 소비세법의 구조나 형태에 비추어 보았을 때 국내생산 보호 목적이 있다고 판시하였다.

제5장 │ 이행

제1절 의의

이행제도란 패널이나 상소기구의 보고서가 분쟁해결기구(Dispute Settlement Body: DSB)에 의해 역총의제 (Reverse - Consensus)에 의해 채택된 이후 WTO규범에 위배판정을 받은 국가가 WTO규범에 위반되는 자국의 법률이나 행위를 일치시키는 것과 관련된 절차들을 의미한다. 여기에는 이행 방법의 제시, 이행기간 설정, DSB에 의해 감독, 보상 및 보복조치 등이 포함된다. 분쟁해결기구의 권고안 또는 판정을 신속하게 이행하는 것은 분쟁을 효과적으로 해결하는 데 필수적이므로 DSU는 권고안 및 판정의 이행 절차를 강화하고 있다. 주요 이행 절차 및 불이행 시 제재 방안으로서 보상과 보복조치에 대해 설명하고, 분쟁해결과정에서 제기된 다양한 이행 관련 쟁점 및 입법론을 제시한다.

제2절 이행 절차

Ⅰ 이행의 권고 및 권고이행 방법의 제안

DSU 제19조 제1항에 의하면 패널이나 상소기구는 패소국의 문제가 되는 조치가 대상협정(covered agreement)에 합치되지 않는다고 결정하는 경우, 패소국에 대해 해당 조치를 대상협정에 합치시키도록 권고해야 한다. 또한 패널이나 상소기구는 권고를 이행하는 방법을 제안(suggestion)할 수 있다. 이행 방안의 제시가 재량사항으로 되어 있는 것은 특정 조치가 WTO협정을 위반하였을 경우, 해당조치를 대상협정과 일치시키는 다양한 방법이 있을 수 있으므로 패소국의 사회·문화·경제·정치적 환경에 따라 적합한 방법을 자체적으로 선택할 수 있는 여지를 준다는 취지이다.

📖 **조문 │ 제19조 − 패널 및 상소기구의 권고**

1. 패널 또는 상소기구는 조치가 대상협정에 일치하지 않는다고 결론짓는 경우, 관련 회원국(Re. 9)에게 동 조치를 동 대상협정에 합치시키도록 권고한다(Re. 10). 자신의 권고에 추가하여 패널 또는 상소기구는 관련 회원국이 권고를 이행할 수 있는 방법을 제시할 수 있다.

   (Remark 9) '관련 회원국'은 패널이나 상소기구 권고의 대상이 되는 분쟁당사국이다.

   (Remark 10) 1994년도 GATT 또는 다른 대상협정의 위반을 수반하지 아니하는 사건에 대한 권고에 대하여는 제26조를 참조 바람

2. 제3조 제2항에 따라 패널과 상소기구는 자신의 조사결과와 권고에서 대상협정에 규정된 권리와 의무를 증가 또는 감소시킬 수 없다.

Ⅱ 이행의사의 통보

보고서가 채택되는 경우, 패소국은 30일 이내에 보고서의 결정 및 권고 내용에 따라 문제가 되는 조치를 WTO규정에 맞게 시정할 의무를 갖는다. 따라서 패소국은 반드시 DSB에 권고나 결정과 관련한 자국의 의사를 통보해야 한다.

Ⅲ 합리적 이행기간의 설정(reasonable period of time)

1. 합리적 이행기간의 설정 방법

패소국이 DSB의 결정 및 권고사항에 대해 이행할 의사를 밝혔으나 현실적으로 즉각적인 이행이 불가능할 경우, DSU에서는 '합리적 이행기간'을 설정할 수 있도록 배려하고 있다. 합리적 이행기간을 설정하는 방법은 세 가지가 있다. 첫째, 분쟁당사국, 즉 패소국이 제안하여 DSB가 승인한 기간. 둘째, 만약 DSB가 위 제안을 승인하지 않는 경우 분쟁당사국 양 측이 보고서가 채택된 날로부터 45일 이내에 이행기간에 대해 합의한 기간. 셋째, 합의에 이르지 못할 경우 관련보고서가 채택된 날로부터 90일 이내에 구속력 있는 중재에 의해 확정된 기간. 어느 방법에 의하더라도 패널 설치일로부터 합리적 이행기간 결정일까지의 기간은 분쟁당사국이 달리 합의하지 않는 한 원칙적으로 15개월을 초과할 수 없다.

> **📋 조문 | 제21조 제3항 – 합리적 이행기간의 설정**
>
> 패널 또는 상소보고서가 채택된 날로부터 30일 이내(Re. 11)에 개최되는 분쟁해결기구 회의에서 관련 회원국은 분쟁해결기구의 권고 및 판정의 이행에 대한 자기 나라의 입장을 분쟁해결기구에 통보한다. 권고 및 판정의 즉각적인 준수가 실현불가능한 경우, 관련 회원국은 준수를 위한 합리적인 기간을 부여받는다. 합리적인 기간은 다음과 같다.
>
> 가. 분쟁해결기구의 승인을 받는 것을 조건으로, 관련 회원국이 제의하는 기간. 또는 이러한 승인이 없는 경우에는,
>
> 나. 권고 및 판정이 채택된 날로부터 45일 이내에 분쟁당사자가 상호 합의하는 기간. 또는 이러한 합의가 없을 때에는,
>
> 다. 권고 및 판정이 채택된 날로부터 90일 이내에 기속적인 중재를 통하여 확정되는 기간(Re. 12). 이러한 중재에 있어서 중재인(Re. 13)을 위한 지침은 패널 또는 상소기구권고 이행을 위한 합리적인 기간이 패널 또는 상소기구보고서가 채택된 날로부터 15월을 초과하지 아니하여야 한다는 것이다. 그러나 특별한 사정에 따라 동 기간은 단축되거나 연장될 수 있다.

2. 중재에 의한 이행기간

DSU 제21조 제3항에 의해 중재인이 권고 및 이행을 위한 합리적 이행기간을 결정할 때는 패널이나 상소기구 보고서가 채택된 후 15개월을 초과할 수 없도록 하고 있다. 이 기간은 '특별한 사정'(particular circumstance)에 따라 단축되거나 연장될 수도 있다. 특별한 사정이라 함은 법의 개정이나 폐지, 행정조치의 철회 등과 같은 상황을 말한다. 즉, 특별한 사정은 위반되는 문제조치를 WTO 관련 협정에 부합시키기에 필요한 법적 절차만 의미한다. 따라서 패소국이 자국 법제도를 개정하거나 폐지함에 따라 국내산업이 받게 되는 악영향을 특별한 사정으로서 고려대상이 되지 않는다.

3. 중재를 통한 이행기간 결정 사례

일본 – 주세법 사건에서는 '특별한 사정'이 존재하지 않는다고 보아 15개월로 결정하였다. EC – 바나나 사건에서는 EC 측이 주장한 이행과정의 복잡성을 '특별한 사정'으로 인정하여 15개월에 1주일을 더한 기간을 설정하였다. EC – Hormones 사례의 경우 중재인은 합리적 이행기간은 'DSB의 권고 및 결정을 이행함에 있어 패소국의 입법과정상 가능한 최단시한'(shortest period possible)이라고 밝혔다.

Ⅳ DSB에 의한 감독

분쟁해결기구는 채택된 권고안 또는 판정의 이행상황을 지속적으로 감시한다. 모든 회원국은 권고안 또는 판정이 채택된 이후 언제든지 이행 문제를 분쟁해결기구에 제기할 수 있다. 권고안이나 판정의 이행 문제는 원칙적으로 이행을 위한 합리적인 기간이 확정된 날로부터 6개월 이후부터 분쟁해결기구의 의제에 상정되며, 역컨센서스로 부결되지 않는 한, 문제가 해결될 때까지 계속 분쟁해결기구의 의제에 포함된다. 이러한 분쟁해결기구 회의 개최 10일전까지 패소당사국은 권고안 또는 판정의 이행에 관한 진전상황을 서면으로 보고해야 한다(제21조 제6항).

Ⅴ 이행분쟁과 이행패널

1. 이행패널의 설치

DSB의 권고 및 판정의 이행조치가 적절히 취해지고 있는지, 또는 그 이행조치가 WTO협정에 비추어 적절한지에 관해 당사국 간에 의견이 불일치하는 경우 해당 분쟁은 다시 패널에 회부될 수 있다. 이 경우 가능한 한 원심을 담당했던 패널이 사건을 다시 회부받아 심리하는 것을 원칙으로 하며, 이행패널(compliance panel)은 사건이 회부된 날로부터 90일 이내에 보고서를 회람해야 한다. 만약 90일 이내에 보고서를 완성하는 것이 불가능한 경우, DSB에 연기 사유를 제출예정일과 함께 서면으로 제출해야 한다. DSU에는 최대 소요시간에 대해 명시되어 있지 않다.

📑 조문 | 제21조 제5항 – 이행분쟁

권고 및 판정의 준수를 위한 조치가 취해지고 있는 지 여부 또는 동 조치가 대상협정에 합치하는 지 여부에 대하여 의견이 일치하지 아니하는 경우, 이러한 분쟁은 가능한 한 원패널에 회부하는 것을 포함하여 이러한 분쟁해결 절차의 이용을 통하여 결정된다. 패널은 사안이 회부된 날로부터 90일 이내에 보고서를 배포한다. 패널이 동 시한내에 보고서를 제출할 수 없다고 판단하는 경우, 지연사유를 패널보고서 제출에 필요하다고 예상되는 기간과 함께 서면으로 분쟁해결기구에 통보한다. (Where there is disagreement as to the existence or consistency with a covered agreement of measures taken to comply with the recommendations and rulings such dispute shall be decided through recourse to these dispute settlement procedures, including wherever possible resort to the original panel. The panel shall circulate its report within 90 days after the date of referral of the matter to it. When the panel considers that it cannot provide its report within this time frame, it shall inform the DSB in writing of the reasons for the delay together with an estimate of the period within which it will submit its report.)

---

2. 이행패널의 설치 및 심사과정

DSU 제21조 제5항은 이행패널이 '권고 및 결정의 준수를 위한 조치가 취해지고 있는지 여부 또는 동 조치가 대상협정에 합치하는지 여부에 대해 의견이 일치하지 않는 경우'에 설치하도록 되어 있다. 따라서 결과적으로 위반조치의 철회와 관련하여, 새로운 이행조치가 단순히 DSB 권고 및 결정에 합치되면 되는지, 아니면 대상 협정에 합치되어야 하는지가 문제된다. 상소기구는 미국 - 새우 보고서에서 제21조 제5항의 심사기준은 시로 이행된 조치가 '대상협정'에 합치되는지 여부라고 판시하였다. 한편, 이행패널의 설치에 앞서 협의를 개최해야 하는지에 대해 멕시코 - 옥수수액상과당 사례에서는 이행패널과 상소는 협의가 반드시 필요하지는 않다고 암시했다.

제3절 불이행과 제재조치

📖 조문 | 제22조 - 보상 및 양허의 정지

1. 보상 및 양허 또는 그 밖의 의무의 정지는 권고 및 판정이 합리적인 기간내에 이행되지 아니하는 경우 취할 수 있는 잠정적인 조치이다. 그러나 보상이나 양허 또는 그 밖의 의무의 정지는 관련 조치를 대상협정에 합치시키도록 하는 권고의 완전한 이행에 우선하지 아니한다. 보상은 자발적인 성격을 띠며, 이를 행하는 경우 대상협정과 합치하여야 한다. (Compensation and the suspension of concessions or other obligations are temporary measures available in the event that the recommendations and rulings are not implemented within a reasonable period of time. However, neither com-pensation nor the suspension of concessions or other obligations is preferred to full implementation of a recommendation to bring a measure into conformity with the covered agreements. Compensation is voluntary and, if granted, shall be consistent with the covered agreements.)

2. 관련 회원국이 제21조 제3항에 의거하여 확정된 합리적인 기간 내에 대상협정위반으로 판정이 난 조치를 동 협정에 합치시키지 아니하거나 달리 권고 및 판정을 이행하지 아니하는 경우, 동 회원국은 요청을 받는 경우 합리적인 기간이 종료되기 전에 분쟁해결 절차에 호소한 분쟁당사자와 상호 수락할 수 있는 보상의 마련을 위하여 협상을 개시한다. 합리적인 기간이 종료된 날로부터 20일 이내에 만족할 만한 보상에 대하여 합의가 이루어지지 아니하는 경우, 분쟁해결 절차에 호소한 분쟁당사자는 대상협정에 따른 양허 또는 그 밖의 의무를 관련 회원국에 대해 적용을 정지하기 위한 승인을 분쟁해결기구에 요청할 수 있다.

3. 어떠한 양허 또는 그 밖의 의무를 정지할 것인지를 검토하는 데 있어서 제소국은 다음의 원칙과 절차를 적용한다.

   가. 일반적인 원칙은 제소국은 패널 또는 상소기구가 위반 또는 그 밖의 무효화 또는 침해가 있었다고 판정을 내린 분야와 동일한 분야에서의 양허 또는 그 밖의 의무의 정지를 우선 추구하여야 한다는 것이다. (the general principle is that the complaining party should first seek to suspend concessions or other obligations with respect to the same sector(s) as that in which the panel or Appellate Body has found a violation or other nullification or impairment)

   나. 동 제소국이 동일 분야에서 양허 또는 그 밖의 의무를 정지하는 것이 비현실적 또는 비효과적이라고 간주하는 경우, 동일 협정상의 다른 분야에서의 양허 또는 그 밖의 의무의 정지를 추구할 수 있다. (if that party considers that it is not practicable or effective to suspend concessions or other obligations with respect to the same sector(s), it may seek to suspend concessions or other obligations in other sectors under the same agreement)

다. 동 제소국이 동일 협정상의 다른 분야에서의 양허 또는 그 밖의 의무를 정지하는 것이 비현실적 또는 비효과적이며 상황이 충분히 심각하다고 간주하는 경우, 다른 대상협정상의 양허 또는 그 밖의 의무의 정지를 추구할 수 있다. (if that party considers that it is not practicable or effective to suspend concessions or other obligations with respect to other sectors under the same agreement, and that the circumstances are serious enough, it may seek to suspend concessions or other obligations under another covered agreement)

라. 위의 원칙을 적용하는 데 있어서 동 제소국은 다음 사항을 고려한다.

   (1) 패널 또는 상소기구가 위반 또는 그 밖의 무효화 또는 침해가 있었다고 판정을 내린 분야 또는 협정상의 무역, 그리고 동 무역이 제소국에서 차지하는 중요성

   (2) 무효화 또는 침해에 관련된 보다 더 광범위한 경제적 요소와 양허 또는 그 밖의 의무의 정지가 초래할 보다 더 광범위한 경제적 파급효과

마. 동 제소국이 나호 또는 다호에 따라 양허 또는 그 밖의 의무를 정지하기 위한 승인을 요청하기로 결정하는 경우, 요청서에 그 사유를 명시한다. 분쟁해결기구에 요청서를 제출함과 동시에 제소국은 관련 이사회, 그리고 또한 나호에 따른 요청의 경우에는 관련 분야기구에도 요청서를 송부한다.

바. 이 항의 목적상 '분야'란 다음을 의미한다.

   (1) 상품과 관련, 모든 상품

   (2) 서비스와 관련, 주요 분야를 명시하고 있는 현행 '서비스분야별 분류표'에 명시된 이러한 분야(Re. 14)

   (3) 무역 관련 지적재산권과 관련, 무역 관련 지적재산권에 관한 협정 제2부 1절, 또는 제2절, 또는 제3절, 또는 제4절, 또는 제5절, 또는 제6절, 또는 제7절에 규정된 각 지적재산권의 범주, 또는 제3부 또는 제4부상의 의무

사. 이 항의 목적상 '협정'이란 다음을 의미한다.

   (1) 상품과 관련, 세계무역기구협정 부속서 1 가에 열거된 협정 전체와 관련 분쟁당사자가 그 회원국인 경우 복수국간무역협정

   (2) 서비스와 관련, 서비스무역에 관한 일반협정

   (3) 지적재산권과 관련, 무역 관련 지적재산권에 관한 협정

4. 분쟁해결기구가 승인하는 양허 또는 그 밖의 의무의 정지의 수준은 무효화 또는 침해의 수준에 상응한다. (The level of the suspension of concessions or other obligations authorized by the DSB shall be equivalent to the level of the nullification or impairment)

5. 분쟁해결기구는 대상협정이 양허 또는 그 밖의 의무의 정지를 금지하는 경우, 이를 승인하지 아니한다.

6. 제2항에 규정된 상황이 발생할 때에 분쟁해결기구는 요청이 있는 경우, 분쟁해결기구가 컨센서스로 동 요청을 거부하기로 결정하지 아니하는 한, 합리적 기간의 종료로부터 30일 이내에 양허 또는 그 밖의 의무의 정지를 승인한다. 그러나 관련 당사국이 제안된 정지의 수준에 대하여 이의를 제기하거나, 제소국이 제3항 나호 또는 다호에 따라 양허 또는 그 밖의 의무의 정지에 대한 승인을 요청했을 때 제3항에 명시된 원칙 및 절차가 준수되지 아니하였다고 주장하는 경우, 동 사안은 중재에 회부된다. 이러한 중재는 원패널위원의 소집이 가능한 경우 원패널, 또는 사무총장이 임명하는 중재인(Re. 15)에 의하여 수행되며 합리적인 기간의 만료일로부터 60일 이내에 완결된다. 양허 또는 그 밖의 의무는 중재의 진행 중에는 정지되지 아니한다. (When the situation described in paragraph 2 occurs, the DSB, upon request, shall grant authorization to suspend concessions or other obligations within 30 days of the expiry of the reasonable period of time unless the DSB decides by consensus to reject the request. However, if the Member concerned objects to the level of suspension proposed, or claims that the principles and procedures set forth in paragraph 3 have not been followed where a complaining party has requested authorization to suspend concessions or other obligations pursuant to paragraph 3(b) or (c), the matter shall be referred to arbitration. Such arbitration shall be carried out by the original panel, if members are available, or by an arbitrator(Re.15) appointed by the Director-General and shall be completed within 60 days after the date of expiry of the reasonable period of time. Concessions or other obligations shall not be suspended during the course of the arbitration.)

7. 제6항에 따라 행동하는 중재인은(Re. 16) 정지의 대상인 양허 또는 그 밖의 의무의 성격을 검토하지 아니하며, 이러한 정지의 수준이 무효화 또는 침해의 수준에 상응하는지를 판정한다. 중재인은 또한 제안된 양허 또는 그 밖의 의무의 정지가 대상협정에 따라 허용되는지 여부를 판정할 수 있다. 그러나 중재에 회부된 사안이 제3항에 명시된 원칙 및 절차가 준수되지 아니하였다는 주장을 포함하는 경우, 중재인은 동 주장을 검토한다. 중재인이 동 원칙 및 절차가 준수되지 아니하였다고 판정하는 경우, 제소국은 제3항에 합치하도록 동 원칙 및 절차를 적용한다. 당사국은 중재인의 판정을 최종적인 것으로 수락하며, 관련 당사자는 제2차 중재를 추구하지 아니한다. 분쟁해결기구는 중재인의 판정을 조속히 통보받으며, 요청이 있는 경우 그 요청이 중재인의 판정에 합치하면 분쟁해결기구가 컨센서스로 동 요청을 거부하기로 결정하지 아니하는 한 양허 또는 그 밖의 의무의 정지를 승인한다.

8. 양허 또는 그 밖의 의무의 정지는 잠정적이며, 대상협정 위반 판정을 받은 조치가 철폐되거나 권고 또는 판정을 이행하여야 하는 회원국이 이익의 무효화 또는 침해에 대한 해결책을 제시하거나 상호 만족할 만한 해결에 도달하는 등의 시점까지만 적용된다. 제21조 제6항에 따라 분쟁해결기구는 보상이 제공되었거나 양허 또는 그 밖의 의무가 정지되었으나 조치를 대상협정에 합치시키도록 한 권고가 이행되지 아니한 경우를 포함하여 채택된 권고 또는 판정의 이행을 계속해서 감독한다.

9. 대상협정의 분쟁해결규정은 회원국 영토 안의 지역 또는 지방 정부나 당국이 취한 조치로서 대상협정의 준수에 영향을 미치는 조치에 대하여 호소될 수 있다. 분쟁해결기구가 대상협정의 규정이 준수되지 아니하였다고 판정을 내리는 경우, 이에 대한 책임이 있는 회원국은 협정준수를 확보하기 위하여 취할 수 있는 합리적인 조치를 취한다. 보상 및 양허 또는 그 밖의 의무의 정지에 관한 대상협정 및 이 양해의 규정은 이러한 준수를 확보하는 것이 불가능한 경우에 적용된다.

I 의의

DSU는 분쟁해결제도의 실효성 확보를 위해 패소당사국이 합리적 이행기간 내에 WTO협정에 위반된 조치를 합치시키지 않는 경우 그 이행을 보장하기 위해 보상제도와 보복제도를 규정하고 있다. 보상 및 보복조치(양허 및 기타 의무의 정지)는 권고 및 판정이 합리적인 이행기간 내에 이루어지지 않는 경우 잠정적으로 취해지는 조치이다. 분쟁해결 절차의 최종목표는 어디까지나 관련조치를 대상협정에 일치시키도록 하는 권고안의 완전한 이행이다. 보상은 자발적이어야 하며 대상협정과 상충되지 않아야 한다(제22조 제1항).

II 보상(Compensation)

1. 의의

보상은 위반조치의 즉각적인 철회가 현실적으로 어려운 경우, 합리적 이행기간 만료 시부터 기산하여 최장 20일까지 이내에 가능하다. 보상을 제공하는 것은 어디까지나 자발적인 선택이기 때문에 이를 강요할 수 없다.

2. 보상협상

패소당사국이 합리적 이행기간 내에 협정위반으로 판정된 조치를 동 협정에 합치시키거나 다른 방법으로 권고안 및 판정을 이행하지 못한 경우, 패소당사국은 제소당사국의 요청에 따라 합리적인 이행기간 '종료 이전에' 상호 수용 가능한 보상안 마련을 위한 협상을 개시해야 한다(제22조 제2항). 보상협상은 합리적 이행기간 만료일로부터 20일 이내에 타결되어야 한다.

3. 보상의 법적 성격

보상은 위반조치의 철회 대신 취할 수 있는 이행 방안이 아니다. DSU는 보상은 위반조치를 대상협정에 합치시키도록 하는 권고의 완전한 이행에 우선하지 않는다고 명시하고 있다. 또한 DSU는 보상이 위반조치가 철회될 때까지의 '임시적인 조치'(temporary measure)에 불과함을 강조하고 있다(제22조 제1항).

4. 보상과 기준 대상과의 합치성 문제

보상은 피소국이 행하는 자발적인 성격의 조치로 '대상협정'(covered agreement)에 합치해야 한다(제22조 제1항). 따라서 GATT의 기본 원칙이 적용되어야 하므로 보상은 승소국에게만 차별적으로 행해지기보다는 최혜국대우의 원칙과 다자간협정의 성격을 고려하여 모든 WTO 회원국들에게 혜택이 돌아가야 한다. 보상은 피해액만큼의 관세인하 내지는 수입쿼터의 확대나 비관세장벽의 철폐 형태로 이루어지고 있다.

Ⅲ 보복(Retaliation)

1. 의의

위반조치가 철회되지 않고 보상협상도 타결되지 않은 경우 제소국은 최종적인 제재수단으로 양허 또는 그 밖의 의무를 정지(suspension of concession or other obligations) 할 수 있다. 양허란 GATT · WTO의 다양한 협정을 통하여 자유무역 질서를 신장시키기 위해 관세의 인하를 비롯한 여러 가지 비관세장벽의 철폐 등에 대해 이루어진 회원국들의 합의를 말하는 것으로, 이는 동시에 WTO 회원국들의 의무가 된다. 따라서 양허나 그 밖의 의무의 정지는, 이러한 의무를 피소국에 대해서 철회하는 것으로, 관세인상 및 비관세장벽을 높이는 결과를 낳아 실질적으로는 해당 국가에 대한 보복조치를 의미하게 된다.

2. 보복조치의 승인

(1) 승인요청

합리적 이행기간 만료일로부터 20일 이내에 만족할 만한 보상에 대해 합의가 이루어지지 않는 경우, 모든 제소당사국은 패소당사국에 대해 대상협정상의 양허 또는 기타 의무의 적용을 정지할 수 있도록 승인을 요청할 수 있다. 제소국은 분쟁해결기구에 양허 또는 기타 의무의 정지에 대한 허가를 요청함에 있어 요청사유를 명시해야 한다. 제소국은 분쟁해결기구뿐만 아니라 관련 이사회, 관련 분야 기구에도 요청서를 제출해야 한다.

(2) DSB에 의한 승인

제소국의 요청이 있는 경우, 분쟁해결기구가 총의로 그 요청을 거부하기로 결정하지 않는 한, 이행을 위한 합리적 기간 종료 후 30일 이내에 분쟁해결기구는 양허 또는 기타 의무의 정지를 승인해야 한다.

3. 보복조치의 범위 및 결정 시 고려사항

(1) 보복조치의 범위

① 동일한 분야에서의 보복 제소국은 원칙적으로 패널 또는 상소기구가 위반 또는 기타 무효화 또는 침해가 있었다고 판정을 내린 분야와 동일한 분야에서의 양허 또는 기타 의무의 정지를 우선적으로 추진해야 한다.

② 동일협정상의 보복 제소국이 동일분야에서의 양허 또는 기타 의무를 정지하는 것이 비현실적 또는 비효과적이라고 판단하는 경우, 동일협정 하의 다른 분야에서의 양허 또는 기타 의무의 정지를 추구할 수 있다.

③ 교차보복 제소국이 동일 협정 하의 기타 분야에서의 양허 또는 기타 의무를 정지하는 것도 비현실적 또는 비효과적이며, 상황이 충분히 심각하다고 판단하는 경우에는 다른 대상협정 하의 양허 또는 기타 의무의 정지를 추구할 수 있다.

(2) 보복조치 결정 시 고려사항

제소국은 보복조치 결정 시 다음 사항을 고려해야 한다. 즉 i) 패널 또는 상소기구가 위반 또는 기타 무효화 또는 침해가 있었다고 판정한 분야 또는 협정 하의 교역의 중요성, ii) 그러한 교역의 제소국에 대한 비중, iii) 무효화 또는 침해에 관련된 보다 광범위한 경제적 요소 및 양허 또는 기타 의무의 정지가 초래할 보다 광범위한 경제적 파급효과 등을 고려해야 한다(제22조 제3항 제d호).

4. 양허 또는 기타 의무정지의 수준

양허 또는 기타 의무정지의 수준은 무효화 또는 침해의 수준에 상응해야 한다. 즉, 비례의 원칙이 적용된다. 대상협정이 이를 금지하는 경우, 분쟁해결기구는 양허 또는 기타 의무의 정지를 승인할 수 없다.

5. 보복조치의 기간

양허 또는 기타 의무의 정지는 일시적이어야 한다. 즉, 대상협정에 위반되었다는 판정을 받은 조치가 철폐되거나, 권고안 또는 판정을 이행해야 하는 회원국이 이익의 무효화 또는 침해에 대한 해결책을 제시하거나, 또는 서로 만족할 만한 해결책이 모색될 때까지만 적용된다. 분쟁해결기구는 보상이 부여되었거나 양허 또는 기타 의무가 정지되었으나 문제가 된 조치를 대상협정에 일치시키도록 한 권고안이 이행되지 아니한 경우를 포함하여 채택된 권고안 또는 판정의 이행문제를 계속해서 감시해야 한다(제22조 제8항).

6. 보복조치 관련 분쟁해결

(1) 패소당사국의 이의신청

패소당사국이 양허 또는 의무정지에 대해 이의를 제기한 경우 그 타당성 여부에 대한 판단은 중재 절차에 회부된다. 패소당사국은 제안된 보복조치의 범위나 보복조치를 결정함에 있어 DSU의 원칙 및 절차를 준수하지 않았다는 점을 들어 이의를 제기할 수 있다. 양허 또는 기타 의무는 중재절차기간 중에 정지되지 아니한다(제22조 제6항).

(2) 중재

양허나 기타 의무정지의 이의에 관련된 중재 절차의 중재자 또는 중재패널은 정지의 수준이 무효화 또는 침해의 수준에 상응하는지의 여부는 심의할 수 있으나, 정지대상인 양허 또는 기타 의무의 성격은 심의할 수 없다. 중재자는 제안된 양허 또는 기타 의무의 정지가 대상 협정하에서 허용되는지 여부를 결정할 수 있다. 중재자의 결정은 최종적이며, 따라서 당사국은 이를 무조건 수락해야 하고, 2차적인 중재를 요청할 수 없다. 중재자는 지체 없이 중재결과를 분쟁해결기구에 통보해야 한다. 제소국의 보복요청이 중재결정과 일치하는 경우, 분쟁해결기구가 총의로 보복요청을 거부하기로 결정하지 않는 한, 양허 또는 기타 의무의 정지를 승인해야 한다(제22조 제7항).

Ⅰ 이행패널

1. 절차규정의 불명확

이행여부 판정과 관련하여 90일의 기간을 허용하고 있으나, 그러한 판정 또한 분쟁해결 절차를 이용해야 한다고만 규정하여 구체적으로 어떠한 절차를 거쳐야 하는지에 대한 기준이 제시되고 있지 않다. 즉, 이행 여부 판정에 대한 상소 가능성, 협의 절차 개시, 제3차 참여 등의 절차상 의무와 권리에 대해 구체적으로 제시하지 않고 있다.

2. 이행패널의 대상의 한계

이행패널은 '권고 및 판정의 준수를 위한 조치'에 대해서만 사용될 수 있으므로, 실제로 위배판정을 받은 조치를 철폐한 후 그와 동일하거나 거의 유사한 효과를 갖는 '새로운 조치'를 시행하는 경우 엄밀하게 말해서 제21조 제5항의 적용을 받을 수 없다. 즉, 피소국은 그러한 대체 조치에 대해서는 협의 요청을 포함한 전체 WTO 분쟁해결절차를 요구할 수 있게 되는 것이다. 따라서 피소국은 미미한 형태의 차이를 가지는 '새로운 조치'의 계속적인 채택으로 사실상 WTO 분쟁해결제도에 의한 이행을 지속적으로 회피할 가능성이 있다.

Ⅱ 교차보복의 문제와 순환보복

교차보복의 요건으로 동일한 분야에서의 보복조치가 제소국에 의해 비현실적 또는 비효과적이라는 판단이 내려질 것을 규정하고 있으나, 그 판단이 전적으로 제소국의 주관적인 요소에 근거하도록 하고 있는 문제가 있다. 즉, 제소국이 보복조치를 시행하는 분야를 선정함에 있어서 자의성을 규제할 객관적 기준이 없다. 실제로 미국은 보복조치의 실효성을 높이기 위해 이른바 'carousel approach'를 도입하여 미무역대표부로 하여금 최초 보복조치 채택 120일 이후, 그리고 그 이후부터는 180일마다 DSB에 보복이 승인된 국가에 대한 보복상품 품목을 재검토하도록 하고 있다.

Ⅲ 제소와 보복조치 시행의 전제 조건의 불일치

WTO 회원국은 현실적으로 침해받고 있는 무역에 관련된 직접적인 이해(tangible trade interest)가 없더라도 특정 상품 또는 서비스 교역에 관해 잠재적인 이해(potential trade interest)가 존재하고 WTO협정상 관련한 권리와 의무에 대해 이해를 가지는 경우 WTO에 제소할 수 있다. 그러나, 실제적인 무역이해의 피해가 없는 경우 보복조치를 사실상 시행할 수 없다. 제소국은 보복조치 시행 시 보복조치의 수준이 실제 협정상 혜택의 무효화 또는 수준, 즉 실제 피해수준에 상응해야 하기 때문이다.

Ⅳ 이행적합성판정과 양허의 정지 간 절차상 연계(Sequencing)

1. 쟁점

DSU 제21조 제5항은 이행적합성판정 절차를, 제22조 제6항은 보복조치의 승인 절차를 규정하고 있다. 논리적으로는 전자가 후자에 선행해야 할 것이나, DSU에 명확한 절차상의 연계가 규정되지 않을 뿐 아니라 시간적으로 절차상 연계 확보에 한계가 있다. 즉, 보복조치의 승인은 합리적 이행기간 종료 30일 이내에 하도록 규정하고 있으나, 이행패널은 사안이 회부된 날로부터 90일 이내에 보고서를 배포하도록 규정하고 있다. EC – 바나나 사건III에서 EC는 이행패널보고서가 나오기 전까지는 보복조치를 허가할 수 없다고 주장한 반면, 미국은 합리적 이행기간 종료일로부터 30일 이내에 보복조치가 취해져야 한다고 맞섰다.

2. EC – 바나나 사건III[7]

이 사건에서 이행패널 절차는 합리적 이행기간 종료(1999년 1월 1일) 직후에 개시되었다. DSB는 1999년 1월 12일 이행패널을 설치하였고 이행패널은 90일의 이행패널심사기간을 준수하여 1999년 4월 6일 EC의 조치가 WTO협정에 위반된다는 보고서를 제출하였다. 미국은 이행패널 절차 개시 2일 후인 1999년 1월 14일에 보복조치의 승인을 DSB에 요청하였다. EC는 이행패널이 완료되기 이전에 보복조치를 요청하였으므로 미국의 보복조치 승인 요청이 DSU 제21.5조 및 제22.6조에 위반된다고 항의하였다. 보복조치 요청 시기를 둘러싼 이러한 대립은 1999년 당시 WTO 사무총장(Renato Ruggiero)[8]의 중재 절차 회부 제안으로 해소되었다. 사무총장은 EC로 하여금 미국의 보복조치 요청 규모에 대해 중재를 요청할 것을 제안하였고 EC는 이를 받아들여 중재를 요청하였다. 중재가 개시되면 보복조치를 허가할 것인지에 대한 DSB의 심사가 중단되기 때문이다. 중재는 1999년 4월 9일 보복 규모를 결정하고 이에 따라 분쟁해결기구는 1999년 4월 19일 미국에 대해 대EC 보복을 정식으로 허가하였다.

제5절 이행 관련 DSU 개정 논의

현재 도하개발아젠다(DDA)협상에서는 DSU 개정 논의도 함께 진행되고 있다. 국가들에 의해 제시된 이행 관련 개정 논의들은 다음과 같다. 첫째, 양허중지 수준 결정을 위한 중재 절차를 45일로 단축시킨다. 둘째, 보복조치 대상품목을 자의적으로 변경하지 못하게 한다. 셋째, 양허정지 승인의 요청에 대한 전제 조건을 명확히 한다. 즉, i) 피소국이 이행의사를 표명하지 않거나, ii) 이행통고를 기간 내에 제출하지 않거나, iii) 이행패널이 이행 부적합성을 결정한 경우로 명확하게 한다. 넷째, 이행패널은 상소되지 않은 경우는 원패널이, 상소된 경우에는 상소심을 주재한 상소기구 위원들로 구성되며, 원패널로부터 사실관계나 상소되지 않은 법률 문제에 대해 정보나 자문을 받을 수 있다. 다섯째, 이행패널 보고서는 패널설치 후 90일 이내에 회람되어야 하며, 제소국은 그 이전에 양허정지의 승인을 요청할 수 없다.

---

7) 고무로 노리오(2010), 805-806면.

8) Renato Ruggiero (born April 9, 1930) is an Italian politician. He has been director-general of the World Trade Organisation and was briefly the Italian Foreign Minister in 2001. Born in Naples, Ruggiero has held posts as Commerce secretary and in many private firms such as Fiat and the energy firm ENI. Ruggiero entered the foreign service following a degree in law from the University of Naples. After a brilliant career he became a top ranking diplomat managing tough situations in the 1980s such as the Sigonella crisis. He is famous for his ability as a tough negotiator and has thus earned the nickname of "Rocky" Ruggiero(WIKIPEDIA 참조).

참고 DSU 개정에 대한 논의

1. DSU 개혁에 관한 논의과정

WTO DSU 개혁에 관한 논의는 1994년 4월에 개최된 마라케시 각료회의에서 채택된 한 결정에 의해 시작되었다. 그 후 몇 차례의 공식·비공식 논의를 거쳐 1998년 7월 말에는 'DSU 검토를 위한 협의와 관련 논의에 대한 접근 방법'에 관한 최종합의가 이루어졌다. 그러나 1998년 동안 이루어진 DSU 검토에 대한 회원국들의 의욕이 그리 높지 않은 가운데 DSU 검토는 주로 비공개 및 비공식적인 과정을 통해 이루어졌으나, 일부를 제외하고는 대부분의 논의에서 주목할 만한 합의는 도출되지 못했다. 그러나 1999년 1월의 EC와 미국 간 바나나분쟁은 DSU의 개정 필요성을 WTO 회원국들에게 인식시키는 계기가 되었고, 그후 DSU 검토의 주된 논의는 'sequencing 문제'에 초점이 맞추어져 진행되었다. 주목할 만한 것은 스즈키그룹이 1999년 12월에 만들어낸 DSU 수정을 위한 제안이었다. 이 제안은 DSU 제21.5조와 제22조 사이의 분명한 선후관계 설정 및 WTO DSU의 감독과 이행에 관련된 보다 세밀화된 조항들을 포함하고 있었다. 그러나 스즈키그룹의 제안은 논의는 되었으나 합의에 이르지는 못하였고, DSU 개혁논의는 Doha Round로 넘어가 'DSU 개선 및 명료화에 대한 논의'로 전환되었다. Doha에서의 논의는 WTO DSB의 특별세션에서 다른 협상 주제들과 분리하여 신속처리 절차(faster track)로 진행되기로 합의 되었다. 특별세션의 의장이 패널과 상소상황에서 제3자의 권한강화, 협의에 참가하기를 원하는 회원국들에 대한 개선된 조건, 중간 검토상황과 상소상황에서 반송제도의 도입, 이행상황에서 절차의 연속성 문제와 이에 따른 세부적인 부분의 개선, 개발도상국에 대한 특별하고 차별적인 대우의 강화 등을 포함한 제안서를 제출하였으나, DSU 개선과 명료화를 위한 의장본문에 관한 합의는 도출되지 못했다. 이에 따라 일반이사회는 논의 시한을 1년 연장하여 2004년 5월까지 결론을 맺기로 합의하였으나 2005년 말에 개최된 홍콩 각료회의에서도 합의도출에 실패하였다. 그럼에도 불구하고 특별세션은 논의를 지속하기로 합의하고 신임의장을 임명하여 법률적 검토를 활발하게 진행함으로써 회원국들의 제안이 대부분 논의되었고, 법적 검토도 상당한 수준에서 이루어졌다. 특별세션 의장은 향후 회원국들 간에 존재하는 입장차이를 줄이고 의견 수렴을 유도하는 데 초점을 둔 협상을 개시할 것과 개도국에 대한 특별·차별대우에 관한 문제는 2008년 초까지 결론 내릴 것을 주장하였다.

2. WTO DSU의 문제점

(1) 상소기구의 권한에 관한 문제

① 서설 상소기구는 WTO DSU에 존재하는 최고의 법적 판결기구로서 DSU 제17.13조에서는 상소기구가 패널의 법률적인 조사결과와 결론을 확정, 수정 또는 파기할 수 있다고 규정하고 있다. 그러나 상소기구의 판정에 문제가 있을 경우에는 과연 어떤 과정을 거쳐 구제를 받거나 또는 구제를 요청할 수 있는가의 문제가 존재한다. 또한 패널이 내린 WTO설립협정에 대한 판정에서 설립협정에 문제가 존재하는 것으로 나타난다면 과연 상소기구는 어떠한 조치를 내릴 수 있는가? 상소기구가 패널의 법적 판단을 파기한 경우 그 다음의 절차를 어떻게 진행해야 할 것인가?

② 패널 판정 파기의 문제 특히 '상소기구가 패널의 법적 판단을 파기한 경우 그 다음의 절차를 어떻게 진행해야 할 것인가'와 관련하여 DSU 제17조 제13항 아무런 언급이 없다. 이 경우 두 가지 해결 방안을 생각해 볼 수 있는데, 하나는 상소기구가 자신이 파기한 패널의 판정을 대체할 수 있는 최종판단을 내리는 방안이다. 그러나 이 방안은 사실관계에 대한 정보의 부족으로 인해 심각한 실수를 범할 수 있거나 패널 절차에 소요되었던 시간만큼 조사기간이 확대되어 소송기간이 장기화된다는 문제점이 있다. 다른 하나는 상소기구가 패널 절차로 '파기환송'하는 것인데, 이 방안 역시 문제가 있다. 첫째, 원패널로 환송할 것인지 아니면 새로운 패널로 환송할 것인지가 문제가 된다. 둘째, 상소기구가 패널에서 검토한 사실만을 파기하여 환송할 것인지 아니면 검토하지 않은 부분에 대해서도 검토할 것을 명령할 수 있는지의 문제가 존재한다. 현행 DSU 제17.6조에 따르면 파기환송이 이루어지는 경우에도 패널보고서가 검토한 내용 이외의 것을 재검토하는 것은 현실적으로 불가능하다. 셋째, 상소기구에서 최종결론을 내리는 경우 과연 소송경제의 원칙에 대한 예외를 적용할 것인가의 문제가 존재한다.

(2) 패널구성에 대한 문제

WTO 출범 이후 DSU를 통한 통상분쟁의 해결이 과거보다 급격히 증가하고 있어 WTO 내에서 개별 사건을 해결하는 분쟁패널의 부담이 점차 증가하고 있다. 이런 상황에서 DSU 제8.1조와 제8.2조는 패널의 구성원 임명 시 일정한 자격요건을 요구하고 있어서 이러한 요건을 갖춘 인력을 확보하는 일이 점점 더 어려워지고 있다. 또한 DSU 제8.3조는 제기된 사안에 대해 실질적 이해관계를 갖는 제3자의 국민은 분쟁당사자가 달리 합의하지 않는 한 분쟁패널위원이 될 수 없다고 규정하고 있어 전문성을 갖춘 패널위원의 확보를 더욱 어렵게 하고 있다.

(3) 이행 메커니즘의 미비

DSU에서는 DSB의 권고 및 판정에 대한 이행에 대하여 관련 회원국이 그 자신의 의사를 통지한다고만 규정하고 있을 뿐, 구체적으로 이러한 '의사'가 패널 혹은 상소기구의 권과 혹은 판정과 여전히 모순된 조치일 경우 어떻게 할 것인가에 대해 구체적인 처리 메커니즘을 제시하고 있지 못하다. 이로 인해 소위 'sequencing'의 문제가 발생한다. sequencing 문제란 DSU 제21.5조와 제22조의 적용상 선행 관계와 관련된 문제로 EC와 미국 간의 바나나분쟁에서 sequencing 문제가 다투어졌다. EC는 '합리적인 기간 안에 새로운 조치를 이행했기 때문에' 제22조의 비이행에 기이한 양허정지라는 미국의 요구가 고려되기 전에 '이행된 조치가 WTO 규범에 일치하는지 여부'를 DSU 제21.5조 하의 패널절차를 통해 검증받아야 한다고 주장했다. 그러나 미국은 EC가 '합리적인 기간 내에 WTO와 일치하는 조치의 이행에 실패했으므로' 제22조 하의 양허정지나 보복조치를 부과할 수 있는 '자동권한'을 가지게 되었다고 주장하였다. 그 이유는 EC의 주장이 의미있게 되려면 검증과정이 합리적인 기간의 만료일인 30일 내에 이루어져야 하는데, 이러한 경우 제21.5조의 절차이행이 불가능해지고 제22조 하의 양허정지나 보복조치에 대한 DSB의 승인권한도 무의미해질 것이기 때문이라는 것이었다.

(4) 투명성과 참여의 문제

WTO DSU를 하나의 독립된 법체계로 볼 때 그 투명성과 당사자 참여의 문제 부분에는 여전히 상당히 보완이 필요하다. 예를 들어 심의의 비공개 원칙, 전문가 검토그룹의 이용 부족 문제, 제3자에 대한 소송참여 문제 등이 개선되어야 한다. DSU 제10조는 제3자의 소송참여를 허용하고 있으나, 중요한 것은 소송에 참여하는 제3자의 범위를 어느 정도로 한정해야 할 것인가이다. 투명성 강화나 제3자의 소송참여자 확대 문제는 소송절차의 복잡화와 장기화로 인해 패널·상소기구의 판정에 소요되는 비용이 증가되는 문제를 발생시킬 수 있다.

(5) 개도국에 대한 특별대우의 부족

현행 WTO 회원국의 약 80%는 개발도상국이며, 이를 고려해 DSU는 제3.12조, 제4.10조 제8.10조 등에서 개도회원국에 대한 특별할 배려를 규정하고 있으나, 이런 규정들을 원칙적이고 선언적 성격의 규정에 불과하며, 개도국에 대한 특별·차별대우를 구체적으로 규정한 조항은 대단히 부족하다. 개도회원국에 대한 특별대우를 규정한 조항들 중 일부 조항들은 'shall'이란 용어를 사용하여 어느 정도 집행성을 부여하고 있으나 구체성이 부족하고, 다른 조항들은 'should'를 사용하여 다른 조항들 보다 문맥적 구체성이 많이 결여되어 있다.

3. DSU의 향후 개혁방향

(1) 상소기구의 권한과 역할에 관한 문제

현행 WTO DSU체제에서 상소기구는 분쟁에 대한 최종적 법적 판단 권한을 가지고 있다. 그러나 상소기구는 법을 해석한다기 보다는 법을 만드는 주체이지만 너무 자유무역 지향적이고 국가의 '주권'을 무시하는 경향이 강하며 지나치게 본문 중심적(textual)이라는 문제점이 있다. 이 문제는 '최고상소기구'의 설립을 통해 해결하기 보다는 각료회의나 일반이사회에게 전문가 그룹을 통해 파기권(power of overruling) 없이 상소기구보고서에 대한 구체적인 비판을 제공할 수 있는 권고를 만들어 해결하는 방안이 회원국들 사이에 폭넓게 인정되고 있다. 그러나 이들 기구가 어느 정도 정치적 기구의 성격을 띠고 있으므로 본 고에서는 동 방안이 아주 드물게 적용되어야 한다고 본다.

(2) 상소기구의 반송(remand)권한에 대한 문제

현행 DSU의 문제점으로는 상소기구가 사건에 대한 파기 이후 반송할 때 원패널을 조건으로 반송하는 '조건반송'이 어렵다는 문제점이 있다. 조건반송이 이뤄지지 않으면 새로운 패널의 구성 및 조사 등으로 인해 판정절차의 장기화란 문제가 발생될 수 있으므로 저건반송이 가능하도록 DSU규정을 수정하여야 한다. 이에 더해 상소기구에 조건반송권이 주어지는 경우 반송절차가 신속히 이루어지도록 상임패널위원제도를 도입할 필요가 있다. WTO DSU에 상임패널위원제도를 도입하고, 특히 분쟁패널의 패널위원 중 최소 1명을 이들 상임패널위원을 임명하는 것이 필요하다.

(3) DSB의 권고나 판결에 대한 이행에 관련된 문제

WTO는 판결·권고를 이행할 강제수단을 가지고 있지 못하다는 치명적 한계가 있다. 이러한 한계를 보완하기 위해 '양허의 정지'에 대한 대체방안으로 '금전적 보상(monetary compensation)'의 도입이 논의되고 있다. 그러나 이 방식의 도입은 DSB의 권고·판정에 대한 완전이행을 보류하는 임시적인 대체시스템으로서 WTO에 불일치하는 조치들을 유지하는 조건을 돈으로 구매한다는 문제가 있다. 그럼에도 불구하고 금전적 보상방안은 양허의 정지가 초래할 수 있는 후생의 감소보다는 훨씬 나은 수단일 것이다. 그러나 중요한 것은 금전적 보상제도가 도입되더라도 위반된 조치에 대한 개선 노력이 선행되어야 한다는 점이다.

(4) 법정 조언자(amicus curiae)의 활용문제

이는 패널이나 상소기구가 자신의 권고나 판정을 내리기 위한 정보요청과정에서 법정조언자 보고제도를 도입하는 문제이다. 이는 DSU 제13조상 패널의 정보요청권리에 근거한 것이다. US – Steel Bar case에서는 상소기구가 패널보다 더 강한 힘을 가져야 하며, 만약 패널에 법정 조언자의 보고를 고려·수락할 수 있는 권한이 있다면 상소기구도 그렇게할 수 있어야 한다고 판결함으로써 법정 조언자 제도의 도입을 권고하고 있다. 그러나 상소기구는 패널에 비하여 법정조언자 제도를 도입할 수 있는 법적 근거가 약하다. 따라서 현행 제13조와 부록4의 내용을 개정하여 패널 절차뿐만 아니라 상소기구에서도 법정 조언자제도를 도입할 수 있는 내용을 삽입할 필요가 있다.

(5) 청문회(open hearing)제도의 도입 문제

패널 및 상소절차 심의과정의 비공개성을 완화하기 위해 초기의 심의과정에서 청문회 제도를 도입하여 일차적 수준의 정보를 공개할 필요가 있다. 이를 통해 WTO의 투명성을 제고하고, WTO체제가 폭넓은 지지를 확보하는 데 기여할 수 있을 것이다. 실제로 Sutherland 보고서도 청문회제도의 도입을 권고하고 있다. 그러나 청문회에서 공개되는 내용은 WTO협정의 해석에 대한 것에 집중해야 하며, 기밀정보를 포함하지 않아야 할 것이다. 또한 본격적인 심의과정은 계속 비공개로 진행하고 분쟁당사자들이 제시한 기밀정보는 철저하게 보호되어야 할 것이다.

(6) 개도국에 대한 특별·차별대우의 강화 문제

개발도상국은 선진국과의 분쟁에서 법적·재정적 자원부족으로 인해 불리한 상황에 직면하고 있으므로 이들에 대한 특별하고 차별적인 지원이 필요하다는 데에는 회원국 간 합의가 이루어져 있다. 현재까지 의견이 어느 정도 수렴된 내용으로는 회원국이 개도회원국과 협의할 때 개도회원국의 문제와 이해관계에 대해 특별한 고려를 하고, 최빈개도국에 대한 제소 시에는 회원국의 수도에서 협의를 지속할 것, 개도회원국은 60일 간의 협의요청기간 중에 합의달성에 실패할 경우 DSB 의장에게 협의기간 연장을 요청할 수 있을 것, 개도국의 경우 회원국의 패널설치 요청이 있을 때 DSB 다음 회기로 연기되어 상정될 수 있도록 할 것, 선진국과 개도국의 분쟁 시 개도국 패널위원이 '적어도 한 명 포함'되어야 한다는 과거의 조항이 '반드시 한 명 이상'을 포함시키도록 변화될 것, 개도국의 경우 서면입장을 제출하는 데 보다 긴 시한을 제공할 것, 개도국의 경우 소송비용에 대한 총액판정을 할 것 등이다. 이러한 제도적 보완도 중요하지만, 개도국 공직자에 대한 WTO 법체제 교육 강화 및 이를 위한 세미나를 보다 자주 개최하는 방안 등을 통해 개발도상회원국이 자신과 관련된 분쟁을 스스로 효율적으로 처리할 수 있는 능력을 강화시키는 것이 더욱 중요할 것이다.

(7) Sequencing 문제

이 문제는 그동안의 논의를 통해 그 절차가 분명하게 정비되어 쉽게 합의가 될 것으로 전망된다. 향후 변화 방향을 전망해 보면, 우선 DSB의 권고나 판정에 일치되어야 하는 조치와 관련하여 분쟁이 발생하면, 동 조치의 WTO협정 합치 여부를 판단할 패널을 설치하되 원패널의 회원국을 구성원으로 한다. 동 패널은 90일 내에 보고서를 배포해야 하며, 이에 대한 상소도 기존의 상소제도와 일치되도록 변화될 것이다. 회원국이 문제된 조치를 WTO협정에 합치시키거나 또는 합리적 기간 안에 DSB의 권고나 판정과 일치시키는 데 실패했다고 결론이 난 경우 동 조치 이행을 위한 추가적인 시간은 부여되지 않는다. 이 과정에 도입되는 중재절차로 DSB는 원패널에게 중재를 위임하며 중재판정은 최종적이어야 하고 중재요청 45일 안에 회원국에게 배포된다.

기출 및 예상문제

WTO 분쟁해결 절차와 관련하여 다음 질문에 답하시오. (총 40점) 2007행시

(1) WTO 분쟁해결기구가 채택한 보고서상의 권고와 판정의 이행을 확보하기 위한 WTO 협정상의 법적 장치에 대하여 설명하시오. (25점)

(2) 패널 및 항소기구의 판정을 패소국이 적절히 이행하지 않았다고 승소국이 판단하는 경우 승소국은 분쟁해결기구에 보복조치를 신청할 수 있다. 한편, 패소국은 자국이 판정을 적절하게 이행하였음을 주장하며, 이행의 적정성 판단을 위한 패널설치를 요청하여 보복 절차 진행의 중단을 요구할 수 있다. 이러한 경우 현행 WTO 분쟁해결양해(DSU)는 해답을 주지 못한다는 비판이 제기되고 있다. 이와 같은 문제가 발생하는 이유 및 관련 규정을 제시하고, 문제해결을 위한 DSU 개선 논의에 대하여 간단히 논하시오. (15점)

제7편
복수국간무역협정
(PTAs)

제1장 │ 서설

복수국간무역협정(plurilateral trade agreements)은 WTO설립협정 제4부속서에 포함된 협정들을 의미한다. 동 협정들은 부속서 1~3의 다자간무역협정(MTA)과 달리 동 협정에 가입한 WTO 회원국에게만 구속력이 있다. WTO협정이 발효된 1995년 1월 1일 당시 민간항공기무역에 관한 협정(Agreement on Trade in Civil Aircraft), 정부구매협정(Agreement on Government Procurement), 국제낙농협정(International Dairy Agreement), 국제우육협정(International Bovine Meat Agreement)이 있었다. 그러나 국제낙농협정과 국제우육협정은 1998년 1월 1일자로 종료되었다.

제2장 | 민간항공기무역에 관한 협정

제1절 연혁

민간항공기무역에 관한 협정은 1979년 도쿄라운드협상에서 체결된 협정으로 1980년 1월 1일 발효하였으며, 2006년 3월 1일 현재 30개국의 서명국이 있다.

제2절 목적 및 적용범위

동 협정은 민간항공기 및 부품의 자유무역의 확립과 항공기의 생산 및 판매를 보조하는 정부보조금 및 압력의 광범위한 사용에 대해 다자적 통제를 가하는 것을 목적으로 한다. 동 협정은 군용항공기를 제외한 모든 민간항공기, 모든 민간항공기 엔진 그리고 그 부속품 및 구성품, 민간항공기의 기타 다른 부품, 구성품 및 하부 조립품, 모든 지상항공 시뮬레이터와 그 부속품 및 구성품에 대하여 적용된다(제1조).

제3절 당사국의 의무

동 협정의 서명국은 1980년 1월 1일까지 협정의 부속서에 기재된 각 관세품번에 따라 관세목적으로 분류된 상품이 항공기의 제조, 수리, 유지, 재수선, 변경 또는 전환과정에서 민간항공기에 사용되거나 항공기에 포함된다면 그러한 상품의 수입에 대하여 또는 수입과 관련하여 부과되는 모든 종류의 관세 및 기타 부과금을 철폐해야 한다(제2조 제1항 제1호). 또한 민간항공기의 수리에 부과되는 모든 종류의 관세 및 기타 부과금도 철폐해야 한다(제2조 제1항 제2호). 서명국은 항공사, 항공기 제조자, 또는 민간항공기 구매에 관련된 기타 기관에 대하여 다른 서명국의 공급자에 대한 차별을 유발시키는, 특정 공급원으로부터 민간항공기를 구매하도록 요구하거나 그러한 불합리한 압력을 행사하여서는 안 된다(제4조 제2항).

동 협정은 고유의 분쟁해결 절차를 두고 있으며, 관련분쟁은 정부구매협정과 달리 WTO 분쟁해결제도에 제기될 수 없다. 민간항공기 제조, 수리, 유지, 수선, 변형 또는 전환에 있어서 자국의 무역적 이익이 다른 서명국의 조치에 의해 부정적으로 영향을 받았거나 받을 가능성이 있는 경우, 모든 서명국 대표로 구성된 민간항공기무역위원회에 동 사안을 검토해 줄 것을 요청할 수 있다. 요청을 받은 날로부터 30일 이내에 위원회가 소집되며 가능한 한 신속하게 사안을 검토하여 적절한 결정 또는 권고를 내릴 수 있다. GATT 제22조 및 제23조, DSU 규정이 위원회에 의해 준용된다. 분쟁당사국들이 합의하는 경우 합의에 따른 절차가 동 협정의 관련 분쟁에 적용된다(제8조 제8항).

제3장 │ 정부구매협정

제1절 서설

Ⅰ 개념

정부조달(government procurement)이란 중앙정부나 지방정부 또는 공공기관이 최종 수요자로서 물품과 서비스를 구매하는 것을 말한다.

Ⅱ 배경

1947GATT 하에서 정부조달은 제3조 제8항과 제17조 제2항에 따라 내국민대우의 적용의무가 예외적으로 면제된 분야였다. 국가들은 기술개발이나 특정 산업분야의 발전 등을 위한 국가정책수단으로 정부조달을 차별적으로 활용한다. 그러나 공공부문 팽창에 따라 정부조달시장에서의 차별적 관행이 자유무역 및 공정무역질서를 저해하는 장벽으로 인식하게 되었다. 이에 따라 동경라운드에서 '정부조달협정'이 체결되었으나, i) 중앙정부기관의 물품구매에 한정되고 ii) 서비스, 수도, 전기 ,운송, 통신 등이 제외되었으며 iii) 일정 금액(13만 SDR) 이상의 조달계약에 대해서만 적용되는 문제가 지적된다.

Ⅲ 협상목표

우루과이라운드 협상은 기존의 정부조달협정 당사국 간 진행. 정부조달에 관한 국제규칙과 절차를 공정하고 투명하게 하여 자유무역을 확대하고 기존의 '정부조달협정'을 개선하는 것을 주된 목표로 한다.

Ⅰ 주요 특징

첫째, 정부조달협정은 복수국간무역협정의 하나로서 동 협정에 가입한 WTO 회원국 상호 간에 적용된다. 둘째, 적용범위가 확대되었다. 즉, 상품뿐 아니라, 건설 및 서비스 분야까지 확대적용된다. 셋째, 입찰 절차에 대한 구체적인 규정을 마련하고 이의신청제도를 강화하였다. 넷째, 유보를 명시적으로 금지하였다.

Ⅱ 적용범위

정부조달협정은 첫째, 중앙정부, 지방정부, 정부의 통제 또는 영향력 하에 있는 민간기업의 조달에 관한 법규, 규정, 절차 및 관행에 대해 적용된다. 둘째, 상품 및 서비스의 조달에 적용된다. 셋째, 구매, 리스, 임대, 할부구매 등을 포함한 모든 형태의 계약에 적용된다. 넷째, 각 회원국이 양허안에 정한 기준가 이상의 조달계약에만 적용된다.

Ⅲ 기본 원칙

1. 비차별 원칙

정부조달협정의 적용을 받는 정부조달에 관한 법규, 규정, 절차, 관행과 관련하여 각 당사국은 다른 당사국의 상품, 서비스, 및 동 상품 또는 서비스의 공급자에게 '즉시 무조건적으로' 국내상품, 서비스 및 공급자에게 부여되는 대우보다 불리하지 아니한 대우를 부여해야 한다.

2. 투명성 원칙

당사국은 정부조달에 관한 자국의 모든 법규, 규정, 절차 및 관행의 내용을 명료히 하고 신속히 공개해야 한다. 투명성 원칙은 정부조달법규의 자의적 해석 및 적용을 방지함으로써 무역장벽수단으로 이용되는 것을 방지하고 정부조달규범의 예측가능성을 제고하기 위함이다.

Ⅳ 원산지규정

정부조달협정을 시행하기 위한 원산지판정 시 통상적인 국제무역에 적용되는 원산지규정이 동일하게 적용되어야 한다. WTO원산지규정협정에 따라 원산지규정의 조화 또는 통일이 완료되면 정부조달에 대해서도 동일한 원산지규정을 적용한다.

Ⅴ 개도국에 대한 특별대우(Special and Differential Treatment: SDT)

당사국은 정부조달에 영향을 미치는 법규, 규정 등의 입안과 적용에 있어 개도국의 경제개발, 재정, 무역상의 필요를 충분히 고려하여 개도국으로부터의 수입증대를 촉진해야 한다.

Ⅵ 기술명세(technical specifications)

품질, 성능, 치수, 기호, 용어, 포장, 표시, 상표부착, 공정, 생산방법 등에 관한 조달대상 상품 및 서비스의 특징과 조달기관이 규정하는 적합판정절차에 관한 요건을 정하는 기술명세는 국제무역에 불필요한 장애를 초래할 목적으로 또한 그러한 효과를 갖도록 입안, 채택, 적용되어서는 안 된다. 기술명세는 디자인보다 성능 (performance)에 관한 것이어야 하고, 가능한 한 국제표준에 근거해야 한다.

Ⅶ 조달절차

협정 제7조에서 제15조에 걸쳐 조달절차 즉, 입찰절차, 입찰방법 등에 관해 상세히 규정하고 있다. 입찰방법에는 공개경쟁입찰(open tendering), 지명경쟁입찰(selective tendering), 제한입찰(limited tendering)이 있는데, 협정은 공개경쟁입찰과 지명경쟁입찰을 원칙으로 하고, 예외적으로 제한입찰을 허용한다.

Ⅷ 대응구매

대응구매(offset)란 국산부품사용, 기술사용허가, 투자요건, 연계무역 등을 통해 국내개발을 장려하거나, 국제수지개선을 위해 사용되는 조치를 말한다. 협정은 대응구매를 원칙적으로 금지한다. 단, 개도국의 경우 예외적으로 대응구매를 인정한다.

Ⅸ 이의신청과 분쟁해결

협정위반을 이유로 공급자가 이의를 제기할 경우 당사국은 공급자가 조달기관과의 협의를 통해 해결하도록 권장한다. 당사국은 비차별적, 투명, 효과적인 이의신청 절차(challenge procedure)를 마련해야 한다. 이의는 법원이나 조달결과와 이해관계가 없는 공정하고 독립적인 심사기관에 의해 처리되어야 한다. 정부조달 관련 당사국 간 분쟁은 '분쟁해결양해'가 원칙적으로 적용된다. 정부조달협정은 '복수국간무역협정'이므로 교차보복은 인정되지 아니한다.

제7편

X 예외 조항

첫째, 당사국의 국가안보 또는 국방목적에 필수적인 조달에 관련된 경우 동 협정은 적용되지 않는다. 둘째, 공중도덕 및 질서, 안전, 인간이나 동식물의 생명이나 건강, 지적재산권의 보호에 필요한 조치, 장애자 및 재소자의 노동에 의한 물품이나 서비스에 관련된 조치를 부과하거나 집행하는 것은 예외적으로 허용된다. 단, 동일한 조건 하에 있는 국가 간에 자의적이거나 부당한 차별의 수단 또는 국제무역에 대한 위장된 제한을 구성하는 방법으로 사용해서는 안 된다.

제3절 평가

정부조달협정은 협정적용의 대상기관 및 대상분야를 확대했다는 점에서 긍정적으로 평가할 수 있다. 또한 국가 간 분쟁해결 절차 외에 이의신청 절차를 마련하여 공급자의 법적 구제의 실효성 제고했다는 점도 긍정적으로 평가된다. 다만, 복잡한 조달절차가 외국기업의 경쟁을 제한하는 수단으로 남용될 수 있는 점, 담합입찰을 배제할 수 있는 제도적 장치가 결여된 점, 지적재산권 보호를 위해 제한입찰이 광범위하게 허용된 점이 문제로 지적된다.

제4절 한국의 양허내용

우리나라는 1989년 한미통상협상에서 정부조달협정에 가입하기로 약속하고, UR타결과 함께 정부조달협정에 가입하였다. 한국은 중앙정부기관 중 4개 안보관련기관을 제외하였다. 이에는 대통령비서실,경호실,안기부,비상기획위원회가 포함된다. 중앙정부의 경우 물품 13만 SDR, 서비스 13만 SDR, 건설 500만 SDR 이상을 양허하였으며, 지방정부는 물품 20만 SDR, 서비스 20만 SDR, 건설 1500만 SDR 이상을 양허하였다. 정부투자기관에 대해서는 물품 45만 SDR, 건설 1500만 SDR 이상을 양허하였다.

해커스공무원 학원·인강
gosi.Hackers.com

제8편
새로운 통상의제

제1장 │ 환경과 통상[1])

I 의의

환경과 통상의 관계 논의는 환경보호를 위한 통상규제조치가 증가함에 따라 대두된 것이다. 1922년부터 2006년까지 체결된 200여개의 국제환경협약 중 약 30개의 협약에 환경보호를 위한 통상규제조항이 포함되어 있다. 환경보호를 위해 통상을 규제하는 이유는 환경규제의 효율성을 제고하고, 오염유발기업에 대해 대책을 강구하도록 유도하며, 지구환경보호에 비협조적인 국가들의 참여를 유도하고, 공정무역질서를 확립하기 위한 것이다. 한편으론 선진국이 자국의 높은 환경기준과 기술수준을 배경으로 경제적 이익을 취함으로써 국제수지를 개선하고 세계경제의 주도권을 유지하려는 전략적 수단이 되기도 한다.[2]) 그러나 환경보호를 위한 통상규제는 수출국과 수입국, 선진국과 개도국, 규제국과 피규제국 간 견해가 대립하고 있다.

II 환경 – 통상연계규범 제정 논의 배경

환경 – 통상연계규범 제정은 '그린라운드'(Green Round)에서 논의될 예정이다. 그린라운드는 환경보호를 위한 수출입제한이나 금지가 정당화되는 구체적 요건과 절차에 관한 국제규범을 제정하는 것을 주목적으로 한다. 그린라운드에는 다음과 같은 몇 가지 배경이 있다. 첫째, 환경정책과 통상정책이 상호 관련성이 있다. 자유무역이 확대되면 제품에 대한 소비가 증가하여 환경이 악화될 수 있다. 또한 각국의 조세나 보조금 등의 환경정책이 국제무역에 영향을 주기도 한다. 국제환경협약은 그 실효성 확보를 위해 무역 제재조치를 규정하기도 한다. 둘째, 무엇보다 지구환경파괴의 심각성이 환경 – 통상연계규범 제정 논의의 주요 배경이다. 지구환경 위기는 21세기 인류가 직면할 최대 위협이라는 공감대가 형성되었고 환경보호를 위해서는 국제협력이 필수적이므로 국제규범제정이 필요하다고 보는 것이다. 셋째, 환경보호를 위한 무역규제가 새로운 비관세장벽으로 남용될 가능성이 있다. 특히 선진국들은 자국기업의 경쟁력 제고를 위해 국내법을 통해 자국의 엄격한 환경기준을 위반한 타국의 제품에 일방적으로 무역규제를 강화하려는 경향이 대두되고 있다.

---

1) 최승환(2006), 국제경제법, 665–734면.
2) 최승환(2006), 665–666면.

Ⅲ WTO체제에서의 논의

WTO체제에서 환경 – 통상연계문제는 WTO 산하 무역환경위원회(CTE)를 중심으로 논의되고 있다. 환경목적의 무역조치와 다자간무역체제 규정과의 관계, 무역에 영향을 미치는 환경정책과 다자간무역체제와의 관계, 다자간무역체제와 환경목적의 부과금과 세금 등 환경 관련 요건과의 관계 등 10개의 의제로 구분하여 논의하였다. 2001년 11월 도하 각료회의에서는 환경분야에 관한 DDA협상의제로 3개 협상의제(WTO규범과 국제환경협약상의 특정무역의무 간의 관계, 환경관련 상품 및 서비스에 대한 관세 및 비관세장벽의 감축 또는 철폐)와 3개 검토의제(지적재산권협정과 환경 간의 관련성, 환경 목적의 라벨링 요건 등)를 채택하였다.

제2절 환경보호를 위한 통상규제의 유형

Ⅰ 규제적 통상규제와 경제적 통상규제

전자는 환경오염 유발 제품에 대하여 직접 취해지는 규제적 성격의 통상규제수단이고, 후자는 환경오염행위를 규제하거나 환경보호행위를 권장하기 위해 간접적으로 취해지는 경제적 성격의 규제수단을 의미한다. 환경오염을 유발하는 제품 또는 성분의 사용규제나 수출입 제한이 전자의 예이고, 환경상계관세나 부과금 등이 후자의 예이다.

Ⅱ 제품에 대한 통상규제와 PPMs에 대한 통상규제

제품에 대한 통상규제란 환경피해 및 오염을 유발하는 특정 제품의 사용을 규제하는 것 등을 의미한다. 공정 및 생산 방법(Process and production methods: PPMs)은 '환경영향의 제품 이전' 여부를 중심으로 '제품의 특성과 관련된 PPMs'와 '제품의 특성과 관련이 없는 PPMs'로 구분한다. '제품의 특성과 관련된 PPMs'는 PPMs에 의해 발생된 환경영향이 제품 자체에 이전되는 것으로, 과도한 농약을 사용한 농산물의 경우처럼 생산과정에서 제품의 특성을 변화시켜 그것이 소비될 때 환경피해를 유발하게 된다. WTO TBT협정과 SPS협정은 제품의 특성과 관련한 PPMs에 대한 통상규제를 인정하고 있다. '제품의 특성과 관련이 없는 PPMs'는 반도체의 세정제로서 CFC를 사용하거나 유자망을 사용하여 조업을 하는 경우 등과 같이 환경영향이 제품 자체에는 이전되지 않으나, 제조과정에서 환경유해물질을 사용하여 지구환경을 오염시키거나 부적절한 보존조치로 인해 이동성 야생동물 및 공유생물자원을 고갈시켜 지구생태계를 파괴할 수 있다. 조약상 근거가 없는 한 '제품의 특성과 관련이 없는 PPMs'에 대하여 통상규제조치를 취하는 것은 국제적으로 논란이 많다.

1. 문제의 소재

GATT1994는 회원국들에게 최혜국대우, 및 내국민대우의 준수를 요구하고 있으나, 이러한 의무는 비교되는 상품이 동종상품이거나, 직접경쟁 또는 대체가능상품인 경우에만 적용된다. 이러한 GATT의 일반적 비차별 원칙은 최종상품(Final products) 자체의 '동종성'(Likeness) 여부를 기준으로 비차별적으로 적용되어야 할 것을 요구한다. 그러나 최근들어 특정 상품이 인간이나 동물 또는 식물의 생명이나 건강 또는 환경에 위해를 끼치는 방법으로 제조 및 생산되는 경우 최종상품(Final products)이 아닌, 그러한 '공정 및 생산 방법'(Process and Product Methods: PPMs)에 근거하여 상품을 차별적으로 대우하거나 취급하는 것이 허용될 수 있는지 문제되고 있다. 최종상품의 물리적 속성 등과는 직접적인 관련이 없지만 건강이나 환경에 위해를 끼치는 PPMs의 차이가 상품의 '동종성' 여부를 판단하는 요소로 인정되는 경우 문제의 상품에 대해 취해진 건강 또는 환경보호 관련 통상규제조치의 차별성 여부 자체, 즉 비차별의무의 위반 여부는 문제되지 않을 것이다. 반대로 그러한 PPMs 차이를 상품의 동종성 여부를 판단하는 데 아무런 영향을 미치지 못하는 요소로 본다면 최종적으로 문제의 차별적인 통상규제조치가 과연 제20조 예외 규정에 의해 정당화 될 수 있는지 여부가 결정되어야 할 것이다.

2. PPMs의 개념 및 유형

(1) PPMs의 개념

일반적으로 건강 또는 환경보호를 위해 취해지는 통상규제조치는 그 대상에 따라 최종상품 자체에 대한 규제와 상품의 PPMs에 대한 규제로 분류할 수 있다. 상품에 대한 통상규제조치는 상품 자체에 내재해 있는 건강, 안전, 환경에 대한 위해요소가 건강이나 환경 등에 피해 및 오염을 유발하기 때문에 당해 상품의 수입이나 사용을 규제하거나 별도로 관세 또는 내국세조치를 적용하는 것을 말한다. 이에 대해 특정 상품이 건강, 안전, 천연자원의 보존 등에 해를 끼치는 공정이나 방법으로 제조 또는 생산된 경우 그러한 '공정 및 생산 방법'을 이유로 당해 상품을 규제하는 것을 '공정 및 생산 방법'에 대한 규제라고 한다. 일반적으로 '공정 및 생산 방법'이란 원료의 채취로부터 완제품이 생산되어 출하될 때까지의 모든 생산과정을 말한다.

(2) PPMs의 유형

① 상품 관련 PPMs: PPMs에 대한 법적 분석은 흔히 '상품 관련(또는 상품의 특성과 관련이 있는) 공정 및 생산 방법'과 '상품 무관련(또는 상품의 특성과 관련이 없는) 공정 및 생산 방법'의 두 범주로 크게 나뉘어서 행해지고 있다. '상품 관련 공정 및 생산 방법'이란 상품을 제조 또는 생산하는 공정이나 방법 또는 과정이 상품의 특성이나 성질에 직접적으로 관련이 있는 경우를 말한다. 즉, 상품의 공정 및 생산 방법이 건강이나 환경에 대해 미치는 영향이 최종적으로 제조 또는 생산이 완료된 상품 자체에 이전됨으로써 상품 자체를 통해 또는 상품을 사용할 때 건강이나 환경에 대해 피해를 유발하는 경우를 말한다. 예컨대, 농작물에 과도한 농약을 사용하여 당해 농작물을 가공하여 만든 식품에 그 잔류물이 존재하는 경우, 성장촉진 호르몬을 섭취한 가축의 육류에 그 호르몬 성분이 잔류하는 경우, 또는 비위생적인 도살장 환경에서 도축된 가축의 육류가 질병을 야기시키는 병균에 오염된 경우 등이 이에 해당한다.

② 상품 무관련 PPMs: 한편, '상품 무관련 공정 및 생산 방법'은 건강이나 환경에 대한 위해성이 최종상품 자체에는 이전, 잔류 또는 함유되지 않지만 당해 상품의 제조 또는 생산과정에서 건강이나 환경에 피해를 야기하는 유해물질을 사용하여 지구환경을 오염시키거나 부적절한 보존조치로 인해 이동성 야생동물 및 공유 생물자원을 고갈시켜 지구 생태계와 환경을 파괴하는 경우를 말한다. 예컨대, 반도체의 세정제로서 CFC를 사용하여 오존층 파괴물질을 배출하거나 조업행위 시 유자망을 사용하여 멸종위기에 처한 생물자원의 생명이나 건강을 위태롭게 하는 경우가 이에 해당한다.

3. 상품 관련 PPMs에 기초한 상품 구분에 따른 통상규제조치의 합법성

상품 관련 PPMs에 대해서는 TBT협정이나 SPS협정에 따라 WTO 회원국은 적법하게 무역규제조치를 취할 수 있다. 한편, GATT와 관련해서는 상품 관련 PPMs의 경우 상품을 구분하는 기준으로 사용될 수 있다. 환경에 영향을 미치는 위해요소가 최종상품 자체에 이전, 잔류 또는 함유되어 있다면 이는 상품 자체의 특성이나 성질을 결정하는 요소가 될 수 있다. 'EC – Asbestos 사건'에서 항소기구는 GATT1994 제3조 제4항의 동종상품 여부를 판단하는 데 있어서 상품의 특성을 결정짓는 모든 관련 증거를 검토해야 한다고 전제하고, 상품이 인간의 건강에 대하여 미치는 위해성 요소를 관련 증거로서 고려하였다. 요컨대, 상품의 특성과 관련이 있는 PPMs는 상품 자체의 물리적 속성을 결정짓는 중요한 요소이며, 일반적으로 상품의 동종성 여부를 판단하는 과정에서 검토되어야 할 기준이다. 이는 상품 관련 PPMs를 이유로 취해진 건강이나 환경 관련 통상규제조치의 적용이 비차별의무를 위반하였는지가 문제되었을 경우 이는 우선 제1조 및 제3조의 동종상품 결정단계에서 검토되어야 함을 의미한다. 만일 이 단계에서 문제의 상품이 건강이나 환경에 미치는 위험성이 뚜렷하고 명백한 경우에는 거의 대부분 '동종성'이 부인될 가능성이 높고, 동시에 제20조 예외 규정에 따른 조치의 정당화 사유에 해당할 가능성도 높다. 따라서 환경보호를 목적으로 하는 통상규제에서 PPMs가 문제되는 것은 상품의 특성과 관련이 없는 PPMs를 이유로 취해지는 차별적 통상규제조치가 할 수 있다.

4. 상품의 특성과 관련이 없는 PPMs에 기초한 상품 구분과 통상규제조치의 합법성

GATT 패널은 일관되게 상품의 특성과 관련이 없는 PPMs는 상품의 동종성을 결정하는 기준으로 사용될 수 없으며, 최혜국대우 원칙이나 내국민대우 원칙을 위반하는 것으로 판단하였다. 예컨대, 'Tuna·Dolpin I, II 사건'에서 GATT 패널은 돌고래의 생명과 안전에 위해를 끼치는 어망을 사용하여 포획한 멕시코산 참치에 대하여 수입을 금지한 미국의 조치는 '동종상품'을 차별적으로 대우한 것으로서 GATT의 법 원칙에 부합하지 않는 조치라고 결정하였다. 즉, 최종상품으로서 참치 자체에는 전혀 영향을 미치지 않는 방식으로 포획된 참치는 다른 참치제품과 동종상품이며, 참치를 포획한 방법의 차이를 이유로 참치제품을 구별하는 것은 허용되지 않는다는 것이다. 상품의 특성과 무관한 PPMs의 경우 이와 같이 최혜국대우나 내국민대우를 위반하기 때문에 GATT 제20조에 의해 정당화될 수 있는지 여부가 중요하다.

5. WTO 패널·항소기구 판정례

(1) Tuna·Dolpin I 사건

GATT 패널은 내국민대우 원칙은 상품 자체에 적용되는 것임을 명확히 하였다. 또한 돌고래의 생명과 안전을 위협하는 어망 등 포획장비를 사용하여 포획한 참치와 그렇지 않은 방법으로 포획한 참치는 '동종상품'이며, 돌고래의 생명과 안전을 위협하는 방법으로 포획된 참치의 수입을 규제하는 미국의 조치는 상품으로서의 참치 자체가 아닌 PPMs를 규제하는 것으로 보았으며, 이는 GATT에서 허용되지 않는다고 하였다.

(2) US-Gasoline 사건

미국이 오로지 생산업자의 차이에 기초하여 외국산 가솔린과 국내산 가솔린에 대하여 차별적인 요건을 부과한 것이 문제된 사건이다. 동 사건에서 미국의 조치는 상품 자체가 아니라 '생산업자'의 특성에 근거하여 달리 적용된 것으로 인정되었으며, 이는 내국민대우 원칙에 위반된다는 것이 WTO 패널의 입장이었다. 그러나 패널은 GATT 제20조에 의한 정당화 여부를 검토할 수는 있다고 인정함으로써 PPMs에 기초하여 통상규제조치를 취한 경우 이는 최종적으로 건강이나 환경보호 목적의 정당한 차별조치로서 예외적으로 허용될 수 있다는 사실을 시사하고 있다.

(3) Shrimp·Turtle I 사건

WTO 패널은 GATT1994 제3조는 상품의 수입국 또는 원산지국가의 정책이나 관행에 대한 비교가 아니라 상품 자체에 대한 비교를 통해 적용되어야 한다는 점을 강조하면서, 상품 자체가 본질적으로 유사한 성질을 가지고 있는 경우에는 생산 또는 수확 방법에 관계없이 동종상품으로 간주된다고 하였다. 그러므로 새우를 포획하는 과정에서 얼마나 많은 바다거북이 희생되었는지 여부와는 관계없이 새우는 모두 동일한 상품이며 새우를 포획하는 데 사용된 기술 또는 방법에 기초하여 새우를 차별적으로 대우한 것은 내국민대우 원칙을 위반한 것이라고 결정하였다. 또한 패널은 미국의 수입금지조치는 GATT 제20조에 의해서도 정당화 될 수 없다고 하였다. 그 이유로서 특히, GATT 제20조는 상품 자체가 아니라 외국정부가 특정의 보존정책을 채택하고 있느냐의 여부에 따라 달리 적용되는 통상규제조치에 대해서는 적용될 수 없기 때문이라는 점을 분명히 하였다. 다만, 항소기구는 당해 사건에서 문제가 되었던 PPMs는 GATT1994 규정의 적용범위를 초과한다고 판단한 패널의 결정을 배척하고, 문제의 차별적 조치가 정당화되지 않은 이유는 동 조 제(g)호 규정에 따른 예외 사유에 해당하지 않아서가 아니라, 그 적용 방식이 동 조 두문(chapeau)에 합치하지 않기 때문이라고 함으로써 상품의 PPMs를 이유로 행해지는 차별적 통상규제조치가 제20조의 개별적 예외 규정에 따라 허용될 가능성을 열어주고 있다. 즉, 항소기구는 PPMs가 반드시 GATT1994 제20조의 예외 규정의 범위 밖에 있는 것이 아니라는 점을 명확히 한 것이다.

(4) 'Shrimp·Turtle II 사건'

동 사건에서 항소기구는 'Shrimp·Turtel I 사건'과 마찬가지로 타국의 국내적 정책을 조건으로 하는 통상규제조치 및 일방주의적 조건부 수입제한조치에 대하여 GATT1994 제20조에 따라 정당성이 인정될 가능성이 있다고 하였다. 동 사건의 특징은 PPMs를 이유로 상품을 차별대우하는 것이 정당화될 수 있느냐의 문제를 넘어, 수출국의 환경보호 정책의 차이에 근거하여 상품을 차별대우할 수 있느냐의 문제까지 확대하여 다루어지고 있다는 점이다. 이는 전통적인 개념의 PPMs뿐만 아니라 당사국이 시행하는 건강이나 환경보호 목적의 국내적 조치나 정책을 근거로 적용되는 차별적인 조치도 제20조 예외규정에 의해 정당화 될 수 있음을 시사하는 것이다. 항소기구는 제20조 예외규정은 상품이 생산되는 방법에 따라 시장접근을 제한하는 조치를 정당화하기 위하여 필요한 조항이라기보다는 오히려 상품의 원산지국가에서 채택하고 있는 정책의 종류에 따라 시장접근을 제한하는 조치를 정당화하기 위하여 더욱 필요한 것으로 볼 수 있다는 점을 강조하였다.

6. 결론

상품의 성질과 관련이 있는 PPMs에 대해서는 SPS협정이나 TBT협정이 적용된다. GATT와 관련해서는 이것이 동종상품을 판단하는 결정기준으로 인정되어 같은 상품이 아니라고 판정되면 GATT 제1조나 제3조상의 비차별의무 위반 문제가 발생하지 않는다. 그러나, 상품의 성질과 관련이 없는 PPMs 경우 GATT·WTO 패널 및 항소기구는 이를 상품을 구별하는 기준으로 인정하지 않고 있다. 다만, 최근 판례에서는 GATT 제20조의 일반적 예외가 적용될 수 있으며, 본문과 전문의 요건을 충족시키는 경우 상품의 특성과 관련이 없는 PPMs에 기초한 통상규제조치도 정당화 될 수 있다는 입장이 제시되고 있다.

---

3) 심영규, 상품의 '공정 및 생산 방법'(PPMs)과 차별적 통상규제조치에 관한 고찰, 국제경제법연구 제6권.

Ⅲ 관할 내적 통상규제와 관할 외적 통상규제

관할 내적 통상규제는 자국관할권 내에 있는 환경을 보호하기 위한 조치인데 비해 관할 외적 통상규제는 자국 관할권 밖의 역외적 환경을 보호하기 위한 조치이다. 1991년 '참치수입 규제 사건'에서 미국은 자국의 관할권 밖에 있는 동태평양 열대수역 내에서 포획된 참치에 대한 수입을 규제하였다.

Ⅳ 다자적 통상규제와 일방적 통상규제

관련 조약의 존재 여부에 따른 구분이다. 다자적 통상규제라 하더라도 실효성 확보를 위해 비당사국에 대해 통상규제조치를 취하는 경우 조약의 제3자효 또는 WTO협정과의 상충으로 분쟁이 발생할 수 있다. 일방적 통상규제는 관련 조약없이 국내법에 근거하여 규제조치를 취하는 것인데 자국의 엄격한 환경기준을 타국이 채택하도록 압력을 가하거나 환경기준 차이로 인한 불공정한 경쟁행위를 방지할 목적으로 취해진다.

제3절 환경보호를 위한 통상규제의 국제법적 근거

Ⅰ WTO협정

1. 1994년 GATT

WTO체제에서 환경보호를 위한 통상규제는 일반적으로 1994GATT 제20조 제(b)호 및 제(g)호에 근거한다. 제(b)호는 인간이나 동식물의 생명 또는 건강을 보호하기 위해 필요한 조치를 인정하고 있으며, 제(g)호는 유한천연자원의 보존에 관한 조치로서 동 조치가 국내생산 또는 소비에 대한 제한과 관련하여 실시되는 경우 동 조치를 취하는 것을 인정하고 있다. 다만, 제20조 전문을 준수해야 한다. 전문에 따르면, 그러한 조치를 동일한 조건하에 있는 국가 간에 자의적이거나 부당한 차별의 수단 또는 국제무역에 대한 위장된 제한을 가하는 방법으로 적용하지 않을 것을 조건으로 한다.

2. 기술무역장벽협정

기술규정과 표준 및 적합판정 절차는 국제무역에 불필요한 장애를 초래할 목적으로 제정하거나 적용하지 못하나, '국가안보상 요건, 기만적 관행의 방지, 인간의 건강이나 안전, 동식물의 생명이나 건강 또는 환경의 보호' 등과 같은 정당한 목적을 달성하는 데 필요한 경우에는 통상규제가 예외적으로 인정된다. 다만 예외적인 통상규제가 허용되는 경우에도 정당한 목적을 달성하는 데 필요한 것 이상으로 무역 제한적이어서는 안 된다(제2.2조, 제5.1조, 제5.4조).

3. 위생 및 검역협정

인간이나 동식물의 생명 또는 건강을 보호하는 데 필요한 위생 및 검역조치를 취할 수 있는 권리를 회원국에 부여하고 있으며, 동 협정상의 위생 및 검역조치는 최종제품과 PPMs에 모두 적용된다. 위생 및 검역조치는 필요한 범위 내에서만 적용되어야 하며 과학적 원칙과 충분한 과학적 증거에 입각해야 한다.

4. 농업협정

보조금과 관련하여 감축대상에서 제외되는 보조금으로 환경계획과 관련된 연구나 위생과 안전 등을 위한 검사에 대한 정부의 일반서비스, 명백하게 정의된 정부의 환경계획 또는 보존계획에 따른 지불이 포함되어 있다.

5. 보조금 및 상계조치협정

기업에 대한 보다 많은 제약과 재정부담을 초래하는 법 또는 규정에 의하여 부과된 새로운 환경 요건에 기존 시설의 적응을 촉진하기 위한 지원인 환경보조금은 상계조치의 대상이 되지 않는 '허용보조금'에 속한다. 요건은 첫째, 일회적 비반복적 조치, 둘째, 기업이 전적으로 부담해야 할 운영비용의 보존이 아닐 것, 셋째, 적응비용의 20% 이내일 것, 넷째, 기업의 오염감축계획에 연동될 것, 다섯째, 새로운 설비나 생산공정을 채택할 수 있는 모든 기업이 이용 가능해야 할 것 등이다(제8.2조(c)).

6. 무역 관련 지적재산권협정

동 협정은 환경보호와 관련한 발명에 대해 특허대상에서 제외하는 것을 허용하고 있다. '인간, 동식물의 생명이나 건강보호 또는 심각한 환경피해를 방지하기 위하여 필요한 발명'을 특허대상에서 제외하거나 회원국 영역 내에서 영업적인 이용을 금지할 수 있다(제27조 제2항).

7. 서비스무역 일반협정

인간이나 동식물의 생명 또는 건강을 보호하기 위해 필요한 통상규제조치는 '유사한 조건'에 있는 국가 간에 자의적이며 부당한 차별의 수단 또는 서비스무역에 대한 위장된 제한을 가하는 방법으로 적용되지 않는 한 예외적으로 허용된다(제14조(b)).

Ⅱ 국제환경협약

1. 비엔나협약과 몬트리올의정서

오존층을 파괴하는 CFC 등의 소비와 생산을 규제하기 위한 조약체계이다. 몬트리올의정서는 규제물질, 규제물질을 포함한 제품, 규제물질을 사용하여 생산한 제품을 당사국이 비당사국에 수출입하는 것을 단계적으로 금지한다. 당사국의 비당사국에 대한 규제물질의 생산기술 등의 수출도 억제하고 있다. 다만, 당사국 간 규제물질 교역은 허용된다.

2. 바젤협약

바젤협약은 유해폐기물의 국가 간 이동으로 발생할 수 있는 인간의 건강 및 환경에 대한 피해를 방지할 목적으로 유해폐기물의 수출입을 규제한다. 해당 유해폐기물(산업폐기물, 중금속, 생활폐기물 등)에 대한 비당사국과의 수출입을 금지할 뿐 아니라, 당사국 간의 수출입도 엄격히 통제하고 있다.

3. CITES협약

'멸종 위기에 처해있는 야생동식물의 국제무역에 관한 협약'은 멸종 위기에 처해 있거나, 무역이 규제되지 않을 경우 멸종될 위험이 있는 야생동식물을 보호하기 위한 조약이다. 규제대상이 되는 동식물을 세 유형(멸종 위기에 처해 있는 것, 무역이 규제되지 않으면 장래 멸종될 위험이 있는 것, 개별 국가의 판단에 맡겨져 있는 것)으로 구분하여 규제 정도를 달리하고 있다. 멸종 위기에 처해 있는 동식물의 경우 무역이 엄격히 규제되고, 예외적인 경우 비상업적 목적을 위해서만 거래될 수 있다.

4. 생명공학안전의정서

(1) 의의

2001년 1월 29일 '생물다양성협약'(CBD) 특별당사국총회에서 채택되었으며 CBD의 부속의정서로서 유전자변형생물체(LMOs)[4]의 국가 간 이동을 규제하는 최초 국제협약이다. 동 협약은 '사전주의 원칙'(precautionary principle)에 기초하여 LMOs의 안정한 이동, 취급 및 사용에 있어서 생물다양성의 보전 및 지속가능한 이용에 부정적 영향을 미칠 가능성과 인체건강에 대한 위해를 고려하고, 특히 국가 간 이동에 초점을 두어 적절한 보호수준을 보장하는 데 기여하는 것을 목적으로 한다(제1조).

(2) 규제대상

동 의정서는 생물다양성의 보존과 지속가능한 사용에 악영향을 미칠 수 있는 LMOs의 국가 간 이동, 경유, 취급, 사용에 적용된다(제4.1조). 유전자 변형 생물체를 세 유형(환경방출용[5] 및 기타 LMOs, 식용·사료용·가공용 LMOs[6](LMOs-FFPs), 밀폐사용 LMOs[7])으로 구분하여 수입을 규제한다.

(3) 통상규제

세 범주에 따라 상이한 내용으로 규정된다. 첫째, 환경방출용 LMOs의 의도적인 국가 이동 시에는 수입국의 사전승인을 요하는 '사전통보동의'(Advanced Informed Agreement: AIA) 절차가 적용된다(제7조). 즉, 수출국은 최소한 부속서 1에 명기된 정보를 수입국의 책임기관에 서면으로 통고하거나 수출업자에게 서면으로 통고하도록 요구하여야 하고(제8.1조), 수입국은 통고 접수 후 90일 이내에 통고자에게 서면으로 통고접수 사실을 알려주어야 한다(제9조). 또한 수입자는 통고접수 후 270일 이내에 수입승인 여부를 생명공학안전정보센터(BCH) 또는 수출국의 통고자에게 통보해야 한다(제10.3조). 취급, 운송, 포장 시에도 철저한 안전조치가 취해져야 하며, LMOs임을 명기하고 동반서류에 관련 정보를 포함해야 한다(제8조). 둘째, LMOs-FFPs의 경우 수입국은 국내법 체제를 통해 AIA에 준하는 절차의 적용을 요구할 수 있다. 이 경우에도 취급, 포장, 운송시 환경에 방출되지 않도록 안전조치가 취해져야 하며 선적 서류 등에 '유전자변형생물체 포함가능성'이 명기되어야 한다. 셋째, 밀폐사용 LMOs의 경우 국가 간 이동시 AIA 절차가 면제되나(제6.2조), 안전조치 및 LMOs임이 명기되어야 한다(제18.2조).

---

4) LMOs(Living Modified Organisms)라는 용어는 GMOs(Genetically Modified Organisms)보다 다소 넓은 의미를 내포하고 있으나 일반적으로 동일한 의미를 갖는 용어로 혼용된다. LMOs는 현대 생명공학의 이용으로 획득된 유전자물질의 새로운 조합을 갖고 있는 모든 생물체를 말한다.

5) 환경방출용 LMOs는 수입국의 환경에 직접 방출되어 생태계에 직접적인 위해를 초래할 수 있는 LMOs로서 주로 파종용 종자, 미생물농약, 환경오염물질처리용 미생물 등이 해당된다.

6) LMOs-FFPs는 유전자재조합기술로 제조되거나 가공된 콩, 옥수수, 감자, 토마토, 면화 등 국제무역의 대부분을 차지하는 유전자변형식품 및 곡물을 의미한다.

7) 밀폐사용 LMOs는 연구 목적으로 밀폐된 공간에서 사용되어 환경방출 위험성이 적은 LMOs를 지칭한다.

제4절 환경보호를 위한 통상규제의 국제법적 문제

I 환경상계관세 및 환경보조금의 인정 문제

1. 환경상계관세

높은 환경기준을 부과하고 있는 국가의 기업은 가격경쟁에서 상대적으로 불리하므로 환경기준의 차이로 인한 가격차를 '환경덤핑 또는 생태적 덤핑'으로 보고 상계관세를 부과하자는 주장이다. 그러나 환경비용이 총비용에서 차지하는 비중이 낮고, 환경비용의 객관적 산출이 불가능할 뿐 아니라, 적절한 환경정책을 채택할 수 있는 국가주권원칙에도 반하므로 WTO체제에서 수용되기 어렵다.

2. 환경보조금

환경오염방지를 위한 기술 및 시설의 지원금으로서 지출되는 보조금은 경쟁력을 왜곡시키지 않고 수입국의 국내산업에 피해를 주지 않는 한 WTO 보조금협정에 위배되지 않는다.

II 사전주의 원칙의 적용문제

사전주의 원칙이란 '과학적 불확실성'이 존재하는 경우 규제조치를 정당화 하는 원칙이다. 동 원칙은 '심각하거나 또는 회복할 수 없는 피해'의 '우려'가 있는 경우 완전한 과학적 확실성의 결여는 환경피해를 방지하기 위한 조치를 연기하는 사유가 되어서는 아니 된다는 것을 의미한다. 리오선언, UN기후변화협약, 생물다양성협약, 생명공학안전의정서, WTO SPS협정 제5조 제7항에 규정되어 있다. 동 원칙과 관련하여 특히 GMO 제품에 대한 의무표시제가 WTO법상 합치되는지 논란이 있으나 인체건강과 환경보호를 위한 의무표시제는 사전주의원칙에 근거한 최소한의 예방적 규제조치로서 합법이라 본다. 사전주의 원칙의 법적 지위는 불확실하나 자유무역에 따른 환경피해를 방지하기 위해서는 필수적으로 고려되어야 할 것이다.

III 공정 및 생산과정에서 야기된 환경오염에 대한 통상규제의 합법성 문제

1. 서설

일반적으로 환경보호를 위한 통상규제는 최종제품(final products) 그 자체의 환경피해가능성 여부를 기준으로 취해진다. 그런데 만약 특정 제품을 생산하는 공정이 환경오염을 유발하는 경우 이를 이유로 무역규제조치를 취할 수 있는가? 특히 생산공정이 수입국이나 지구환경에 피해를 야기하는 경우 문제된다.

2. GATT · WTO 입장

1991년 '참치수입 규제 사건'에서 GATT 패널은 동종제품 판정 시 제품의 생산과정이나 생산방법을 기준으로 삼을 수 없다고 보았다. 즉, 참치포획과정에서 돌고래를 보호하지 못한다고 해도 이는 참치의 동종제품성을 결정하는 데 하등 영향을 주지 않으므로 미국은 멕시코산 참치와 미국산 참치를 동등하게 대우해야 한다고 판시하였다.

3. 학설 · 관행

S.Charnovitz는 공해물질과 위해물질을 배출하는 역외의 PPMs으로 수입국가가 환경피해를 받거나 지구환경에 피해가 발생할 경우에는 GATT 제20조상의 요건을 충족하는 한 동 PPMs에 따라 제조된 제품에 대한 통상규제는 환경피해에 대한 대항조치로서 GATT 규정상 허용된다고 본다. 한편, 미국은 제품의 특성과 무관한 PPMs에 대해서도 환경보호를 이유로 한 통상규제조치를 허용하는 국제법 제정을 주장하고 있다.

4. PPMs의 차이를 이유로 한 통상규제의 문제점[8]

첫째, PPMs 차이를 이유로 한 통상규제는 제품에 대해서만 적용되는 GATT 규정에 반하며, 타국의 환경정책에 대한 불법적 간섭이다. 둘째, 제품 자체와 제품의 PPMs 간 구별이 항상 명확한 것은 아니며, 특정 생산방법의 환경피해 여부에 대한 객관적 평가가 쉽지 않다. 셋째, PPMs의 차이가 선진국에 의해 일방적으로 불공정무역으로 간주되어 통상규제의 대상이 될 경우, 이는 생산과 관련된 기타 분야에도 파급되어 남용될 위험이 있다.

Ⅳ 국제환경협약과 WTO협정의 충돌 문제

1. 법적 쟁점

국제환경협약은 협약의 실효성 확보를 위해 협약 당사국 또는 비당사국으로부터 수입을 제한하는 규정을 두는 경우가 있기 때문에 수량제한금지를 일반 원칙으로 하여 자유무역을 중시하는 WTO협정과 충돌할 수 있다. 이와 관련해서는 환경관련다자협약과 WTO협정의 적용 순위, WTO협정 적용 시 요건, WTO협정상 환경보호를 위한 통상규제의 확대 방안 등이 쟁점이 되고 있다.

2. 국제환경협약 당사국 간 통상규제의 합법성

첫째, 분쟁당사국 중 최소한 일방 또는 쌍방이 WTO 비회원국이면, 모두 가입하고 있는 국제환경협약이 적용된다. 둘째, 분쟁당사국이 모두 WTO 회원국이면 신법우선의 원칙에 따른다. WTO협정이 신법이면 WTO협정이 적용되어 WTO협정상 요건을 충족해야 한다. 단, 환경협약과 WTO협정이 '동일한 주제'(same subject)를 다루는 것으로 전제한 경우에 그러하다. GATT · WTO협정상 '통상규제조항'과 국제환경협약상 '통상규제조항'은 '통상규제'라는 관점에서 동일한 주제를 내용으로 하고 있다고 볼 수 있으므로 양자 간 충돌 시 신법우선원칙이나 특별법우선의 원칙이 적용될 수 있다.[9]

3. 국제환경협약 비당사국에 대한 통상규제의 합법성

첫째, 국제환경협약의 비당사국과 규제국가의 '일방이 WTO 비회원국인 경우' 양 국가를 규제할 수 있는 조약은 없다. 따라서 비차별 원칙, 국내 문제 불간섭의무와 같은 국제법의 일반 원칙이 적용될 수 있다. 둘째, 관련국이 모두 WTO 회원국이라면 WTO협정에 따라 규제조치의 위법 여부가 판단될 수 있다.

---

8) 최승환(2006), 724면.
9) 최승환(2006), 727면.

4. 조약충돌의 해결 방법

(1) 의무면제

환경협약상의 의무 이행을 위해 특정 당사국이 WTO협정상의 의무를 사후적으로 이탈하는 방법이다. WTO설립협정 제9조 제3항은 절차적 요건으로 회원국 3/4 이상의 동의를 요하고 있다.

(2) 유보조항의 신설

환경관련협약에서 동 협약의 WTO 및 타 국제협정의 규범력을 축소시키지 않음을 규정하는 방식이다. 예컨대 '생명공학안전의정서'는 전문에서 '본 의정서는 기존 국제협정상의 당사국의 권리와 의무에 변화를 초래하는 것으로 해석되지 않는다'는 '유보조항'(Savings clause)을 규정하고 있다. GMOs가 생물다양성에 심각한 피해나 위협을 초래한다는 이유로 통상규제조치를 취할 경우 WTO협정에 우선하여 생명공학안전의정서를 적용할 수 있는지 문제된다. 이에 대해 특별법 우선의 원칙에 따라 특정 제품(GMOs)의 통상을 제한하는 동 의정서가 우선 적용되어야 한다는 견해도 있으나(G.Gaston and R.Abate), 자유무역을 보다 중시하는 WTO패널에서는 WTO협정상의 권리와 의무를 우선시할 것으로 보인다.[10]

(3) 특정 협정 면제: NAFTA 방식

특정 협정 면제(Agreement-specific exemptions)란 WTO협정에 우선적으로 적용되는 국제환경협약을 구체적으로 열거하는 방식이다. 예컨대, NAFTA는 '몬트리올의정서', '바젤협약' 등 부속서에 열거된 환경협약들이 NAFTA와 충돌하는 경우, 국제환경협약이 우선적으로 적용되도록 규정하고 있다(제104.1조). 우선 적용되는 환경협약의 범위에 대한 합의도출이 어렵다는 한계가 있다.

(4) GATT 제20조의 개정

EU는 국제환경협약에 따라 취해진 통상규제조치는 1994GATT 제20조상의 필요성 요건을 충족하나, 제20조 전문(chapeau)에 부합되어야 한다는 취지의 조항을 제20조에 추가하자고 제안하였다. 그러나 실제 사례에서 보듯이 본문보다 전문의 요건 충족이 더 어렵기 때문에 전문개정이 환경목적달성을 위해서는 보다 바람직하나 역시 합의도출이 문제다.

(5) 환경 - 통상연계에 관한 새로운 WTO협정의 채택

협정개정보다 절차적으로 간단하고 국제환경협약에만 적용되는 명료한 규칙을 제정할 수 있는 장점이 있으나, 통상규제조치의 범위와 정도를 둘러싼 선진국과 개도국의 이해대립을 고려해 볼 때 현실적으로 어려움이 예상된다.

> **참고 기후변화협약과 환경세의 국경 조정 문제**
>
> **1. 문제의 소재**
>
> 교토의정서가 2005년 2월 16일에 발효하였다. 이에 따라 기후변화협약 부속서 1 당사국은 2008년부터 2012년까지 이산화탄소 배출량을 1990년도 대비 약 5.4% 의무적으로 감축해야 한다. 감축 수단의 하나로서 환경세(탄소세) 부과를 고려할 수 있다. 그러나 높은 세율의 환경세 부과는 국제경쟁력을 손상시키기 때문에 수출과 수입에 대해 국경세 조정을 할 수 있으나 국경세 조정은 수입상품을 차별하는 등 국내상품에 대한 수입상품의 경쟁 조건을 왜곡할 수 있으며 국제무역에 장애를 초래하여 공정하고 자유로운 국제무역질서를 왜곡할 수 있다.

---

10) 최승환(2006), 730면.

2. 환경세의 의의

환경세란 환경보호를 목적으로 상품 또는 상품의 생산행위에 부과되는 조세를 말한다. 환경세에는 탄소세, 에너지세 등이 있다. 탄소세란 에너지원별로 함유하고 있는 탄소량에 비례하여 부과되는 일종의 물품세를 말한다. 탄소세는 에너지가격 및 최종상품가격에 전가됨으로써 화석연료의 소비를 감소시키고 대표적 온실가스인 이산화탄소의 배출을 억제하게 된다. 한편, 에너지세는 에너지함량당 일정액이 부과되는 조세로서 에너지가격의 인상을 통하여 전반적인 에너지 소비를 감소시키는 기능을 할 수 있다.

3. 환경세의 국경 조정

(1) 취지

생산단계에서 에너지 사용량에 따라 과세할 경우 국제경쟁력이 상실되므로 이에 대해 에너지다소비산업에 대해 조세감면을 부여하거나, 수입과 수출에 대해 국경세 조정을 할 수 있다.

(2) 국경세 조정의 개념

서로 다른 국가 영역에 존재하는 상품 생산자들 사이에 과세제도의 차이가 야기하는 경쟁력의 왜곡을 시정하여 동등한 경쟁 여건을 확보하고자 하는 목적으로 동종의 국내상품에 부과하는 조세를 수입상품에 대하여 과세하고, 수출상품에 대하여 내국세를 감면 또는 환급하는 것을 말한다.

4. 국경세 조정의 대상

(1) 소비지과세 원칙과 생산지과세 원칙의 구별

'국경세 조정작업반'에 따르면 국경세 조정이란 '수출국에서 국내소비용으로 판매되는 유사한 국내상품에 부과되는 조세를 감면하고, 수입국에서 유사한 국내상품에 부과되는 조세를 소비자에게 판매되는 수입상품에 부과하는 소비지과세 원칙이 전적으로 또는 부분적으로 적용되는 재정조치'이다. 따라서 소비지과세 원칙(Destination Principle)의 적용을 받는 조세만이 국경세 조정의 대상이 되며 생산지과세 원칙(Origin Principle)이 적용되는 조세는 대상이 아니다.

(2) 간접세와 직접세

직접 또는 간접적으로 상품에 부과되는 조세를 '간접세', 생산자에게 부과되는 조세를 직접세라 한다. 간접세만이 국경세 조정의 대상이 된다. 특정판매세, 물품세, 누적세, 부가가치세 등이 간접세에 해당한다.

5. 수입상품에 대한 국경세 조정

(1) 관련 규정

GATT 제2조 제2항 제(a)호. 수입국이 수입상품에 대하여 국내상품에 부과하는 내국세와 동등한 과징금을 징수할 수 있다. 그러나 제3조 제2항에 합치하는 방법으로 이뤄져야 하므로 동종의 국내상품에 부과하는 내국세를 초과하지 않는 범위에서 그리고 직접경쟁상품에 부과하는 내국세와 유사한 범위 내에서 수입상품에 대하여 과징금을 징수하여 국경세 조정을 할 수 있다.

(2) 투입요소에 대한 국경세 조정

GATT 제2조 제2항 제a호는 제품의 생산에 투입된 요소에 부과하는 내국세에 대해서도 국경세 조정을 허용한다. GATT 제3조 제2항은 '간접적으로' 부과된 내국세에 대해서도 내국민대우 원칙을 규정하고 있으므로 투입요소에 대한 조세도 국경세 조정의 대상으로 보고 있다.

🔖 조문 | 1994GATT 제2조 제2항 제(a)호 – 국경세 조정

본 조의 어떠한 규정도 체약국이 상품의 수입에 있어서 다음의 것을 수시로 부과하는 것을 방해하지 아니한다.

(a) 동종의 국내산품에 관하여 또는 당해수입산품의 전부 또는 일부가 그것으로부터 제조 또는 생산된 물품에 관하여 제3조 제2항의 규정에 합치하여 부과하는 내국세에 상당하는 과징금(a charge equivalent to an internal tax imposed consistently with the provisions of paragraph 2 of Article III in respect of the like domestic product or in respect of an article from which the imported product has been manufactured or produced in whole or in part)

---

6. 수출상품에 대한 국경세 조정

(1) 관련 규정

GATT 제16조 주해는 '국내소비용 동종상품에 부과되는 관세나 조세의 수출상품에 대한 면제 또는 납부액을 초과하지 않는 한도 내의 환급은 보조금으로 간주되지 않는다'고 규정하고 있으며, 보조금협정도 유사한 규정을 두고 있다.

📖 조문 | 부속서 1 주석 및 보충규정 '제16조에 관하여'

국내소비를 위한 동종산품에 부과되는 관세 또는 조세가 수출산품에는 면제되거나 관세 또는 조세가 부과되었을 때 그 금액을 초과하지 않는 한도 내에서 환불을 받는 것은 보조금으로 간주하지 아니한다. (The exemption of an exported product from duties or taxes borne by the like product when destined for domestic consumption, or the remission of such duties or taxes in amounts not in excess of those which have accrued, shall not be deemed to be a subsidy.)

---

(2) 국경세 조정의 범위

WTO 보조금협정은 직접세와 간접세의 구별을 수용하여 직접세나 사회보장 부담금을 수출과 관련하여 완전 또는 부분적으로 면제, 경감, 유예하는 것을 수출보조금으로 본다. 따라서 수출상품에 대한 간접세의 환급 또는 감면만이 정당한 국경세 조정으로 허용된다. 다만, 국내소비용 동종상품의 생산 및 유통에 부과되는 간접세를 초과하여 수출품의 생산 및 유통에 대한 간접세를 환급 또는 감면하는 것은 수출보조금에 해당한다.

7. WTO협정과 국경세 조정

(1) 국경세 조정과 내국민대우 원칙

GATT 제2조 제2항 적용. 동종상품에 대해 국내상품에 대해 부과된 조세나 과징금을 초과하여 수입상품에 부과되는 경우나, 직접경쟁상품에 대하여 유사하지 아니한 조세나 과징금을 부과하고 국내생산 보호목적이 인정되는 경우 내국민대우를 위반한다.

(2) 국경세 조정과 보조금협정

수출상품에 대한 환경세의 국경조정이 국내소비용 동종상품에 부과되는 간접세를 초과하여 이루어지는 경우 수출보조금에 해당하고 WTO 보조금협정을 위반하게 된다. 수출보조금임을 입증하는 경우 제소국은 불리한 교역효과를 초래한다는 사실을 입증할 필요가 없다.

8. 탄소배출세와 국경세 조정

(1) 탄소배출세의 국경세 조정 대상성

탄소배출세는 이산화탄소를 배출하는 생산자에게 부과되고 담세자와 납세자가 동일하므로 직접세이다. 국경세 조정은 간접세만을 대상으로 하므로 직접세인 탄소배출세는 국경세 조정의 대상이 아니다.

(2) 탄소배출세와 보조금협정

간접세만이 국경세 조정의 대상이 되므로 직접세인 탄소배출세를 감면하거나 환급하는 경우 보조금에 해당된다. 특정성을 충족하는 경우 조치가능보조금이 되거나 수출보조금이 되어 상계조치의 대상이 된다.

(3) 탄소배출세와 내국민대우

① 탄소배출세를 환급하는 경우 GATT 제3조와 보조금협정은 병존 관계로서 특정 사안에 모두 적용된다. 탄소배출세가 동종의 국내상품에 대해서만 환급이 되는 경우 내국민대우를 위반할 수 있으나, 탄소배출세의 환급은 제3조 제8항 b호의 예외에 해당할 수 있다. 동 항은 생산자에게 직접 제공되는 보조금을 내국민대우 원칙의 예외로 규정하고 있다. 따라서 정부가 일단 조세를 징수한 이후 재정지출에 의하여 생산자에게 보조금을 지급하는 경우 내국민대우 위반문제는 발생하지 않고, 보조금협정 위반 문제만 발생한다.

② 탄소배출세를 감면하는 경우 탄소배출세 감면은 보조금에 해당하고, 금지보조금이나 조치가능보조금이 될 수 있다. 또한 탄소배출세의 환급과 달리 감면은 GATT 제3조 제8항 제b호의 예외에 해당하지 않는다. 탄소배출세의 감면은 조세 징수 이전에 발생하는 것으로서 정부의 재정지출에 의한 것이 아니므로 내국민대우의 예외에 해당하지 않는다. 따라서 감면의 경우 보조금 협정 위반뿐 아니라 내국민대우 위반도 발생할 수 있다. 이 경우 제3조 제2항의 문제가 아니라 제3조 제4항 위반이 문제된다.

기후변화협약 부속서 1 당사국인 A국과 B국은 교토의정서(Kyoto Protocol)상의 의무를 이행하기 위한 방안의 하나로 이산화탄소(CO_2)의 배출을 감축하기 위해 각각 다음과 같은 조치를 취하였다. 이들 조치의 WTO협정에 대한 합치성을 논하시오(단 A, B, C국은 모두 WTO 회원국이다). (총 40점)

(1) A국은 국내환경보호를 위해 전기로 생산방식과 달리 이산화탄소를 많이 배출하는 고로 생산방식의 국내산 철강에 대해 1톤당 일정액의 부과금을 징수하는 세제를 도입하여 시행하였다. 뿐만 아니라 A국 내의 환경에 부정적 영향을 전혀 미치지 않는 C국산 고로 생산철강에 대해서도 수입 시에 1톤당 동일한 액수의 부과금을 징수하였다. (20점)

(2) B국은 CO_2 배출을 감축하기 위해 모든 산업에 대해 배출되는 CO_2 1m²당 일정액의 탄소배출세를 부과하였다. 그러나 산업의 성격상 CO_2 배출이 많은 철강산업의 특성을 고려하여 철강산업에 대해 이미 징수한 탄소배출세를 생산자에게 직접 환급하였다. 다만 환급액은 이미 징수한 액을 초과하지 않는다. (20점)

제2장 | 전자상거래

제1절 서설

I 논의 배경

1998년 제2차 각료회의에서 '세계전자상거래 선언'의 채택 후 본격 논의되었다. 동 선언은 WTO 일반이사회로 하여금 전자상거래의 무역관련 쟁점들을 검토하기 위한 포괄적인 작업계획을 설정할 것과 회원국들이 전자상거래에 관세부과를 하지 않는 현 관행을 지속할 것을 규정하였다.

II WTO 전자상거래 논의의 핵심

WTO 전자상거래 논의에 있어서 핵심적인 쟁점은 디지털 상품이 GATT 및 상품무역협정의 적용을 받는가 아니면 GATS의 적용을 받는가 하는 점이다. 이는 교역 자유화와 국가의 개입범위를 현격하게 달라지게 하는 쟁점이다.

III 전자상거래의 유형

첫째, 주문은 온라인에서 이루어지지만 전달은 오프라인으로 이루어지는 경우. 이 경우 전달대상의 성격이 상품의 전달이면 GATT가, 서비스의 전달이면 GATS가 적용된다. 둘째, '디지털상품'의 경우로서 과거에는 상품으로 인식되던 대상이 기술의 발달에 따라 디지털화가 가능해져 온라인 주문과 전달이 가능하게 된 경우. 이 문제에 대해서는 규범 적용에 혼란이 있다.

제2절 디지털상품 무역 관련 WTO 논의 동향

I 이사회에서의 논의

1. 상품무역이사회

디지털상품의 분류 문제와 전자적 전송의 특성 문제를 함께 논의하고 있다. 전자적 전송이 서비스, 상품, 또는 그 밖의 다른 제3의 유형으로 고려된다는 결정이 있은 후에야 단지 의미 있는 해결이 가능하다는 입장을 개진하고 지속적으로 논의하기로 하였다.

2. 서비스무역이사회

전자적으로 전달되는 제품이 상품인지 서비스인지 명확한 결론을 내리지는 못하고 있다.

3. 일반이사회

분류의 문제가 WTO 전자상거래 작업계획의 핵심임을 확인하고, 디지털 상품의 분류를 상품이나 서비스 중 하나로서 확정적으로 결정하는 것은 바람직하지 못하다는 의견에 공감한다고 하였다. 관세부과 유예의 연장문제를 제외한 어떤 구체적인 합의도 이끌어 내지 못한 채 논의를 계속하고 있다.

Ⅱ 회원국의 입장

1. GATT의 적용을 지지하는 견해

미국과 일본이 대표적인 GATT 지지국가이다. 우선, 미국은 GATT의 적용이 자유무역에 보다 유리한 결과를 초래한다고 주장한다. 한편, 일본은 자유로운 전자상거래 환경을 위해 '디지털 컨텐츠'에 대한 일반적인 수량제한을 제거하고, 내국민대우 및 최혜국대우와 같은 원칙들을 보호하는 것이 필요하다고 본다. 운반매체를 통해 국경을 넘는 디지털 컨텐츠의 거래는 GATT 원칙의 적용을 받으며, 인터넷을 통하여 전송되는 동일한 디지털 컨텐츠도 GATT 수준에서의 대우, 즉 무조건적인 최혜국대우의 적용, 내국민대우 또는 일반적 수량제한의 금지 등의 원칙들이 부여되는 것이 적절하다는 입장을 표명하였다.

2. GATS의 적용을 지지하는 견해

유럽공동체나 싱가폴 등은 GATS의 적용을 지지한다. 유럽공동체는 전자상거래 전송 유형 중 전자적으로 주문과 전송이 이루어지는 것은 서비스를 구성하는 것이며, GATS의 범위에 속한다고 주장하고 모든 GATS의 조항들과 공급유형이 전자적 전송에 적용될 수 있다고 본다. 한편, 싱가폴은 소프트웨어의 경우 UN 표준상품 분류에서 서비스로 분류되고, 공급자의 입장에서 볼 때 소비자가 디지털 상품을 다운로드하고 저장하는 문제는 중요하지 않기 때문에 GATS가 보다 적절한 적용규범이라고 주장한다.

Ⅲ 소결

디지털상품의 분류 필요성은 기본적으로 GATT와 GATS의 규범차이에서 비롯된다. 즉, 무역자유화를 위한 기본적인 접근 방법의 차이와, 최혜국대우 및 내국민대우 등 주요 WTO 원칙에 대한 접근 방식의 차이가 결과적으로 무역에 중대한 영향을 미치기 때문이다. 또한 디지털상품의 분류 문제는 해당 제품의 관세부과에 영향을 미치며 국가의 재정수입과도 직결된다. 즉, 디지털상품이 GATT의 적용대상인 '상품'으로 분류될 경우 관세부과가 가능해지고 이에 따라 국가의 재정수입에 대한 논의가 가능해 진다. 그러나 디지털 상품이 서비스로 분류되어 GATS의 적용대상이 된다면 관세의 부과는 실질적인 의미가 없게 된다. 미국과 일본은 전자상거래 선진국으로서 기득권을 유지 강화하기 위해 GATT 적용을 주장하는 것이다. 반면, EC를 비롯한 대부분의 국가는 전자상거래 선진국인 미국이나 일본의 활동에 일정한 제한을 부과하고 국내정책에 따라 디지털상품무역에 일정한 제한을 가하기 위해 GATS의 적용을 주장하는 것이다.

I GATT의 적용

첫째, 인터넷 다운로드를 통한 상품과, CD 등과 같은 매개체에 기록된 물리적 대응상품 사이의 '동종성'평가가 가능하다. 양자가 동종상품이라면 인터넷 다운로드를 통해 제공되는 상품도 GATT의 규범과 원칙이 적용된다고 볼 수 있다. 둘째, 세입을 늘리고자 하는 국가나, 디지털상품의 자유무역을 선호하는 국가는 디지털상품이 GATT의 규율을 받기를 원한다.

셋째, 인터넷 다운로드를 통해 제공되는 디지털상품 무역을 '상품'으로 간주하여 무차별적인 최혜국대우와 내국민대우 등 GATT의 주요 원칙들을 적용하는 것이 구체적 약속에 기초한 GATS 규범을 적용하는 것보다 무역자유화를 이루는 데 상대적으로 용이하다.

II GATS의 적용

첫째, 기술중립성. 기술중립성이란 회원국들이 서비스 전달수단에 근거한 차별을 인정하지 않는다는 것을 의미한다. 기술중립성 원칙이 받아들여지지 않는다면, GATS의 주요 원칙을 전자상거래에 적용함에 있어 문제시 될 수 있다. 둘째, 서비스의 속성에 따른 구별이 필요하다. 전자적으로 전송되는 상품을 포함한 모든 무형물 형태의 무역이 서비스로 분류되어야 하는가 하는 질문이 가능하다. 셋째, 인터넷상에서의 디지털상품의 다운로드가 서비스 공급 유형 중 어디에 해당하는지 평가가 필요하다. 전자적으로 전송되는 서비스가 유형 1(국경간공급)에 속하는지, 유형 2(해외소비)에 해당하는지 명확히 해야 한다. 공급유형 구분에 따라 해당상품의 교역 조건과 자유화 정도가 달라질 수 있다. 넷째, 국내정책의 고려. GATS의 적용은 국내의 정책결정에 따라 GATT 보다 상대적으로 엄격한 무역조건을 구성할 수 있다. 문화적 입장에 근거한 EC의 태도나 기술력이 아직 선진국에 미치지 못하는 개도국의 입장에서는 '구체적 약속'을 통한 시장접근으로 대표되는 GATS의 제한적인 무역자유화 방식이 국내 관련 산업정책을 고려할 때 보다 바람직하다.

III 새로운 규범체계의 가능성

GATT나 GATS를 확정적으로 적용하는 것 이외의 규범체계를 몇 가지로 상정해 볼 수 있다. 첫째, 현재 상황을 유지하는 것이다. 즉, 국제규범없이 거래를 지속하는 것이다. 그러나 이 경우 구체적인 분쟁이 발생하는 경우 적용규범이 없으므로 적실성이 없다. 둘째, GATT나 GATS가 아니라 전자상거래와 관련하여 별도의 다자규범을 창설하는 방법이 있다. 그러나 이는 상당한 비용을 요하므로 현실화되기 어려울 것이다. 셋째, 지역협정이나 양자 또는 소수 국가들이 참여하는 협정 등 특별법적 성격을 갖는 국제협정을 통해 해결할 수 있다. 이는 다자규범의 한계를 우회하는 방법으로서 최근 미국과 싱가폴의 자유무역협정이 이에 해당한다.

Ⅳ 소결

법적 통일성 및 일관성의 측면에서 전자적 전송방식에 의한 무역에 적용되는 규범을 결정하는 것은 기본적으로 WTO에서의 다자논의를 통해 이루어져야 할 것이다. 결국 동 사안에 대한 결정은 회원국들의 국내 정책적 판단을 통한 회원국 간의 합의에 의존하게 될 것이며, 따라서 국가의 정책적 판단이 본 사안의 결정에 핵심 역할을 하게 될 것이다. 우리나라의 경우 GATT에 따른 규율이 타당하다. 첫째, GATT는 무역자유화라는 WTO 목적에 보다 적절하다. 둘째, WTO에서 현재 유지하고 있는 전자적 전송에 대한 관세부과의 유예조치는 '관세'의 부과를 예정하고 있다는 점에서 GATT의 대상이 된다. 셋째, 인터넷에서 다운로드 된 소프트웨어와 물리적 대응상품 사이에서 '동종성' 또는 적어도 '직접경쟁성 또는 대체가능성'이 인정되기 때문이다. 넷째, 현재 국내 관련 산업에 대한 정책적 고려에서도 GATT를 적용하는 것이 현재와 가까운 미래에 우리나라의 관련 산업경쟁력이라는 측면에서 보다 유리할 것으로 판단된다.

제4절 결론

현재 대부분의 국가들이 디지털상품을 서비스의 문제로 파악하고 있어 WTO 논의는 당분간 GATS를 중심으로 진행될 것이다. 다만, GATT의 원칙을 어떻게, 어느 수준에서 수용하는가 하는 문제가 추가적으로 논의될 수 있을 것이다. 정책적 견지에서 상품으로 분류되는 것이 유리한지 서비스로 분류되는 것이 유리한지는 국내 관련 산업의 현재 상황 및 향후 예상되는 발전상황까지 고려해서 논의되어야 한다. WTO에서 디지털상품의 논의가 GATS의 영역으로 전개되는 경우 추가적인 협상을 통해 보다 많은 국가에서 본 서비스를 양허하고, 구체적 약속을 통하여 GATT에서 보장하는 것과 유사한 수준으로 시장접근 및 자유화의 정도를 인정받을 수 있도록 정부는 협상력을 보여야 한다. 디지털상품이 GATT의 영역으로 결정되는 경우에는 시장개방에 따른 국내산업의 경쟁력 향상이라는 대내적 측면에서 정부의 노력과 업계의 대응이 수반되어야 할 것이다. 국제적 관점에서 현재 WTO 회원국들이 '전자적 전송'에 관세를 부과하지 않는 관행(moratorium)을 영구화하는 등 새로운 결정이 필요할 것이다.

제3장 투자와 통상

제1절 서론

국제투자는 경쟁적 세계경제질서 하에서 각국의 경쟁력 강화를 위한 주요수단으로 인식되고 있다. 선진국의 관심은 더 높은 수준의 투자 확대와 함께 투자의 보호에 그 초점을 두고 있는 반면, 개도국들은 선진국의 자본과 기술도입이라는 정책목적으로 기존의 투자관계에서 문제 시 되었던 수용이나 투자승인심사상의 규제를 완화 또는 폐지하는 정책을 채택하면서도 여전히 투자자들의 활동을 제한하여 현지국에서의 투자활동에 대한 불안감을 초래하고 있다. 따라서 투자 및 투자자 보호를 위한 제도 마련이 요구되고 있다. 현재의 투자 관련 규범으로 OECD 투자규범, GATS, TRIMs 등이 있으나, 구속력이 없거나, 직접 투자자나 투자보호를 목적으로 하는 규범이 아니어서 실효성이 낮은 것으로 평가되고 있다.

제2절 WTO 투자 관련 규칙

I 연혁

국제투자 이슈는 GATT 논의대상에서 제외되어 왔는데, 이는 당시 국제투자가 세계경제에서 차지하는 비중이 크지 않았고, GATT의 목적과 기능이 국경 간 상품교역을 왜곡하는 행위에 대한 규율에 국한되어 왔기 때문이다. 1986년 푼타델에스테 선언은 무역의 흐름을 제한 또는 왜곡할 수 있는 투자조치의 규제를 규율하기 위한 협상을 개시한다는 내용을 담고 있었다. 그러나 UR협상에 국제투자 문제 자체가 협상대상은 아니었으며, 무역의 자유로운 흐름을 왜곡하는 투자조치만을 일종의 비관세장벽 차원에서 다루었다. UR협상 결과 채택된 WTO협정에서는 TRIMs협정, GATS, 보조금 및 상계조치에 관한 협정, TRIPs협정, 정부조달협정 등에서도 투자 관련 규정을 두고 있다.

II TRIMs협정

1. 주요 규정

TRIMs협정은 상품무역에 제한적 또는 왜곡적 효과를 미치는 투자조치에 대한 규제를 목적으로 하고 있으며, 회원국은 협정에 위배되는 자국의 모든 투자조치를 통고하고, 이를 WTO협정 발효 후 일정 기간 내에 폐지할 것을 의무화 하였다. 회원국은 1994GATT 제3조 및 제11조에 합치하지 아니하는 무역 관련 투자조치를 적용해서는 안 된다. 부속서에 따르면 제3조에 저촉되는 TRIMs는 특정 품목, 특정 물량 등을 정하여 국산품 또는 국내 조달품의 구매나 사용을 강제하는 조치 등이 포함되며, 제11조 제1항에 위배되는 TRIMs에는 국내생산에 필요한 물품의 수입을 일반적으로 제한하거나 수입을 해당 기업의 수출물량이나 금액만큼으로 제한하는 조치 등이 포함된다.

2. 평가

첫째, TRIMs협정에 대해서는 회원국이 TRIMS규정을 위반하였다는 판정이 매우 제한적이어서 TRIMs 무용론이 제기되고 있다. 동 협정에 위반되기 위해서는 우선, 동 조치가 TRIMs이어야 하고, 내국민대우나 수량제한금지규정을 위반해야 하며, 동 조치가 부속서상의 금지된 TRIMs이어야 한다. 둘째, 선진국에서 주장하던 기술이전의무, 외국인 지분참여제한 등의 문제가 동 협정에서 제외되었다. 셋째, 외국인 투자에 대한 인센티브문제도 동 협정에서 직접 다루지 않고 보조금 및 상계관세 협정에서 다루도록 하였다.

Ⅲ GATS

GATS는 '외국서비스 공급자의 상업적 주재'를 서비스 공급의 유형으로 규정하여 서비스 분야에서 외국인 직접투자를 규율하고 있다. 서비스무역 관련 투자의 예로는 한국의 통신서비스회사가 중국에 본사 또는 지사를 설립하는 경우 등을 들 수 있다. GATS의 적용범위에 외국인 직접투자에 의한 서비스가 포함되므로 GATS의 주요 규범이 적용된다. 그러나 GATS는 외국인 투자를 직접 염두에 둔 규범이 아니므로 외국인 투자의 수용 및 보상규범, 송금 문제, 개인 투자자의 소송참여 문제 등에 대한 규범이 미비하다.

Ⅳ SCM협정

동 협정에 의하면, 외국인 투자자에게 수출이행 요건과 이에 대한 대가로 부여되는 투자인센티브 즉, 특혜가 금지되는 효과(금지보조금에 해당함)를 가져와 TRIMs협정에서는 금지되고 있지 않은 TRIMs가 SCM협정에서는 간접적으로 금지된다. 한편, 상품거래에 대한 보조금 조치를 규율하는 보조금 및 상계조치협정을 외국인 투자에 대해서 부여되는 특혜에 대해서도 적용할 것인지 하는 문제에 대해 선진국과 개도국의 논란이 있다.

Ⅴ 평가

첫째, WTO 투자 관련 규범은 현대의 국제경제질서와 투자규제현상에 대해 대응이 미흡하다. 이는 WTO체제가 투자보호와 투자의 증진을 직접적인 목적으로 하지 않고 있기 때문이다.
둘째, WTO 제 규정들은 외국인 투자와 관련한 중요한 규정들이 누락되어 있고, 개별 협정들마다 외국인 투자와 관련하여 적용될 수 있는 규정들이 분산되어 있어 외국인 투자를 규율할 수 있는 기본 원칙이 마련되고 있지 못하다.
셋째, TRIMs협정은 기존 GATT체제에 의해서도 규율 가능한 TRIMs만을 금지하고 있어서 다양한 형태로 존재하는 무역 관련 투자조치를 규율하기에는 역부족이다.
넷째, UR에서의 투자 협상이 상품 분야에 한정된 논의에 그치고 서비스 분야에 대해서는 '상업적 주재'라는 형식을 통해 외국인 직접투자를 규율할 가능성만을 열어 놓고 있을 뿐이어서 서비스 분야에서의 투자 관련 이슈를 해결하기에는 부족하다.

I WTO 출범 이후의 논의

1. 무역투자작업반의 설치

WTO 출범 이후 주요 회원국 간 무역투자작업반 설치에 대해 의견대립이 있었다. 우선, 선진국은 투자 문제가 WTO에서 공식 논의되기를 바랐으나 개도국은 투자 문제는 국내 경제개발정책의 측면에서 다루어져야 하므로 UNCTAD에서 논의되어야 한다고 주장하였다. 한편, 선진국 내부에서도 미국은 WTO 내 작업반 구성에는 동의하나 이는 협상을 전제하지 않는 '교육적' 성격이어야 한다고 주장하였으나, EU, 캐나다, 일본 등은 일단 논의를 시작하되, 궁극적으로 WTO 투자규범의 제정을 전제로 한 논의가 되어야 한다고 주장하였다. 결국, 1996년 싱가폴 각료선언에서 무역투자작업반을 설치하고, 향후 협상 여부를 예단하지 않는다는 기초위에서 논의를 진행하기로 하였다. 또한 UNCTAD에서 진행 중인 작업과 협력하고, 필요 시에는 무역과 경쟁정책 작업과 연계하는 데 합의하였다.

2. WTO 무역투자작업반의 논의 현황

본 작업반에서는 무역과 투자 간의 관계가 개발 및 성장에 미치는 영향, 무역과 투자 간의 경제적 관계 등을 중심으로 논의하고 있다. 개도국들은 동 작업반의 교육적 성격을 강조한 반면 선진국들은 다자간투자규범을 제정하기 위한 장으로 활용하고자 하여 입장 차이를 드러내고 있다. 한국 등 다자규범제정 지지국은 투명성, 안정성, 예측가능성의 증대를 투자규범의 목표로 할 것, 비차별원칙의 채택, 직접투자만을 대상으로 할 것, 투자자유화는 GATS와 같이 점진적 방식을 따를 것, 기존 WTO협정과 조화를 이룰 것 등을 주장하고 있다.

II Doha 각료회의와 투자 분야에 관한 선언

Doha 각료회의에서 투자가 뉴라운드 의제로 채택되지는 못하였다. 다만, 제5차 각료회의(2003년 칸쿤)에서 결정되는 협상 방식에 기초하여 협상을 개시하기로 합의하였다. Doha 각료선언문의 투자 관련 내용을 보면, 첫째, 외국인 직접투자에 대한 투명하고 안정적이며 예측가능한 다자적 프레임워크의 필요성을 인정하고 5차 각료회의 이후 협상 개시한다. 둘째, 기술지원 및 능력배양에 대한 개도국의 필요를 인정하며, 이를 위해 UNCTAD 등 국제기구와 협력한다. 셋째, 외국인 직접투자에 대한 다자적 프레임워크의 각종 요소의 명확화를 위한 작업을 진행한다.

III Doha 각료선언 이후의 투자이슈

1. 주요 과제

투자의 범위 및 정의, 투명성, 비차별, GATS의 포지티브 리스트 접근 방식에 기초한 투자설립 전 양허방식, 개발조항, 예외 및 세이프가드, 분쟁해결 절차 등이 주요 과제로 설정되고 있다.

2. 기술지원

개도국의 능력배양과 기술지원을 위해 UNCTAD 등의 국제기구를 통해서나 지역 또는 양자차원에서의 협력문제가 중시된다. 선진국들은 FDI 유입 자체가 기술이전 및 확산에 효과가 있으므로 개도국이 스스로 FDI를 유치하는데 필요한 국내기반을 구축 또는 개선해야 한다는 입장이나, 개도국들은 FDI 유입 자체로 기술이전 효과가 발생하는 것은 아니며, 투자유치국이 개발목적을 달성하기 위한 정책을 적극적으로 추진함으로써 기술이전을 극대화할 수 있다고 본다.

3. 투자의 정의 및 목적

포트폴리오 투자를 포함할 것인가가 쟁점이나, 미국을 제외한 대부분의 국가들은 이를 포함시키는 것에 회의적이다.

4. 투명성

투자자에 대한 예측가능성 제고 등의 투명성 제도의 근본적인 필요성에는 공감하고 있으나, 사전고지의무, 행정절차의 명료성 등 투명성 수준이나 범위와 관련해서는 이견이 있다.

5. 개발조항

미국 등은 현행 WTO 규정에 개발목적이 이미 충분히 반영되었다는 입장이나, 개도국들은 WTO협정은 선언적 성격이 강하여 실질적인 개발의 가능성이 불충분하다고 본다. 따라서 이행의무, 투자심사 등 개발목적의 정책수단이 구속적인 실체조항으로 투자규정에 포함될 필요가 있음을 지적한다.

6. 무차별대우 원칙

무차별대우의 적용범위와 무차별대우의 적용시점에 대한 논의가 쟁점이다. 적용시점에 관련해서 미국은 무차별대우를 모든 단계에서 일반적으로 적용하자는 입장인 반면, 한국 등은 투자설립 전 단계에서는 무차별대우를 조건부로 적용하고, 투자설립 후에는 예외적인 비적용 규정을 두자는 입장이다.

7. 예외와 BOP 세이프가드

선진국을 포함한 다수 국가들은 일반적 예외 및 안보를 이유로 한 예외는 기존 WTO협정에서 규정된 바와 유사하게 일반적이며 무차별적 성격을 지녀야 하며, BOP 세이프가드 조항은 잠정조치로서 엄격한 기준 하에 예외적인 상황에만 허용되어야 하고, IMF협정에도 부합되어야 함을 강조한다. 그러나 인도 등 강경 개도국들은 예외 적용에 있어 개도국에게 광범위한 신축성이 인정되어야 하며, 개발목적을 달성하기 위한 정책추진은 공익과 동일하게 일반적 예외로 인정되어야 한다고 주장하였다.

8. 협의와 분쟁해결

다수국가들은 상업적 주재를 통한 서비스 공급을 포함함으로써 FDI를 규율하는 GATS도 WTO DSU의 적용을 받는 만큼 새롭게 투자협정이 체결된다면 당연히 WTO DSU의 적용범위에 포함된다는 입장이다. 그러나 강경 개도국은 투자협정은 무역에 관련된 협정이 아니라는 논거로 WTO DSU 적용에 반대한다.

Ⅳ 2003년 칸쿤각료회의의 경과

DDA에 대해 논의하였으나, 협상골격을 마련하는 데 실패하였다.

제4절　한국의 입장

다자간투자협정 제정 시 한국의 해외투자 대상국인 개도국들의 투자환경 개선이 기대된다. 한국은 다자간투자협정을 통해 우리나라의 투자자유화를 더 진행시키거나 투자유치의 수단으로 활용한다기보다는 해외투자의 보호와 개도국의 외국인투자 제한조치의 완화 측면에 더 많은 관심을 두고 있다. 따라서 우리나라의 입장은 투자자유화와 투자보호에 관한 포괄적 내용을 담은 다자간투자협정을 마련하자는 것이고 동시에 WTO에의 개도국의 참여 유도를 위해 다자간투자규범이 개도국의 개발정책 수행을 위한 신축성을 반영해야 한다고 주장하고 있다.

제5절　결론: 전망

WTO에서는 다자간투자협정이 새롭게 채택되어야 한다는 전제 하에 외국인 직접투자의 보호와 개도국의 국내개발이라는 목표를 조화시킬 수 있는 방안을 모색하고 있다. 논의 과정에서 중요한 사항은 개도국의 지위와 관심사를 어떻게 반영하는가 하는 문제이다. 개도국들은 제한적 영업 관행, 현지국에서의 기술이전문제, 개도국에 대한 지원문제, BOP 세이프가드 조치 등의 이슈에 관심을 갖고 있다. 현행 투자규범의 개선을 위해 개도국과 선진국의 입장이 균형적으로 반영될 수 있도록 협상이 전개되어야 한다.

제8편

제4장 │ 경쟁정책과 통상

Ⅰ 경쟁라운드의 의의

경쟁라운드(Competition Round)란 미국과 일부 선진국들의 주도로 통상법과 경쟁법을 연계하려는 움직임을 의미한다. 경쟁라운드의 핵심 쟁점은 경쟁법의 역외 적용 마찰을 해소하는 것과 국제통상에 영향을 주는 각국의 경쟁법상의 차이를 국제적으로 조화시키기 위한 '경쟁법의 국제적 조화와 통합'(Harmonisation and integration of competition rules)에 있다.

Ⅱ 경쟁라운드의 배경

경쟁라운드 출범에는 크게 두 가지 배경이 있다. 첫째, 물품과 서비스, 자본 등의 국제적 이동을 가로막아왔던 관세나 비관세장벽이 우루과이라운드협상의 타결로 상당부분 감축됨에 따라 기업의 경쟁제한관행과 독과점적인 시장구조와 같은 각국의 경쟁 조건 차이가 중요한 교역장벽으로 등장하였다. 미국 등 선진국들은 자국기업은 엄격한 경쟁법[11]의 규제를 받고 있어 주요 교역강대국 기업에 비해 국제경쟁에서 불리한 입장에 있기 때문에 상대국도 동일한 조건을 충족해야 한다고 주장한다. 둘째, 개도국들이 선진국 다국적기업의 시장지배력 남용에 대항하기 위해 경쟁제한행위의 국제적 규제를 요구하는 것도 경쟁라운드의 배경이 되었다. 다국적기업은 범세계적 차원에서의 기업조직망과 정보 등을 통해 효과적으로 법망을 피해 나가면서 그들의 시장지배력을 남용하는 여러 가지 불공정관행을 일삼고 있다는 것이 개도국들의 입장이다. 경쟁라운드에서 무역과 경쟁정책의 연계논의는 선진국 입장을 대변하는 OECD에서, 다국적기업의 경쟁제한관행규제는 개도국을 대변하는 UNCTAD에 의해 주도되고 있다.

---

[11] 경쟁법 또는 경쟁정책이란 경쟁을 저해하는 행위를 규제함으로써 공정하고 자유로운 경쟁이 이루어질 수 있도록 하는 국가의 정책수단 또는 법적 규제를 의미한다. 우리나라의 공정거래법과 부정경쟁방지법은 기업결합, 부당공동행위, 불공정거래행위, 상표위조 등을 규제한다. 경쟁이 과도화하는 경우 기업은 독점을 구축하고자 하므로 이를 규제하여 시장이 본래의 기능을 할 수 있도록 규제하는 데 그 목적이 있다.

Ⅰ 역외 적용의 의의

자국의 경쟁법을 자국의 주권이 미치는 영역 밖으로 확장 적용하는 행위를 역외적용이라 한다. 자국 영역 밖에서 이루어진 기업간의 담합 등 경쟁제한관행으로 인해 피해를 입은 국가의 일방적 대응 행위 성격을 띤다. 수출국기업들의 수출카르텔 형성에 대해 수입국이 자국 경쟁법을 적용하거나, 외국의 시장구조가 계열기업 간의 수직적 카르텔에 의해 폐쇄적인 상태에 놓여 있어서 수출국기업의 시장진출을 저해하는 경우 수출국이 자국의 경쟁법을 적용하는 경우가 역외 적용의 전형적인 사례이다. 역외 적용의 인정기준, 상대국과의 충돌 문제의 조정 등이 쟁점이 되고 있다.

Ⅱ 역외 적용의 기준

1. 속지주의

자국 영역 내에서 발생한 행위에 대해서만 자국 법률을 적용한다는 입장으로 행위의 장소에 의해 법률적용의 권한을 가지는 국가를 결정하는 방식이다. 영국은 속지주의를 엄격하게 해석하여 국내행위임이 명확한 경우에만 독점금지법을 외국사업자에게 적용한다.

2. 객관적 속지주의

외국사업자의 경쟁제한행위의 일부가 자국 영역 내에서 행해진 경우에 그 행위 전체에 대해 관할권이 있다고 함으로써 속지주의를 완화하는 입장이다. 행위가 외국에서 개시되고 자국 영역 내에서 종료된 경우에 국내 경쟁법의 구성 요건을 충족하는 것으로 본다. 귀책이론과 실행이론이 있다. 귀책이론이란 외국 소재 모기업과 별도 법인인 국내자회사에 대하여도 모회사가 통제를 미치고 있는 경우에는 지점의 경우와 구별할 필요가 없다는 입장으로서 EU 사법재판소의 입장이며 법인격부인론에 기초하고 있다. 실행이론은 자국 영토 내에 지점이나 자회사가 존재하는가를 불문하고 기업이 영토 내에서 경쟁활동에 종사하고 경쟁제한을 행하는 것으로 간주되는 경우에는 영토 외의 기업에 대해 경쟁법을 적용한다는 이론으로 EU 사법재판소의 Wood Pulp 판결에서 비롯되었다.

3. 효과주의

외국사업자의 외국에서의 행위가 국내에 어느 정도 이상의 효과를 미치게 되면 자국의 법률을 적용한다는 입장이다. US V. Aluminium Co. of America 판결에서 채택되었다. 효과주의를 채택하는 국가도 역외 적용의 확대를 제한하는 규정을 두고 있다. 첫째, 외국기업의 외국에서의 행위가 국내에 실질적이고 직접적인 경쟁제한적 영향을 미치는 경우에만 역외 적용을 허용한다. 둘째, 역외 기업에 대한 경쟁법을 적용해야 할 자국의 이익과 상대국의 불이익을 비교 교량하여 역외 적용을 억제한다(미국 판례상 비교교량의 원칙).

Ⅲ 미국의 역외 적용

1. ALCOA 판결

효과주의를 적용하였다. 이 판결 이후 Timberlane 판결은 과도한 역외적용을 제한하기 위해 교량이론을 적용하였다. 미국에 미치는 효과 이외에도, 역외 적용으로 인해 미국이 얻는 이익이 이를 적용하지 않음으로써 외국이 얻을 이익보다 더 클 경우에만 역외 적용이 허용될 수 있다는 입장을 의미한다.

2. Hartford 판결

교량이론을 배척하고 효과이론을 적용하였다.

3. Nippon Paper 판결

독점금지법의 역외적용이 형사책임에까지 범위가 확장되었다.

4. 제정법

역외 적용에 대한 보다 명확한 실무상의 기준을 제시하기 위해 대외거래 독점금지 개선법, 국제반독점집행 지원법, UR이행법 등을 제정하였다. 대외거래 독점금지 개선법에서는 외국의 법률 또는 정책과의 저촉의 정도, 당사자의 국적 또는 소재지 혹은 주요 사업지, 강제집행명령의 집행가능성 등 6가지 역외 적용의 기준을 제시하였다. 경쟁제한관행이 미국시장에 직접적·실질적 영향을 미치는 경우에 역외 적용이 한정되고 있다.

Ⅳ 역외 적용 마찰의 해소

1. 역외 적용과 주권의 충돌

특히 영국과 미국의 대립이 심각하였으며, 영국은 대응입법을 제정하기도 하였다. 국가들은 국제예양에 의해 역외 적용 억제기준을 채용하여 역외 적용을 둘러싼 마찰을 완화하기 위해 노력하고 있으나, 자국시장에 대한 경쟁제한 효과가 현저한 행위에 대해서는 국제예양에 의해 교량에 의하더라도 역외적용을 하는 경우가 많아 국가 간 분쟁가능성은 상존하고 있다. 따라서 모든 국가의 경쟁법의 조화 또는 역외 적용협정 체결로 해결해야 할 것이다.

2. 다자간문건

'국제통상에 영향을 주는 경쟁제한관행에 관한 회원국 간의 협력을 위한 OECD 이사회의 1986년 권고'가 제정되었다. 경쟁법의 역외 적용이 다른 회원국의 이익에 실질적인 영향을 미칠 우려가 있는 경우에는 상대국에 통지하고 협의하기로 하였으며 합의가 없는 경우 패널형식의 조정 절차에 회부하도록 하였다.

3. 쌍무협정

'미국과 유럽연합 간의 독점금지의 협력과 조정에 관한 협정'(1991년)이 체결되었다. 상대국의 중요한 이익에 영향을 미치게 될 법집행행위를 통지할 것과 법집행활동면에서의 협력과 조정을 규정하였다. 주목할 점은 일방당사국의 영토 내에서의 행위가 상대 당사국의 중대한 이익을 침해할 수 있음을 인정한 점이다. 경쟁법의 집행활동에 있어서의 저촉을 회피하고자 하며 이를 위하여 각 당사국의 이익교량을 위한 기준을 제시하였다.

4. 미국의 역외 적용 지원법

미국은 '1994년 국제반독점집행 지원법'을 제정하여 외국 반독점당국은 미국 법무부장관에 대해 미국 국민의 외국 경쟁법 위반 여부를 문의하고 외국경쟁법의 미국 내 집행을 요청할 수 있도록 하였다. 동 법은 외국과 경쟁법의 역외 집행에 관한 협력협정 체결의 기초가 되고 있다.

| 제3절 | 경쟁정책과 통상에 관한 국제논의 동향 |

Ⅰ 서설

경쟁제한관행에 적용될 국제경쟁규범을 마련해야 국가 간 경쟁법 차이에서 오는 마찰을 원천적으로 해소하고 다국적기업의 경쟁제한관행에 효율적으로 대처할 수 있을 것이다. 그러나 경쟁법은 각국 경제정책의 핵심을 이루고 있을 뿐 아니라 경제구조가 상이하여 이를 전체적으로 통일하는 것은 사실상 불가능하다. 따라서 국제 경쟁규범에 대한 다자간 논의는 기존규범에 산재하고 있는 경쟁 관련규범을 추출하고 이를 바탕으로 공통적인 규범을 찾아가는 정도로 제한적일 수밖에 없다.

Ⅱ WTO의 논의

1. 하바나 헌장

제2차 세계대전 이후 미국은 세계교역을 자유롭고 공정한 거래질서 위에 확립하고자 하였다. 하바나헌장 제5 장은 6가지 기본적인 경쟁제한관행의 목록을 제시하여 이후 관련 규범 제정에 기본 테두리를 제시하였다. 그러나 제2차 세계대전 이후에는 무역의 확대에 더욱 관심이 있었으며 경쟁문제의 제기는 무역확대에 장애로 작용할지 모른다는 우려 때문에 국제규범으로 성립하지 못했다.

2. GATT · WTO와 경쟁규범

첫째, 세이프가드협정 제11조는 수입카르텔을 금지하고 있다. 둘째, 반덤핑협정 제3조 제5항은 피해산정 시 국내생산자 간의 거래제한관행 또는 경쟁으로 발생한 부분을 산입하지 않도록 하고 있다. 셋째, GATS 제8조 제9 항은 독점공급자의 독점적의 남용을 금지하고 독점적 행위 발생 시 정보제공 요청, 통보 및 경쟁제한관행 철폐를 위한 회원국 간의 협의 절차 및 정보제공의무에 관해 규정하고 있다. 넷째, TRIPs협정 제8조 제40항은 불합리하게 통상을 제한하거나 국제적 기술 이전에 악영향을 미치는 지재권 남용을 금지하고, 라이센스계약상의 경쟁제한행위의 규제에 관해서도 규정하였다.

3. WTO의 국제경쟁규범 추진 논의

WTO협정에 흩어져 있는 단편적인 경쟁규범을 통합하여 통일적인 국제경쟁규범을 마련할 것인가에 대해 견해가 나뉘고 있다. 반대론은 WTO가 경쟁법 적용에 관한 분쟁해결 사례를 축적해 감으로써 점진적으로 경쟁규범을 마련할 수 있기 때문에 별도의 협정을 마련하지 않아도 된다고 본다. 반면, 찬성론자들은 경쟁제한 행위를 효과적으로 강력하게 규제하기 위해 통일적인 경쟁규범이 필요하다는 입장이다. 1996년 제1차 싱가폴 각료이사회에서 무역정책과 경쟁정책에 관한 작업반 설치에 합의하였다. 반덤핑규범의 경쟁규범으로의 통합문제와, 국제적인 경쟁규범의 도입방식을 어떠한 형태로 할 것인가가 핵심과제가 되고 있다.

Ⅲ UNCTAD의 활동

1. UNCTAD RBP 규범

개도국은 다국적기업의 경쟁제한관행에 대한 국제적인 규제에 관심을 가지고 있으며, 이들의 주장을 반영하여 UNCTAD는 1976년 제4차 정기총회에서 경쟁규범 제정을 추진하기로 하였다. 1980년 '경쟁제한관행 규제를 위한 형평성원칙과 규범에 관한 다자간합의의 틀'을 제정하였다. 통상정책과 경쟁정책이 상호관계가 있다는 전제 하에서 주로 다국적기업에 의해 초래되는 경쟁제한관행이 무역자유화에 부정적인 영향을 주고 피해는 개도국이 입게 된다는 점을 명시하였다. 또한, 경쟁제한관행을 규제하는 방법은 강제성을 띠어서는 안 되며 국가 간의 정보교환 및 협의에 의할 수밖에 없다고 선언하였다. 또한 정부간 전문가 그룹(IGE)을 설치하고 매년 회의 개최하기로 하였다. 구속력 없는 규범이므로 성과가 미미하다.

2. Model Law

새로운 경쟁법을 제정하거나 경쟁법 운용의 경험이 많지 않은 국가에 대하여 참고자료로 삼기위해 Model Law를 만들었다. 총 11개 조항과 주석으로 구성되어 있으며, 경쟁제한적 협정과 시장지배적 지위의 남용규제를 골자로 한다. 가격 등 판매조건 고정, 담합에 의한 입찰, 시장 또는 고객 분할, 생산과 판매제한 등 7가지 경쟁제한 행위를 예시하고 있다.

Ⅳ OECD의 활동

1. 이사회권고의 채택

1980년대 선진국 간 경쟁정책의 충돌과 그 조정의 필요성이 강하게 제기되면서 OECD는 경쟁규제와 통상규제의 상호작용과 경쟁법의 국제적 조화라는 포괄적 차원에서 접근하여 8개의 경쟁 관련 이사회권고를 채택하였다. 첫째, 기업의 경쟁제한관행이 2개국 이상에 관련될 경우 관련 당사국 간 규제를 어떻게 조정할 것인가에 관한 지침을 마련하였다(경쟁법의 역외 적용 문제의 조정과 해결 방안 제시). 둘째, 다국적기업의 경쟁제한관행을 규제하기 위한 가이드라인을 채택하였다(시장지배적 지위의 남용금지, 수직거래관계에 있는 사업자의 자유 보장, 카르텔 등 경쟁제한협정에 참여금지, 각국의 경쟁당국에 대한 정보제공 및 협조의 의무화).

2. 경쟁규제와 통상규제의 상호작용

(1) 논의 방향

경쟁규제와 통상규제가 상호 어떠한 영향을 주며 이들의 접점에서 문제될 수 있는 사항들이 무엇인가 파악하는 것이 주요 논의 과제이다.

(2) 경쟁규제와 통상규제의 비교

첫째, 경쟁규제와 통상규제는 개방적이고 경쟁적인 시장을 통하여 자원의 효과적인 배분과 소비자후생 증진을 목적으로 하는 점에서는 공통적이다. 둘째, 경쟁규제는 경쟁제한관행의 제거를 통해 시장기능이 효과적으로 작용할 수 있도록 보장함을 목표로 하고 통상규제는 관세인하나 비관세장벽을 제한함으로써 국제교역상의 장애를 제거하려 한다는 점에서 양자는 일치한다. 셋째, 경쟁규제는 일국의 시장 내에서의 경쟁 조건을 보장하는 것이라면 통상규제는 국제시장을 대상으로 한다. 넷째, 목표의 일치에도 불구하고 실제 집행과정에서는 단기적으로 서로 대립한다. 예컨대, 자국산업의 발전과 보호를 목적으로 하는 통상규제는 외국기업의 국내시장에서의 역할을 약화시키고 경쟁을 약화시킨다.

(3) 상호작용이슈

OECD는 경쟁규제가 통상에 미치는 영역(통상관련경쟁문제)과 통상규제가 경쟁에 미치는 영역(경쟁관련통상문제)을 구별하여 이를 실증적으로 분석하고 있다. 통상 관련 경쟁 문제(Trade-related competition issues)는 기업의 경쟁제한관행과 국가의 통상 관련 행위로 구분되며 수출카르텔, 수입카르텔, 수출자율규제, 다국적기업의 내부거래 등이 쟁점이다. 경쟁 관련 통상 문제는 일반적인 통상규제와 불공정통상규제(덤핑)가 쟁점이다.

(4) 덤핑과 덤핑규제

덤핑규제는 시장의 인위적인 왜곡요인을 제거하는 것을 궁극적인 목적으로 한다는 점에서 경쟁법과 유사하다. 따라서 이를 계속 통상규제에 맡겨둘 것인가 경쟁규제로 흡수해야 할 것인가에 대해 견해 차이가 있다. 불공정무역을 규제한다는 명목으로 발동되는 덤핑규제가 경쟁을 제한하고 비효율적인 국내기업을 보호하는 경향이 두드러짐에 따라 통상당국과 경쟁당국이 공동으로 대응해야 한다는 주장이 설득력을 얻어가고 있다. OECD에서는 덤핑을 경쟁제한적 효과에 따라 비독점화덤핑과 독점화덤핑으로 구분하고 비독점화덤핑에는 시장확장덤핑, 경기순환덤핑, 국영무역덤핑을, 독점화덤핑에는 전략적 덤핑과 약탈적 덤핑을 포함시킨다. 비독점화덤핑은 수입국시장의 경쟁상태를 해하지 않는 덤핑이므로, 수입국이 반덤핑관세를 부과하면 그 자체가 경쟁제한규제가 된다. 따라서 OECD는 덤핑규제의 대상은 경쟁사업자를 수입국시장에서 몰아냄으로써 수입시장에서 독점력을 획득하기 위해 비용(한계생산비) 이하의 낮은 가격으로 수출하는 약탈적 덤핑에 한정되어야 한다는 입장이다.

3. 경쟁법의 국제적 조화

(1) 논의 방향

카르텔 분야를 제외하고는 실체적 내용보다는 절차적 사항이나 분석방법에 치중하는 경향이 있다. '경쟁정책 일반 원칙'에 관한 보고서를 작성하였다.

(2) 경성카르텔 권고의 채택

기업결합, 수직제한, 지적재산권남용 등은 경쟁법 적용방식과 기준이 국가마다 다르기 때문에 집행가능한 공통의 국제규범 확립은 현실적으로 어렵다. 다만 카르텔의 금지는 경쟁법의 대상 영역 가운데 국제규범의 집행이 가장 용이하고 간단한 분야로 평가된다. 왜냐하면 카르텔, 특히 경성카르텔(hard core cartel)의 경우 반경쟁적 효과가 명백하여 거의 모든 국가에서 이를 위법으로 보고 있기 때문이다. 경성카르텔 권고는 1998년 2월에 채택되었다.

(3) 경성카르텔 권고의 내용

첫째, 각국은 경성카르텔을 실효성 있게 금지, 억제할 수 있는 처벌규정과 집행절차 및 기구를 갖추도록 한다. 둘째, 가격고정, 입찰담합, 생산량 제한 및 배분 등을 위한 경쟁자들 간의 반경쟁적 합의들을 경성카르텔로 규정한다. 셋째, 경성카르텔의 적용 제외나 승인에 있어서 투명성을 확보한다. 넷째, 이사회의 권고의 공표 이후에 카르텔 적용 제외나 승인을 추가 또는 연장하는 경우 그 내용을 OECD에 1년 내에 통보한다. 다섯째, 경성카르텔의 조사 처벌을 위해 국가 간 협력한다.

(4) 경성카르텔 권고 채택의 의의

경쟁법의 국제적 집행에 관한 진일보를 이룸으로써 경쟁법의 국제적 조화를 위한 첫 단계에 진입한 것으로 평가된다. 그러나 집행에 있어서는 경성카르텔 개념의 불명확성으로 국가 간 의견대립과 마찰이 표출되는 경우가 발생할 것으로 전망된다.

제4절 다자규범화 방식[12)

Ⅰ 통일규범 방식(International Code Approach)

통일규범 방식이란 경쟁법의 실체적 내용과 절차에 관한 통일된 국제경쟁규범을 만드는 것이다. 1993년에 고안한 Draft International Antitrust CodeI(이하 DIAC)가 대표적인 예이다. DIAC의 기본 원칙은 (i) 국내실체법의 적용, (ii) 국내실체법 하 내국인과 외국인의 동등한 대우, (iii) DIAC에 마련된 최소기준의 적용 (iv) 국제기구의 설치·운영, (v) 상기 원칙들의 적용을 초국경적 상황에만 국한하는 것이다. 이는 매우 바람직하나 현실적으로 의미있는 통일된 규범 도출은 거의 불가능하다.

Ⅱ 복수국가 간 방식(Building Block Approach)

1995년 EU 집행위 전문가 및 외부 전문가들이 EU에 제출한 보고서에서는 양자적 접근방식과 복수국가 간 접근 방식을 혼합한다. 이는 기본적으로 양자적 협력체제를 구축하되 그 한계를 복수국가 간 협정(PACT)으로 보완하는 것이다. PACT의 내용으로서 통보절차, 협력, 소극적 예양, 적극적 예양 등의 의무, 회원국 국내법에 규정해야 할 경쟁 실체법상의 최소 기준을 제시하고 있다. 최소 기준 도입이라는 점에서 DIAC와 유사하나 합의 도출 가능 부분에 한에서만 접근을 했다는 점에서 의의가 있다.

---

12) 장승화 외(2003), 무역과 경쟁: WTO 경쟁정책 다자규범, 규제연구 제12권 제2호, 87–92면.

Ⅲ 최소접근 방식(Minimal Approach)

최소접근방식은 최소한의 공통분모를 이끌어 낼 수 있는 영역에서만 합의된 규범을 만들자는 현실적 대안이다. 이 방식의 대표적 학자인 Eleanor Fox는 실체법 및 절차법적 세부 기준 제시를 지향하되 15가지의 경쟁정책 기본원리만을 선언하고 그 구체적인 집행은 개별 국가에 위임되어야 한다고 주장한다. 이러한 접근방식은 국제규범방식의 현실적 문제를 보완하는 수정방식으로서 카르텔 금지와 시장접근에 관한 경쟁규범에서 우선적인 합일점을 찾고자 한다. 하지만 현실적 합의 도출에 역시 한계가 있다.

Ⅳ 시장접근규범 방식(Market Access Code)

경쟁제한행위 중 시장접근제한적 효과가 있는 경우를 규율하기 위한 다자규범을 최우선으로 제정하자는 방식이다. 이는 무역자유화를 중시하는 WTO차원에서의 다자규범화는 시장접근규범부터 출발해야 한다는 입장이며 경쟁제한적 관행의 직간접적·장단기적 영향과 시장에서의 경쟁환경 유지 등을 고려하여 경쟁제한적 행위의 시장접근제한효과를 판단한다. 이 방식은 경쟁법적 시각에서는 문제 삼을 수 없기 때문에 경쟁법의 역외적용이나 적극적 예양을 통하여 문제를 해결할 수 없는 행위에 대하여 다자적으로 해결하려는 방식으로서 무역장벽으로서의 경쟁제한적 행위를 다루기 때문에 의의가 있다.

Ⅴ WTO협정 개정 방식

기존의 틀 내에서 기존 협정상 경쟁 관련 규정을 개정, 확대하여 무역제한적 효과를 가질 수 있는 경쟁제한행위를 규율하고자 하는 방식이다. 이는 다자규범화를 완전히 대체하지 않는 범위 내에서 병행하여 추진할 수 있는 현실적인 대안이 될 수 있다. 또한 WTO 분쟁해결 절차를 이용하는 것도 WTO협정 개정 방식의 일환으로 볼 수 있을 것이다. 이는 경쟁규범에 관한 별도의 협상 절차가 필요 없으므로 마찰을 줄일 수 있다는 장점이 있다. 그러나 그 요건상에 있어 많은 제약이 따르기 때문에 만족스러운 결과를 도출하는 데 한계가 있다. 현재까지는 GATT 제23조 제1항 b의 비위반제소의 적용범위에 경쟁 관련 조치를 포함시킬 수 있도록 재구성하자는 방안이 검토될 가치가 있다.

Ⅵ WTO Doha Mandate 방식

다자규범화에 반대하는 후진국과 회의적인 입장인 미국을 포섭하는 논의 진전을 위해 실체적 기준보다는 소위 framework agreement의 형태를 추진하는 것이다. 이 방식은 (i) 투명성, 비차별성, 절차적 공정성 등 핵심원칙 설정 우선 시 (ii) 회원국들의 경성카르텔에 대한 조치 약속 (iii) 경쟁정책 분야에서의 협력 방식 개발 (iv) 개발도상국들의 경쟁관련 제도 도입 강화에 대한 지지 (v) 각 국 경험 공유와 기술적 지원을 위한 경쟁정책위원회 설립에 대한 내용을 담는다. 그러나 경쟁법의 통일, 국제경쟁당국의 설립, 시장접근에 대한 강조, 분쟁해결 등은 포함하지 않는다. 이 방식은 현 상황에서의 최대공통분모라고 할 수 있다.

I WTO의 핵심 원칙: 투명성, 비차별성과 절차적 공정성

경쟁정책 다자규범에서도 WTO의 일반적 원칙인 투명성, 비차별성, 절차적 공정성을 핵심 원칙으로 한다. 이 때 비차별 원칙은 개별 사안에 따라 법적 판단을 달리 할 수 있도록 하는 법적 차별로 국한시키는 것이 타당하다. 최혜국대우 원칙을 자국 경쟁법에 적용하는 것이 큰 무리는 아니나 양자 간 협력 협정상의 대우를 다른 제3국에 무조건적으로 제공하는 경우 신중한 접근이 필요하다. 투명성 원칙은 관련 법률의 공개적 공표, 부문별 적용 제외와 면제 사유의 통보로 이루어진다. 이 때 비밀정보는 보호해야 하며 그 범위를 구체화해야 할 것이다. 절차적 공정성은 모든 절차가 당사자들에게 공정하고 평등하게 적용되어야 한다는 것이다. 이에 관한 내용은 TRIPs협정을 참고할 수 있다. 이 모든 요소 적용에 있어 개도국의 발전을 장기적으로 고려해야 할 것이다.

II 경성카르텔 규제

경성카르텔은 일반적으로 경제활동의 효율창출이나 제고를 내포하지 않은 경쟁자 간의 협력행위로서 독점력의 형성, 강화, 행사 등을 목적으로 하는 가격협정, 수량제한, 시장분할, 입찰담합 등 적나라한 담합행위를 지칭하며 경쟁제한적 효과가 명백하고 심각한 피해를 초래하기 때문에 선진국뿐만 아니라 개도국들도 규제의 필요성을 인정하고 있다. 경성카르텔 규제는 각국이 경쟁법을 제정하여 금지하는 것이 핵심적이므로 확고한 금지의 선언이 효과적인 규제를 위한 출발점이다.

III 개도국 우대조치

개도국 우대조치(이하 S&D 대우)란 개도국 등이 WTO협정상의 의무를 이행함에 있어 특별한 대우를 보장받거나 우호적인 취급을 받는 것으로 경쟁정책의 측면에서 S&D 대우는 유연성과 점진성으로 이해된다. 유연성은 개도국이 자신의 필요에 따른 선택이 가능함을 의미하고 점진성은 이행과정에서의 시기와 수단에 대한 내용을 지칭한다. 이러한 원칙의 도입은 경쟁정책 다자규범화가 불가피한 현실에서 각 개도국의 상황을 고려하기 위한 것으로 유예기간의 부여, 선택적 비참여(opt-out provisions), 긴급조치조항(safeguard clauses) 등의 방안이 있다. 현 협상단계에서도 개도국의 입장이 충분히 반영될 수 있도록 해야 할 것이다.

---

13) 장승화 외(2003), 93-101면.

Ⅳ 능력배양과 기술적 지원

최근 WTO 논의에서는 개도국에 대한 능력배양과 기술적 지원(Capacity Building and Technical Assistance)을 강조하고 있다. 경쟁정책 분야에 있어서의 능력배양과 기술적 지원은 장기 전문가 파견, 실무자에 대한 인턴쉽 기회 제공, 전문훈련을 위한 인적 재정적 지원, 정보 데이터베이스 시스템의 발전을 위한 가이드라인을 제시하는 것 등이 있다. 다만 이는 수혜국이 처한 상황을 고려하여 다양성을 인정하고 존중하는 바탕에서 이루어져야 한다.

Ⅴ 자발적 협력

자발적 협력(Voluntary Cooperation)은 포괄적 개념이다. 자발적이란 회원국의 자기 구속적 차원에서의 협력 참여이되, 제3국이 예측할 수 없을 정도로 자의적이어서는 안 된다는 의미로 이해될 수 있다. 방식은 크게 두 가지로서 하나는 경쟁 당국 간의 일반적인 경험과 의견의 교환이고 또 다른 하나는 개별 사건에서의 협력이다. 이러한 개별 사건에 대한 협력은 크게 해당 사건 관련 자료와 증거의 교환과, 다른 WTO 회원국들의 이익에 영향을 미치는 사건들에 대한 협의와 의견교환이 있다.

Ⅵ 의무이행 확보 방안

의무이행을 위해서는 협의, 조정, 중재 등의 분쟁해결 방식을 상정할 수 있다. 또한 Peer view를 들 수 있는데 이는 일반적으로 특정 분야의 정부활동에 대해 Peer group, 즉 외국이나 독립기관의 전문가들로 구성된 집단이 특정 분야에 대한 검토를 하는 것이다. 결국 장기적으로는 비사법적 절차인 협의, 조정 또는 Peer review에 의존하고, 절차적 의무이행 확보를 위해 DSU상의 패널 절차를 원용하는 이원적인 의무이행 확보 방안이 바람직하다.

제6절 경쟁정책 다자규범의 방향[14]

Cancun 회의에서는 싱가포르 이슈의 협상 모델리티에 관하여 합의점에 도달하지 못하고 종료되었지만 그렇다고 향후의 논의를 절망적으로만 볼 필요는 없다. 경쟁정책의 다자규범화 논의는 단기적 전망과는 상관없이 불가피한 의제이다. 이러한 배경 하에 후진국들을 다자규범의 장으로 포섭할 수 있는 초기 단계의 Framework agreement에 해당하는 경쟁정책 다자규범의 모델을 제시할 필요성이 있다.

---

14) 장승화 외(2003), 102면.

제5장 │ 무역과 개발

제1절 서설

I 의의

개도국은 1947년 GATT와 1948년 국제무역기구(ITO)헌장 채택을 위한 다자간협상에서 개도국의 열악한 경제적 여건과 경제개발의 필요성을 이유로 개도국에 대한 특별대우를 요구하여 GATT규정에 반영되었다. 개도국에 대한 상호주의 및 비차별 원칙의 적용면제를 의미하는 특별대우규정은 동일한 무역 관련 규칙의 일반적·비차별적 적용에 따른 개도국의 이익침해를 시정하기 위한 것으로서 국제무역에 있어서 실질적 공정성을 달성하기 위한 것이다.[15]

II 개도국의 개념

GATT 및 WTO협정에 개도국에 대한 공식적인 정의규정은 존재하지 않는다. 따라서 개도국의 지위는 GATT 관행에 따르고 있다. GATT 관행은 1964년 제1차 UNCTAD회의에서 형성된 개도국들의 비공식그룹인 G77에의 회원가입 방식인 자기선택(self-election) 및 신규회원선출(co-optation) 방식이 준용된다. 즉, 신규회원이 개도국 지위를 주장하면 77그룹의 의장이 그룹참여를 초청함으로써 개도국 지위가 부여된다. 이와 같이 GATT에서도 개도국 지위결정은 특정한 법적 절차나 기준 없이 체약국의 자기선택에 대한 타체약국의 묵시적 동의에 입각하고 있다. 한국은 WTO 출범 당시 개도국으로 선언하여 현재 개도국 지위를 인정받고 있다.[16]

제2절 GATT체제에서 개도국에 대한 특별대우

I GATT 제18조

1. 의의

개도국의 GATT 가입이 증가하면서 개도국의 입장을 반영하여 GATT1947 제18조를 개정하여 개도국이 특정 조건하에 관세양허를 벗어나거나 쿼터 또는 그 밖의 제한적 조치와 같은 비관세조치를 취할 수 있도록 하였다. 개도국이 자국민의 일반적 생활수준을 향상시키기 위한 경제개발계획 및 정책을 수립하기 위하여 수입에 영향을 초래하는 보호조치 또는 기타 조치는 본 협정의 목적달성을 촉진하는 한 정당한 것으로 인정하였다(제18.2조).

---

15) 최승환(2006), 364면.
16) 고준성 외(2006), 545면.

2. 개도국의 유형

제18조 제4항은 개도국을 두 유형으로 구분하고 있다. ⓐ 경제상태가 저생활수준에 있고 개발의 초기단계에 있는 개도국과 ⓑ 경제가 개발도상에 있으나 ⓐ항에 속하지 아니하는 개도국으로 구분한다.

3. 특별대우

ⓐ항에 속하는 개도국은 관련 체약국과 관세인상을 위한 협의를 요구할 수 있으며, 관련 체약국과 합의하는 경우 양허표상의 양허내용을 수정 또는 철회할 수 있다(제18조 A절). 또한 경제개발계획의 시행에 따른 국제수지 악화를 시정하기 위해 필요한 한도 내에서 특정 수입제품에 대한 수량제한 또는 가액제한을 실시할 수 있으며(B절), 체약국단의 승인을 받아 GATT규정상의 의무면제를 받을 수 있다(C절). ⓑ항에 속하는 개도국은 경제개발을 위한 특정 산업을 설립하기 위하여 체약국단의 승인을 받아 GATT규정상의 의무를 면제받을 수 있다(D절).

Ⅲ GATT 제4부

1. 의의

1960년대 들어 개도국의 영향력이 강화되면서 1966년 GATT에 '무역과 개발'이라는 제목으로 제4부(제36조~제38조)가 신설되어 발효되었다. 제4부는 그 자체로서 개도국에 대한 구체적인 특혜를 규정하고 있는 것은 아니지만, 개도국들이 요구하는 '개발'이라는 정책목표가 GATT질서로 편입되었다는 점에서 의의가 크다.[17]

2. 주요 내용[18]

첫째, 먼저 제36조는 개도국의 수출소득의 확대, 경제개발의 필요에 상응하는 무역증진을 위한 적극적인 노력, 세계 제1차 상품 시장에서의 보다 유리한 접근 보장, 국제융자기관과의 긴밀하고 지속적인 협력 등을 위한 관련 체약국의 의식적이고 목적있는 노력의무를 규정하고 있다. 특히 제8항에서는 '관세 및 기타 무역장벽의 제거 또는 완화를 위한 무역협상에 있어서 개도국이 행한 공약(commitments)에 대하여 선진국은 상호주의를 기대하지 않는다'고 하여 비상호주의(non-reciprocity)의 적용을 최초로 명시하였다. 둘째, 선진국은 개도국에 대하여 '가능한 한 최대한도로'(to the fullest extent possible) 개도국이 특별한 관심을 갖고 있는 제품에 대한 무역장벽의 완화 및 제거에 우선권을 부여하고, 개도국이 특별한 관심을 갖고 있는 제품에 대한 관세 또는 비관세수입장벽의 도입 또는 강화를 삼간다(제37조 제1항). 셋째, 제38조는 제36조에 규정된 목적을 달성하기 위하여 공동으로 노력하여야 할 구체적인 의무를 체약국들에 부여하고 있다. 이 규정에 따라 '무역개발위원회'(Committee on Trade and Development)가 설치되었다.

3. 평가

제4부 규정들은 선언적 규정으로서 선진국에게 법적 의무를 직접 부여한 것은 아니나 개도국에게 실질적 공정성에 입각한 통상협상을 요구할 수 있는 법적 근거를 제공했다는 점에서 중요한 의미가 있다.

---

17) 고준성 외(2006), 546면.
18) 최승환(2006), 366-367면.

Ⅲ 권능부여조항

1. 의의

1979년 동경라운드에서 채택된 골격협정(framework agreement) 중 하나인 '개발도상국에 대한 차등적이고도 보다 유리한 대우와 상호주의 및 보다 완전한 참여에 관한 결정'(Decision on Differential and More Favorable Treatment and Reciprocity and Fuller Participation of Developing Countries) 제1항~제4항을 '권능부여조항'(Enabling Clause)라 한다. 권능부여조항은 당시 GATT체제 내에서 Waiver에 의해 시행되고 있던 선진국의 개도국에 대한 일반특혜관세(Generalized System of Preferences)에 항구적인 법적 근거를 부여한 것이다. 권능부여조항은 선진국의 대 개도국 특혜 의무를 부과하거나 특혜기준을 설정해 준 것은 아니라는 점에서 한계가 있다.

2. 주요 내용

첫째, 체약국들은 GATT 제1조 규정에도 불구하고 개도국에 대해서만 차별적이고 보다 유리한 대우를 부여할 수 있다(제1항). 둘째, 개도국에 대한 특별대우는 다른 체약국에 대해 무역장벽을 높이기 위한 것이 아니라 개도국의 무역을 증진시키기 위한 것이며, 최혜국대우 원칙에 입각한 관세 및 기타 무역규제를 제거하고 완화하는 것을 방해할 수 없다. 필요한 경우 개도국에 대한 특별대우는 개발, 재정 및 무역에 대한 개도국의 필요를 적극적으로 고려하여 수정 또는 변경될 수 있다(제3항). 셋째, 개도국의 특별대우에 대해 통고하고 신속하게 협의해야 한다(제4항).

Ⅳ 일반특혜관세제도

일반특혜관세제도(Generalized System of Preferences: GSP)는 선진국이 개도국으로부터의 수입제품에 대해 일반적 · 무차별적 · 비상호적으로 특별관세를 부과하는 제도이다. GATT 제25조 제5항의 의무면제조항에 기초하여 GATT 체약국단이 1971년 5월 25일 GSP를 10년 동안 한시적으로 운용하는 것을 승인하였다. 그 후 1979년 11월 28일 권능부여조항에 따라 안정적인 법적 근거를 갖게 되었다. GSP제도는 국별로 상이하게 적용되고 있다.

Ⅴ 선별적 특혜관세제도

GSP가 모든 개도국에 대해 일반적으로 적용되는 데 비해, 선별적 특혜관세제도는 일부 선진국이 자국과 역사적, 지리적으로 특별한 유대관계를 맺고 있는 특정의 개도국들에 대해서만 선별적으로 특혜관세를 부여하는 제도이다.

Ⅰ 방향

WTO설립협정 전문은 경제개발수준에 따른 지속가능한 개발(sustainable development)을 목표로 한다고 밝히는 한편, 개도국, 특히 그 중에서도 특히 최빈개도국(the least developed countries: LDCs)을 위한 노력을 강조하고 있다.

Ⅱ 특별대우 방법

WTO협정체제 각 협정에 산재해 있는 개도국 특별대우 조항들은 다섯 가지로 분류할 수 있다. 첫째, 무역특혜, 즉 개도국의 시장접근기회를 증진하도록 한다(무역특혜). 예컨대 GATT 제37조 제1항 (a)는 개도국들의 시장접근에 가능한 한 우선순위를 두도록 하고 있다. 둘째, WTO 회원국이 개도국의 이익을 고려하도록 한다(개도국의 이익보호). 다만 이는 '고려의무'이지 '이익을 보장할 의무'할 결과의무는 아니므로 한계가 있다. 나아가 개도국의 이익을 어떤 방식으로 고려할지, 개도국이 어떠한 절차적 권리를 갖는지에 대해서도 언급이 없다. 셋째, 약속이나 의무이행에 있어서 유연성을 부과한다(유연성). 예컨대, 보조금 및 상계조치협정은 LDCs에게는 수출보조금폐지 의무를 면제하고 있다. 넷째, 개도국에 대해서 이행에 필요한 능력의 부족과 전환의 어려움을 고려하여 보다 긴 유예기간을 부여한다(유예기간). 예컨대 농업협정은 선진국에 대해서는 6년의 이행기간을, 개도국은 10년의 유예기간을 규정하였다. 다섯째, 개도국의 능력 배양을 위해 기술적 원조를 규정한다(기술적 원조). 단, 기술적 원조의무를 해야 할 직접적 의무를 부과하는 것은 아니라는 한계가 있다.

📖 참고 WTO체제에서 주요 협정별 개도국 특별대우 규정[19]

1. **1994GATT**
   1994년 GATT는 WTO협정이 발효되기 전까지 개정된 1947GATT를 모두 포함한다. 따라서 GATT 제18조, 제4부, 권능부여 조항은 WTO체제에서도 여전히 유효하다.

2. **농업협정**
   첫째, 부속서 5의 B절에 따라 개도국의 전통적 기초 식량 1개 품목에 대해 10년 동안 관세를 유예화하였다. 둘째, 개도국에 대한 수출보조금의 감축률은 선진국의 2/3 수준까지, 국내보조의 경우 최소허용보조를 농산물 총생산액의 10%(선진국은 5%)까지 인정하였다(제9조 제2항 (b), 제6조 제4항 (b)). 셋째, 개도국의 수출농산물에 대한 유통비용 지원과 국내운송비 지원에 한해 수출보조금 감축의무를 면제하였다(제9조 제4항). 넷째, 최빈개도국에 대해서는 일체의 감축의무를 면제해 주었다(제15조 제2항).

3. **SPS협정**
   첫째, 위생 및 검역조치의 준비와 적용에 있어서 개도국에 대한 '특별하고 차별적인 대우'를 규정하였다(제10.1조). 둘째, '위생 및 검역조치 위원회'는 요청이 있는 경우 개도국의 재정과 무역 및 개발의 필요를 고려하여 동 협정에 따른 의무의 전체 또는 부분적으로부터의 구체적이고 한시적인 예외를 부여할 수 있다(제10.3조). 셋째, 개도국은 동 협정의 적용을 2년 동안 연기할 수 있다.

4. **TBT협정**
   첫째, 기술규정과 표준 및 적합판정 절차가 개도국으로부터의 수출에 '불필요한 장애'를 초래하지 않도록 해야 한다. 둘째, 기술규정 등의 준비 및 적용에 있어서 개도국에게 적절한 기술원조를 공여한다.

---

19) 최승환(2006), 370–380면.

5. 반덤핑관세협정

첫째, 선진국이 개도국에 대해 반덤핑조치의 적용을 고려하는 경우 개도국의 상황에 대해 '특별한 고려'(special regard)를 부여하며, 반덤핑관세의 적용이 개도국의 본질적 이익에 영향을 미칠 경우 반덤핑관세를 적용하기 전에 '건설적 구제'(constructive remedies)를 강구한다(제15조).

6. SCM협정

첫째, 최빈개도국과 소득수준이 1,000달러 미만의 개도국에 대해서는 수출보조금의 금지규정이 적용되지 않는다. 둘째, 수입대체보조금의 경우 개도국은 5년, 최빈개도국은 8년의 폐지 유예기간을 둔다(제27.3조). 셋째, 개도국을 원산지로 하는 수입제품에 대한 상계조사는 보조금이 가격의 2%를 초과하지 아니한 경우 즉시 종료한다. 또한 보조금이 지급된 제품의 수입물량이 수입국의 국내동종제품 시장의 4% 이하라고 판정하는 경우, 4% 미만인 개도국으로부터의 수입량의 총합계가 수입국 내 동종제품 총수입량의 9%를 초과하지 않는 한, 즉시 종료한다(제27.10조).

7. SG협정

첫째, 수입국내의 시장점유율이 3% 이하인 개도국으로부터 수입된 제품에 대해서는 3% 이하인 개도국으로부터의 수입량을 모두 합산한 총수입량이 수입국내 동종제품 수입량의 9% 이하를 초과하지 않는 한 세이프가드조치의 발동을 금한다(제9.1조). 둘째, 개도국은 세이프가드조치의 최대발동기간(8년)을 2년 더 연장할 수 있다(제9.2조).

8. TRIMs협정

첫째, 개도국은 국제수지를 이유로 한 무역 관련 투자조치에 대해 내국민대우 원칙과 수량제한금지 원칙의 적용을 일시적으로 면제받는다. 둘째, 무역 관련 투자조치의 폐지에 있어서 선진국은 WTO협정 발효 후 2년 이내, 개도국은 5년 이내, 최빈개도국은 7년 이내로 규정하였다(제5.2조).

9. GATS

첫째, 서비스협정 제4조는 개도국의 '참여증진'을 규정하고 있다. 개도국의 참여증진은 각 회원국의 구체적 양허약속을 통해 촉진되어야 하는데, 이를 위해 특히 상업적 기초의 기술접근을 통한 개도국의 국내서비스 공급능력과 효율성 및 경쟁력 강화, 유통망과 정보망에 대한 개도국의 접근개선, 개도국의 수출관심 분야 및 공급형태에 대한 시장접근의 자유화 등을 고려해야 한다(제4.1조). 둘째, 선진국은 서비스 공급의 상업적·기술적 측면, 전문자격의 등록, 인정 및 취득, 서비스 기술의 이용가능성 등 자국시장과 관련된 정보에 대한 개도국 서비스 공급자의 접근을 촉진하기 위하여 1997년 1월 1일 이내에 '접촉처'(contact point)를 설치한다(제4.2조).

10. TRIPs협정

첫째, 본 협정의 적용시기를 개도국에 대해서는 2000년 1월 1일까지 연기할 수 있도록 하였다(제65조). 다만 제3조(내국민대우), 제4조(최혜국대우), 제5조(보호의 취득 또는 유지에 관한 다자간협정)는 제외된다. 둘째, 개도국에 대해 본 협정이 발효되는 일자에 자국영역 내에서 그렇게 보호할 수 없는 기술분야에 대해 본 협정에 따라 물질특허보호를 확대할 의무가 발생한 개도국의 경우 2005년 1월 1일까지 이러한 기술분야에 대해 제2부 제5절의 물질특허에 대한 규정의 적용을 연기할 수 있다(제65.4조). 셋째, 최빈개도국은 제3조, 제4조, 제5조를 제외한 본 협정의 적용을 WTO협정 발효일로부터 10년 동안 연기할 수 있으며, 최빈개도국의 정당한 요청이 있는 경우 지적재산권위원회는 동 기간의 연장을 허용한다(제66.1조).

11. DSU

첫째, 개도국이 선진국에 대해 제소하는 경우 DSU 제4조(협의), 제5조(주선 등), 제6조(패널설치) 및 제12조(패널절차) 대신 '1966년 4월 5일자 체약국단 결정'의 규정을 원용할 수 있는 권리가 있다. 동 결정은 신속한 분쟁해결 절차를 규정하고 있다. 둘째, 선진국과 개도국 간 분쟁 시 개도국의 요청이 있는 경우 패널위원 중 적어도 1인은 개도국 출신을 포함한다(제8.10조). 셋째, 개도국과의 협의과정에서 회원국은 개도국의 특수한 문제점과 이해관계에 대해 특별한 고려를 하고(제4.10조), 개도국에 대한 제소를 검토함에 있어서 패널은 동 개도국이 자국의 논거를 준비하고 제시하는 데 충분한 시간을 부여한다(제12.10조).

I WTO SDT에 대한 개도국의 입장

개도국은 대체로 WTO SDT에 대해 불만족스럽다는 평가를 하고 있다. 그 이유는 첫째, 개도국들은 WTO의 'Single undertaking' 원칙 하에 보조금, 반덤핑, 지재권 등과 관련하여 추가적인 의무를 부담하였음에도 불구하고, 보상장치로서 주어진 SDT규정들이 법적 구속력이 없는 연성규범들이어서 잘 이행되지 않았기 때문이다. 둘째, 유예기간이 종료되었음에도 불구하고 유예기간 동안 약속되었던 기술지원이 부족했고, 유예기간 동안 개도국의 능력이 실제로 배양되었는지에 대해 회의적이었기 때문이다. 셋째, 개도국들이 비교우위에 있었던 농산물, 섬유, 의류 제품 등의 시장접근이 선진국의 관세·비관세장벽으로 기대에 미치지 못했기 때문이다.

II SDT 논의 방향

DDA에서 SDT 논의 방향은 도하 각료선언문(Doha Ministerial Declaration)에 반영되어 있다. 동 선언문에 의하면 모든 SDT 조항들이 보다 정확하고, 효율적이며 잘 운용될 수 있도록 검토되어야 한다고 선언하였다. '이행 관련 문제와 관심사에 관한 결정'에서는 무역개발위원회가 SDT에 관한 연구를 진행할 것을 결의했고, 이에 따라 '무역개발위원회 특별세션'(Committee on Trade and Development Special Session: CTDSS)을 설치하였다.

III 무역개발위원회 특별세션(CTDSS)

CTDSS에서 SDT에 대한 논의는 특별한 진전을 이루지 못하고 있다. 이는 무엇보다 'Cross-cutting issues'[21]인 SDT 조항의 원칙과 목적, SDT 조항의 적용상 문제, 개도국 지위 세분화 등에 있어서 이견을 좁히지 못했기 때문이다. 특히, 개별 쟁점에 대한 의견대립도 있으나, 'Cross-cutting issues'를 논의할 것인지, 개별 협정별 개정보다 먼저 논의할 것인지 등에 대해서도 대립을 보이고 있다. 개도국들은 동 이슈들에 대한 논의 자체 또는 우선적 논의에 반대하는 반면, 선진국들은 개별 협정별 제안과 동 이슈들을 병행해서 논의할 것을 주장하고 있다.

---

20) 고준성 외(2006), 551–567면.
21) 개별 협정별 제안과 달리, SDT협정 전체를 꿰뚫는 일반적 이슈를 의미한다.

Ⅳ 개도국 지위 세분화 논의

1. 의의

개도국 세분화 논의는 2001년 OECD가 발간한 'The Development Dimension of Trade'에 의해 본격 제기되었으며 현재 CTDSS에서 주요 쟁점이 되고 있다. 개도국 세분화의 취지는 WTO협정상의 SDT 조항을 강화하기 위해서는 현재 개도국이라고만 되어 있는 SDT 수혜국을 분류해서 더 많은 필요가 있는 국가군에게는 보다 많은 SDT 혜택을, 그렇지 않은 국가에게는 SDT를 부여하지 않거나 적게 부여해야 한다는 것이다. 개도국 세분화 논의에서 초점은 세분화를 위한 객관적이고도 명확한 기준을 마련하는 것이다. 개도국 세분화 필요성에 대해 찬반론이 대립하고 있다.

2. 개도국 세분화 찬성론

찬성론의 논거는 다음과 같다. 첫째, GSP의 실제 운용에 있어서 선발개도국들에게 혜택이 집중되고 있으므로 특혜의 계층화가 필요하다. 둘째, 개도국 정의 부재로 인한 혼선을 극복하기 위해서는 세분화가 필요하다. 셋째, 권능부여조항의 해석에 의해 '졸업'제도를 도입할 수 있다.

3. 개도국 세분화 반대론

첫째, 이 논의는 Doha Mandate 위반이다. 세분화 논의가 이에 포함된다고 보기 어렵기 때문이다. 세분화 논의는 SDT 조항의 재검토와는 직접 관련이 없을 뿐 아니라, 그것은 현행 SDT의 강화 방안이라기 보다는 SDT의 수혜국을 줄임으로써 SDT 총량을 감소시키는 역할을 한다. 둘째, 선발개도국뿐 아니라 세분화의 잠정적 수혜자가 될 수 있는 개도국들도 세분화 논의 자체에 반대하고 있어서 협상 진전에 도움이 되지 않을 것이다. 셋째, 개도국 세분화를 WTO 규범으로 수용할 경우 겹층구조의 규범(multi-tiered system of rules)으로 만들어질 것이기 때문에 WTO 규범을 더욱 복잡하게 만들어 그 이행을 어렵게 만들 가능성이 있다. 넷째, SDT 조항은 비차별 원칙의 예외로서 한시적으로 인정되는 조치이다. 그럼에도 불구하고 개도국 지위를 세분화하여 SDT 조항을 더욱 복잡한 형태로 규범화할 경우 SDT 조항이 고착화되어 향후 자유무역체제 발전에 장애가 될 수 있다.

4. 소결

개도국 세분화는 불가능에 가까운 작업이거나 적어도 회피하여야 할 작업으로 평가할 수 있다.[22] 지표에 따라 개도국에 포함되는 그룹이 달라지기 때문에 회원국 간 지표선정에 대한 합의가 난항을 겪을 수 있다. 또한 조사기간에 따라 다른 결과가 나타날 수 있기 때문에 회원국들이 정기적으로 협상을 해야 한다는 부담이 있다.

---

22) 고준성 외(2006), 567면.

Ⅴ 개도국 특별대우 개선방향[23]

1. SDT에 대한 근본적 시각 변화의 필요성

현행 WTO협정의 경우 SDT에 대해 WTO 각 협정의 예외에 속하는 한시적 성격을 띠고 있다. 그러나 현재 개도국들의 SDT에 대한 요구, 개도국에 있어서 '개발'의 중요성, 현 WTO체제에서는 유예기간이 끝나면 회원국의 능력에 관계없이 동일한 수준의 이행의무를 부담한다는 점을 감안하여 SDT의 예외적 성격보다는 SDT가 WTO체제를 구성하는 한 부분으로 볼 필요가 있다. 즉 SDT의 잠정적 예외성이나 한시성보다는 독립성을 강조하자는 것이다.

2. 사안별 또는 상황별 접근

개도국 세분화에 대한 접근에 있어서 '전체적인 접근'(blanket approach) 대신 '부문별 접근'(sectoral approach)이나 '협정별 접근'(agreement-specific approach)을 택하는 것이 필요하다. 이를 통해 개도국 세분화에 있어서 신축적 대응이 가능하기 때문이다.

3. 수요자 중심

SDT는 기본적으로 개도국을 위한 것이므로 개도국의 개별 필요에 따라 적절한 SDT가 부여되어야 한다. 현행 SDT는 개도국의 필요에 상관없이 동일한 의무이행의 예외를 부여해 왔다. 다만 개도국의 필요에 맞게 SDT를 부여하되 그러한 필요가 실제로 존재하는지, 부여되는 SDT가 필요를 충족시킬 수 있는 효과적인 조치인지에 대한 객관적 검증이 필요할 것이다.

4. 감독체계의 확보

별도의 집행기구를 설치하여 SDT 이행을 감독하고 개도국의 행태를 감시하는 역할을 맡길 필요가 있다. WTO CTD의 경우 회의체적 성격을 띠고 있어 감독기구로는 적절하지 않다. 선진국은 개도국에 대해 SDT를 잘 이행하고 있는지, 개도국은 SDT를 궁극적으로 다자체제에 편입되고자 하는 목적을 위해 이용하는지 체크해야 한다.

5. LDCs 그룹에 대한 특혜 확대

LDCs의 범주에 대해서는 회원국들 간 합의형성이 용이하고 이들에 대한 특혜부여에 대해서도 어느 정도 합의가 되어 있으므로 이 문제를 우선 협상하여 타결하는 것이 다른 이슈에 대한 논의 진척에 긍정적 파급효과를 줄 수 있다. LDCs에 대한 특혜부여 방식으로는 '모든 국가가 모든 LDCs의 모든 상품에 대해' 무관세나 무쿼터를 적용하는 것이다. LDCs의 무역량이 전 세계 무역량의 0.5%에도 미치지 못하고, 현재 EU와 미국이 이와 유사한 프로그램을 시행중에 있다는 점에서 실현가능성이 높은 방식이라고 볼 것이다.

---

23) 고준성 외(2006), 567-572면.

MEMO

2022 대비 최신판

해커스
이상구
5급 국제법

Ⅱ 국제경제법편

초판 1쇄 발행 2021년 12월 15일

지은이	이상구
펴낸곳	해커스패스
펴낸이	해커스공무원 출판팀

주소	서울특별시 강남구 강남대로 428 해커스공무원
고객센터	1588-4055
교재 관련 문의	gosi@hackerspass.com
	해커스공무원 사이트(gosi.Hackers.com) 교재 Q&A 게시판
	카카오톡 플러스 친구 [해커스공무원강남역], [해커스공무원노량진]
학원 강의 및 동영상강의	gosi.Hackers.com

ISBN	979-11-6662-891-7 (13360)
Serial Number	01-01-01

최단기 합격 공무원학원 1위,
해커스공무원 gosi.Hackers.com

ⓣⓗ 해커스공무원

· **해커스공무원 학원 및 인강**(교재 내 인강 할인쿠폰 수록)
· 해커스 스타강사의 **공무원 국제법 무료 동영상강의**